SELECTIONS FROM HERODOTUS

HERODOTUS
From the bust in the National Museum at Naples

SELECTIONS FROM
HERODOTUS

SELECTED AND EDITED, WITH
AN INTRODUCTION, NOTES, AND
VOCABULARY BY AMY L. BARBOUR

UNIVERSITY OF OKLAHOMA PRESS : NORMAN

New edition manufactured in the United States of America and published by the University of Oklahoma Press, Norman, Publishing Division of the University of Oklahoma, from the original edition, copyright 1929, by D. C. Heath and Company, Boston; first printing of new edition, 1964; second printing, 1968; third printing, 1977; fourth printing, 1982.

PREFACE

This book of selections from Herodotus was designed primarily to provide reading in the second year for the student who has begun his Greek with Homer and who, presumably, has had no acquaintance with Attic Greek. It is, however, equally well fitted for the use of the student who has begun in the orthodox fashion with Attic Greek and followed it by Homer.

The selections were made with a very definite plan: to carry out in a single volume the author's own purpose of describing the course of the conflict between the East and the West, to reveal his deep conviction that sin and presumption are bound to be punished, and to include as many of the incidental stories as possible, since to these, almost more than to his main narrative, Herodotus owes his reputation as an unparalleled *raconteur*.

The task of making the selection from such wealth of material was difficult and some readers may miss their favorite parts. Much that seemed to the editor intrinsically desirable was rejected because at variance with the main principle of selection. The whole of the fourth book was reluctantly omitted and no part of the ninth is included, because, in view of the general plan, the Battle of Salamis and the return of Xerxes with the small remnant of his army seemed to furnish the best climax.

The notes are intended to explain all the uses of the language that are not perfectly familiar to any student who has studied Greek for a year and are based on the assumption that at that early stage the student needs to be reminded of most grammatical rules. They are, therefore, very full at first, less so as one proceeds, yet full enough, it is hoped, to give sufficient help to the student who does not read the text continuously. The Syntactical Survey contained in the Introduction is intended to make the book practically self-sufficing and references in the Notes are to this and not to other gram-

v

mars. The Summary of Dialectical Forms is fuller than is necessary for the student who knows only the Homeric dialect, but there, as elsewhere in the book, a previous or subsequent acquaintance with Attic Greek is assumed.

Comments on matters other than the interpretation of the text have been introduced sparingly. To furnish an adequate commentary on Herodotus touching matters historical, archæological, and anthropological and to discuss perplexing questions as to sources, accuracy, and credibility, would make the book far too large and cram it with material that may be obtained better elsewhere. The student will not be greatly troubled if not fully informed on these subjects, and the instructor may be trusted to fill in the gaps as he thinks best. If this book introduces a delightful story-teller to some who would otherwise not know him and if, by its use, they can learn to read Herodotus with ease and in considerable bulk, it will, in the mind of its maker, be justified.

The text in the main is that of Hude as found in the Oxford text edition. The selections have been cut at the editor's discretion, without indication in the text of such omissions, since the satisfaction felt by the student in reading continuous narrative outweighs whatever advantages there may be in his knowledge of the exact places where abridgment has occurred.

In the preparation of the notes constant use has been made of the editions of Sayce, Macan, How and Wells, and above all of Stein. For the Syntactical Survey all the standard grammars published in this country have been consulted, but the greatest use has been made of Smyth's *Grammar for Schools and Colleges*, whose arrangement and terminology have most often been followed. The editor acknowledges with gratitude Professor Smyth's gracious permission to make whatever use of his Grammar seemed desirable.

For permission to reproduce Professor William W. Goodwin's Plan of Salamis contained in Vol. XVII of the *Harvard Studies in Classical Philology*, acknowledgment is made to the Harvard University Press. For permission to quote a portion of the translation of the Persae of Aeschylus by Arthur S. Way, thanks are due to the Macmillan Company. The photograph of Herodotus, which serves as frontispiece, together with the

permission to reproduce it, was secured through the kindness of
Professor Emily L. Shields of Smith College.   For suggestions
and aid of various kinds during the preparation of this book,
the editor is indebted to her colleagues in Smith College,
Professors Julia H. Caverno, Sidney N. Deane, and Agnes C.
Vaughan; to Dr. Natalie M. Gifford of Bryn Mawr College and
Professor Louis Lord of Oberlin College; most of all to Pro-
fessor Florence A. Gragg of Smith College for valuable criticism
and untiring patience in reading manuscript and proof and
to Professor Shirley H. Weber of Princeton University, who
read the entire book before its final revision and whose interest
in its general plan has been a continual inspiration.

TABLE OF CONTENTS

PAGE

PREFACE V

INTRODUCTION I

    Life of Herodotus I

    The *History* of Herodotus 4

    The Style of Herodotus 7

    The Dialect of Herodotus 8

    Syntax of Herodotus 13

    Bibliographical Note 47

SELECTIONS FROM HERODOTUS 49

NOTES 209

VOCABULARY 321

MAPS

THE PERSIAN EMPIRE 48

GREECE AT THE TIME OF THE WAR WITH PERSIA, *facing* 152

THERMOPYLÆ, *facing* 185

ATHENS AND SALAMIS, *facing* 190

INTRODUCTION

LIFE OF HERODOTUS

Herodotus, who is called the "Father of History," was also the first writer of literary Greek prose. In the literature of most peoples prose is later in developing than poetry, but Greece is exceptional in having brought to perfection nearly all forms of poetry before prose was attempted in anything but a rude form. Four centuries or more separated Herodotus from Homer, with whom he has much in common. Each combined history with legend, folk tales with adventure; each has the qualities of nobility and simplicity; each is master of a limpid and unaffected style. As Homer is the greatest story-teller among Greek poets, so Herodotus holds unchallenged the title of the greatest master of the story-telling art in Greek prose.

Greek prose, like Greek poetry, originated in Ionia. Before Herodotus Ionic prose had been employed to some extent by writers on natural philosophy and theology and by the so-called sages for the expression of strings of sententious utterances or maxims. Toward the end of the sixth century it was used by writers known as logographers (λογογράφοι), writers in prose, as opposed to writers in verse (ἐποποιοί). These logographers compiled ancient myths and genealogies and combined an uncritical history with description of foreign countries. The most famous names among them are Hecataeus of Miletus (*ca.* 500 B.C.), who wrote a *Tour of the Earth*, and Hellanicus of Mytilene, a contemporary of Herodotus, who wrote the history of a number of Greek states and foreign countries. No one of these had a conception of history as a whole or of any great movement in history.

Herodotus was born shortly before the expedition of Xerxes into Greece, or about 484 B.C., and died early in the course of the Peloponnesian War, probably about 428 B.C. He was born and spent his early years in Halicarnassus in Caria in southwestern Asia Minor, a city founded by the Dorians, but containing a large Ionian element, and subject to the king of Persia.

We know tantalizingly little about the circumstances of his life. His father was named Lyxes, his mother Dryo. He had a brother Theodorus, and his uncle, Panyasis, was an epic poet of considerable reputation. It is quite certain that his family was one of distinction and prominence and he must have possessed considerable wealth to be able to devote himself to travel and research. He undoubtedly received the usual education of a cultivated Greek and would have been trained largely in the poets, especially Homer, the great national poet, whose poems formed the foundation of every boy's education, and whose influence upon the work of Herodotus is evident. to every reader. His literary aspirations may have been engendered and fostered by his uncle Panyasis. While Halicarnassus was a Dorian colony, it is certain that the Ionic dialect was used by at least a portion of its inhabitants during the lifetime of Herodotus, and he may have spoken a dialect essentially the same as that he uses in his work, although in its use he simply follows the precedent of the logographers. The Doric and Attic dialects must also have been familiar to him.

At the time of his birth Halicarnassus was ruled, under Xerxes, by Artemisia, the wise and valorous queen whose audacity and resourcefulness are celebrated by Herodotus in his account of the Battle of Salamis. During his youth or early manhood the power was in the hands of Lygdamis II, perhaps the grandson of Artemisia, whose rule seems to have been oppressive. Herodotus and his uncle Panyasis belonged to a party in the city that rose against him, and in the conflict that resulted Panyasis lost his life while Herodotus, with others, was obliged to flee to the island of Samos, from which he afterward returned to assist in the expulsion of the tyrant. Somewhat later he again left his native city because of political differences and because, if we may trust Suidas and the evidence of his epitaph, he was regarded with jealous suspicion by his fellow citizens.

It was probably during the period of his life in Halicarnassus, or about 454 B.C., that he began his travels, in the course of which he collected materials for his history, whether or not the travel was undertaken for that purpose. He must have explored the greater part of the civilized portion of the shores of the Mediterranean; he visited Syria and Palestine, Egypt and Libya, Asia Minor and Thrace. He knew the islands of Rhodes and Cyprus, as well as the islands of the Ægean Sea. He probably sailed on the Black Sea as far east as Colchis and as far north as the Crimea; he knew the principal cities of Greece, southern Italy, and Sicily. Whether he actually saw Babylon and Susa and the ruins of Nineveh and penetrated into Egypt as far as the city Elephantine, as he would have us believe, is a matter of some doubt; but if he was not, as was formerly believed, the greatest traveler of his time, it is certain that no Greek before him made so good use of his travels or learned so much of the customs and doings of foreign countries.

How much of his *History* was composed before he reached Athens, we do not know, but he is said to have given readings from it about 445 B.C. The details of his life thereafter are as meager as of any other period. He is believed to have been a friend of the tragic poet Sophocles, and we may be sure that he was acquainted with Euripides, Pericles, Socrates, and his younger contemporary and rival, Thucydides, as well as sculptors and painters who formed a part of the brilliant society of the time. Somewhat later he joined the newly founded colony of Thurii, settled by the Athenians in 444 B.C. on the site of ancient Sybaris in southern Italy, and became closely enough identified with it to be called by Aristotle a Thurian. Later he revisited Athens, where he saw the Propylæa, the colonnaded entrance of the Acropolis, completed in 432 B.C. His death probably occurred in Thurii, where he was buried. His epitaph, preserved to us by the grammarian, Stephanus of Byzantium, is as follows:

Ἡροδότου Λύξεω κρύπτει κόνις ἥδε θανόντα,
    Ἰάδος ἀρχαίης ἱστορίης πρύτανιν,
Δωριέων βλαστόντα πάτρης ἄπο· τῶν γὰρ ἄτλητον
    μῶμον ὑπεκπροφυγὼν Θούριον ἔσχε πάτρην.

"This dust conceals the body of Herodotus, son of Lyxes,

prince of the realm of Ionian ancient history; sprung from the
Dorians, he lies far from his country; for fleeing from their
intolerable censure, he found in Thurii a country."

THE "HISTORY" OF HERODOTUS

We possess in its entirety the work of Herodotus, which has
come down to us divided into nine books, each bearing as
title the name of one of the nine Muses.   There is a story that
he read his *History* at Olympia during a celebration of the
great games and so captivated his hearers that they gave his
work the names of the Muses on the spot.   This story was
probably invented to account for the division and the titles,
which clearly were due, not to Herodotus himself, but to some
scholar of the Alexandrian period.

The work was undertaken, as we are told at its beginning,
to perpetuate the great exploits of antiquity and in particular
to give an account of the origin and course of the conflict
between Greek and Barbarian, which began with Crœsus,
king of Lydia, and ended with the defeat and virtual annihila-
tion of the army of Xerxes.   In narrating the course of events,
Herodotus takes a leisurely and somewhat devious course,
turning aside to describe the customs and achievements of the
various peoples with which his story is concerned and to insert
many curious or romantic tales that formed a part of their
traditions.   The entire second book is a digression on the
history, customs, and accomplishments of the Egyptians; the
fourth is given largely to accounts of the strange and savage
customs of the Scythians; here and there are digressions on the
traditional or early history of the Greek states, especially
Athens and Sparta.   Kings, tyrants, slaves, peasants, con-
spirators, thieves, wise men and foolish, jealous women, cruel
stepmothers, faithful wives, brave and resourceful women,
all these and many more move in lifelike fashion through his
pages giving them color and vividness and affording to the
reader never-ending entertainment.

But in spite of these digressions the work is carefully
planned and has essential unity, both because Herodotus
never loses sight of his main purpose and because his con-
viction that the course of events everywhere reveals the

workings of a relentless fate furnishes a theme for his history. Its keynote may be found in such sayings as: Pride goeth before a fall; God cuts down all towering things; He suffers none but himself to be haughty. The downfall of Xerxes affords the best illustration of the certainty of punishment for overweening pride, but throughout the work are found lesser examples of this law of life as he saw it. Because of this it becomes a kind of prose tragedy.

A work of this sort does not conform to modern standards of historical treatment, and Herodotus has been the target for shafts of criticism from ancient times to our own. His younger contemporary, Thucydides, a man of very different temper, often takes occasion in his own work to contradict statements of Herodotus, though without mentioning his name. Plutarch, in the first century of our era, wrote a tract on the *Malice of Herodotus*, and in modern times some have declared that his work is to be regarded as fiction, quite as much as the *Iliad* or *Odyssey*, while others less sweeping in their judgment have found the *History* so full of inaccuracies and marks of prejudice as to deserve no credence unless confirmed by other evidence. It is precisely this confirmation that has gradually led to the belief that, in view of the disadvantages under which he labored, he is extraordinarily accurate and that, whenever he had the opportunity to learn facts, he has faithfully reported them.

It must be remembered that he did not have the kind of evidence open to modern historians. For his account of foreign nations, he must have been dependent largely upon oral tradition, popular tales that came to him from such persons as priests, sacristans, and dragomen, doubtless through the medium of interpreters. While such tales are frequently untrue, they are enormously valuable as folklore and as perpetuating traditions that were current in his own time. But he was not a mere reporter of tales told him by others even in his accounts of foreign nations. His curiosity was such that we must believe that he got all possible information about things which he could not know directly and that where evidence was open to his own eyes he made use of it. In his account of Egyptian history, for instance, his chronology is often at fault, and the achievements of real kings have been attributed to imaginary persons. But the actual evidence of monuments has in recent times confirmed in their main outlines many of his statements.

For the ancient history of Greece he had the accounts of poets and logographers, the popular traditions, the sanctuaries with their rich offerings, and the explanations of their keepers. Even in narrating the course of the Persian Wars he was dependent in many details upon hearsay. The habit had not yet arisen of chronicling to any extent details of military or political happenings, and in the thirty odd years that had elapsed before the composition of his history many legends had grown up in regard to the great and spectacular achievements of the war. He has told us what the Athenians of his own time said and believed about that great conflict; and, though his account is marked by inaccuracies as to topography, numbers, movements of forces, and the like, though conversations are recorded that never took place, and though his statements are sometimes colored by prejudice, the inaccuracies in general do not count, the conversations, if not to the same degree as those of Thucydides, are such as might have taken place in view of the situation and the character of the speakers, while the prejudice shown is merely the reflection of Athenian bitterness and bias before or in the early years of the Peloponnesian War.

In general it may be said that Herodotus was singularly fair-minded and extraordinarily critical for his time. He often cites his authorities and distinguishes carefully between what he has seen or obtained at first hand and what came from more remote sources. Sometimes he gives without comment alternative versions of a matter, leaving to his readers the responsibility of a choice between them. Often he introduces or concludes a story with such words as: "This does not convince me," or "I for my part do not believe it." Even though we concede to his detractors that a great deal of inaccuracy and overcredulity and some measure of prejudice are to be found in Herodotus, his work still remains a great contribution to our knowledge of Greek and Asiatic history.

THE STYLE OF HERODOTUS

Herodotus is the leading representative of what is called by Aristotle the λέξις εἰρομένη (fr. εἴρω, *string*), or running style, where clauses are added loosely to one another like beads on a string, as opposed to the λέξις κατεστραμμένη, the periodic or compact style. The running style is characteristic of the speech of childhood whether of an individual, a race, or a literature, and is one of the points where we see a likeness between Herodotus and Homer. But in Herodotus, as in Homer, this simplicity of structure has nothing of the crudeness of childhood, but is rather a mark of the artist who suits his style to his subject and handles his medium with sureness and skill.

Herodotus, like Homer, is seldom obscure. In the main his language is that of common speech, though colored to some extent by poetic words, usually those familiar to readers of Homer. He avoids monotony by varying words and constructions in the expression of similar ideas, uses sentences now short, now long. He observes carefully the connection of thought and employs various devices for showing that connection, such as picking up words that occur in a clause or sentence by the same or similar words in a subsequent clause or sentence, repeating the verb in the form of a participle, and summing up participles with οὕτως δή to show their common relation (usually causal) to a verb. He prefers direct quotation to indirect and in indirect discourse often ignores the difference between main and subordinate clauses by allowing an infinitive to represent the verb in each. In general it may be said that the distinction between main and subordinate clauses is slight in Herodotus. His habit of using no connective when a sentence begins with a form of οὗτος points to the fact that he did not differentiate it from a form of the relative pronoun. He is fond of 'parataxis,' that is, of parallel or coördinate clauses, where logically one is subordinate to the other. He delights in synonymous expressions and uses a large number of periphrases to express the idea of a single verb; for example: ποιεῖσθαι σπουδήν for σπεύδειν, *to hasten;* λόγον ποιεῖσθαι for λογίζεσθαι, *to consider;* ἐς λόγους ἐλθεῖν for διαλέγεσθαι, *to talk with;* ἐν θώματι εἶναι for θωμάζειν, *to wonder;* μνήμην ἔχειν for μεμνῆσθαι, *to remember,* and many more.

Of figures of speech he is very sparing, except those that had already become current in the language and are familiar to readers of Homer or of Attic Greek.

Here and there in the commentary other points of style are mentioned, peculiarities of order or other mannerisms, but for an appreciation of Herodotus few directions need be given other than the obvious ones of careful attention to forms and their proper meaning. Given a good previous training in the elements of the language and a genuine desire to know him, any one may in a short time acquire facility in reading Herodotus and may be trusted without further guidance to appreciate the charm of his style.

THE DIALECT OF HERODOTUS

The dialect employed by Herodotus is the so-called New Ionic, which in its general character forms a bridge between the Old Ionic, or Epic, of Homer and the Attic, the standard literary dialect of the fifth and fourth centuries B.C. Its likeness to the Epic is shown by the use of η for ā of the Attic, the large number of uncontracted forms, and practically identical inflectional endings. On the other hand, the forms tend to become more stereotyped, and many non-Attic forms used by Homer have given place to those that were adopted by the Attic. In some points the New Ionic differs from both the earlier and later dialects, but these may be quickly learned, and the student who pays close attention to the peculiar dialectical forms in the first half-dozen pages should have no further trouble with the dialect.

In the following summary the most striking characteristics of the dialect are enumerated.

Letters and Sounds

CONSONANTS.

    1. κ for π in all adjectives and adverbs from the pronominal stem πο- ; e.g. κοῖος, ὀκοῖος, κόσος, ὀκόσος, κότερος, ὀκότερος, κῶς, κότε, κοῦ, κῇ, and the corresponding indefinites, κως, ὅκως, etc., instead of ποῖος, ὁποῖος, etc.

2. Absence of the aspirate (rough breathing). In the text the rough breathing is written over initial vowels, but a preceding mute consonant remains unchanged; e.g. ἀπ-ικνέομαι, κατ-οράω, ἀπ' ἦς, instead of ἀφικνέομαι, καθοράω, ἀφ' ἦς.

3. Transfer of the aspirate; e.g. ἐνθεῦτεν (ἐντεῦθεν), κιθών (χιτών).

4. Smooth mute for rough mute in such words as αὖτις (αὖθις), δέκομαι (δέχομαι).

5. ν for γν in γίνομαι (γίγνομαι), γινώσκω (γιγνώσκω), etc.

VOWELS.

6. η for ā (of the Attic):

(a) In endings of a-stems; e.g. χώρη, αἰτίη, etc. (In Attic such stems retain ā after ε, ι, ρ; cf. also in Homer θεά and some proper names.)

(b) In stems; e.g. πρηγ- (Attic πραγ-) from which come πρήσσω, πρῆξις, πρῆγμα; κρη- (Attic κρα-) from which come κρητήρ, etc.

7. η for ᾰ (of the Attic) in abstracts formed from adjectives in -ης and -οος; e.g. from ἀληθής, ἀληθείη (Attic ἀλήθεια); from εὔνοος, εὐνοίη (Attic εὔνοια).

8. ηι for ει in the noun or adjective endings -ειος, -εια(η), -ειον, (of the Attic) and in the verbs derived from them; e.g. βασιληίη, μαντήιον, οἰκήιος, οἰκηίω.

9. ει for ε and ου for ο in such words as ξεῖνος (Attic ξένος), μοῦνος (μόνος), οὔνομα (ὄνομα).

10. ε for ει in ἐς (εἰς), ταχέα (ταχεῖα), κρέσσων (κρείσσων), etc; also in forms derived from the stem δεικ-; e.g. δέξομαι, ἀπόδεξις, etc.

11. ε for a in τέσσερες (τέσσαρες), γέρεος (γέραος), etc.

12. a for ε in μέγαθος (μέγεθος), τάμνω (τέμνω), etc.

13. ω for αυ in θῶμα (θαῦμα), etc.

14. ω for ου in ὦν (οὖν), etc.

VOWELS BEFORE VOWELS.

15. When a is followed by an *e*-sound or an *o*-sound contraction often results; αε, αη, become ā; αει, αη, become ᾳ; αο, αου, αω, become ω; αοι becomes ῳ; e.g. ὀράε(η)ται = ὀρᾶται; ὀράει = ὀρᾷ; ὤραον = ὤρων.

16. When o is followed by an *e*-sound or an *o*-sound, contraction often results; οε, οο, οου, become ου (Attic) or ευ (Epic).

οει, οη, οοι, become οι; e.g. ἐμισθόετο = ἐμισθοῦτο; δικαιόουσι = δικαιεῦσι; διδόει = διδοῖ.

17. Occasionally contraction results when ε is followed by ε or ο; εε, εει, become ει; εο, εεο, εου, become ου (ευ); e.g. ποιέει = ποιεῖ; ποίεε (imv.) = ποίει; πλέονας = πλεῦνας. Herodotus rarely contracts εα, but εεα becomes εᾱ; e.g. ἀκλέεα = ἀκλεᾶ. In the combinations -έεαι and -έεο, one ε disappears.

(a) Verbs in -αω often have forms like -εω verbs; e.g. ὁρέω (ὁράω); χράομαι sometimes appears as χρέωμαι, with corresponding forms, such as χρέωνται, χρεώμενος.

18. Crasis, or the contraction of a vowel or diphthong at the end of a word with a vowel or diphthong beginning the following word, which is rare in Homer, is common in Herodotus, especially with the definite article. Here οα becomes ω, οε becomes ου, as in ordinary contraction. But ο + αυ becomes ωυ; e.g. ὡυτός (ὁ αὐτός), τὠυτό (τὸ αὐτό); οι + α becomes ω (without iota subscript); e.g. ὧλλοι (οἱ ἄλλοι); αι + α becomes α (without iota subscript); e.g. κἀγαθοί (καὶ ἀγαθοί).

Inflections

19. The dual is lacking in all inflections.

Nouns and Adjectives

First Declension

20. Feminines end in η, which is retained through the singular, or in ᾰ, which is changed to η in the genitive and dative singular; e.g. χώρη, -ης, ἄμαξα, -ης, μοῖρα, -ης. All masculines end in ης; e.g. δεσπότης, νεανίης.

21. Masculines have -εω (metathesis of quantity for -αο) in the genitive singular (with accent as if αο), and sometimes -εα (for -ην) in the accusative singular, on the analogy of third declension nouns in -ης; e.g. δεσπότεω, νεανίεω, δεσπότην or δεσπότεα.

22. The genitive plural of masculines and feminines ends in -εων; e.g. χωρέων, δεσποτέων.

23. The dative plural of masculines and feminines ends in -ῃσι; e.g. χώρῃσι, δεσπότῃσι.

Second Declension

24. The genitive singular ends in -ου (never -οιο); e.g. θεοῦ.
25. The dative plural ends in -οισι; e.g. θεοῖσι.
26. A few nouns, mostly proper names, follow the so-called Attic declension, showing ω in every form instead of ο; an iota in the ending appears as subscript; e.g. Ἀμφιάρεως, -εω, -εῳ, εων. (The accent is the same as if ο were used).

Third Declension

27. The dative plural always ends in -σι (never in -εσσι); e.g. φύλαξι (fr. φύλαξ).
28. Stems in -σ do not contract, as in Homer; e.g. γένος, γένεος, etc. Stems in -ασ have forms in -εσ except in the nominative, accusative, and vocative, singular and plural; e.g. γέρας, γέρεος, γέρεϊ, γέρας, γέραα, γερέων, γέρεσι, γέραα.
29. πόλις is declined on the stem πολι- and has in the dative singular πόλῑ.
30. Nouns in -υς are declined -υς, -υος, -υι, -υν, -υες, -υων, -υσι, -ῡς; or -υς, -εος, -εϊ, -υν, -εες, -εων, -εσι, -εας. Adjectives in -υς follow the latter declension in the masculine and neuter; the feminine ends in -εα, and is declined like the first declension; e.g. βραχύς, βραχέα, βραχύ. Instead of πολύς, πολύ, Herodotus, like Homer, uses πολλός, πολλόν.
31. βασιλεύς has -ευ in the vocative singular and dative plural, elsewhere βασιλέος, etc.
32. νηῦς is declined νεός, νηΐ, νέα, νέες, νεῶν, νηυσί, νέας.

Pronouns

33. Personal: 1. ἐγώ (ἔγωγε), ἐμέο (ἐμεῦ, μευ), ἐμοί (μοι), ἐμέ (με), ἡμεῖς, ἡμέων, ἡμῖν, ἡμᾶς. 2. σύ, σέο (σεῦ, σευ), σοί (τοι), σέ (σε), ὑμεῖς, ὑμέων, ὑμῖν, ὑμέας. 3. No nominative, εὗ, οἷ, μιν, σφεῖς, σφέων, σφι, σφέας.
34. Reflexive: 1. ἐμεωυτοῦ, -ῆς, etc. 2. σεωυτοῦ, -ῆς, etc. 3. ἑωυτοῦ, -ῆς, etc. ἑωυτῶν, ἑωυτοῖσι, -αισι (σφίσι), ἑωυτούς, -ας.
35. Relative: with the exception of ὅς, ἥ, οἵ, αἵ, all forms have initial τ and are identical with the forms of the definite article; except that, after prepositions that have suffered

elision, forms similar to the nominative masculine and feminine are used; e.g. ἀπ' οὖ.

36. Interrogative: τίς, τί, τεῦ, τέῳ (τίνι), τίνα, τί, τίνες, τίνα, τέων, τέοισι, τίνας, τίνα.

37. Indefinite: τὶς, τὶ, etc., like the interrogative, except that all forms are enclitic.

38. Indefinite relative:

ὅστις, ἥτις, ὅ τι,	οἵτινες, αἵτινες, ἅσσα
ὅτευ	ὅτεων
ὅτεῳ	ὁτέοισι
ὅντινα, ἥντινα, ὅ τι	οὕστινας, ἅστινας, ἅσσα

Verbs

39. The augment is lacking in most verbs beginning with a diphthong and in some verbs beginning with a single vowel, in iterative imperfects, and sometimes in the pluperfect.

40. Personal endings are in general the same as in Attic. The Epic endings -αται (for -νται), -ατο (for -ντο), often occur, especially in the perfect and pluperfect middle (passive), in the optative, and in the present and imperfect of μι-verbs.

41. The pluperfect active has the endings -εα, -εας, -εε, -εατε.

42. μι-verbs have many forms on the analogy of ω-verbs; e.g. διδοῖ (διδόει) for δίδωσι, τιθεῖ (τιθέει) for τίθησι; in the third person plural the epic forms τιθεῖσι, διδοῦσι are used; μι-verbs with stem ending in α sometimes change the stem vowel to ε, just as -αω verbs (§17a); e.g. ἀπιστέαται for ἀπίστανται.

43. εἰμί: like the Attic, except, regularly, the Epic forms εἶς, εἰμέν, ἐών, ἐοῦσα, ἐόν and, occasionally, other Epic forms.

44. εἶμι: like the Attic, except an occasional Epic form in the imperfect indicative; e.g. ἤια, ἤιε, ἤισαν.

45. οἶδα: οἶδας, οἴδαμεν, ἴδμεν (perfect indicative); ἤδεα, ἤδεε, ἤδεσαν (pluperfect); εἰδέω, etc. (subjunctive); otherwise like the Attic.

46. ἵημι: in general, like τίθημι; but pres. 3 sing. ἵει.

SYNTAX OF HERODOTUS

The rules of agreement in Herodotus are, in general, those that are found in Homer and in Attic Greek. For convenience, the most important rules are summarized here.

1. A verb agrees with its subject in number and person. But—

(a) A neuter plural subject generally takes a singular verb.

(b) A collective noun may take a plural verb.

(c) A plural subject expressing magnitude may take a singular verb.

(d) With several subjects, the verb may agree with the nearest.

(e) Sometimes a verb agrees with the predicate noun instead of the subject.

2. An adjective qualifying a substantive must agree with it in gender, number, and case. The adjective is either (1) *attributive*, when it simply qualifies without an assertion; e.g. ἀγαθὸς ἄνθρωπος *a good man;* or (2) *predicate*, when it is asserted of the subject or object; e.g. ὁ ἄνθρωπος ἀγαθός ἐστιν *the man is good.*

(a) A predicate adjective is sometimes neuter, even though its substantive is masculine or feminine, if it is thought of as a thing.

(b) When the subject is a clause, the predicate adjective is neuter, commonly in the singular, but sometimes in the plural.

3. A substantive qualifying another substantive must agree with it in case, and also in number, except when the sense will not permit. The qualifying substantive is either (1) in *apposition*, when it qualifies without an assertion; or (2) *predicate*, when it is asserted of the subject or object.

(a) A word for the whole may have as appositives the parts of the whole.

4. Predicate adjectives and substantives are used after verbs meaning to *be, become, seem, appear, be called*, etc., and agree with the subject.

5. Predicate adjectives and substantives are used after verbs meaning to *make, show, name, call*, etc., and agree with the object.

6. A predicate adjective is often used with other verbs than those above mentioned, where we should use adverbs or render by a periphrasis; e.g., in Homer, βῆ δ' ἀκέων *he went silently* or *he was silent as he went.* This is very common in the case of words like πρῶτος: πρῶτος κατεστρέψατο *he was the first to subjugate.*

7. A relative pronoun agrees with its antecedent in number and gender; its case is determined by the construction of the clause in which it stands.

(*a*) Variations from this law of agreement sometimes occur, such as (1) construction according to sense; or (2) agreement with the predicate instead of the subject.

(*b*) A relative in the accusative is often attracted to the case of the antecedent, expressed or understood, if the antecedent is genitive or dative.

The Article

8. In Homer ὁ, ἡ, τό is commonly a demonstrative pronoun and is used either as a substantive or an adjective. In Herodotus, as in Attic, the demonstrative force is retained in some cases.

9. The article has demonstrative force chiefly when followed by μέν or δέ or when preceded by καί; so especially in contrasts, as ὁ μέν . . . ὁ δέ *the one . . . the other;* οἱ μέν . . . οἱ δέ *these . . . those, some . . . others;* τὰ μὲν Ἕλλησι, τὰ δὲ βαρβάροισι ἀποδεχθέντα *some exhibited by Greeks, others by Barbarians,* 49, 3.

(*a*) A substantive or pronoun may take the place of the article with δέ; e.g. ὁ μὲν ἐπειρώτα, Σόλων δὲ λέγει *he (Crœsus) asked, and Solon said,* 58, 12.

(*b*) ὁ (ἡ, τό, οἱ, αἱ, τά) δέ without a preceding μέν often means *but (and) he (she, this, they, these)* and generally refers to some other than the subject of the preceding sentence; ἡ γυνὴ ἐκάλεε τὸν Γύγεα· ὁ δὲ ἦλθε *the woman summoned Gyges; and he came,* 53, 27. But Herodotus often uses it with reference to the subject of the preceding sentence.

10. The article may take the place of an unemphatic possessive pronoun, when there is no doubt as to its reference; e.g.

βούλομαί τι παρὰ τοῦ πατρὸς σημῆναι *I wish to report something from my father*, 128, 16.

11. The article may denote a class as distinguished from other classes; e.g. ὁ ἄνθρωπος *man*, as distinguished from other living beings (Generic Article).

12. The article may have a distributive force, where we should use *each* or *a*: e.g. ἐργάζοντο τὴν τρίμηνον ἕκαστοι *they worked a three-month period each*, 103, 14.

13. Some words take the article to indicate a class or type; e.g. νύξ *night*, ἡμέρη *day*, θάλασσα *sea*, γῆ *land*, χρόνος *time*.

(*a*) But such words used in formulas or with the force of proper names may omit the article; e.g. κατὰ γῆν *by land;* ἐν γῇ *on land;* πρὸς θαλάσσης *seawards*.

14. The article is generally used with abstract nouns; e.g. ἡ εὐδαιμονίη *happiness*.

15. The article is often used with proper names to indicate them as well-known, previously mentioned, or in contrast with others; e.g. ὁ Σόλων, 58, 1.

(*a*) Names of nations generally omit the article; e.g. Ἕλληνες λέγουσι *the Greeks say*, 49, 19.

(*b*) Names of rivers generally omit the article; e.g. ἐπὶ Φᾶσιν ποταμόν *to the river Phasis*, 50, 13.

16. The article is often omitted in certain phrases; e.g. κατὰ πρύμνην *astern*.

17. The use of the article has led to definite rules in regard to the position of the qualifying adjective, attributive or predicate. In Homer ἀγαθὸς ἀνήρ and ἀνὴρ ἀγαθός alike may mean *the good man*. But in Herodotus and in Attic these phrases, when preceded by the article, have a different meaning; ὁ ἀγαθὸς ἀνήρ means *the good man*, but ὁ ἀνὴρ ἀγαθός means *the man (is) good*. These two phrases illustrate respectively the *attributive* and the *predicate* position.

18. The Attributive Position. A word or group of words standing between the article and its substantive, or, if the substantive precedes, immediately after the article, has *attributive* position. There are three possible positions, then, of the attributive illustrated by (1) ὁ σοφὸς ἀνήρ; (2) ὁ ἀνὴρ ὁ σοφός; (3) ἀνὴρ ὁ σοφός. The first is the most common, the last the least common.

19. The Predicate Position. A predicate adjective either precedes or follows the article and its substantive; e.g. σοφὸς ὁ ἀνήρ or ὁ ἀνὴρ σοφός *the man (is) good.*

20. Not all words and phrases with attributive force have the attributive position; some stand regularly in the predicate position; some in either, but with a difference in meaning. In the following paragraphs, the most important rules of order are given.

21. Attributive adjectives, participles, adverbs and prepositional phrases with adjectival force are in the attributive position; e.g. ἡ παροῦσα συμφορή *the present circumstance;* οἱ τότε ἄνθρωποι *the men of that time;* οἱ σὺν αὐτῷ στρατιῶται *the soldiers with him.*

(*a*) The article with an adjective or participle, a prepositional phrase, or an adverb has the force of a substantive; e.g. οἱ ἀγαθοί *the good men;* οἱ τότε *the men of that time;* ὁ βουλόμενος *the man who wishes.*

22. Possessive pronouns and the genitives of reflexive and demonstrative pronouns used as possessives are in the attributive position.

23. The genitive of a substantive limiting the meaning of another substantive with the article may stand in either the attributive position or the predicate position. Herodotus has a preference for the latter, placing the limiting genitive before the substantive it limits, if he regards it as more important, but after it, if less important; e.g. παντὸς χρήματος τὴν τελευτήν *the end of every matter,* 60, 4; but τὴν τελευτὴν παντὸς χρήματος, 60, 9.

24. The demonstrative pronouns οὗτος, ὅδε *this,* and ἐκεῖνος *that,* together with ἀμφότερος *both,* generally take the article in prose and stand in the predicate position; e.g. οὗτος ὁ ἀνήρ *this man;* ἥδε ἡ θάλασσα *this sea.*

(*a*) When the demonstrative has a *deictic* force (i.e. points to something in sight or immediately to be mentioned), the article is omitted; e.g. οἵδε Λυδοί *these Lydians here.*

(*b*) Herodotus frequently omits the article when the demonstrative follows its substantive, as if it were added as an afterthought.

25. The genitive of the personal pronouns and of αὐτός when used as a personal pronoun is in the predicate position.

26. The genitive of the whole (Partitive Genitive) is in the predicate position.

27. The adjective μέσος, when it means *middle of*, ἄκρος, when it means *top of, end of*, πᾶς, when it means *all*, stand in the predicate position.

(*a*) When πᾶς means *the whole of*, it stands in the attributive position; when it means *every*, the article is regularly omitted. But in Herodotus these distinctions are not always observed.

28. The pronoun αὐτός has three distinct uses, the first two of which are common in Homer, while the third is rare or non-existent there.

(1) As an intensive pronoun meaning *self*, when used alone in the nominative case, or when in agreement with a substantive and in the predicate position.

(2) As an adjective meaning *same*, when preceded by the article.

(3) As a personal pronoun of the third person, but only in the oblique cases; *him, her, it, them.*

e.g. αὐτὸς ἔφη *he himself said;* αὐτὸς ὁ ἀνήρ or ὁ ἀνὴρ αὐτός *the man himself; ὁ αὐτὸς ἀνήρ the same man; ἐπ' αὐτάς against them.*

29. The meaning of ἄλλος *other*, πολύς *much*, is modified when preceded by the article.

ὁ ἄλλος *the other, the rest* (*of*); e.g. ἡ ἄλλη Ἑλλάς *the rest of Greece.*

οἱ ἄλλοι *the others* (all the others),

τὰ ἄλλα *the rest, all other things.*

τὸ πολύ *the greater part,*

οἱ πολλοί *the majority, multitude, rabble.*

οἱ πλεῦες *the majority.*

οἱ πλεῖστοι *the most.*

CASES

Genitive

30. The genitive is used to limit the meaning of substantives, adjectives, adverbs, and verbs.

Genitive with Substantives

31. The limiting genitive with substantives may be classified under the following heads:

1. Genitive of Possession; e.g. τὴν Πριάμου δύναμιν the power of Priam.

(a) Here belong such expressions as τὴν Ἰνάχου (sc. θυγατέρα) the daughter of Inachus, 49, 19; ἐν Κροίσου (sc. οἰκίᾳ) in Crœsus's house, 61, 13.

2. Subjective genitive with a verbal substantive; e.g. ἀνδρῶν ἀδίκων ἔργον a work of unjust men, 51, 1.

3. Objective genitive with a verbal substantive; e.g. δίκας τῆς ἁρπαγῆς punishment for the seizure, 50, 25.

(a) The objective genitive is 'sometimes found where a prepositional expression would be expected; e.g. τὴν ἀληθείην τῶν κακῶν the truth about the misfortunes, 60, 13.

4. Genitive of the Material of which a thing consists or is composed; e.g. στατὴρ χρυσοῦ a stater of gold.

5. Genitive of Measure; e.g. πλόον εἴκοσι ἡμερέων a voyage of twenty days.

6. Genitive of the Divided Whole (Partitive Genitive) with any word (noun, adjective, or pronoun) that expresses a part; e.g. Περσέων οἱ λόγιοι the chroniclers of (among) the Persians, 49, 6; πασέων καλλίστην most beautiful of all women, 52, 15; κατὰ τοῦτο τῆς ἀκροπόλιος at that part of the citadel, 76, 7.

7. Genitive of Quality; e.g. οἰκίης μὲν ἐόντα ἀγαθῆς, τρόπου δὲ ἡσυχίου being of a noble house but a mild disposition (the first genitive may be taken as possessive), 80, 22.

8. Explanatory or Appositive Genitive, when a word in the genitive makes more explicit the meaning of a general word; e.g. χρῆμα ὑός a monster of a boar (a great big boar), 61, 14.

32. Any of the foregoing genitives may be connected with the word it limits by the verbs be, become, think, etc. (Predicate Genitive); e.g. Ὁμήρου τὰ ἔπεά ἐστιν the verses are Homer's, 96, 28.

Genitive with Verbs

33. Verbs of sharing take a partitive genitive; e.g. τοῦ λόγου μετέσχον they obtained a share in the discussion, 91, 6.

34. The Partitive Genitive is used with verbs signifying to touch, take hold of, hit, miss, attain, make trial of, begin, etc.

35. The genitive is used with verbs signifying to *hear, learn, remember, make mention of, forget, desire, care for, neglect*.

(*a*) Verbs of *hearing* and *learning* take the genitive of the person and, generally, the accusative of the thing. But ἀκούω *hear*, sometimes takes the genitive of the thing; e.g. τούτων ἀκούσας *when he had heard this*, 64, 12.

(*b*) In the meaning *listen to, obey*, ἀκούω generally takes the dative.

(*c*) μέμνημαι *remember* may take the accusative, especially in the meaning *hold in memory*. For an example see 168, 29.

36. Verbs signifying to *rule* or *command* take the genitive; e.g. πάσης τῆς Ἀσίης ἦρξε *he obtained the rule of all Asia*, 91,19.

37. Verbs signifying to *fill* or *be full of* take the genitive.

38. The Genitive of Separation is used with verbs signifying to *cease, release, restrain, give up, fail, want, lack*, etc. For examples see 61, 9; 62, 5; 64, 27.

(*a*) δέομαι, *ask*, (in active, *lack*), may be followed by the genitive of the person or the genitive of the thing; sometimes the two are combined with a single verb; e.g. ἐδέετο τοῦ δήμου τῆς φυλακῆς *he asked the people for a guard*, 69, 7.

39. The Genitive of Comparison is used with verbs signifying to *differ, surpass, be inferior to*, etc.; e.g. προεῖχε τῶν ἐν τῇ Ἑλλάδι *it surpassed all the places in Greece*, 49, 13.

40. The Genitive of Cause is sometimes used with verbs of emotion.

(*a*) The genitive with verbs meaning to *punish, atone for*, etc. may be regarded as a genitive of cause.

41. The Genitive of Price is used with verbs meaning *buy, sell*, and the like; e.g. νέας τούτων τῶν χρημάτων ποιήσασθαι *to procure ships with this wealth*, 177, 30.

42. The genitive may denote the source.

43. The genitive is used with verbs compounded with certain prepositions, when the preposition has given the word a force that would govern the genitive. Such prepositions are ἀπό, ἐπί, κατά, πρό, ὑπέρ; e.g. ἀπέχομαι *keep away from*, ἐπιβαίνω *set foot upon*, καταφρονέω *despise*.

Genitive with Adjectives and Adverbs

44. The genitive is used with adjectives similar in meaning to verbs that take the genitive; e.g. αἴτιος, ἄξιος, ἔμπλεος, καταδεής, ὑπήκοος. Here belong the uses of

(a) The Genitive of Comparison after an adjective in the comparative; e.g. Κροίσου πρεσβύτερος *older than Crœsus*, 52, 7; μέζω λόγου *greater than speech*, 107, 21; οὐδενὸς δεύτερον *second to none*, 56, 2.

(b) The Genitive of Separation after such words as ἄπαις *childless;* e.g. ἄπαις ἔρσενος γόνου *without male heir*, 81, 26.

45. The genitive is used with adverbs similar in meaning to verbs or adjectives that take the genitive; e.g. ἔνερθε ἀνδρὸς Μήδου *inferior to a Mede*, 80, 23.

46. The genitive is used with many adverbs of place, time, quantity, and with some adverbs of manner, especially when they limit the intransitive ἔχω; e.g. πρόσω τῆς νυκτός *far along in the night*, 101, 28; κόθεν τῆς Φρυγίης *where in Phrygia?* 61, 4; τοῦ βίου εὖ ἥκειν *to be well off in the means of life*, 58, 19; ἀνακῶς ἔχειν τῶν πορθμέων *to be heedful of the boatmen*, 56, 30. These genitives may generally be explained as partitive.

Genitive of Time and Place

47. The genitive denotes the time within which, or at a certain point in which, an action takes place; e.g. νυκτός *by night;* τοῦ λοιποῦ *in the future;* τριῶν ἡμερέων *within three days*, ἐξιόντες πέντε ἔτεος ἑκάστου *five going out each year*, 74, 2.

Genitive Absolute

48. A substantive and a participle not grammatically connected with the main construction of the sentence may stand in the genitive by themselves (§ 130). (For the Accusative Absolute, see § 80.)

Dative

49. The dative has three main uses; to express the relation *to* or *for* (true dative), the relations *by* and *with* (instrumental dative), the relation *in* (locative dative).

The True Dative

50. The dative is used as the indirect object of a transitive verb along with the accusative of the direct object. Such verbs are those signifying to *give, entrust, send, say, promise,* etc.

51. The dative is used as the complement of verbs meaning to *seem, be like* or *unlike;* also of many verbs usually transitive in English. Such verbs are those meaning to *benefit, serve, obey, assist, trust, pardon, advise, command, blame, reproach, yield, threaten, befit, be friendly, be hostile,* and the like.

(*a*) Some of these verbs may take an accusative also; e.g. those meaning to *reproach;* τήν τοι οὐκ ὀνειδίζω *with which I do not reproach you,* 63, 3. (The accusative is cognate, see §70.)

(*b*) Herodotus occasionally uses πείθομαι *obey,* with the genitive, on the analogy of verbs of *hearing;* e.g. ἐμέο πείθεσθαι, 90, 19.

(*c*) Herodotus uses παροράω to *observe, see in,* with the dative and accusative; e.g. δειλίην μοι παριδών *having seen cowardice in me,* 62, 6.

52. The dative is used with adjectives, adverbs or adverbial phrases, and some substantives, similar in meaning to verbs that take the dative; e.g. οἱ κατὰ καιρὸν ἦν *it was convenient for him,* 58, 7; δωρεὴν τοῖσι ἀδελφεοῖσι *a gift to his brothers,* 138, 26.

53. The person interested regularly stands in the dative (Dative of Interest). This is a very common use in Herodotus, as in Homer, and sometimes the dative hardly differs from the possessive genitive; e.g. ἐπὶ τῆς ἁμάξης σφι ὠχέετο ἡ μήτηρ *their mother was carried upon the wagon,* 59, 4; μή τί οἱ τῷ παιδὶ ἐμπέσῃ *lest something fall upon his son,* 60, 24.

54. The Dative of Advantage indicates the person for whose advantage (or disadvantage) something is done; e.g. Ἀθηναίοισι νόμους ποιήσας *when he had made laws for the Athenians* , 57, 23.

55. With εἰμί, γίνομαι and similar verbs, the dative of interest denotes the possessor (Dative of Possessor).

56. The Dative of Interest is used with passive verbs (regularly the perfect, but in Herodotus with the present and aorist also) to denote the agent (Dative of Agent).

57. The personal pronouns are sometimes used in the dative to indicate a lively interest in an action or statement (Ethical Dative); e.g. οἱ μάγοι ὑμῖν κρατέουσι τῶν βασιληίων *the magi, you must know, have control of the palace*, 123, 29.

58. The Dative of Interest may denote the person in whose view, or in relation to whom, something is true (Dative of Relation); αὐθέντης τῇ θυγατέρι *a murderer in the sight of your daughter*, 86, 22; ὁ χρύσεος (κρατὴρ) ἔκειτο ἐπὶ δεξιὰ ἐσιόντι τὸν νηόν *the gold bowl stood at the right as one enters the temple*, 66, 25.

59. With the dative of the person interested the participle is often used to express time; e.g. πολιορκεομένῳ Κροίσῳ *while Crœsus was besieging*, 76, 2.

60. The dative is used to denote the means or instrument (Instrumental Dative); e.g. κατείχοντο ὁρκίοισι *they were bound by oaths*, 57, 27; δωρέεται ἕκαστον δύο στατῆρσι *he presents each man with two staters*, 68, 7; ἀμείβετο τοισίδε *he replied with the following words*, 53, 3. (See §73.)

(*a*) χράομαι *use*, takes the dative of means.

61. The dative is used to denote the cause (Dative of Cause), especially with words expressing emotion; e.g. περιχαρὴς τῷ ἔργῳ *delighted because of the deed*, 59, 12.

62. The dative is used to denote manner (Dative of Manner); τέῳ τρόπῳ *in what manner?* ἀγαθῷ νόῳ *with favorable intent;* in many adverbial expressions; ὀργῇ *in anger;* κύκλῳ *in a circle;* δημοσίῃ *by public (expense);* πανοπλίῃ *in full armor.*

63. The dative of manner may denote in what respect a thing is true (Dative of Respect); e.g. προεῖχε ἅπασι *he surpassed in all respects*, 49, 13; Φρὺξ γενεῇ *a Phrygian by race*, 60, 27.

64. The dative of manner is used with expressions of comparison to denote the Degree of Difference; e.g. μακρῷ πρῶτος *by far the first*, 60, 16; ὕστερον ἡμέρῃσι εἴκοσι *twenty days later*, 123, 9.

65. The dative is used with words or phrases indicating friendly or hostile association or intercourse (Dative of Association); ἐπολέμησαν ἀλλήλοισι *they fought with one another*, 49, 5; πᾶσι τυράννοισι ἐς λόγους ἐλθεῖν *to converse with all tyrants*, 78, 3.

(*a*) Here belongs the use of the dative with ὁ αὐτός *the same*, ὁμοίως *equally*, etc. e.g. ἐποίεε τὠυτὸ τοῖσι Μήδοισι *he did the same as (with) the Medes*, 79, 24.

66. The Dative of Accompaniment is used with verbs signifying to *accompany*, *follow*, etc.; e.g. εἵπετο τῇ γυναικί *he followed the lady*, 54, 19.

(*a*) The dative is used with other verbs, especially in reference to military movements, to denote accompanying forces; e.g. ἀπικόμενοι δὲ τῷ στόλῳ τούτῳ *and arriving with this force*, 149, 24; ἀνέβαινον χειρὶ πολλῇ *they went up with a great force*, 149, 26.

Locative Dative

67. The dative accompanied by an attributive is used to denote the definite time at which an action takes place; e.g. πέμπτῃ ἡμέρῃ *on the fifth day;* τῇ ὑστεραίῃ (ἡμέρῃ) *on the next day*.

(*a*) The attributive is omitted with names of festivals; e.g. Θεοφανίοισι *at the festival of the Theophany*, 67, 2.

(*b*) Herodotus uses ἐν χρόνῳ and χρόνῳ interchangeably, meaning *in the course of time, in time*.

Dative with Compounds

68. The dative is used with many verbs compounded with ἐν, σύν, ἐπί, and with some verbs compounded with παρά, πρός, if the meaning requires it. Such verbs are ἐμπίπτω *fall upon*, ἐπιτίθεμαι *attack*, ἐπιτυγχάνω *happen upon*, συμβουλεύω *advise*, παραστῆναι *to stand beside*, προστίθεμαι *assent*, etc.

(*a*) Some adjectives and substantives equivalent to verbs compounded with prepositions that take the dative also take the dative; e.g. ὑπνωμένῳ ἡ ἐπιχείρησις ἔσται *the attack will be upon him in his sleep*, 54, 15; ἐπίστιός μοι ἐγένεο *you became a guest at my hearth*, 61, 5; οἱ συνέπαινος ἐγένετο *he united with him in approval*, 143, 26.

Accusative

69. The accusative is the case of the direct object of a transitive verb.

(*a*) Sometimes verbal substantives, adjectives, or periphrastic expressions take an object accusative; e.g. σταθμὸν ἔχοντες τριήκοντα τάλαντα *weighing* (*having a weight of*) *thirty talents*, 55, 9. (Some explain τάλαντα as an appositive with σταθμόν). θῶμα ποιεύμενος τὴν ἐργασίην τοῦ σιδήρου *wondering at the working of the iron*, 74, 12.

70. Both transitive and intransitive verbs may be followed by an accusative of kindred meaning with the verb (Cognate Accusative); e.g. διακρῖναι αἵρεσιν *to make a choice*, 54, 8; τρέφειν τροφήν *to rear by a* (*method of*) *rearing*, 92, 18; ἤιε ὁδόν *he went* (*by*) *a road*, 82, 20.

(*a*) A neuter adjective or pronoun may represent a cognate accusative implied in the verb; e.g. μέγα ἀμβώσας *with a loud shout*, 52, 24; κερδανέεις πλεῖστον *you will profit most* (*make most profit*), 61, 13; μαίνεται κάκιον *he suffers with a worse madness*, 81, 22; πολλ' ἀπειλήσας *with many threats*, 83, 7.

(*b*) Even passive verbs are sometimes followed by a cognate accusative; e.g. καλέεται ἐπωνυμίην *he is called by the name*.

71. Verbs meaning to *name, call, appoint, show, make, acquire*, and the like, may take a second accusative as predicate; e.g. τὸν Μυρσίλον ὀνομάζουσι *whom they call Myrsilus*, 52, 12; φίλους προσεποιήσατο Λακεδαιμονίους *he acquired the Lacedemonians as friends*, 52, 4.

(*a*) Both the object and the predicate accusative become nominative when the verb is used in the passive.

72. Verbs meaning to *ask, demand, clothe, deprive, teach*, etc. take two accusatives, one of a person, the other of a thing; e.g. ἐκεῖνο τὸ εἴρεό με *that question which you asked me*, 59, 29.

(*a*) The accusative of the thing is retained when such verbs are used in the passive; e.g. ἀπαιρεθῆναι τὴν ἀρχήν *to be deprived of the rule*, 123, 17.

73. With ἀμείβομαι *answer* and ὑπισχνέομαι *promise*, Herodotus sometimes uses two accusatives; e.g. ταῦτα τοὺς φίλους ἀμείψατο *he made this answer to his friends*, 111, 21; σφέας μεγάλα ὑπισχνεύμενος *making them great promises*, 109, 25. The accusative of the thing in these sentences is cognate.

74. Verbs meaning to *do something to* or *say something of* a person may take two accusatives; e.g. τὰ ἄλλα ἔθνεα ἐποίεε τὠυτό *he did the same thing to the other nations*, 79, 24.

75. Verbs of *dividing* may take two accusatives; e.g. δασάμενοι Αἴγυπτον δυώδεκα μοίρας *having divided Egypt into twelve parts*, 107, 9.

76. The accusative with some verbs and adjectives may denote something in respect to which the verb or adjective is limited (Accusative of Respect or Specification); e.g. οὐ καθαρὸς χεῖρας *not pure in hands*, 60, 27; εὐτυχέοντες τοὺς πολέμους *fortunate in wars*, 72, 3; τὰ μὲν ἄλλα ἐπιεικής *fit in other respects*, 76, 17.

77. Many accusatives are used as adverbs; e.g. τὴν ταχίστην (ὁδόν) *in the quickest way;* πρόφασιν *professedly;* πολλόν *much;* ἀρχήν *at first,* τὴν ὥρην *at the proper time.*

(*a*) The neuter plural of adjectives is often used instead of the singular; e.g. πρῶτα, 87, 4; δεύτερα, 65, 11; also τὰ πρῶτα, 93, 3.

78. The accusative is used to denote Extent of Time or Space; e.g. τοῦτον τὸν χρόνον *during this time*, 49, 12; ἀπεδήμησε ἔτεα δέκα *he was abroad ten years*, 57, 24; σταδίους πέντε διακομίσαντες *conveying* (*her*) *for five stades*, 59, 5.

79. The accusative is occasionally used by Herodotus to express Limit of Motion, with verbs compounded with prepositions that take the accusative; e.g. τὸν ὡς ἐσῆλθε *when it occurred to him*, 120, 3; Ἀστυάγεα ἐσήιε ἀνάγνωσις *recognition came to Astyages*, 85, 23.

(*a*) But ἐσελθεῖν is also followed by the dative, on the analogy of such words as δοκεῖν and φαίνεσθαι; e.g. τῷ Κροίσῳ ἐσελθεῖν *it occurred to Croesus,* 77, 23.

80. A participle stands in the accusative absolute, when it is impersonal; so, regularly, δέον, δόξαν, μετεόν, παρέχον, etc. (For the Genitive Absolute, see §48.)

81. The subject of an infinitive is in the accusative; e.g. Φοίνικας αἰτίους φασὶ γενέσθαι *they say the Phœnicians were responsible*, 49, 6. But when the subject of the infinitive is the same as that of the main verb, it is ordinarily not expressed and any qualifying word is in the nominative; e.g. οὐδὲ αὐτοὶ δώσειν (ἔφασαν) *they said they would not themselves give*, 50, 19; ἀείσας ὑπεδέκετο ἑωυτὸν κατεργάσεσθαι *he promised that after he had sung he would kill himself*, 56, 19.

VERBS

Tenses of the Indicative

82. The present and imperfect tenses are used to denote action in progress, or a state as existing, the one in present, the other in past time; the aorist tense expresses the mere occurrence of a past action; the perfect expresses completed action in present time; the pluperfect is the past of the perfect; the future denotes an action that will take place; the future perfect is the past of the future.

83. The present and imperfect may denote customary or repeated action.

(*a*) Herodotus is fond of iterative forms (imperfect or aorist) made by adding the suffix -σκ°/ε to the present or aorist stem.

84. The present and imperfect may denote action attempted, begun, or intended (Conative Present or Imperfect). This is very common with verbs of *buying, selling*, etc. δίδωμι in the present and imperfect regularly means *offer*.

(*a*) The imperfect is sometimes equivalent in sense to ἔμελλον with an infinitive; e.g. ἀπολιπόντων ᾿Αθηναίων οὐκέτι ἐγίνοντο ἀξιόμαχοι *if the Athenians abandoned them they would no longer be a match in battle*, 195, 19.

85. In vivid narration, a past action is often expressed by the present (Historical Present). The present in this case may represent an aorist or an imperfect of description. (See §87.)

86. The present, accompanied by an expression of past time, such as πάλαι *formerly*, is used to express an action begun in the past and continuing in the present.

87. In the description of past circumstances and events, the imperfect is often used to depict the course of events (Imperfect of Description).

(*a*) Similar to this is the use of the imperfect of certain verbs which imply continuous action, such verbs as λέγω, ἄγω, πέμπω, κελεύω, where an aorist might be expected (Imperfect of Continuance).

88. Some presents are used with the meaning of the perfect; so, commonly, as in Attic, ἥκω *I have come*; οἴχομαι *I have gone*; νικάω *I am victorious*. In Herodotus the usage is extended to a number of other verbs; e.g. πείθομαι *I am convinced* (*have been persuaded*), 52, 30; ἁλίσκεσθαι *to have been taken*, 77, 3; ἀνοίγεσθαι *to be open* (*have been opened*), 53, 8.

(*a*) Such verbs in the imperfect have the meaning of the pluperfect.

89. The present may be used instead of the future in statements of what is immediate, confidently expected, or threatening.

(*a*) In prophecies, a future event may be regarded as present (Prophetic Present).

(*b*) The verb εἶμι *go*, regularly has a future meaning.

90. The imperfect (regularly with ἄρα) is used to denote that a fact or truth has just been recognized; e.g. ἐν τῇ ἀνθρωπηίῃ φύσι οὐκ ἐνῆν ἄρα τὸ μέλλον γίνεσθαι ἀποτρέπειν *in human nature the possibility does not, after all, exist of averting that which is bound to be*, 123, 18.

91. With a negative, the imperfect sometimes denotes resistance, refusal, or failure of expectation (Imperfect of Refusal); e.g. οὐ γὰρ μετίετο ὁ Γύγης, i.e. *for she would not release Gyges*, 54, 17.

92. The aorist is sometimes used to denote a general truth (Gnomic Aorist).

93. Verbs whose present denotes a state generally express by the aorist the entrance upon a state (Ingressive Aorist). So in general, verbs meaning to *rule, desire, weep, be hungry* or *thirsty, be mad, sane*, etc.; e.g. οὕτως ἦρξε *so he obtained the rule*, 91, 20.

(*a*) The aorist of ἔχω always has ingressive force; i.e. εἶχον *I had;* but ἔσχον *I got* or *obtained*.

94. In temporal and relative clauses, the aorist must usually be translated by the English pluperfect.

95. A perfect tense may often be translated by the present; so commonly, τέθνηκε *he is dead;* διέφθαρται *he is ruined;* ἔκτημαι *I possess;* τέθαπται *he lies buried*.

(*a*) Herodotus uses ἥγημαι in the sense of a present, *I think*.

(*b*) The pluperfect of such verbs may be translated by the imperfect.

96. Herodotus is fond of forming periphrastic tenses.

1. μέλλω with the present or future (rarely, aorist) infinitive makes a periphrastic future.

(*a*) The imperfect of μέλλω with the infinitive is used to express past intention or probability; e.g. ἔμελλε παραλάμψεσθαι *he was going to receive*, 98, 25.

2. The future of ἐθέλω with a complementary infinitive

makes a periphrastic future; e.g. ἐθελήσει ἀναβῆναι *is going to pass*, 81, 27.

3. ἔρχομαι with a future participle makes a periphrastic future; e.g. ἔρχομαι ἐρέων *I am going to tell*, 51, 16.

4. εἰμί or γίνομαι may be used with a present, aorist, or perfect participle to form a present (or imperfect), aorist, perfect (or pluperfect); e.g. ἦν ἀρεσκόμενος *he was pleasing* (*he pleased*), 52, 16; μεταδίωκτος γενόμενος *being* (*becoming*) *pursued*, 121, 31.

5. ἔχω with the aorist participle forms a periphrastic aorist or perfect; e.g. εἶχε καταστρεψάμενος *he had subdued*, 57, 17.

Tenses of Moods other than the Indicative

97. The subjunctive, optative (when not in indirect discourse), and imperative commonly refer to future time. The tenses of these moods do not express differences of time, but denote merely stage of action; the present, action going on; the aorist, simple occurrence; the perfect (rarely used) completed action.

98. The tenses of the infinitive (when not in indirect discourse) have no time of themselves, but express merely stage of action; the present, continuance; the aorist, simple occurrence; the perfect, completed action.

(*a*) The infinitive in any tense may denote the kind of action which may be expressed by the corresponding tense of the indicative; e.g. a conative present (or imperfect), ingressive aorist, etc. (See §§84, 93.)

99. The participle does not indicate absolute time, but time relative to that of the leading verb. In general, the present participle denotes the same time as the leading verb; the aorist participle, time previous to that of the leading verb; the future participle, time subsequent to that of the main verb.

(*a*) The present participle may represent an imperfect and denote action prior to that of the leading verb (Imperfect Participle).

(*b*) The aorist participle may be coincident in time with the main verb. So regularly with the aorist (perfect or pluperfect) of λανθάνω *escape notice;* φθάνω *anticipate;* τυγχάνω *happen.*

(*c*) The aorist participle may have an ingressive force (see § 93).

(*d*) The future participle may denote purpose (see § 129*e*).

100. The optative, infinitive, and participle in indirect discourse are always in the same tense as the verb of the direct discourse that they represent, and denote the same time or stage of action as that of the verb they represent.

(*a*) The present optative, infinitive, or participle may represent an imperfect indicative. The perfect optative, infinitive, or participle may represent a pluperfect. The future optative occurs only in expressed or implied indirect discourse.

The Moods

101. There are four finite moods of the Greek verb, Indicative, Subjunctive, Optative, Imperative. The Infinitive, which is a verbal noun, and the Participle, which is a verbal adjective, are sometimes classed as moods.

102. By the addition of the adverb ἄν the meaning of the indicative and optative may be modified.

Independent Indicative

103. The Indicative is used to express declarations of fact or to ask questions expecting such declarations as answer.

104. Past tenses of the Indicative are sometimes used to express unreality or impossibility of attainment in present or past time.

1. An unattainable wish is expressed in Herodotus (as always in Homer and sometimes in Attic) by ὤφελον with the infinitive; the present infinitive of present or continued past time, the aorist infinitive of past time; e.g. μὴ ἰδεῖν ὤφελον *I would I had not seen*, 82, 30. (For a wish conceived as possible in the future, see § 112.)

2. The imperfects ἔδεε, ἐχρῆν (χρῆν), προσῆκε, or other impersonal expressions denoting obligation or the like, are often used of unfulfilled obligation. The tense of the dependent infinitive shows the time of the obligation; e.g. σὲ γὰρ ἐχρῆν πρήσσειν τὰ πρήγματα *for you ought to be engaged in affairs* (but you aren't), 111, 9.

(a) But Herodotus frequently uses these imperfects to denote simple past obligation, which was or must be fulfilled; e.g. ἔδεε αὐτὸν ἀπολωλέναι *he had to die*, 54, 18; χρῆν γὰρ Κανδαύλῃ γενέσθαι κακῶς *for it was fated to turn out ill for Caudaules*, 52, 20.

105. The aorist with ἄν may denote that something was expected or probable in the past (Past Potential); e.g. οὐκ ἂν κατέδοξα *I should not have suspected*, 83, 9.

106. The imperfect or aorist indicative with ἄν sometimes refers to an imaginary case and indicates that something would be, or would have been, in circumstances that do not, or did not, exist (Hypothetical Indicative). The imperfect refers to present time, or time continued in the past, the aorist to past time; e.g. ἄλλως οὐκ ἂν ἦια *in other circumstances, I should not go* (but, as it is, I shall), 63, 12.

(a) The imperfect or aorist of a verb of *wishing* with ἄν may express an unattainable wish; e.g. τὸν ἂν πᾶσι τυράννοισι προετίμησα ἐς λόγους ἐλθεῖν *I should have preferred that he come into converse with all tyrants*, 78, 2.

107. The imperfect or aorist with ἄν may express customary or repeated past action.

(a) Herodotus uses ἄν even with iterative forms (see § 83a); e.g. κλέπτεσκε ἄν *he would* (repeatedly) *steal*, 111, 25.

The Independent Subjunctive

108. The subjunctive is used to express an exhortation (Hortatory Subjunctive); e.g. τὸν παῖδα τρέφωμεν *let us bring up the child*, 83, 27.

109. The aorist subjunctive is used with μή to express a prohibition; e.g. μὴ μνησθῆτε *don't mention it*, 61, 25.

110. The subjunctive is used in questions of doubt or deliberation (Deliberative Subjunctive); e.g. ἐπειρωτᾶν εἰ στρατεύηται *to ask whether he should make an expedition* (the original form of the deliberative subjunctive retained in an indirect question), 67, 19.

111. The aorist subjunctive is used with οὐ μή to express an emphatic denial; e.g. οὐ μή τι νεώτερον ἀναβλάστῃ *nothing new (evil) will arise*, 121, 27.

The Independent Optative

112. The optative without ἄν is used to express a wish conceived as possible in the future; e.g. γῆ καρπὸν ἐκφέροι *may the earth bring forth fruit*, 124, 11.

113. The optative with ἄν is used to express possibility or likelihood in the future (Potential Optative) and may be translated by *may, might, could, would*, or the like; e.g. Αἰγυπτίων ἄν τις ἐλαχίστους ἴδοιτο φαλακρούς *one might see the fewest Egyptians bald*, 115, 1.

(*a*) Sometimes the potential optative is used to soften an assertion; e.g. τὸν παῖδα οὐκ ἄν ὑμῖν συμπέμψαιμι *my son I would not send with you*, 61, 26.

(*b*) The potential optative is occasionally used of the past, or to express a present conjecture of something in the past; e.g. εἴησαν ἄν οὗτοι Κρῆτες *these would be Cretans*, 50, 9.

The Imperative

114. The imperative is used to express a command or prohibition; e.g. μὴ φοβεῦ ἐμέ *do not fear me*, 53, 3.

(*a*) When a negative command (prohibition) refers to the simple occurrence of an act, it is more common to express it by μή with the aorist subjunctive (see § 109.)

The Infinitive

115. The infinitive is a verbal noun and may be used:

1. Without the definite article, as the subject or object of a verb, as a predicate nominative or accusative, or as an appositive to a substantive or pronoun; e.g. τεθνάναι ἄμεινόν ἐστιν *death is better*, 59, 9.

2. With the definite article (Articular Infinitive), in any of the constructions named in 1, or in the relation of a genitive or dative to another word. It may also depend upon a preposition; e.g. τὸ ἁρπάζειν γυναῖκας ἀνδρῶν ἀδίκων ἔργον ἐστίν *to capture women is the work of wicked men*, 51, 1; τοῦτο τοῦ μὴ φαλακροῦσθαι αἴτιόν ἐστι *this is the cause of their not being bald*, 114, 26.

116. The infinitive as object may be used after almost any verb whose meaning requires it (Complementary Infinitive).

(*a*) Some verbs that we should expect to take a complementary infinitive are followed regularly, or sometimes, by a supplementary participle. For examples of variation in usage, note the use of περιιδεῖν *allow*; e.g. περιιδεῖν αὐτὸν ἀεῖσαι *to allow him to sing*, 56, 17; περιιδεῖν τὴν ἡγεμονίην περιελθοῦσαν *to allow the rule to pass*, 124, 7.

(*b*) Some verbs may take either a complementary infinitive (present or aorist) or the future infinitive in indirect discourse. Such verbs are those signifying *hope, promise, swear, threaten,* and the like.

117. The infinitive may be used as the complement of adjectives, adverbs, substantives, and verbal phrases akin in meaning to verbs that take the infinitive; e.g. ἵμερος ἐπειρέσθαι *a desire to question*, 58, 11; φερέγγυος δύναμιν παρασχεῖν *able to furnish a force*, 142, 19.

118. The infinitive may limit the meaning of an adjective or substantive like an accusative of respect. This use is like that of the supine in ū in Latin; e.g. φόβος ἀκοῦσαι *fearful to hear*, 158, 23; ἄριστον τυχεῖν *best to get*, 59, 15.

119. An infinitive is sometimes used as a complement when it is not strictly necessary for the construction, but serves as an explanatory addition (Epexegetic Infinitive); e.g. καθαρσίου ἐδέετο κυρῆσαι *he begged for a purification—to get it*, 60, 29.

120. The infinitive may express purpose. It is used chiefly with verbs signifying to *give, entrust, appoint,* and the like; e. g. δύο παιδία διδοῖ ποιμένι τρέφειν *he gave two children to a shepherd to bring up*, 92, 17.

121. The infinitive may be used with ὥστε to denote a natural or anticipated result.

(*a*) Herodotus sometimes uses ὥστε with the infinitive instead of the regular complementary infinitive; e.g. συνήνεικε ὥστε καὶ ὑμᾶς εἰδέναι *it came about that you too know*, 127, 17.

(*b*) ὥστε with the infinitive sometimes follows a comparative with ἤ; e.g. μέζω ἢ ὥστε ἀνακλαίειν *too great to weep for*, 116, 23.

(*c*) Herodotus sometimes uses ὥστε with the infinitive after a verb of effort, instead of a clause with ὅκως (see § 146.)

122. The infinitive is sometimes used absolutely, usually with ὡς, to limit the application of a statement; e.g. ὡς εἰκάσαι *to make a guess*, 60, 11; ὡς ἐμὲ μεμνῆσθαι *as far as my memory goes*, 104, 17; οὐ πολλῷ λόγῳ εἰπεῖν *not to make a long story*, 71, 2.

123. The infinitive may be used for the imperative; e.g. μὴ καλέειν αὐτὸν ὄλβιον *don't call him happy*.

124. The infinitive is rarely used to express a wish. In this use the infinitive may be thought to be the complement of some word (like δός *grant*) understood; e.g. ἐκγενέσθαι μοι τείσασθαι Ἀθηναίους *may it be possible for me to punish the Athenians*, 151, 18.

125. The infinitive is used after πρίν or πρὶν ἤ *before*, when the main clause is affirmative; e.g. πρὶν ἤ Ψαμμήτιχον βασιλεῦσαι *before Psammetichus became king*, 92, 10; πρὶν μεγάλους γενέσθαι τοὺς Πέρσας *before the Persians became great*, 64, 28.

126. The infinitive is used in indirect discourse with many verbs of *saying*, *thinking*, and the like, each tense of the infinitive representing the same tense of the corresponding verb in the direct discourse.

(*a*) A present infinitive may represent an imperfect, and a perfect infinitive a pluperfect indicative.

The Participle

127. The Participle is a verbal adjective and has three main uses:

1. Attributive, modifying a substantive; τὰ ἐνοικέοντα ἔθνεα *the inhabiting tribes*.

2. Circumstantial, denoting some attendant circumstance (see §§ 129, 130).

3. Supplementary, completing the meaning of a verb (see §§ 131–137).

128. The attributive participle is often used with the article, with the substantive omitted (Substantive Use of the Participle). Such participles must often be translated by relative clauses, often by substantives; e.g. τὰ γενόμενα *the occurrences*, 49, 2; ὁ μηνύσας *the man who revealed*, 55, 20; τῶν τότε ἐόντων *of the men who lived then*, 56, 2.

(*a*) Herodotus often uses a participle with a substantive, where a verbal noun with a genitive, or an infinitive with

subject accusative, would be more regular; e.g. μετὰ Σόλωνα
οἰχόμενον *after the departure of Solon*, 60, 10.

129. The circumstantial participle qualifies a verb by
setting forth some circumstance under which its action takes
place. It may denote *time, means, cause, manner, condition,
concession, purpose;* sometimes it is preliminary to the main
verb, where the relation is merely one of sequence of actions.
The relation in general is determined by the context, but
is often made clear by a modifying adverb or particle.

(*a*) The particles ἅτε, οἷα, ὥστε, with the participle show
that it has a causal force; e.g. ὥστε ταῦτα νομίζων *inasmuch as
he thought this*, 52, 16; οἷα παίδων οἱ ὑπαρχόντων *since he had
children*, 70, 18; ἅτε δημότην ἐόντα *since he was a man of the
people*, 110, 29.

(*b*) The particle καίπερ shows that the participle has a
concessive force; e.g. καίπερ ἐὼν ἐν κακῷ τοσούτῳ *although he
was in so great misery*, 64, 13.

(*c*) The particle ὡς shows that the participle sets forth the
thought or intention of the subject of the main verb, or of
some other person prominently mentioned, without implicating
the speaker or writer. It may be translated, *on the ground
that, in the belief that, as if*, or, with a future participle, *with
the* (avowed, but often also real) *intention of.* It is often a
substitute for a clause in indirect discourse; e.g. χρησμῷ κιβδήλῳ
πίσυνοι, ὡς δὴ ἐξανδραποδιούμενοι τοὺς Τεγεήτας *trusting a false
oracle, that they would, forsooth, reduce the Tegeates to slavery,*
73, 5.

(*d*) A circumstantial participle denoting time is sometimes
accompanied by an adverb of time; e.g. αὐτίκα εὕδοντι *as soon
as he was asleep*, 60, 12; ἅμα λέγων ταῦτα ἐσήμαινε τοῖσι δορυ-
φόροισι *at the same time that he said this, he signed to his spear-
bearers*, 86, 7.

(*e*) The future participle is used to denote purpose, espe-
cially after verbs of motion; e.g. ἔθεέ τις ἀγγελέων *some one
ran to tell the news*, 63, 26.

(*f*) Some temporal participles have adverbial force; e.g.
τελευτῶν *finally*, 129, 25.

130. When a circumstantial participle refers to some person
or thing not included in the main construction of the sentence,

the noun and participle stand in the genitive absolute; e.g. ἁρπάσαντος αὐτοῦ Ἑλένην *when he had carried off Helen.* See also example under § 129, *a.*

(*a*) When a verb has no personal subject (impersonal verb), it may stand in the accusative absolute (see § 80.)

131. The supplementary Participle is either (1) not in indirect discourse, or (2) in indirect discourse.

(*a*) The supplementary participle agrees with the subject when the verb is intransitive or passive; with the object when the verb is transitive.

Not in Indirect Discourse

132. Many verbs take the supplementary participle to complete their meaning, where an infinitive might be expected. Among such verbs are those signifying to *begin, end, stop, endure, try, continue, allow;* e.g. τὸν ἄνδρα παῦσον ταῦτα ποιεῦντα *stop the man doing this,* 141, 4.

(*a*) Herodotus uses πειράομαι *try,* περιοράω *allow,* ἀνέχομαι *endure,* with either the complementary infinitive or the supplementary participle.

(*b*) παύω, meaning *prevent,* takes the complementary infinitive; e.g. ἥ μιν παύσει καταστρέψασθαι *which will prevent him from subduing,* 172, 12.

133. Verbs of perceiving, when they denote the act or state perceived, take the supplementary participle not in indirect discourse. The participle is used similarly to the object (complementary) infinitive, and the tenses differ only as the same tenses of the infinitive differ; the aorist, therefore, denotes mere occurrence; e.g. ὡς εἶδε ἐπιόντα τὸν Πέρσην *when he saw the Persian approaching,* 77, 7; ἰδών τινα καταβάντα *when he saw a man descend,* 76, 10.

(*a*) Verbs of *finding* and *detecting* are similarly used.

134. τυγχάνω (κυρέω) *happen,* λανθάνω *escape notice,* φθάνω *anticipate,* regularly take a supplementary participle, which contains the main idea; e.g. τυγχάνεις ἔκγονος ἐών *you are, as it happens, the son,* 61, 10; φονέα τοῦ παιδὸς ἐλάνθανε βόσκων *he was unwittingly maintaining the slayer of his son,* 64, 4; βουλόμενοι φθῆναι ἀπικόμενοι *wishing to arrive first,* 159, 12. For the tense of the participle, see § 99 *b.*

135. With some verbs meaning *go* or *come*, the supplementary participle specifies the manner of going or coming and contains the main idea; e.g. οἴχεσθαι ἀποπλέοντας *to go sailing off*, 50, 4; οἴχετο κλέψας *he had gone off with* (*as a thief*), 97, 12.

(*a*) Homer and Herodotus use βαίνω and its compounds similarly; e.g. κατέβαινε κελεύων *he ended with the order*, 86, 11.

136. With verbs expressing *joy, sorrow, repentance*, and the like, a supplementary participle often indicates the cause of the emotion; e.g. μετεμέλησέ οἱ τὸν Ἑλλήσποντον μαστιγώσαντι *he repented scourging the Hellespont*, 172, 18.

In Indirect Discourse

137. The supplementary participle is used in indirect discourse with verbs signifying to *know, learn, see, find, show, appear, prove*, etc.; e.g. τὸν οἶδα ὑπάρξαντα *the man who I know began*, 51, 17. (For the tense of the participle, see § 100.)

(*a*) In Herodotus, the usage with many of these verbs varies between the infinitive and the participle; so, commonly, with πυνθάνομαι *learn, inquire;* εὑρίσκω *find*.

(*b*) In Herodotus, ἐπίσταμαι (rarely οἶδα) may mean either *know* or *think;* in both these meanings, the supplementary participle is used, though in the meaning *think* it also takes the infinitive. Ordinarily when verbs meaning *know* are followed by the infinitive, they mean *know how*.

(*c*) φαίνεσθαι with the infinitive means to *appear*, with no indication of the truth of the appearance; with the participle, it means to *be shown;* e.g. φαίνεται ψεύδεσθαι *he appears to be lying* (but may be speaking the truth); φαίνεται ψευδόμενος *he is shown to be lying*.

Complex Sentences

Moods in Subordinate Clauses

138. A complex sentence consists of a main clause and one or more subordinate clauses. The subordinate clause is introduced by a relative pronoun or by subordinating conjunctions such as those meaning *if, when, since, that, until*, etc.

139. A subordinate clause is in primary sequence when it depends upon a primary tense; in secondary sequence when it depends upon a secondary tense.

(*a*) The primary tenses are the present, future, perfect, future perfect.

(*b*) The secondary tenses are the imperfect, aorist, pluperfect.

140. There is no such thing in Greek as the *sequence of tenses*, as applied to a main and dependent clause; wherever, however, a subjunctive is required in a subordinate clause after a primary tense, the optative may be used after a secondary tense.

(*a*) The Greeks liked to express a purpose, condition, or the like, in the form in which it was originally conceived, and so the subjunctive is often found after a secondary tense. This is sometimes called Graphic Sequence.

141. In indirect discourse, where an indicative (or subjunctive) would be used in the direct form, and where a finite verb is possible in the indirect, the optative may be used after a secondary tense, but, on the principle of vividness, the original indicative (or subjunctive) may be retained.

142. The mood of a subordinate clause closely connected with the thought of the clause on which it depends is often assimilated to the mood of that clause.

Purpose and Object Clauses

143. Purpose clauses in Herodotus are introduced by ἵνα, ὡς, ὅκως *in order that;* ἵνα μή, ὡς μή, ὅκως μή, μή *in order that not, lest,* and take the subjunctive after primary tenses, the optative (or subjunctive) after secondary tenses (see § 140 *a*).

(*a*) The subjunctive in purpose clauses sometimes takes ἄν, especially with ὡς and ὅκως.

(*b*) Occasionally ὡς (ὅκως) ἄν, is used with the optative in purpose clauses after a secondary tense (see 146, 5); in one instance (82, 16) Herodotus uses it after a primary tense. These may all be explained as potential optatives.

144. Relative clauses of purpose are expressed by the future indicative.

145. Object clauses with verbs of fearing, or equivalent expressions, are introduced by μή *that, lest;* μὴ οὐ *that not,* and take the subjunctive after primary tenses, the optative (or subjunctive) after secondary tenses (see § 140 *a*).

146. Object clauses after verbs of effort, meaning to *plan, take care, be on one's guard,* and the like, are introduced by ὅκως (rarely ὡς) and take the future indicative after both primary and secondary tenses.

(*a*) Sometimes object clauses are expressed like purpose clauses, and take ὅκως (ὡς) with the subjunctive or optative (see § 143).

(*b*) For ὥστε with the infinitive after a verb of effort, see § 153.

147. Certain verbs which usually have the complementary infinitive may take ὅκως with the future indicative as their object. Such verbs are those signifying *command, persuade, ask,* etc.; e.g. ἐδέετο ὅκως ἥξει *he begged him to return,* 138, 15.

148. Certain verbs not included in those given in §§ 146 and 147 sometimes take ὅκως with the future indicative, where the construction may be explained by analogy or by assuming that a verb of effort is understood; e.g. ἀπόβαλε ὅκως μὴ ἥξει *throw it away* (taking care) *that it may not return,* 119, 4.

Result Clauses

149. Result clauses are introduced by ὥστε (rarely ὡς) *so that,* and take either the infinitive or a finite verb.

150. When the infinitive is used with ὥστε, it denotes a natural or anticipated result, whether or not it actually occurs.

151. When the indicative is used with ὥστε, the actual occurrence of the result is indicated.

(*a*) Sometimes a relative pronoun takes the place of ὥστε in such clauses.

152. ὥστε means properly *and so,* and thus may be followed by any form of the verb that may be used in an independent sentence; i.e. the potential optative, a past tense of the indicative with ἄν, the imperative, or the hortatory, prohibitory, or deliberative subjunctive.

153. Occasionally Herodotus uses a clause with ὥστε instead of an object clause with ὅκως after a verb of effort (see § 146).

Conditional Sentences

154. A conditional sentence commonly consists of a subordinate clause introduced by *if* (protasis), and a main clause containing the conclusion (apodosis).

(*a*) The protasis may be an indefinite relative or temporal clause, and in general is expressed exactly like the corresponding *if* clause.

155. The condition is introduced by εἰ *if*, ὅστις *whoever*, ἐπεί *when(ever)*, or similar words.

156. If the subjunctive is required in the protasis, the adverb ἄν is regularly used. In Herodotus εἰ + ἄν becomes ἤν, ἐπεί + ἄν becomes ἐπεάν.

(This use of ἄν must be carefully distinguished from that with the optative or past indicative in independent clauses, as explained §§ 105, 106, 113.)

(*a*) Herodotus occasionally omits ἄν.

157. The negative in the condition is always μή; in the conclusion it is regularly οὐ. But if the verb of the conclusion is in a construction requiring μή (e.g. an imperative or hortatory subjunctive), that form of the negative is used.

158. Conditional sentences are classified as—
1. Simple Present and Past conditions.
2. Unreal Present and Past conditions.
3. More Vivid Future conditions.
4. Less Vivid Future conditions.
5. Present General conditions.
6. Past General conditions.

159. Simple present or past conditions state a supposition with no implication as to its fulfillment. The indicative is used in the condition; in the conclusion any form of the simple sentence may be used.

160. Unreal conditions imply that the supposition is contrary to a known fact. The conclusion states what *would be*, or *would have been*, if the condition *were* or *had been* realized. The condition is expressed by εἰ with the imperfect or aorist indicative, the conclusion by the imperfect or aorist indicative with ἄν. The imperfect refers to the present, or to a repeated or habitual past action, the aorist to a single occurrence in the past; e.g. εἰ εἶδες, ἂν ἐθαύμαζες *if you had seen, you would be* *amazed*, 74, 11. εἰ μὴ αὐταὶ ἐβούλοντο, οὐκ ἂν ἡρπάζοντο *if they had not themselves wished it* (in the several instances), *they would not have been carried off*, 51, 4.

161. Future conditions set forth a future supposition with more or less vividness. The conclusion of the future more vivid condition sets forth what *will* happen if the condition *is* fulfilled; the conclusion of the less vivid future condition states what *would* happen, if the condition *should be* fulfilled.

162. In Future more vivid conditional sentences, the condition is expressed by ἤν(ὅστις ἄν, ἐπεάν, etc.) with the subjunctive, the conclusion by any future form; e.g. ἢν βούλῃ πείθεσθαι, ἄρξεις *if you wish to obey, you will rule*, 89, 15. τὸ ἂν προσθέω, μηδαμῶς παραχρήσῃ *what I command you, by no means disregard*, 81, 8; ἐπεὰν στίχῃ, σοι μελέτω *when she comes, let it be your concern*, 53, 12.

163. When a future condition expresses strong feeling implying admonition or threat, it is often expressed by εἰ with the future indicative (Minatory or Monitory protasis); e.g. εἰ χρήσεσθε τρόπῳ τῷ εἰρημένῳ, ἐπίστασθε ὅτι ἀπολέεσθε *if you use the method mentioned, know that you will die*, 127, 25.

164. A peculiar form of condition with no conclusion expressed is found in Herodotus, as in Homer, where ἤν with the subjunctive may be translated *on the chance that, in the hope that;* the implied apodosis usually expresses purpose.

(*a*) After secondary tenses, the condition may be expressed by εἰ with the optative.

165. In future less vivid conditions, the condition is expressed by εἰ (rarely by relative or temporal conjunctions) with the optative, the conclusion by the optative with ἄν (Potential Optative), e.g. εἴ τις συλλογίσαιτο, φανείη ἄν *if any one should consider, it would appear*, 107, 21.

166. Generalizing conditions refer to an act or series of acts supposed to occur with indefinite frequency. The conclusion states a general truth or an habitual action.

167. In present general conditional sentences, the condition is expressed by ἤν (ὅστις ἄν, ἐπεάν, etc.) with the subjunctive, the conclusion by the present indicative or an equivalent; e.g. ἢν ἐπιβάληται στίγματα ἱρά, οὐκ ἔξεστι τούτου ἅψασθαι *if he puts upon himself sacred marks, it is not permissible to touch him*, 94,

23; ἐπεὰν δέωνται χρᾶσθαι, ἐντανύουσι *whenever they want to use it, they stretch it*, 111, 14.

168. In past general conditional sentences, the condition is expressed by εἰ (ὁκότε *when*, ὅκως *when*, ὅστις *whoever*, etc.) with the optative, the conclusion by the imperfect indicative or an equivalent; e.g. ὅκως καλέοι, ἐώθεε φοιτᾶν *whenever she summoned, he was in the habit of going*, 53, 29; ὁκότε συμμίσγοιεν, ἀπώλλυντο *whenever they joined battle, they perished*, 98, 15.

Temporal Clauses

169. Temporal clauses are introduced by temporal conjunctions or relative expressions of time, such as ἐπεί, ὁκότε, *when*, ἄχρι (οὗ), ἐς ὅ, πρίν, *until*.

170. Present and past temporal clauses take the indicative, when there is reference to definite present or past time.

171. Temporal clauses referring to the future or to indefinite frequency in present time take the subjunctive with ἄν. (Cf. §§ 162, 167.)

(*a*) Herodotus often omits ἄν in these clauses, especially in those introduced by *until*. φυλάσσειν ἄχρι οὗ τελευτήσῃ *to keep watch until he dies*, 86, 28.

172. Temporal clauses referring to indefinite past time, or corresponding to less vivid future conditions, take the optative. (Cf. §§ 165, 168.)

Indirect Discourse

173. In indirect discourse we have a quoted statement or thought. The quoted statement may be introduced by ὅτι *that*, or there may be no introductory word but the principal verb of the quotation may be (1) in the infinitive; (2) in the participle. The construction is determined by the character of the leading verb.

(*a*) Verbs of *saying* take either the infinitive or ὅτι. In the common usage, φημί takes the infinitive, εἶπον the clause with ὅτι, λέγω either construction. Herodotus prefers the infinitive with λέγω. Irregularities in his usage will be pointed out as they occur.

(*b*) Verbs of *thinking* and *believing* regularly take the infinitive.

(*c*) Verbs of *knowing, perceiving, hearing, showing, finding,* regularly take the participle or the ὅτι construction. Herodotus uses the infinitive also with most of these verbs.

Simple Sentences

174. When the infinitive or participle is used in indirect discourse, the *tense* is always the same as that of the form it represents in the direct discourse; except that a present infinitive or participle may represent the imperfect, as well as the present, and a perfect infinitive or participle may represent the pluperfect, as well as the perfect. An optative or indicative with ἄν in a main clause is represented by the *same tense* of the infinitive or participle, but ἄν *must be retained*.

175. In indirect quotations introduced by ὅτι (ὡς), the verb of the direct form remains unchanged in mood and tense after primary tenses; after secondary tenses, an indicative (except an indicative with ἄν) or subjunctive of the direct is changed to the *same tense* of the optative or (on the principle explained in § 141) the mood may remain unchanged. An indicative with ἄν and an optative with ἄν is retained.

(*a*) Occasionally a present (or perfect) indicative of the direct becomes an imperfect (or pluperfect) indicative in the indirect quotation, when it is a statement of fact by the writer independent of the quotation.

Complex Sentences

176. When a complex sentence passes into indirect discourse, its principal verb is treated like the verb of a simple sentence and stands, according to its leading verb (see § 173), in a finite mood after ὅτι (ὡς), in the infinitive, or in the participle.

177. Subordinate clauses in indirect discourse properly require a finite verb and follow the rule for indirect quotations introduced by ὅτι (ὡς); after a primary tense the original mood and tense is retained; after a secondary tense the verb may be changed to the same tense of the optative or may be retained unchanged; except that subordinate verbs in the imperfect, aorist, and pluperfect indicative regularly remain unchanged.

(*a*) When a subjunctive with ἄν is changed to the optative, ἄν is always dropped; in that case ἤν becomes εἰ, ἐπεάν becomes ἐπεί, etc.

(*b*) In Herodotus the distinction between principal and subordinate clauses is often lost sight of and the infinitive is found in subordinate clauses in indirect discourse. For examples, see 56 ,30; 77, 25; 97, 11; etc.

Indirect Questions

178. Indirect questions are introduced by interrogative pronouns, adjectives, and adverbs, indefinite relative pronouns and adverbs (sometimes, in Herodotus, by simple relatives), and by such interrogative words as εἰ *whether*, κότερον (κότερα) . . . ἤ *whether . . . or*, and follow the rules that govern indirect quotations after ὅτι (ὡς) (see § 175). It should be observed that if a subjunctive occurs in an indirect question, it would also occur in the direct (i.e. in a deliberative question) and that an optative in an indirect question after a past tense may represent either an indicative or a subjunctive of the direct. An optative with ἄν in an indirect question is always a potential optative, unchanged from the direct form.

Negative Sentences

179. There are two negative particles, οὐ and μή; οὐ is used in declarations, μή where the negation is willed or thought of. The same rule applied to compound negatives.

(*a*) In questions οὐ expects the answer *yes* (Lat. *nonne*); μή expects the answer *no* (Lat. *num*).

180. The subjunctive and imperative always take the negative μή; the indicative and optative take μή in final and object clauses with ἵνα, ὡς, ὅκως, in indefinite relative clauses, and all clauses expressing a wish, purpose, or condition; the infinitive when not in indirect discourse takes μή; the participle takes μή when it expresses a condition or refers to an indefinite person or thing. Otherwise οὐ is used.

181. Verbs and expressions of negative meaning, such as *deny, refuse, hinder*, when followed by the infinitive, often take a redundant μή to emphasize the negative meaning of the

44 HERODOTUS

leading verb. Such a verb, if itself negatived, may take μὴ οὐ with the infinitive. Both negatives are in this case redundant; e.g. ἐφύλαξε ταῦτα μὴ παραβαίνειν *he guarded against transgressing this*, 72, 20; ἔξαρνος ἦν μὴ ἀποκτεῖναι *he denied that he had killed*, 125, 3. (The last sentence, if the leading verb were negatived, might be expressed: οὐκ ἔξαρνος ἦν μὴ οὐκ ἀποκτεῖναι).

(*a*) Occasionally Herodotus uses ὥστε with the infinitive after such verbs, instead of the simple infinitive. In such cases the infinitive may take μή or μὴ οὐ on the principle indicated above.

182. Any infinitive that would take μή may take μὴ οὐ if the verb on which it depends is itself negatived. Here οὐ is redundant; e.g. οὐκ οἰκός ἐστι ᾿Αθηναίους μὴ οὐ δοῦναι δίκας *it is not fitting that the Athenians should fail to pay the penalty*, 162, 4.

(*a*) Similarly a participle that would take μή may take μὴ οὐ after verbs or expressions that are negatived.

183. If, in the same clause, one or more compound negatives follow a simple negative, the first negative is confirmed, and not, as in our idiom, contradicted.

EXPLANATION OF SOME GRAMMATICAL AND RHETORICAL TERMS

Anacoluthon. A shift of construction in a sentence generally causing some word in it to have no proper construction. For example see 52, 6ff.

Anaphora. The repetition of the same word at the beginning of successive clauses; e.g. φονεὺς μὲν τοῦ ἑωυτοῦ ἀδελφεοῦ γενόμενος, φονεὺς δὲ τοῦ καθήραντος, 64, 20.

Anastrophe. The shifting of the accent from the ultima to the penult in oxytone prepositions. It occurs (*a*) when the preposition follows its case; (*b*) when the preposition stands for a compound formed of the preposition and ἐστί; e.g. ξεινίης πέρι, 75, 16; οὔτε τὸ βούλεσθαι πάρα (πάρεστι), 63, 14.

Apocope. The cutting off of a final short vowel before an initial consonant, ἄν for ἀνά, κάτ for κατά, πάρ for παρά, etc. Final ν and τ are assimilated to a following consonant; e.g. ἀμβώσας for ἀναβώσας, 52, 25.

Apodosis. The conclusion of a conditional or relative clause; in general, the principal clause of a sentence as opposed to a subordinate or introductory clause.

Asyndeton. The omission of a connective in a sentence of connected discourse. This usually occurs when a sentence is (*a*) a summary of the preceding sentence or (*b*) is added in explanation of it. Herodotus often has asyndeton when (*c*) a sentence begins with a form of οὗτος. For examples, see 49, 19; 50, 4; 62, 24.

Brachylogy. Brevity in speech. Applied commonly to an abridged or condensed comparison; e.g. πόνοι τῷ χθιζῷ παραπλήσιοι *hardships similar to* (those of) *yesterday*, 90, 22.

Chiasmus. A reversal of the order of words in corresponding pairs of phrases. For an example, see 64, 27.

Crasis. See Dialect § 18.

Epanalepsis. The repetition of a word or words in a sentence, often after a digression or a parenthesis. For an example, see 93, 23.

Epexegetic. Added in way of explanation. See Epexegetic Infinitive, Synt. § 119.

Hyperbaton. A transposition of words in a sentence; e.g. ἄνευ τε δόλου καὶ ἀπάτης for ἄνευ δόλου τε καὶ ἀπάτης, 75, 12.

Hysteron Proteron. A reversal of the natural order of two successive occurrences.

Litotes. The denial of a statement instead of the assertion of the contrary; e.g. οὐκ ὀλίγα for πολλά.

Metathesis. Transposition of letters or sounds for the sake of euphony.

Meiosis. Understatement or disparagement of the truth for the sake of enhancing it.

Oxytone. A word with the acute accent on the last syllable.

Parataxis. Coördination: when a clause logically subordinate to another is made coördinate with it; e.g. νύξ τε ἐγίνετο καὶ οἵ . . . ἐσέβαινον, instead of 'when night came, they . . . went on board,' 192, 25.

Prolepsis. Anticipation: when the subject of a dependent clause is anticipated and made the object of a verb of the principal clause; e.g. μαθὼν τὸν Σμέρδιος θάνατον, ὡς κρύπτοιτο, 120, 28.

Tmesis. The separation by one or more words of a preposition from the verb with which it belongs in an adverbial relation; e.g. ἀπὸ δ' ἔθανε, 159, 4.

BIBLIOGRAPHICAL NOTE

The most important editions of Herodotus are those of

Heinrich Stein, *Herodotos erklärt mit einer Einleitung über Leben, Werk, und Dialekt,* 5(8) vols. Berlin, 1884 and later.

R. W. Macan, *Herodotus,* the fourth, fifth, and sixth books, with introduction, commentary, appendices, etc. 2 vols. Macmillan and Company, 1895; *Herodotus,* the seventh, eighth, and ninth books, with introduction, commentary, appendices, etc. 2 vols. Macmillan and Company, 1908.

A. W. Sayce, *Ancient Empires of the East, Herodotus,* I–III, with notes, introduction, and appendices. Macmillan and Company, 1883.

W. W. How and J. Wells, *A Commentary of Herodotus,* with introduction and appendixes, 2 vols. Clarendon Press, 1912.

An edition often consulted and referred to in the notes is that of

C. F. Smith and A. G. Laird, *Herodotus,* Books VII and VIII, edited with introduction and notes. American Book Company, 1908.

For works on ancient history and the value of Herodotus historically, besides the introductions and appendices of Macan in the editions above listed, which are of the utmost value, the student is referred to:

The Cambridge Ancient History, edited by J. B. Bury and others. Cambridge, The University Press, 1923 and later.

J. B. Bury, *A History of Greece to the Death of Alexander the Great,* 2 vols. (1902), 1 vol. (1913). Macmillan and Company.

G. W. Botsford, *Hellenic History.* Macmillan and Company, 1922.

J. H. Breasted, *Ancient Times, a History of the Ancient World.* Ginn and Company, 1916.

J. T. Shotwell, *Introduction to the History of History.* Columbia University Press, 1923.

Joseph Wells, *Studies in Herodotus.* B. Blackwell, Oxford, 1923.

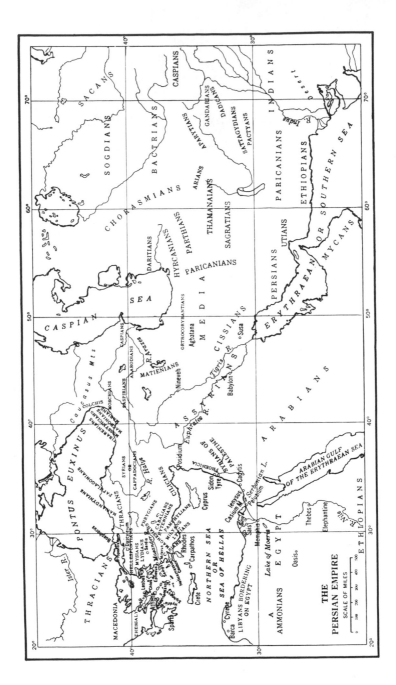

THE
PERSIAN EMPIRE

SCALE OF MILES

0   100   200   300   400   500

ΗΡΟΔΟΤΟΥ
ΤΟΥ
ΑΛΙΚΑΡΝΗΣΣΕΟΣ ΙΣΤΟΡΙΗ

BOOK I

Title and Purpose of the Work

Ἡροδότου Ἁλικαρνησσέος ἱστορίης ἀπόδεξις ἥδε, ὡς μήτε τὰ γενόμενα ἐξ ἀνθρώπων τῷ χρόνῳ ἐξίτηλα γένηται, μήτε ἔργα μεγάλα τε καὶ θωμαστά, τὰ μὲν Ἕλλησι, τὰ δὲ βαρβάροισι ἀποδεχθέντα, ἀκλεᾶ γένηται, τά τε ἄλλα καὶ δι' ἣν αἰτίην ἐπολέμησαν ἀλλήλοισι. 5

Origin of the Quarrel between the East and the West

Περσέων μέν νυν οἱ λόγιοι Φοίνικας αἰτίους φασὶ γενέσθαι τῆς διαφορῆς· τούτους γὰρ ἀπὸ τῆς Ἐρυθρῆς καλεομένης θαλάσσης ἀπικομένους ἐπὶ τήνδε τὴν θάλασσαν καὶ οἰκήσαντας τοῦτον τὸν χῶρον τὸν καὶ νῦν οἰκέουσι, αὐτίκα ναυτιλίῃσι μακρῇσι ἐπιθέσθαι, ἀπαγινέοντας δὲ 10 φορτία Αἰγύπτιά τε καὶ Ἀσσύρια τῇ τε ἄλλῃ ἐσαπικνέεσθαι καὶ δὴ καὶ ἐς Ἄργος. τὸ δὲ Ἄργος τοῦτον τὸν χρόνον προεῖχε ἅπασι τῶν ἐν τῇ νῦν Ἑλλάδι καλεομένῃ χώρῃ. ἀπικομένους δὲ τοὺς Φοίνικας ἐς δὴ τὸ Ἄργος τοῦτο διατίθεσθαι τὸν φόρτον. πέμπτῃ δὲ ἢ ἕκτῃ ἡμέρῃ ἀπ' ἧς 15 ἀπίκοντο, ἐξεμπολημένων σφι σχεδὸν πάντων, ἐλθεῖν ἐπὶ τὴν θάλασσαν γυναῖκας ἄλλας τε πολλὰς καὶ δὴ καὶ τοῦ βασιλέος θυγατέρα· τὸ δέ οἱ οὔνομα εἶναι, κατὰ τὠυτὸ τὸ καὶ Ἕλληνες λέγουσι, Ἰοῦν τὴν Ἰνάχου. ταύτας στάσας κατὰ πρύμνην τῆς νεὸς ὠνέεσθαι τῶν φορτίων τῶν σφι ἦν 20

θυμὸς μάλιστα, καὶ τοὺς Φοίνικας διακελευσαμένους ὁρμῆσαι
ἐπ' αὐτάς. τὰς μὲν δὴ πλεῦνας τῶν γυναικῶν ἀποφυγεῖν,
τὴν δὲ Ἰοῦν σὺν ἄλλῃσι ἀρπασθῆναι· ἐσβαλομένους δὲ ἐς
τὴν νέα οἴχεσθαι ἀποπλέοντας ἐπ' Αἰγύπτου. οὕτω μὲν
5 Ἰοῦν ἐς Αἴγυπτον ἀπικέσθαι λέγουσι Πέρσαι, οὐκ ὡς
Ἕλληνες, καὶ τῶν ἀδικημάτων πρῶτον τοῦτο ἄρξαι· μετὰ
δὲ ταῦτα Ἑλλήνων τινάς (οὐ γὰρ ἔχουσι τοὔνομα ἀπη-
γήσασθαι) φασὶ τῆς Φοινίκης ἐς Τύρον προσσχόντας
ἁρπάσαι τοῦ βασιλέος τὴν θυγατέρα Εὐρώπην. εἴησαν
10 δ' ἂν οὗτοι Κρῆτες. ταῦτα μὲν δὴ ἴσα πρὸς ἴσα σφι
γενέσθαι· μετὰ δὲ ταῦτα Ἕλληνας αἰτίους τῆς δευτέρης
ἀδικίης γενέσθαι. καταπλώσαντας γὰρ μακρῇ νηῒ ἐς
Αἶάν τε τὴν Κολχίδα καὶ ἐπὶ Φᾶσιν ποταμόν, ἐνθεῦτεν,
διαπρηξαμένους καὶ τἄλλα τῶν εἵνεκεν ἀπίκατο, ἁρπάσαι
15 τοῦ βασιλέος τὴν θυγατέρα Μηδείην. πέμψαντα δὲ τὸν
Κόλχον ἐς τὴν Ἑλλάδα κήρυκα αἰτέειν τε δίκας τῆς
ἁρπαγῆς καὶ ἀπαιτέειν τὴν θυγατέρα· τοὺς δὲ ὑποκρίνασθαι
ὡς οὐδὲ ἐκεῖνοι Ἰοῦς τῆς Ἀργείης ἔδοσάν σφι δίκας τῆς
ἁρπαγῆς· οὐδὲ ὦν αὐτοὶ δώσειν ἐκείνοισι. δευτέρῃ δὲ
20 λέγουσι γενεῇ μετὰ ταῦτα Ἀλέξανδρον τὸν Πριάμου
ἀκηκοότα ταῦτα ἐθελῆσαί οἱ ἐκ τῆς Ἑλλάδος δι' ἀρπαγῆς
γενέσθαι γυναῖκα, ἐπιστάμενον πάντως ὅτι οὐ δώσει δίκας·
οὐδὲ γὰρ ἐκείνους διδόναι. οὕτω δὴ ἁρπάσαντος αὐτοῦ
Ἑλένην τοῖσι Ἕλλησι δόξαι πρῶτον πέμψαντας ἀγγέλους
25 ἀπαιτέειν τε Ἑλένην καὶ δίκας τῆς ἁρπαγῆς αἰτέειν. τοὺς
δὲ προϊσχομένων ταῦτα προφέρειν σφι Μηδείης τὴν ἁρπα-
γήν, ὡς οὐ δόντες αὐτοὶ δίκας οὐδὲ ἐκδόντες ἀπαιτεόντων
βουλοίατό σφι παρ' ἄλλων δίκας γίνεσθαι. μέχρι μὲν ὦν
τούτου ἁρπαγὰς μούνας εἶναι παρ' ἀλλήλων, τὸ δὲ ἀπὸ
30 τούτου Ἕλληνας δὴ μεγάλως αἰτίους γενέσθαι· προτέρους
γὰρ ἄρξαι στρατεύεσθαι ἐς τὴν Ἀσίην ἢ σφέας ἐς τὴν

Εὐρώπην. τὸ μέν νυν ἁρπάζειν γυναῖκας ἀνδρῶν ἀδίκων
νομίζειν ἔργον εἶναι, τὸ δὲ ἁρπασθεισέων σπουδὴν ποιήσα-
σθαι τιμωρέειν ἀνοήτων, τὸ δὲ μηδεμίαν ὥρην ἔχειν ἁρπα-
σθεισέων σωφρόνων· δῆλα γὰρ δὴ ὅτι, εἰ μὴ αὐταὶ ἐβού-
λοντο, οὐκ ἂν ἡρπάζοντο. σφέας μὲν δὴ τοὺς ἐκ τῆς Ἀσίης 5
λέγουσι Πέρσαι ἁρπαζομένων τῶν γυναικῶν λόγον οὐδένα
ποιήσασθαι, Ἕλληνας δὲ Λακεδαιμονίης εἵνεκεν γυναικὸς
στόλον μέγαν συναγεῖραι καὶ ἔπειτα ἐλθόντας ἐς τὴν
Ἀσίην τὴν Πριάμου δύναμιν κατελεῖν. ἀπὸ τούτου αἰεὶ
ἡγήσασθαι τὸ Ἑλληνικὸν σφίσι εἶναι πολέμιον. τὴν γὰρ 10
Ἀσίην καὶ τὰ ἐνοικέοντα ἔθνεα βάρβαρα οἰκηιεῦνται οἱ
Πέρσαι, τὴν δὲ Εὐρώπην καὶ τὸ Ἑλληνικὸν ἥγηνται
κεχωρίσθαι.

Οὕτω μὲν Πέρσαι λέγουσι γενέσθαι, καὶ διὰ τὴν Ἰλίου
ἅλωσιν εὑρίσκουσι σφίσι ἐοῦσαν τὴν ἀρχὴν τῆς ἔχθρης τῆς 15
ἐς τοὺς Ἕλληνας. ἐγὼ δὲ περὶ μὲν τούτων οὐκ ἔρχομαι
ἐρέων ὡς οὕτως ἢ ἄλλως κως ταῦτα ἐγένετο, τὸν δὲ οἶδα
αὐτὸς πρῶτον ὑπάρξαντα ἀδίκων ἔργων ἐς τοὺς Ἕλληνας,
τοῦτον σημήνας προβήσομαι ἐς τὸ πρόσω τοῦ λόγου,
ὁμοίως σμικρὰ καὶ μεγάλα ἄστεα ἀνθρώπων ἐπεξιών. 20
τὰ γὰρ τὸ πάλαι μεγάλα ἦν, τὰ πολλὰ αὐτῶν σμικρὰ
γέγονε, τὰ δὲ ἐπ' ἐμεῦ ἦν μεγάλα, πρότερον ἦν σμικρά.
τὴν ἀνθρωπηίην ὦν ἐπιστάμενος εὐδαιμονίην οὐδαμὰ ἐν
τὠυτῷ μένουσαν ἐπιμνήσομαι ἀμφοτέρων ὁμοίως.

Lydian History
Crœsus the First to Reduce Greeks to Submission

Κροῖσος ἦν Λυδὸς μὲν γένος, παῖς δὲ Ἀλυάττεω, 25
τύραννος δὲ ἐθνέων τῶν ἐντὸς Ἅλυος ποταμοῦ, ὃς ῥέων ἀπὸ
μεσαμβρίης μεταξὺ Συρίων τε καὶ Παφλαγόνων ἐξίει πρὸς
βορῆν ἄνεμον ἐς τὸν Εὔξεινον καλεόμενον πόντον. οὗτος ὁ

Κροῖσος βαρβάρων πρῶτος τῶν ἡμεῖς ἴδμεν τοὺς μὲν κατε-
στρέψατο Ἑλλήνων ἐς φόρου ἀπαγωγήν, τοὺς δὲ φίλους
προσεποιήσατο.   κατεστρέψατο μὲν Ἴωνάς τε καὶ Αἰολέας
καὶ Δωριέας τοὺς ἐν τῇ Ἀσίῃ, φίλους δὲ προσεποιήσατο
5 Λακεδαιμονίους.   πρὸ δὲ τῆς Κροίσου ἀρχῆς πάντες Ἕλ-
ληνες ἦσαν ἐλεύθεροι.   τὸ γὰρ Κιμμερίων στράτευμα τὸ
ἐπὶ τὴν Ἰωνίην ἀπικόμενον, Κροίσου ἐὸν πρεσβύτερον, οὐ
καταστροφὴ ἐγένετο τῶν πολίων, ἀλλ' ἐξ ἐπιδρομῆς
ἁρπαγή.

Story of Gyges

10   Ἡ δὲ ἡγεμονίη οὕτω περιῆλθε, ἐοῦσα Ἡρακλειδέων, ἐς
τὸ γένος τὸ Κροίσου, καλεομένους δὲ Μερμνάδας.   ἦν
Κανδαύλης, τὸν οἱ Ἕλληνες Μυρσίλον ὀνομάζουσι, τύραν-
νος Σαρδίων, ἀπόγονος δὲ Ἀλκαίου τοῦ Ἡρακλέος.   οὗτος
δὴ ὢν ὁ Κανδαύλης ἠράσθη τῆς ἑωυτοῦ γυναικός, ἐρασθεὶς
15 δὲ ἐνόμιζέ οἱ εἶναι γυναῖκα πολλὸν πασέων καλλίστην.
ὥστε δὲ ταῦτα νομίζων, ἦν γάρ οἱ τῶν αἰχμοφόρων Γύγης
ὁ Δασκύλου ἀρεσκόμενος μάλιστα, τούτῳ τῷ Γύγῃ καὶ τὰ
σπουδαιέστερα τῶν πρηγμάτων ὑπερετίθετο ὁ Κανδαύλης
καὶ δὴ καὶ τὸ εἶδος τῆς γυναικὸς ὑπερεπαινέων.   χρόνου
20 δὲ οὐ πολλοῦ διελθόντος, χρῆν γὰρ Κανδαύλῃ γενέσθαι
κακῶς, ἔλεγε πρὸς τὸν Γύγην τοιάδε· Γύγη, οὐ γάρ σε
δοκέω πείθεσθαί μοι λέγοντι περὶ τοῦ εἴδεος τῆς γυναικός
(ὦτα γὰρ τυγχάνει ἀνθρώποισι ἐόντα ἀπιστότερα ὀφθαλ-
μῶν), ποίει ὅκως ἐκείνην θηήσεαι γυμνήν.   ὁ δὲ μέγα
25 ἀμβώσας εἶπε· Δέσποτα, τίνα λέγεις λόγον οὐκ ὑγιέα,
κελεύων με δέσποιναν τὴν ἐμὴν θεήσασθαι γυμνήν; ἅμα
δὲ κιθῶνι ἐκδυομένῳ συνεκδύεται καὶ τὴν αἰδῶ γυνή.   πάλαι
δὲ τὰ καλὰ ἀνθρώποισι ἐξεύρηται, ἐκ τῶν μανθάνειν δεῖ·
ἐν τοῖσι ἓν τόδε ἐστί, σκοπέειν τινὰ τὰ ἑωυτοῦ.   ἐγὼ δὲ
30 πείθομαι ἐκείνην εἶναι πασέων γυναικῶν καλλίστην, καί σεο

δέομαι μὴ δέεσθαι ἀνόμων. ὁ μὲν δὴ λέγων τοιαῦτα ἀπε-
μάχετο, ἀρρωδέων μή τί οἱ ἐξ αὐτῶν γένηται κακόν. ὁ δ᾽
ἀμείβετο τοισίδε· Θάρσει, Γύγη, καὶ μὴ φοβεῦ μήτε ἐμέ,
ὡς σεο πειρώμενος λέγω λόγον τόνδε, μήτε γυναῖκα τὴν
ἐμήν, μή τί τοι ἐξ αὐτῆς γένηται βλάβος· ἀρχὴν γὰρ ἐγὼ 5
μηχανήσομαι οὕτω ὥστε μηδὲ μαθεῖν μιν ὀφθεῖσαν ὑπὸ σεῦ.
ἐγὼ γάρ σε ἐς τὸ οἴκημα ἐν τῷ κοιμώμεθα ὄπισθε τῆς
ἀνοιγομένης θύρης στήσω· μετὰ δ᾽ ἐμὲ ἐσελθόντα παρέσται
καὶ ἡ γυνὴ ἡ ἐμὴ ἐς κοῖτον. κεῖται δὲ ἀγχοῦ τῆς ἐσόδου
θρόνος· ἐπὶ τοῦτον τῶν ἱματίων κατὰ ἓν ἕκαστον ἐκδύνουσα 10
θήσει καὶ κατ᾽ ἡσυχίην πολλὴν παρέξει τοι θεήσασθαι.
ἐπεὰν δὲ ἀπὸ τοῦ θρόνου στίχῃ ἐπὶ τὴν εὐνὴν κατὰ νώτου
τε αὐτῆς γένῃ, σοὶ μελέτω τὸ ἐνθεῦτεν ὅκως μή σε ὄψεται
ἰόντα διὰ θυρέων. ὁ μὲν δὴ ὡς οὐκ ἐδύνατο διαφυγεῖν, ἦν
ἕτοιμος· ὁ δὲ Κανδαύλης, ἐπεὶ ἐδόκεε ὥρη τῆς κοίτης εἶναι, 15
ἤγαγε τὸν Γύγεα ἐς τὸ οἴκημα, καὶ μετὰ ταῦτα αὐτίκα
παρῆν καὶ ἡ γυνή· ἐσελθοῦσαν δὲ καὶ τιθεῖσαν τὰ εἵματα
ἐθηεῖτο ὁ Γύγης. ὡς δὲ κατὰ νώτου ἐγένετο ἰούσης τῆς
γυναικὸς ἐς τὴν κοίτην, ὑπεκδὺς ἐχώρεε ἔξω. καὶ ἡ γυνὴ
ἐπορᾷ μιν ἐξιόντα. μαθοῦσα δὲ τὸ ποιηθὲν ἐκ τοῦ ἀνδρὸς 20
οὔτε ἀνέβωσε αἰσχυνθεῖσα οὔτε ἔδοξε μαθεῖν, ἐν νόῳ ἔχουσα
τείσεσθαι τὸν Κανδαύλεα· παρὰ γὰρ τοῖσι Λυδοῖσι,
σχεδὸν δὲ καὶ παρὰ τοῖσι ἄλλοισι βαρβάροισι, καὶ ἄνδρα
ὀφθῆναι γυμνὸν ἐς αἰσχύνην μεγάλην φέρει. τότε μὲν
δὴ οὕτως οὐδὲν δηλώσασα ἡσυχίην εἶχε· ὡς δὲ ἡμέρη 25
τάχιστα ἐγεγόνεε, τῶν οἰκετέων τοὺς μάλιστα ὥρα πιστοὺς
ἐόντας ἑωυτῇ, ἑτοίμους ποιησαμένη ἐκάλεε τὸν Γύγεα. ὁ
δὲ οὐδὲν δοκέων αὐτὴν τῶν πρηχθέντων ἐπίστασθαι ἦλθε
καλεόμενος· ἐώθεε γὰρ καὶ πρόσθε, ὅκως ἡ βασίλεια καλέοι,
φοιτᾶν. ὡς δὲ ὁ Γύγης ἀπίκετο, ἔλεγε ἡ γυνὴ τάδε· 30
Νῦν τοι δυῶν ὁδῶν παρεουσέων, Γύγη, δίδωμι αἴρεσιν,

ὁκοτέρην βούλεαι τραπέσθαι· ἢ γὰρ Κανδαύλεα ἀπο-
κτείνας ἐμέ τε καὶ τὴν βασιληίην ἔχε τὴν Λυδῶν, ἢ αὐτόν
σε αὐτίκα οὕτω ἀποθνήσκειν δεῖ, ὡς ἂν μὴ πάντα πειθόμενος
Κανδαύλῃ τοῦ λοιποῦ ἴδῃς τὰ μή σε δεῖ. ἀλλ' ἤτοι
5 κεῖνόν γε τὸν ταῦτα βουλεύσαντα δεῖ ἀπόλλυσθαι ἢ σὲ τὸν
ἐμὲ γυμνὴν θεησάμενον καὶ ποιήσαντα οὐ νομιζόμενα. ὁ
δὲ Γύγης τέως μὲν ἀπεθώμαζε τὰ λεγόμενα, μετὰ δὲ
ἱκέτευε μή μιν ἀναγκαίῃ ἐνδέειν διακρῖναι τοιαύτην αἵρεσιν.
οὐκ ὦν δὴ ἔπειθε, ἀλλ' ὥρα ἀναγκαίην ἀληθέως προκει-
10 μένην ἢ τὸν δεσπότεα ἀπολλύναι ἢ αὐτὸν ὑπ' ἄλλων
ἀπόλλυσθαι· αἱρέεται αὐτὸς περιεῖναι. ἐπειρώτα δὴ λέγων
τάδε· Ἐπεί με ἀναγκάζεις δεσπότεα τὸν ἐμὸν κτείνειν οὐκ
ἐθέλοντα, φέρε ἀκούσω, τέῳ καὶ τρόπῳ ἐπιχειρήσομεν αὐτῷ.
ἡ δὲ ὑπολαβοῦσα ἔφη· Ἐκ τοῦ αὐτοῦ μὲν χωρίου ἡ ὁρμὴ
15 ἔσται ὅθεν περ καὶ ἐκεῖνος ἐμὲ ἐπεδέξατο γυμνήν, ὑπνωμένῳ
δὲ ἡ ἐπιχείρησις ἔσται. ὡς δὲ ἤρτυσαν τὴν ἐπιβουλήν,
νυκτὸς γενομένης (οὐ γὰρ ἐμετίετο ὁ Γύγης, οὐδέ οἱ ἦν
ἀπαλλαγὴ οὐδεμία, ἀλλ' ἔδεε ἢ αὐτὸν ἀπολωλέναι ἢ
Κανδαύλεα) εἵπετο ἐς τὸν θάλαμον τῇ γυναικί. καί μιν
20 ἐκείνη ἐγχειρίδιον δοῦσα κατακρύπτει ὑπὸ τὴν αὐτὴν θύρην.
καὶ μετὰ ταῦτα ἀναπαυομένου Κανδαύλεω ὑπεκδύς τε καὶ
ἀποκτείνας αὐτὸν ἔσχε καὶ τὴν γυναῖκα καὶ τὴν βασιληίην
Γύγης. ἔσχε δὲ τὴν βασιληίην καὶ ἐκρατύνθη ἐκ τοῦ ἐν
Δελφοῖσι χρηστηρίου. ὡς γὰρ δὴ οἱ Λυδοὶ δεινὸν ἐποιεῦντο
25 τὸ Κανδαύλεω πάθος καὶ ἐν ὅπλοισι ἦσαν, συνέβησαν ἐς
τὠυτὸ οἵ τε τοῦ Γύγεω στασιῶται καὶ οἱ λοιποὶ Λυδοί,
ἢν μὲν τὸ χρηστήριον ἀνέλῃ μιν βασιλέα εἶναι Λυδῶν,
τὸν δὲ βασιλεύειν, ἢν δὲ μή, ἀποδοῦναι ὀπίσω ἐς Ἡρακλεί-
δας τὴν ἀρχήν. ἀνεῖλέ τε δὴ τὸ χρηστήριον καὶ ἐβασί-
30 λευσε οὕτω Γύγης. τοσόνδε μέντοι εἶπε ἡ Πυθίη, ὡς
Ἡρακλείδῃσι τίσις ἥξει ἐς τὸν πέμπτον ἀπόγονον Γύγεω.

τούτου τοῦ ἔπεος Λυδοί τε καὶ οἱ βασιλέες αὐτῶν λόγον
οὐδένα ἐποιεῦντο, πρὶν δὴ ἐπετελέσθη. τὴν μὲν δὴ τυραν-
νίδα οὕτω ἔσχον οἱ Μερμνάδαι τοὺς Ἡρακλείδας ἀπελό-
μενοι, Γύγης δὲ τυραννεύσας ἀπέπεμψε ἀναθήματα ἐς
Δελφοὺς οὐκ ὀλίγα, ἀλλ᾽ ὅσα μὲν ἀργύρου ἀναθήματα, 5
ἔστι οἱ πλεῖστα ἐν Δελφοῖσι, πάρεξ δὲ τοῦ ἀργύρου χρυσὸν
ἄπλετον ἀνέθηκε ἄλλον τε καὶ τοῦ μάλιστα μνήμην ἄξιον
ἔχειν ἐστί, κρητῆρές οἱ ἀριθμὸν ἐξ χρύσεοι ἀνακέαται.
ἑστᾶσι δὲ οὗτοι ἐν τῷ Κορινθίων θησαυρῷ σταθμὸν ἔχοντες
τριήκοντα τάλαντα· ἀληθέϊ δὲ λόγῳ χρεωμένῳ οὐ Κοριν- 10
θίων τοῦ δημοσίου ἐστὶ ὁ θησαυρός, ἀλλὰ Κυψέλου τοῦ
Ἠετίωνος. οὗτος δὲ ὁ Γύγης πρῶτος βαρβάρων τῶν ἡμεῖς
ἴδμεν ἐς Δελφοὺς ἀνέθηκε ἀναθήματα μετὰ Μίδην τὸν
Γορδίεω, Φρυγίης βασιλέα. ἀνέθηκε γὰρ δὴ καὶ Μίδης
τὸν βασιλήιον θρόνον ἐς τὸν προκατίζων ἐδίκαζε, ἐόντα 15
ἀξιοθέητον· κεῖται δὲ ὁ θρόνος οὗτος ἔνθα περ οἱ τοῦ
Γύγεω κρητῆρες. ὁ δὲ χρυσὸς οὗτος καὶ ὁ ἄργυρος, τὸν
ὁ Γύγης ἀνέθηκε, ὑπὸ Δελφῶν καλέεται Γυγάδας ἐπὶ τοῦ
ἀναθέντος ἐπωνυμίην.

(After Gyges there ruled in succession his descendants, Ardys,
Sadyattes, and Alyattes, who extended the Lydian power.   During
a siege of Miletus the temple of Athena was burned and straightway
Alyattes fell ill.   When the priestess of Apollo at Delphi declared
that the city could not be taken until the temple was restored,
this oracle was reported secretly to Thrasybulus, ruler of Miletus,
who by a ruse outwitted the Lydians and saved the city.)

The Story of Arion

Περίανδρος δὲ ἦν Κυψέλου παῖς, οὗτος ὁ τῷ Θρασυ- 20
βούλῳ τὸ χρηστήριον μηνύσας. ἐτυράννευε δὲ ὁ Περίαν-
δρος Κορίνθου· τῷ δὴ λέγουσι Κορίνθιοι (ὁμολογέουσι δέ
σφι Λέσβιοι) ἐν τῷ βίῳ θῶμα μέγιστον παραστῆναι,

Ἀρίονα τὸν Μηθυμναῖον ἐπὶ δελφῖνος ἐξενειχθέντα ἐπὶ
Ταίναρον, ἐόντα κιθαρῳδὸν τῶν τότε ἐόντων οὐδενὸς δεύτε-
ρον, καὶ διθύραμβον πρῶτον ἀνθρώπων τῶν ἡμεῖς ἴδμεν
ποιήσαντά τε καὶ ὀνομάσαντα καὶ διδάξαντα ἐν Κορίνθῳ.
5 τοῦτον τὸν Ἀρίονα λέγουσι, τὸν πολλὸν τοῦ χρόνου διατρί-
βοντα παρὰ Περιάνδρῳ, ἐπιθυμῆσαι πλῶσαι ἐς Ἰταλίην
τε καὶ Σικελίην, ἐργασάμενον δὲ χρήματα μεγάλα θελῆσαι
ὀπίσω ἐς Κόρινθον ἀπικέσθαι. ὁρμᾶσθαι μέν νυν ἐκ Τάραν-
τος, πιστεύοντα δὲ οὐδαμοῖσι μᾶλλον ἢ Κορινθίοισι μισθώ-
10 σασθαι πλοῖον ἀνδρῶν Κορινθίων· τοὺς δὲ ἐν τῷ πελάγεϊ
ἐπιβουλεύειν τὸν Ἀρίονα ἐκβαλόντας ἔχειν τὰ χρήματα·
τὸν δὲ συνέντα τοῦτο λίσσεσθαι, χρήματα μέν σφι προϊ-
έντα, ψυχὴν δὲ παραιτεόμενον. οὐκ ὦν δὴ πείθειν αὐτὸν
τούτοισι, ἀλλὰ κελεύειν τοὺς πορθμέας ἢ αὐτὸν διαχρᾶσθαί
15 μιν, ὡς ἂν ταφῆς ἐν γῇ τύχῃ, ἢ ἐκπηδᾶν ἐς τὴν θάλασσαν
τὴν ταχίστην. ἀπειληθέντα δὲ τὸν Ἀρίονα ἐς ἀπορίην
παραιτήσασθαι, ἐπειδή σφι οὕτω δοκέοι, περιιδεῖν αὐτὸν
ἐν τῇ σκευῇ πάσῃ στάντα ἐν τοῖσι ἐδωλίοισι ἀεῖσαι·
ἀείσας δὲ ὑπεδέκετο ἑωυτὸν κατεργάσεσθαι. καὶ τοῖσι
20 ἐσελθεῖν γὰρ ἡδονὴν εἰ μέλλοιεν ἀκούσεσθαι τοῦ ἀρίστου
ἀνθρώπων ἀοιδοῦ, ἀναχωρῆσαι ἐκ τῆς πρύμνης ἐς μέσην
νέα. τὸν δὲ ἐνδύντα τε πᾶσαν τὴν σκευὴν καὶ λαβόντα τὴν
κιθάρην, στάντα ἐν τοῖσι ἐδωλίοισι διεξελθεῖν νόμον τὸν
ὄρθιον, τελευτῶντος δὲ τοῦ νόμου ῥῖψαί μιν ἐς τὴν θάλασσαν
25 ἑωυτὸν ὡς εἶχε σὺν τῇ σκευῇ πάσῃ. καὶ τοὺς μὲν ἀποπλέειν
ἐς Κόρινθον, τὸν δὲ δελφῖνα λέγουσι ὑπολαβόντα ἐξενεῖκαι
ἐπὶ Ταίναρον. ἀποβάντα δὲ αὐτὸν χωρέειν ἐς Κόρινθον
σὺν τῇ σκευῇ καὶ ἀπικόμενον ἀπηγέεσθαι πᾶν τὸ γεγονός.
Περίανδρον δὲ ὑπὸ ἀπιστίης Ἀρίονα μὲν ἐν φυλακῇ ἔχειν
30 οὐδαμῇ μετιέντα, ἀνακῶς δὲ ἔχειν τῶν πορθμέων· ὡς δὲ ἄρα
παρεῖναι αὐτούς, κληθέντας ἱστορέεσθαι εἴ τι λέγοιεν περὶ

'Αρίονος. φαμένων δὲ ἐκείνων ὡς εἴη τε σῶς περὶ 'Ιταλίην
καί μιν εὖ πρήσσοντα λίποιεν ἐν Τάραντι, ἐπιφανῆναί σφι
τὸν 'Αρίονα ὥσπερ ἔχων ἐξεπήδησε· καὶ τοὺς ἐκπλαγέντας
οὐκ ἔχειν ἔτι ἐλεγχομένους ἀρνέεσθαι. ταῦτα μέν νυν
Κορίνθιοί τε καὶ Λέσβιοι λέγουσι, καὶ 'Αρίονος ἔστι ἀνάθη- 5
μα χάλκεον οὐ μέγα ἐπὶ Ταινάρῳ, ἐπὶ δελφῖνος ἐπεὼν
ἄνθρωπος.

Accession of Croesus

Τελευτήσαντος δὲ 'Αλυάττεω ἐξεδέξατο τὴν βασιληίην
Κροῖσος ὁ 'Αλυάττεω, ἐτέων ἐὼν ἡλικίην πέντε καὶ τριή-
κοντα, ὃς δὴ 'Ελλήνων πρώτοισι ἐπεθήκατο 'Εφεσίοισι. 10
μετὰ δὲ ἐν μέρεϊ ἑκάστοισι 'Ιώνων τε καὶ Αἰολέων, ἄλλοισι
ἄλλας αἰτίας ἐπιφέρων, τῶν μὲν ἐδύνατο μέζονας παρευρί-
σκειν, μέζονα ἐπαιτιώμενος, τοῖσι δὲ αὐτῶν καὶ φαῦλα
ἐπιφέρων.

Visit of Solon to Croesus. Stories of Happy Men

Χρόνου δὲ ἐπιγενομένου καὶ κατεστραμμένων σχεδὸν 15
πάντων τῶν ἐντὸς "Αλυος ποταμοῦ οἰκημένων· πλὴν γὰρ
Κιλίκων καὶ Λυκίων τοὺς ἄλλους πάντας ὑπ' ἑωυτῷ εἶχε
καταστρεψάμενος ὁ Κροῖσος· κατεστραμμένων δὲ τούτων
καὶ προσεπικτωμένου Κροίσου Λυδοῖσι, ἀπικνέονται ἐς
Σάρδις ἀκμαζούσας πλούτῳ ἄλλοι τε οἱ πάντες ἐκ τῆς 20
'Ελλάδος σοφισταί, οἳ τοῦτον τὸν χρόνον ἐτύγχανον
ἐόντες, ὡς ἕκαστος αὐτῶν ἀπικνέοιτο, καὶ δὴ καὶ Σόλων
ἀνὴρ 'Αθηναῖος, ὃς 'Αθηναίοισι νόμους κελεύσασι ποι-
ήσας ἀπεδήμησε ἔτεα δέκα, κατὰ θεωρίης πρόφασιν ἐκπλώ-
σας, ἵνα δὴ μή τινα τῶν νόμων ἀναγκασθῇ λῦσαι τῶν 25
ἔθετο. αὐτοὶ γὰρ οὐκ οἷοί τε ἦσαν αὐτὸ ποιῆσαι 'Αθηναῖοι·
ὁρκίοισι γὰρ μεγάλοισι κατείχοντο δέκα ἔτεα χρήσεσθαι
νόμοισι τοὺς ἄν σφι Σόλων θῆται. αὐτῶν δὴ ὦν τούτων

καὶ τῆς θεωρίης ἐκδημήσας ὁ Σόλων εἵνεκεν ἐς Αἴγυπτον
ἀπίκετο παρὰ Ἄμασιν καὶ δὴ καὶ ἐς Σάρδις παρὰ Κροῖσον.
ἀπικόμενος δὲ ἐξεινίζετο ἐν τοῖσι βασιληίοισι ὑπὸ τοῦ Κροί-
σου· μετὰ δέ, ἡμέρῃ τρίτῃ ἢ τετάρτῃ, κελεύσαντος Κροίσου
5 τὸν Σόλωνα θεράποντες περιῆγον κατὰ τοὺς θησαυροὺς καὶ
ἐπεδείκνυσαν πάντα ἐόντα μεγάλα τε καὶ ὄλβια. θεησά-
μενον δέ μιν τὰ πάντα καὶ σκεψάμενον, ὥς οἱ κατὰ καιρὸν
ἦν, εἴρετο ὁ Κροῖσος τάδε· Ξεῖνε Ἀθηναῖε, παρ᾽ ἡμέας
γὰρ περὶ σέο λόγος ἀπῖκται πολλὸς καὶ σοφίης εἵνεκεν τῆς
10 σῆς καὶ πλάνης, ὡς φιλοσοφέων γῆν πολλὴν θεωρίης εἵνεκεν
ἐπελήλυθας· νῦν ὦν ἵμερος ἐπειρέσθαι μοι ἐπῆλθέ σε εἴ τινα
ἤδη πάντων εἶδες ὀλβιώτατον. ὁ μὲν ἐλπίζων εἶναι ἀνθρώ-
πων ὀλβιώτατος ταῦτα ἐπειρώτα, Σόλων δὲ οὐδὲν ὑποθω-
πεύσας, ἀλλὰ τῷ ἐόντι χρησάμενος λέγει· Ὦ βασιλεῦ,
15 Τέλλον Ἀθηναῖον. ἀποθωμάσας δὲ Κροῖσος τὸ λεχθὲν
εἴρετο ἐπιστρεφέως· Κοίῃ δὴ κρίνεις Τέλλον εἶναι ὀλβιώ-
τατον; ὁ δὲ εἶπε· Τέλλῳ τοῦτο μὲν τῆς πόλιος εὖ ἡκούσης
παῖδες ἦσαν καλοί τε κἀγαθοί, καί σφι εἶδε ἅπασι τέκνα
ἐκγενόμενα καὶ πάντα παραμείναντα, τοῦτο δὲ τοῦ βίου εὖ
20 ἥκοντι, ὡς τὰ παρ᾽ ἡμῖν, τελευτὴ τοῦ βίου λαμπροτάτη
ἐπεγένετο· γενομένης γὰρ Ἀθηναίοισι μάχης πρὸς τοὺς
ἀστυγείτονας ἐν Ἐλευσῖνι βοηθήσας καὶ τροπὴν ποιήσας
τῶν πολεμίων ἀπέθανε κάλλιστα, καί μιν Ἀθηναῖοι δημοσίῃ
τε ἔθαψαν αὐτοῦ τῇ περ ἔπεσε καὶ ἐτίμησαν μεγάλως. ὡς
25 δὲ τὰ κατὰ τὸν Τέλλον προετρέψατο ὁ Σόλων τὸν Κροῖσον
εἴπας πολλά τε καὶ ὄλβια, ἐπειρώτα τίνα δεύτερον μετ᾽
ἐκεῖνον ἴδοι, δοκέων πάγχυ δευτερεῖα γῶν οἴσεσθαι. ὁ
δὲ εἶπε· Κλέοβίν τε καὶ Βίτωνα. τούτοισι γὰρ ἐοῦσι
γένος Ἀργείοισι βίος τε ἀρκέων ὑπῆν καὶ πρὸς τούτῳ
30 ῥώμη σώματος τοιήδε· ἀεθλοφόροι τε ἀμφότεροι ὁμοίως
ἦσαν, καὶ δὴ καὶ λέγεται ὅδε λόγος· ἐούσης ὀρτῆς τῇ

Ἥρῃ τοῖσι Ἀργείοισι ἔδεε πάντως τὴν μητέρα αὐτῶν
ζεύγεϊ κομισθῆναι ἐς τὸ ἱρόν, οἱ δέ σφι βόες ἐκ τοῦ ἀγροῦ
οὐ παρεγίνοντο ἐν ὥρῃ· ἐκκληιόμενοι δὲ τῇ ὥρῃ οἱ νεηνίαι
ὑποδύντες αὐτοὶ ὑπὸ τὴν ζεύγλην εἷλκον τὴν ἅμαξαν, ἐπὶ
τῆς ἁμάξης δέ σφι ὠχέετο ἡ μήτηρ, σταδίους δὲ πέντε 5
καὶ τεσσεράκοντα διακομίσαντες ἀπίκοντο ἐς τὸ ἱρόν.
ταῦτα δέ σφι ποιήσασι καὶ ὀφθεῖσι ὑπὸ τῆς πανηγύριος
τελευτὴ τοῦ βίου ἀρίστη ἐπεγένετο, διέδεξέ τε ἐν τούτοισι
ὁ θεὸς ὡς ἄμεινον εἴη ἀνθρώπῳ τεθνάναι μᾶλλον ἢ ζώειν.
Ἀργεῖοι μὲν γὰρ περιστάντες ἐμακάριζον τῶν νεηνιέων 10
τὴν ῥώμην, αἱ δὲ Ἀργεῖαι τὴν μητέρα αὐτῶν, οἵων τέκνων
ἐκύρησε. ἡ δὲ μήτηρ περιχαρὴς ἐοῦσα τῷ τε ἔργῳ καὶ
τῇ φήμῃ, στᾶσα ἀντίον τοῦ ἀγάλματος εὔχετο Κλεόβι
τε καὶ Βίτωνι τοῖσι ἑωυτῆς τέκνοισι, οἵ μιν ἐτίμησαν
μεγάλως, τὴν θεὸν δοῦναι τὸ ἀνθρώπῳ τυχεῖν ἄριστόν 15
ἐστι. μετὰ ταύτην δὲ τὴν εὐχὴν ὡς ἔθυσάν τε καὶ εὐωχήθη-
σαν, κατακοιμηθέντες ἐν αὐτῷ τῷ ἱρῷ οἱ νεηνίαι οὐκέτι
ἀνέστησαν, ἀλλ᾽ ἐν τέλεϊ τούτῳ ἔσχοντο. Ἀργεῖοι δὲ
σφεων εἰκόνας ποιησάμενοι ἀνέθεσαν ἐς Δελφοὺς ὡς ἀνδρῶν
ἀρίστων γενομένων. Σόλων μὲν δὴ εὐδαιμονίης δευτερεῖα 20
ἔνεμε τούτοισι, Κροῖσος δὲ σπερχθεὶς εἶπε· Ὦ ξεῖνε
Ἀθηναῖε, ἡ δ᾽ ἡμετέρη εὐδαιμονίη οὕτω τοι ἀπέρριπται
ἐς τὸ μηδέν, ὥστε οὐδὲ ἰδιωτέων ἀνδρῶν ἀξίους ἡμέας
ἐποίησας; ὁ δὲ εἶπε· Ὦ Κροῖσε, ἐπιστάμενόν με τὸ θεῖον
πᾶν ἐὸν φθονερόν τε καὶ ταραχῶδες ἐπειρωτᾷς ἀνθρωπηίων 25
πρηγμάτων πέρι. ἐν γὰρ τῷ μακρῷ χρόνῳ πολλὰ μὲν
ἔστι ἰδεῖν τὰ μή τις ἐθέλει, πολλὰ δὲ καὶ παθεῖν. ἐμοὶ
δὲ σὺ καὶ πλουτέειν μέγα φαίνεαι καὶ βασιλεὺς πολλῶν
εἶναι ἀνθρώπων· ἐκεῖνο δὲ τὸ εἴρεό με οὔ κώ σε ἐγὼ λέγω,
πρὶν τελευτήσαντα καλῶς τὸν αἰῶνα πύθωμαι. οὐ γάρ τι 30
ὁ μέγα πλούσιος μᾶλλον τοῦ ἐπ᾽ ἡμέρην ἔχοντος ὀλβιώτερός

ἐστι, εἰ μή οἱ τύχῃ ἐπίσποιτο πάντα καλὰ ἔχοντα εὖ
τελευτῆσαι τὸν βίον. πολλοὶ μὲν γὰρ ζάπλουτοι ἀνθρώ-
πων ἄνολβοί εἰσι, πολλοὶ δὲ μετρίως ἔχοντες βίου εὐτυχέες.
σκοπέειν δὲ χρὴ παντὸς χρήματος τὴν τελευτὴν κῇ ἀπο-
5 βήσεται· πολλοῖσι γὰρ δὴ ὑποδέξας ὄλβον ὁ θεὸς προρ-
ρίζους ἀνέτρεψε. ταῦτα λέγων τῷ Κροίσῳ οὔ κως οὔτε
ἐχαρίζετο, οὔτε λόγου μιν ποιησάμενος οὐδενὸς ἀποπέμ-
πεται, κάρτα δόξας ἀμαθέα εἶναι, ὃς τὰ παρεόντα ἀγαθὰ
μετεὶς τὴν τελευτὴν παντὸς χρήματος ὁρᾶν ἐκέλευε.

The Fate of Crœsus's Oldest Son

10 Μετὰ δὲ Σόλωνα οἰχόμενον ἔλαβε ἐκ θεοῦ νέμεσις
μεγάλη Κροῖσον, ὡς εἰκάσαι, ὅτι ἐνόμισε ἑωυτὸν εἶναι
ἀνθρώπων ἁπάντων ὀλβιώτατον. αὐτίκα δέ οἱ εὕδοντι
ἐπέστη ὄνειρος, ὅς οἱ τὴν ἀληθείην ἔφαινε τῶν μελλόντων
γενέσθαι κακῶν κατὰ τὸν παῖδα. ἦσαν δὲ τῷ Κροίσῳ δύο
15 παῖδες, τῶν οὕτερος μὲν διέφθαρτο, ἦν γὰρ δὴ κωφός, ὁ δὲ
ἕτερος τῶν ἡλίκων μακρῷ τὰ πάντα πρῶτος· οὔνομα δέ οἱ
ἦν Ἄτυς. τοῦτον δὴ ὦν τὸν Ἄτυν σημαίνει τῷ Κροίσῳ
ὁ ὄνειρος, ὡς ἀπολέει μιν αἰχμῇ σιδηρέῃ βληθέντα. ὁ δὲ
ἐπείτε ἐξηγέρθη καὶ ἑωυτῷ λόγον ἔδωκε, καταρρωδήσας τὸν
20 ὄνειρον ἄγεται μὲν τῷ παιδὶ γυναῖκα, ἐωθότα δὲ στρατη-
γέειν μιν τῶν Λυδῶν οὐδαμῇ ἔτι ἐπὶ τοιοῦτο πρῆγμα
ἐξέπεμπε, ἀκόντια δὲ καὶ δοράτια καὶ τὰ τοιαῦτα πάντα
τοῖσι χρέωνται ἐς πόλεμον ἄνθρωποι, ἐκ τῶν ἀνδρεώνων
ἐκκομίσας ἐς τοὺς θαλάμους συνένησε, μή τί οἱ κρεμάμενον
25 τῷ παιδὶ ἐμπέσῃ. ἔχοντος δέ οἱ ἐν χερσὶ τοῦ παιδὸς τὸν
γάμον ἀπικνέεται ἐς τὰς Σάρδις ἀνὴρ συμφορῇ ἐχόμενος
καὶ οὐ καθαρὸς χεῖρας, ἐὼν Φρὺξ μὲν γενεῇ, γένεος δὲ τοῦ
βασιληίου. παρελθὼν δὲ οὗτος ἐς τὰ Κροίσου οἰκία κατὰ
νόμους τοὺς ἐπιχωρίους καθαρσίου ἐδέετο κυρῆσαι, Κροῖσος

δέ μιν ἐκάθηρε. ἔστι δὲ παραπλησίη ἡ κάθαρσις τοῖσι
Λυδοῖσι καὶ τοῖσι Ἕλλησι. ἐπείτε δὲ τὰ νομιζόμενα
ἐποίησε ὁ Κροῖσος, ἐπυνθάνετο ὁκόθεν τε καὶ τίς εἴη,
λέγων τάδε· "Ὤνθρωπε, τίς τε ἐὼν καὶ κόθεν τῆς Φρυγίης
ἥκων ἐπίστιός μοι ἐγένεο; τίνα τε ἀνδρῶν ἢ γυναικῶν 5
ἐφόνευσας; ὁ δὲ ἀμείβετο· 'Ὦ βασιλεῦ, Γορδίεω μὲν τοῦ
Μίδεω εἰμὶ παῖς, ὀνομάζομαι δὲ Ἄδρηστος, φονεύσας δὲ
ἀδελφεὸν ἐμεωυτοῦ ἀέκων πάρειμι ἐξεληλαμένος τε ὑπὸ τοῦ
πατρὸς καὶ ἐστερημένος πάντων. Κροῖσος δέ μιν ἀμείβετο
τοισίδε· Ἀνδρῶν τε φίλων τυγχάνεις ἔκγονος ἐὼν καὶ ἐλή- 10
λυθας ἐς φίλους, ἔνθα ἀμηχανήσεις χρήματος οὐδενὸς μένων
ἐν ἡμετέρου. συμφορὴν δὲ ταύτην ὡς κουφότατα φέρων
κερδανέεις πλεῖστον. ὁ μὲν δὴ δίαιταν εἶχε ἐν Κροίσου, ἐν
δὲ τῷ αὐτῷ χρόνῳ τούτῳ ἐν τῷ Μυσίῳ Ὀλύμπῳ ὑὸς χρῆμα
γίνεται μέγα· ὁρμώμενος δὲ οὗτος ἐκ τοῦ ὄρεος τούτου τὰ 15
τῶν Μυσῶν ἔργα διαφθείρεσκε, πολλάκις δὲ οἱ Μυσοὶ ἐπ᾽
αὐτὸν ἐξελθόντες ποιέεσκον μὲν κακὸν οὐδέν, ἔπασχον δὲ
πρὸς αὐτοῦ. τέλος δὲ ἀπικόμενοι παρὰ τὸν Κροῖσον τῶν
Μυσῶν ἄγγελοι ἔλεγον τάδε· 'Ὦ βασιλεῦ, ὑὸς χρῆμα
μέγιστον ἀνεφάνη ἡμῖν ἐν τῇ χώρῃ, ὃς τὰ ἔργα διαφθείρει. 20
τοῦτον προθυμεόμενοι ἑλεῖν οὐ δυνάμεθα. νῦν ὦν προσδεό-
μεθά σευ τὸν παῖδα καὶ λογάδας νεηνίας καὶ κύνας
συμπέμψαι ἡμῖν, ὡς ἄν μιν ἐξέλωμεν ἐκ τῆς χώρης. οἱ
μὲν δὴ τούτων ἐδέοντο, Κροῖσος δὲ μνημονεύων τοῦ ὀνείρου
τὰ ἔπεα ἔλεγέ σφι τάδε· Παιδὸς μὲν πέρι τοῦ ἐμοῦ μὴ 25
μνησθῆτε ἔτι· οὐ γὰρ ἂν ὑμῖν συμπέμψαιμι· νεόγαμός τε
γάρ ἐστι καὶ ταῦτά οἱ νῦν μέλει. Λυδῶν μέντοι λογάδας
καὶ τὸ κυνηγέσιον πᾶν συμπέμψω καὶ διακελεύσομαι τοῖσι
ἰοῦσι εἶναι ὡς προθυμοτάτοισι συνεξελεῖν ὑμῖν τὸ θηρίον ἐκ
τῆς χώρης. ταῦτα ἀμείψατο. ἀποχρεωμένων δὲ τούτοισι 30
τῶν Μυσῶν ἐπεσέρχεται ὁ τοῦ Κροίσου παῖς ἀκηκοὼς τῶν

ἐδέοντο οἱ Μυσοί. οὐ φαμένου δὲ τοῦ Κροίσου τόν γε
παῖδά σφι συμπέμψειν λέγει πρὸς αὐτὸν ὁ νεηνίης τάδε·
Ὦ πάτερ, τὰ κάλλιστα πρότερόν κοτε καὶ γενναιότατα
ἡμῖν ἦν ἔς τε πολέμους καὶ ἐς ἄγρας φοιτέοντας εὐδοκιμέειν.
5 νῦν δὲ ἀμφοτέρων με τούτων ἀποκληίσας ἔχεις, οὔτε τινὰ
δειλίην μοι παριδὼν οὔτε ἀθυμίην. νῦν τε τέοισί με χρὴ
ὄμμασι ἔς τε ἀγορὴν καὶ ἐξ ἀγορῆς φοιτέοντα φαίνεσθαι;
κοῖος μέν τις τοῖσι πολιήτῃσι δόξω εἶναι, κοῖος δέ τις τῇ
νεογάμῳ γυναικί; κοίῳ δὲ ἐκείνη δόξει ἀνδρὶ συνοικέειν;
10 ἐμὲ ὦν σὺ ἢ μέθες ἰέναι ἐπὶ τὴν θήρην, ἢ λόγῳ ἀνάπεισον
ὅκως μοι ἀμείνω ἐστὶ ταῦτα οὕτω ποιεόμενα. ἀμείβεται
Κροῖσος τοισίδε· Ὦ παῖ, οὔτε δειλίην οὔτε ἄλλο οὐδὲν
ἄχαρι παριδών τοι ποιέω ταῦτα, ἀλλά μοι ὄψις ὀνείρου
ἐν τῷ ὕπνῳ ἐπιστᾶσα ἔφη σε ὀλιγοχρόνιον ἔσεσθαι, ὑπὸ
15 γὰρ αἰχμῆς σιδηρέης ἀπολέεσθαι. πρὸς ὦν τὴν ὄψιν
ταύτην τόν τε γάμον τοι τοῦτον ἔσπευσα καὶ ἐπὶ τὰ
παραλαμβανόμενα οὐκ ἀποπέμπω, φυλακὴν ἔχων, εἴ κως
δυναίμην ἐπὶ τῆς ἐμῆς σε ζόης διακλέψαι. εἶς γάρ μοι
μοῦνος τυγχάνεις ἐὼν παῖς· τὸν γὰρ δὴ ἕτερον διεφθαρ-
20 μένον οὐκ εἶναί μοι λογίζομαι. ἀμείβεται ὁ νεηνίης
τοισίδε· Συγγνώμη μὲν ὦ πάτερ τοι, ἰδόντι γε ὄψιν
τοιαύτην, περὶ ἐμὲ φυλακὴν ἔχειν· τὸ δὲ οὐ μανθάνεις,
ἀλλὰ λέληθέ σε τὸ ὄνειρον, ἐμέ τοι δίκαιόν ἐστι φράζειν.
φής τοι τὸ ὄνειρον ὑπὸ αἰχμῆς σιδηρέης φάναι ἐμὲ τελευτή-
25 σειν· ὑὸς δὲ κοῖαι μέν εἰσι χεῖρες, κοίη δὲ αἰχμὴ σιδηρέη τὴν
σὺ φοβέαι; εἰ μὲν γὰρ ὑπὸ ὀδόντος τοι εἶπε τελευτήσειν με
ἢ ἄλλου τευ ὅ τι τούτῳ οἶκε, χρῆν δή σε ποιέειν τὰ ποιέεις·
νῦν δὲ ὑπὸ αἰχμῆς. ἐπείτε ὦν οὐ πρὸς ἄνδρας ἡμῖν γίνεται
ἡ μάχη, μέθες με. ἀμείβεται Κροῖσος· Ὦ παῖ, ἔστι τῇ
30 με νικᾷς γνώμην ἀποφαίνων περὶ τοῦ ἐνυπνίου· ὡς ὦν
νενικημένος ὑπὸ σέο μεταγινώσκω μετίημί τέ σε ἰέναι ἐπὶ

τὴν ἄγρην. εἴπας δὲ ταῦτα ὁ Κροῖσος μεταπέμπεται τὸν
Φρύγα Ἄδρηστον, ἀπικομένῳ δέ οἱ λέγει τάδε· Ἄδρηστε,
ἐγώ σε συμφορῇ πεπληγμένον ἀχάριτι, τήν τοι οὐκ
ὀνειδίζω, ἐκάθηρα καὶ οἰκίοισι ὑποδεξάμενος ἔχω παρέχων
πᾶσαν δαπάνην· νῦν ὦν, ὀφείλεις γὰρ ἐμεῦ προποιήσαντος 5
χρηστὰ ἐς σὲ χρηστοῖσί με ἀμείβεσθαι, φύλακα παιδός
σε τοῦ ἐμοῦ χρηίζω γενέσθαι ἐς ἄγρην ὁρμωμένου, μή
τινες κατ᾽ ὁδὸν κλῶπες κακοῦργοι ἐπὶ δηλήσι φανέωσι
ὑμῖν. πρὸς δὲ τούτῳ καὶ σέ τοι χρεόν ἐστι ἰέναι ἔνθα
ἀπολαμπρυνέαι τοῖσι ἔργοισι· πατρώιόν τε γάρ τοί ἐστι 10
καὶ προσέτι ῥώμη ὑπάρχει. ἀμείβεται ὁ Ἄδρηστος· Ὦ
βασιλεῦ, ἄλλως μὲν ἔγωγε ἂν οὐκ ἦια ἐς ἄεθλον τοιόνδε·
οὔτε γὰρ συμφορῇ τοιῇδε κεχρημένον οἰκός ἐστι ἐς ὁμήλικας
εὖ πρήσσοντας ἰέναι, οὔτε τὸ βούλεσθαι πάρα, πολλαχῇ
τε ἂν ἴσχον ἐμεωυτόν. νῦν δέ, ἐπείτε σὺ σπεύδεις καὶ 15
δεῖ τοι χαρίζεσθαι (ὀφείλω γάρ σε ἀμείβεσθαι χρηστοῖσι),
ποιέειν εἰμὶ ἕτοιμος ταῦτα, παῖδά τε σόν, τὸν διακελεύεαι
φυλάσσειν, ἀπήμονα τοῦ φυλάσσοντος εἵνεκεν προσδόκα
τοι ἀπονοστήσειν. τοιούτοισι ἐπείτε οὗτος ἀμείψατο
Κροῖσον, ἦισαν μετὰ ταῦτα ἐξηρτυμένοι λογάσι τε νεηνίῃσι 20
καὶ κυσί. ἀπικόμενοι δὲ ἐς τὸν Ὄλυμπον τὸ ὄρος ἐζήτεον
τὸ θηρίον, εὑρόντες δὲ καὶ περιστάντες αὐτὸ κύκλῳ ἐσηκόν-
τιζον. ἔνθα δὴ ὁ ξεῖνος, οὗτος δὴ ὁ καθαρθεὶς τὸν φόνον,
καλεόμενος δὲ Ἄδρηστος, ἀκοντίζων τὸν ὗν τοῦ μὲν
ἁμαρτάνει, τυγχάνει δὲ τοῦ Κροίσου παιδός. ὁ μὲν δὴ 25
βληθεὶς τῇ αἰχμῇ ἐξέπλησε τοῦ ὀνείρου τὴν φήμην, ἔθεε
δέ τις ἀγγελέων τῷ Κροίσῳ τὸ γεγονός, ἀπικόμενος δὲ ἐς
τὰς Σάρδις τήν τε μάχην καὶ τὸν τοῦ παιδὸς μόρον
ἐσήμηνέ οἱ. ὁ δὲ Κροῖσος τῷ θανάτῳ τοῦ παιδὸς συντετα-
ραγμένος μᾶλλόν τι ἐδεινολογέετο ὅτι μιν ἀπέκτεινε τὸν 30
αὐτὸς φόνου ἐκάθηρε. περιημεκτέων δὲ τῇ συμφορῇ δεινῶς

ἐκάλεε μὲν Δία καθάρσιον, μαρτυρόμενος τὰ ὑπὸ τοῦ ξείνου
πεπονθὼς εἴη, ἐκάλεε δὲ ἐπίστιόν τε καὶ ἑταιρήιον, τὸν
αὐτὸν τοῦτον ὀνομάζων θεόν, τὸν μὲν ἐπίστιον καλέων,
διότι δὴ οἰκίοισι ὑποδεξάμενος τὸν ξεῖνον φονέα τοῦ παιδὸς
5 ἐλάνθανε βόσκων, τὸν δὲ ἑταιρήιον, ὡς φύλακα συμπέμψας
αὐτὸν εὑρήκοι πολεμιώτατον. παρῆσαν δὲ μετὰ τοῦτο οἱ
Λυδοὶ φέροντες τὸν νεκρόν, ὄπισθε δὲ εἵπετό οἱ ὁ φονεύς.
στὰς δὲ οὗτος πρὸ τοῦ νεκροῦ παρεδίδου ἑωυτὸν Κροίσῳ
προτείνων τὰς χεῖρας, ἐπικατασφάξαι μιν κελεύων τῷ
10 νεκρῷ, λέγων τήν τε προτέρην ἑωυτοῦ συμφορήν, καὶ ὡς
ἐπ᾽ ἐκείνῃ τὸν καθήραντα ἀπολωλεκὼς εἴη, οὐδέ οἱ εἴη
βιώσιμον. Κροῖσος δὲ τούτων ἀκούσας τόν τε Ἄδρηστον
κατοικτίρει, καίπερ ἐὼν ἐν κακῷ οἰκηίῳ τοσούτῳ, καὶ λέγει
πρὸς αὐτόν· Ἔχω, ὦ ξεῖνε, παρὰ σεῦ πᾶσαν τὴν δίκην,
15 ἐπειδὴ σεωυτοῦ καταδικάζεις θάνατον. εἷς δὲ οὐ μοι τοῦδε
τοῦ κακοῦ αἴτιος, εἰ μὴ ὅσον ἀέκων ἐξεργάσαο, ἀλλὰ
θεῶν κού τις, ὅς μοι καὶ πάλαι προεσήμαινε τὰ μέλλοντα
ἔσεσθαι. Κροῖσος μέν νυν ἔθαψε, ὡς οἰκὸς ἦν, τὸν ἑωυτοῦ
παῖδα· Ἄδρηστος δὲ ὁ Γορδίεω τοῦ Μίδεω, οὗτος δὴ ὁ
20 φονεὺς μὲν τοῦ ἑωυτοῦ ἀδελφεοῦ γενόμενος, φονεὺς δὲ τοῦ
καθήραντος, ἐπείτε ἡσυχίη τῶν ἀνθρώπων ἐγένετο περὶ τὸ
σῆμα, συγγινωσκόμενος ἀνθρώπων εἶναι τῶν αὐτὸς ᾔδεε
βαρυσυμφορώτατος, ἐπικατασφάζει τῷ τύμβῳ ἑωυτόν.

The Prophetic Power of Oracles Tested by Crœsus

Κροῖσος δὲ ἐπὶ δύο ἔτεα ἐν πένθεϊ μεγάλῳ κατῆστο τοῦ
25 παιδὸς ἐστερημένος· μετὰ δὲ ἡ Ἀστυάγεος τοῦ Κυαξάρεω
ἡγεμονίη καταιρεθεῖσα ὑπὸ Κύρου τοῦ Καμβύσεω καὶ τὰ
τῶν Περσέων πρήγματα αὐξανόμενα πένθεος μὲν Κροῖσον
ἀπέπαυσε, ἐνέβησε δὲ ἐς φροντίδα, εἴ κως δύναιτο, πρὶν
μεγάλους γενέσθαι τοὺς Πέρσας, καταλαβεῖν αὐτῶν

αὐξανομένην τὴν δύναμιν. μετὰ ὦν τὴν διάνοιαν ταύτην
αὐτίκα ἀπεπειρᾶτο τῶν μαντηίων τῶν τε ἐν Ἕλλησι καὶ
τοῦ ἐν Λιβύῃ, διαπέμψας ἄλλους ἄλλῃ, τοὺς μὲν ἐς
Δελφοὺς ἰέναι, τοὺς δὲ ἐς Ἄβας τὰς Φωκέων, τοὺς δὲ ἐς
Δωδώνην· οἱ δέ τινες ἐπέμποντο παρά τε Ἀμφιάρεων καὶ 5
παρὰ Τροφώνιον, οἱ δὲ τῆς Μιλησίης ἐς Βραγχίδας.
ταῦτα μέν νυν τὰ Ἑλληνικὰ μαντήια ἐς τὰ ἀπέπεμψε
μαντευσόμενος Κροῖσος· Λιβύης δὲ παρὰ Ἄμμωνα ἀπέ-
στειλε ἄλλους χρησομένους. διέπεμπε δὲ πειρώμενος τῶν
μαντηίων ὅ τι φρονέοιεν, ὡς εἰ φρονέοντα τὴν ἀληθείην 10
εὑρεθείη, ἐπείρηταί σφεα δεύτερα πέμπων εἰ ἐπιχειρέοι
ἐπὶ Πέρσας στρατεύεσθαι. ἐντειλάμενος δὲ τοῖσι Λυδοῖσι
τάδε ἀπέπεμπε ἐς τὴν διάπειραν τῶν χρηστηρίων, ἀπ᾽
ἧς ἂν ἡμέρης ὁρμηθέωσι ἐκ Σαρδίων, ἀπὸ ταύτης ἡμερολο-
γέοντας τὸν λοιπὸν χρόνον ἑκατοστῇ ἡμέρῃ χρᾶσθαι τοῖσι 15
χρηστηρίοισι, ἐπειρωτῶντας ὅ τι ποιέων τυγχάνοι ὁ Λυδῶν
βασιλεὺς Κροῖσος ὁ Ἀλυάττεω· ἄσσα δ᾽ ἂν ἕκαστα τῶν
χρηστηρίων θεσπίσῃ, συγγραψαμένους ἀναφέρειν παρ᾽
ἑωυτόν. ὅ τι μέν νυν τὰ λοιπὰ τῶν χρηστηρίων ἐθέσπισε,
οὐ λέγεται πρὸς οὐδαμῶν· ἐν δὲ Δελφοῖσι ὡς ἐσῆλθον 20
τάχιστα ἐς τὸ μέγαρον οἱ Λυδοὶ χρησόμενοι τῷ θεῷ καὶ
ἐπειρώτων τὸ ἐντεταλμένον, ἡ Πυθίη ἐν ἑξαμέτρῳ τόνῳ
λέγει τάδε·

οἶδα δ᾽ ἐγὼ ψάμμου τ᾽ ἀριθμὸν καὶ μέτρα θαλάσσης,
καὶ κωφοῦ συνίημι καὶ οὐ φωνεῦντος ἀκούω. 25
ὀδμή μ᾽ ἐς φρένας ἦλθε κραταιρίνοιο χελώνης
ἑψομένης ἐν χαλκῷ ἅμ᾽ ἀρνείοισι κρέεσσιν,
ᾗ χαλκὸς μὲν ὑπέστρωται, χαλκὸν δ᾽ ἐπίεσται.

ταῦτα οἱ Λυδοὶ θεσπισάσης τῆς Πυθίης συγγραψάμενοι
οἴχοντο ἀπιόντες ἐς τὰς Σάρδις. ὡς δὲ καὶ ὧλλοι οἱ περι- 30

πεμφθέντες παρῆσαν φέροντες τοὺς χρησμούς, ἐνθαῦτα
ὁ Κροῖσος ἕκαστα ἀναπτύσσων ἐπώρα τῶν συγγραμμάτων.
τῶν μὲν δὴ οὐδὲν προσίετό μιν· ὁ δὲ ὡς τὸ ἐκ Δελφῶν
ἤκουσε, αὐτίκα προσεύχετό τε καὶ προσεδέξατο, νομίσας
5 μοῦνον εἶναι μαντήιον τὸ ἐν Δελφοῖσι, ὅτι οἱ ἐξευρήκεε τὰ
αὐτὸς ἐποίησε. ἐπείτε γὰρ δὴ διέπεμψε παρὰ τὰ χρηστή-
ρια τοὺς θεοπρόπους, φυλάξας τὴν κυρίην τῶν ἡμερέων
ἐμηχανᾶτο τοιάδε· ἐπινοήσας τὰ ἦν ἀμήχανον ἐξευρεῖν τε
καὶ ἐπιφράσασθαι, χελώνην καὶ ἄρνα κατακόψας ὁμοῦ ἧψεε
10 αὐτὸς ἐν λέβητι χαλκέῳ χάλκεον ἐπίθημα ἐπιθείς. τὰ
μὲν δὴ ἐκ Δελφῶν οὕτω τῷ Κροίσῳ ἐχρήσθη· κατὰ δὲ τὴν
Ἀμφιάρεω τοῦ μαντηίου ὑπόκρισιν οὐκ ἔχω εἰπεῖν ὅ τι
τοῖσι Λυδοῖσι ἔχρησε ποιήσασι περὶ τὸ ἱρὸν τὰ νομιζόμενα
(οὐ γὰρ ὦν οὐδὲ τοῦτο λέγεται) ἄλλο γε ἢ ὅτι καὶ τοῦτον
15 ἐνόμισε μαντήιον ἀψευδὲς ἐκτῆσθαι.

Honors Paid to the Oracles Approved by Crœsus

Μετὰ δὲ ταῦτα θυσίῃσι μεγάλῃσι τὸν ἐν Δελφοῖσι
θεὸν ἱλάσκετο· κτήνεά τε γὰρ τὰ θύσιμα πάντα τρισχίλια
ἔθυσε, κλίνας τε ἐπιχρύσους καὶ ἐπαργύρους καὶ φιάλας
χρυσέας καὶ εἵματα πορφύρεα καὶ κιθῶνας νήσας πυρὴν
20 μεγάλην κατέκαιε, ἐλπίζων τὸν θεὸν μᾶλλόν τι τούτοισι
ἀνακτήσεσθαι· Λυδοῖσί τε πᾶσι προεῖπε θύειν πάντα τινὰ
αὐτῶν τοῦτο ὅ τι ἔχοι ἕκαστος. ἐπιτελέσας δὲ ὁ Κροῖσος
ταῦτα ἀπέπεμπε ἐς Δελφοὺς καὶ τάδε· κρητῆρας δύο
μεγάθεϊ μεγάλους, χρύσεον καὶ ἀργύρεον, τῶν ὁ μὲν
25 χρύσεος ἔκειτο ἐπὶ δεξιὰ ἐσιόντι ἐς τὸν νηόν, ὁ δὲ ἀργύρεος
ἐπ᾿ ἀριστερά. μετεκινήθησαν δὲ καὶ οὗτοι ὑπὸ τὸν νηὸν
κατακαέντα, καὶ ὁ μὲν χρύσεος κεῖται ἐν τῷ Κλαζομενίων
θησαυρῷ, ἕλκων σταθμὸν εἴνατον ἡμιτάλαντον καὶ ἔτι
δυώδεκα μνέας, ὁ δὲ ἀργύρεος ἐπὶ τοῦ προνηΐου τῆς γωνίης,

χωρέων ἀμφορέας ἑξακοσίους· ἐπικίρναται γὰρ ὑπὸ Δελφῶν
Θεοφανίοισι. φασὶ δέ μιν Δελφοὶ Θεοδώρου τοῦ Σαμίου
ἔργον εἶναι, καὶ ἐγὼ δοκέω· οὐ γὰρ τὸ συντυχὸν φαίνεταί
μοι ἔργον εἶναι. καὶ πίθους τε ἀργυρέους τέσσερας
ἀπέπεμψε, οἳ ἐν τῷ Κορινθίων θησαυρῷ ἑστᾶσι, καὶ 5
περιρραντήρια δύο ἀνέθηκε, χρύσεόν τε καὶ ἀργύρεον.
ἄλλα τε ἀναθήματα πολλὰ ἀπέπεμψε ἅμα τούτοισι ὁ
Κροῖσος καὶ χεύματα ἀργύρεα κυκλοτερέα, καὶ δὴ καὶ
γυναικὸς εἴδωλον χρύσεον τρίπηχυ, τὸ Δελφοὶ τῆς ἀρτο-
κόπου τῆς Κροίσου εἰκόνα λέγουσι εἶναι. πρὸς δὲ καὶ τῆς 10
ἑωυτοῦ γυναικὸς τὰ ἀπὸ τῆς δειρῆς ἀνέθηκε ὁ Κροῖσος καὶ
τὰς ζώνας. ταῦτα μὲν ἐς Δελφοὺς ἀπέπεμψε, τῷ δὲ
Ἀμφιάρεῳ, πυθόμενος αὐτοῦ τήν τε ἀρετὴν καὶ τὴν πάθην,
ἀνέθηκε σάκος τε χρύσεον πᾶν ὁμοίως καὶ αἰχμὴν στερεὴν
πᾶσαν χρυσέην, τὸ ξυστὸν τῇσι λόγχῃσι ἐὸν ὁμοίως 15
χρύσεον· τὰ ἔτι καὶ ἀμφότερα ἐς ἐμὲ ἦν κείμενα ἐν
Θήβῃσι καὶ Θηβέων ἐν τῷ νηῷ τοῦ Ἰσμηνίου Ἀπόλλωνος.

Oracles Consulted as to an Expedition against the Persians

Τοῖσι δὲ ἄγειν μέλλουσι τῶν Λυδῶν ταῦτα τὰ δῶρα ἐς
τὰ ἱρὰ ἐνετέλλετο ὁ Κροῖσος ἐπειρωτᾶν τὰ χρηστήρια εἰ
στρατεύηται ἐπὶ Πέρσας καὶ εἴ τινα στρατὸν ἀνδρῶν 20
προσθέοιτο φίλον. ὡς δὲ ἀπικόμενοι ἐς τὰ ἀπεπέμ-
φθησαν οἱ Λυδοὶ ἀνέθεσαν τὰ ἀναθήματα, ἐχρέωντο τοῖσι
χρηστηρίοισι λέγοντες· Κροῖσος ὁ Λυδῶν τε καὶ ἄλλων
ἐθνέων βασιλεύς, νομίσας τάδε μαντήια εἶναι μοῦνα ἐν
ἀνθρώποισι, ὑμῖν τε ἄξια δῶρα ἔδωκε τῶν ἐξευρημάτων, καὶ 25
νῦν ὑμέας ἐπειρωτᾷ εἰ στρατεύηται ἐπὶ Πέρσας καὶ εἴ τινα
στρατὸν ἀνδρῶν προσθέοιτο σύμμαχον. οἱ μὲν ταῦτα
ἐπειρώτων, τῶν δὲ μαντηίων ἀμφοτέρων ἐς τὠυτὸ αἱ
γνῶμαι συνέδραμον, προλέγουσαι Κροίσῳ, ἢν στρατεύηται

ἐπὶ Πέρσας, μεγάλην ἀρχήν μιν καταλύσειν· τοὺς δὲ
Ἑλλήνων δυνατωτάτους συνεβούλευόν οἱ ἐξευρόντα φίλους
προσθέσθαι. ἐπείτε δὲ ἀνενειχθέντα τὰ θεοπρόπια ἐπύθετο
ὁ Κροῖσος, ὑπερήσθη τε τοῖσι χρηστηρίοισι, πάγχυ τε
5 ἐλπίσας καταλύσειν τὴν Κύρου βασιληίην πέμψας αὖτις
ἐς Πυθὼ Δελφοὺς δωρέεται, πυθόμενος αὐτῶν τὸ πλῆθος,
κατ᾽ ἄνδρα δύο στατῆρσι ἕκαστον χρυσοῦ. Δελφοὶ δὲ
ἀντὶ τούτων ἔδοσαν Κροίσῳ καὶ Λυδοῖσι προμαντηίην καὶ
ἀτελείην καὶ προεδρίην καὶ ἐξεῖναι τῷ βουλομένῳ αὐτῶν
10 γίνεσθαι Δελφὸν ἐς τὸν αἰεὶ χρόνον. μετὰ δὲ ταῦτα
ἐφρόντιζε Κροῖσος ἱστορέων τοὺς ἂν Ἑλλήνων δυνατωτά-
τους ἐόντας προσκτήσαιτο φίλους. ἱστορέων δὲ εὕρισκε
Λακεδαιμονίους τε καὶ Ἀθηναίους προέχοντας, τοὺς μὲν
τοῦ Δωρικοῦ γένεος, τοὺς δὲ τοῦ Ἰωνικοῦ.

Digression on Early Athenian History

15 Τούτων δὴ ὦν τῶν ἐθνέων τὸ μὲν Ἀττικὸν κατεχόμενόν
τε καὶ διεσπασμένον ἐπυνθάνετο ὁ Κροῖσος ὑπὸ Πεισι-
στράτου τοῦ Ἱπποκράτεος τοῦτον τὸν χρόνον τυραννεύοντος
Ἀθηναίων. Ἱπποκράτεϊ γὰρ ἐόντι ἰδιώτῃ καὶ θεωρέοντι
τὰ Ὀλύμπια τέρας ἐγένετο μέγα· θύσαντος γὰρ αὐτοῦ τὰ
20 ἱρὰ οἱ λέβητες ἐπεστεῶτες καὶ κρεῶν τε ἐόντες ἔμπλεοι καὶ
ὕδατος ἄνευ πυρὸς ἔζεσαν καὶ ὑπερέβαλον. Χίλων δὲ ὁ
Λακεδαιμόνιος παρατυχὼν καὶ θεησάμενος τὸ τέρας συνε-
βούλευε Ἱπποκράτεϊ πρῶτα μὲν γυναῖκα μὴ ἄγεσθαι τεκνο-
ποιὸν ἐς τὰ οἰκία, εἰ δὲ τυγχάνει ἔχων, δεύτερα τὴν γυναῖκα
25 ἐκπέμπειν, καὶ εἴ τίς οἱ τυγχάνει ἐὼν παῖς, τοῦτον
ἀπείπασθαι. οὐκ ὦν ταῦτα παραινέσαντος Χίλωνος πεί-
θεσθαι θέλειν τὸν Ἱπποκράτεα· γενέσθαι οἱ μετὰ ταῦτα
τὸν Πεισίστρατον τοῦτον, ὃς στασιαζόντων τῶν παράλων
καὶ τῶν ἐκ τοῦ πεδίου Ἀθηναίων, καὶ τῶν μὲν προεστεῶτος

Μεγακλέος τοῦ Ἀλκμέωνος, τῶν δὲ ἐκ τοῦ πεδίου Λυκούργου
τοῦ Ἀριστολαΐδεω, καταφρονήσας τὴν τυραννίδα ἤγειρε
τρίτην στάσιν, συλλέξας δὲ στασιώτας καὶ τῷ λόγῳ τῶν
ὑπερακρίων προστὰς μηχανᾶται τοιάδε· τρωματίσας
ἑωυτόν τε καὶ ἡμιόνους ἤλασε ἐς τὴν ἀγορὴν τὸ ζεῦγος ὡς 5
ἐκπεφευγὼς τοὺς ἐχθρούς, οἵ μιν ἐλαύνοντα ἐς ἀγρὸν
ἠθέλησαν ἀπολέσαι δῆθεν, ἐδέετό τε τοῦ δήμου φυλακῆς
τινος πρὸς αὐτοῦ κυρῆσαι, πρότερον εὐδοκιμήσας ἐν τῇ
πρὸς Μεγαρέας γενομένῃ στρατηγίῃ, Νίσαιάν τε ἑλὼν
καὶ ἄλλα ἀποδεξάμενος μεγάλα ἔργα. ὁ δὲ δῆμος ὁ τῶν 10
Ἀθηναίων ἐξαπατηθεὶς ἔδωκέ οἱ τῶν ἀστῶν καταλέξας
ἄνδρας τούτους οἳ δορυφόροι μὲν οὐκ ἐγένοντο Πεισι-
στράτου, κορυνηφόροι δέ. ξύλων γὰρ κορύνας ἔχοντες
εἵποντο οἱ ὄπισθε. συνεπαναστάντες δὲ οὗτοι ἅμα
Πεισιστράτῳ ἔσχον τὴν ἀκρόπολιν. ἔνθα δὴ ὁ Πεισί- 15
στρατος ἦρχε Ἀθηναίων, οὔτε τιμὰς τὰς ἐούσας συνταράξας
οὔτε θέσμια μεταλλάξας, ἐπί τε τοῖσι κατεστεῶσι ἔνεμε
τὴν πόλιν κοσμέων καλῶς τε καὶ εὖ. μετὰ δὲ οὐ πολλὸν
χρόνον τὠυτὸ φρονήσαντες οἵ τε τοῦ Μεγακλέος στασιῶται
καὶ οἱ τοῦ Λυκούργου ἐξελαύνουσί μιν. οὕτω μὲν Πεισί- 20
στρατος ἔσχε τὸ πρῶτον Ἀθήνας καὶ τὴν τυραννίδα οὔ κω
κάρτα ἐρριζωμένην ἔχων ἀπέβαλε, οἱ δὲ ἐξελάσαντες
Πεισίστρατον αὖτις ἐκ νέης ἐπ᾽ ἀλλήλοισι ἐστασίασαν.
περιελαυνόμενος δὲ τῇ στάσι ὁ Μεγακλέης ἐπεκηρυκεύετο
Πεισιστράτῳ, εἰ βούλοιτό οἱ τὴν θυγατέρα ἔχειν γυναῖκα 25
ἐπὶ τῇ τυραννίδι. ἐνδεξαμένου δὲ τὸν λόγον καὶ ὁμολογή-
σαντος ἐπὶ τούτοισι Πεισιστράτου μηχανῶνται δὴ ἐπὶ τῇ
κατόδῳ πρῆγμα εὐηθέστατον, ὡς ἐγὼ εὑρίσκω, μακρῷ
(ἐπεί γε ἀπεκρίθη ἐκ παλαιτέρου τοῦ βαρβάρου ἔθνεος τὸ
Ἑλληνικὸν ἐὸν καὶ δεξιώτερον καὶ εὐηθίης ἠλιθίου ἀπηλλα- 30
γμένον μᾶλλον), εἰ καὶ τότε γε οὗτοι ἐν Ἀθηναίοισι τοῖσι

πρώτοισι λεγομένοισι εἶναι Ἑλλήνων σοφίην μηχανῶνται
τοιάδε. ἐν τῷ δήμῳ τῷ Παιανιέϊ ἦν γυνή, τῇ οὔνομα ἦν
Φύη, μέγαθος ἀπὸ τεσσέρων πηχέων ἀπολείπουσα τρεῖς
δακτύλους καὶ ἄλλως εὐειδής. ταύτην τὴν γυναῖκα σκευά-
5 σαντες πανοπλίῃ, ἐς ἅρμα ἐσβιβάσαντες καὶ προδέξαντες
σχῆμα οἷόν τι ἔμελλε εὐπρεπέστατον φανέεσθαι ἔχουσα
ἤλαυνον ἐς τὸ ἄστυ, προδρόμους κήρυκας προπέμψαντες, οἳ
τὰ ἐντεταλμένα ἠγόρευον ἀπικόμενοι ἐς τὸ ἄστυ, λέγοντες
τοιάδε· Ὦ Ἀθηναῖοι, δέκεσθε ἀγαθῷ νόῳ Πεισίστρατον,
10 τὸν αὐτὴ ἡ Ἀθηναίη τιμήσασα ἀνθρώπων μάλιστα κατάγει
ἐς τὴν ἑωυτῆς ἀκρόπολιν. οἱ μὲν δὴ ταῦτα διαφοιτέοντες
ἔλεγον, αὐτίκα δὲ ἔς τε τοὺς δήμους φάτις ἀπίκετο ὡς
Ἀθηναίη Πεισίστρατον κατάγει, καὶ οἱ ἐν τῷ ἄστεϊ πειθό-
μενοι τὴν γυναῖκα εἶναι αὐτὴν τὴν θεὸν προσεύχοντό τε
15 τὴν ἄνθρωπον καὶ ἐδέκοντο Πεισίστρατον. ἀπολαβὼν
δὲ τὴν τυραννίδα τρόπῳ τῷ εἰρημένῳ ὁ Πεισίστρατος κατὰ
τὴν ὁμολογίην τὴν πρὸς Μεγακλέα γενομένην γαμέει τοῦ
Μεγακλέος τὴν θυγατέρα. οἷα δὲ παίδων τέ οἱ ὑπαρχόν-
των νεηνιέων καὶ λεγομένων ἐναγέων εἶναι τῶν Ἀλκμεω-
20 νιδέων, οὐ βουλόμενός οἱ γενέσθαι ἐκ τῆς νεογάμου
γυναικὸς τέκνα ἐμίσγετό οἱ οὐ κατὰ νόμον. τὰ μέν νυν
πρῶτα ἔκρυπτε ταῦτα ἡ γυνή, μετὰ δέ, εἴτε ἱστορεύσῃ
εἴτε καὶ οὔ, φράζει τῇ ἑωυτῆς μητρί, ἡ δὲ τῷ ἀνδρί. τὸν
δὲ δεινόν τι ἔσχε ἀτιμάζεσθαι πρὸς Πεισιστράτου. ὀργῇ
25 δὲ ὡς εἶχε καταλλάσσετο τὴν ἔχθρην τοῖσι στασιώτῃσι.
μαθὼν δὲ ὁ Πεισίστρατος τὰ ποιεύμενα ἐπ᾽ ἑωυτῷ ἀπαλ-
λάσσετο ἐκ τῆς χώρης τὸ παράπαν, ἀπικόμενος δὲ ἐς
Ἐρέτριαν ἐβουλεύετο ἅμα τοῖσι παισί. Ἱππίεω δὲ γνώμῃ
νικήσαντος ἀνακτᾶσθαι ὀπίσω τὴν τυραννίδα, ἐνθαῦτα
30 ἤγειρον δωτίνας ἐκ τῶν πολίων αἵτινές σφι προαιδέατό
κού τι. πολλῶν δὲ μεγάλα παρασχόντων χρήματα

Θηβαῖοι ὑπερεβάλοντο τῇ δόσι τῶν χρημάτων. μετὰ δέ, οὐ πολλῷ λόγῳ εἰπεῖν, χρόνος διέφυ καὶ πάντα σφι ἐξήρτυτο ἐς τὴν κάτοδον. καὶ γὰρ Ἀργεῖοι μισθωτοὶ ἀπίκοντο ἐκ Πελοποννήσου, καὶ Νάξιός σφι ἀνὴρ ἀπιγμένος ἐθελοντής, τῷ οὔνομα ἦν Λύγδαμις, προθυμίην πλείστην 5 παρείχετο, κομίσας καὶ χρήματα καὶ ἄνδρας. ἐξ Ἐρετρίης δὲ ὁρμηθέντες διὰ ἐνδεκάτου ἔτεος ἀπίκοντο ὀπίσω. καὶ πρῶτον τῆς Ἀττικῆς ἴσχουσι Μαραθῶνα. ἐν δὲ τούτῳ τῷ χώρῳ σφι στρατοπεδευομένοισι οἵ τε ἐκ τοῦ ἄστεος στασιῶται ἀπίκοντο, ἄλλοι τε ἐκ τῶν δήμων προσέρρεον, 10 τοῖσι ἡ τυραννὶς πρὸ ἐλευθερίης ἦν ἀσπαστότερον. οὗτοι μὲν δὴ συνηλίζοντο· Ἀθηναίων δὲ οἱ ἐκ τοῦ ἄστεος, ἕως μὲν Πεισίστρατος τὰ χρήματα ἤγειρε, καὶ μεταῦτις ὡς ἔσχε Μαραθῶνα, λόγον οὐδένα εἶχον, ἐπείτε δὲ ἐπύθοντο ἐκ τοῦ Μαραθῶνος αὐτὸν πορεύεσθαι ἐπὶ τὸ ἄστυ, οὕτω δὴ 15 βοηθέουσι ἐπ' αὐτόν. οἱ δὲ ἀμφὶ Πεισίστρατον ἐσπεσόντες τοὺς Ἀθηναίους τρέπουσι. φευγόντων δὲ τούτων βουλὴν ἐνθαῦτα σοφωτάτην Πεισίστρατος ἐπιτεχνᾶται, ὅκως μήτε ἀλισθεῖεν ἔτι οἱ Ἀθηναῖοι διεσκεδασμένοι τε εἶεν. ἀναβι- βάσας τοὺς παῖδας ἐπὶ ἵππους προέπεμπε. οἱ δὲ καταλαμ- 20 βάνοντες τοὺς φεύγοντας ἔλεγον τὰ ἐντεταλμένα ὑπὸ Πεισιστράτου, θαρσέειν τε κελεύοντες καὶ ἀπιέναι ἕκαστον ἐπὶ τὰ ἑωυτοῦ. πειθομένων δὲ τῶν Ἀθηναίων, οὕτω δὴ Πεισίστρατος τὸ τρίτον σχὼν Ἀθήνας ἐρρίζωσε τὴν τυραννίδα ἐπικούροισί τε πολλοῖσι καὶ χρημάτων συνό- 25 δοισι, τῶν μὲν αὐτόθεν, τῶν δὲ ἀπὸ Στρυμόνος ποταμοῦ συνιόντων.

Digression on Early Lacedemonian History

Τοὺς μέν νυν Ἀθηναίους τοιαῦτα τὸν χρόνον τοῦτον ἐπυνθάνετο ὁ Κροῖσος κατέχοντα, τοὺς δὲ Λακεδαιμονίους

ἐκ κακῶν τε μεγάλων πεφευγότας καὶ ἐόντας ἤδη τῷ πολέμῳ
κατυπερτέρους Τεγεητέων. ἐπὶ γὰρ Λέοντος βασιλεύοντος
καὶ Ἡγησικλέος ἐν Σπάρτῃ τοὺς ἄλλους πολέμους εὐτυ-
χέοντες οἱ Λακεδαιμόνιοι πρὸς Τεγεήτας μούνους προσέ-
5 πταιον. τὸ δὲ ἔτι πρότερον τούτων καὶ κακονομώτατοι
ἦσαν σχεδὸν πάντων Ἑλλήνων κατά τε σφέας αὐτοὺς καὶ
ξείνοισι ἀπρόσμεικτοι. μετέβαλον δὲ ὧδε ἐς εὐνομίην·
Λυκούργου τῶν Σπαρτιητέων δοκίμου ἀνδρὸς ἐλθόντος ἐς
Δελφοὺς ἐπὶ τὸ χρηστήριον, ὡς ἐσήιε ἐς τὸ μέγαρον,
10 ἰθὺς ἡ Πυθίη λέγει τάδε·

ἥκεις, ὦ Λυκόοργε, ἐμὸν ποτὶ πίονα νηὸν
Ζηνὶ φίλος καὶ πᾶσιν Ὀλύμπια δώματ' ἔχουσι.
δίζω ἤ σε θεὸν μαντεύσομαι ἢ ἄνθρωπον·
ἀλλ' ἔτι καὶ μᾶλλον θεὸν ἔλπομαι, ὦ Λυκόοργε.

15 οἱ μὲν δή τινες πρὸς τούτοισι λέγουσι καὶ φράσαι αὐτῷ τὴν
Πυθίην τὸν νῦν κατεστεῶτα κόσμον Σπαρτιήτῃσι, ὡς δ'
αὐτοὶ Λακεδαιμόνιοι λέγουσι, Λυκοῦργον ἐπιτροπεύσαντα
Λεωβώτεω, ἀδελφιδέου μὲν ἑωυτοῦ, βασιλεύοντος δὲ Σπαρ-
τιητέων, ἐκ Κρήτης ἀγαγέσθαι ταῦτα. ὡς γὰρ ἐπετρό-
20 πευσε τάχιστα, μετέστησε τὰ νόμιμα πάντα καὶ ἐφύλαξε
ταῦτα μὴ παραβαίνειν. οὕτω μὲν μεταβαλόντες εὐνο-
μήθησαν, τῷ δὲ Λυκούργῳ τελευτήσαντι ἱρὸν εἰσάμενοι
σέβονται μεγάλως. οἷα δὲ ἔν τε χώρῃ ἀγαθῇ καὶ πλήθεϊ
οὐκ ὀλίγων ἀνδρῶν, ἀνά τε ἔδραμον αὐτίκα καὶ εὐθενήθησαν.
25 καὶ δή σφι οὐκέτι ἀπέχρα ἡσυχίην ἄγειν, ἀλλὰ καταφρονή-
σαντες Ἀρκάδων κρέσσονες εἶναι ἐχρηστηριάζοντο ἐν Δελ-
φοῖσι ἐπὶ πάσῃ τῇ Ἀρκάδων χώρῃ. ἡ δὲ Πυθίη σφι χρᾷ
τάδε·

Ἀρκαδίην μ' αἰτεῖς; μέγα μ' αἰτεῖς· οὔ τοι δώσω.
30 πολλοὶ ἐν Ἀρκαδίῃ βαλανηφάγοι ἄνδρες ἔασιν,
οἵ σ' ἀποκωλύσουσιν. ἐγὼ δέ τοι οὔτι μεγαίρω.

δώσω τοι Τεγέην ποσσίκροτον ὀρχήσασθαι
καὶ καλὸν πεδίον σχοίνῳ διαμετρήσασθαι.

ταῦτα ὡς ἀπενειχθέντα ἤκουσαν οἱ Λακεδαιμόνιοι, ᾿Αρκάδων
μὲν τῶν ἄλλων ἀπείχοντο, οἱ δὲ πέδας φερόμενοι ἐπὶ
Τεγεήτας ἐστρατεύοντο, χρησμῷ κιβδήλῳ πίσυνοι, ὡς δὴ 5
ἐξανδραποδιούμενοι τοὺς Τεγεήτας. ἐσσωθέντες δὲ τῇ
συμβολῇ, ὅσοι αὐτῶν ἐζωγρήθησαν, πέδας τε ἔχοντες τὰς
ἐφέροντο αὐτοὶ καὶ σχοίνῳ διαμετρησάμενοι τὸ πεδίον τὸ
Τεγεητέων ἐργάζοντο. αἱ δὲ πέδαι αὗται ἐν τῇσι ἐδεδέατο
ἔτι καὶ ἐς ἐμὲ ἦσαν σόαι ἐν Τεγέῃ, περὶ τὸν νηὸν τῆς 10
᾿Αλέης ᾿Αθηναίης κρεμάμεναι. κατὰ μὲν δὴ τὸν πρότερον
πόλεμον συνεχέως αἰεὶ κακῶς ἀέθλεον πρὸς τοὺς Τεγεήτας,
κατὰ δὲ τὸν κατὰ Κροῖσον χρόνον καὶ τὴν ᾿Αναξανδρίδεώ
τε καὶ ᾿Αρίστωνος βασιληίην ἐν Λακεδαίμονι ἤδη οἱ
Σπαρτιῆται κατυπέρτεροι τῷ πολέμῳ ἐγεγόνεσαν, τρόπῳ 15
τοιῷδε γενόμενοι· ἐπειδὴ αἰεὶ τῷ πολέμῳ ἐσσοῦντο ὑπὸ
Τεγεητέων, πέμψαντες θεοπρόπους ἐς Δελφοὺς ἐπειρώτων
τίνα ἂν θεῶν ἱλασάμενοι κατύπερθε τῷ πολέμῳ Τεγεητέων
γενοίατο. ἡ δὲ Πυθίη σφι ἔχρησε τὰ ᾿Ορέστεω τοῦ
᾿Αγαμέμνονος ὀστέα ἐπαγαγομένους. ὡς δὲ ἀνευρεῖν οὐκ 20
οἷοί τε ἐγίνοντο τὴν θήκην τοῦ ᾿Ορέστεω, ἔπεμπον αὖτις
τὴν ἐς θεὸν ἐπειρησομένους τὸν χῶρον ἐν τῷ κέοιτο
᾿Ορέστης. εἰρωτῶσι δὲ ταῦτα τοῖσι θεοπρόποισι λέγει ἡ
Πυθίη τάδε·

ἔστι τις ᾿Αρκαδίης Τεγέη λευρῷ ἐνὶ χώρῳ, 25
ἔνθ᾿ ἄνεμοι πνείουσι δύω κρατερῆς ὑπ᾿ ἀνάγκης,
καὶ τύπος ἀντίτυπος, καὶ πῆμ᾿ ἐπὶ πήματι κεῖται.
ἔνθ᾿ ᾿Αγαμεμνονίδην κατέχει φυσίζοος αἶα·
τὸν σὺ κομισσάμενος Τεγέης ἐπιτάρροθος ἔσσῃ.

ὡς δὲ καὶ ταῦτα ἤκουσαν οἱ Λακεδαιμόνιοι, ἀπεῖχον τῆς 30
ἐξευρέσιος οὐδὲν ἔλασσον, πάντα διζήμενοι, ἐς ὃ δὴ Λίχης

τῶν ἀγαθοεργῶν καλεομένων Σπαρτιητέων ἀνεῦρε. οἱ δὲ
ἀγαθοεργοί εἰσι τῶν ἀστῶν, ἐξιόντες ἐκ τῶν ἱππέων αἰεὶ
οἱ πρεσβύτατοι, πέντε ἔτεος ἑκάστου· τοὺς δεῖ τοῦτον τὸν
ἐνιαυτόν, τὸν ἂν ἐξίωσι ἐκ τῶν ἱππέων, Σπαρτιητέων τῷ
5 κοινῷ διαπεμπομένους μὴ ἐλινύειν ἄλλους ἄλλῃ. τούτων
ὦν τῶν ἀνδρῶν Λίχης ἀνεῦρε ἐν Τεγέῃ καὶ συντυχίῃ χρη-
σάμενος καὶ σοφίῃ. ἐούσης γὰρ τοῦτον τὸν χρόνον ἐπι-
μειξίης πρὸς τοὺς Τεγεήτας ἐλθὼν ἐς χαλκήιον ἐθηεῖτο
σίδηρον ἐξελαυνόμενον καὶ ἐν θώματι ἦν ὁρῶν τὸ ποιεόμενον.
10 μαθὼν δέ μιν ὁ χαλκεὺς ἀποθωμάζοντα εἶπε παυσάμενος τοῦ
ἔργου· Ἦ κου ἄν, ὦ ξεῖνε Λάκων, εἴ περ εἶδες τό περ ἐγώ,
κάρτα ἂν ἐθώμαζες, ὅκου νῦν οὕτω τυγχάνεις θῶμα ποιεύ-
μενος τὴν ἐργασίην τοῦ σιδήρου. ἐγὼ γὰρ ἐν τῇδε θέλων
τῇ αὐλῇ φρέαρ ποιήσασθαι, ὀρύσσων ἐπέτυχον σορῷ
15 ἑπταπήχεϊ· ὑπὸ δὲ ἀπιστίης μὴ μὲν γενέσθαι μηδαμὰ
μέζονας ἀνθρώπους τῶν νῦν ἄνοιξα αὐτὴν καὶ εἶδον τὸν
νεκρὸν μήκεϊ ἴσον ἐόντα τῇ σορῷ. μετρήσας δὲ συνέχωσα
ὀπίσω. ὁ μὲν δή οἱ ἔλεγε τὰ περ ὀπώπεε, ὁ δὲ ἐννώσας τὰ
λεγόμενα συνεβάλλετο τὸν Ὀρέστεα κατὰ τὸ θεοπρόπιον
20 τοῦτον εἶναι, τῇδε συμβαλλόμενος· τοῦ χαλκέος δύο ὁρέων
φύσας τοὺς ἀνέμους εὕρισκε ἐόντας, τὸν δὲ ἄκμονα καὶ τὴν
σφῦραν τόν τε τύπον καὶ τὸν ἀντίτυπον, τὸν δὲ ἐξελαυνό-
μενον σίδηρον τὸ πῆμα ἐπὶ πήματι κείμενον, κατὰ τοιόνδε
τι εἰκάζων, ὡς ἐπὶ κακῷ ἀνθρώπου σίδηρος ἀνεύρηται.
25 συμβαλόμενος δὲ ταῦτα καὶ ἀπελθὼν ἐς Σπάρτην ἔφραζε
Λακεδαιμονίοισι πᾶν τὸ πρῆγμα. οἱ δὲ ἐκ λόγου πλαστοῦ
ἐπενείκαντές οἱ αἰτίην ἐδίωξαν. ὁ δὲ ἀπικόμενος ἐς Τεγέην
καὶ φράζων τὴν ἑωυτοῦ συμφορὴν πρὸς τὸν χαλκέα
ἐμισθοῦτο παρ᾽ οὐκ ἐκδιδόντος τὴν αὐλήν. χρόνῳ δὲ ὡς
30 ἀνέγνωσε, ἐνοικίσθη, ἀνορύξας δὲ τὸν τάφον καὶ τὰ ὀστέα
συλλέξας οἴχετο φέρων ἐς Σπάρτην. καὶ ἀπὸ τούτου τοῦ

χρόνου, ὅκως πειρῷατο ἀλλήλων, πολλῷ κατυπέρτεροι
τῷ πολέμῳ ἐγίνοντο οἱ Λακεδαιμόνιοι· ἤδη δέ σφι καὶ
ἡ πολλὴ τῆς Πελοποννήσου ἦν κατεστραμμένη.

Lacedemonian Aid Promised and the Expedition Begun

Ταῦτα δὴ ὦν πάντα πυνθανόμενος ὁ Κροῖσος ἔπεμπε ἐς
Σπάρτην ἀγγέλους δῶρά τε φέροντας καὶ δεησομένους 5
συμμαχίης, ἐντειλάμενός τε τὰ λέγειν χρῆν. οἱ δὲ ἐλθόντες
ἔλεγον· "Ἐπεμψε ἡμέας Κροῖσος ὁ Λυδῶν τε καὶ ἄλλων
ἐθνέων βασιλεύς, λέγων τάδε· Ὦ Λακεδαιμόνιοι, χρήσαν-
τος τοῦ θεοῦ τὸν Ἕλληνα φίλον προσθέσθαι, ὑμέας γὰρ
πυνθάνομαι προεστάναι τῆς Ἑλλάδος, ὑμέας ὦν κατὰ τὸ 10
χρηστήριον προκαλέομαι φίλος τε θέλων γενέσθαι καὶ
σύμμαχος ἄνευ τε δόλου καὶ ἀπάτης. Κροῖσος μὲν δὴ
ταῦτα δι' ἀγγέλων ἐπεκηρυκεύετο, Λακεδαιμόνιοι δὲ ἀκη-
κοότες καὶ αὐτοὶ τὸ θεοπρόπιον τὸ Κροίσῳ γενόμενον
ἥσθησάν τε τῇ ἀπίξι τῶν Λυδῶν καὶ ἐποιήσαντο ὅρκια 15
ξεινίης πέρι καὶ συμμαχίης· καὶ γάρ τινες αὐτοὺς εὐερ-
γεσίαι εἶχον ἐκ Κροίσου πρότερον ἔτι γεγονυῖαι. πέμ-
ψαντες γὰρ οἱ Λακεδαιμόνιοι ἐς Σάρδις χρυσὸν ὠνέοντο,
ἐς ἄγαλμα βουλόμενοι χρήσασθαι τοῦτο τὸ νῦν τῆς
Λακωνικῆς ἐν Θόρνακι ἵδρυται Ἀπόλλωνος, Κροῖσος δέ 20
σφι ὠνεομένοισι ἔδωκε δωτίνην. τούτων τε ὦν εἵνεκεν οἱ
Λακεδαιμόνιοι τὴν συμμαχίην ἐδέξαντο, καὶ ὅτι ἐκ πάντων
σφέας προκρίνας Ἑλλήνων ᾑρέετο φίλους.

Ἐστρατεύετο δὲ ὁ Κροῖσος ἐπὶ Πέρσας τῶνδε εἵνεκα,
καὶ γῆς ἱμέρῳ προσκτήσασθαι πρὸς τὴν ἑωυτοῦ μοῖραν 25
βουλόμενος, καὶ μάλιστα τῷ χρηστηρίῳ πίσυνος ἐὼν καὶ
τείσασθαι θέλων ὑπὲρ Ἀστυάγεος Κῦρον. Ἀστυάγεα
γὰρ τὸν Κυαξάρεω, ἐόντα Κροίσου μὲν γαμβρόν, Μήδων δὲ
βασιλέα, Κῦρος ὁ Καμβύσεω καταστρεψάμενος εἶχε.

(After an indecisive battle with Cyrus in Cappadocia, Crœsus returned to Sardis, with the intention of deferring further hostilities until he had secured additional forces. He was followed swiftly by Cyrus, and after a battle in which the Persians prevailed, Crœsus was forced into the city and besieged. The Lacedemonians were preparing to lend aid, when news was brought that Sardis had been taken.)

The Capture of Sardis

Σάρδιες δὲ ἥλωσαν ὧδε· ἐπειδὴ τεσσερεσκαιδεκάτη ἐγέ-
νετο ἡμέρη πολιορκεομένῳ Κροίσῳ, Κῦρος τῇ στρατιῇ τῇ
ἑωυτοῦ διαπέμψας ἱππέας προεῖπε τῷ πρώτῳ ἐπιβάντι τοῦ
τείχεος δῶρα δώσειν. μετὰ δὲ τοῦτο πειρησαμένης τῆς
5 στρατιῆς, ὡς οὐ προεχώρεε, ἐνθαῦτα τῶν ἄλλων πεπαυμένων
ἀνὴρ Μάρδος ἐπειρᾶτο προσβαίνων, τῷ οὔνομα ἦν Ὑροι-
άδης, κατὰ τοῦτο τῆς ἀκροπόλιος τῇ οὐδεὶς ἐτέτακτο φύλα-
κος· οὐ γὰρ ἦν δεινὸν κατὰ τοῦτο μὴ ἁλῷ κοτε. ἀπότομός
τε γάρ ἐστι ταύτῃ ἡ ἀκρόπολις καὶ ἄμαχος· ὁ ὢν δὴ
10 Ὑροιάδης οὗτος ὁ Μάρδος ἰδὼν τῇ προτεραίῃ τῶν τινα
Λυδῶν κατὰ τοῦτο τῆς ἀκροπόλιος καταβάντα ἐπὶ κυνέην
ἄνωθεν κατακυλισθεῖσαν καὶ ἀνελόμενον ἐφράσθη καὶ ἐς
θυμὸν ἐβάλετο. τότε δὲ δὴ αὐτός τε ἀνεβεβήκεε καὶ κατ᾽
αὐτὸν ἄλλοι Περσέων ἀνέβαινον· προσβάντων δὲ συχνῶν
15 οὕτω δὴ Σάρδιές τε ἡλώκεσαν καὶ πᾶν τὸ ἄστυ ἐπορθέετο.
κατ᾽ αὐτὸν δὲ Κροῖσον τάδε ἐγίνετο. ἦν οἱ παῖς, τοῦ καὶ
πρότερον ἐπεμνήσθην, τὰ μὲν ἄλλα ἐπιεικής, ἄφωνος δέ.
ἐν τῇ ὦν παρελθούσῃ εὐεστοῖ ὁ Κροῖσος τὸ πᾶν ἐς αὐτὸν
ἐπεποιήκεε ἄλλα τε ἐπιφραζόμενος καὶ δὴ καὶ ἐς Δελφοὺς
20 περὶ αὐτοῦ ἐπεπόμφεε χρησομένους. ἡ δὲ Πυθίη οἱ εἶπε
τάδε·

Λυδὲ γένος, πολλῶν βασιλεῦ, μέγα νήπιε Κροῖσε,
μὴ βούλευ πολύευκτον ἰὴν ἀνὰ δώματ᾽ ἀκούειν

παιδὸς φθεγγομένου. τὸ δέ σοι πολὺ λώιον ἀμφὶς
ἔμμεναι· αὐδήσει γὰρ ἐν ἤματι πρῶτον ἀνόλβῳ.

ἁλισκομένου δὴ τοῦ τείχεος, ἤιε γὰρ τῶν τις Περσέων
ἀλλογνώσας Κροῖσον ὡς ἀποκτενέων, Κροῖσος μέν νυν
ὁρέων ἐπιόντα ὑπὸ τῆς παρεούσης συμφορῆς παρημελήκεε, 5
οὐδέ τί οἱ διέφερε πληγέντι ἀποθανεῖν· ὁ δὲ παῖς οὗτος ὁ
ἄφωνος ὡς εἶδε ἐπιόντα τὸν Πέρσην, ὑπὸ δέους τε καὶ
κακοῦ ἔρρηξε φωνήν, εἶπε δέ· "Ὤνθρωπε, μὴ κτεῖνε Κροῖσον.
οὗτος μὲν δὴ τοῦτο πρῶτον ἐφθέγξατο, μετὰ δὲ τοῦτο ἤδη
ἐφώνεε τὸν πάντα χρόνον τῆς ζόης. 10

The Fate of Crœsus

Οἱ δὲ Πέρσαι τάς τε δὴ Σάρδις ἔσχον καὶ αὐτὸν Κροῖσον
ἐζώγρησαν, ἄρξαντα ἔτεα τεσσερεσκαίδεκα καὶ τεσσερεσ-
καίδεκα ἡμέρας πολιορκηθέντα, κατὰ τὸ χρηστήριόν τε
καταπαύσαντα τὴν ἑωυτοῦ μεγάλην ἀρχήν. λαβόντες δὲ
αὐτὸν οἱ Πέρσαι ἤγαγον παρὰ Κῦρον. ὁ δὲ συννήσας 15
πυρὴν μεγάλην ἀνεβίβασε ἐπ' αὐτὴν τὸν Κροῖσόν τε ἐν
πέδῃσι δεδεμένον καὶ δὶς ἑπτὰ Λυδῶν παρ' αὐτὸν παῖδας,
ἐν νόῳ ἔχων εἴτε δὴ ἀκροθίνια ταῦτα καταγιεῖν θεῶν ὅτεῳ
δή, εἴτε καὶ εὐχὴν ἐπιτελέσαι θέλων, εἴτε καὶ πυθόμενος τὸν
Κροῖσον εἶναι θεοσεβέα τοῦδε εἵνεκεν ἀνεβίβασε ἐπὶ τὴν 20
πυρήν, βουλόμενος εἰδέναι εἴ τίς μιν δαιμόνων ῥύσεται τοῦ
μὴ ζῶντα κατακαυθῆναι. τὸν μὲν δὴ ποιέειν ταῦτα, τῷ
δὲ Κροίσῳ ἑστεῶτι ἐπὶ τῆς πυρῆς ἐσελθεῖν, καίπερ ἐν
κακῷ ἐόντι τοσούτῳ, τὸ τοῦ Σόλωνος, ὥς οἱ εἴη σὺν θεῷ
εἰρημένον, τὸ μηδένα εἶναι τῶν ζωόντων ὄλβιον. ὡς δὲ 25
ἄρα μιν προσστῆναι τοῦτο, ἀνενεικάμενόν τε καὶ ἀναστενά-
ξαντα ἐκ πολλῆς ἡσυχίης ἐς τρὶς ὀνόμασαι 'Σόλων'.
καὶ τὸν Κῦρον ἀκούσαντα κελεῦσαι τοὺς ἑρμηνέας ἐπειρέ-
σθαι τὸν Κροῖσον τίνα τοῦτον ἐπικαλέοιτο, καὶ τοὺς

προσελθόντας ἐπειρωτᾶν. Κροῖσον δὲ τέως μὲν σιγὴν
ἔχειν εἰρωτώμενον, μετὰ δέ, ὡς ἠναγκάζετο, εἰπεῖν· Τὸν
ἂν ἐγὼ πᾶσι τυράννοισι προετίμησα μεγάλων χρημάτων
ἐς λόγους ἐλθεῖν. ὡς δέ σφι ἄσημα ἔφραζε, πάλιν
5 ἐπειρώτων τὰ λεγόμενα. λιπαρεόντων δὲ αὐτῶν καὶ ὄχλον
παρεχόντων ἔλεγε δὴ ὡς ἦλθε ἀρχὴν ὁ Σόλων ἐὼν
Ἀθηναῖος, καὶ θεησάμενος πάντα τὸν ἑωυτοῦ ὄλβον
ἀποφλαυρίσειε (οἷα δὴ εἴπας), ὥς τε αὐτῷ πάντα ἀποβεβή-
κοι τῇ περ ἐκεῖνος εἶπε, οὐδέν τι μᾶλλον ἐς ἑωυτὸν λέγων
10 ἢ οὐκ ἐς ἅπαν τὸ ἀνθρώπινον καὶ μάλιστα τοὺς παρὰ
σφίσι αὐτοῖσι ὀλβίους δοκέοντας εἶναι. τὸν μὲν Κροῖσον
ταῦτα ἀπηγέεσθαι, τῆς δὲ πυρῆς ἤδη ἀμμένης καίεσθαι τὰ
περιέσχατα. καὶ τὸν Κῦρον ἀκούσαντα τῶν ἑρμηνέων τὰ
Κροῖσος εἶπε, μεταγνόντα τε καὶ ἐννώσαντα ὅτι καὶ αὐτὸς
15 ἄνθρωπος ἐὼν ἄλλον ἄνθρωπον, γενόμενον ἑωυτοῦ εὐδαι-
μονίῃ οὐκ ἐλάσσω, ζῶντα πυρὶ διδοίη, πρός τε τούτοισι
δείσαντα τὴν τίσιν καὶ ἐπιλεξάμενον ὡς οὐδὲν εἴη τῶν ἐν
ἀνθρώποισι ἀσφαλέως ἔχον, κελεύειν σβεννύναι τὴν ταχί-
στην τὸ καιόμενον πῦρ καὶ καταβιβάζειν Κροῖσόν τε καὶ
20 τοὺς μετὰ Κροίσου. καὶ τοὺς πειρωμένους οὐ δύνασθαι
ἔτι τοῦ πυρὸς ἐπικρατῆσαι. ἐνθαῦτα λέγεται ὑπὸ Λυδῶν
Κροῖσον μαθόντα τὴν Κύρου μετάγνωσιν, ὡς ὥρα πάντα
μὲν ἄνδρα σβεννύντα τὸ πῦρ, δυναμένους δὲ οὐκέτι καταλα-
βεῖν, ἐπιβώσασθαι τὸν Ἀπόλλωνα ἐπικαλεόμενον, εἴ τί
25 οἱ κεχαρισμένον ἐξ αὐτοῦ ἐδωρήθη, παραστῆναι καὶ
ῥύσασθαί μιν ἐκ τοῦ παρεόντος κακοῦ. τὸν μὲν δακρύοντα
ἐπικαλέεσθαι τὸν θεόν, ἐκ δὲ αἰθρίης τε καὶ νηνεμίης
συνδραμεῖν ἐξαπίνης νέφεα καὶ χειμῶνά τε καταρραγῆναι
καὶ ὗσαι ὕδατι λαβροτάτῳ, κατασβεσθῆναί τε τὴν πυρήν.
30 οὕτω δὴ μαθόντα τὸν Κῦρον ὡς εἴη ὁ Κροῖσος καὶ θεοφιλὴς
καὶ ἀνὴρ ἀγαθός, καταβιβάσαντα αὐτὸν ἀπὸ τῆς πυρῆς

εἰρέσθαι τάδε· Κροῖσε, τίς σε ἀνθρώπων ἀνέγνωσε ἐπὶ
γῆν τὴν ἐμὴν στρατευσάμενον πολέμιον ἀντὶ φίλου ἐμοὶ
καταστῆναι; ὁ δὲ εἶπε· Ὦ βασιλεῦ, ἐγώ ταῦτα ἔπρηξα
τῇ σῇ μὲν εὐδαιμονίῃ, τῇ ἐμεωυτοῦ δὲ κακοδαιμονίῃ·
αἴτιος δὲ τούτων ἐγένετο ὁ Ἑλλήνων θεὸς ἐπάρας ἐμὲ στρα- 5
τεύεσθαι. οὐδεὶς γὰρ οὕτω ἀνόητός ἐστι ὅστις πόλεμον
πρὸ εἰρήνης αἱρέεται· ἐν μὲν γὰρ τῇ οἱ παῖδες τοὺς
πατέρας θάπτουσι, ἐν δὲ τῷ οἱ πατέρες τοὺς παῖδας.
ἀλλὰ ταῦτα δαίμοσί κου φίλον ἦν οὕτω γενέσθαι. ὁ μὲν
ταῦτα ἔλεγε, Κῦρος δὲ αὐτὸν λύσας κατεῖσέ τε ἐγγὺς 10
ἑωυτοῦ καὶ κάρτα ἐν πολλῇ προμηθίῃ εἶχε, ἀπεθώμαζέ τε
ὀρέων καὶ αὐτὸς καὶ οἱ περὶ ἐκεῖνον ἐόντες πάντες.

Outline of the Early History of Asia

Ἐπιδίζηται δὲ δὴ τὸ ἐνθεῦτεν ἡμῖν ὁ λόγος τόν τε
Κῦρον ὅστις ἐὼν τὴν Κροίσου ἀρχὴν κατεῖλε, καὶ τοὺς
Πέρσας ὅτεῳ τρόπῳ ἡγήσαντο τῆς Ἀσίης. ὡς ὦν 15
Περσέων μετεξέτεροι λέγουσι οἱ μὴ βουλόμενοι σεμνοῦν τὰ
περὶ Κῦρον, ἀλλὰ τὸν ἐόντα λέγειν λόγον, κατὰ ταῦτα
γράψω, ἐπιστάμενος περὶ Κύρου καὶ τριφασίας ἄλλας
λόγων ὁδοὺς φῆναι. Ἀσσυρίων ἀρχόντων τῆς ἄνω Ἀσίης
ἐπ᾽ ἔτεα εἴκοσι καὶ πεντακόσια, πρῶτοι ἀπ᾽ αὐτῶν Μῆδοι 20
ἤρξαντο ἀπίστασθαι· καί κως οὗτοι περὶ τῆς ἐλευθερίης
μαχεσάμενοι τοῖσι Ἀσσυρίοισι ἐγένοντο ἄνδρες ἀγαθοὶ
καὶ ἀπωσάμενοι τὴν δουλοσύνην ἐλευθερώθησαν. μετὰ δὲ
τούτους καὶ τὰ ἄλλα ἔθνεα ἐποίεε τώυτὸ τοῖσι Μήδοισι.
ἐόντων δὲ αὐτονόμων πάντων ἀνὰ τὴν ἤπειρον ὧδε αὖτις 25
ἐς τυραννίδας περιῆλθον. ἀνὴρ ἐν τοῖσι Μήδοισι ἐγένετο
σοφὸς τῷ οὔνομα ἦν Δηιόκης, παῖς δὲ ἦν Φραόρτεω.
οὗτος ὁ Δηιόκης ἐρασθεὶς τυραννίδος τὸ Μηδικὸν ἔθνος
συνέστρεψε καὶ τούτου ἦρξε. Δηιόκεω δὲ παῖς γίνεται

Φραόρτης, ὃς τελευτήσαντος Δηιόκεω, βασιλεύσαντος τρία
καὶ πεντήκοντα ἔτεα, παρεδέξατο τὴν ἀρχήν. παραδεξά-
μενος δὲ οὐκ ἀπεχρᾶτο μούνων Μήδων ἄρχειν, ἀλλὰ
στρατευσάμενος ἐπὶ τοὺς Πέρσας πρώτοισί τε τούτοισι
5 ἐπεθήκατο καὶ πρώτους Μήδων ὑπηκόους ἐποίησε. μετὰ
δὲ ἔχων δύο ταῦτα ἔθνεα καὶ ἀμφότερα ἰσχυρά, κατεστρέ-
φετο τὴν Ἀσίην ἀπ᾽ ἄλλου ἐπ᾽ ἄλλο ἰὼν ἔθνος, ἐς ὃ
στρατευσάμενος ἐπὶ τοὺς Ἀσσυρίους ὁ Φραόρτης αὐτός
τε διεφθάρη, ἄρξας δύο τε καὶ εἴκοσι ἔτεα, καὶ ὁ στρατὸς
10 αὐτοῦ ὁ πολλός. Φραόρτεω δὲ τελευτήσαντος ἐξεδέξατο
Κυαξάρης ὁ Φραόρτεω τοῦ Δηιόκεω παῖς. οὗτος λέγεται
πολλὸν ἔτι γενέσθαι ἀλκιμώτερος τῶν προγόνων·

The Birth of Cyrus and his Preservation from Death

Ἐκδέκεται δὲ Ἀστυάγης ὁ Κυαξάρεω παῖς τὴν βασι-
ληίην. καί οἱ ἐγένετο θυγάτηρ τῇ οὔνομα ἔθετο Μανδάνην,
15 τὴν ἐδόκεε Ἀστυάγης ἐν τῷ ὕπνῳ οὐρῆσαι τοσοῦτον ὥστε
πλῆσαι μὲν τὴν ἑωυτοῦ πόλιν, ἐπικατακλύσαι δὲ καὶ
τὴν Ἀσίην πᾶσαν. ὑπερθέμενος δὲ τῶν μάγων τοῖσι
ὀνειροπόλοισι τὸ ἐνύπνιον, ἐφοβήθη παρ᾽ αὐτῶν αὐτὰ
ἕκαστα μαθών. μετὰ δὲ τὴν Μανδάνην ταύτην ἐοῦσαν
20 ἤδη ἀνδρὸς ὡραίην Μήδων μὲν τῶν ἑωυτοῦ ἀξίων οὐδενὶ
διδοῖ γυναῖκα, δεδοικὼς τὴν ὄψιν, ὁ δὲ Πέρσῃ διδοῖ τῷ
οὔνομα ἦν Καμβύσης, τὸν εὕρισκε οἰκίης μὲν ἐόντα ἀγαθῆς,
τρόπου δὲ ἡσυχίου, πολλῷ ἔνερθε ἄγων αὐτὸν μέσου
ἀνδρὸς Μήδου.

25 Συνοικεούσης δὲ τῷ Καμβύσῃ τῆς Μανδάνης ὁ Ἀστυάγης
τῷ πρώτῳ ἔτεϊ εἶδε ἄλλην ὄψιν· ἐδόκεέ οἱ ἐκ τῶν αἰδοίων
τῆς θυγατρὸς ταύτης φῦναι ἄμπελον, τὴν δὲ ἄμπελον
ἐπισχεῖν τὴν Ἀσίην πᾶσαν. ἰδὼν δὲ τοῦτο καὶ ὑπερθέ-
μενος τοῖσι ὀνειροπόλοισι μετεπέμψατο ἐκ τῶν Περσέων

τὴν θυγατέρα ἐπίτεκα ἐοῦσαν, ἀπικομένην δὲ ἐφύλασσε
βουλόμενος τὸ γεννώμενον ἐξ αὐτῆς διαφθεῖραι· ἐκ γάρ οἱ
τῆς ὄψιος τῶν μάγων οἱ ὀνειροπόλοι ἐσήμαινον ὅτι μέλλοι
ὁ τῆς θυγατρὸς αὐτοῦ γόνος βασιλεύσειν ἀντὶ ἐκείνου.
ταῦτα δὴ ὦν φυλασσόμενος ὁ Ἀστυάγης, ὡς ἐγένετο ὁ   5
Κῦρος, καλέσας Ἅρπαγον, ἄνδρα οἰκήιον καὶ πιστότατόν
τε Μήδων καὶ πάντων ἐπίτροπον τῶν ἑωυτοῦ, ἔλεγέ οἱ
τοιάδε· Ἅρπαγε, πρῆγμα τὸ ἄν τοι προσθέω, μηδαμῶς
παραχρήσῃ, μηδὲ ἐμέ τε παραβάλῃ καὶ ἄλλους ἑλόμενος
ἐξ ὑστέρης σοὶ αὐτῷ περιπέσῃς. λάβε τὸν Μανδάνη   10
ἔτεκε παῖδα, φέρων δὲ ἐς σεωυτοῦ ἀπόκτεινον· μετὰ δὲ
θάψον τρόπῳ ὅτεῳ αὐτὸς βούλεαι. ὁ δὲ ἀμείβεται· Ὦ
βασιλεῦ, οὔτε ἄλλοτέ κω παρεῖδες ἀνδρὶ τῷδε ἄχαρι
οὐδέν, φυλασσόμεθα δὲ ἐς σὲ καὶ ἐς τὸν μετέπειτα χρόνον
μηδὲν ἐξαμαρτεῖν. ἀλλ᾽ εἴ τοι φίλον τοῦτο οὕτω γίνεσθαι,   15
χρὴ δὴ τό γε ἐμὸν ὑπηρετέεσθαι ἐπιτηδέως. τούτοισι
ἀμειψάμενος ὁ Ἅρπαγος, ὥς οἱ παρεδόθη τὸ παιδίον
κεκοσμημένον τὴν ἐπὶ θανάτῳ, ἤιε κλαίων ἐς τὰ οἰκία·
παρελθὼν δὲ ἔφραζε τῇ ἑωυτοῦ γυναικὶ τὸν πάντα Ἀστυά-
γεος ῥηθέντα λόγον. ἡ δὲ πρὸς αὐτὸν λέγει· Νῦν ὦν τί   20
σοι ἐν νόῳ ἐστὶ ποιέειν; ὁ δὲ ἀμείβεται· Οὐ τῇ ἐνετέλλετο
Ἀστυάγης, οὐδ᾽ εἰ παραφρονήσει τε καὶ μανέεται κάκιον
ἢ νῦν μαίνεται, οὔ οἱ ἔγωγε προσθήσομαι τῇ γνώμῃ οὐδὲ
ἐς φόνον τοιοῦτον ὑπηρετήσω. πολλῶν δὲ εἵνεκα οὐ
φονεύσω μιν, καὶ ὅτι αὐτῷ μοι συγγενής ἐστι ὁ παῖς, καὶ   25
ὅτι Ἀστυάγης μέν ἐστι γέρων καὶ ἄπαις ἔρσενος γόνου·
εἰ δ᾽ ἐθελήσει τούτου τελευτήσαντος ἐς τὴν θυγατέρα
ταύτην ἀναβῆναι ἡ τυραννίς, τῆς νῦν τὸν υἱὸν κτείνει δι᾽
ἐμεῦ, ἄλλο τι ἢ λείπεται τὸ ἐνθεῦτεν ἐμοὶ κινδύνων ὁ
μέγιστος; ἀλλὰ τοῦ μὲν ἀσφαλέος εἵνεκα ἐμοὶ δεῖ τοῦτον   30
τελευτᾶν τὸν παῖδα, δεῖ μέντοι τῶν τινα Ἀστυάγεος

αὐτοῦ φονέα γενέσθαι καὶ μὴ τῶν ἐμῶν. ταῦτα εἶπε καὶ
αὐτίκα ἄγγελον ἔπεμπε ἐπὶ τῶν βουκόλων τῶν Ἀστυάγεος
τὸν ἠπίστατο νομάς τε ἐπιτηδεοτάτας νέμοντα καὶ ὄρεα
θηριωδέστατα, τῷ οὔνομα ἦν Μιτραδάτης. συνοίκεε δὲ
5 ἑωυτοῦ συνδούλῃ, οὔνομα δὲ τῇ γυναικὶ ἦν τῇ συνοίκεε
Κυνὼ κατὰ τὴν Ἑλλήνων γλῶσσαν, κατὰ δὲ τὴν Μηδικὴν
Σπακώ· τὴν γὰρ κύνα καλέουσι σπάκα Μῆδοι. αἱ δὲ
ὑπώρεαί εἰσι τῶν ὀρέων, ἔνθα τὰς νομὰς τῶν βοῶν εἶχε
οὗτος δὴ ὁ βουκόλος, πρὸς βορέω τε ἀνέμου τῶν Ἀγβατάνων
10 καὶ πρὸς τοῦ πόντου τοῦ Εὐξείνου. ταύτῃ μὲν γὰρ ἡ
Μηδικὴ χώρη πρὸς Σασπείρων ὀρεινή ἐστι κάρτα καὶ
ὑψηλή τε καὶ ἴδῃσι συνηρεφής, ἡ δὲ ἄλλη Μηδικὴ χώρη
ἐστὶ πᾶσα ἄπεδος. ἐπεὶ ὦν ὁ βουκόλος σπουδῇ πολλῇ
καλεόμενος ἀπίκετο, ἔλεγε ὁ Ἅρπαγος τάδε· Κελεύει σε
15 Ἀστυάγης τὸ παιδίον τοῦτο λαβόντα θεῖναι ἐς τὸ ἐρημότα-
τον τῶν ὀρέων, ὅκως ἂν τάχιστα διαφθαρείη. καὶ τάδε
τοι ἐκέλευσε εἰπεῖν, ἢν μὴ ἀποκτείνῃς αὐτό, ἀλλά τεῳ
τρόπῳ περιποιήσῃς, ὀλέθρῳ τῷ κακίστῳ σε διαχρήσεσθαι·
ἐπορᾶν δὲ ἐκκείμενον τέταγμαι ἐγώ.
20   Ταῦτα ἀκούσας ὁ βουκόλος καὶ ἀναλαβὼν τὸ παιδίον ἤιε
τὴν αὐτὴν ὀπίσω ὁδὸν καὶ ἀπικνέεται ἐς τὴν ἔπαυλιν. τῷ
δ' ἄρα καὶ αὐτῷ ἡ γυνὴ ἐπίτεξ ἐοῦσα πᾶσαν ἡμέρην, τότε
κως κατὰ δαίμονα τίκτει οἰχομένου τοῦ βουκόλου ἐς πόλιν.
ἦσαν δὲ ἐν φροντίδι ἀμφότεροι ἀλλήλων πέρι, ὁ μὲν τοῦ
25 τόκου τῆς γυναικὸς ἀρρωδέων, ἡ δὲ γυνὴ ὅ τι οὐκ ἐωθὼς ὁ
Ἅρπαγος μεταπέμψαιτο αὐτῆς τὸν ἄνδρα. ἐπείτε δὲ
ἀπονοστήσας ἐπέστη, οἷα ἐξ ἀέλπτου ἰδοῦσα ἡ γυνὴ
εἴρετο προτέρη ὅ τι μιν οὕτω προθύμως Ἅρπαγος μετεπέμ-
ψατο. ὁ δὲ εἶπε· Ὦ γύναι, εἶδόν τε ἐς πόλιν ἐλθὼν καὶ
30 ἤκουσα τὸ μήτε ἰδεῖν ὤφελον μήτε κοτὲ γενέσθαι ἐς
δεσπότας τοὺς ἡμετέρους. οἶκος μὲν πᾶς Ἁρπάγου κλαυθ-

μῷ κατείχετο· ἐγὼ δὲ ἐκπλαγεὶς ἦια ἔσω. ὡς δὲ
τάχιστα ἐσῆλθον, ὁρέω παιδίον προκείμενον ἀσπαῖρόν τε
καὶ κραυγανόμενον, κεκοσμημένον χρυσῷ τε καὶ ἐσθῆτι
ποικίλῃ. Ἅρπαγος δὲ ὡς εἶδέ με, ἐκέλευε τὴν ταχίστην
ἀναλαβόντα τὸ παιδίον οἴχεσθαι φέροντα καὶ θεῖναι ἔνθα   5
θηριωδέστατον εἴη τῶν ὀρέων, φὰς Ἀστυάγεα εἶναι τὸν
ταῦτα ἐπιθέμενόν μοι, πόλλ' ἀπειλήσας εἰ μή σφεα
ποιήσαιμι. καὶ ἐγὼ ἀναλαβὼν ἔφερον, δοκέων τῶν τινος
οἰκετέων εἶναι· οὐ γὰρ ἄν κοτε κατέδοξα ἔνθεν γε ἦν.
ἐθάμβεον δὲ ὁρέων χρυσῷ τε καὶ εἴμασι κεκοσμημένον,   10
πρὸς δὲ καὶ κλαυθμὸν κατεστεῶτα ἐμφανέα ἐν Ἁρπάγου.
καὶ πρόκατε δὴ κατ' ὁδὸν πυνθάνομαι τὸν πάντα λόγον
θεράποντος, ὃς ἐμὲ προπέμπων ἔξω πόλιος ἐνεχείρισε τὸ
βρέφος, ὡς ἄρα Μανδάνης τε εἴη παῖς τῆς Ἀστυάγεος
θυγατρὸς καὶ Καμβύσεω τοῦ Κύρου, καί μιν Ἀστυάγης   15
ἐντέλλεται ἀποκτεῖναι· νῦν τε ὅδε ἐστί. ἅμα τε ταῦτα
ἔλεγε ὁ βουκόλος καὶ ἐκκαλύψας ἀπεδείκνυε. ἡ δὲ ὡς
εἶδε τὸ παιδίον μέγα τε καὶ εὐειδὲς ἐόν, δακρύσασα καὶ
λαβομένη τῶν γουνάτων τοῦ ἀνδρὸς ἐχρήιζε μηδεμιῇ τέχνῃ
ἐκθεῖναί μιν. ὁ δὲ οὐκ ἔφη οἷός τε εἶναι ἄλλως αὐτὰ   20
ποιέειν· ἐπιφοιτήσειν γὰρ κατασκόπους ἐξ Ἁρπάγου
ἐποψομένους, ἀπολέεσθαί τε κάκιστα ἢν μή σφεα ποιήσῃ.
ὡς δὲ οὐκ ἔπειθε ἄρα τὸν ἄνδρα, δεύτερα λέγει ἡ γυνὴ
τάδε· Ἐπεὶ τοίνυν οὐ δύναμαί σε πείθειν μὴ ἐκθεῖναι, σὺ
δὲ ὧδε ποίησον, εἰ δὴ πᾶσά γε ἀνάγκη ὀφθῆναι ἐκκείμενον·   25
τέτοκα γὰρ καὶ ἐγώ, τέτοκα δὲ τεθνεός· τοῦτο μὲν φέρων
πρόθες, τὸν δὲ τῆς Ἀστυάγεος θυγατρὸς παῖδα ὡς ἐξ
ἡμέων ἐόντα τρέφωμεν· καὶ οὕτω οὔτε σὺ ἁλώσεαι
ἀδικέων τοὺς δεσπότας, οὔτε ἡμῖν κακῶς βεβουλευμένα
ἔσται. ὅ τε γὰρ τεθνεὼς βασιληίης ταφῆς κυρήσει καὶ ὁ   30
περιεὼν οὐκ ἀπολέει τὴν ψυχήν. κάρτα τε ἔδοξε τῷ

βουκόλῳ πρὸς τὰ παρεόντα εὖ λέγειν ἡ γυνή, καὶ αὐτίκα
ἐποίεε ταῦτα. τὸν μὲν ἔφερε θανατώσων παῖδα, τοῦτον
μὲν παραδιδοῖ τῇ ἑωυτοῦ γυναικί, τὸν δὲ ἑωυτοῦ ἐόντα
νεκρὸν λαβὼν ἔθηκε ἐς τὸ ἄγγος ἐν τῷ ἔφερε τὸν ἕτερον·
5 κοσμήσας δὲ τῷ κόσμῳ παντὶ τοῦ ἑτέρου παιδός, φέρων
ἐς τὸ ἐρημότατον τῶν ὀρέων τιθεῖ. ὡς δὲ τρίτη ἡμέρη
τῷ παιδίῳ ἐκκειμένῳ ἐγένετο, ἤιε ἐς πόλιν ὁ βουκόλος,
τῶν τινα προβοσκῶν φύλακον αὐτοῦ καταλιπών, ἐλθὼν
δὲ ἐς τοῦ Ἁρπάγου ἀποδεικνύναι ἔφη ἕτοιμος εἶναι τοῦ
10 παιδίου τὸν νέκυν. πέμψας δὲ ὁ Ἅρπαγος τῶν ἑωυτοῦ
δορυφόρων τοὺς πιστοτάτους εἶδέ τε διὰ τούτων καὶ ἔθαψε
τοῦ βουκόλου τὸ παιδίον. καὶ τὸ μὲν ἐτέθαπτο, τὸν δὲ
ὕστερον τούτων Κῦρον ὀνομασθέντα παραλαβοῦσα ἔτρεφε
ἡ γυνὴ τοῦ βουκόλου, οὔνομα ἄλλο κού τι καὶ οὐ Κῦρον
15 θεμένη.

The Recognition of Cyrus by Astyages and the Punishment
of Harpagus

Καὶ ὅτε δὴ ἦν δεκαέτης ὁ παῖς, πρῆγμα ἐς αὐτὸν
τοιόνδε γενόμενον ἐξέφηνέ μιν. ἔπαιζε ἐν τῇ κώμῃ ταύτῃ
ἐν τῇ ἦσαν καὶ αἱ βουκολίαι αὗται, ἔπαιζε δὲ μετ᾽ ἄλλων
ἡλίκων ἐν ὁδῷ. καὶ οἱ παῖδες παίζοντες εἵλοντο ἑωυτῶν
20 βασιλέα εἶναι τοῦτον δὴ τὸν τοῦ βουκόλου ἐπίκλησιν παῖδα.
ὁ δὲ αὐτῶν διέταξε τοὺς μὲν οἰκίας οἰκοδομέειν, τοὺς δὲ
δορυφόρους εἶναι, τὸν δέ κού τινα αὐτῶν ὀφθαλμὸν βασιλέος
εἶναι, τῷ δέ τινι τὰς ἀγγελίας ἐσφέρειν ἐδίδου γέρας, ὡς
ἑκάστῳ ἔργον προστάσσων. εἷς δὴ τούτων τῶν παίδων
25 συμπαίζων, ἐὼν Ἀρτεμβάρεος παῖς, ἀνδρὸς δοκίμου ἐν
Μήδοισι, οὐ γὰρ δὴ ἐποίησε τὸ προσταχθὲν ἐκ τοῦ
Κύρου, ἐκέλευε αὐτὸν τοὺς ἄλλους παῖδας διαλαβεῖν,
πειθομένων δὲ τῶν παίδων ὁ Κῦρος τὸν παῖδα τρηχέως

κάρτα περιέσπε μαστιγέων. ὁ δὲ ἐπείτε μετείθη τάχιστα,
ὥς γε δὴ ἀνάξια ἑωυτοῦ παθών, μᾶλλόν τι περιημέκτεε,
κατελθὼν δὲ ἐς πόλιν πρὸς τὸν πατέρα ἀποικτίζετο τῶν
ὑπὸ Κύρου ἤντησε, λέγων δὲ οὐ Κύρου (οὐ γάρ κω ἦν
τοῦτο τοὔνομα), ἀλλὰ πρὸς τοῦ βουκόλου τοῦ Ἀστυάγεος 5
παιδός. ὁ δὲ Ἀρτεμβάρης ὀργῇ ὡς εἶχε ἐλθὼν παρὰ τὸν
Ἀστυάγεα καὶ ἅμα ἀγόμενος τὸν παῖδα ἀνάρσια πρήγ-
ματα ἔφη πεπονθέναι, λέγων· Ὦ βασιλεῦ, ὑπὸ τοῦ σοῦ
δούλου, βουκόλου δὲ παιδὸς ὧδε περιυβρίσμεθα, δεικνὺς τοῦ
παιδὸς τοὺς ὤμους. ἀκούσας δὲ καὶ ἰδὼν Ἀστυάγης, 10
θέλων τιμωρῆσαι τῷ παιδὶ τιμῆς τῆς Ἀρτεμβάρεος εἵνεκα,
μετεπέμπετο τόν τε βουκόλον καὶ τὸν παῖδα. ἐπείτε
δὲ παρῆσαν ἀμφότεροι, βλέψας πρὸς τὸν Κῦρον ὁ Ἀστυά-
γης ἔφη· Σὺ δὴ ἐὼν τοῦδε τοιούτου ἐόντος παῖς ἐτόλμησας
τὸν τοῦδε παῖδα ἐόντος πρώτου παρ' ἐμοὶ ἀεικείη τοιῆδε 15
περισπεῖν; ὁ δὲ ἀμείβετο ὧδε· Ὦ δέσποτα, ἐγὼ δὲ ταῦτα
τοῦτον ἐποίησα σὺν δίκῃ· οἱ γάρ με ἐκ τῆς κώμης παῖδες,
τῶν καὶ ὅδε ἦν, παίζοντες σφέων αὐτῶν ἐστήσαντο βασιλέα·
ἐδόκεον γάρ σφι εἶναι ἐς τοῦτο ἐπιτηδεότατος. οἱ μέν νυν
ἄλλοι παῖδες τὰ ἐπιτασσόμενα ἐπετέλεον, οὗτος δὲ ἀνη- 20
κούστεέ τε καὶ λόγον εἶχε οὐδένα, ἐς ὃ ἔλαβε τὴν δίκην.
εἰ ὦν δὴ τοῦδε εἵνεκα ἄξιός τευ κακοῦ εἰμι, ὅδε τοι πάρειμι.
ταῦτα λέγοντος τοῦ παιδὸς τὸν Ἀστυάγεα ἐσήιε ἀνάγνωσις
αὐτοῦ, καί οἱ ὅ τε χαρακτὴρ τοῦ προσώπου προσφέρεσθαι
ἐδόκεε ἐς ἑωυτὸν καὶ ἡ ὑπόκρισις ἐλευθερωτέρη εἶναι, ὅ τε 25
χρόνος τῆς ἐκθέσιος τῇ ἡλικίῃ τοῦ παιδὸς ἐδόκεε συμ-
βαίνειν. ἐκπλαγεὶς δὲ τούτοισι ἐπὶ χρόνον ἄφθογγος ἦν·
μόγις δὲ δή κοτε ἀνενειχθεὶς εἶπε, θέλων ἐκπέμψαι τὸν
Ἀρτεμβάρεα, ἵνα τὸν βουκόλον μοῦνον λαβὼν βασανίσῃ·
Ἀρτέμβαρες, ἐγὼ ταῦτα ποιήσω ὥστε σὲ καὶ παῖδα τὸν 30
σὸν μηδὲν ἐπιμέμφεσθαι. τὸν μὲν δὴ Ἀρτεμβάρεα πέμπει,

τὸν δὲ Κῦρον ἦγον ἔσω οἱ θεράποντες κελεύσαντος τοῦ
Ἀστυάγεος. ἐπεὶ δὲ ὑπελέλειπτο ὁ βουκόλος μοῦνος μου-
νόθεν, τάδε αὐτὸν εἴρετο ὁ Ἀστυάγης, κόθεν λάβοι τὸν
παῖδα καὶ τίς εἴη ὁ παραδούς. ὁ δὲ ἐξ ἑωυτοῦ τε ἔφη γεγο-
5 νέναι καὶ τὴν τεκοῦσαν αὐτὸν ἔτι εἶναι παρ᾽ ἑωυτῷ.
Ἀστυάγης δέ μιν οὐκ εὖ βουλεύεσθαι ἔφη ἐπιθυμέοντα ἐς
ἀνάγκας μεγάλας ἀπικνέεσθαι, ἅμα τε λέγων ταῦτα ἐσή-
μαινε τοῖσι δορυφόροισι λαμβάνειν αὐτόν. ὁ δὲ ἀγόμενος
ἐς τὰς ἀνάγκας οὕτω δὴ ἔφαινε τὸν ἐόντα λόγον. ἀρχό-
10 μενος δὲ ἀπ᾽ ἀρχῆς διεξήιε τῇ ἀληθείῃ χρεώμενος καὶ
κατέβαινε ἐς λιτάς τε καὶ συγγνώμην ἑωυτῷ κελεύων ἔχειν
αὐτόν. Ἀστυάγης δὲ τοῦ μὲν βουκόλου τὴν ἀληθείην
ἐκφήναντος λόγον ἤδη καὶ ἐλάσσω ἐποιέετο, Ἁρπάγῳ δὲ
καὶ μεγάλως μεμφόμενος καλέειν αὐτὸν τοὺς δορυφόρους
15 ἐκέλευε. ὡς δέ οἱ παρῆν ὁ Ἅρπαγος, εἴρετό μιν ὁ
Ἀστυάγης· Ἅρπαγε, τέῳ δὴ μόρῳ τὸν παῖδα κατεχρήσαο
τόν τοι παρέδωκα ἐκ θυγατρὸς γεγονότα τῆς ἐμῆς; ὁ δὲ
Ἅρπαγος ὡς εἶδε τὸν βουκόλον ἔνδον ἐόντα, οὐ τρέπεται
ἐπὶ ψευδέα ὁδόν, ἵνα μὴ ἐλεγχόμενος ἁλίσκηται, ἀλλὰ
20 λέγει τάδε· Ὦ βασιλεῦ, ἐπείτε παρέλαβον τὸ παιδίον,
ἐβούλευον σκοπέων ὅκως σοί τε ποιήσω κατὰ νόον καὶ ἐγὼ
πρὸς σὲ γινόμενος ἀναμάρτητος μήτε θυγατρὶ τῇ σῇ μήτε
αὐτῷ σοὶ εἴην αὐθέντης. ποιέω δὴ ὧδε· καλέσας τὸν
βουκόλον τόνδε παραδίδωμι τὸ παιδίον, φὰς σέ γε εἶναι
25 τὸν κελεύοντα ἀποκτεῖναι αὐτό. καὶ λέγων τοῦτό γε
οὐκ ἐψευδόμην· σὺ γὰρ ἐνετέλλεο οὕτω. παραδίδωμι
μέντοι τῷδε κατὰ τάδε, ἐντειλάμενος θεῖναί μιν ἐς ἔρημον
ὄρος καὶ παραμένοντα φυλάσσειν ἄχρι οὗ τελευτήσῃ,
ἀπειλήσας παντοῖα τῷδε ἢν μὴ τάδε ἐπιτελέα ποιήσῃ.
30 ἐπείτε δὲ ποιήσαντος τούτου τὰ κελευόμενα ἐτελεύτησε τὸ
παιδίον, πέμψας τῶν εὐνούχων τοὺς πιστοτάτους καὶ εἶδον

δι' ἐκείνων καὶ ἔθαψά μιν. οὕτως ἔσχε, ὦ βασιλεῦ, περὶ
τοῦ πρήγματος τούτου, καὶ τοιούτῳ μόρῳ ἐχρήσατο ὁ παῖς.
Ἅρπαγος μὲν δὴ τὸν ἰθὺν ἔφαινε λόγον, Ἀστυάγης δὲ
κρύπτων τόν οἱ ἐνεῖχε χόλον διὰ τὸ γεγονός, πρῶτα μέν,
κατά περ ἤκουσε αὐτὸς πρὸς τοῦ βουκόλου τὸ πρῆγμα, 5
πάλιν ἀπηγέετο τῷ Ἁρπάγῳ, μετὰ δέ, ὥς οἱ ἐπαλιλ-
λόγητο, κατέβαινε λέγων ὡς περίεστί τε ὁ παῖς καὶ τὸ
γεγονὸς ἔχει καλῶς. Τῷ τε γὰρ πεποιημένῳ, ἔφη λέγων,
ἐς τὸν παῖδα τοῦτον ἔκαμνον μεγάλως καὶ θυγατρὶ τῇ ἐμῇ
διαβεβλημένος οὐκ ἐν ἐλαφρῷ ἐποιεύμην. ὡς ὦν τῆς τύχης 10
εὖ μετεστεώσης τοῦτο μὲν τὸν σεωυτοῦ παῖδα ἀπόπεμψον
παρὰ τὸν παῖδα τὸν νεήλυδα, τοῦτο δέ (σῶστρα γὰρ τοῦ
παιδὸς μέλλω θύειν τοῖσι θεῶν τιμὴ αὕτη πρόσκειται)
πάρισθί μοι ἐπὶ δεῖπνον. Ἅρπαγος μὲν ὡς ἤκουσε ταῦτα,
προσκυνήσας καὶ μεγάλα ποιησάμενος ὅτι τε ἡ ἁμαρτάς οἱ 15
ἐς δέον ἐγεγόνεε καὶ ὅτι ἐπὶ τύχῃσι χρηστῇσι ἐπὶ δεῖπνον
ἐκέκλητο, ἤιε ἐς τὰ οἰκία. ἐσελθὼν δὲ τὴν ταχίστην, ἦν
γάρ οἱ παῖς εἷς μοῦνος, ἔτεα τρία καὶ δέκα κου μάλιστα
γεγονώς, τοῦτον ἐκπέμπει, ἰέναι τε κελεύων ἐς Ἀστυάγεος
καὶ ποιέειν ὅ τι ἂν ἐκεῖνος κελεύῃ. αὐτὸς δὲ περιχαρὴς 20
ἐὼν φράζει τῇ γυναικὶ τὰ συγκυρήσαντα. Ἀστυάγης
δέ, ὥς οἱ ἀπίκετο ὁ Ἁρπάγου παῖς, σφάξας αὐτὸν καὶ
κατὰ μέλεα διελὼν τὰ μὲν ὤπτησε, τὰ δὲ ἥψησε τῶν
κρεῶν, εὔτυκα δὲ ποιησάμενος εἶχε. ἐπείτε δὲ τῆς ὥρης
γινομένης τοῦ δείπνου παρῆσαν οἵ τε ἄλλοι δαιτυμόνες καὶ 25
ὁ Ἅρπαγος, τοῖσι μὲν ἄλλοισι καὶ αὐτῷ Ἀστυάγεϊ
παρετιθέατο τράπεζαι ἐπίπλεαι μηλέων κρεῶν, Ἁρπάγῳ
δὲ τοῦ παιδὸς τοῦ ἑωυτοῦ, πλὴν κεφαλῆς τε καὶ ἄκρων
χειρῶν τε καὶ ποδῶν, τἆλλα πάντα· ταῦτα δὲ χωρὶς
ἔκειτο ἐπὶ κανέῳ κατακεκαλυμμένα. ὡς δὲ τῷ Ἁρπάγῳ 30
ἐδόκεε ἅλις ἔχειν τῆς βορῆς, Ἀστυάγης εἴρετό μιν εἰ

ἠσθείη τι τῇ θοίνῃ. φαμένου δὲ Ἁρπάγου καὶ κάρτα
ἠσθῆναι παρέφερον τοῖσι προσέκειτο τὴν κεφαλὴν τοῦ
παιδὸς κατακεκαλυμμένην καὶ τὰς χεῖρας καὶ τοὺς πόδας,
Ἅρπαγον δὲ ἐκέλευον προσστάντες ἀποκαλύπτειν τε καὶ
5 λαβεῖν τὸ βούλεται αὐτῶν. πειθόμενος δὲ ὁ Ἅρπαγος καὶ
ἀποκαλύπτων ὁρᾷ τοῦ παιδὸς τὰ λείμματα· ἰδὼν δὲ οὔτε
ἐξεπλάγη ἐντός τε ἑωυτοῦ γίνεται. εἴρετο δὲ αὐτὸν ὁ
Ἀστυάγης εἰ γινώσκοι ὅτευ θηρίου κρέα βεβρώκοι. ὁ δὲ
καὶ γινώσκειν ἔφη καὶ ἀρεστὸν εἶναι πᾶν τὸ ἂν βασιλεὺς
10 ἔρδῃ. τούτοισι δὲ ἀμειψάμενος καὶ ἀναλαβὼν τὰ λοιπὰ
τῶν κρεῶν ἤιε ἐς τὰ οἰκία. ἐνθεῦτεν δὲ ἔμελλε, ὡς ἐγὼ
δοκέω, ἁλίσας θάψειν τὰ πάντα.

The Revenge of Harpagus and the Conquest of Persia by Cyrus

Κύρῳ δὲ ἀνδρευμένῳ καὶ ἐόντι τῶν ἡλίκων ἀνδρηιοτάτῳ
καὶ προσφιλεστάτῳ προσέκειτο ὁ Ἅρπαγος δῶρα πέμπων,
15 τείσασθαι Ἀστυάγεα ἐπιθυμέων. ἀπ᾽ ἑωυτοῦ γὰρ ἐόντος
ἰδιώτεω οὐκ ἐνώρα τιμωρίην ἐσομένην ἐς Ἀστυάγεα,
Κῦρον δὲ ὁρέων ἐπιτρεφόμενον ἐποιέετο σύμμαχον, τὰς
πάθας τὰς Κύρου τῇσι ἑωυτοῦ ὁμοιούμενος. πρὸ δ᾽ ἔτι
τούτου τάδε οἱ κατέργαστο· ἐόντος τοῦ Ἀστυάγεος πικροῦ
20 ἐς τοὺς Μήδους συμμίσγων ἑνὶ ἑκάστῳ ὁ Ἅρπαγος τῶν
πρώτων Μήδων ἀνέπειθε ὡς χρὴ Κῦρον προστησαμένους
Ἀστυάγεα παῦσαι τῆς βασιληίης. κατεργασμένου δέ οἱ
τούτου καὶ ἐόντος ἑτοίμου, οὕτω δὴ τῷ Κύρῳ διαιτωμένῳ
ἐν Πέρσῃσι βουλόμενος ὁ Ἅρπαγος δηλῶσαι τὴν ἑωυτοῦ
25 γνώμην ἄλλως μὲν οὐδαμῶς εἶχε ἅτε τῶν ὁδῶν φυλασ-
σομένων, ὁ δὲ ἐπιτεχνᾶται τοιόνδε. λαγὸν μηχανησά-
μενος καὶ ἀνασχίσας τούτου τὴν γαστέρα καὶ οὐδὲν
ἀποτίλας, ὡς δὲ εἶχε, οὕτω ἐσέθηκε βυβλίον, γράψας τά οἱ

ἐδόκεε· ἀπορράψας δὲ τοῦ λαγοῦ τὴν γαστέρα καὶ δίκτυα
δοὺς ἅτε θηρευτῇ τῶν οἰκετέων τῷ πιστοτάτῳ, ἀπέστελλε
ἐς τοὺς Πέρσας, ἐντειλάμενός οἱ ἀπὸ γλώσσης διδόντα τὸν
λαγὸν Κύρῳ ἐπειπεῖν αὐτοχειρίῃ μιν διελεῖν καὶ μηδένα οἱ
ταῦτα ποιεῦντι παρεῖναι. ταῦτά τε δὴ ὦν ἐπιτελέα 5
ἐγίνετο καὶ ὁ Κῦρος παραλαβὼν τὸν λαγὸν ἀνέσχισε.
εὑρὼν δὲ ἐν αὐτῷ τὸ βυβλίον ἐνεὸν λαβὼν ἐπελέγετο.
τὰ δὲ γράμματα ἔλεγε τάδε· Ὦ παῖ Καμβύσεω, σὲ γὰρ
θεοὶ ἐπορῶσι, οὐ γὰρ ἄν κοτε ἐς τοσοῦτο τύχης ἀπίκευ,
σύ νυν Ἀστυάγεα τὸν σεωυτοῦ φονέα τεῖσαι. κατὰ μὲν 10
γὰρ τὴν τούτου προθυμίην τέθνηκας, τὸ δὲ κατὰ θεούς τε
καὶ ἐμὲ περίεις. τά σε καὶ πάλαι δοκέω πάντα ἐκμεμαθη-
κέναι σέο τε αὐτοῦ πέρι ὡς ἐπρήχθη καὶ οἷα ἐγὼ ὑπὸ
Ἀστυάγεος πέπονθα, ὅτι σε οὐκ ἀπέκτεινα, ἀλλὰ ἔδωκα
τῷ βουκόλῳ. σύ νυν, ἢν βούλῃ ἐμοὶ πείθεσθαι, τῆς περ 15
Ἀστυάγης ἄρχει χώρης, ταύτης ἀπάσης ἄρξεις. Πέρσας
γὰρ ἀναπείσας ἀπίστασθαι στρατηλάτεε ἐπὶ Μήδους.
καὶ ἤν τε ἐγὼ ὑπὸ Ἀστυάγεος ἀποδεχθέω στρατηγὸς ἀντία
σεῦ, ἔστι τοι τὰ σὺ βούλεαι, ἤν τε τῶν τις δοκίμων ἄλλος
Μήδων. πρῶτοι γὰρ οὗτοι ἀποστάντες ἀπ' ἐκείνου καὶ 20
γενόμενοι πρὸς σέο Ἀστυάγεα καταιρέειν πειρήσονται.
ὡς ὦν ἑτοίμου τοῦ γε ἐνθάδε ἐόντος, ποίεε ταῦτα καὶ
ποίεε κατὰ τάχος.

Ἀκούσας ταῦτα ὁ Κῦρος ἐφρόντιζε ὅτεῳ τρόπῳ
σοφωτάτῳ Πέρσας ἀναπείσει ἀπίστασθαι, φροντίζων δὲ 25
εὕρισκέ τε ταῦτα καιριώτατα εἶναι καὶ ἐποίεε δὴ
ταῦτα. γράψας ἐς βυβλίον τὰ ἐβούλετο, ἁλίην τῶν
Περσέων ἐποιήσατο, μετὰ δὲ ἀναπτύξας τὸ βυβλίον καὶ
ἐπιλεγόμενος ἔφη Ἀστυάγεά μιν στρατηγὸν Περσέων
ἀποδεικνύναι. Νῦν τε, ἔφη λέγων, ὦ Πέρσαι, προαγορεύω 30
ὑμῖν παρεῖναι ἕκαστον ἔχοντα δρέπανον. Κῦρος μὲν

ταῦτα προηγόρευσε. ὡς δὲ παρῆσαν ἅπαντες ἔχοντες τὸ
προειρημένον, ἐνθαῦτα ὁ Κῦρος (ἦν γάρ τις χῶρος τῆς
Περσικῆς ἀκανθώδης ὅσον τε ἐπὶ ὀκτωκαίδεκα σταδίους
ἢ εἴκοσι πάντῃ) τοῦτόν σφι τὸν χῶρον προεῖπε ἐξημερῶσαι
5 ἐν ἡμέρῃ. ἐπιτελεσάντων δὲ τῶν Περσέων τὸν προκεί-
μενον ἄεθλον δεύτερά σφι προεῖπε ἐς τὴν ὑστεραίην
παρεῖναι λελουμένους. ἐν δὲ τούτῳ τά τε αἰπόλια καὶ τὰς
ποίμνας καὶ τὰ βουκόλια ὁ Κῦρος πάντα τοῦ πατρὸς
συναλίσας ἐς τὠυτὸ ἔθυε καὶ παρεσκεύαζε ὡς δεξόμενος
10 τὸν Περσέων στρατόν, πρὸς δὲ οἴνῳ τε καὶ σιτίοισι ὡς
ἐπιτηδεοτάτοισι. ἀπικομένους δὲ τῇ ὑστεραίῃ τοὺς Πέρσας
κατακλίνας ἐς λειμῶνα εὐώχεε. ἐπείτε δὲ ἀπὸ δείπνου
ἦσαν, εἴρετό σφεας ὁ Κῦρος κότερα τὰ τῇ προτεραίῃ
εἶχον ἢ τὰ παρεόντα σφι εἴη αἱρετώτερα. οἱ δὲ ἔφασαν
15 πολλὸν εἶναι αὐτῶν τὸ μέσον· τὴν μὲν γὰρ προτέρην
ἡμέρην πάντα σφι κακὰ ἔχειν, τὴν δὲ τότε παρεοῦσαν
πάντα ἀγαθά. παραλαβὼν δὲ τοῦτο τὸ ἔπος ὁ Κῦρος
παρεγύμνου τὸν πάντα λόγον, λέγων· "Ανδρες Πέρσαι,
οὕτως ὑμῖν ἔχει· βουλομένοισι μὲν ἐμέο πείθεσθαι ἔστι
20 τάδε τε καὶ ἄλλα μυρία ἀγαθά, οὐδένα πόνον δουλοπρεπέα
ἔχουσι· μὴ βουλομένοισι δὲ ἐμέο πείθεσθαι εἰσὶ ὑμῖν πόνοι
τῷ χθιζῷ παραπλήσιοι ἀναρίθμητοι. νῦν ὦν ἐμέο πειθό-
μενοι γίνεσθε ἐλεύθεροι. αὐτός τε γὰρ δοκέω θείῃ τύχῃ
γεγονὼς τάδε ἐς χεῖρας ἄγεσθαι καὶ ὑμέας ἥγημαι ἄνδρας
25 Μήδων εἶναι οὐ φαυλοτέρους οὔτε τἆλλα οὔτε τὰ πολέμια.
ὡς ὦν ἐχόντων ὧδε ἀπίστασθε ἀπ' Ἀστυάγεος τὴν
ταχίστην.

    Πέρσαι μέν νυν προστάτεω ἐπιλαβόμενοι ἅσμενοι ἐλευ-
θεροῦντο, καὶ πάλαι δεινὸν ποιεύμενοι ὑπὸ Μήδων ἄρχεσθαι.
30 Ἀστυάγης δὲ ὡς ἐπύθετο Κῦρον ταῦτα πρήσσοντα, πέμψας
ἄγγελον ἐκάλεε αὐτόν. ὁ δὲ Κῦρος ἐκέλευε τὸν ἄγγελον

ἀπαγγέλλειν ὅτι πρότερον ἥξει παρ' ἐκεῖνον ἢ Ἀστυάγης
αὐτὸς βουλήσεται. ἀκούσας δὲ ταῦτα ὁ Ἀστυάγης Μήδους
τε ὥπλισε πάντας καὶ στρατηγὸν αὐτῶν ὥστε θεοβλαβὴς
ἐὼν Ἅρπαγον ἀπέδεξε, λήθην ποιεύμενος τά μιν ἐόργεε.
ὡς δὲ οἱ Μῆδοι στρατευσάμενοι τοῖσι Πέρσῃσι συνέμισγον, 5
οἱ μέν τινες αὐτῶν ἐμάχοντο, ὅσοι μὴ τοῦ λόγου μετέσχον,
οἱ δὲ αὐτομόλεον πρὸς τοὺς Πέρσας, οἱ δὲ πλεῖστοι
ἐθελοκάκεόν τε καὶ ἔφευγον. διαλυθέντος δὲ τοῦ Μηδικοῦ
στρατεύματος αἰσχρῶς, ὡς ἐπύθετο τάχιστα ὁ Ἀστυάγης,
ἔφη ἀπειλέων τῷ Κύρῳ· Ἀλλ' οὐδ' ὣς Κῦρός γε χαιρήσει. 10
μετὰ δὲ ὥπλισε τοὺς ὑπολειφθέντας ἐν τῷ ἄστεϊ τῶν
Μήδων, νέους τε καὶ πρεσβύτας ἄνδρας. ἐξαγαγὼν δὲ
τούτους καὶ συμβαλὼν τοῖσι Πέρσῃσι ἐσσώθη, καὶ αὐτός
τε Ἀστυάγης ἐζωγρήθη καὶ τοὺς ἐξήγαγε τῶν Μήδων
ἀπέβαλε. Ἀστυάγεα δὲ Κῦρος κακὸν οὐδὲν ἄλλο ποιήσας 15
εἶχε παρ' ἑωυτῷ, ἐς ὃ ἐτελεύτησε. οὕτω δὴ Κῦρος
γενόμενός τε καὶ τραφεὶς ἐβασίλευσε καὶ Κροῖσον ὕστερον
τούτων ἄρξαντα ἀδικίης κατεστρέψατο, ὡς εἴρηταί μοι
πρότερον. τοῦτον δὲ καταστρεψάμενος οὕτω πάσης τῆς
Ἀσίης ἦρξε. 20

(Leaving the task of conquering the Asiatic Greeks to his generals,
Cyrus proceeded to the upper part of Asia, where he reduced to
submission one nation after another. At last, lured by lust of
conquest, he invaded the country of the remote Massagetæ,
where, in what Herodotus calls the fiercest battle ever waged
between barbarians, he lost his life after a rule of twenty-nine
years.)

BOOK II

Cambyses the Successor of Cyrus. Designs upon Egypt

Τελευτήσαντος δὲ Κύρου παρέλαβε τὴν βασιληίην Καμβύσης, Κύρου ἐὼν παῖς καὶ Κασσανδάνης τῆς Φαρνάσπεω θυγατρός, τῆς προαποθανούσης Κῦρος αὐτός τε μέγα πένθος ἐποιήσατο καὶ τοῖσι ἄλλοισι προεῖπε πᾶσι τῶν ἦρχε
5 πένθος ποιέεσθαι. ταύτης δὴ τῆς γυναικὸς ἐὼν παῖς καὶ Κύρου Καμβύσης Ἴωνας μὲν καὶ Αἰολέας ὡς δούλους πατρωίους ἐόντας ἐνόμιζε, ἐπὶ δὲ Αἴγυπτον ἐποιέετο στρατηλασίην, ἄλλους τε παραλαβὼν τῶν ἦρχε καὶ δὴ καὶ Ἑλλήνων τῶν ἐπεκράτεε.

The Oldest Race Determined by Psammetichus

10 Οἱ δὲ Αἰγύπτιοι, πρὶν μὲν ἢ Ψαμμήτιχον σφέων βασιλεῦσαι, ἐνόμιζον ἑωυτοὺς πρώτους γενέσθαι πάντων ἀνθρώπων. ἐπειδὴ δὲ Ψαμμήτιχος βασιλεύσας ἠθέλησε εἰδέναι οἵτινες γενοίατο πρῶτοι, ἀπὸ τούτου νομίζουσι Φρύγας προτέρους γενέσθαι ἑωυτῶν, τῶν δὲ ἄλλων ἑωυτούς.
15 Ψαμμήτιχος δὲ ὡς οὐκ ἐδύνατο πυνθανόμενος πόρον οὐδένα τούτου ἀνευρεῖν οἳ γενοίατο πρῶτοι ἀνθρώπων, ἐπιτεχνᾶται τοιόνδε· παιδία δύο νεογνὰ ἀνθρώπων τῶν ἐπιτυχόντων διδοῖ ποιμένι τρέφειν ἐς τὰ ποίμνια τροφήν τινα τοιήνδε, ἐντειλάμενος μηδένα ἀντίον αὐτῶν μηδεμίαν φωνὴν ἱέναι,
20 ἐν στέγῃ δὲ ἐρήμῃ ἐπ᾽ ἑωυτῶν κεῖσθαι αὐτὰ καὶ τὴν ὥρην ἐπαγινέειν σφι αἶγας, πλήσαντα δὲ γάλακτος τἆλλα διαπρήσσεσθαι. ταῦτα δὲ ἐποίεέ τε καὶ ἐνετέλλετο ὁ Ψαμμήτιχος θέλων ἀκοῦσαι τῶν παιδίων, ἀπαλλαχθέντων τῶν ἀσήμων κνυζημάτων, ἥντινα φωνὴν ῥήξουσι πρώτην.
25 τά περ ὦν καὶ ἐγένετο. ὡς γὰρ διέτης χρόνος ἐγεγόνεε

92

ταῦτα τῷ ποιμένι πρήσσοντι, ἀνοίγοντι τὴν θύρην καὶ
ἐσιόντι τὰ παιδία ἀμφότερα προσπίπτοντα βεκὸς ἐφώνεον
ὀρέγοντα τὰς χεῖρας. τὰ μὲν δὴ πρῶτα ἀκούσας ἥσυχος
ἦν ὁ ποιμήν, ὡς δὲ πολλάκις φοιτῶντι καὶ ἐπιμελομένῳ
πολλὸν ἦν τοῦτο τὸ ἔπος, οὕτω δὴ σημήνας τῷ δεσπότῃ   5
ἤγαγε τὰ παιδία κελεύσαντος ἐς ὄψιν τὴν ἐκείνου.
ἀκούσας δὲ καὶ αὐτὸς ὁ Ψαμμήτιχος ἐπυνθάνετο οἵτινες
ἀνθρώπων βεκός τι καλέουσι, πυνθανόμενος δὲ εὕρισκε
Φρύγας καλέοντας τὸν ἄρτον. οὕτω συνεχώρησαν Αἰγύ-
πτιοι καὶ τοιούτῳ σταθμησάμενοι πρήγματι τοὺς Φρύγας   10
πρεσβυτέρους εἶναι ἑωυτῶν.

History of Egypt
Menes and Nitocris

Μῖνα τὸν πρῶτον βασιλεύσαντα Αἰγύπτου οἱ ἱρέες
ἔλεγον τοῦτο μὲν ἀπογεφυρῶσαι τὴν Μέμφιν. τοῦτο δὲ
τοῦ Ἡφαίστου τὸ ἱρὸν ἱδρύσασθαι ἐν αὐτῇ, ἐὸν μέγα τε
καὶ ἀξιαπηγητότατον. μετὰ δὲ τοῦτον κατέλεγον οἱ ἱρέες   15
ἐκ βύβλου ἄλλων βασιλέων τριηκοσίων τε καὶ τριήκοντα
οὐνόματα. ἐν τοσαύτῃσι δὲ γενεῇσι ἀνθρώπων ὀκτωκαί-
δεκα μὲν Αἰθίοπες ἦσαν, μία δὲ γυνὴ ἐπιχωρίη, οἱ δὲ
ἄλλοι ἄνδρες Αἰγύπτιοι. τῇ δὲ γυναικὶ οὔνομα ἦν, ἥτις
ἐβασίλευσε, τό περ τῇ Βαβυλωνίῃ, Νίτωκρις. τὴν ἔλεγον 20
τιμωρέουσαν ἀδελφεῷ, τὸν Αἰγύπτιοι βασιλεύοντά σφεων
ἀπέκτειναν, ἀποκτείναντες δὲ οὕτω ἐκείνῃ ἀπέδοσαν τὴν
βασιληίην, τούτῳ τιμωρέουσαν πολλοὺς Αἰγυπτίων δόλῳ
διαφθεῖραι. ποιησαμένην γάρ μιν οἴκημα περίμηκες ὑπό-
γαιον καινοῦν τῷ λόγῳ, νόῳ δὲ ἄλλα μηχανᾶσθαι·   25
καλέσασάν μιν Αἰγυπτίων τοὺς μάλιστα μεταιτίους τοῦ
φόνου ᾔδεε, πολλοὺς ἱστιᾶν, δαινυμένοισι δὲ ἐπεῖναι τὸν
ποταμὸν δι᾽ αὐλῶνος κρυπτοῦ μεγάλου. ταύτης μὲν πέρι

τοσαῦτα ἔλεγον, πλὴν ὅτι αὐτήν μιν, ὡς τοῦτο ἐξέργαστο,
ῥῖψαι ἐς οἴκημα σποδοῦ πλέον, ὅκως ἀτιμώρητος γένηται.

King Proteus.   Legend of the Detention in Egypt of the
Spartan Helen

Τούτου δὲ ἐκδέξασθαι τὴν βασιληίην ἔλεγον ἄνδρα
Μεμφίτην, τῷ κατὰ τὴν Ἑλλήνων γλῶσσαν οὔνομα
5 Πρωτέα εἶναι· τοῦ νῦν τέμενός ἐστι ἐν Μέμφι κάρτα
καλόν τε καὶ εὖ ἐσκευασμένον, τοῦ Ἡφαιστείου πρὸς
νότον ἄνεμον κείμενον. περιοικέουσι δὲ τὸ τέμενος τοῦτο
Φοίνικες Τύριοι, καλέεται δὲ ὁ χῶρος οὗτος ὁ συνάπας
Τυρίων στρατόπεδον. ἔστι δὲ ἐν τῷ τεμένεϊ τοῦ Πρωτέος
10 ἱρὸν τὸ καλέεται ξείνης Ἀφροδίτης· συμβάλλομαι δὲ τοῦτο
τὸ ἱρὸν εἶναι Ἑλένης τῆς Τυνδάρεω, καὶ τὸν λόγον
ἀκηκοὼς ὡς διαιτήθη Ἑλένη παρὰ Πρωτέϊ, καὶ δὴ καὶ ὅτι
ξείνης Ἀφροδίτης ἐπώνυμόν ἐστι· ὅσα γὰρ ἄλλα Ἀφρο-
δίτης ἱρά ἐστι, οὐδαμῶς ξείνης ἐπικαλέεται. ἔλεγον δέ
15 μοι οἱ ἱρέες ἱστορέοντι τὰ περὶ Ἑλένην γενέσθαι ὧδε·
Ἀλέξανδρον ἁρπάσαντα Ἑλένην ἐκ Σπάρτης ἀποπλέειν
ἐς τὴν ἑωυτοῦ· καί μιν, ὡς ἐγένετο ἐν τῷ Αἰγαίῳ, ἐξῶσται
ἄνεμοι ἐκβάλλουσι ἐς τὸ Αἰγύπτιον πέλαγος, ἐνθεῦτεν δέ
(οὐ γὰρ ἀνίει τὰ πνεύματα) ἀπικνέεται ἐς Αἴγυπτον καὶ
20 Αἰγύπτου ἐς τὸ νῦν Κανωβικὸν καλεύμενον στόμα τοῦ
Νείλου καὶ ἐς Ταριχείας. ἦν δὲ ἐπὶ τῆς ἠιόνος, τὸ καὶ
νῦν ἐστι, Ἡρακλέος ἱρόν, ἐς τὸ ἢν καταφυγὼν οἰκέτης
ὅτευ ὦν ἀνθρώπων ἐπιβάληται στίγματα ἱρά, ἑωυτὸν
διδοὺς τῷ θεῷ, οὐκ ἔξεστι τούτου ἅψασθαι. ὁ νόμος οὗτος
25 διατελέει ἐὼν ὅμοιος τὸ μέχρι ἐμεῦ ἀπ' ἀρχῆς. τοῦ ὦν δὴ
Ἀλεξάνδρου ἀπιστέαται θεράποντες πυθόμενοι τὸν περὶ
τὸ ἱρὸν ἔχοντα νόμον, ἱκέται δὲ ἱζόμενοι τοῦ θεοῦ κατη-
γόρεον τοῦ Ἀλεξάνδρου, βουλόμενοι βλάπτειν αὐτόν, πάντα

λόγον ἐξηγεύμενοι ὡς εἶχε περὶ τὴν Ἑλένην τε καὶ τὴν ἐς
Μενέλεων ἀδικίην· κατηγόρεον δὲ ταῦτα πρός τε τοὺς
ἱρέας καὶ τὸν τοῦ στόματος τούτου φύλακον, τῷ οὔνομα
ἦν Θῶνις. ἀκούσας δὲ τούτων ὁ Θῶνις πέμπει τὴν ταχί-
στην ἐς Μέμφιν παρὰ Πρωτέα ἀγγελίην λέγουσαν τάδε· 5
"Ηκει ξεῖνος, γένος μὲν Τευκρός, ἔργον δὲ ἀνόσιον ἐν τῇ
Ἑλλάδι ἐξεργασμένος. ξείνου γὰρ τοῦ ἑωυτοῦ ἐξαπατήσας
τὴν γυναῖκα αὐτήν τε ταύτην ἄγων ἥκει καὶ πολλὰ κάρτα
χρήματα, ὑπὸ ἀνέμων ἐς γῆν τὴν σὴν ἀπενειχθείς· κότερα
δῆτα τοῦτον ἐῶμεν ἀσινέα ἐκπλέειν ἢ ἀπελώμεθα τὰ ἔχων 10
ἦλθε; ἀντιπέμπει πρὸς ταῦτα ὁ Πρωτεὺς λέγων τάδε·
"Ανδρα τοῦτον, ὅστις κοτέ ἐστι ὁ ἀνόσια ἐργασμένος
ξεῖνον τὸν ἑωυτοῦ, συλλαβόντες ἀπάγετε παρ' ἐμέ, ἵνα
εἰδέω τί κοτε καὶ λέξει. ἀκούσας δὲ ταῦτα ὁ Θῶνις
συλλαμβάνει τὸν Ἀλέξανδρον καὶ τὰς νέας αὐτοῦ κατίσχει, 15
μετὰ δὲ αὐτόν τε τοῦτον ἀνήγαγε ἐς Μέμφιν καὶ τὴν
Ἑλένην τε καὶ τὰ χρήματα, πρὸς δὲ καὶ τοὺς ἱκέτας.
ἀνακομισθέντων δὲ πάντων εἰρώτα τὸν Ἀλέξανδρον ὁ
Πρωτεὺς τίς εἴη καὶ ὁκόθεν πλέοι. ὁ δέ οἱ καὶ τὸ γένος
κατέλεξε καὶ τῆς πάτρης εἶπε τὸ οὔνομα καὶ δὴ καὶ τὸν 20
πλόον ἀπηγήσατο ὁκόθεν πλέοι. μετὰ δὲ ὁ Πρωτεὺς
εἰρώτα αὐτὸν ὁκόθεν τὴν Ἑλένην λάβοι· πλανωμένου δὲ
τοῦ Ἀλεξάνδρου ἐν τῷ λόγῳ καὶ οὐ λέγοντος τὴν ἀληθείην
ἤλεγχον οἱ γενόμενοι ἱκέται ἐξηγεύμενοι πάντα λόγον
τοῦ ἀδικήματος. τέλος δὲ δή σφι λόγον τόνδε ἐκφαίνει ὁ 25
Πρωτεύς, λέγων ὅτι Ἐγὼ εἰ μὴ περὶ πολλοῦ ἡγεύμην
μηδένα ξείνων κτείνειν, ὅσοι ὑπ' ἀνέμων ἤδη ἀπολαμφθέντες
ἦλθον ἐς χώρην τὴν ἐμήν, ἐγὼ ἄν σε ὑπὲρ τοῦ Ἕλληνος
ἐτεισάμην, ὅς, ὦ κάκιστε ἀνδρῶν, ξεινίων τυχὼν ἔργον
ἀνοσιώτατον ἐργάσαο· παρὰ τοῦ σεωυτοῦ ξείνου τὴν 30
γυναῖκα ἦλθες· καὶ μάλα ταῦτά τοι οὐκ ἤρκεσε, ἀλλ'

ἀναπτερώσας αὐτὴν οἴχεαι ἔχων. καὶ οὐδὲ ταῦτά τοι
μοῦνα ἤρκεσε, ἀλλὰ καὶ τὰ οἰκία τοῦ ξείνου κεραΐσας
ἥκεις. νῦν ὦν ἐπειδὴ περὶ πολλοῦ ἥγημαι μὴ ξεινο-
κτονέειν, γυναῖκα μὲν ταύτην καὶ τὰ χρήματα οὔ τοι
5 προήσω ἀπάγεσθαι, ἀλλ᾿ αὐτὰ ἐγὼ τῷ Ἕλληνι ξείνῳ
φυλάξω, ἐς ὃ ἂν αὐτὸς ἐλθὼν ἐκεῖνος ἀπαγαγέσθαι ἐθέλῃ·
αὐτὸν δέ σε καὶ τοὺς σοὺς συμπλόους τριῶν ἡμερέων
προαγορεύω ἐκ τῆς ἐμῆς γῆς ἐς ἄλλην τινὰ μετορμίζεσθαι,
εἰ δὲ μή, ἅτε πολεμίους περιέψεσθαι.

10   Ἑλένης μὲν ταύτην ἄπιξιν παρὰ Πρωτέα ἔλεγον οἱ
ἱρέες γενέσθαι· δοκέει δέ μοι καὶ Ὅμηρος τὸν λόγον
τοῦτον πυθέσθαι· ἀλλ᾿ οὐ γὰρ ὁμοίως ἐς τὴν ἐποποιίην
εὐπρεπὴς ἦν τῷ ἑτέρῳ τῷ περ ἐχρήσατο, μετῆκε αὐτόν,
δηλώσας ὡς καὶ τοῦτον ἐπίσταιτο τὸν λόγον. δῆλον
15 δέ, κατὰ παρεποίησε ἐν Ἰλιάδι (καὶ οὐδαμῇ ἄλλῃ ἀνε-
πόδισε ἑωυτόν) πλάνην τὴν Ἀλεξάνδρου, ὡς ἀπηνείχθη
ἄγων Ἑλένην τῇ τε δὴ ἄλλῃ πλαζόμενος καὶ ὡς ἐς
Σιδῶνα τῆς Φοινίκης ἀπίκετο. ἐπιμέμνηται δὲ αὐτοῦ ἐν
Διομήδεος ἀριστείῃ· λέγει δὲ τὰ ἔπεα ὧδε·

20   ἔνθ᾿ ἔσαν οἱ πέπλοι παμποίκιλοι, ἔργα γυναικῶν
Σιδονίων, τὰς αὐτὸς Ἀλέξανδρος θεοειδὴς
ἤγαγε Σιδονίηθεν, ἐπιπλὼς εὐρέα πόντον,
τὴν ὁδὸν ἣν Ἑλένην περ ἀνήγαγεν εὐπατέρειαν.

ἐν τούτοισι τοῖσι ἔπεσι δηλοῖ ὅτι ἠπίστατο τὴν ἐς
25 Αἴγυπτον Ἀλεξάνδρου πλάνην· ὁμουρέει γὰρ ἡ Συρίη
Αἰγύπτῳ, οἱ δὲ Φοίνικες, τῶν ἐστι ἡ Σιδών, ἐν τῇ Συρίῃ
οἰκέουσι. κατὰ ταῦτα δὲ τὰ ἔπεα καὶ τόδε οὐκ ἥκιστα
ἀλλὰ μάλιστα δηλοῖ ὅτι οὐκ Ὁμήρου τὰ Κύπρια ἔπεά ἐστι
ἀλλ᾿ ἄλλου τινός· ἐν μὲν γὰρ τοῖσι Κυπρίοισι εἴρηται ὡς
30 τριταῖος ἐκ Σπάρτης Ἀλέξανδρος ἀπίκετο ἐς τὸ Ἴλιον

ἄγων Ἑλένην, εὐαέϊ τε πνεύματι χρησάμενος καὶ θαλάσσῃ
λείῃ· ἐν δὲ Ἰλιάδι λέγει ὡς ἐπλάζετο ἄγων αὐτήν.
Ὅμηρος μέν νυν καὶ τὰ Κύπρια ἔπεα χαιρέτω.

Εἰρομένου δέ μευ τοὺς ἱρέας εἰ μάταιον λόγον λέγουσι
οἱ Ἕλληνες τὰ περὶ Ἴλιον γενέσθαι ἢ οὔ, ἔφασαν πρὸς 5
ταῦτα τάδε, ἱστορίῃσι φάμενοι εἰδέναι παρ' αὐτοῦ Μενέ-
λεω· ἐλθεῖν μὲν γὰρ μετὰ τὴν Ἑλένης ἁρπαγὴν ἐς τὴν
Τευκρίδα γῆν Ἑλλήνων στρατιὴν πολλὴν βοηθεῦσαν
Μενέλεῳ, ἐκβᾶσαν δὲ ἐς γῆν καὶ ἱδρυθεῖσαν τὴν στρατιὴν
πέμπειν ἐς τὸ Ἴλιον ἀγγέλους, σὺν δέ σφι ἰέναι καὶ αὐτὸν 10
Μενέλεων. τοὺς δ' ἐπείτε ἐσελθεῖν ἐς τὸ τεῖχος, ἀπαιτέειν
Ἑλένην τε καὶ τὰ χρήματα τά οἱ οἴχετο κλέψας Ἀλέξαν-
δρος, τῶν τε ἀδικημάτων δίκας αἰτέειν· τοὺς δὲ Τευκροὺς
τὸν αὐτὸν λόγον λέγειν τότε καὶ μετέπειτα, καὶ ὀμνύντας
καὶ ἀνωμοτί, μὴ μὲν ἔχειν Ἑλένην μηδὲ τὰ ἐπικαλεύμενα 15
χρήματα, ἀλλ' εἶναι αὐτὰ πάντα ἐν Αἰγύπτῳ, καὶ οὐκ ἂν
δικαίως αὐτοὶ δίκας ὑπέχειν, τῶν Πρωτεὺς ὁ Αἰγύπτιος
ἔχει. οἱ δὲ Ἕλληνες καταγελᾶσθαι δοκέοντες ὑπ' αὐτῶν
οὕτω δὴ ἐπολιόρκεον, ἐς ὃ ἐξεῖλον· ἑλοῦσι δὲ τὸ τεῖχος ὡς
οὐκ ἐφαίνετο ἡ Ἑλένη, ἀλλὰ τὸν αὐτὸν λόγον τῷ προτέρῳ 20
ἐπυνθάνοντο, οὕτω δὴ πιστεύσαντες τῷ λόγῳ τῷ πρώτῳ
οἱ Ἕλληνες αὐτὸν Μενέλεων ἀποστέλλουσι παρὰ Πρωτέα.
ἀπικόμενος δὲ ὁ Μενέλεως ἐς τὴν Αἴγυπτον καὶ ἀναπλώσας
ἐς τὴν Μέμφιν, εἴπας τὴν ἀληθείην τῶν πρηγμάτων, καὶ
ξεινίων ἤντησε μεγάλων καὶ Ἑλένην ἀπαθέα κακῶν ἀπέ- 25
λαβε, πρὸς δὲ καὶ τὰ ἑωυτοῦ χρήματα πάντα. τυχὼν
μέντοι τούτων ἐγένετο Μενέλεως ἀνὴρ ἄδικος ἐς Αἰγυπτίους·
ἀποπλέειν γὰρ ὁρμημένον αὐτὸν ἴσχον ἄπλοιαι· ἐπειδὴ
δὲ τοῦτο ἐπὶ πολλὸν τοιοῦτον ἦν, ἐπιτεχνᾶται πρῆγμα
οὐκ ὅσιον· λαβὼν γὰρ δύο παιδία ἀνδρῶν ἐπιχωρίων 30
ἔντομά σφεα ἐποίησε· μετὰ δὲ ὡς ἐπάϊστος ἐγένετο τοῦτο

ἐργασμένος, μισηθείς τε καὶ διωκόμενος οἴχετο φεύγων
τῆσι νηυσὶ ἰθὺ Λιβύης. τὸ ἐνθεῦτεν δὲ ὅκου ἔτι ἐτράπετο,
οὐκ εἶχον εἰπεῖν Αἰγύπτιοι· τούτων δὲ τὰ μὲν ἱστορίῃσι
ἔφασαν ἐπίστασθαι, τὰ δὲ παρ' ἑωυτοῖσι γενόμενα ἀτρε-
5 κέως ἐπιστάμενοι λέγειν.

Ταῦτα μὲν Αἰγυπτίων οἱ ἱρέες ἔλεγον, ἐγὼ δὲ τῷ λόγῳ
τῷ περὶ Ἑλένης λεχθέντι καὶ αὐτὸς προστίθεμαι, τάδε
ἐπιλεγόμενος· εἰ ἦν Ἑλένη ἐν Ἰλίῳ, ἀποδοθῆναι ἂν αὐτὴν
τοῖσι Ἕλλησι ἤτοι ἑκόντος γε ἢ ἀέκοντος Ἀλεξάνδρου.
10 οὐ γὰρ δὴ οὕτω γε φρενοβλαβὴς ἦν ὁ Πρίαμος οὐδὲ οἱ
ἄλλοι οἱ προσήκοντες αὐτῷ, ὥστε τοῖσι σφετέροισι σώμασι
καὶ τοῖσι τέκνοισι καὶ τῇ πόλι κινδυνεύειν ἐβούλοντο,
ὅκως Ἀλέξανδρος Ἑλένῃ συνοικέῃ. εἰ δέ τοι καὶ ἐν τοῖσι
πρώτοισι χρόνοισι ταῦτα ἐγίνωσκον, ἐπεὶ πολλοὶ μὲν τῶν
15 ἄλλων Τρώων, ὁκότε συμμίσγοιεν τοῖσι Ἕλλησι, ἀπώλ-
λυντο, αὐτοῦ δὲ Πριάμου οὐκ ἔστι ὅτε οὐ δύο ἢ τρεῖς ἢ
καὶ ἔτι πλέους τῶν παίδων μάχης γινομένης ἀπέθνῃσκον,
εἰ χρή τι τοῖσι ἐποποιοῖσι χρεώμενον λέγειν, τούτων δὲ
τοιούτων συμβαινόντων ἐγὼ μὲν ἔλπομαι, εἰ καὶ αὐτὸς
20 Πρίαμος συνοίκεε Ἑλένῃ, ἀποδοῦναι ἂν αὐτὴν τοῖσι
Ἀχαιοῖσι, μέλλοντά γε δὴ τῶν παρεόντων κακῶν ἀπαλ-
λαγήσεσθαι. οὐ μὲν οὐδὲ ἡ βασιληίη ἐς Ἀλέξανδρον
περιήιε, ὥστε γέροντος Πριάμου ἐόντος ἐπ' ἐκείνῳ τὰ
πρήγματα εἶναι, ἀλλὰ Ἕκτωρ καὶ πρεσβύτερος καὶ ἀνὴρ
25 ἐκείνου μᾶλλον ἐὼν ἔμελλε αὐτὴν Πριάμου ἀποθανόντος
παραλάμψεσθαι, τὸν οὐ προσῆκε ἀδικέοντι τῷ ἀδελφεῷ
ἐπιτρέπειν, καὶ ταῦτα μεγάλων κακῶν δι' αὐτὸν συμβαι-
νόντων ἰδίῃ τε αὐτῷ καὶ τοῖσι ἄλλοισι πᾶσι Τρωσί. ἀλλ'
οὐ γὰρ εἶχον Ἑλένην ἀποδοῦναι οὐδὲ λέγουσι αὐτοῖσι τὴν
30 ἀληθείην ἐπίστευον οἱ Ἕλληνες, ὡς μὲν ἐγὼ γνώμην
ἀποφαίνομαι, τοῦ δαιμονίου παρασκευάζοντος ὅκως πανω-

λεθρίη ἀπολόμενοι καταφανὲς τοῦτο τοῖσι ἀνθρώποισι
ποιήσωσι, ὡς τῶν μεγάλων ἀδικημάτων μεγάλαι εἰσὶ καὶ
αἱ τιμωρίαι παρὰ τῶν θεῶν. καὶ ταῦτα μὲν τῇ ἐμοὶ
δοκέει εἴρηται.

King Rhampsinitus. Tale of the Clever Thief

Πρωτέος δὲ ἐκδέξασθαι τὴν βασιληίην Ῥαμψίνιτον 5
ἔλεγον, ὃς μνημόσυνα ἐλίπετο τὰ προπύλαια τὰ πρὸς
ἑσπέρην τετραμμένα τοῦ Ἡφαιστείου, ἀντίους δὲ τῶν προ-
πυλαίων ἔστησε ἀνδριάντας δύο, ἐόντας τὸ μέγαθος πέντε
καὶ εἴκοσι πηχέων, τῶν Αἰγύπτιοι τὸν μὲν πρὸς βορέω
ἑστεῶτα καλέουσι θέρος, τὸν δὲ πρὸς νότον χειμῶνα· καὶ 10
τὸν μὲν καλέουσι θέρος, τοῦτον μὲν προσκυνέουσί τε καὶ
εὖ ποιέουσι, τὸν δὲ χειμῶνα καλεόμενον τὰ ἔμπαλιν τούτων
ἔρδουσι.   πλοῦτον δὲ τούτῳ τῷ βασιλέϊ γενέσθαι ἀργύρου
μέγαν, τὸν οὐδένα τῶν ὕστερον ἐπιτραφέντων βασιλέων
δύνασθαι ὑπερβαλέσθαι οὐδ᾿ ἐγγὺς ἐλθεῖν. βουλόμενον 15
δὲ αὐτὸν ἐν ἀσφαλείῃ τὰ χρήματα θησαυρίζειν οἰκοδο-
μέεσθαι οἴκημα λίθινον, τοῦ τῶν τοίχων ἕνα ἐς τὸ ἔξω
μέρος τῆς οἰκίης ἔχειν.   τὸν δὲ ἐργαζόμενον ἐπιβουλεύοντα
τάδε μηχανᾶσθαι· τῶν λίθων παρασκευάσασθαι ἕνα ἐξαι-
ρετὸν εἶναι ἐκ τοῦ τοίχου ῥηιδίως καὶ ὑπὸ δύο ἀνδρῶν καὶ 20
ὑπὸ ἑνός.   ὡς δὲ ἐπετελέσθη τὸ οἴκημα, τὸν μὲν βασιλέα
θησαυρίσαι τὰ χρήματα ἐν αὐτῷ, χρόνου δὲ περιιόντος τὸν
οἰκοδόμον περὶ τελευτὴν τοῦ βίου ἐόντα ἀνακαλέσασθαι
τοὺς παῖδας (εἶναι γὰρ αὐτῷ δύο), τούτοισι δὲ ἀπηγήσα-
σθαι ὡς ἐκείνων προορῶν, ὅκως βίον ἄφθονον ἔχωσι, 25
τεχνάσαιτο οἰκοδομέων τὸν θησαυρὸν τοῦ βασιλέος· σαφέως
δὲ αὐτοῖσι πάντα ἐξηγησάμενον τὰ περὶ τὴν ἐξαίρεσιν
τοῦ λίθου δοῦναι τὰ μέτρα αὐτοῦ, λέγοντα ὡς ταῦτα
διαφυλάσσοντες ταμίαι τῶν τοῦ βασιλέος χρημάτων

ἔσονται. καὶ τὸν μὲν τελευτῆσαι τὸν βίον, τοὺς δὲ παῖδας
αὐτοῦ οὐκ ἐς μακρὴν ἔργου ἔχεσθαι, ἐλθόντας δὲ ἐπὶ τὰ
βασιλήια νυκτὸς καὶ τὸν λίθον ἐπὶ τῷ οἰκοδομήματι
ἀνευρόντας ῥηιδίως μεταχειρίσασθαι καὶ τῶν χρημάτων
5 πολλὰ ἐξενείκασθαι. ὡς δὲ τυχεῖν τὸν βασιλέα ἀνοίξαντα
τὸ οἴκημα, θωμάσαι ἰδόντα τῶν χρημάτων καταδεᾶ τὰ.
ἀγγήια, οὐκ ἔχειν δὲ ὅντινα ἐπαιτιᾶται τῶν τε σημάντρων
ἐόντων σόων καὶ τοῦ οἰκήματος κεκληιμένου. ὡς δὲ αὐτῷ
καὶ δὶς καὶ τρὶς ἀνοίξαντι αἰεὶ ἐλάσσω φαίνεσθαι τὰ
10 χρήματα (τοὺς γὰρ κλέπτας οὐκ ἀνιέναι κεραΐζοντας),
ποιῆσαί μιν τάδε· πάγας προστάξαι ἐργάσασθαι καὶ
ταύτας περὶ τὰ ἀγγήια ἐν τοῖσι τὰ χρήματα ἐνῆν στῆσαι.
τῶν δὲ φωρῶν ὥσπερ ἐν τῷ πρὸ τοῦ χρόνῳ ἐλθόντων καὶ
ἐσδύντος τοῦ ἑτέρου αὐτῶν, ἐπεὶ πρὸς τὸ ἄγγος προσῆλθε,
15 ἰθέως τῇ πάγῃ ἐνέχεσθαι· ὡς δὲ γνῶναι αὐτὸν ἐν οἵῳ κακῷ
ἦν, ἰθέως καλέειν τὸν ἀδελφεὸν καὶ δηλοῦν αὐτῷ τὰ
παρεόντα καὶ κελεύειν τὴν ταχίστην ἐσδύντα ἀποταμεῖν
αὐτοῦ τὴν κεφαλήν, ὅκως μὴ αὐτὸς ὀφθεὶς καὶ γνωρισθεὶς
ὃς εἴη προσαπολέσῃ κἀκεῖνον· τῷ δὲ δόξαι εὖ λέγειν καὶ
20 ποιῆσαί μιν πεισθέντα ταῦτα καὶ καταρμόσαντα τὸν
λίθον ἀπιέναι ἐπ᾽ οἴκου, φέροντα τὴν κεφαλὴν τοῦ
ἀδελφεοῦ. ὡς δὲ ἡμέρη ἐγένετο, ἐσελθόντα τὸν βασιλέα
ἐς τὸ οἴκημα ἐκπεπλῆχθαι ὁρῶντα τὸ σῶμα τοῦ φωρὸς ἐν
τῇ πάγῃ ἄνευ τῆς κεφαλῆς ἐόν, τὸ δὲ οἴκημα ἀσινὲς καὶ
25 οὔτε ἔσοδον οὔτε ἔκδυσιν οὐδεμίαν ἔχον. ἀπορεύμενον δέ
μιν τάδε ποιῆσαι· τοῦ φωρὸς τὸν νέκυν κατὰ τοῦ τείχεος
κατακρεμάσαι, φυλάκους δὲ αὐτοῦ καταστήσαντα ἐντεί-
λασθαί σφι, τὸν ἂν ἴδωνται ἀποκλαύσαντα ἢ κατοικτι-
σάμενον, συλλαβόντας ἄγειν πρὸς ἑωυτόν. ἀνακρεμαμένου
30 δὲ τοῦ νέκυος τὴν μητέρα δεινῶς φέρειν, λόγους δὲ πρὸς
τὸν περιεόντα παῖδα ποιευμένην προστάσσειν αὐτῷ, ὅτεῳ

τρόπῳ δύναται, μηχανᾶσθαι ὅκως τὸ σῶμα τοῦ ἀδελφεοῦ
καταλύσας κομιῇ· εἰ δὲ τούτων ἀμελήσει, διαπειλέειν
αὐτὴν ὡς ἐλθοῦσα πρὸς τὸν βασιλέα μηνύσει αὐτὸν ἔχοντα
τὰ χρήματα. ὡς δὲ χαλεπῶς ἐλαμβάνετο ἡ μήτηρ τοῦ
περιεόντος παιδὸς καὶ πολλὰ πρὸς αὐτὴν λέγων οὐκ ἔπειθε, 5
ἐπιτεχνήσασθαι τοιάδε μιν· ὄνους κατασκευασάμενον καὶ
ἀσκοὺς πλήσαντα οἴνου ἐπιθεῖναι ἐπὶ τῶν ὄνων καὶ ἔπειτα
ἐλαύνειν αὐτούς· ὡς δὲ κατὰ τοὺς φυλάσσοντας ἦν τὸν
κρεμάμενον νέκυν, ἐπισπάσαντα τῶν ἀσκῶν δύο ἢ τρεῖς
ποδεῶνας αὐτὸν λύειν ἀπαμμένους· ὡς δὲ ἔρρεε ὁ οἶνος, 10
τὴν κεφαλήν μιν κόπτεσθαι μεγάλα βοῶντα ὡς οὐκ ἔχοντα
πρὸς ὁκοῖον τῶν ὄνων πρῶτον τράπηται· τοὺς δὲ φυλάκους
ὡς ἰδεῖν πολλὸν ῥέοντα τὸν οἶνον, συντρέχειν ἐς τὴν ὁδὸν
ἀγγήια ἔχοντας καὶ τὸν ἐκκεχυμένον συγκομίζειν ἐν κέρδεϊ
ποιευμένους. τὸν δὲ διαλοιδορέεσθαι πᾶσι ὀργὴν προσ- 15
ποιεύμενον· παραμυθευμένων δὲ αὐτὸν τῶν φυλάκων χρόνῳ
πρηΰνεσθαι προσποιέεσθαι καὶ ὑπίεσθαι τῆς ὀργῆς, τέλος
δὲ ἐξελάσαι αὐτὸν τοὺς ὄνους ἐκ τῆς ὁδοῦ καὶ κατασκευάζειν.
ὡς δὲ λόγους τε πλέους ἐγγίνεσθαι καί τινα καὶ σκῶψαί
μιν καὶ ἐς γέλωτα προαγαγέσθαι, ἐπιδοῦναι αὐτοῖσι τῶν 20
ἀσκῶν ἕνα· τοὺς δὲ αὐτοῦ ὥσπερ εἶχον κατακλιθέντας
πίνειν διανοέεσθαι καὶ ἐκεῖνον παραλαμβάνειν καὶ κελεύειν
μετ' ἑωυτῶν μείναντα συμπίνειν· τὸν δὲ πεισθῆναί τε δὴ
καὶ καταμεῖναι. ὡς δέ μιν παρὰ τὴν πόσιν φιλοφρόνως
ἠσπάζοντο, ἐπιδοῦναι αὐτοῖσι καὶ ἄλλον τῶν ἀσκῶν· 25
δαψιλέϊ δὲ τῷ ποτῷ χρησαμένους τοὺς φυλάκους ὑπερμε-
θυσθῆναι καὶ κρατηθέντας ὑπὸ τοῦ ὕπνου αὐτοῦ ἔνθα περ
ἔπινον κατακοιμηθῆναι· τὸν δέ, ὡς πρόσω ἦν τῆς νυκτός,
τό τε σῶμα τοῦ ἀδελφεοῦ καταλῦσαι καὶ τῶν φυλάκων
ἐπὶ λύμῃ πάντων ξυρῆσαι τὰς δεξιὰς παρηίδας, ἐπιθέντα 30
δὲ τὸν νέκυν ἐπὶ τοὺς ὄνους ἀπελαύνειν ἐπ' οἴκου, ἐπιτε-

λέσαντα τῇ μητρὶ τὰ προσταχθέντα. τὸν δὲ βασιλέα,
ὡς αὐτῷ ἀπηγγέλθη τοῦ φωρὸς ὁ νέκυς ἐκκεκλεμμένος,
δεινὰ ποιέειν, πάντως δὲ βουλόμενον εὑρεθῆναι ὅστις κοτὲ
εἴη ὁ ταῦτα μηχανώμενος, ποιῆσαί μιν τάδε, ἐμοὶ μὲν οὐ
5 πιστά· τὴν θυγατέρα τὴν ἑωυτοῦ κατίσαι ἐπ᾽ οἰκήματος,
ἐντειλάμενον πάντας τε ὁμοίως προσδέκεσθαι, καὶ πρὶν
συγγενέσθαι, ἀναγκάζειν λέγειν αὐτῇ ὅ τι δὴ ἐν τῷ βίῳ
ἔργασται αὐτῷ σοφώτατον καὶ ἀνοσιώτατον· ὃς δ᾽ ἂν
ἀπηγήσηται τὰ περὶ τὸν φῶρα γεγενημένα, τοῦτον
10 συλλαμβάνειν καὶ μὴ ἀπιέναι ἔξω. ὡς δὲ τὴν παῖδα
ποιέειν τὰ ἐκ τοῦ πατρὸς προσταχθέντα, τὸν φῶρα
πυθόμενον τῶν εἵνεκα ταῦτα ἐπρήσσετο, βουληθέντα
πολυτροπίῃ τοῦ βασιλέος περιγενέσθαι ποιέειν τάδε·
νεκροῦ προσφάτου ἀποταμόντα ἐν τῷ ὤμῳ τὴν χεῖρα
15 ἰέναι αὐτὸν ἔχοντα αὐτὴν ὑπὸ τῷ ἱματίῳ, ἐσελθόντα δὲ
ὡς τοῦ βασιλέος τὴν θυγατέρα καὶ εἰρωτώμενον τά περ
καὶ οἱ ἄλλοι, ἀπηγήσασθαι ὡς ἀνοσιώτατον μὲν εἴη
ἐργασμένος ὅτε τοῦ ἀδελφεοῦ ἐν τῷ θησαυρῷ τοῦ βασιλέος
ὑπὸ πάγης ἁλόντος ἀποτάμοι τὴν κεφαλήν, σοφώτατον
20 δὲ ὅτι τοὺς φυλάκους καταμεθύσας καταλύσειε τοῦ ἀδελφεοῦ
κρεμάμενον τὸν νέκυν. τὴν δέ, ὡς ἤκουσε, ἅπτεσθαι
αὐτοῦ· τὸν δὲ φῶρα ἐν τῷ σκότεϊ προτεῖναι αὐτῇ τοῦ
νεκροῦ τὴν χεῖρα· τὴν δὲ ἐπιλαβομένην ἔχειν, νομίζουσαν
αὐτοῦ ἐκείνου τῆς χειρὸς ἀντέχεσθαι· τὸν δὲ φῶρα προέ-
25 μενον αὐτῇ οἴχεσθαι διὰ θυρέων φεύγοντα. ὡς δὲ καὶ
ταῦτα ἐς τὸν βασιλέα ἀνηνεῖχθαι, ἐκπεπλῆχθαι μὲν ἐπὶ
τῇ πολυφροσύνῃ τε καὶ τόλμῃ τοῦ ἀνθρώπου, τέλος δὲ
διαπέμποντα ἐς πάσας τὰς πόλις ἐπαγγέλλεσθαι ἀδείην
τε διδόντα καὶ μεγάλα ὑποδεκόμενον ἐλθόντι ἐς ὄψιν τὴν
30 ἑωυτοῦ· τὸν δὲ φῶρα πιστεύσαντα ἐλθεῖν πρὸς αὐτόν,
Ῥαμψίνιτον δὲ μεγάλως θωμάσαι καί οἱ τὴν θυγατέρα

ταύτην συνοικίσαι ὡς πλεῖστα ἐπισταμένῳ ἀνθρώπων·
Αἰγυπτίους μὲν γὰρ τῶν ἄλλων προκεκρίσθαι, ἐκεῖνον δὲ
Αἰγυπτίων.

The Pyramid Builders

Cheops

Μέχρι μέν νυν 'Ραμψινίτου βασιλέος εἶναι ἐν Αἰγύπτῳ
πᾶσαν εὐνομίην ἔλεγον καὶ εὐθενέειν Αἴγυπτον μεγάλως,   5
μετὰ δὲ τοῦτον βασιλεύσαντά σφεων Χέοπα ἐς πᾶσαν
κακότητα ἐλάσαι· κατακληίσαντα γάρ μιν πάντα τὰ ἱρὰ
πρῶτα μέν σφεας θυσιέων ἀπέρξαι, μετὰ δὲ ἐργάζεσθαι
ἑωυτῷ κελεύειν πάντας Αἰγυπτίους. τοῖσι μὲν δὴ ἀποδε-
δέχθαι ἐκ τῶν λιθοτομιέων τῶν ἐν τῷ 'Αραβίῳ ὄρεϊ, ἐκ   10
τουτέων ἕλκειν λίθους μέχρι τοῦ Νείλου· διαπεραιωθέντας
δὲ τὸν ποταμὸν πλοίοισι τοὺς λίθους ἑτέροισι ἔταξε
ἐκδέκεσθαι καὶ πρὸς τὸ Λιβυκὸν καλεύμενον ὄρος, πρὸς
τοῦτο ἕλκειν. ἐργάζοντο δὲ κατὰ δέκα μυριάδας ἀνθρώπων
αἰεί, τὴν τρίμηνον ἕκαστοι. χρόνον δὲ ἐγγενέσθαι τριβο-   15
μένῳ τῷ λεῷ δέκα ἔτεα μὲν τῆς ὁδοῦ κατ' ἣν εἷλκον τοὺς
λίθους, τὴν ἔδειμαν ἔργον ἐὸν οὐ πολλῷ τεῳ ἔλασσον τῆς
πυραμίδος, ὡς ἐμοὶ δοκέειν (τῆς γὰρ μῆκος μέν εἰσι πέντε
στάδιοι, εὖρος δὲ δέκα ὀργυιαί, ὕψος δέ, τῇ ὑψηλοτάτῃ
ἐστὶ αὐτὴ ἑωυτῆς, ὀκτὼ ὀργυιαί, λίθου δὲ ξεστοῦ καὶ   20
ζῴων ἐγγελυμμένων), ταύτης τε δὴ τὰ δέκα ἔτεα γενέσθαι
καὶ τῶν ἐπὶ τοῦ λόφου ἐπ' οὗ ἑστᾶσι αἱ πυραμίδες, τῶν
ὑπὸ γῆν οἰκημάτων, τὰς ἐποιέετο θήκας ἑωυτῷ ἐν νήσῳ,
διώρυχα τοῦ Νείλου ἐσαγαγών. τῇ δὲ πυραμίδι αὐτῇ χρόνον
γενέσθαι εἴκοσι ἔτεα ποιευμένῃ, τῆς ἐστι πανταχῇ μέτωπον   25
ἕκαστον ὀκτὼ πλέθρα ἐούσης τετραγώνου καὶ ὕψος ἴσον,
λίθου δὲ ξεστοῦ τε καὶ ἁρμοσμένου τὰ μάλιστα· οὐδεὶς
τῶν λίθων τριήκοντα ποδῶν ἐλάσσων. ἐποιήθη δὲ ὧδε
αὕτη ἡ πυραμίς, ἀναβαθμῶν τρόπον, τὰς μετεξέτεροι

κρόσσας, οἱ δὲ βωμίδας ὀνομάζουσι· τοιαύτην τὸ πρῶτον
ἐπείτε ἐποίησαν αὐτήν, ἤειρον τοὺς ἐπιλοίπους λίθους
μηχανῇσι ξύλων βραχέων πεποιημένῃσι, χαμᾶθεν μὲν ἐπὶ
τὸν πρῶτον στοῖχον τῶν ἀναβαθμῶν ἀείροντες· ὅκως δὲ
5 ἀνίοι ὁ λίθος ἐπ᾽ αὐτόν, ἐς ἑτέρην μηχανὴν ἐτίθετο
ἑστεῶσαν ἐπὶ τοῦ πρώτου στοίχου, ἀπὸ τούτου δὲ ἐπὶ τὸν
δεύτερον εἵλκετο στοῖχον ἐπ᾽ ἄλλης μηχανῆς· ὅσοι γὰρ
δὴ στοῖχοι ἦσαν τῶν ἀναβαθμῶν, τοσαῦται καὶ μηχαναὶ
ἦσαν, εἴτε καὶ τὴν αὐτὴν μηχανὴν ἐοῦσαν μίαν τε καὶ
10 εὐβάστακτον μετεφόρεον ἐπὶ στοῖχον ἕκαστον, ὅκως τὸν
λίθον ἐξέλοιεν· λελέχθω ἡμῖν ἐπ᾽ ἀμφότερα, κατά περ
λέγεται. ἐξεποιήθη δ᾽ ὦν τὰ ἀνώτατα αὐτῆς πρῶτα,
μετὰ δὲ τὰ ἐχόμενα τούτων ἐξεποίευν, τελευταῖα δὲ αὐτῆς
τὰ ἐπίγαια καὶ τὰ κατωτάτω ἐξεποίησαν. σεσήμανται δὲ
15 διὰ γραμμάτων Αἰγυπτίων ἐν τῇ πυραμίδι ὅσα ἔς τε
συρμαίην καὶ κρόμμυα καὶ σκόροδα ἀναισιμώθη τοῖσι
ἐργαζομένοισι· καὶ ὡς ἐμὲ εὖ μεμνῆσθαι τὰ ὁ ἑρμηνεύς
μοι ἐπιλεγόμενος τὰ γράμματα ἔφη, ἑξακόσια καὶ χίλια
τάλαντα ἀργυρίου τετελέσθαι. εἰ δ᾽ ἔστι οὕτως ἔχοντα
20 ταῦτα, κόσα οἰκὸς ἄλλα δεδαπανῆσθαί ἐστι ἔς τε σίδηρον τῷ
ἐργάζοντο, καὶ σιτία καὶ ἐσθῆτα τοῖσι ἐργαζομένοισι;
ὁκότε χρόνον μὲν οἰκοδόμεον τὰ ἔργα τὸν εἰρημένον,
ἄλλον δέ, ὡς ἐγὼ δοκέω, ἐν τῷ τοὺς λίθους ἔταμνον καὶ
ἦγον καὶ τὸ ὑπὸ γῆν ὄρυγμα ἐργάζοντο, οὐκ ὀλίγον
25 χρόνον.

Chephren

Βασιλεῦσαι δὲ τὸν Χέοπα τοῦτον Αἰγύπτιοι ἔλεγον
πεντήκοντα ἔτεα, τελευτήσαντος δὲ τούτου ἐκδέξασθαι τὴν
βασιληίην τὸν ἀδελφεὸν αὐτοῦ Χεφρῆνα· καὶ τοῦτον δὲ τῷ
αὐτῷ τρόπῳ διαχρᾶσθαι τῷ ἑτέρῳ τά τε ἄλλα καὶ πυραμίδα
30 ποιῆσαι, ἐς μὲν τὰ ἐκείνου μέτρα οὐκ ἀνήκουσαν· ταῦτα

γὰρ ὦν καὶ ἡμεῖς ἐμετρήσαμεν· οὔτε γὰρ ὕπεστι οἰκήματα
ὑπὸ γῆν, οὔτε ἐκ τοῦ Νείλου διῶρυξ ἥκει ἐς αὐτὴν ὥσπερ
ἐς τὴν ἑτέρην ῥέουσα· δι' οἰκοδομημένου δὲ αὐλῶνος ἔσω
νῆσον περιρρέει, ἐν τῇ αὐτὸν λέγουσι κεῖσθαι Χέοπα.
ὑποδείμας δὲ τὸν πρῶτον δόμον λίθου Αἰθιοπικοῦ ποικίλου, 5
τεσσεράκοντα πόδας ὑποβὰς τῆς ἑτέρης τὠυτὸ μέγαθος
οἰκοδόμησε. ἑστᾶσι δὲ ἐπὶ λόφου τοῦ αὐτοῦ ἀμφότεραι,
μάλιστα ἐς ἑκατὸν πόδας ὑψηλοῦ. βασιλεῦσαι δὲ ἔλεγον
Χεφρῆνα ἓξ καὶ πεντήκοντα ἔτεα. ταῦτα ἕξ τε καὶ
ἑκατὸν λογίζονται ἔτεα, ἐν τοῖσι Αἰγυπτίοισί τε πᾶσαν 10
εἶναι κακότητα καὶ ἱρὰ χρόνου τοσούτου κατακληισθέντα
οὐκ ἀνοιχθῆναι. τούτους ὑπὸ μίσεος οὐ κάρτα θέλουσι
Αἰγύπτιοι ὀνομάζειν, ἀλλὰ καὶ τὰς πυραμίδας καλέουσι
ποιμένος Φιλίτιος, ὃς τοῦτον τὸν χρόνον ἔνεμε κτήνεα
κατὰ ταῦτα τὰ χωρία. 15

Mycerinus

Μετὰ δὲ τοῦτον βασιλεῦσαι Αἰγύπτου Μυκερῖνον ἔλεγον
Χέοπος παῖδα, τῷ τὰ μὲν τοῦ πατρὸς ἔργα ἀπαδεῖν, τὸν δὲ
τά τε ἱρὰ ἀνοῖξαι καὶ τὸν λεὼν τετρυμένον ἐς τὸ ἔσχατον
κακοῦ ἀνεῖναι πρὸς ἔργα τε καὶ θυσίας, δίκας δέ σφι πάντων
βασιλέων δικαιοτάτας κρίνειν. κατὰ τοῦτο μέν νυν τὸ 20
ἔργον ἀπάντων ὅσοι ἤδη βασιλέες ἐγένοντο Αἰγυπτίων
αἰνέουσι μάλιστα τοῦτον· τά τε ἄλλα γάρ μιν κρίνειν εὖ
καὶ δὴ καὶ τῷ ἐπιμεμφομένῳ ἐκ τῆς δίκης παρ' ἑωυτοῦ
διδόντα ἄλλα ἀποπιμπλάναι αὐτοῦ τὸν θυμόν. ἐόντι δὲ
ἠπίῳ τῷ Μυκερίνῳ κατὰ τοὺς πολιήτας καὶ ταῦτα ἐπιτη- 25
δεύοντι πρῶτον κακῶν ἄρξαι τὴν θυγατέρα ἀποθανοῦσαν
αὐτοῦ, τὴν μοῦνόν οἱ εἶναι ἐν τοῖσι οἰκίοισι τέκνον. τὸν
δὲ ὑπεραλγήσαντά τε τῷ περιεπεπτώκεε πρήγματι καὶ βου-
λόμενον περισσότερόν τι τῶν ἄλλων θάψαι τὴν θυγατέρα

ποιήσασθαι βοῦν ξυλίνην κοίλην καὶ ἔπειτα καταχρυσώ-
σαντά μιν ἔσω ἐν αὐτῇ θάψαι ταύτην δὴ τὴν ἀποθανοῦσαν
θυγατέρα. αὕτη ὦν ἡ βοῦς γῇ οὐκ ἐκρύφθη, ἀλλ᾽ ἔτι καὶ
ἐς ἐμὲ ἦν φανερή, ἐν Σάϊ μὲν πόλι ἐοῦσα, κειμένη δὲ ἐν
5 τοῖσι βασιληίοισι ἐν οἰκήματι ἠσκημένῳ· θυμιήματα δὲ
παρ᾽ αὐτῇ παντοῖα καταγίζουσι ἀνὰ πᾶσαν ἡμέρην, νύκτα
δὲ ἑκάστην πάννυχος λύχνος παρακαίεται. ἀγχοῦ δὲ τῆς
βοὸς ταύτης ἐν ἄλλῳ οἰκήματι εἰκόνες τῶν παλλακέων τῶν
Μυκερίνου ἑστᾶσι, ὡς ἔλεγον οἱ ἐν Σάϊ πόλι ἱρέες· ἑστᾶσι
10 μὲν γὰρ ξύλινοι κολοσσοί, ἐοῦσαι ἀριθμὸν ὡς εἴκοσι
μάλιστά κη, γυμναὶ ἐργασμέναι· αἵτινες μέντοι εἰσί, οὐκ
ἔχω εἰπεῖν πλὴν ἢ τὰ λεγόμενα. μετὰ δὲ τῆς θυγατρὸς
τὸ πάθος δεύτερα τούτῳ τῷ βασιλέϊ τάδε γενέσθαι·
ἐλθεῖν οἱ μαντήιον ἐκ Βουτοῦς πόλιος ὡς μέλλοι ἓξ ἔτεα
15 μοῦνον βιοὺς τῷ ἑβδόμῳ τελευτήσειν· τὸν δὲ δεινὸν
ποιησάμενον πέμψαι ἐς τὸ μαντήιον τῷ θεῷ ὀνείδισμα
ἀντιμεμφόμενον ὅτι ὁ μὲν αὐτοῦ πατὴρ καὶ πάτρως
ἀποκληίσαντες τὰ ἱρὰ καὶ θεῶν οὐ μεμνημένοι, ἀλλὰ καὶ
τοὺς ἀνθρώπους φθείροντες, ἐβίωσαν χρόνον ἐπὶ πολλόν,
20 αὐτὸς δ᾽ εὐσεβέων μέλλοι ταχέως οὕτω τελευτήσειν. ἐκ
δὲ τοῦ χρηστηρίου αὐτῷ δεύτερα ἐλθεῖν λέγοντα τούτων
εἵνεκα καὶ συνταχύνειν αὐτὸν τὸν βίον· οὐ γὰρ ποιῆσαί
μιν τὸ χρεὸν ἦν ποιέειν· δεῖν γὰρ Αἴγυπτον κακοῦσθαι
ἐπ᾽ ἔτεα πεντήκοντά τε καὶ ἑκατόν, καὶ τοὺς μέν δύο τοὺς
25 πρὸ ἐκείνου γενομένους βασιλέας μαθεῖν τοῦτο, κεῖνον δὲ
οὔ. ταῦτα ἀκούσαντα τὸν Μυκερῖνον, ὡς κατακεκριμένων
ἤδη οἱ τούτων, λύχνα ποιησάμενον πολλά, ὅκως γίνοιτο
νύξ, ἀνάψαντα αὐτὰ πίνειν τε καὶ εὐπαθέειν, οὔτε ἡμέρης
οὔτε νυκτὸς ἀνιέντα, ἔς τε τὰ ἕλεα καὶ τὰ ἄλσεα πλανώμενον
30 καὶ ἵνα πυνθάνοιτο εἶναι ἐνηβητήρια ἐπιτηδεότατα. ταῦτα
δὲ ἐμηχανᾶτο θέλων τὸ μαντήιον ψευδόμενον ἀποδέξαι,

ἵνα οἱ δυώδεκα ἔτεα ἀντὶ ἓξ ἐτέων γένηται, αἱ νύκτες
ἡμέραι ποιεύμεναι. πυραμίδα δὲ καὶ οὗτος κατελίπετο
πολλὸν ἐλάσσω τοῦ πατρός, εἴκοσι ποδῶν καταδέουσαν
κῶλον ἕκαστον τριῶν πλέθρων, ἐούσης τετραγώνου, λίθου
δὲ ἐς τὸ ἥμισυ Αἰθιοπικοῦ.   5

The Twelve Kings and the Building of the Labyrinth

Ἐλευθερωθέντες Αἰγύπτιοι μετὰ τὸν ἱρέα τοῦ Ἡφαίστου
βασιλεύσαντα (οὐδένα γὰρ χρόνον οἷοί τε ἦσαν ἄνευ
βασιλέος διαιτᾶσθαι) ἐστήσαντο δυώδεκα βασιλέας, δυώ-
δεκα μοίρας δασάμενοι Αἴγυπτον πᾶσαν. οὗτοι ἐπιγαμίας
ποιησάμενοι ἐβασίλευον νόμοισι τοισίδε χρεώμενοι, μήτε   10
καταιρέειν ἀλλήλους μήτε πλέον τι δίζησθαι ἔχειν τὸν
ἕτερον τοῦ ἑτέρου, εἶναί τε φίλους τὰ μάλιστα. τῶνδε δὲ
εἵνεκα τοὺς νόμους τούτους ἐποιέοντο, ἰσχυρῶς περιστέλ-
λοντες· ἐκέχρηστό σφι κατ᾽ ἀρχὰς αὐτίκα ἐνισταμένοισι
ἐς τὰς τυραννίδας τὸν χαλκέῃ φιάλῃ σπείσαντα αὐτῶν ἐν   15
τῷ ἱρῷ τοῦ Ἡφαίστου, τοῦτον ἁπάσης βασιλεύσειν
Αἰγύπτου· ἐς γὰρ δὴ τὰ πάντα ἱρὰ συνελέγοντο. καὶ δή
σφι μνημόσυνα ἔδοξε λιπέσθαι κοινῇ, δόξαν δέ σφι
ἐποιήσαντο λαβύρινθον, ὀλίγον ὑπὲρ τῆς λίμνης τῆς
Μοίριος κατὰ Κροκοδείλων καλεομένην πόλιν μάλιστά κῃ   20
κείμενον· τὸν ἐγὼ ἤδη εἶδον λόγου μέζω. εἰ γάρ τις τὰ
ἐξ Ἑλλήνων τείχεά τε καὶ ἔργων ἀπόδεξιν συλλογίσαιτο,
ἐλάσσονος πόνου τε ἂν καὶ δαπάνης φανείη ἐόντα τοῦ
λαβυρίνθου τούτου. καίτοι ἀξιόλογός γε καὶ ὁ ἐν Ἐφέσῳ
ἐστὶ νηὸς καὶ ὁ ἐν Σάμῳ. ἦσαν μέν νυν καὶ αἱ πυραμίδες 25
λόγου μέζονες καὶ πολλῶν ἑκάστη αὐτέων Ἑλληνικῶν
ἔργων καὶ μεγάλων ἀνταξίη, ὁ δὲ δὴ λαβύρινθος καὶ τὰς
πυραμίδας ὑπερβάλλει. τοῦ γὰρ δυώδεκα μέν εἰσι αὐλαὶ
κατάστεγοι, ἀντίπυλοι ἀλλήλῃσι, ἓξ μὲν πρὸς βορέω, ἓξ

108   HERODOTUS

δὲ πρὸς νότον τετραμμέναι, συνεχέες· τοῖχος δὲ ἔξωθεν ὁ
αὐτός σφεας περιέργει. οἰκήματα δ᾽ ἔνεστι διπλά, τὰ
μὲν ὑπόγαια, τὰ δὲ μετέωρα ἐπ᾽ ἐκείνοισι, τρισχίλια
ἀριθμόν, πεντακοσίων καὶ χιλίων ἑκάτερα. τὰ μέν νυν
5 μετέωρα τῶν οἰκημάτων αὐτοί τε ὡρῶμεν διεξιόντες καὶ
αὐτοὶ θηησάμενοι λέγομεν, τὰ δὲ αὐτῶν ὑπόγαια λόγοισι
ἐπυνθανόμεθα. οἱ γὰρ ἐπεστεῶτες τῶν Αἰγυπτίων δεικνύ-
ναι αὐτὰ οὐδαμῶς ἤθελον, φάμενοι θήκας αὐτόθι εἶναι
τῶν τε ἀρχὴν τὸν λαβύρινθον τοῦτον οἰκοδομησαμένων
10 βασιλέων καὶ τῶν ἱρῶν κροκοδείλων. οὕτω τῶν μὲν κάτω
πέρι οἰκημάτων ἀκοῇ παραλαβόντες λέγομεν, τὰ δὲ ἄνω
μέζονα ἀνθρωπηίων ἔργων αὐτοὶ ὡρῶμεν· αἵ τε γὰρ
ἔξοδοι διὰ τῶν στεγέων καὶ οἱ εἱλιγμοὶ διὰ τῶν αὐλέων
ἐόντες ποικιλώτατοι θῶμα μυρίον παρείχοντο ἐξ αὐλῆς τε
15 ἐς τὰ οἰκήματα διεξιοῦσι καὶ ἐκ τῶν οἰκημάτων ἐς παστάδας,
ἐς στέγας τε ἄλλας ἐκ τῶν παστάδων καὶ ἐς αὐλὰς ἄλλας
ἐκ τῶν οἰκημάτων. ὀροφὴ δὲ πάντων τούτων λιθίνη
κατά περ οἱ τοῖχοι, οἱ δὲ τοῖχοι τύπων ἐγγεγλυμμένων
πλέοι, αὐλὴ δὲ ἑκάστη περίστυλος λίθου λευκοῦ ἁρμο-
20 σμένου τὰ μάλιστα. τῆς δὲ γωνίης τελευτῶντος τοῦ
λαβυρίνθου ἔχεται πυραμὶς τεσσερακοντόργυιος, ἐν τῇ ζῷα
μεγάλα ἐγγέγλυπται· ὁδὸς δ᾽ ἐς αὐτὴν ὑπὸ γῆν πεποίηται.

Psammetichus Becomes Sole King

Τῶν δὲ δυώδεκα βασιλέων δικαιοσύνῃ χρεωμένων, ἀνὰ
χρόνον ὡς ἔθυσαν ἐν τῷ ἱρῷ τοῦ Ἡφαίστου, τῇ ὑστάτῃ
25 τῆς ὁρτῆς μελλόντων κατασπείσειν ὁ ἀρχιερεὺς ἐξήνεικέ
σφι φιάλας χρυσέας, τῇσί περ ἐώθεσαν σπένδειν, ἁμαρτὼν
τοῦ ἀριθμοῦ, ἕνδεκα δυώδεκα ἐοῦσι. ἐνθαῦτα ὡς οὐκ εἶχε
φιάλην ὁ ἔσχατος ἐστεὼς αὐτῶν Ψαμμήτιχος, περιελό-
μενος τὴν κυνέην ἐοῦσαν χαλκέην ὑπέσχε τε καὶ ἔσπενδε.

κυνέας δὲ καὶ οἱ ἄλλοι ἅπαντες ἐφόρεον βασιλέες καὶ ἐτύγ-
χανον τότε ἔχοντες, Ψαμμήτιχος μέν νυν οὐδενὶ δολερῷ
νόῳ χρεώμενος ὑπέσχε τὴν κυνέην, οἱ δὲ φρενὶ λαβόντες
τό τε ποιηθὲν ἐκ Ψαμμητίχου καὶ τὸ χρηστήριον ὅ τι ἐκέ-
χρηστό σφι, τὸν χαλκέῃ σπείσαντα αὐτῶν φιάλῃ τοῦτον 5
βασιλέα ἔσεσθαι μοῦνον Αἰγύπτου, ἀναμνησθέντες τοῦ
χρησμοῦ κτεῖναι μὲν οὐκ ἐδικαίωσαν Ψαμμήτιχον, ὡς
ἀνεύρισκον βασανίζοντες ἐξ οὐδεμιῆς προνοίης αὐτὸν ποιή-
σαντα, ἐς δὲ τὰ ἕλεα ἔδοξέ σφι διῶξαι ψιλώσαντας τὰ
πλεῖστα τῆς δυνάμιος, ἐκ δὲ τῶν ἑλέων ὁρμώμενον μὴ 10
ἐπιμίσγεσθαι τῇ ἄλλῃ Αἰγύπτῳ. ἐπιστάμενος ὢν ὡς
περιυβρισμένος εἴη πρὸς αὐτῶν, ἐπενόεε τείσασθαι τοὺς
διώξαντας. πέμψαντι δέ οἱ ἐς Βουτοῦν πόλιν ἔνθα δὴ
Αἰγυπτίοισί ἐστι μαντήιον ἀψευδέστατον, ἦλθε χρησμὸς
ὡς τίσις ἥξει ἀπὸ θαλάσσης χαλκέων ἀνδρῶν ἐπιφανέντων. 15
καὶ τῷ μὲν δὴ ἀπιστίη μεγάλη ὑπεκέχυτο χαλκέους οἱ
ἄνδρας ἥξειν ἐπικούρους· χρόνου δὲ οὐ πολλοῦ διελθόντος
ἀναγκαίη κατέλαβε Ἴωνάς τε καὶ Κᾶρας κατὰ ληίην
ἐκπλώσαντας ἀπενειχθῆναι ἐς Αἴγυπτον, ἐκβάντας δὲ ἐς
γῆν καὶ ὁπλισθέντας χαλκῷ ἀγγέλλει τῶν τις Αἰγυπτίων 20
ἐς τὰ ἕλεα ἀπικόμενος τῷ Ψαμμητίχῳ, ὡς οὐκ ἰδὼν
πρότερον χαλκῷ ἄνδρας ὁπλισθέντας, ὡς χάλκεοι ἄνδρες
ἀπιγμένοι ἀπὸ θαλάσσης ληλατεῦσι τὸ πεδίον. ὁ δὲ
μαθὼν τὸ χρηστήριον ἐπιτελεύμενον φίλα τε τοῖσι Ἴωσι
καὶ Καρσὶ ποιέεται καί σφεας μεγάλα ὑπισχνεύμενος 25
πείθει μετ᾽ ἑωυτοῦ γενέσθαι· ὡς δὲ ἔπεισε, οὕτω ἅμα τοῖσι
βουλομένοισι Αἰγυπτίοισι καὶ τοῖσι ἐπικούροισι καταιρέει
τοὺς βασιλέας. κρατήσας δὲ Αἰγύπτου πάσης ὁ Ψαμ-
μήτιχος ἐποίησε τῷ Ἡφαίστῳ προπύλαια ἐν Μέμφι
τὰ πρὸς νότον ἄνεμον τετραμμένα, αὐλήν τε τῷ Ἄπι, ἐν 30
τῇ τρέφεται ἐπεὰν φανῇ ὁ Ἄπις, οἰκοδόμησε ἐναντίον τῶν

προπυλαίων, πᾶσάν τε περίστυλον ἐοῦσαν καὶ τύπων
πλέην· ἀντὶ δὲ κιόνων ὑπεστᾶσι κολοσσοὶ δυωδεκαπήχεες
τῇ αὐλῇ. ὁ δὲ Ἆπις κατὰ τὴν Ἑλλήνων γλῶσσάν ἐστι
Ἔπαφος. τοῖσι δὲ Ἴωσι καὶ τοῖσι Καρσὶ τοῖσι συγκατερ-
5 γασαμένοισι αὐτῷ ὁ Ψαμμήτιχος δίδωσι χώρους ἐνοικῆσαι
ἀντίους ἀλλήλων, τοῦ Νείλου τὸ μέσον ἔχοντος, τοῖσι
οὐνόματα ἐτέθη Στρατόπεδα. τούτους τε δή σφι τοὺς
χώρους δίδωσι καὶ τἆλλα τὰ ὑπέσχετο πάντα ἀπέδωκε.
καὶ δὴ καὶ παῖδας παρέβαλε αὐτοῖσι Αἰγυπτίους τὴν
10 Ἑλλάδα γλῶσσαν ἐκδιδάσκεσθαι, ἀπὸ δὲ τούτων ἐκμα-
θόντων τὴν γλῶσσαν οἱ νῦν ἑρμηνέες ἐν Αἰγύπτῳ γεγόνασι.
οἱ δὲ Ἴωνες καὶ οἱ Κᾶρες τούτους τοὺς χώρους οἴκησαν
χρόνον ἐπὶ πολλόν· εἰσὶ δὲ οὗτοι οἱ χῶροι πρὸς θαλάσσης
ὀλίγον ἔνερθε Βουβάστιος πόλιος ἐπὶ τῷ Πηλουσίῳ
15 καλεομένῳ στόματι τοῦ Νείλου. τούτους μὲν δὴ χρόνῳ
ὕστερον βασιλεὺς Ἄμασις ἐξαναστήσας ἐνθεῦτεν κατοίκισε
ἐς Μέμφιν, φυλακὴν ἑωυτοῦ ποιεύμενος πρὸς Αἰγυπτίων.
τούτων δὲ οἰκισθέντων ἐν Αἰγύπτῳ οἱ Ἕλληνες οὕτω
ἐπιμισγόμενοι τούτοισι τὰ περὶ Αἴγυπτον γινόμενα ἀπὸ
20 Ψαμμητίχου βασιλέος ἀρξάμενοι πάντα καὶ τὰ ὕστερον
ἐπιστάμεθα ἀτρεκέως· πρῶτοι γὰρ οὗτοι ἐν Αἰγύπτῳ
ἀλλόγλωσσοι κατοικίσθησαν. ἐξ ὧν δὲ ἐξανέστησαν
χώρων ἐν τούτοισι δὴ οἵ τε ὁλκοὶ τῶν νεῶν καὶ τὰ ἐρείπια
τῶν οἰκημάτων τὸ μέχρι ἐμεῦ ἦσαν. Ψαμμήτιχος μέν
25 νυν οὕτως ἔσχε Αἴγυπτον.

Amasis, the Last King of Independent Egypt

Ἀπρίεω δὲ καταραιρημένου ἐβασίλευσε Ἄμασις, νομοῦ
μὲν Σαΐτεω ἐών, ἐκ τῆς δὲ ἦν πόλιος, οὔνομά οἵ ἐστι
Σιούφ. τὰ μὲν δὴ πρῶτα κατώνοντο τὸν Ἄμασιν
Αἰγύπτιοι καὶ ἐν οὐδεμιῇ μοίρῃ μεγάλῃ ἦγον, ἅτε δὴ

δημότην τὸ πρὶν ἐόντα καὶ οἰκίης οὐκ ἐπιφανέος· μετὰ δὲ
σοφίῃ αὐτοὺς ὁ Ἄμασις, οὐκ ἀγνωμοσύνῃ προσηγάγετο.
ἐχρᾶτο δὲ καταστάσι πρηγμάτων τοιῇδε· τὸ μὲν ὄρθριον
μέχρι ὅτευ πληθώρης ἀγορῆς προθύμως ἔπρησσε τὰ προσ-
φερόμενα πρήγματα, τὸ δὲ ἀπὸ τούτου ἔπινέ τε καὶ 5
κατέσκωπτε τοὺς συμπότας καὶ ἦν μάταιός τε καὶ παιγνιή-
μων. ἀχθεσθέντες δὲ τούτοισι οἱ φίλοι αὐτοῦ ἐνουθέτεον
αὐτὸν τοιάδε λέγοντες· Ὦ βασιλεῦ, οὐκ ὀρθῶς σεωυτοῦ
προέστηκας ἐς τὸ ἄγαν φαῦλον προάγων σεωυτόν· σὲ γὰρ
ἐχρῆν ἐν θρόνῳ σεμνῷ σεμνὸν θωκέοντα δι᾿ ἡμέρης πρήσσειν 10
τὰ πρήγματα, καὶ οὕτω Αἰγύπτιοί τ᾿ ἂν ἠπιστέατο ὡς ὑπ᾿
ἀνδρὸς μεγάλου ἄρχονται καὶ σὺ ἄμεινον ἤκουες· νῦν δὲ
ποιέεις οὐδαμῶς βασιλικά. ὁ δ᾿ ἀμείβετο τοισίδε αὐτούς·
Τὰ τόξα οἱ ἐκτημένοι, ἐπεὰν μὲν δέωνται χρᾶσθαι, ἐντα-
νύουσι, ἐπεὰν δὲ χρήσωνται, ἐκλύουσι. εἰ γὰρ δὴ τὸν 15
πάντα χρόνον ἐντεταμένα εἴη, ἐκραγείη ἄν, ὥστε ἐς τὸ
δέον οὐκ ἂν ἔχοιεν αὐτοῖσι χρᾶσθαι. οὕτω δὴ καὶ
ἀνθρώπου κατάστασις· εἰ ἐθέλοι κατεσπουδάσθαι αἰεὶ
μηδὲ ἐς παιγνίην τὸ μέρος ἑωυτὸν ἀνιέναι, λάθοι ἂν ἤτοι
μανεὶς ἢ ὅ γε ἀπόπληκτος γενόμενος. τὰ ἐγὼ ἐπιστά- 20
μενος μέρος ἑκατέρῳ νέμω. ταῦτα μὲν τοὺς φίλους
ἀμείψατο. λέγεται δὲ ὁ Ἄμασις, καὶ ὅτε ἦν ἰδιώτης, ὡς
φιλοπότης ἦν καὶ φιλοσκώμμων καὶ οὐδαμῶς κατεσπουδα-
σμένος ἀνήρ. ὅκως δέ μιν ἐπιλίποι πίνοντά τε καὶ εὐπα-
θέοντα τὰ ἐπιτήδεα, κλέπτεσκε ἂν περιών. οἱ δ᾿ ἄν μιν 25
φάμενοι ἔχειν τὰ σφέτερα χρήματα ἀρνεύμενον ἄγεσκον
ἐπὶ μαντήιον, ὅκου ἑκάστοισι εἴη. πολλὰ μὲν δὴ καὶ
ἡλίσκετο ὑπὸ τῶν μαντηίων, πολλὰ δὲ καὶ ἀπέφευγε.
ἐπείτε δὲ καὶ ἐβασίλευσε, ἐποίησε τοιάδε· ὅσοι μὲν αὐτὸν
τῶν θεῶν ἀπέλυσαν μὴ φῶρα εἶναι, τούτων μὲν τῶν ἱρῶν 30
οὔτε ἐπεμέλετο οὔτε ἐς ἐπισκευὴν ἐδίδου οὐδέν, οὐδὲ φοιτῶν

ἔθυε ὡς οὐδενὸς ἐοῦσι ἀξίοισι ψευδέα τε μαντήια ἐκτη-
μένοισι· ὅσοι δέ μιν κατέδησαν φῶρα εἶναι, τούτων δὲ ὡς
ἀληθέως θεῶν ἐόντων καὶ ἀψευδέα μαντήια παρεχομένων
τὰ μάλιστα ἐπεμέλετο. καὶ τοῦτο μὲν ἐν Σάϊ τῇ Ἀθηναίῃ
5 προπύλαια θωμάσια οἷα ἐξεποίησε, πολλὸν πάντας ὑπερ-
βαλόμενος τῷ τε ὕψεϊ καὶ τῷ μεγάθεϊ, ὅσων τε τὸ μέγαθος
λίθων ἐστὶ καὶ ὁκοίων τέων· τοῦτο δὲ κολοσσοὺς μεγάλους
καὶ ἀνδρόσφιγγας περιμήκεας ἀνέθηκε, λίθους τε ἄλλους
ἐς ἐπισκευὴν ὑπερφυέας τὸ μέγαθος ἐκόμισε. ἠγάγετο
10 δὲ τούτων τοὺς μὲν ἐκ τῶν κατὰ Μέμφιν ἐουσέων λιθοτο-
μιέων, τοὺς δὲ ὑπερμεγάθεας ἐξ Ἐλεφαντίνης πόλιος πλόον
καὶ εἴκοσι ἡμερέων ἀπεχούσης ἀπὸ Σάϊος. τὸ δὲ οὐκ
ἥκιστα αὐτῶν ἀλλὰ μάλιστα θωμάζω, ἐστὶ τόδε· οἴκημα
μουνόλιθον ἐκόμισε ἐξ Ἐλεφαντίνης πόλιος, καὶ τοῦτο ἐκό-
15 μιζε μὲν ἐπ᾽ ἔτεα τρία, δισχίλιοι δέ οἱ προσετετάχατο
ἄνδρες ἀγωγέες, καὶ οὗτοι ἅπαντες ἦσαν κυβερνῆται. τῆς
δὲ στέγης ταύτης τὸ μὲν μῆκος ἔξωθέν ἐστι εἷς τε καὶ
εἴκοσι πήχεες, εὖρος δὲ τεσσερεσκαίδεκα, ὕψος δὲ ὀκτώ.
ταῦτα μὲν τὰ μέτρα ἔξωθεν τῆς στέγης τῆς μουνολίθου
20 ἐστί, ἀτὰρ ἔσωθεν τὸ μὲν μῆκος ὀκτωκαίδεκα πηχέων καὶ
πυγόνος, τὸ δὲ εὖρος δυώδεκα πηχέων τὸ δὲ ὕψος πέντε
πηχέων ἐστί. αὕτη τοῦ ἱροῦ κεῖται παρὰ τὴν ἔσοδον.
ἔσω γάρ μιν ἐς τὸ ἱρὸν φασι τῶνδε εἴνεκα οὐκ ἐσελκύσαι·
τὸν ἀρχιτέκτονα αὐτῆς ἑλκομένης τῆς στέγης ἀναστενάξαι
25 οἷά τε χρόνου ἐγγεγονότος πολλοῦ καὶ ἀχθόμενον τῷ
ἔργῳ, τὸν δὲ Ἄμασιν ἐνθυμητὸν ποιησάμενον οὐκ ἐᾶν ἔτι
προσωτέρω ἑλκύσαι. ἤδη δέ τινες λέγουσι ὡς ἄνθρωπος
διεφθάρη ὑπ᾽ αὐτῇ τῶν τις αὐτὴν μοχλευόντων, καὶ ἀπὸ
τούτου οὐκ ἐσελκυσθῆναι. ἀνέθηκε δὲ καὶ ἐν τοῖσι ἄλλοισι
30 ἱροῖσι ὁ Ἄμασις πᾶσι τοῖσι ἐλλογίμοισι ἔργα τὸ μέγαθος
ἀξιοθέητα, ἐν δὲ καὶ ἐν Μέμφι τὸν ὕπτιον κείμενον
κολοσσὸν τοῦ Ἡφαιστείου ἔμπροσθε, τοῦ πόδες πέντε καὶ

ἑβδομήκοντά εἰσι τὸ μῆκος. ἐπὶ δὲ τῷ αὐτῷ βάθρῳ
ἑστᾶσι Αἰθιοπικοῦ ἐόντες λίθου δύο κολοσσοί, εἴκοσι ποδῶν
τὸ μέγαθος ἐὼν ἑκάτερος, ὁ μὲν ἔνθεν, ὁ δ' ἔνθεν τοῦ
μεγάλου. ἔστι δὲ λίθινος ἕτερος τοσοῦτος καὶ ἐν Σάϊ,
κείμενος κατὰ τὸν αὐτὸν τρόπον τῷ ἐν Μέμφι. τῇ Ἴσι τε   5
τὸ ἐν Μέμφι ἱρὸν Ἄμασίς ἐστι ὁ ἐξοικοδομήσας, ἐὸν μέγα
τε καὶ ἀξιοθεητότατον.

Ἐπ' Ἀμάσιος δὲ βασιλέος λέγεται Αἴγυπτος μάλιστα
δὴ τότε εὐδαιμονῆσαι καὶ τὰ ἀπὸ τοῦ ποταμοῦ τῇ χώρῃ
γινόμενα καὶ τὰ ἀπὸ τῆς χώρης τοῖσι ἀνθρώποισι, καὶ   10
πόλις ἐν αὐτῇ γενέσθαι τὰς ἁπάσας τότε δισμυρίας τὰς
οἰκεομένας. νόμον τε Αἰγυπτίοισι τόνδε Ἄμασίς ἐστι ὁ
καταστήσας, ἀποδεικνύναι ἔτεος ἑκάστου τῷ νομάρχῃ
πάντα τινὰ Αἰγυπτίων ὅθεν βιοῦται· μὴ δὲ ποιεῦντα
ταῦτα μηδὲ ἀποφαίνοντα δικαίην ζόην ἰθύνεσθαι θανάτῳ.   15
Σόλων δὲ ὁ Ἀθηναῖος λαβὼν ἐξ Αἰγύπτου τοῦτον τὸν
νόμον Ἀθηναίοισι ἔθετο· τῷ ἐκεῖνοι ἐς αἰεὶ χρέωνται,
ἐόντι ἀμώμῳ νόμῳ. φιλέλλην δὲ γενόμενος ὁ Ἄμασις
ἄλλα τε ἐς Ἑλλήνων μετεξετέρους ἀπεδέξατο καὶ δὴ καὶ
τοῖσι ἀπικνευμένοισι ἐς Αἴγυπτον ἔδωκε Ναύκρατιν πόλιν   20
ἐνοικῆσαι, τοῖσι δὲ μὴ βουλομένοισι αὐτῶν ἐνοικέειν αὐτοῦ
δὲ ναυτιλλομένοισι ἔδωκε χώρους ἐνιδρύσασθαι βωμοὺς
καὶ τεμένεα θεοῖσι. τὸ μέν νυν μέγιστον αὐτῶν τέμενος
καὶ ὀνομαστότατον ἐὸν καὶ χρησιμώτατον, καλεύμενον
δὲ Ἑλλήνιον, αἵδε πόλιές εἰσι αἱ ἱδρυμέναι κοινῇ,   25
Ἰώνων μὲν Χίος καὶ Τέως καὶ Φώκαια καὶ Κλαζομεναί,
Δωριέων δὲ Ῥόδος καὶ Κνίδος καὶ Ἁλικαρνησσὸς
καὶ Φάσηλις, Αἰολέων δὲ ἡ Μυτιληναίων μούνη.
τούτων μέν ἐστι τοῦτο τὸ τέμενος, καὶ προστάτας
τοῦ ἐμπορίου αὗται αἱ πόλιές εἰσι αἱ παρέχουσαι· ὅσαι   30
δὲ ἄλλαι πόλιες μεταποιεῦνται, οὐδέν σφι μετεὸν
μεταποιεῦνται.

BOOK III

The Conquest of the Egyptians

Ἐν δὲ τῷ Πηλουσίῳ καλεομένῳ στόματι τοῦ Νείλου
ἐστρατοπεδεύετο Ψαμμήνιτος ὁ ᾿Αμάσιος παῖς, ὑπομένων
Καμβύσεα. ῎Αμασιν γὰρ οὐ κατέλαβε ζῶντα Καμβύσης
ἐλάσας ἐπ᾿ Αἴγυπτον, ἀλλὰ βασιλεύσας ὁ ῎Αμασις τέσσερα
5 καὶ τεσσεράκοντα ἔτεα ἀπέθανε, ἐν τοῖσι οὐδέν οἱ μέγα
ἀνάρσιον πρῆγμα συνηνείχθη. ἀποθανὼν δὲ καὶ ταριχευ-
θεὶς ἐτάφη ἐν τῇσι ταφῇσι τῇσι ἐν τῷ ἱρῷ, τὰς αὐτὸς
οἰκοδομήσατο. ἐπὶ Ψαμμηνίτου δὲ τοῦ ᾿Αμάσιος βασι-
λεύοντος Αἰγύπτου φάσμα Αἰγυπτίοισι μέγιστον δὴ
10 ἐγένετο· ὕσθησαν γὰρ Θῆβαι αἱ Αἰγύπτιαι, οὔτε πρότερον
οὐδαμὰ ὑσθεῖσαι οὔτε ὕστερον τὸ μέχρι ἐμεῦ, ὡς λέγουσι
αὐτοὶ Θηβαῖοι. οὐ γὰρ δὴ ὕεται τὰ ἄνω τῆς Αἰγύπτου τὸ
παράπαν· ἀλλὰ καὶ τότε ὕσθησαν αἱ Θῆβαι ψακάδι.
μάχης δὲ γενομένης καρτερῆς καὶ πεσόντων ἀμφοτέρων
15 τῶν στρατοπέδων πλήθεϊ πολλῶν ἐτράποντο οἱ Αἰγύπτιοι.
θῶμα δὲ μέγα εἶδον πυθόμενος παρὰ τῶν ἐπιχωρίων· τῶν
γὰρ ὀστέων κεχυμένων χωρὶς ἑκατέρων τῶν ἐν τῇ μάχῃ
ταύτῃ πεσόντων (χωρὶς μὲν γὰρ τῶν Περσέων ἔκειτο τὰ
ὀστέα, ὡς ἐχωρίσθη κατ᾿ ἀρχάς, ἑτέρωθι δὲ τῶν Αἰγυ-
20 πτίων), αἱ μὲν τῶν Περσέων κεφαλαί εἰσι ἀσθενέες οὕτω
ὥστε, εἰ θέλοις ψήφῳ μούνῃ βαλεῖν, διατετρανέεις, αἱ δὲ
τῶν Αἰγυπτίων οὕτω δή τι ἰσχυραί, μόγις ἂν λίθῳ παίσας
διαρρήξειας. αἴτιον δὲ τούτου τόδε ἔλεγον, καὶ ἐμέ γε
εὐπετέως ἔπειθον, ὅτι Αἰγύπτιοι μὲν αὐτίκα ἀπὸ παιδίων
25 ἀρξάμενοι ξυρῶνται τὰς κεφαλὰς καὶ πρὸς τὸν ἥλιον
παχύνεται τὸ ὀστέον. τὠυτὸ δὲ τοῦτο καὶ τοῦ μὴ

φαλακροῦσθαι αἴτιόν ἐστι· Αἰγυπτίων γὰρ ἄν τις ἐλαχί-
στους ἴδοιτο φαλακροὺς πάντων ἀνθρώπων. τούτοισι μὲν
δὴ τοῦτό ἐστι αἴτιον ἰσχυρὰς φορέειν τὰς κεφαλάς, τοῖσι
δὲ Πέρσῃσι, ὅτι ἀσθενέας φορέουσι τὰς κεφαλάς, αἴτιον
τόδε· σκιητροφέουσι ἐξ ἀρχῆς πίλους τιάρας φορέοντες. 5
ταῦτα μέν νυν τοιαῦτα. οἱ δὲ Αἰγύπτιοι ἐκ τῆς μάχης
ὡς ἐτράποντο, ἔφευγον οὐδενὶ κόσμῳ. κατειληθέντων δὲ
ἐς Μέμφιν ἔπεμπε ἀνὰ ποταμὸν Καμβύσης νέα Μυτι-
ληναίην κήρυκα ἄγουσαν ἄνδρα Πέρσην, ἐς ὁμολογίην
προκαλεόμενος Αἰγυπτίους. οἱ δὲ ἐπείτε τὴν νέα εἶδον 10
ἐσελθοῦσαν ἐς τὴν Μέμφιν, ἐκχυθέντες ἀλέες ἐκ τοῦ τείχεος
τήν τε νέα διέφθειραν καὶ τοὺς ἄνδρας κρεουργηδὸν διασπά-
σαντες ἐφόρεον ἐς τὸ τεῖχος. καὶ Αἰγύπτιοι μὲν μετὰ
τοῦτο πολιορκεόμενοι χρόνῳ παρέστησαν.

Test of the Fortitude of Psammenitus

Ἡμέρῃ δὲ δεκάτῃ ἀπ᾽ ἧς παρέλαβε τὸ τεῖχος τὸ ἐν 15
Μέμφι Καμβύσης, κατίσας ἐς τὸ προάστιον ἐπὶ λύμῃ τὸν
βασιλέα τῶν Αἰγυπτίων Ψαμμήνιτον, βασιλεύσαντα
μῆνας ἕξ, τοῦτον κατίσας σὺν ἄλλοισι Αἰγυπτίοισι
διεπειρᾶτο αὐτοῦ τῆς ψυχῆς ποιέων τοιάδε· στείλας
αὐτοῦ τὴν θυγατέρα ἐσθῆτι δουληίῃ ἐξέπεμπε ἐπ᾽ ὕδωρ 20
ἔχουσαν ὑδρήιον, συνέπεμπε δὲ καὶ ἄλλας παρθένους
ἀπολέξας ἀνδρῶν τῶν πρώτων, ὁμοίως ἐσταλμένας τῇ τοῦ
βασιλέος. ὡς δὲ βοῇ τε καὶ κλαυθμῷ παρήισαν αἱ παρθένοι
παρὰ τοὺς πατέρας, οἱ μὲν ἄλλοι πάντες ἀντεβόων τε καὶ
ἀντέκλαιον ὁρῶντες τὰ τέκνα κεκακωμένα, ὁ δὲ Ψαμμήνιτος 25
προϊδὼν καὶ μαθὼν ἔκυψε ἐς τὴν γῆν. παρελθουσέων δὲ
τῶν ὑδροφόρων, δεύτερά οἱ τὸν παῖδα ἔπεμπε μετ᾽ ἄλλων
Αἰγυπτίων δισχιλίων τὴν αὐτὴν ἡλικίην ἐχόντων, τούς τε
αὐχένας κάλῳ δεδεμένους καὶ τὰ στόματα ἐγκεχαλινω-

116 HERODOTUS

μένους. ἤγοντο δὲ ποινὴν τείσοντες Μυτιληναίων τοῖσι
ἐν Μέμφι ἀπολομένοισι σὺν τῇ νηΐ· ταῦτα γὰρ ἐδίκασαν
οἱ βασιλήιοι δικασταί, ὑπὲρ ἀνδρὸς ἑκάστου δέκα Αἰγυ-
πτίων τῶν πρώτων ἀνταπόλλυσθαι. ὁ δὲ ἰδὼν παρεξιόντας
5 καὶ μαθὼν τὸν παῖδα ἀγόμενον ἐπὶ θάνατον, τῶν ἄλλων
Αἰγυπτίων τῶν περικατημένων αὐτὸν κλαιόντων καὶ δεινὰ
ποιεύντων, τὠυτὸ ἐποίησε τὸ καὶ ἐπὶ τῇ θυγατρί. παρελ-
θόντων δὲ καὶ τούτων συνήνεικε ὥστε τῶν συμποτέων οἱ
ἄνδρα ἀπηλικέστερον, ἐκπεπτωκότα ἐκ τῶν ἐόντων ἔχοντά
10 τε οὐδὲν εἰ μὴ ὅσα πτωχὸς καὶ προσαιτέοντα τὴν στρατιήν,
παριέναι Ψαμμήνιτόν τε τὸν Ἀμάσιος καὶ τοὺς ἐν τῷ
προαστίῳ κατημένους Αἰγυπτίων. ὁ δὲ Ψαμμήνιτος ὡς
εἶδε, ἀνακλαύσας μέγα καὶ καλέσας ὀνομαστὶ τὸν ἑταῖρον
ἐπλήξατο τὴν κεφαλήν. ἦσαν δ' ἄρα αὐτοῦ φύλακοι, οἳ
15 τὸ ποιεύμενον πᾶν ἐξ ἐκείνου ἐπ' ἑκάστῃ ἐξόδῳ Καμβύσῃ
ἐσήμαινον. θωμάσας δὲ ὁ Καμβύσης τὰ ποιεύμενα
πέμψας ἄγγελον εἰρώτα αὐτὸν λέγων τάδε· Δεσπότης σε
Καμβύσης, Ψαμμήνιτε, εἰρωτᾷ δι' ὅ τι δὴ τὴν μὲν
θυγατέρα ὁρῶν κεκακωμένην καὶ τὸν παῖδα ἐπὶ θάνατον
20 στίχοντα οὔτε ἀνέβωσας οὔτε ἀνέκλαυσας, τὸν δὲ πτωχὸν
οὐδέν σοι προσήκοντα, ὡς ἄλλων πυνθάνεται, ἐτίμησας ; ὁ
μὲν δὴ ταῦτα ἐπειρώτα, ὁ δ' ἀμείβετο τοισίδε· Ὦ παῖ
Κύρου, τὰ μὲν οἰκήια ἦν μέζω κακὰ ἢ ὥστε ἀνακλαίειν, τὸ δὲ
τοῦ ἑταίρου πένθος ἄξιον ἦν δακρύων, ὃς ἐκ πολλῶν τε καὶ
25 εὐδαιμόνων ἐκπεσὼν ἐς πτωχηίην ἀπῖκται ἐπὶ γήραος
οὐδῷ. καὶ ταῦτα εὖ δοκέειν σφι εἰρῆσθαι. ὡς δὲ λέγεται
ὑπ' Αἰγυπτίων, δακρύειν μὲν Κροῖσον (ἐτετεύχεε γὰρ καὶ
οὗτος ἐπισπόμενος Καμβύσῃ ἐπ' Αἴγυπτον), δακρύειν δὲ
Περσέων τοὺς παρεόντας, αὐτῷ τε Καμβύσῃ ἐσελθεῖν οἶκτόν
30 τινα καὶ αὐτίκα κελεύειν τόν τέ οἱ παῖδα ἐκ τῶν ἀπολ-
λυμένων σῴζειν καὶ αὐτὸν ἐκ τοῦ προαστίου ἀναστήσαντας

ἄγειν παρ' ἑωυτόν. τὸν μὲν δὴ παῖδα εὗρον οἱ μετιόντες
οὐκέτι περιεόντα ἀλλὰ πρῶτον κατακοπέντα, αὐτὸν δὲ
Ψαμμήνιτον ἀναστήσαντες ἦγον παρὰ Καμβύσεα· ἔνθα
τοῦ λοιποῦ διαιτᾶτο ἔχων οὐδὲν βίαιον.

(After subjecting to insult the body of King Amasis, which he
caused to be removed from its sepulchre, Cambyses engaged in
several futile expeditions. When he found the Egyptians rejoicing
over the appearance among them of a sacred calf, which they called
Apis, believing that they were exulting over his own ill success, he
killed Apis.)

Further Instances of the Madness of Cambyses

Καμβύσης δέ, ὡς λέγουσι Αἰγύπτιοι, αὐτίκα διὰ τοῦτο   5
τὸ ἀδίκημα ἐμάνη, ἐὼν οὐδὲ πρότερον φρενήρης. καὶ
πρῶτα μὲν ἐξεργάσατο τὸν ἀδελφεὸν Σμέρδιν ἐόντα πατρὸς
καὶ μητρὸς τῆς αὐτῆς, τὸν ἀπέπεμψε ἐς Πέρσας φθόνῳ
ἐξ Αἰγύπτου, ὅτι τὸ τόξον μοῦνος Περσέων ὅσον τε ἐπὶ
δύο δακτύλους εἴρυσε, τὸ παρὰ τοῦ Αἰθίοπος ἤνεικαν οἱ   10
Ἰχθυοφάγοι· τῶν δὲ ἄλλων Περσέων οὐδεὶς οἷός τε
ἐγένετο. ἀποιχομένου ὦν ἐς Πέρσας τοῦ Σμέρδιος ὄψιν
εἶδε ὁ Καμβύσης ἐν τῷ ὕπνῳ τοιήνδε· ἐδόκεέ οἱ ἄγγελον
ἐλθόντα ἐκ Περσέων ἀγγέλλειν ὡς ἐν τῷ θρόνῳ τῷ
βασιληίῳ ἱζόμενος Σμέρδις τῇ κεφαλῇ τοῦ οὐρανοῦ ψαύσειε.   15
πρὸς ὦν ταῦτα δείσας περὶ ἑωυτοῦ μή μιν ἀποκτείνας ὁ
ἀδελφεὸς ἄρχῃ, πέμπει Πρηξάσπεα ἐς Πέρσας, ὃς ἦν οἱ
ἀνὴρ Περσέων πιστότατος, ἀποκτενέοντά μιν. ὁ δὲ
ἀναβὰς ἐς Σοῦσα ἀπέκτεινε Σμέρδιν, οἱ μὲν λέγουσι ἐπ'
ἄγρην ἐξαγαγόντα, οἱ δὲ ἐς τὴν Ἐρυθρὴν θάλασσαν   20
προαγαγόντα καταποντῶσαι. πρῶτον μὲν δὴ λέγουσι
Καμβύσῃ τῶν κακῶν ἄρξαι τοῦτο, δεύτερα δὲ ἐξεργάσατο
τὴν ἀδελφεὴν ἐπισπομένην οἱ ἐς Αἴγυπτον, τῇ καὶ συνοίκεε
καὶ ἦν οἱ ἀπ' ἀμφοτέρων ἀδελφεή.

Story of Polycrates and his Persistent Good Fortune

Καμβύσεω δὲ ἐπ᾿ Αἴγυπτον στρατευομένου ἐποιήσαντο
καὶ Λακεδαιμόνιοι στρατηίην ἐπὶ Σάμον τε καὶ Πολυκράτεα
τὸν Αἰάκεος, ὃς ἔσχε Σάμον ἐπαναστάς. καὶ τὰ μὲν
πρῶτα τριχῇ δασάμενος τὴν πόλιν τοῖσι ἀδελφεοῖσι
5 Πανταγνώτῳ καὶ Συλοσῶντι ἔνειμε, μετὰ δὲ τὸν μὲν
αὐτῶν ἀποκτείνας, τὸν δὲ νεώτερον Συλοσῶντα ἐξελάσας
ἔσχε πᾶσαν Σάμον, ἔχων δὲ ξεινίην ᾿Αμάσι τῷ Αἰγύπτου
βασιλέι συνεθήκατο, πέμπων τε δῶρα καὶ δεκόμενος ἄλλα
παρ᾿ ἐκείνου. ἐν χρόνῳ δὲ ὀλίγῳ αὐτίκα τοῦ Πολυκράτεος
10 τὰ πρήγματα ηὔξετο καὶ ἦν βεβωμένα ἀνά τε τὴν ᾿Ιωνίην
καὶ τὴν ἄλλην ᾿Ελλάδα· ὅκου γὰρ ἰθύσειε στρατεύεσθαι,
πάντα οἱ ἐχώρεε εὐτυχέως. ἔκτητο δὲ πεντηκοντέρους τε
ἑκατὸν καὶ χιλίους τοξότας. ἔφερε δὲ καὶ ἦγε πάντας
διακρίνων οὐδένα· τῷ γὰρ φίλῳ ἔφη χαριεῖσθαι μᾶλλον
15 ἀποδιδοὺς τὰ ἔλαβε ἢ ἀρχὴν μηδὲ λαβών. συχνὰς μὲν δὴ
τῶν νήσων ἀραιρήκεε, πολλὰ δὲ καὶ τῆς ἠπείρου ἄστεα.
ἐν δὲ δὴ καὶ Λεσβίους πανστρατιῇ βοηθέοντας Μιλησίοισι
ναυμαχίῃ κρατήσας εἷλε, οἳ τὴν τάφρον περὶ τὸ τεῖχος τὸ
ἐν Σάμῳ πᾶσαν δεδεμένοι ὤρυξαν. καί κως τὸν ῍Αμασιν
20 εὐτυχέων μεγάλως ὁ Πολυκράτης οὐκ ἐλάνθανε, ἀλλά οἱ
τοῦτ᾿ ἦν ἐπιμελές. πολλῷ δὲ ἔτι πλεῦνός οἱ εὐτυχίης
γινομένης γράψας ἐς βυβλίον τάδε ἐπέστειλε ἐς Σάμον·
῍Αμασις Πολυκράτεϊ ὧδε λέγει. ἡδὺ μὲν πυνθάνεσθαι
ἄνδρα φίλον καὶ ξεῖνον εὖ πρήσσοντα, ἐμοὶ δὲ αἱ σαὶ
25 μεγάλαι εὐτυχίαι οὐκ ἀρέσκουσι, τὸ θεῖον ἐπισταμένῳ
ὡς ἔστι φθονερόν. καί κως βούλομαι καὶ αὐτὸς καὶ τῶν
ἂν κήδωμαι τὸ μέν τι εὐτυχέειν τῶν πρηγμάτων, τὸ δὲ
προσπταίειν, καὶ οὕτω διαφέρειν τὸν αἰῶνα ἐναλλὰξ
πρήσσων ἢ εὐτυχέειν τὰ πάντα. οὐδένα γάρ κω λόγῳ
30 οἶδα ἀκούσας ὅστις ἐς τέλος οὐ κακῶς ἐτελεύτησε πρόρριζος,

εὐτυχέων τὰ πάντα. σὺ ὦν νῦν ἐμοὶ πειθόμενος ποίησον
πρὸς τὰς εὐτυχίας τοιάδε· φροντίσας τὸ ἂν εὕρῃς ἐόν
τοι πλείστου ἄξιον καὶ ἐπ᾽ ᾧ σὺ ἀπολομένῳ μάλιστα τὴν
ψυχὴν ἀλγήσεις, τοῦτο ἀπόβαλε οὕτω ὅκως μηκέτι ἥξει ἐς
ἀνθρώπους. ἤν τε μὴ ἐναλλὰξ ἤδη τὠπὸ τούτου αἱ 5
εὐτυχίαι τοι τῇσι πάθῃσι προσπίπτωσι, τρόπῳ τῷ ἐξ ἐμεῦ
ὑποκειμένῳ ἀκέο. ταῦτα ἐπιλεξάμενος ὁ Πολυκράτης καὶ
νόῳ λαβὼν ὥς οἱ εὖ ὑπετίθετο ὁ Ἄμασις, ἐδίζητο ἐπ᾽ ᾧ ἂν
μάλιστα τὴν ψυχὴν ἀσηθείη ἀπολομένῳ τῶν κειμηλίων,
διζήμενος δ᾽ εὕρισκε τόδε· ἦν οἱ σφρηγὶς τὴν ἐφόρεε 10
χρυσόδετος, σμαράγδου μὲν λίθου ἐοῦσα, ἔργον δὲ ἦν
Θεοδώρου τοῦ Τηλεκλέος Σαμίου. ἐπεὶ ὦν ταύτην οἱ
ἐδόκεε ἀποβαλεῖν, ἐποίεε τοιάδε· πεντηκόντερον πληρώσας
ἀνδρῶν ἐσέβη ἐς αὐτήν, μετὰ δὲ ἀναγαγεῖν ἐκέλευε ἐς
τὸ πέλαγος· ὡς δὲ ἀπὸ τῆς νήσου ἑκὰς ἐγένετο, περι- 15
ελόμενος τὴν σφρηγῖδα πάντων ὁρώντων τῶν συμπλόων
ῥίπτει ἐς τὸ πέλαγος. τοῦτο δὲ ποιήσας ἀπέπλεε, ἀπικό-
μενος δὲ ἐς τὰ οἰκία συμφορῇ ἐχρᾶτο. πέμπτῃ δὲ ἢ ἕκτῃ
ἡμέρῃ ἀπὸ τούτων τάδε οἱ συνήνεικε γενέσθαι· ἀνὴρ ἁλιεὺς
λαβὼν ἰχθὺν μέγαν τε καὶ καλὸν ἠξίου μιν Πολυκράτεϊ 20
δῶρον δοθῆναι· φέρων δὴ ἐπὶ τὰς θύρας Πολυκράτεϊ ἔφη
ἐθέλειν ἐλθεῖν ἐς ὄψιν, χωρήσαντος δέ οἱ τούτου ἔλεγε
διδοὺς τὸν ἰχθύν· Ὦ βασιλεῦ, ἐγὼ τόνδε ἑλὼν οὐκ ἐδι-
καίωσα φέρειν ἐς ἀγορήν, καίπερ γε ἐὼν ἀποχειροβίοτος,
ἀλλά μοι ἐδόκεε σεῦ τε εἶναι ἄξιος καὶ τῆς σῆς ἀρχῆς· σοὶ 25
δή μιν φέρων δίδωμι. ὁ δὲ ἡσθεὶς τοῖσι ἔπεσι ἀμείβεται
τοισίδε· Κάρτα τε εὖ ἐποίησας καὶ χάρις διπλῆ τῶν τε
λόγων καὶ τοῦ δώρου· καί σε ἐπὶ δεῖπνον καλέομεν. ὁ μὲν
δὴ ἁλιεὺς μέγα ποιεύμενος ταῦτα ἤιε ἐς τὰ οἰκία, τὸν δὲ
ἰχθὺν τάμνοντες οἱ θεράποντες εὑρίσκουσι ἐν τῇ νηδύι 30
αὐτοῦ ἐνεοῦσαν τὴν Πολυκράτεος σφρηγῖδα. ὡς δὲ εἶδόν

τε καὶ ἔλαβον τάχιστα, ἔφερον κεχαρηκότες παρὰ τὸν
Πολυκράτεα, διδόντες δέ οἱ τὴν σφρηγῖδα ἔλεγον ὅτεῳ
τρόπῳ εὑρέθη. τὸν δὲ ὡς ἐσῆλθε θεῖον εἶναι τὸ πρῆγμα,
γράφει ἐς βυβλίον πάντα τὰ ποιήσαντά μιν οἷα κατα-
5 λελάβηκε, γράψας δὲ ἐς Αἴγυπτον ἐπέθηκε. ἐπιλεξάμενος
δὲ ὁ Ἄμασις τὸ βυβλίον τὸ παρὰ τοῦ Πολυκράτεος ἧκον,
ἔμαθε ὅτι ἐκκομίσαι τε ἀδύνατον εἴη ἀνθρώπῳ ἄνθρωπον
ἐκ τοῦ μέλλοντος γίνεσθαι πρήγματος καὶ ὅτι οὐκ εὖ τελευ-
τήσειν μέλλοι Πολυκράτης εὐτυχέων τὰ πάντα, ὃς καὶ
10 τὰ ἀποβάλλει εὑρίσκει. πέμψας δέ οἱ κήρυκα ἐς Σάμον
διαλύεσθαι ἔφη τὴν ξεινίην. τοῦδε δὲ εἵνεκεν ταῦτα ἐποίεε,
ἵνα μὴ συντυχίης δεινῆς τε καὶ μεγάλης Πολυκράτεα κατα-
λαβούσης αὐτὸς ἀλγήσειε τὴν ψυχὴν ὡς περὶ ξείνου ἀνδρός.
ἐπὶ τοῦτον δὴ ὦν τὸν Πολυκράτεα εὐτυχέοντα τὰ πάντα
15 ἐστρατεύοντο Λακεδαιμόνιοι ἐπικαλεσαμένων τῶν μετὰ
ταῦτα Κυδωνίην τὴν ἐν Κρήτῃ κτισάντων Σαμίων. οὗτοι
δέ, ὥς σφι τεσσεράκοντα ἐγεγόνεσαν ἡμέραι πολιορκέουσι
Σάμον ἐς τὸ πρόσω τε οὐδὲν προεκόπτετο τῶν πρηγμάτων,
ἀπαλλάσσοντο ἐς Πελοπόννησον. ὡς δὲ ὁ ματαιότερος
20 λόγος ὅρμηται λέγεσθαι, Πολυκράτεα ἐπιχώριον νόμισμα
κόψαντα πολλὸν μολύβδου καταχρυσώσαντα δοῦναί σφι,
τοὺς δὲ δεξαμένους οὕτω δὴ ἀπαλλάσσεσθαι. ταύτην
πρώτην στρατιὴν ἐς τὴν Ἀσίην Λακεδαιμόνιοι Δωριέες
ἐποιήσαντο.

The Pretender Smerdis and the Death of Cambyses

25   Καμβύσῃ δὲ τῷ Κύρου χρονίζοντι περὶ Αἴγυπτον καὶ
παραφρονήσαντι ἐπανιστέαται ἄνδρες μάγοι δύο ἀδελφεοί,
τῶν τὸν ἕτερον κατελελοίπεε τῶν οἰκίων μελεδωνὸν ὁ
Καμβύσης. οὗτος δὴ ὦν οἱ ἐπανέστη μαθών τε τὸν Σμέρ-
διος θάνατον ὡς κρύπτοιτο γενόμενος, καὶ ὡς ὀλίγοι εἴησαν

οἱ ἐπιστάμενοι αὐτὸν Περσέων, οἱ δὲ πολλοὶ περιεόντα μιν
εἰδείησαν. πρὸς ταῦτα βουλεύσας τάδε ἐπεχείρησε τοῖσι
βασιληίοισι· ἦν οἱ ἀδελφεός, τὸν εἶπά οἱ συνεπαναστῆναι,
οἰκὼς μάλιστα τὸ εἶδος Σμέρδι τῷ Κύρου, τὸν ὁ Καμβύσης,
ἐόντα ἑωυτοῦ ἀδελφεόν, ἀπέκτεινε. ἦν τε δὴ ὅμοιος εἶδος 5
τῷ Σμέρδι καὶ δὴ καὶ οὔνομα τὠυτὸ εἶχε Σμέρδιν. τοῦτον
τὸν ἄνδρα ἀναγνώσας ὁ μάγος Πατιζείθης ὥς οἱ αὐτὸς
πάντα διαπρήξει, εἷσε ἄγων ἐς τὸν βασιλήιον θρόνον.
ποιήσας δὲ τοῦτο κήρυκας τῇ τε ἄλλῃ διέπεμπε καὶ δὴ καὶ
ἐς Αἴγυπτον προερέοντα τῷ στρατῷ ὡς Σμέρδιος τοῦ 10
Κύρου ἀκουστέα εἴη τοῦ λοιποῦ ἀλλ᾽ οὐ Καμβύσεω. οἵ
τε δὴ ὦν ἄλλοι κήρυκες προηγόρευον ταῦτα καὶ δὴ καὶ ὁ
ἐπ᾽ Αἴγυπτον ταχθείς (εὕρισκε γὰρ Καμβύσεα καὶ τὸν
στρατὸν ἐόντα τῆς Συρίης ἐν Ἀγβατάνοισι) προηγόρευε
στὰς ἐς μέσον τὰ ἐντεταλμένα ἐκ τοῦ μάγου. Καμβύσης 15
δὲ ἀκούσας ταῦτα τοῦ κήρυκος καὶ ἐλπίσας μιν λέγειν
ἀληθέα αὐτός τε προδεδόσθαι ἐκ Πρηξάσπεος (πεμφθέντα
γὰρ αὐτὸν ὡς ἀποκτενέοντα Σμέρδιν οὐ ποιῆσαι ταῦτα),
βλέψας ἐς τὸν Πρηξάσπεα εἶπε· Πρήξασπες, οὕτω μοι
διέπρηξας τό τοι προσέθηκα πρῆγμα; ὁ δὲ εἶπε· Ὦ 20
δέσποτα, οὐκ ἔστι ταῦτα ἀληθέα, ὅκως κοτέ σοι Σμέρδις
ἀδελφεὸς ὁ σὸς ἐπανέστηκε, οὐδὲ ὅκως τι ἐξ ἐκείνου τοῦ
ἀνδρὸς νεῖκός τοι ἔσται ἢ μέγα ἢ σμικρόν. ἐγὼ γὰρ
αὐτὸς ποιήσας τὰ σύ με ἐκέλευες ἔθαψά μιν χερσὶ τῇσι
ἐμεωυτοῦ. εἰ μέν νυν οἱ τεθνεῶτες ἀνεστέασι, προσδέκεό 25
τοι καὶ Ἀστυάγεα τὸν Μῆδον ἐπαναστήσεσθαι· εἰ δ᾽ ἔστι
ὥσπερ πρὸ τοῦ, οὐ μή τί τοι ἔκ γε ἐκείνου νεώτερον ἀνα-
βλάστῃ. νῦν ὦν μοι δοκέει μεταδιώξαντας τὸν κήρυκα
ἐξετάζειν εἰρωτῶντας παρ᾽ ὅτευ ἥκων προαγορεύει ἡμῖν
Σμέρδιος βασιλέος ἀκούειν. ταῦτα εἴπαντος Πρηξάσπεος 30
(ἤρεσε γὰρ Καμβύσῃ), αὐτίκα μεταδίωκτος γενόμενος ὁ

κῆρυξ ἧκε· ἀπιγμένον δέ μιν εἴρετο ὁ Πρηξάσπης τάδε·
"Ὥνθρωπε, φῆς γὰρ ἥκειν παρὰ Σμέρδιος τοῦ Κύρου
ἄγγελος. νῦν ὦν εἴπας τὴν ἀληθείην ἄπιθι χαίρων,
κότερα αὐτός τοι Σμέρδις φαινόμενος ἐς ὄψιν ἐνετέλλετο
5 ταῦτα ἢ τῶν τις ἐκείνου ὑπηρετέων. ὁ δὲ εἶπε· Ἐγὼ
Σμέρδιν μὲν τὸν Κύρου, ἐξ ὅτευ βασιλεὺς Καμβύσης
ἤλασε ἐπ᾽ Αἴγυπτον, οὔκω ὄπωπα· ὁ δέ μοι μάγος, τὸν
Καμβύσης ἐπίτροπον τῶν οἰκίων ἀπέδεξε, οὗτος ταῦτα
ἐνετείλατο, φὰς Σμέρδιν τὸν Κύρου εἶναι τὸν ταῦτα
10 ἐπιθέμενον εἶπαι πρὸς ὑμέας. ὁ μὲν δή σφι ἔλεγε οὐδὲν
ἐπικαταψευσάμενος, Καμβύσης δὲ εἶπε· Πρήξασπες, σὺ
μὲν οἷα ἀνὴρ ἀγαθὸς ποιήσας τὸ κελευόμενον αἰτίην
ἐκπέφευγας· ἐμοὶ δὲ τίς ἂν εἴη Περσέων ὁ ἐπανεστεὼς
ἐπιβατεύων τοῦ Σμέρδιος οὐνόματος ; ὁ δὲ εἶπε· Ἐγώ μοι
15 δοκέω συνιέναι τὸ γεγονὸς τοῦτο, ὦ βασιλεῦ· οἱ μάγοι εἰσί
τοι οἱ ἐπανεστεῶτες, τόν τε ἔλιπες μελεδωνὸν τῶν οἰκίων,
Πατιζείθης καὶ ὁ τούτου ἀδελφεὸς Σμέρδις. ἐνθαῦτα
ἀκούσαντα Καμβύσεα τὸ Σμέρδιος οὔνομα ἔτυψε ἡ ἀληθείη
τῶν τε λόγων καὶ τοῦ ἐνυπνίου· ὃς ἐδόκεε ἐν τῷ ὕπνῳ
20 ἀπαγγεῖλαί τινά οἱ ὡς Σμέρδις ἱζόμενος ἐς τὸν βασιλήιον
θρόνον ψαύσειε τῇ κεφαλῇ τοῦ οὐρανοῦ. μαθὼν δὲ ὡς
μάτην ἀπολωλεκὼς εἴη τὸν ἀδελφεόν, ἀπέκλαιε Σμέρδιν,
ἀποκλαύσας δὲ καὶ περιημεκτήσας τῇ ἀπάσῃ συμφορῇ
ἀναθρῴσκει ἐπὶ τὸν ἵππον, ἐν νόῳ ἔχων τὴν ταχίστην ἐς
25 Σοῦσα στρατεύεσθαι ἐπὶ τὸν μάγον. καί οἱ ἀναθρῴσκοντι
ἐπὶ τὸν ἵππον τοῦ κολεοῦ τοῦ ξίφεος ὁ μύκης ἀποπίπτει,
γυμνωθὲν δὲ τὸ ξίφος παίει τὸν μηρόν· τρωματισθεὶς δὲ
κατὰ τοῦτο τῇ αὐτὸς πρότερον τὸν τῶν Αἰγυπτίων θεὸν
Ἆπιν ἔπληξε, ὥς οἱ καιρίη ἔδοξε τετύφθαι, εἴρετο ὁ
30 Καμβύσης ὅ τι τῇ πόλι οὔνομα εἴη. οἱ δὲ εἶπαν ὅτι
Ἀγβάτανα. τῷ δὲ ἔτι πρότερον ἐκέχρηστο ἐκ Βουτοῦς

πόλιος ἐν ᾿Αγβατάνοισι τελευτήσειν τὸν βίον. ὁ μὲν δὴ
ἐν τοῖσι Μηδικοῖσι ᾿Αγβατάνοισι ἐδόκεε τελευτήσειν
γηραιός, ἐν τοῖσί οἱ ἦν τὰ πάντα πρήγματα, τὸ δὲ
χρηστήριον ἐν τοῖσι ἐν Συρίῃ ᾿Αγβατάνοισι ἔλεγε ἄρα.
καὶ δὴ ὡς τότε ἐπειρόμενος ἐπύθετο τῆς πόλιος τὸ οὔνομα, 5
ὑπὸ τῆς συμφορῆς τῆς τε ἐκ τοῦ μάγου ἐκπεπληγμένος καὶ
τοῦ τρώματος ἐσωφρόνησε, συλλαβὼν δὲ τὸ θεοπρόπιον
εἶπε· ᾿Ενθαῦτα Καμβύσεα τὸν Κύρου ἐστὶ πεπρωμένον
τελευτᾶν. τότε μὲν τοσαῦτα, ἡμέρῃσι δὲ ὕστερον ὡς
εἴκοσι μεταπεμψάμενος Περσέων τῶν παρεόντων τοὺς 10
λογιμωτάτους ἔλεγέ σφι τάδε· ᾿Ω Πέρσαι, καταλελάβηκέ
με, τὸ πάντων μάλιστα ἔκρυπτον πρηγμάτων, τοῦτο ἐς
ὑμέας ἐκφῆναι. ἐγὼ γὰρ ἐὼν ἐν Αἰγύπτῳ εἶδον ὄψιν ἐν
τῷ ὕπνῳ, τὴν μηδαμὰ ὄφελον ἰδεῖν· ἐδόκεον δέ μοι
ἄγγελον ἐλθόντα ἐξ οἴκου ἀγγέλλειν ὡς Σμέρδις ἱζόμενος 15
ἐς τὸν βασιλήιον θρόνον ψαύσειε τῇ κεφαλῇ τοῦ οὐρανοῦ.
δείσας δὲ μὴ ἀπαιρεθέω τὴν ἀρχὴν πρὸς τοῦ ἀδελφεοῦ,
ἐποίησα ταχύτερα ἢ σοφώτερα· ἐν τῇ γὰρ ἀνθρωπηίῃ
φύσι οὐκ ἐνῆν ἄρα τὸ μέλλον γίνεσθαι ἀποτρέπειν, ἐγὼ δὲ
ὁ μάταιος Πρηξάσπεα ἀποπέμπω ἐς Σοῦσα ἀποκτενέοντα 20
Σμέρδιν. ἐξεργασθέντος δὲ κακοῦ τοσούτου ἀδεῶς διαιτώ-
μην, οὐδαμὰ ἐπιλεξάμενος μή κοτέ τίς μοι Σμέρδιος
ὑπαραιρημένου ἄλλος ἐπανασταίη ἀνθρώπων. παντὸς δὲ
τοῦ μέλλοντος ἔσεσθαι ἁμαρτὼν ἀδελφεοκτόνος τε οὐδὲν
δέον γέγονα καὶ τῆς βασιληίης οὐδὲν ἧσσον ἐστέρημαι. 25
Σμέρδις γὰρ δὴ ἦν ὁ μάγος τόν μοι ὁ δαίμων προέφαινε
ἐν τῇ ὄψι ἐπαναστήσεσθαι. τὸ μὲν δὴ ἔργον ἐξέργασταί
μοι, καὶ Σμέρδιν τὸν Κύρου μηκέτι ὑμῖν ἐόντα λογίζεσθε·
οἱ δὲ ὑμῖν μάγοι κρατέουσι τῶν βασιληίων, τόν τε ἔλιπον
ἐπίτροπον τῶν οἰκίων καὶ ὁ ἐκείνου ἀδελφεὸς Σμέρδις. 30
τὸν μέν νυν μάλιστα χρῆν ἐμεῦ αἰσχρὰ πρὸς τῶν μάγων

124 HERODOTUS

πεπονθότος τιμωρέειν ἐμοί, οὗτος μὲν ἀνοσίῳ μόρῳ
τετελεύτηκε ὑπὸ τῶν ἑωυτοῦ οἰκηιοτάτων· τούτου δὲ μηκέτι
ἐόντος, δεύτερα τῶν λοιπῶν ὑμῖν, ὦ Πέρσαι, γίνεταί μοι
ἀναγκαιότατον ἐντέλλεσθαι τὰ θέλω μοι γενέσθαι τελευτῶν
5 τὸν βίον· καὶ δὴ ὑμῖν τάδε ἐπισκήπτω θεοὺς τοὺς βασι-
ληίους ἐπικαλέων, καὶ πᾶσι ὑμῖν καὶ μάλιστα Ἀχαιμενι-
δέων τοῖσι παρεοῦσι, μὴ περιιδεῖν τὴν ἡγεμονίην αὖτις ἐς
Μήδους περιελθοῦσαν, ἀλλ᾽ εἴτε δόλῳ ἔχουσι αὐτὴν
κτησάμενοι, δόλῳ ἀπαιρεθῆναι ὑπὸ ὑμέων, εἴτε καὶ σθένεϊ
10 τεῳ κατεργασάμενοι, σθένεϊ κατὰ τὸ καρτερὸν ἀνασώσα-
σθαι. καὶ ταῦτα μὲν ποιεῦσι ὑμῖν γῆ τε καρπὸν ἐκφέροι
καὶ γυναῖκές τε καὶ ποῖμναι τίκτοιεν, ἐοῦσι ἐς τὸν ἅπαντα
χρόνον ἐλευθέροισι· μὴ δὲ ἀνασωσαμένοισι τὴν ἀρχὴν
μηδ᾽ ἐπιχειρήσασι ἀνασῴζειν τὰ ἐναντία τούτοισι ἀρῶμαι
15 ὑμῖν γενέσθαι, καὶ πρὸς ἔτι τούτοισι τὸ τέλος Περσέων
ἑκάστῳ ἐπιγενέσθαι οἷον ἐμοὶ ἐπιγέγονε. ἅμα τε εἴπας
ταῦτα ὁ Καμβύσης ἀπέκλαιε πᾶσαν τὴν ἑωυτοῦ πρῆξιν.
Πέρσαι δὲ ὡς τὸν βασιλέα εἶδον ἀνακλαύσαντα, πάντες
τά τε ἐσθῆτος ἐχόμενα εἶχον, ταῦτα κατηρείκοντο καὶ
20 οἰμωγῇ ἀφθόνῳ διεχρέωντο. μετὰ δὲ ταῦτα ὡς ἐσφακέλισέ
τε τὸ ὀστέον καὶ ὁ μηρὸς τάχιστα ἐσάπη, ἀπήνεικε
Καμβύσεα τὸν Κύρου, βασιλεύσαντα μὲν τὰ πάντα ἑπτὰ
ἔτεα καὶ πέντε μῆνας, ἄπαιδα δὲ τὸ παράπαν ἐόντα
ἔρσενος καὶ θήλεος γόνου.

How the False Smerdis Was Detected.
The Daughter of Otanes. The Seven Conspirators.
The Deed of Prexaspes

25 Περσέων δὲ τοῖσι παρεοῦσι ἀπιστίη πολλὴ ὑπεκέχυτο
τοὺς μάγους ἔχειν τὰ πρήγματα, ἀλλ᾽ ἠπιστέατο ἐπὶ
διαβολῇ εἰπεῖν Καμβύσεα τὰ εἶπε περὶ τοῦ Σμέρδιος

θανάτου, ἵνα οἱ ἐκπολεμωθῇ πᾶν τὸ Περσικόν. οὗτοι
μέν νυν ἠπιστέατο Σμέρδιν τὸν Κύρου βασιλέα ἐνεστεῶτα·
δεινῶς γὰρ καὶ ὁ Πρηξάσπης ἔξαρνος ἦν μὴ μὲν ἀποκτεῖναι
Σμέρδιν· οὐ γὰρ ἦν οἱ ἀσφαλὲς Καμβύσεω τετελευτηκότος
φάναι τὸν Κύρου υἱὸν ἀπολωλεκέναι αὐτοχειρίῃ. ὁ δὲ δὴ 5
μάγος τελευτήσαντος Καμβύσεω ἀδεῶς ἐβασίλευσε, μῆνας
ἑπτὰ τοὺς ἐπιλοίπους Καμβύσῃ ἐς τὰ ὀκτὼ ἔτεα τῆς
πληρώσιος· ἐν τοῖσι ἀπεδέξατο ἐς τοὺς ὑπηκόους πάντας
εὐεργεσίας μεγάλας, ὥστε ἀποθανόντος αὐτοῦ πόθον ἔχειν
πάντας τοὺς ἐν τῇ Ἀσίῃ, πάρεξ αὐτῶν Περσέων. διαπέμ- 10
ψας γὰρ ὁ μάγος ἐς πᾶν ἔθνος τῶν ἦρχε προεῖπε ἀτελείην
εἶναι στρατηίης καὶ φόρου ἐπ' ἔτεα τρία. προεῖπε μὲν
δὴ ταῦτα αὐτίκα ἐνιστάμενος ἐς τὴν ἀρχήν, ὀγδόῳ δὲ μηνὶ
ἐγένετο κατάδηλος τρόπῳ τοιῷδε· Ὀτάνης ἦν Φαρνάσπεω
μὲν παῖς, γένεϊ δὲ καὶ χρήμασι ὅμοιος τῷ πρώτῳ Περσέων· 15
οὗτος ὁ Ὀτάνης πρῶτος ὑπώπτευσε τὸν μάγον ὡς οὐκ εἴη
ὁ Κύρου Σμέρδις ἀλλ' ὅς περ ἦν, τῇδε συμβαλλόμενος,
ὅτι τε οὐκ ἐξεφοίτα ἐκ τῆς ἀκροπόλιος καὶ ὅτι οὐκ ἐκάλεε
ἐς ὄψιν ἑωυτῷ οὐδένα τῶν λογίμων Περσέων. ὑποπτεύσας
δέ μιν ἐποίεε τάδε. ἔσχε αὐτοῦ Καμβύσης θυγατέρα, τῇ 20
οὔνομα ἦν Φαιδυμίη· τὴν αὐτὴν δὴ ταύτην εἶχε τότε ὁ
μάγος καὶ ταύτῃ τε συνοίκεε καὶ τῇσι ἄλλῃσι πάσῃσι τῇσι
τοῦ Καμβύσεω γυναιξί. πέμπων δὴ ὦν ὁ Ὀτάνης παρὰ
ταύτην τὴν θυγατέρα ἐπυνθάνετο παρ' ὅτεῳ ἀνθρώπων
κοιμῷτο, εἴτε μετὰ Σμέρδιος τοῦ Κύρου εἴτε μετὰ ἄλλου 25
τευ. ἡ δέ οἱ ἀντέπεμπε φαμένη οὐ γινώσκειν· οὔτε γὰρ
τὸν Κύρου Σμέρδιν ἰδέσθαι οὐδαμὰ οὔτε ὅστις εἴη ὁ
συνοικέων αὐτῇ εἰδέναι. ἔπεμπε δεύτερα ὁ Ὀτάνης λέγων·
Εἰ μὴ αὐτὴ Σμέρδιν τὸν Κύρου γινώσκεις, σὺ δὲ παρὰ
Ἀτόσσης πυθεῦ ὅτεῳ τούτῳ συνοικέει αὐτή τε ἐκείνη καὶ 30
σύ· πάντως γὰρ δή κου τόν γε ἑωυτῆς ἀδελφεὸν γινώσκει.

ἀντιπέμπει πρὸς ταῦτα ἡ θυγάτηρ. Οὔτε Ἀτόσσῃ δύνα-
μαι ἐς λόγους ἐλθεῖν οὔτε ἄλλην οὐδεμίαν ἰδέσθαι τῶν
συγκατημένων γυναικῶν· ἐπείτε γὰρ τάχιστα οὗτος
ὥνθρωπος, ὅστις κοτέ ἐστι, παρέλαβε τὴν βασιληίην,
5 διέσπειρε ἡμέας ἄλλην ἄλλῃ τάξας. ἀκούοντι δὲ ταῦτα
τῷ Ὀτάνῃ μᾶλλον κατεφαίνετο τὸ πρῆγμα. τρίτην δὲ
ἀγγελίην ἐσπέμπει παρ' αὐτὴν λέγουσαν ταῦτα· Ὦ
θύγατερ, δεῖ σε γεγονυῖαν εὖ κίνδυνον ἀναλαβέσθαι τὸν ἂν
ὁ πατὴρ ὑποδύνειν κελεύῃ· εἰ γὰρ δὴ μή ἐστι ὁ Κύρου
10 Σμέρδις ἀλλὰ τὸν καταδοκέω ἐγώ, οὗτοι μιν σοί τε
συγκοιμώμενον καὶ τὸ Περσέων κράτος ἔχοντα δεῖ χαίροντα
ἀπαλλάσσειν, ἀλλὰ δοῦναι δίκην. νῦν ὦν ποίησον τάδε·
ἐπεάν σοι συνεύδῃ καὶ μάθῃς αὐτὸν κατυπνωμένον, ἄφασον
αὐτοῦ τὰ ὦτα· καὶ ἢν μὲν φαίνηται ἔχων ὦτα, νόμιζε
15 σεωυτὴν Σμέρδι τῷ Κύρου συνοικέειν, ἢν δὲ μὴ ἔχων, σὺ
δὲ τῷ μάγῳ Σμέρδι. ἀντιπέμπει πρὸς ταῦτα ἡ Φαιδυμίη
φαμένη κινδυνεύσειν μεγάλως, ἢν ποιῇ ταῦτα· εἰ γὰρ δὴ
μὴ τυγχάνει τὰ ὦτα ἔχων, ἐπίλαμπτος δὲ ἀφάσσουσα
ἔσται, εὖ εἰδέναι ὡς ἀϊστώσει μιν· ὅμως μέντοι ποιήσειν
20 ταῦτα. ἡ μὲν δὴ ὑπεδέξατο ταῦτα τῷ πατρὶ κατεργάσε-
σθαι, τοῦ δὲ μάγου τούτου τοῦ Σμέρδιος Κῦρος ὁ Καμβύσεω
ἄρχων τὰ ὦτα ἀπέταμε ἐπ' αἰτίῃ δή τινι οὐ σμικρῇ.
ἡ ὦν δὴ Φαιδυμίη αὕτη, ἡ τοῦ Ὀτάνεω θυγάτηρ, πάντα
ἐπιτελέουσα τὰ ὑπεδέξατο τῷ πατρί, ἐπείτε αὐτῆς μέρος
25 ἐγίνετο τῆς ἀπίξιος παρὰ τὸν μάγον (ἐν περιτροπῇ γὰρ
δὴ αἱ γυναῖκες φοιτῶσι τοῖσι Πέρσῃσι), ἐλθοῦσα παρ'
αὐτὸν ηὗδε, ὑπνωμένου δὲ καρτερῶς τοῦ μάγου ἤφασε τὰ
ὦτα. μαθοῦσα δὲ οὐ χαλεπῶς ἀλλ' εὐπετέως οὐκ ἔχοντα
τὸν ἄνδρα ὦτα, ὡς ἡμέρη τάχιστα ἐγεγόνεε, πέμψασα
30 ἐσήμηνε τῷ πατρὶ τὰ γενόμενα. ὁ δὲ Ὀτάνης παραλαβὼν
Ἀσπαθίνην καὶ Γωβρύην, Περσέων τε πρώτους ἐόντας καὶ

ἑωυτῷ ἐπιτηδεοτάτους ἐς πίστιν, ἀπηγήσατο πᾶν τὸ
πρῆγμα· οἱ δὲ καὶ αὐτοὶ ἄρα ὑπώπτευον οὕτω τοῦτο
ἔχειν, ἀνενείκαντος δὲ τοῦ Ὀτάνεω τοὺς λόγους ἐδέξαντο.
καὶ ἔδοξέ σφι ἕκαστον ἄνδρα Περσέων προσεταιρίσασθαι
τοῦτον ὅτεῳ πιστεύει μάλιστα.   Ὀτάνης μέν νυν ἐσάγεται 5
Ἰνταφρένεα, Γωβρύης δὲ Μεγάβυζον, Ἀσπαθίνης δὲ
Ὑδάρνεα. γεγονότων δὲ τούτων ἓξ παραγίνεται ἐς τὰ
Σοῦσα Δαρεῖος ὁ Ὑστάσπεος ἐκ Περσέων ἥκων· τούτων
γὰρ δὴ ἦν οἱ ὁ πατὴρ ὕπαρχος. ἐπεὶ ὦν οὗτος ἀπίκετο,
τοῖσι ἓξ τῶν Περσέων ἔδοξε καὶ Δαρεῖον προσεταιρίσασθαι. 10
συνελθόντες δὲ οὗτοι ἐόντες ἑπτὰ ἐδίδοσαν σφίσι λόγους
καὶ πίστις. ἐπείτε δὲ ἐς Δαρεῖον ἀπίκετο γνώμην ἀποφαί-
νεσθαι, ἔλεγέ σφι τάδε· Ἐγὼ ταῦτα ἐδόκεον μὲν αὐτὸς
μοῦνος ἐπίστασθαι, ὅτι τε ὁ μάγος εἴη ὁ βασιλεύων καὶ
Σμέρδις ὁ Κύρου τετελεύτηκε· καὶ αὐτοῦ τούτου εἵνεκεν 15
ἥκω σπουδῇ ὡς συστήσων ἐπὶ τῷ μάγῳ θάνατον. ἐπείτε
δὲ συνήνεικε ὥστε καὶ ὑμέας εἰδέναι καὶ μὴ μοῦνον ἐμέ,
ποιέειν αὐτίκα μοι δοκέει καὶ μὴ ὑπερβάλλεσθαι· οὐ γὰρ
ἄμεινον. εἶπε πρὸς ταῦτα ὁ Ὀτάνης· Ὦ παῖ Ὑστάσπεος,
εἷς τε πατρὸς ἀγαθοῦ καὶ ἐκφαίνειν οἶκας σεωυτὸν ἐόντα 20
τοῦ πατρὸς οὐδὲν ἥσσω· τὴν μέντοι ἐπιχείρησιν ταύτην
μὴ οὕτω συντάχυνε ἀβούλως, ἀλλ᾽ ἐπὶ τὸ σωφρονέστερον
αὐτὴν λάμβανε· δεῖ γὰρ πλεῦνας γενομένους οὕτως
ἐπιχειρέειν. λέγει πρὸς ταῦτα Δαρεῖος· Ἄνδρες οἱ
παρεόντες, τρόπῳ τῷ εἰρημένῳ ἐξ Ὀτάνεω εἰ χρήσεσθε, 25
ἐπίστασθε ὅτι ἀπολέεσθε κάκιστα· ἐξοίσει γάρ τις πρὸς
τὸν μάγον, ἰδίῃ περιβαλλόμενος ἑωυτῷ κέρδεα. μάλιστα
μέν νυν ὠφείλετε ἐπ᾽ ὑμέων αὐτῶν βαλόμενοι ποιέειν ταῦτα·
ἐπείτε δὲ ὑμῖν ἀναφέρειν ἐς πλεῦνας ἐδόκεε καὶ ἐμοὶ
ὑπερέθεσθε, ἢ ποιέωμεν σήμερον ἢ ἴστε ὑμῖν ὅτι ἢν 30
ὑπερπέσῃ ἡ νῦν ἡμέρη, ὡς οὐκ ἄλλος φθὰς ἐμεῦ κατήγορος

ἔσται, ἀλλά σφεα αὐτὸς ἐγὼ κατερέω πρὸς τὸν μάγον.
λέγει πρὸς ταῦτα Ὀτάνης, ἐπειδὴ ὥρα σπερχόμενον
Δαρεῖον· Ἐπείτε ἡμέας συνταχύνειν ἀναγκάζεις καὶ
ὑπερβάλλεσθαι οὐκ ἐᾷς, ἴθι ἐξηγέο αὐτὸς ὅτεῳ τρόπῳ
5 πάριμεν ἐς τὰ βασιλήια καὶ ἐπιχειρήσομεν αὐτοῖσι.
φυλακὰς γὰρ δὴ διεστεώσας οἶδάς κου καὶ αὐτός, εἰ μὴ
ἰδών, ἀλλ᾿ ἀκούσας· τὰς τέῳ τρόπῳ περήσομεν; ἀμεί-
βεται Δαρεῖος τοισίδε· Ὀτάνη, ἦ πολλά ἐστι τὰ λόγῳ
μὲν οὐκ οἷά τε δηλῶσαι, ἔργῳ δέ· ἄλλα δ᾿ ἐστὶ τὰ λόγῳ
10 μὲν οἷά τε, ἔργον δὲ οὐδὲν ἀπ᾿ αὐτῶν λαμπρὸν γίνεται.
ὑμεῖς δὲ ἴστε φυλακὰς τὰς κατεστεώσας ἐούσας οὐδὲν
χαλεπὰς παρελθεῖν. τοῦτο μὲν γὰρ ἡμέων ἐόντων τοιῶνδε
οὐδεὶς ὅστις οὐ παρήσει, τὰ μέν κου καταιδεόμενος ἡμέας,
τὰ δέ κου καὶ δειμαίνων· τοῦτο δὲ ἔχω αὐτὸς σκῆψιν
15 εὐπρεπεστάτην τῇ πάριμεν, φὰς ἄρτι τε ἥκειν ἐκ Περσέων
καὶ βούλεσθαί τι ἔπος παρὰ τοῦ πατρὸς σημῆναι τῷ
βασιλέϊ. ὃς ἂν μέν νυν τῶν πυλουρῶν ἑκὼν παρίῃ, αὐτῷ
οἱ ἄμεινον ἐς χρόνον ἔσται· ὃς δ᾿ ἂν ἀντιβαίνειν πειρᾶται,
διαδεικνύσθω ἐνθαῦτα ἐὼν πολέμιος, καὶ ἔπειτα ὠσάμενοι
20 ἔσω ἔργου ἐχώμεθα. λέγει Γωβρύης μετὰ ταῦτα· Ἄνδρες
φίλοι, ἡμῖν κότε κάλλιον παρέξει ἀνασώσασθαι τὴν ἀρχήν,
ἢ εἴ γε μὴ οἷοί τε ἐσόμεθα αὐτὴν ἀναλαβεῖν, ἀποθανεῖν;
ὅτε γε ἀρχόμεθα μὲν ἐόντες Πέρσαι ὑπὸ Μήδου ἀνδρὸς
μάγου, καὶ τούτου ὦτα οὐκ ἔχοντος. ὅσοι τε ὑμέων
25 Καμβύσῃ νοσέοντι παρεγένοντο, πάντως κου μέμνησθε τὰ
ἐπέσκηψε Πέρσῃσι τελευτῶν τὸν βίον μὴ πειρωμένοισι
ἀνακτᾶσθαι τὴν ἀρχήν· τὰ τότε οὐκ ἐνεδεκόμεθα, ἀλλ᾿ ἐπὶ
διαβολῇ ἐδοκέομεν εἰπεῖν Καμβύσεα. νῦν ὦν τίθεμαι
ψῆφον πείθεσθαι Δαρείῳ καὶ μὴ διαλύεσθαι ἐκ τοῦ συλλόγου
30 τοῦδε ἀλλ᾿ ἢ ἰόντας ἐπὶ τὸν μάγον ἰθέως. ταῦτα εἶπε
Γωβρύης, καὶ πάντες ταύτῃ αἴνεον.

Ἐν ᾧ δὲ οὗτοι ταῦτα ἐβουλεύοντο, ἐγίνετο κατὰ
συντυχίην τάδε. τοῖσι μάγοισι ἔδοξε βουλευομένοισι
Πρηξάσπεα φίλον προσθέσθαι, ὅτι τε ἐπεπόνθεε πρὸς
Καμβύσεω ἀνάρσια, ὅς οἱ τὸν παῖδα τοξεύσας ἀπολωλέκεε,
καὶ διότι μοῦνος ἠπίστατο τὸν Σμέρδιος τοῦ Κύρου θάνατον 5
αὐτοχειρίῃ μιν ἀπολέσας, πρὸς δ' ἔτι ἐόντα ἐν αἴνῃ
μεγίστῃ ἐν Πέρσῃσι. τούτων δή μιν εἵνεκεν καλέσαντες
φίλον προσεκτῶντο πίστι τε λαβόντες καὶ ὁρκίοισι, ἦ μὲν
ἕξειν παρ' ἑωυτῷ μηδ' ἐξοίσειν μηδενὶ ἀνθρώπων τὴν ἀπὸ
σφέων ἀπάτην ἐς Πέρσας γεγονυῖαν, ὑπισχνεύμενοι τὰ 10
πάντα οἱ μυρία δώσειν. ὑποδεκομένου δὲ τοῦ Πρηξάσπεος
ποιήσειν ταῦτα, ὡς ἀνέπεισάν μιν οἱ μάγοι, δεύτερα
προσέφερον, αὐτοὶ μὲν φάμενοι Πέρσας πάντας συγκαλέειν
ὑπὸ τὸ βασιλήιον τεῖχος, κεῖνον δ' ἐκέλευον ἀναβάντα ἐπὶ
πύργον ἀγορεῦσαι ὡς ὑπὸ τοῦ Κύρου Σμέρδιος ἄρχονται 15
καὶ ὑπ' οὐδενὸς ἄλλου. ταῦτα δὲ οὕτω ἐνετέλλοντο ὡς
πιστοτάτου δῆθεν ἐόντος αὐτοῦ ἐν Πέρσῃσι, καὶ πολλάκις
ἀποδεξαμένου γνώμην ὡς περιείη ὁ Κύρου Σμέρδις, καὶ
ἐξαρνησαμένου τὸν φόνον αὐτοῦ. φαμένου δὲ καὶ ταῦτα
ἑτοίμου εἶναι ποιέειν τοῦ Πρηξάσπεος συγκαλέσαντες 20
Πέρσας οἱ μάγοι ἀνεβίβασαν αὐτὸν ἐπὶ πύργον καὶ
ἀγορεύειν ἐκέλευον. ὁ δὲ τῶν μὲν δὴ ἐκεῖνοι προσεδέοντο
αὐτοῦ, τούτων μὲν ἑκὼν ἐπελήθετο, ἀρξάμενος δὲ ἀπ'
Ἀχαιμένεος ἐγενεηλόγησε τὴν πατριὴν τὴν Κύρου, μετὰ
δὲ ὡς ἐς τοῦτον κατέβη, τελευτῶν ἔλεγε ὅσα ἀγαθὰ Κῦρος 25
Πέρσας πεποιήκοι, διεξελθὼν δὲ ταῦτα ἐξέφαινε τὴν
ἀληθείην, φάμενος πρότερον μὲν κρύπτειν (οὐ γάρ οἱ εἶναι
ἀσφαλὲς λέγειν τὰ γενόμενα), ἐν δὲ τῷ παρεόντι ἀναγκαίην
μιν καταλαμβάνειν φαίνειν· καὶ δὴ ἔλεγε τὸν μὲν Κύρου
Σμέρδιν ὡς αὐτὸς ὑπὸ Καμβύσεω ἀναγκαζόμενος ἀπο- 30
κτείνειε, τοὺς μάγους δὲ βασιλεύειν. Πέρσῃσι δὲ πολλὰ

ἐπαρησάμενος εἰ μὴ ἀνακτησαίατο ὀπίσω τὴν ἀρχὴν καὶ
τοὺς μάγους τεισαίατο, ἀπῆκε ἑωυτὸν ἐπὶ κεφαλὴν φέρεσθαι
ἀπὸ τοῦ πύργου κάτω. Πρηξάσπης μέν νυν ἐὼν πάντα
χρόνον ἀνὴρ δόκιμος οὕτω ἐτελεύτησε.

5 Οἱ δὲ δὴ ἑπτὰ τῶν Περσέων ὡς ἐβουλεύσαντο αὐτίκα
ἐπιχειρέειν τοῖσι μάγοισι καὶ μὴ ὑπερβάλλεσθαι, ἦσαν
εὐξάμενοι τοῖσι θεοῖσι, τῶν περὶ Πρηξάσπεα πρηχθέντων
εἰδότες οὐδέν. ἔν τε δὴ τῇ ὁδῷ μέσῃ στίχοντες ἐγίνοντο
καὶ τὰ περὶ Πρηξάσπεα γεγονότα ἐπυνθάνοντο. ἐνθαῦτα
10 ἐκστάντες τῆς ὁδοῦ ἐδίδοσαν αὖτις σφίσι λόγους, οἱ μὲν
ἀμφὶ τὸν Ὀτάνην πάγχυ κελεύοντες ὑπερβάλλεσθαι μηδὲ
οἰδεόντων τῶν πρηγμάτων ἐπιτίθεσθαι, οἱ δὲ ἀμφὶ τὸν
Δαρεῖον αὐτίκα τε ἰέναι καὶ τὰ δεδογμένα ποιέειν μηδὲ
ὑπερβάλλεσθαι. ὠθιζομένων δ᾽ αὐτῶν ἐφάνη ἱρήκων ἑπτὰ
15 ζεύγεα δύο αἰγυπιῶν ζεύγεα διώκοντα καὶ τίλλοντά τε καὶ
ἀμύσσοντα. ἰδόντες δὲ ταῦτα οἱ ἑπτὰ τήν τε Δαρείου
πάντες αἴνεον γνώμην καὶ ἔπειτα ἦσαν ἐπὶ τὰ βασιλήια
τεθαρσηκότες τοῖσι ὄρνισι. ἐπιστᾶσι δὲ ἐπὶ τὰς πύλας
ἐγίνετο οἷόν τι Δαρείῳ ἡ γνώμη ἔφερε· καταιδεόμενοι γὰρ
20 οἱ φύλακοι ἄνδρας τοὺς Περσέων πρώτους καὶ οὐδὲν
τοιοῦτον ὑποπτεύοντες ἐξ αὐτῶν ἔσεσθαι, παρίεσαν θείῃ
πομπῇ χρεωμένους, οὐδ᾽ ἐπειρώτα οὐδείς. ἐπείτε δὲ καὶ
παρῆλθον ἐς τὴν αὐλήν, ἐνέκυρσαν τοῖσι τὰς ἀγγελίας
ἐσφέρουσι εὐνούχοισι, οἵ σφεας ἱστόρεον ὅ τι θέλοντες
25 ἥκοιεν· καὶ ἅμα ἱστορέοντες τούτους τοῖσι πυλουροῖσι
ἀπείλεον ὅτι σφέας παρῆκαν, ἴσχόν τε βουλομένους τοὺς
ἑπτὰ ἐς τὸ πρόσω παριέναι. οἱ δὲ διακελευσάμενοι καὶ
σπασάμενοι τὰ ἐγχειρίδια τούτους μὲν τοὺς ἴσχοντας
αὐτοῦ ταύτῃ συγκεντέουσι, αὐτοὶ δὲ ἦσαν δρόμῳ ἐς τὸν
30 ἀνδρεῶνα. οἱ δὲ μάγοι ἔτυχον ἀμφότεροι τηνικαῦτα ἐόντες
ἔσω καὶ τὰ ἀπὸ Πρηξάσπεος γενόμενα ἐν βουλῇ ἔχοντες.

ἐπεὶ ὦν εἶδον τοὺς εὐνούχους τεθορυβημένους τε καὶ βοῶντας,
ἀνά τε ἔδραμον πάλιν ἀμφότεροι, καὶ ὡς ἔμαθον τὸ
ποιεύμενον, πρὸς ἀλκὴν ἐτράποντο. ὁ μὲν δὴ αὐτῶν
φθάνει τὰ τόξα κατελόμενος, ὁ δὲ πρὸς τὴν αἰχμὴν
ἐτράπετο. ἐνθαῦτα δὴ συνέμισγον ἀλλήλοισι. τῷ μὲν 5
δὴ τὰ τόξα ἀναλαβόντι αὐτῶν, ἐόντων τε ἀγχοῦ τῶν
πολεμίων καὶ προσκειμένων, ἦν χρηστὰ οὐδέν· ὁ δ' ἕτερος
τῇ αἰχμῇ ἠμύνετο καὶ τοῦτο μὲν Ἀσπαθίνην παίει ἐς τὸν
μηρόν, τοῦτο δὲ Ἰνταφρένεα ἐς τὸν ὀφθαλμόν· καὶ ἐστε-
ρήθη μὲν τοῦ ὀφθαλμοῦ ἐκ τοῦ τρώματος ὁ Ἰνταφρένης, 10
οὐ μέντοι ἀπέθανέ γε. τῶν μὲν δὴ μάγων οὕτερος
τρωματίζει τούτους, ὁ δὲ ἕτερος, ἐπείτε οἱ τὰ τόξα οὐδὲν
χρηστὰ ἐγίνετο, ἦν γὰρ δὴ θάλαμος ἐσέχων ἐς τὸν
ἀνδρεῶνα, ἐς τοῦτον καταφεύγει, θέλων αὐτοῦ προσθεῖναι
τὰς θύρας. καί οἱ συνεσπίπτουσι τῶν ἑπτὰ δύο, Δαρεῖός τε 15
καὶ Γωβρύης· συμπλακέντος δὲ τοῦ Γωβρύεω τῷ μάγῳ ὁ
Δαρεῖος ἐπεστεὼς ἠπόρεε οἷα ἐν σκότεϊ, προμηθεόμενος
μὴ πλήξῃ τὸν Γωβρύην. ὁρῶν δέ μιν ἀργὸν ἐπεστεῶτα ὁ
Γωβρύης εἴρετο ὅ τι οὐ χρᾶται τῇ χειρί· ὁ δὲ εἶπε·
Προμηθεόμενος σέο, μὴ πλήξω. Γωβρύης δὲ ἀμείβετο· 20
Ὤθεε τὸ ξίφος καὶ δι' ἀμφοτέρων. Δαρεῖος δὲ πειθόμενος
ὦσέ τε τὸ ἐγχειρίδιον καὶ ἔτυχέ κως τοῦ μάγου. ἀποκτεί-
ναντες δὲ τοὺς μάγους καὶ ἀποταμόντες αὐτῶν τὰς κεφαλὰς
τοὺς μὲν τρωματίας ἑωυτῶν αὐτοῦ λείπουσι καὶ ἀδυνασίης
εἵνεκεν καὶ φυλακῆς τῆς ἀκροπόλιος, οἱ δὲ πέντε αὐτῶν 25
ἔχοντες τῶν μάγων τὰς κεφαλὰς ἔθεον ἔξω, βοῇ τε καὶ
πατάγῳ χρεώμενοι, καὶ Πέρσας τοὺς ἄλλους ἐπεκαλέοντο
ἐξηγεόμενοί τε τὸ πρῆγμα καὶ δεικνύοντες τὰς κεφαλάς·
καὶ ἅμα ἔκτεινον πάντα τινὰ τῶν μάγων τὸν ἐν ποσὶ
γινόμενον. οἱ δὲ Πέρσαι μαθόντες τὸ γεγονὸς ἐκ τῶν 30
ἑπτὰ καὶ τῶν μάγων τὴν ἀπάτην ἐδικαίευν καὶ αὐτοὶ

ἕτερα τοιαῦτα ποιέειν, σπασάμενοι δὲ τὰ ἐγχειρίδια
ἔκτεινον ὅκου τινὰ μάγον εὕρισκον· εἰ δὲ μὴ νὺξ ἐπελθοῦσα
ἔσχε, ἔλιπον ἂν οὐδένα μάγον. ταύτην τὴν ἡμέρην
θεραπεύουσι Πέρσαι κοινῇ μάλιστα τῶν ἡμερέων καὶ ἐν
5 αὐτῇ ὁρτὴν μεγάλην ἀνάγουσι, ἣ κέκληται ὑπὸ Περσέων
μαγοφόνια, ἐν τῇ μάγον οὐδένα ἔξεστι φανῆναι ἐς τὸ φῶς,
ἀλλὰ κατ᾽ οἴκους ἑωυτοὺς οἱ μάγοι ἔχουσι τὴν ἡμέρην
ταύτην. ἐπείτε δὲ κατέστη ὁ θόρυβος καὶ ἐκτὸς πέντε
ἡμερέων ἐγένετο, ἐβουλεύοντο οἱ ἐπαναστάντες τοῖσι
10 μάγοισι περὶ τῶν πάντων πρηγμάτων.

The Accession of Darius

Δαρεῖός τε δὴ ὁ Ὑστάσπεος βασιλεὺς ἀπεδέδεκτο, καί
οἱ ἦσαν ἐν τῇ Ἀσίῃ πάντες κατήκοοι πλὴν Ἀραβίων,
Κύρου τε καταστρεψαμένου καὶ ὕστερον αὖτις Καμβύσεω.
Ἀράβιοι δὲ οὐδαμὰ κατήκουσαν ἐπὶ δουλοσύνῃ Πέρσῃσι,
15 ἀλλὰ ξεῖνοι ἐγένοντο παρέντες Καμβύσεα ἐπ᾽ Αἴγυπτον·
ἀεκόντων γὰρ Ἀραβίων οὐκ ἂν ἐσβάλοιεν Πέρσαι ἐς
Αἴγυπτον. γάμους τε τοὺς πρώτους ἐγάμεε ἐν Πέρσῃσι
ὁ Δαρεῖος, Κύρου μὲν δύο θυγατέρας Ἄτοσσάν τε καὶ
Ἀρτυστώνην, τὴν μὲν Ἄτοσσαν προσυνοικήσασαν Καμ-
20 βύσῃ τε τῷ ἀδελφεῷ καὶ αὖτις τῷ μάγῳ, τὴν δὲ Ἀρτυ-
στώνην παρθένον. ἑτέρην δὲ Σμέρδιος τοῦ Κύρου θυγατέρα
ἔγημε, τῇ οὔνομα ἦν Πάρμυς· ἔσχε δὲ καὶ τὴν τοῦ
Ὀτάνεω θυγατέρα, ἣ τὸν μάγον κατάδηλον ἐποίησε.
δυνάμιός τε πάντα οἱ ἐπιμπλέατο.

The Last Fortunes of Polycrates

25 Κατὰ δέ κου μάλιστα τὴν Καμβύσεω νοῦσον ἐγίνετο
τάδε. ὑπὸ Κύρου κατασταθεὶς ἦν Σαρδίων ὕπαρχος
Ὀροίτης ἀνὴρ Πέρσης. οὗτος ἐπεθύμησε πρήγματος οὐκ
ὁσίου· οὔτε γάρ τι παθὼν οὔτε ἀκούσας μάταιον ἔπος πρὸς

Πολυκράτεος τοῦ Σαμίου οὐδὲ ἰδὼν πρότερον ἐπεθύμησε
λαβὼν αὐτὸν ἀπολέσαι, ὡς μὲν οἱ πλεῦνες λέγουσι, διὰ
τοιήνδε τινὰ αἰτίην· ἐπὶ τῶν βασιλέος θυρέων κατήμενον
τόν τε Ὀροίτεα καὶ ἄλλον Πέρσην τῷ οὔνομα εἶναι
Μιτροβάτεα, νομοῦ ἄρχοντα τοῦ ἐν Δασκυλείῳ, τούτους 5
ἐκ λόγων ἐς νείκεα συμπεσεῖν· κρινομένων δὲ περὶ ἀρετῆς
εἰπεῖν τὸν Μιτροβάτεα τῷ Ὀροίτῃ προφέροντα· Σὺ γὰρ
ἐν ἀνδρῶν λόγῳ, ὃς βασιλέϊ νῆσον Σάμον πρὸς τῷ σῷ
νομῷ προσκειμένην οὐ προσεκτήσαο, ὧδε δή τι ἐοῦσαν
εὐπετέα χειρωθῆναι, τὴν τῶν τις ἐπιχωρίων πεντεκαίδεκα 10
ὁπλίτῃσι ἐπαναστὰς ἔσχε καὶ νῦν αὐτῆς τυραννεύει. οἱ
μὲν δή μίν φασι τοῦτο ἀκούσαντα καὶ ἀλγήσαντα τῷ
ὀνείδεϊ ἐπιθυμῆσαι οὐκ οὕτω τὸν εἴπαντα ταῦτα τείσασθαι
ὡς Πολυκράτεα πάντως ἀπολέσαι, δι᾿ ὅντινα κακῶς ἤκουσε.
οἱ δὲ ἐλάσσονες λέγουσι πέμψαι Ὀροίτεα ἐς Σάμον 15
κήρυκα ὅτευ δὴ χρήματος δεησόμενον (οὐ γὰρ ὦν δὴ τοῦτό
γε λέγεται), καὶ τὸν Πολυκράτεα τυχεῖν κατακείμενον ἐν
ἀνδρεῶνι, παρεῖναι δέ οἱ καὶ Ἀνακρέοντα τὸν Τήιον·
καί κως εἴτε ἐκ προνοίης αὐτὸν κατηλογέοντα τὰ Ὀροίτεω
πρήγματα, εἴτε καὶ συντυχίη τις τοιαύτη ἐπεγένετο· τόν 20
τε γὰρ κήρυκα τὸν Ὀροίτεω παρελθόντα διαλέγεσθαι καὶ
τὸν Πολυκράτεα (τυχεῖν γὰρ ἀπεστραμμένον πρὸς τὸν
τοῖχον) οὔτε μεταστραφῆναι οὔτε τι ὑποκρίνασθαι. αἰτίαι
μὲν δὴ αὗται διφάσιαι λέγονται τοῦ θανάτου τοῦ Πολυκρά-
τεος γενέσθαι, πάρεστι δὲ πείθεσθαι ὁκοτέρῃ τις βούλεται 25
αὐτέων. ὁ δὲ ὦν Ὀροίτης ἱζόμενος ἐν Μαγνησίῃ τῇ ὑπὲρ
Μαιάνδρου ποταμοῦ οἰκημένῃ ἔπεμπε Μύρσον τὸν Γύγεω
ἄνδρα Λυδὸν ἐς Σάμον ἀγγελίην φέροντα, μαθὼν τοῦ
Πολυκράτεος τὸν νόον. Πολυκράτης γάρ ἐστι πρῶτος
τῶν ἡμεῖς ἴδμεν Ἑλλήνων ὃς θαλασσοκρατέειν ἐπενοήθη, 30
πάρεξ Μίνω τε τοῦ Κνωσσίου καὶ εἰ δή τις ἄλλος πρότερος

τούτου ἦρξε τῆς θαλάσσης· τῆς δὲ ἀνθρωπηίης λεγομένης
γενεῆς Πολυκράτης πρῶτος, ἐλπίδας πολλὰς ἔχων Ἰωνίης
τε καὶ νήσων ἄρξειν. μαθὼν ὦν ταῦτά μιν διανοεύμενον ὁ
Ὀροίτης πέμψας ἀγγελίην ἔλεγε τάδε· Ὀροίτης Πολυκρά-
5 τεϊ ὧδε λέγει. πυνθάνομαί σε ἐπιβουλεύειν μὲν πρήγμασι
μεγάλοισι, χρήματα δέ τοι οὐκ εἶναι κατὰ τὰ φρονήματα.
σύ νυν ὧδε ποιήσας ὀρθώσεις μὲν σεωυτόν, σώσεις δὲ καὶ
ἐμέ· ἐμοὶ γὰρ βασιλεὺς Καμβύσης ἐπιβουλεύει θάνατον
καί μοι τοῦτο ἐξαγγέλλεται σαφηνέως. σύ νυν ἐμὲ
10 ἐκκομίσας αὐτὸν καὶ χρήματα, τὰ μὲν αὐτῶν αὐτὸς ἔχε,
τὰ δὲ ἐμὲ ἔα ἔχειν· εἵνεκέν τε χρημάτων ἄρξεις ἁπάσης
τῆς Ἑλλάδος. εἰ δέ μοι ἀπιστέεις τὰ περὶ τῶν χρημάτων,
πέμψον ὅστις τοι πιστότατος τυγχάνει ἐών, τῷ ἐγὼ
ἀποδέξω. ταῦτα ἀκούσας ὁ Πολυκράτης ἥσθη τε καὶ
15 ἐβούλετο· καί κως ἱμείρετο γὰρ χρημάτων μεγάλως, ἀπο-
πέμπει πρῶτα κατοψόμενον Μαιάνδριον Μαιανδρίου ἄνδρα
τῶν ἀστῶν, ὅς οἱ ἦν γραμματιστής· ὃς χρόνῳ οὐ πολλῷ
ὕστερον τούτων τὸν κόσμον τὸν ἐκ τοῦ ἀνδρεῶνος τοῦ
Πολυκράτεος ἐόντα ἀξιοθέητον ἀνέθηκε πάντα ἐς τὸ
20 Ἥραιον. ὁ δὲ Ὀροίτης μαθὼν τὸν κατάσκοπον ἐόντα
προσδόκιμον ἐποίεε τοιάδε· λάρνακας ὀκτὼ πληρώσας
λίθων πλὴν κάρτα βραχέος τοῦ περὶ αὐτὰ τὰ χείλεα,
ἐπιπολῆς τῶν λίθων χρυσὸν ἐπέβαλε, καταδήσας δὲ τὰς
λάρνακας εἶχε ἑτοίμας. ἐλθὼν δὲ ὁ Μαιάνδριος καὶ
25 θεησάμενος ἀπήγγελλε τῷ Πολυκράτεϊ. ὁ δὲ πολλὰ μὲν
τῶν μαντίων ἀπαγορευόντων πολλὰ δὲ τῶν φίλων ἐστέλ-
λετο αὐτὸς ἀπιέναι, πρὸς δὲ καὶ ἰδούσης τῆς θυγατρὸς
ὄψιν ἐνυπνίου τοιήνδε· ἐδόκεέ οἱ τὸν πατέρα ἐν τῷ ἠέρι
μετέωρον ἐόντα λοῦσθαι μὲν ὑπὸ τοῦ Διός, χρίεσθαι δὲ ὑπὸ
30 τοῦ Ἡλίου. ταύτην ἰδοῦσα τὴν ὄψιν παντοίη ἐγίνετο
μὴ ἀποδημῆσαι τὸν Πολυκράτεα παρὰ τὸν Ὀροίτεα, καὶ

δὴ καὶ ἰόντος αὐτοῦ ἐπὶ τὴν πεντηκόντερον ἐπεφημίζετο.
ὁ δέ οἱ ἠπείλησε, ἢν σῶς ἀπονοστήσῃ, πολλόν μιν χρόνον
παρθενεύσεσθαι. ἡ δὲ ἠρήσατο ἐπιτελέα ταῦτα γενέσθαι·
βούλεσθαι γὰρ παρθενεύεσθαι πλέω χρόνον ἢ τοῦ πατρὸς
ἐστερῆσθαι. Πολυκράτης δὲ πάσης συμβουλίης ἀλογήσας 5
ἔπλεε παρὰ τὸν Ὀροίτεα, ἅμα ἀγόμενος ἄλλους τε πολλοὺς
τῶν ἑταίρων, ἐν δὲ δὴ καὶ Δημοκήδεα τὸν Καλλιφῶντος
Κροτωνιήτην ἄνδρα, ἰητρόν τε ἐόντα καὶ τὴν τέχνην
ἀσκέοντα ἄριστα τῶν κατ' ἑωυτόν. ἀπικόμενος δὲ ἐς τὴν
Μαγνησίην ὁ Πολυκράτης διεφθάρη κακῶς, οὔτε ἑωυτοῦ 10
ἀξίως οὔτε τῶν ἑωυτοῦ φρονημάτων· ὅτι γὰρ μὴ οἱ
Συρηκοσίων γενόμενοι τύραννοι, οὐδὲ εἷς τῶν ἄλλων
Ἑλληνικῶν τυράννων ἄξιός ἐστι Πολυκράτεϊ μεγαλοπρε-
πείην συμβληθῆναι. ἀποκτείνας δέ μιν οὐκ ἀξίως ἀπη-
γήσιος Ὀροίτης ἀνεσταύρωσε· τῶν δέ οἱ ἐπομένων ὅσοι 15
μὲν ἦσαν Σάμιοι, ἀπῆκε, κελεύων σφέας ἑωυτῷ χάριν
εἰδέναι ἐόντας ἐλευθέρους, ὅσοι δὲ ἦσαν ξεῖνοί τε καὶ
δοῦλοι τῶν ἐπομένων, ἐν ἀνδραπόδων λόγῳ ποιεύμενος
εἶχε. Πολυκράτης δὲ ἀνακρεμάμενος ἐπετέλεε πᾶσαν τὴν
ὄψιν τῆς θυγατρός· ἐλοῦτο μὲν γὰρ ὑπὸ τοῦ Διός, ὅκως 20
ὕοι, ἐχρίετο δὲ ὑπὸ τοῦ ἡλίου ἀνιεὶς αὐτὸς ἐκ τοῦ σώματος
ἰκμάδα. Πολυκράτεος μὲν δὴ αἱ πολλαὶ εὐτυχίαι ἐς
τοῦτο ἐτελεύτησαν.

Fortunes of the Physician Democedes

Ἀπικομένων δὲ καὶ ἀνακομισθέντων τῶν Ὀροίτεω χρη-
μάτων ἐς τὰ Σοῦσα συνήνεικε χρόνῳ οὐ πολλῷ ὕστερον 25
βασιλέα Δαρεῖον ἐν ἄγρῃ θηρίων ἀποθρώσκοντα ἀπ'
ἵππου στραφῆναι τὸν πόδα. καί κως ἰσχυροτέρως ἐστρά-
φη· ὁ γάρ οἱ ἀστράγαλος ἐξεχώρησε ἐκ τῶν ἄρθρων.
νομίζων δὲ καὶ πρότερον περὶ ἑωυτὸν ἔχειν Αἰγυπτίων
τοὺς δοκέοντας εἶναι πρώτους τὴν ἰητρικήν, τούτοισι 30

ἐχρᾶτο. οἱ δὲ στρεβλοῦντες καὶ βιώμενοι τὸν πόδα
κακὸν μέζον ἐργάζοντο. ἐπ᾽ ἑπτὰ μὲν δὴ ἡμέρας καὶ ἑπτὰ
νύκτας ὑπὸ τοῦ παρεόντος κακοῦ ὁ Δαρεῖος ἀγρυπνίῃσι
εἴχετο, τῇ δὲ δὴ ὀγδόῃ ἡμέρῃ ἔχοντί οἱ φλαύρως παρα-
5 κούσας τις πρότερος ἔτι ἐν Σάρδισι τοῦ Κροτωνιήτεω
Δημοκήδεος τὴν τέχνην ἐσαγγέλλει τῷ Δαρείῳ· ὁ δὲ
ἄγειν μιν τὴν ταχίστην παρ᾽ ἑωυτὸν ἐκέλευσε. τὸν δὲ
ὡς ἐξεῦρον ἐν τοῖσι Ὀροίτεω ἀνδραπόδοισι ὅκου δὴ
ἀπημελημένον, παρῆγον ἐς μέσον πέδας τε ἕλκοντα καὶ
10 ῥάκεσι ἐσθημένον. σταθέντα δὲ ἐς μέσον εἰρώτα ὁ Δαρεῖος
τὴν τέχνην εἰ ἐπίσταιτο· ὁ δὲ οὐκ ὑπεδέκετο, ἀρρωδέων
μὴ ἑωυτὸν ἐκφήνας τὸ παράπαν τῆς Ἑλλάδος ᾖ ἀπεστερη-
μένος. κατεφάνη δὲ τῷ Δαρείῳ τεχνάζειν ἐπιστάμενος,
καὶ τοὺς ἀγαγόντας αὐτὸν ἐκέλευσε μάστιγάς τε καὶ
15 κέντρα παραφέρειν ἐς τὸ μέσον. ὁ δὲ ἐνθαῦτα δὴ ὦν ἐκ-
φαίνει, φὰς ἀτρεκέως μὲν οὐκ ἐπίστασθαι, ὁμιλήσας δὲ
ἰητρῷ φλαύρως ἔχειν τὴν τέχνην. μετὰ δὲ ὥς οἱ ἐπέτρεψε,
Ἑλληνικοῖσι ἰήμασι χρεώμενος καὶ ἤπια μετὰ τὰ ἰσχυρὰ
προσάγων ὕπνου τέ μιν λαγχάνειν ἐποίεε καὶ ἐν χρόνῳ
20 ὀλίγῳ ὑγιέα μιν ἐόντα ἀπέδεξε, οὐδαμὰ ἔτι ἐλπίζοντα
ἀρτίπουν ἔσεσθαι. δωρέεται δή μιν μετὰ ταῦτα ὁ Δαρεῖος
πεδέων χρυσέων δύο ζεύγεσι· ὁ δέ μιν ἐπείρετο εἴ οἱ
διπλήσιον τὸ κακὸν ἐπίτηδες νέμει, ὅτι μιν ὑγιέα ἐποίησε.
ἡσθεὶς δὲ τῷ ἔπεϊ ὁ Δαρεῖος ἀποπέμπει μιν παρὰ τὰς
25 ἑωυτοῦ γυναῖκας. παράγοντες δὲ οἱ εὐνοῦχοι ἔλεγον
πρὸς τὰς γυναῖκας ὡς βασιλέι οὗτος εἴη ὃς τὴν ψυχὴν
ἀπέδωκε. ὑποτύπτουσα δὲ αὐτέων ἑκάστη φιάλῃ ἐς τοῦ
χρυσοῦ τὴν θήκην ἐδωρέετο Δημοκήδεα οὕτω δή τι δαψιλέι
δωρεῇ ὡς τοὺς ἀποπίπτοντας ἀπὸ τῶν φιαλέων στατῆρας
30 ἑπόμενος ὁ οἰκέτης, τῷ οὔνομα ἦν Σκίτων, ἀνελέγετο καί
οἱ χρῆμα πολλόν τι χρυσοῦ συνελέχθη.

Ἐν χρόνῳ δὲ ὀλίγῳ μετὰ ταῦτα τάδε ἄλλα συνήνεικε
γενέσθαι· Ἀτόσσῃ τῇ Κύρου μὲν θυγατρί, Δαρείου δὲ γυ-
ναικὶ ἐπὶ τοῦ μαστοῦ ἔφυ φῦμα, μετὰ δὲ ἐκραγὲν ἐνέμετο
πρόσω. ὅσον μὲν δὴ χρόνον ἦν ἔλασσον, ἡ δὲ κρύπτουσα
καὶ αἰσχυνομένη ἔφραζε οὐδενί, ἐπείτε δὲ ἐν κακῷ ἦν, μετε- 5
πέμψατο τὸν Δημοκήδεα καί οἱ ἐπέδεξε. ὁ δὲ φὰς ὑγιέα
ποιήσειν ἐξορκοῖ μιν ἦ μέν οἱ ἀντυποργήσειν ἐκείνην τοῦτο
τὸ ἂν αὐτῆς δεηθῇ, δεήσεσθαι δὲ οὐδενὸς τῶν ὅσα ἐς αἰ-
σχύνην ἐστὶ φέροντα. ὡς δὲ ἄρα μιν μετὰ ταῦτα ἰώμενος
ὑγιέα ἀπέδεξε, ἐνθαῦτα δὴ διδαχθεῖσα ὑπὸ τοῦ Δημοκήδεος 10
ἡ Ἄτοσσα προσέφερε ἐν τῇ κοίτῃ Δαρείῳ λόγον τοιόνδε·
Ὦ βασιλεῦ, ἔχων δύναμιν τοσαύτην κάτησαι, οὔτε τι ἔθνος
προσκτώμενος οὔτε δύναμιν Πέρσῃσι. οἰκὸς δέ ἐστι ἄνδρα
καὶ νέον καὶ χρημάτων μεγάλων δεσπότην φαίνεσθαί τι
ἀποδεικνύμενον, ἵνα καὶ Πέρσαι ἐκμάθωσι ὅτι ὑπ᾽ ἀνδρὸς 15
ἄρχονται. ἐπ᾽ ἀμφότερα δέ τοι φέρει ταῦτα ποιέειν, καὶ
ἵνα σφέων Πέρσαι ἐπιστέωνται ἄνδρα εἶναι τὸν προεστεῶτα
καὶ ἵνα τρίβωνται πολέμῳ μηδὲ σχολὴν ἄγοντες ἐπιβου-
λεύωσί τοι. νῦν γὰρ ἄν τι καὶ ἀποδέξαιο ἔργον, ἕως νέος
εἶς ἡλικίην· αὐξομένῳ γὰρ τῷ σώματι συναύξονται καὶ αἱ 20
φρένες, γηράσκοντι δὲ συγγηράσκουσι καὶ ἐς τὰ πρήγματα
πάντα ἀπαμβλύνονται. ἡ μὲν δὴ ταῦτα ἐκ διδαχῆς ἔλεγε,
ὁ δ᾽ ἀμείβετο τοισίδε· Ὦ γύναι, πάντα ὅσα περ αὐτὸς
ἐπινοέω ποιήσειν εἴρηκας· ἐγὼ γὰρ βεβούλευμαι ζεύξας
γέφυραν ἐκ τῆσδε τῆς ἠπείρου ἐς τὴν ἑτέρην ἤπειρον ἐπὶ 25
Σκύθας στρατεύεσθαι· καὶ ταῦτα ὀλίγου χρόνου ἔσται
τελεύμενα. λέγει Ἄτοσσα τάδε· Ὅρα νυν, ἐπὶ Σκύθας
μὲν τὴν πρώτην ἰέναι ἔασον· οὗτοι γάρ, ἐπεὰν σὺ βούλῃ,
ἔσονταί τοι· σὺ δέ μοι ἐπὶ τὴν Ἑλλάδα στρατεύεσθαι.
ἐπιθυμέω γὰρ λόγῳ πυνθανομένη Λακαίνας τέ μοι γενέσθαι 30
θεραπαίνας καὶ Ἀργείας καὶ Ἀττικὰς καὶ Κορινθίας.

ἔχεις δὲ ἄνδρα ἐπιτηδεότατον ἀνδρῶν πάντων δέξαι τε
ἕκαστα τῆς Ἑλλάδος καὶ κατηγήσασθαι, τοῦτον ὅς σευ
τὸν πόδα ἐξιήσατο. ἀμείβεται Δαρεῖος· Ὦ γύναι, ἐπεὶ
τοίνυν τοι δοκέει τῆς Ἑλλάδος ἡμέας πρῶτα ἀποπειρᾶσθαι,
5 κατασκόπους μοι δοκέει Περσέων πρῶτον ἄμεινον εἶναι
ὁμοῦ τούτῳ τῷ σὺ λέγεις πέμψαι ἐς αὐτούς, οἳ μαθόντες
καὶ ἰδόντες ἐξαγγελέουσι ἕκαστα αὐτῶν ἡμῖν· καὶ ἔπειτα
ἐξεπιστάμενος ἐπ' αὐτοὺς τρέψομαι. ταῦτα εἶπε καὶ
ἅμα ἔπος τε καὶ ἔργον ἐποίεε. ἐπείτε γὰρ τάχιστα
10 ἡμέρη ἐπέλαμψε, καλέσας Περσέων ἄνδρας δοκίμους πεντε-
καίδεκα ἐνετέλλετό σφι ἑπομένους Δημοκήδεϊ διεξελθεῖν τὰ
παραθαλάσσια τῆς Ἑλλάδος, ὅκως τε μὴ διαδρήσεταί
σφεας ὁ Δημοκήδης, ἀλλά μιν πάντως ὀπίσω ἀπάξουσι.
ἐντειλάμενος δὲ τούτοισι ταῦτα, δεύτερα καλέσας αὐτὸν
15 Δημοκήδεα ἐδέετο αὐτοῦ ὅκως ἐξηγησάμενος πᾶσαν καὶ
ἐπιδέξας τὴν Ἑλλάδα τοῖσι Πέρσῃσι ὀπίσω ἥξει· δῶρα δέ
μιν τῷ πατρὶ καὶ τοῖσι ἀδελφεοῖσι ἐκέλευε πάντα τὰ
ἐκείνου ἔπιπλα λαβόντα ἄγειν, φὰς ἄλλα οἱ πολλαπλήσια
ἀντιδώσειν· πρὸς δὲ ἐς τὰ δῶρα ὁλκάδα οἱ ἔφη συμβαλέε-
20 σθαι πλήσας ἀγαθῶν παντοίων, τὴν ἅμα οἱ πλεύσεσθαι.
Δαρεῖος μὲν δή, δοκέειν ἐμοί, ἀπ' οὐδενὸς δολεροῦ νόου
ἐπαγγέλλετό οἱ ταῦτα, Δημοκήδης δὲ δείσας μή εὖ ἐκπει-
ρῷτο Δαρεῖος, οὔτι ἐπιδραμὼν πάντα τὰ διδόμενα ἐδέκετο,
ἀλλὰ τὰ μὲν ἑωυτοῦ κατὰ χώρην ἔφη καταλείψειν, ἵνα
25 ὀπίσω σφέα ἀπελθὼν ἔχοι, τὴν μέντοι ὁλκάδα, τήν οἱ
Δαρεῖος ἐπαγγέλλεται ἐς τὴν δωρεὴν τοῖσι ἀδελφεοῖσι,
δέκεσθαι ἔφη. ἐντειλάμενος δὲ καὶ τούτῳ ταὐτὰ ὁ Δαρεῖος
ἀποστέλλει αὐτοὺς ἐπὶ θάλασσαν. καταβάντες δὲ οὗτοι
ἐς Φοινίκην καὶ Φοινίκης ἐς Σιδῶνα πόλιν αὐτίκα μὲν
30 τριήρεας δύο ἐπλήρωσαν, ἅμα δὲ αὐτῇσι καὶ γαῦλον
μέγαν παντοίων ἀγαθῶν· παρασκευασάμενοι δὲ πάντα

ἔπλεον ἐς τὴν Ἑλλάδα, προσίσχοντες δὲ αὐτῆς τὰ παρα-
θαλάσσια ἐθηεῦντο καὶ ἀπεγράφοντο, ἐς ὃ τὰ πολλὰ
αὐτῆς καὶ ὀνομαστότατα θεησάμενοι ἀπίκοντο τῆς Ἰταλίης
ἐς Τάραντα. ἐνθαῦτα δὲ ἐκ ῥηστώνης τῆς Δημοκήδεος
Ἀριστοφιλίδης τῶν Ταραντίνων ὁ βασιλεὺς τοῦτο μὲν τὰ   5
πηδάλια παρέλυσε τῶν Μηδικέων νεῶν, τοῦτο δὲ αὐτοὺς
τοὺς Πέρσας εἷρξε ὡς κατασκόπους δῆθεν ἐόντας· ἐν ᾧ
δὲ οὗτοι ταῦτα ἔπασχον, ὁ Δημοκήδης ἐς τὴν Κρότωνα
ἀπικνέεται. ἀπιγμένου δὲ ἤδη τούτου ἐς τὴν ἑωυτοῦ ὁ
Ἀριστοφιλίδης ἔλυσε τοὺς Πέρσας καὶ τὰ παρέλαβε τῶν   10
νεῶν ἀπέδωκέ σφι. πλέοντες δὲ ἐνθεῦτεν οἱ Πέρσαι καὶ
διώκοντες Δημοκήδεα ἀπικνέονται ἐς τὴν Κρότωνα, εὑρόντες
δέ μιν ἀγοράζοντα ἅπτοντο αὐτοῦ. τῶν δὲ Κροτωνιητέων
οἱ μὲν καταρρωδέοντες τὰ Περσικὰ πρήγματα προϊέναι
ἕτοιμοι ἦσαν, οἱ δὲ ἀντάπτοντό τε καὶ τοῖσι σκυτάλοισι   15
ἔπαιον τοὺς Πέρσας προϊσχομένους ἔπεα τάδε· Ἄνδρες
Κροτωνιῆται, ὁρᾶτε τὰ ποιέετε· ἄνδρα βασιλέος δρηπέτην
γενόμενον ἐξαιρέεσθε. καὶ κῶς ταῦτα βασιλέϊ Δαρείῳ
ἐκχρήσει περιυβρίσθαι; κῶς δὲ ὑμῖν τὰ ποιεύμενα ἕξει
καλῶς, ἢν ἀπέλησθε ἡμέας; ἐπὶ τίνα δὲ τῆσδε προτέρην   20
στρατευσόμεθα πόλιν; τίνα δὲ προτέρην ἀνδραποδίζεσθαι
πειρησόμεθα; ταῦτα λέγοντες τοὺς Κροτωνιήτας οὐκ ὢν
ἔπειθον, ἀλλ᾽ ἐξαιρεθέντες τε τὸν Δημοκήδεα καὶ τὸν
γαῦλον τὸν ἅμα ἤγοντο ἀπαιρεθέντες ἀπέπλεον ὀπίσω ἐς
τὴν Ἀσίην, οὐδ᾽ ἔτι ἐξήτησαν τὸ προσωτέρω τῆς Ἑλλάδος   25
ἀπικόμενοι ἐκμαθεῖν, ἐστερημένοι τοῦ ἡγεμόνος. ταῦτα
μέν νυν οὕτω ἐπρήχθη, οὗτοι δὲ πρῶτοι ἐκ τῆς Ἀσίης ἐς τὴν
Ἑλλάδα ἀπίκοντο Πέρσαι, καὶ οὗτοι διὰ τοιόνδε πρῆγμα
κατάσκοποι ἐγένοντο.

BOOK V

Histiæus and Coes Rewarded by Darius

Δαρεῖος δὲ ὡς διαβὰς τάχιστα τὸν Ἑλλήσποντον
ἀπίκετο ἐς Σάρδις, ἐμνήσθη τῆς ἐξ Ἱστιαίου τε τοῦ
Μιλησίου εὐεργεσίης καὶ τῆς παραινέσιος τοῦ Μυτιληναίου
Κώεω, μεταπεμψάμενος δέ σφεας ἐς Σάρδις ἐδίδου αὐτοῖσι
5 αἵρεσιν. ὁ μὲν δὴ Ἱστιαῖος, ἅτε τυραννεύων τῆς Μιλήτου,
τυραννίδος μὲν οὐδεμιῆς προσεχρήιζε, αἰτέει δὲ Μύρκινον
τὴν Ἠδωνῶν, βουλόμενος ἐν αὐτῇ πόλιν κτίσαι. οὗτος
μὲν δὴ ταύτην αἱρέεται, ὁ δὲ Κώης, οἷά τε οὐ τύραννος
δημότης δὲ ἐών, αἰτέει Μυτιλήνης τυραννεῦσαι. τελεω-
10 θέντων δὲ ἀμφοτέροισι οὗτοι μὲν κατὰ τὰ εἵλοντο ἐτρά-
ποντο, Δαρεῖον δὲ συνήνεικε ἐπιθυμῆσαι ἐντείλασθαι Μεγα-
βάζῳ Παίονας ἐλόντα ἀνασπάστους ποιῆσαι ἐκ τῆς
Εὐρώπης ἐς τὴν Ἀσίην·

(Megabazus quickly executed the order of Darius, reducing the
Pæonians to subjection.)

Μεγάβαζος δὲ ἄγων τοὺς Παίονας ἀπίκετο ἐπὶ τὸν
15 Ἑλλήσποντον, ἐνθεῦτεν δὲ διαπεραιωθεὶς ἀπίκετο ἐς τὰς
Σάρδις. ἅτε δὲ τειχέοντος ἤδη Ἱστιαίου τοῦ Μιλησίου
τὴν παρὰ Δαρείου αἰτήσας ἔτυχε μισθὸν δωρεὴν φυλακῆς
τῆς σχεδίης, ἐόντος δὲ τοῦ χώρου τούτου παρὰ Στρυμόνα
ποταμόν, μαθὼν ὁ Μεγάβαζος τὸ ποιεύμενον ἐκ τοῦ
20 Ἱστιαίου, ὡς ἦλθε τάχιστα ἐς τὰς Σάρδις ἄγων τοὺς
Παίονας, ἔλεγε Δαρείῳ τάδε· Ὦ βασιλεῦ, κοῖόν τι χρῆμα
ἐποίησας, ἀνδρὶ Ἕλληνι δεινῷ τε καὶ σοφῷ δοὺς ἐγκτίσα-
σθαι πόλιν ἐν Θρηίκῃ, ἵνα ἴδη τε ναυπηγήσιμός ἐστι
ἄφθονος καὶ πολλοὶ κωπέες καὶ μέταλλα ἀργύρεα, ὅμιλός

τε πολλὸς μὲν Ἕλλην περιοικέει, πολλὸς δὲ βάρβαρος, οἳ
προστάτεω ἐπιλαβόμενοι ποιήσουσι τοῦτο τὸ ἂν κεῖνος
ἐξηγέηται καὶ ἡμέρης καὶ νυκτός. σύ νυν τοῦτον τὸν
ἄνδρα παῦσον ταῦτα ποιεῦντα, ἵνα μὴ οἰκηίῳ πολέμῳ
συνέχῃ. τρόπῳ δὲ ἠπίῳ μεταπεμψάμενος παῦσον· ἐπεὰν 5
δὲ αὐτὸν περιλάβῃς, ποιέειν ὅκως μηκέτι κεῖνος ἐς Ἕλληνας
ἀπίξεται. ταῦτα λέγων ὁ Μεγάβαζος εὐπετέως ἔπειθε
τὸν Δαρεῖον ὡς εὖ προορῶν τὸ μέλλον γίνεσθαι. μετὰ δὲ
πέμψας ἄγγελον ἐς τὴν Μύρκινον ὁ Δαρεῖος ἔλεγε τάδε·
Ἱστιαῖε, βασιλεὺς Δαρεῖος τάδε λέγει· ἐγὼ φροντίζων 10
εὑρίσκω ἐμοί τε καὶ τοῖσι ἐμοῖσι πρήγμασι εἶναι οὐδένα
σεῦ ἄνδρα εὐνοέστερον, τοῦτο δὲ οὐ λόγοισι ἀλλ᾽ ἔργοισι
οἶδα μαθών. νῦν ὦν, ἐπινοέω γὰρ πρήγματα μεγάλα
κατεργάσασθαι, ἀπικνέο μοι πάντως, ἵνα τοι αὐτὰ
ὑπερθέωμαι. τούτοισι τοῖσι ἔπεσι πιστεύσας ὁ Ἱστιαῖος 15
καὶ ἅμα μέγα ποιεύμενος βασιλέος σύμβουλος γενέσθαι
ἀπίκετο ἐς τὰς Σάρδις. ἀπικομένῳ δέ οἱ ἔλεγε Δαρεῖος
τάδε· Ἱστιαῖε, ἐγώ σε μετεπεμψάμην τῶνδε εἵνεκεν·
ἐπείτε τάχιστα ἐνόστησα ἀπὸ Σκυθέων καὶ σύ μοι ἐγένεο
ἐξ ὀφθαλμῶν, οὐδέν κω ἄλλο χρῆμα οὕτω ἐν βραχέι 20
ἐπεζήτησα ὡς σὲ ἰδεῖν τε καὶ ἐς λόγους μοι ἀπικέσθαι,
ἐγνωκὼς ὅτι κτημάτων πάντων ἐστὶ τιμιώτατον ἀνὴρ
φίλος συνετός τε καὶ εὔνοος, τά τοι ἐγὼ καὶ ἀμφότερα
συνειδὼς ἔχω μαρτυρέειν ἐς πρήγματα τὰ ἐμά. νῦν ὦν,
εὖ γὰρ ἐποίησας ἀπικόμενος, τάδε τοι ἐγὼ προτείνομαι· 25
Μίλητον μὲν ἔα καὶ τὴν νεόκτιστον ἐν Θρηίκῃ πόλιν, σὺ
δέ μοι ἑπόμενος ἐς Σοῦσα ἔχε τά περ ἂν ἐγὼ ἔχω, ἐμός τε
σύσσιτος ἐὼν καὶ σύμβουλος. ταῦτα Δαρεῖος εἴπας καὶ
καταστήσας Ἀρταφρένεα ἀδελφεὸν ἑωυτοῦ ὁμοπάτριον
ὕπαρχον εἶναι Σαρδίων, ἀπήλαυνε ἐς Σοῦσα ἅμα ἀγόμενος 30
Ἱστιαῖον.

The Origin of the Ionian Revolt

Μετὰ δὲ ἤρχετο τὸ δεύτερον ἐκ Νάξου τε καὶ Μιλήτου
Ἴωσι γίνεσθαι κακά. τοῦτο μὲν γὰρ ἡ Νάξος εὐδαιμονίῃ
τῶν νήσων προέφερε, τοῦτο δὲ κατὰ τὸν αὐτὸν χρόνον ἡ
Μίλητος αὐτή τε ἑωυτῆς μάλιστα δὴ τότε ἀκμάσασα καὶ
5 δὴ καὶ τῆς Ἰωνίης ἦν πρόσχημα, τότε δὲ ἐκ τουτέων τῶν
πολίων ὧδε ἤρχετο κακὰ γίνεσθαι τῇ Ἰωνίῃ. ἐκ Νάξου
ἔφυγον ἄνδρες τῶν παχέων ὑπὸ τοῦ δήμου, φυγόντες δὲ
ἀπίκοντο ἐς Μίλητον. τῆς δὲ Μιλήτου ἐτύγχανε ἐπίτρο-
πος ἐὼν Ἀρισταγόρης ὁ Μολπαγόρεω, γαμβρός τε ἐὼν καὶ
10 ἀνεψιὸς Ἱστιαίου τοῦ Λυσαγόρεω, τὸν ὁ Δαρεῖος ἐν
Σούσοισι κατεῖχε. ὁ γὰρ Ἱστιαῖος τύραννος ἦν Μιλήτου
καὶ ἐτύγχανε τοῦτον τὸν χρόνον ἐὼν ἐν Σούσοισι, ὅτε οἱ
Νάξιοι ἦλθον, ξεῖνοι πρὶν ἐόντες τῷ Ἱστιαίῳ. ἀπικόμενοι
δὲ οἱ Νάξιοι ἐς τὴν Μίλητον ἐδέοντο τοῦ Ἀρισταγόρεω,
15 εἴ κως αὐτοῖσι παράσχοι δύναμίν τινα καὶ κατέλθοιεν ἐς
τὴν ἑωυτῶν. ὁ δὲ ἐπιλεξάμενος ὡς, ἢν δι' αὐτοῦ κατέλθωσι
ἐς τὴν πόλιν, ἄρξει τῆς Νάξου, σκῆψιν δὲ ποιεύμενος τὴν
ξεινίην τὴν Ἱστιαίου, τόνδε σφι λόγον προσέφερε· Αὐτὸς
μὲν ὑμῖν οὐ φερέγγυός εἰμι δύναμιν παρασχεῖν τοσαύτην
20 ὥστε κατάγειν ἀεκόντων τῶν τὴν πόλιν ἐχόντων Ναξίων·
πυνθάνομαι γὰρ ὀκτακισχιλίην ἀσπίδα Ναξίοισι εἶναι
καὶ πλοῖα μακρὰ πολλά· μηχανήσομαι δὲ πᾶσαν σπουδὴν
ποιεύμενος. ἐπινοέω δὲ τῇδε. Ἀρταφρένης μοι τυγχάνει
ἐὼν φίλος· ὁ δὲ Ἀρταφρένης ὑμῖν Ὑστάσπεος μέν ἐστι
25 παῖς, Δαρείου δὲ τοῦ βασιλέος ἀδελφεός, τῶν δ' ἐπιθαλασ-
σίων τῶν ἐν τῇ Ἀσίῃ ἄρχει πάντων, ἔχων στρατιήν
τε πολλὴν καὶ πολλὰς νέας. τοῦτον ὦν δοκέω τὸν ἄνδρα
ποιήσειν τῶν ἂν χρηΐζωμεν. ταῦτα ἀκούσαντες οἱ Νάξιοι
προσέθεσαν τῷ Ἀρισταγόρῃ πρήσσειν τῇ δύναιτο ἄριστα
30 καὶ ὑπίσχεσθαι δῶρα ἐκέλευον καὶ δαπάνην τῇ στρατιῇ ὡς

αὐτοὶ διαλύσοντες, ἐλπίδας πολλὰς ἔχοντες, ὅταν ἐπι-
φανέωσι ἐς τὴν Νάξον, πάντα ποιήσειν τοὺς Ναξίους τὰ ἂν
αὐτοὶ κελεύωσι, ὡς δὲ καὶ τοὺς ἄλλους νησιώτας· τῶν γὰρ
νήσων τουτέων οὐδεμία κω ἦν ὑπὸ Δαρείῳ. ἀπικόμενος
δὲ ὁ Ἀρισταγόρης ἐς τὰς Σάρδις λέγει πρὸς τὸν Ἀρτα- 5
φρένεα ὡς Νάξος εἴη νῆσος μεγάθεϊ μὲν οὐ μεγάλη, ἄλλως
δὲ καλή τε καὶ ἀγαθὴ καὶ ἀγχοῦ Ἰωνίης, χρήματα δὲ ἔνι
πολλὰ καὶ ἀνδράποδα. Σὺ ὦν ἐπὶ ταύτην τὴν χώρην
στρατηλάτεε, κατάγων ἐς αὐτὴν τοὺς φυγάδας ἐξ αὐτῆς.
καί τοι ταῦτα ποιήσαντι τοῦτο μέν ἐστι ἕτοιμα παρ' ἐμοὶ 10
χρήματα μεγάλα πάρεξ τῶν ἀναισιμωμάτων τῇ στρατιῇ
(ταῦτα μὲν γὰρ δίκαια ἡμέας τοὺς ἄγοντας παρέχειν),
τοῦτο δὲ νήσους βασιλέϊ προσκτήσεαι αὐτήν τε Νάξον καὶ
τὰς ἐκ ταύτης ἠρτημένας, Πάρον καὶ Ἄνδρον καὶ ἄλλας τὰς
Κυκλάδας καλευμένας. ἐνθεῦτεν δὲ ὁρμώμενος εὐπετέως 15
ἐπιθήσεαι Εὐβοίῃ, νήσῳ μεγάλῃ τε καὶ εὐδαίμονι, οὐκ
ἐλάσσονι Κύπρου καὶ κάρτα εὐπετέϊ αἱρεθῆναι. ἀποχρῶσι
δὲ ἑκατὸν νέες ταύτας πάσας χειρώσασθαι. ὁ δὲ ἀμείβετο
αὐτὸν τοισίδε· Σὺ ἐς οἶκον τὸν βασιλέος ἐσηγητὴς γίνεαι
πρηγμάτων ἀγαθῶν καὶ ταῦτα εὖ παραινέεις πάντα, πλὴν 20
τῶν νεῶν τοῦ ἀριθμοῦ. ἀντὶ δὲ ἑκατὸν νεῶν διηκόσιαί τοι
ἕτοιμοι ἔσονται ἅμα τῷ ἔαρι. δεῖ δὲ τούτοισι καὶ αὐτὸν
βασιλέα συνέπαινον γίνεσθαι. ὁ μὲν δὴ Ἀρισταγόρης ὡς
ταῦτα ἤκουσε, περιχαρὴς ἐὼν ἀπήιε ἐς Μίλητον, ὁ δὲ
Ἀρταφρένης, ὥς οἱ πέμψαντι ἐς Σοῦσα καὶ ὑπερθέντι τὰ ἐκ 25
τοῦ Ἀρισταγόρεω λεγόμενα συνέπαινος καὶ αὐτὸς Δαρεῖος
ἐγένετο, παρεσκευάσατο μὲν διηκοσίας τριήρεας, πολλὸν
δὲ κάρτα ὅμιλον Περσέων τε καὶ τῶν ἄλλων συμμάχων,
στρατηγὸν δὲ τούτων ἀπέδεξε Μεγαβάτην ἄνδρα Πέρσην
τῶν Ἀχαιμενιδέων, ἑωυτοῦ τε καὶ Δαρείου ἀνεψιόν, τοῦ 30
Παυσανίης ὁ Κλεομβρότου Λακεδαιμόνιος, εἰ δὴ ἀληθής γέ

ἐστι ὁ λόγος, ὑστέρῳ χρόνῳ τούτων ἡρμόσατο θυγατέρα,
ἔρωτα σχὼν τῆς Ἑλλάδος τύραννος γενέσθαι. ἀποδέξας
δὲ Μεγαβάτην στρατηγὸν Ἀρταφρένης ἀπέστειλε τὸν
στρατὸν παρὰ τὸν Ἀρισταγόρεα. παραλαβὼν δὲ ὁ
5 Μεγαβάτης ἐκ τῆς Μιλήτου τόν τε Ἀρισταγόρεα καὶ Ἰάδα
στρατιὴν καὶ τοὺς Ναξίους ἔπλεε πρόφασιν ἐπ᾽ Ἑλλησπόν-
του, ἐπείτε δὲ ἐγένετο ἐν Χίῳ, ἔσχε τὰς νέας ἐς Καύκασα,
ὡς ἐνθεῦτεν βορέῃ ἀνέμῳ ἐς τὴν Νάξον διαβάλοι. καὶ οὐ
γὰρ ἔδεε τούτῳ τῷ στόλῳ Ναξίους ἀπολέσθαι, πρῆγμα
10 τοιόνδε συνηνείχθη γενέσθαι· περιιόντος Μεγαβάτεω τὰς
ἐπὶ τῶν νεῶν φυλακὰς ἐπὶ νεὸς Μυνδίης ἔτυχε οὐδεὶς
φυλάσσων· ὁ δὲ δεινόν τι ποιησάμενος ἐκέλευσε τοὺς
δορυφόρους ἐξευρόντας τὸν ἄρχοντα ταύτης τῆς νεός, τῷ
οὔνομα ἦν Σκύλαξ, τοῦτον δῆσαι διὰ θαλαμίης διελόντας
15 τῆς νεὸς κατὰ τοῦτο, ἔξω μὲν κεφαλὴν ποιεῦντας, ἔσω δὲ
τὸ σῶμα. δεθέντος δὲ τοῦ Σκύλακος ἐξαγγέλλει τις τῷ
Ἀρισταγόρῃ ὅτι τὸν ξεῖνόν οἱ τὸν Μύνδιον Μεγαβάτης
δήσας λυμαίνοιτο. ὁ δ᾽ ἐλθὼν παραιτέετο τὸν Πέρσην,
τυγχάνων δὲ οὐδενὸς τῶν ἐδέετο αὐτὸς ἐλθὼν ἔλυσε.
20 πυθόμενος δὲ κάρτα δεινὸν ἐποιήσατο ὁ Μεγαβάτης καὶ
ἐσπέρχετο τῷ Ἀρισταγόρῃ. ὁ δὲ εἶπε· Σοὶ δὲ καὶ
τούτοισι τοῖσι πρήγμασι τί ἐστι; οὔ σε ἀπέστειλε
Ἀρταφρένης ἐμέο πείθεσθαι καὶ πλέειν τῇ ἂν ἐγὼ κελεύω;
τί πολλὰ πρήσσεις; ταῦτα εἶπε ὁ Ἀρισταγόρης. ὁ δὲ
25 θυμωθεὶς τούτοισι, ὡς νὺξ ἐγένετο, ἔπεμπε ἐς Νάξον πλοίῳ
ἄνδρας φράσοντας τοῖσι Ναξίοισι πάντα τὰ παρεόντα σφι
πρήγματα. οἱ γὰρ ὦν Νάξιοι οὐδὲν πάντως προσεδέκοντο
ἐπὶ σφέας τὸν στόλον τοῦτον ὁρμήσεσθαι. ἐπεὶ μέντοι
ἐπύθοντο, αὐτίκα μὲν ἐσηνείκαντο τὰ ἐκ τῶν ἀγρῶν ἐς τὸ
30 τεῖχος, παρεσκευάσαντο δὲ ὡς πολιορκησόμενοι καὶ σῖτα
καὶ ποτά, καὶ τὸ τεῖχος ἐσάξαντο. καὶ οὗτοι μὲν

παρεσκευάζοντο ὡς παρεσομένου σφι πολέμου, οἱ δ' ἐπείτε
διέβαλον ἐκ τῆς Χίου τὰς νέας ἐς τὴν Νάξον, πρὸς
πεφραγμένους προσεφέροντο καὶ ἐπολιόρκεον μῆνας τέσ-
σερας. ὡς δὲ τά τε ἔχοντες ἦλθον χρήματα οἱ Πέρσαι,
ταῦτα κατεδεδαπάνητό σφι, καὶ αὐτῷ τῷ Ἀρισταγόρῃ 5
προσαναισίμωτο πολλά, τοῦ πλεῦνός τε ἐδέετο ἡ πολιορκίη,
ἐνθαῦτα τείχεα τοῖσι φυγάσι τῶν Ναξίων οἰκοδομήσαντες
ἀπαλλάσσοντο ἐς τὴν ἤπειρον, κακῶς πρήσσοντες. Ἀρι-
σταγόρης δὲ οὐκ εἶχε τὴν ὑπόσχεσιν τῷ Ἀρταφρένεϊ
ἐκτελέσαι· ἅμα δὲ ἐπίεζέ μιν ἡ δαπάνη τῆς στρατιῆς 10
ἀπαιτεομένη, ἀρρώδεέ τε τοῦ στρατοῦ πρήξαντος κακῶς
καὶ Μεγαβάτῃ διαβεβλημένος, ἐδόκεέ τε τὴν βασιληίην
τῆς Μιλήτου ἀπαιρεθήσεσθαι. ἀρρωδέων δὲ τούτων
ἕκαστα ἐβουλεύετο ἀπόστασιν· συνέπιπτε γὰρ καὶ τὸν
ἐστιγμένον τὴν κεφαλὴν ἀπῖχθαι ἐκ Σούσων παρὰ 15
Ἱστιαίου, σημαίνοντα ἀπίστασθαι Ἀρισταγόρην ἀπὸ
βασιλέος. ὁ γὰρ Ἱστιαῖος βουλόμενος τῷ Ἀρισταγόρῃ
σημῆναι ἀποστῆναι ἄλλως μὲν οὐδαμῶς εἶχε ἀσφαλέως
σημῆναι ὥστε φυλασσομένων τῶν ὁδῶν, ὁ δὲ τῶν δούλων
τὸν πιστότατον ἀποξυρήσας τὴν κεφαλὴν ἔστιξε καὶ 20
ἀνέμεινε ἀναφῦναι τὰς τρίχας, ὡς δὲ ἀνέφυσαν τάχιστα,
ἀπέπεμπε ἐς Μίλητον ἐντειλάμενος αὐτῷ ἄλλο μὲν οὐδέν,
ἐπεὰν δὲ ἀπίκηται ἐς Μίλητον, κελεύειν Ἀρισταγόρην
ξυρήσαντά μιν τὰς τρίχας κατιδέσθαι ἐς τὴν κεφαλήν· τὰ
δὲ στίγματα ἐσήμαινε, ὡς καὶ πρότερόν μοι εἴρηται, 25
ἀπόστασιν. ταῦτα δὲ ὁ Ἱστιαῖος ἐποίεε συμφορὴν
ποιεύμενος μεγάλην τὴν ἑωυτοῦ κατοχὴν τὴν ἐν Σούσοισι·
ἀποστάσιος ὦν γινομένης πολλὰς εἶχε ἐλπίδας μετήσεσθαι
ἐπὶ θάλασσαν, μὴ δὲ νεώτερόν τι ποιεύσῃς τῆς Μιλήτου
οὐδαμὰ ἐς αὐτὴν ἥξειν ἔτι ἐλογίζετο. 30
Ἱστιαῖος μέν νυν ταῦτα διανοεύμενος ἀπέπεμπε τὸν

ἄγγελον, ᾿Αρισταγόρῃ δὲ συνέπιπτε τοῦ αὐτοῦ χρόνου
πάντα ταῦτα συνελθόντα. οὕτω δὴ ἐκ τοῦ ἐμφανέος ὁ
᾿Αρισταγόρης ἀπεστήκεε, πᾶν ἐπὶ Δαρείῳ μηχανώμενος.
καὶ πρῶτα μὲν λόγῳ μετεὶς τὴν τυραννίδα ἰσονομίην
5 ἐποίεε τῇ Μιλήτῳ, ὡς ἂν ἑκόντες αὐτῷ οἱ Μιλήσιοι
συναπισταίατο, μετὰ δὲ καὶ ἐν τῇ ἄλλῃ ᾿Ιωνίῃ τὠυτὸ
τοῦτο ἐποίεε, τοὺς μὲν ἐξελαύνων τῶν τυράννων, τοὺς δὲ
φίλα βουλόμενος ποιέεσθαι τῇσι πόλισι ἐξεδίδου, ἄλλον ἐς
ἄλλην πόλιν παραδιδούς, ὅθεν εἴη ἕκαστος. τυράννων
10 μέν νυν κατάπαυσις ἐγίνετο ἀνὰ τὰς πόλιας, ᾿Αρισταγόρης
δὲ ὁ Μιλήσιος ὡς τοὺς τυράννους κατέπαυσε, στρατηγοὺς
ἐν ἑκάστῃ τῶν πολίων κελεύσας ἑκάστους καταστῆσαι,
δεύτερα αὐτὸς ἐς Λακεδαίμονα τριήρεϊ ἀπόστολος ἐγίνετο·
ἔδεε γὰρ δὴ συμμαχίης τινός οἱ μεγάλης ἐξευρεθῆναι.

Vain Attempt of Aristagoras to Secure Spartan Alliance

15 ᾿Απικνέεται δ᾿ ὦν ὁ ᾿Αρισταγόρης ὁ Μιλήτου τύραννος
ἐς τὴν Σπάρτην Κλεομένεος ἔχοντος τὴν ἀρχήν· τῷ δὴ ἐς
λόγους ἤιε, ὡς Λακεδαιμόνιοι λέγουσι, ἔχων χάλκεον
πίνακα ἐν τῷ γῆς ἁπάσης περίοδος ἐνετέτμητο καὶ
θάλασσά τε πᾶσα καὶ ποταμοὶ πάντες. ἀπικνεόμενος δὲ
20 ἐς λόγους ὁ ᾿Αρισταγόρης ἔλεγε πρὸς αὐτὸν τάδε·
Κλεόμενες, σπουδὴν μὲν τὴν ἐμὴν μὴ θωμάσῃς τῆς ἐνθαῦτα
ἀπίξιος· τὰ γὰρ κατήκοντά ἐστι τοιαῦτα· ᾿Ιώνων παῖδας
δούλους εἶναι ἀντ᾿ ἐλευθέρων ὄνειδος καὶ ἄλγος μέγιστον
μὲν αὐτοῖσι ἡμῖν, ἔτι δὲ τῶν λοιπῶν ὑμῖν, ὅσῳ προέστατε
25 τῆς ῾Ελλάδος. νῦν ὦν πρὸς θεῶν τῶν ῾Ελληνίων ῥύσασθε
῎Ιωνας ἐκ δουλοσύνης, ἄνδρας ὁμαίμονας. εὐπετέως δὲ
ὑμῖν ταῦτα οἷά τε χωρέειν ἐστί· οὔτε γὰρ οἱ βάρβαροι
ἄλκιμοί εἰσι, ὑμεῖς τε τὰ ἐς τὸν πόλεμον ἐς τὰ μέγιστα
ἀνήκετε ἀρετῆς πέρι. ἥ τε μάχη αὐτῶν ἐστι τοιήδε,

τόξα καὶ αἰχμὴ βραχέα· ἀναξυρίδας δὲ ἔχοντες ἔρχονται
ἐς τὰς μάχας καὶ κυρβασίας ἐπὶ τῆσι κεφαλῆσι. οὕτω
εὐπετέες χειρωθῆναί εἰσι. ἔστι δὲ καὶ ἀγαθὰ τοῖσι τὴν
ἤπειρον ἐκείνην νεμομένοισι ὅσα οὐδὲ τοῖσι συνάπασι
ἄλλοισι, ἀπὸ χρυσοῦ ἀρξαμένοισι, ἄργυρος καὶ χαλκὸς 5
καὶ ἐσθὴς ποικίλη καὶ ὑποζύγιά τε καὶ ἀνδράποδα· τὰ
θυμῷ βουλόμενοι αὐτοὶ ἂν ἔχοιτε. κατοίκηνται δὲ ἀλλή-
λων ἐχόμενοι ὡς ἐγὼ φράσω, Ἰώνων μὲν τῶνδε οἵδε
Λυδοί, οἰκέοντές τε χώρην ἀγαθὴν καὶ πολυαργυρώτατοι
ἐόντες. δεικνὺς δὲ ἔλεγε ταῦτα ἐς τῆς γῆς τὴν περίοδον, 10
τὴν ἐφέρετο ἐν τῷ πίνακι ἐντετμημένην. Λυδῶν δέ, ἔφη
λέγων ὁ Ἀρισταγόρης, οἵδε ἔχονται Φρύγες οἱ πρὸς τὴν
ἠῶ, πολυπροβατώτατοί τε ἐόντες πάντων τῶν ἐγὼ οἶδα
καὶ πολυκαρπότατοι. Φρυγῶν δὲ ἔχονται Καππαδόκαι,
τοὺς ἡμεῖς Συρίους καλέομεν· τούτοισι δὲ πρόσουροι 15
Κίλικες, κατήκοντες ἐπὶ θάλασσαν τήνδε, ἐν τῇ ἥδε
Κύπρος νῆσος κεῖται· οἳ πεντακόσια τάλαντα βασιλέϊ
τὸν ἐπέτειον φόρον ἐπιτελεῦσι. Κιλίκων δὲ τῶνδε ἔχονται
Ἀρμένιοι οἵδε, καὶ οὗτοι ἐόντες πολυπρόβατοι, Ἀρμενίων
δὲ Ματιηνοὶ χώρην τήνδε ἔχοντες. ἔχεται δὲ τούτων γῆ 20
ἥδε Κισσίη, ἐν τῇ δὴ παρὰ ποταμὸν τόνδε Χοάσπην
κείμενά ἐστι τὰ Σοῦσα ταῦτα, ἔνθα βασιλεύς τε μέγας
δίαιταν ποιέεται, καὶ τῶν χρημάτων οἱ θησαυροὶ ἐνθαῦτά
εἰσι· ἑλόντες δὲ ταύτην τὴν πόλιν θαρσέοντες ἤδη τῷ Διὶ
πλούτου πέρι ἐρίζετε. ἀλλὰ περὶ μὲν χώρης ἄρα οὐ 25
πολλῆς οὐδὲ οὕτω χρηστῆς καὶ οὔρων σμικρῶν χρεόν ἐστι
ὑμέας μάχας ἀναβάλλεσθαι πρός τε Μεσσηνίους ἐόντας
ἰσοπαλέας καὶ Ἀρκάδας τε καὶ Ἀργείους, τοῖσι οὔτε
χρυσοῦ ἐχόμενόν ἐστι οὐδὲν οὔτε ἀργύρου, τῶν πέρι καί
τινα ἐνάγει προθυμίη μαχόμενον ἀποθνήσκειν, παρέχον δὲ 30
τῆς Ἀσίης πάσης ἄρχειν εὐπετέως, ἄλλο τι αἱρήσεσθε;

Ἀρισταγόρης μὲν ταῦτα ἔλεξε, Κλεομένης δὲ ἀμείβετο
τοισίδε· Ὦ ξεῖνε Μιλήσιε, ἀναβάλλομαί τοι ἐς τρίτην
ἡμέρην ὑποκρινέεσθαι. τότε μὲν ἐς τοσοῦτον ἤλασαν·
ἐπείτε δὲ ἡ κυρίη ἡμέρη ἐγένετο τῆς ὑποκρίσιος καὶ ἦλθον
5 ἐς τὸ συγκείμενον, εἴρετο ὁ Κλεομένης τὸν Ἀρισταγόρην
ὁκοσέων ἡμερέων ἀπὸ θαλάσσης τῆς Ἰώνων ὁδὸς εἴη παρὰ
βασιλέα. ὁ δὲ Ἀρισταγόρης, τἆλλα ἐὼν σοφὸς καὶ
διαβάλλων ἐκεῖνον εὖ, ἐν τούτῳ ἐσφάλη· χρεὸν γάρ μιν
μὴ λέγειν τὸ ἐόν, βουλόμενόν γε Σπαρτιήτας ἐξαγαγεῖν ἐς
10 τὴν Ἀσίην, λέγει δ᾽ ὦν τριῶν μηνῶν φὰς εἶναι τὴν ἄνοδον.
ὁ δὲ ὑπαρπάσας τὸν ἐπίλοιπον λόγον τὸν ὁ Ἀρισταγόρης
ὅρμητο λέγειν περὶ τῆς ὁδοῦ, εἶπε· Ὦ ξεῖνε Μιλήσιε,
ἀπαλλάσσεο ἐκ Σπάρτης πρὸ δύντος ἡλίου· οὐδένα γὰρ
λόγον εὐεπέα λέγεις Λακεδαιμονίοισι, ἐθέλων σφέας ἀπὸ
15 θαλάσσης τριῶν μηνῶν ὁδὸν ἀγαγεῖν. ὁ μὲν δὴ Κλεο-
μένης ταῦτα εἴπας ἤιε ἐς τὰ οἰκία, ὁ δὲ Ἀρισταγόρης
λαβὼν ἱκετηρίην ἤιε ἐς τοῦ Κλεομένεος, ἐσελθὼν δὲ ἔσω ἅτε
ἱκετεύων ἐπακοῦσαι ἐκέλευε τὸν Κλεομένεα, ἀποπέμψαντα
τὸ παιδίον· προσεστήκεε γὰρ δὴ τῷ Κλεομένεϊ ἡ θυγάτηρ,
20 τῇ οὔνομα ἦν Γοργώ· τοῦτο δέ οἱ καὶ μοῦνον τέκνον
ἐτύγχανε ἐὸν ἐτέων ὀκτὼ ἢ ἐννέα ἡλικίην. Κλεομένης δὲ
λέγειν μιν ἐκέλευε τὰ βούλεται μηδὲ ἐπισχεῖν τοῦ παιδίου
εἵνεκα. ἐνθαῦτα δὴ ὁ Ἀρισταγόρης ἄρχετο ἐκ δέκα
ταλάντων ὑπισχνεόμενος, ἤν οἱ ἐπιτελέσῃ τῶν ἐδέετο.
25 ἀνανεύοντος δὲ τοῦ Κλεομένεος προέβαινε τοῖσι χρήμασι
ὑπερβάλλων ὁ Ἀρισταγόρης, ἐς ὃ πεντήκοντά τε τάλαντα
ὑπεδέδεκτο καὶ τὸ παιδίον ηὐδάξατο· Πάτερ, διαφθερέει
σε ὁ ξεῖνος, ἢν μὴ ἀποστὰς ἴῃς. ὅ τε δὴ Κλεομένης
ἡσθεὶς τοῦ παιδίου τῇ παραινέσι ἤιε ἐς ἕτερον οἴκημα καὶ
30 ὁ Ἀρισταγόρης ἀπαλλάσσετο τὸ παράπαν ἐκ τῆς Σπάρτης,
οὐδέ οἱ ἐξεγένετο ἐπὶ πλέον ἔτι σημῆναι περὶ τῆς ἀνόδου
τῆς παρὰ βασιλέα.

Athenian Alliance Secured by Aristagoras

Ἀπελαυνόμενος δὲ ὁ Ἀρισταγόρης ἐκ τῆς Σπάρτης ἤιε
ἐς τὰς Ἀθήνας· αὕτη γὰρ ἡ πόλις τῶν λοιπέων ἐδυνάστευε
μέγιστον. ἐπελθὼν δὲ ἐπὶ τὸν δῆμον ὁ Ἀρισταγόρης
ταὐτὰ ἔλεγε τὰ καὶ ἐν τῇ Σπάρτῃ περὶ τῶν ἀγαθῶν τῶν
ἐν τῇ Ἀσίῃ καὶ τοῦ πολέμου τοῦ Περσικοῦ, ὡς οὔτε ἀσπίδα 5
οὔτε δόρυ νομίζουσι εὐπετέες τε χειρωθῆναι εἴησαν.
ταῦτά τε δὴ ἔλεγε καὶ πρὸς τοῖσι τάδε, ὡς οἱ Μιλήσιοι τῶν
Ἀθηναίων εἰσὶ ἄποικοι, καὶ οἰκός σφεας εἴη ῥύεσθαι
δυναμένους μέγα. καὶ οὐδὲν ὅ τι οὐκ ὑπίσχετο οἷα κάρτα
δεόμενος, ἐς ὃ ἀνέπεισέ σφεας. πολλοὺς γὰρ οἶκε εἶναι 10
εὐπετέστερον διαβάλλειν ἢ ἕνα, εἰ Κλεομένεα μὲν τὸν
Λακεδαιμόνιον μοῦνον οὐκ οἷός τε ἐγένετο διαβάλλειν,
τρεῖς δὲ μυριάδας Ἀθηναίων ἐποίησε τοῦτο. Ἀθηναῖοι
μὲν δὴ ἀναπεισθέντες ἐψηφίσαντο εἴκοσι νέας ἀποστεῖ-
λαι βοηθοὺς Ἴωσι, στρατηγὸν ἀποδέξαντες αὐτῶν εἶναι 15
Μελάνθιον, ἄνδρα τῶν ἀστῶν ἐόντα τὰ πάντα δόκιμον.
αὗται δὲ αἱ νέες ἀρχὴ κακῶν ἐγένοντο Ἕλλησί τε καὶ
βαρβάροισι.

The Burning of Sardis

Ἀρισταγόρης δέ, ἐπειδὴ οἵ τε Ἀθηναῖοι ἀπίκοντο εἴκοσι
νηυσί, ἅμα ἀγόμενοι Ἐρετριέων πέντε τριήρεας, ἐποιέετο 20
στρατηίην ἐς Σάρδις. αὐτὸς μὲν δὴ οὐκ ἐστρατεύετο ἀλλ᾽
ἔμενε ἐν Μιλήτῳ, στρατηγοὺς δὲ ἄλλους ἀπέδεξε Μιλησίων
εἶναι, τὸν ἑωυτοῦ τε ἀδελφεὸν Χαροπῖνον καὶ τῶν ἄλλων
ἀστῶν Ἑρμόφαντον. ἀπικόμενοι δὲ τῷ στόλῳ τούτῳ
Ἴωνες ἐς Ἔφεσον πλοῖα μὲν κατέλιπον ἐν Κορησῷ τῆς 25
Ἐφεσίης, αὐτοὶ δὲ ἀνέβαινον χειρὶ πολλῇ, ποιεύμενοι
Ἐφεσίους ἡγεμόνας. πορευόμενοι δὲ παρὰ ποταμὸν
Καΰστριον, ἐνθεῦτεν ἐπείτε ὑπερβάντες τὸν Τμῶλον
ἀπίκοντο, αἱρέουσι Σάρδις οὐδενός σφι ἀντιωθέντος,

αἱρέουσι δὲ χωρὶς τῆς ἀκροπόλιος τἆλλα πάντα· τὴν δὲ
ἀκρόπολιν ἐρρύετο αὐτὸς Ἀρταφρένης ἔχων ἀνδρῶν
δύναμιν οὐκ ὀλίγην. τὸ δὲ μὴ λεηλατῆσαι ἐλόντας σφέας
τὴν πόλιν ἔσχε τόδε. ἦσαν ἐν τῇσι Σάρδισι οἰκίαι αἱ μὲν
5 πλεῦνες καλάμιναι, ὅσαι δ᾽ αὐτέων καὶ πλίνθιναι ἦσαν,
καλάμου εἶχον τὰς ὀροφάς. τουτέων δὴ μίαν τῶν τις
στρατιωτέων ὡς ἐνέπρησε, αὐτίκα ἀπ᾽ οἰκίης ἐς οἰκίην ἰὸν
τὸ πῦρ ἐπενέμετο τὸ ἄστυ πᾶν. καιομένου δὲ τοῦ ἄστεος
οἱ Λυδοί τε καὶ ὅσοι Περσέων ἐνῆσαν ἐν τῇ πόλι, ἀπολαμ-
10 φθέντες πάντοθεν ὥστε τὰ περιέσχατα νεμομένου τοῦ
πυρὸς καὶ οὐκ ἔχοντες ἐξήλυσιν ἐκ τοῦ ἄστεος, συνέρρεον ἔς
τε τὴν ἀγορὴν καὶ ἐπὶ τὸν Πακτωλὸν ποταμόν, ὅς σφι
ψῆγμα χρυσοῦ καταφορέων ἐκ τοῦ Τμώλου διὰ μέσης τῆς
ἀγορῆς ῥέει καὶ ἔπειτα ἐς τὸν Ἕρμον ποταμὸν ἐκδιδοῖ,
15 ὁ δὲ ἐς θάλασσαν· ἐπὶ τοῦτον δὴ τὸν Πακτωλὸν καὶ ἐς
τὴν ἀγορὴν ἀθροιζόμενοι οἵ τε Λυδοὶ καὶ οἱ Πέρσαι
ἠναγκάζοντο ἀμύνεσθαι. οἱ δὲ Ἴωνες ὁρῶντες τοὺς μὲν
ἀμυνομένους τῶν πολεμίων, τοὺς δὲ σὺν πλήθεϊ πολλῷ
προσφερομένους ἐξανεχώρησαν δείσαντες πρὸς τὸ ὄρος τὸ
20 Τμῶλον καλεόμενον, ἐνθεῦτεν δὲ ὑπὸ νύκτα ἀπαλλάσ-
σοντο ἐπὶ τὰς νέας. καὶ Σάρδιες μὲν ἐνεπρήσθησαν, ἐν
δὲ αὐτῇσι καὶ ἱρὸν ἐπιχωρίης θεοῦ Κυβήβης, τὸ σκηπτό-
μενοι οἱ Πέρσαι ὕστερον ἀντενεπίμπρασαν τὰ ἐν Ἕλλησι
ἱρά. τότε δὲ οἱ Πέρσαι οἱ ἐντὸς Ἅλυος ποταμοῦ νομοὺς
25 ἔχοντες προπυνθανόμενοι ταῦτα συνηλίζοντο καὶ ἐβοήθεον
τοῖσι Λυδοῖσι. καί κως ἐν μὲν Σάρδισι οὐκέτι ἐόντας
τοὺς Ἴωνας εὑρίσκουσι, ἑπόμενοι δὲ κατὰ στίβον αἱρέουσι
αὐτοὺς ἐν Ἐφέσῳ. καὶ ἀντετάχθησαν μὲν οἱ Ἴωνες,
συμβαλόντες δὲ πολλὸν ἐσσώθησαν. καὶ πολλοὺς αὐτῶν
30 οἱ Πέρσαι φονεύουσι, ἄλλους τε ὀνομαστούς, ἐν δὲ δὴ καὶ
Εὐαλκίδην στρατηγέοντα Ἐρετριέων, στεφανηφόρους τε

ἀγῶνας ἀναραιρηκότα καὶ ὑπὸ Σιμωνίδεω τοῦ Κηίου
πολλὰ αἰνεθέντα. οἳ δὲ αὐτῶν ἀπέφυγον τὴν μάχην,
ἐσκεδάσθησαν ἀνὰ τὰς πόλιας.

Τότε μὲν δὴ οὕτω ἠγωνίσαντο· μετὰ δὲ Ἀθηναῖοι μὲν
τὸ παράπαν ἀπολιπόντες τοὺς Ἴωνας ἐπικαλεομένου σφέας 5
πολλὰ δι' ἀγγέλων Ἀρισταγόρεω οὐκ ἔφασαν τιμωρήσειν
σφι. Ἴωνες δὲ τῆς Ἀθηναίων συμμαχίης στερηθέντες
(οὕτω γάρ σφι ὑπῆρχε πεποιημένα ἐς Δαρεῖον) οὐδὲν δὴ
ἧσσον τὸν πρὸς βασιλέα πόλεμον ἐσκευάζοντο. βασιλέι
δὲ Δαρείῳ ὡς ἐξαγγέλθη Σάρδις ἁλούσας ἐμπεπρῆσθαι 10
ὑπό τε Ἀθηναίων καὶ Ἰώνων, τὸν δὲ ἡγεμόνα γενέσθαι τῆς
συλλογῆς ὥστε ταῦτα συνυφανθῆναι τὸν Μιλήσιον Ἀρι-
σταγόρην, πρῶτα μὲν λέγεται αὐτόν, ὡς ἐπύθετο ταῦτα,
Ἰώνων οὐδένα λόγον ποιησάμενον, εὖ εἰδότα ὡς οὗτοί γε
οὐ καταπροΐξονται ἀποστάντες, εἰρέσθαι οἵτινες εἶεν οἱ 15
Ἀθηναῖοι, μετὰ δὲ πυθόμενον αἰτῆσαι τὸ τόξον, λαβόντα
δὲ καὶ ἐπιθέντα ὀϊστὸν ἄνω πρὸς τὸν οὐρανὸν ἀπεῖναι, καί
μιν ἐς τὸν ἠέρα βάλλοντα εἰπεῖν· Ὦ Ζεῦ, ἐκγενέσθαι μοι
Ἀθηναίους τείσασθαι, εἴπαντα δὲ ταῦτα προστάξαι ἑνὶ
τῶν θεραπόντων δείπνου προκειμένου αὐτῷ ἐς τρὶς ἑκάστοτε 20
εἰπεῖν· Δέσποτα, μέμνεο τῶν Ἀθηναίων.

(After the events here described, Histiæus prevailed upon Darius
to let him return to Ionia, on the pretext of suppressing the revolt.
He was unable to effect a return to Miletus, fled to Chios, and later
met his death. Aristagoras, too, was killed in Thrace, and the
Ionian revolt was finally suppressed by the capture of Miletus.)

BOOK VI

The Preparations of Darius against Greece

Μετὰ δὲ τοῦτο ἀπεπειρᾶτο ὁ Δαρεῖος τῶν Ἑλλήνων ὅ
τι ἐν νόῳ ἔχοιεν, κότερα πολεμέειν ἑωυτῷ ἢ παραδιδόναι
σφέας αὐτούς. διέπεμπε ὦν κήρυκας ἄλλους ἄλλῃ τάξας
ἀνὰ τὴν Ἑλλάδα, κελεύων αἰτέειν βασιλέϊ γῆν τε καὶ
5 ὕδωρ. τούτους μὲν δὴ ἐς τὴν Ἑλλάδα ἔπεμπε, ἄλλους δὲ
κήρυκας διέπεμπε ἐς τὰς ἑωυτοῦ δασμοφόρους πόλιας τὰς
παραθαλασσίους, κελεύων νέας τε μακρὰς καὶ ἱππαγωγὰ
πλοῖα ποιέεσθαι. οὗτοί τε δὴ παρεσκευάζοντο ταῦτα καὶ
τοῖσι ἥκουσι ἐς τὴν Ἑλλάδα κήρυξι πολλοὶ μὲν ἠπειρωτέων
10 ἔδοσαν τὰ προΐσχετο αἰτέων ὁ Πέρσης, πάντες δὲ νησιῶται
ἐς τοὺς ἀπικοίατο αἰτήσοντες. οἵ τε δὴ ἄλλοι νησιῶται
διδοῦσι γῆν τε καὶ ὕδωρ Δαρείῳ καὶ δὴ καὶ Αἰγινῆται.
ποιήσασι δέ σφι ταῦτα ἰθέως Ἀθηναῖοι ἐπεκέατο, δοκέοντές
τε ἐπὶ σφίσι ἔχοντας τοὺς Αἰγινήτας δεδωκέναι, ὡς ἅμα τῷ
15 Πέρσῃ ἐπὶ σφέας στρατεύωνται, καὶ ἄσμενοι προφάσιος
ἐπελάβοντο, φοιτῶντές τε ἐς τὴν Σπάρτην κατηγόρεον
τῶν Αἰγινητέων τὰ πεποιήκοιεν προδόντες τὴν Ἑλλάδα.

Organization of the Expedition of Datis and Artaphernes

Ἀθηναίοισι μὲν δὴ πόλεμος συνῆπτο πρὸς Αἰγινήτας, ὁ
δὲ Πέρσης τὸ ἑωυτοῦ ἐποίεε, ὥστε ἀναμιμνήσκοντός τε αἰεὶ
20 τοῦ θεράποντος μεμνῆσθαί μιν τῶν Ἀθηναίων καὶ Πεισι-
στρατιδέων προσκατημένων καὶ διαβαλλόντων Ἀθηναίους,
ἅμα δὲ βουλόμενος ὁ Δαρεῖος ταύτης ἐχόμενος τῆς προ-
φάσιος καταστρέφεσθαι τῆς Ἑλλάδος τοὺς μὴ δόντας αὐτῷ
γῆν τε καὶ ὕδωρ. Μαρδόνιον μὲν δὴ φλαύρως πρήξαντα
25 τῷ στόλῳ παραλύει τῆς στρατηγίης, ἄλλους δὲ στρατη-

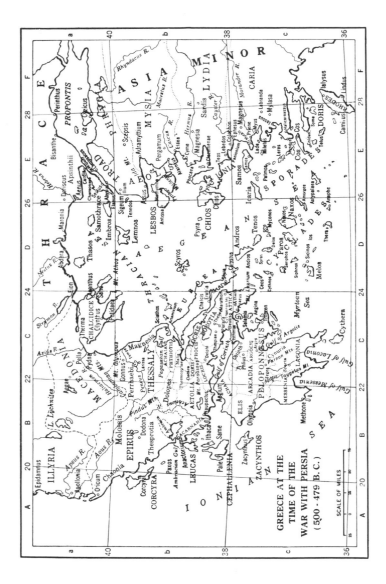

GREECE AT THE
TIME OF THE
WAR WITH PERSIA
(500 - 479 B.C.)

SCALE OF MILES

γοὺς ἀποδέξας ἀπέστελλε ἐπί τε Ἐρέτριαν καὶ Ἀθήνας,
Δᾶτίν τε, ἐόντα Μῆδον γένος, καὶ Ἀρταφρένεα τὸν
Ἀρταφρένεος παῖδα, ἀδελφιδέον ἑωυτοῦ· ἐντειλάμενος
δὲ ἀπέπεμπε ἐξανδραποδίσαντας Ἀθήνας καὶ Ἐρέτριαν
ἀνάγειν ἑωυτῷ ἐς ὄψιν τὰ ἀνδράποδα.   5

The Course of the Expedition before Reaching the Greek Mainland

Ὡς δὲ οἱ στρατηγοὶ οὗτοι οἱ ἀποδεχθέντες ᾿πορευόμενοι
παρὰ βασιλέος προσέμειξαν τῇ Νάξῳ (ἐπὶ ταύτην γὰρ δὴ
πρώτην εἶχον στρατεύεσθαι οἱ Πέρσαι), μεμνημένοι
τῶν πρότερον οἱ Νάξιοι πρὸς τὰ ὄρεα οἴχοντο φεύγοντες
οὐδὲ ὑπέμειναν. οἱ δὲ Πέρσαι ἀνδραποδισάμενοι τοὺς   10
κατέλαβον αὐτῶν, ἐνέπρησαν καὶ τὰ ἱρὰ καὶ τὴν πόλιν.
ταῦτα δὲ ποιήσαντες ἐπὶ τὰς ἄλλας νήσους ἀνάγοντο.
ἐν ᾧ δὲ οὗτοι ταῦτα ἐποίευν, οἱ Δήλιοι ἐκλιπόντες καὶ αὐτοὶ
τὴν Δῆλον οἴχοντο φεύγοντες ἐς Τῆνον. τῆς δὲ στρατιῆς
καταπλεούσης ὁ Δᾶτις προπλώσας οὐκ ἔα τὰς νέας πρὸς 15
τὴν Δῆλον προσορμίζεσθαι, ἀλλὰ πέρην ἐν τῇ Ῥηναίῃ·
αὐτὸς δὲ πυθόμενος ἵνα ἦσαν οἱ Δήλιοι, πέμπων κήρυκα
ἠγόρευέ σφι τάδε· "Ἄνδρες ἱροί, τί φεύγοντες οἴχεσθε, οὐκ
ἐπιτήδεα καταγνόντες κατ᾿ ἐμεῦ; ἐγὼ γὰρ καὶ αὐτὸς ἐπὶ
τοσοῦτό γε φρονέω καί μοι ἐκ βασιλέος ὧδε ἐπέσταλται, 20
ἐν τῇ χώρῃ οἱ δύο θεοὶ ἐγένοντο, ταύτην μηδὲν σίνεσθαι,
μήτε αὐτὴν τὴν χώρην μήτε τοὺς οἰκήτορας αὐτῆς. νῦν
ὦν καὶ ἄπιτε ἐπὶ τὰ ὑμέτερα αὐτῶν καὶ τὴν νῆσον νέμεσθε.
ταῦτα μὲν ἐπεκηρυκεύσατο τοῖσι Δηλίοισι, μετὰ δὲ
λιβανωτοῦ τριηκόσια τάλαντα κατανήσας ἐπὶ τοῦ βωμοῦ 25
ἐθυμίησε. Δᾶτις μὲν δὴ ταῦτα ποιήσας ἔπλεε ἅμα τῷ
στρατῷ ἐπὶ τὴν Ἐρέτριαν πρῶτα, ἅμα ἀγόμενος καὶ
Ἴωνας καὶ Αἰολέας· μετὰ δὲ τοῦτον ἐνθεῦτεν ἐξαναχθέντα

Δῆλος ἐκινήθη, ὡς ἔλεγον οἱ Δήλιοι, καὶ πρῶτα καὶ ὕστατα
μέχρι ἐμεῦ σεισθεῖσα. καὶ τοῦτο μέν κου τέρας ἀνθρώ-
ποισι τῶν μελλόντων ἔσεσθαι κακῶν ἔφηνε ὁ θεός. ἐπὶ
γὰρ Δαρείου τοῦ Ὑστάσπεος καὶ Ξέρξεω τοῦ Δαρείου καὶ
5 Ἀρταξέρξεω τοῦ Ξέρξεω, τριῶν τουτέων ἐπεξῆς γενεέων,
ἐγένετο πλέω κακὰ τῇ Ἑλλάδι ἢ ἐπὶ εἴκοσι ἄλλας γενεὰς
τὰς πρὸ Δαρείου γενομένας, τὰ μὲν ἀπὸ τῶν Περσέων
αὐτῇ γενόμενα, τὰ δὲ ἀπ' αὐτῶν τῶν κορυφαίων περὶ τῆς
ἀρχῆς πολεμεόντων. οὕτως οὐδὲν ἦν ἀεικὲς κινηθῆναι
10 Δῆλον τὸ πρὶν ἐοῦσαν ἀκίνητον. οἱ δὲ βάρβαροι ὡς
ἀπῆραν ἐκ τῆς Δήλου, προσῖσχον πρὸς τὰς νήσους,
ἐνθεῦτεν δὲ στρατιήν τε παρελάμβανον καὶ ὁμήρους τῶν
νησιωτέων παῖδας ἐλάμβανον. ὡς δὲ περιπλέοντες τὰς
νήσους προσέσχον καὶ ἐς Κάρυστον (οὐ γὰρ δή σφι οἱ
15 Καρύστιοι οὔτε ὁμήρους ἐδίδοσαν οὔτε ἔφασαν ἐπὶ πόλιας
ἀστυγείτονας στρατεύεσθαι, λέγοντες Ἐρέτριάν τε καὶ
Ἀθήνας), ἐνθαῦτα τούτους ἐπολιόρκεόν τε καὶ τὴν γῆν
σφέων ἔκειρον, ἐς ὃ καὶ οἱ Καρύστιοι παρέστησαν ἐς τῶν
Περσέων τὴν γνώμην. οἱ δὲ Πέρσαι πλέοντες κατέσχον
20 τὰς νέας τῆς Ἐρετρικῆς χώρης κατὰ Ταμύνας καὶ Χοιρέας
καὶ Αἰγίλια, κατασχόντες δὲ ἐς ταῦτα τὰ χωρία
αὐτίκα ἵππους τε ἐξεβάλλοντο καὶ παρεσκευάζοντο ὡς
προσοισόμενοι τοῖσι ἐχθροῖσι. οἱ δὲ Ἐρετριέες ἐπεξελ-
θεῖν μὲν καὶ μαχέσασθαι οὐκ ἐποιεῦντο βουλήν, εἴ κως δὲ
25 διαφυλάξαιεν τὰ τείχεα, τούτου σφι πέρι ἔμελε, ἐπείτε
ἐνίκα μὴ ἐκλιπεῖν τὴν πόλιν. προσβολῆς δὲ γινομένης
καρτερῆς πρὸς τὸ τεῖχος ἔπιπτον ἐπὶ ἓξ ἡμέρας πολλοὶ μὲν
ἀμφοτέρων· τῇ δὲ ἑβδόμῃ Εὔφορβός τε ὁ Ἀλκιμάχου καὶ
Φίλαγρος ὁ Κυνέω ἄνδρες τῶν ἀστῶν δόκιμοι προδιδοῦσι
30 τοῖσι Πέρσῃσι. οἱ δὲ ἐσελθόντες ἐς τὴν πόλιν τοῦτο μὲν
τὰ ἱρὰ συλήσαντες ἐνέπρησαν, ἀποτινύμενοι τῶν ἐν

Σάρδισι κατακαυθέντων ἱρῶν, τοῦτο δὲ τοὺς ἀνθρώπους
ἠνδραποδίσαντο κατὰ τὰς Δαρείου ἐντολάς.

The Arrival at Marathon and the Preparations of the Athenians

Χειρωσάμενοι δὲ τὴν Ἐρέτριαν καὶ ἐπισχόντες ὀλίγας
ἡμέρας ἔπλεον ἐς γῆν τὴν Ἀττικήν, κατέργοντές τε
πολλὸν καὶ δοκέοντες ταὐτὰ τοὺς Ἀθηναίους ποιήσειν τὰ ⁵
καὶ τοὺς Ἐρετριέας ἐποίησαν. καὶ ἦν γὰρ Μαραθὼν
ἐπιτηδεότατον χωρίον τῆς Ἀττικῆς ἐνιππεῦσαι καὶ ἀγχο-
τάτω τῆς Ἐρετρίης, ἐς τοῦτό σφι κατηγέετο Ἱππίης ὁ
Πεισιστράτου. Ἀθηναῖοι δὲ ὡς ἐπύθοντο ταῦτα, ἐβοήθεον
καὶ αὐτοὶ ἐς τὸν Μαραθῶνα. ἦγον δέ σφεας στρατηγοὶ ¹⁰
δέκα, τῶν ὁ δέκατος ἦν Μιλτιάδης, τοῦ τὸν πατέρα
Κίμωνα τὸν Στησαγόρεω κατέλαβε φυγεῖν ἐξ Ἀθηνέων
Πεισίστρατον τὸν Ἱπποκράτεος.

Καὶ πρῶτα μὲν ἐόντες ἔτι ἐν τῷ ἄστεϊ οἱ στρατηγοὶ
ἀποπέμπουσι ἐς Σπάρτην κήρυκα Φιλιππίδην, Ἀθηναῖον ¹⁵
μὲν ἄνδρα, ἄλλως δὲ ἡμεροδρόμην τε καὶ τοῦτο μελετῶντα·
τῷ δή, ὡς αὐτός τε ἔλεγε Φιλιππίδης καὶ Ἀθηναίοισι
ἀπήγγελλε, περὶ τὸ Παρθένιον ὄρος τὸ ὑπὲρ Τεγέης ὁ
Πὰν περιπίπτει. βώσαντα δὲ τὸ οὔνομα τοῦ Φιλιππίδεω
τὸν Πᾶνα Ἀθηναίοισι κελεῦσαι ἀπαγγεῖλαι, δι᾽ ὅ τι ²⁰
ἑωυτοῦ οὐδεμίαν ἐπιμέλειαν ποιεῦνται, ἐόντος εὐνόου
Ἀθηναίοισι καὶ πολλαχῇ γενομένου σφι ἤδη χρησίμου, τὰ
δ᾽ ἔτι καὶ ἐσομένου. καὶ ταῦτα μὲν Ἀθηναῖοι, καταστάν-
των σφι εὖ ἤδη τῶν πρηγμάτων, πιστεύσαντες εἶναι
ἀληθέα ἱδρύσαντο ὑπὸ τῇ ἀκροπόλι Πανὸς ἱρόν, καὶ ²⁵
αὐτὸν ἀπὸ ταύτης ἀγγελίης θυσίῃσι ἐπετείοισι καὶ
λαμπάδι ἱλάσκονται. τότε δὲ πεμφθεὶς ὑπὸ τῶν στρα-
τηγῶν ὁ Φιλιππίδης οὗτος, ὅτε πέρ οἱ ἔφη καὶ τὸν Πᾶνα

φανῆναι, δευτεραῖος ἐκ τοῦ Ἀθηναίων ἄστεος ἦν ἐν
Σπάρτῃ, ἀπικόμενος δὲ ἐπὶ τοὺς ἄρχοντας ἔλεγε· Ὦ
Λακεδαιμόνιοι, Ἀθηναῖοι ὑμέων δέονται σφίσι βοηθῆσαι
καὶ μὴ περιιδεῖν πόλιν ἀρχαιοτάτην ἐν τοῖσι Ἕλλησι
5 δουλοσύνῃ περιπεσοῦσαν πρὸς ἀνδρῶν βαρβάρων· καὶ
γὰρ νῦν Ἐρέτριά τε ἠνδραπόδισται καὶ πόλι λογίμῳ ἡ
Ἑλλὰς γέγονε ἀσθενεστέρη. ὁ μὲν δή σφι τὰ ἐντεταλμένα
ἀπήγγελλε, τοῖσι δὲ ἕαδε μὲν βοηθέειν Ἀθηναίοισι,
ἀδύνατα δέ σφι ἦν τὸ παραυτίκα ποιέειν ταῦτα οὐ
10 βουλομένοισι λύειν τὸν νόμον· ἦν γὰρ ἱσταμένου τοῦ
μηνὸς εἰνάτη, εἰνάτῃ δὲ οὐκ ἐξελεύσεσθαι ἔφασαν μὴ οὐ
πλήρεος ἐόντος τοῦ κύκλου. οὗτοι μέν νυν τὴν πανσέληνον
ἔμενον, τοῖσι δὲ βαρβάροισι κατηγέετο Ἱππίης ὁ Πεισι-
στράτου ἐς τὸν Μαραθῶνα, Ἀθηναίοισι δὲ τεταγμένοισι
15 ἐν τεμένεϊ Ἡρακλέος ἐπῆλθον βοηθέοντες Πλαταιέες
πανδημεί· καὶ γὰρ καὶ ἐδεδώκεσαν σφέας αὐτοὺς τοῖσι
Ἀθηναίοισι οἱ Πλαταιέες, καὶ πόνους ὑπὲρ αὐτῶν Ἀθηναῖοι
συχνοὺς ἤδη ἀναραιρέατο·

The Battle of Marathon

Τοῖσι δὲ Ἀθηναίων στρατηγοῖσι ἐγίνοντο δίχα αἱ
20 γνῶμαι, τῶν μὲν οὐκ ἐώντων συμβαλεῖν (ὀλίγους γὰρ
εἶναι στρατιῇ τῇ Μήδων συμβαλεῖν), τῶν δὲ καὶ Μιλτιάδεω
κελευόντων. ὡς δὲ δίχα τε ἐγίνοντο καὶ ἐνίκα ἡ χείρων
τῶν γνωμέων, ἐνθαῦτα, ἦν γὰρ ἑνδέκατος ψηφιδοφόρος ὁ
τῷ κυάμῳ λαχὼν Ἀθηναίων πολεμαρχέειν (τὸ παλαιὸν
25 γὰρ Ἀθηναῖοι ὁμόψηφον τὸν πολέμαρχον ἐποιεῦντο τοῖσι
στρατηγοῖσι), ἦν δὲ τότε πολέμαρχος Καλλίμαχος Ἀφιδ-
ναῖος, πρὸς τοῦτον ἐλθὼν Μιλτιάδης ἔλεγε τάδε· Ἐν
σοὶ νῦν, Καλλίμαχε, ἐστὶ ἢ καταδουλῶσαι Ἀθήνας ἢ
ἐλευθέρας ποιήσαντα μνημόσυνα λιπέσθαι ἐς τὸν ἅπαντα

ἀνθρώπων βίον οἷα οὐδὲ Ἁρμόδιός τε καὶ Ἀριστογείτων.
νῦν γὰρ δή, ἐξ οὗ ἐγένοντο Ἀθηναῖοι, ἐς κίνδυνον ἥκουσι
μέγιστον, καὶ ἢν μέν γε ὑποκύψωσι τοῖσι Μήδοισι, δέδοκται
τὰ πείσονται παραδεδομένοι Ἱππίῃ, ἢν δὲ περιγένηται
αὕτη ἡ πόλις, οἵη τέ ἐστι πρώτη τῶν Ἑλληνίδων πολίων 5
γενέσθαι. κῶς ὦν δὴ ταῦτα οἷά τέ ἐστι γενέσθαι, καὶ
κῶς ἐς σέ τοι τούτων ἀνήκει τῶν πρηγμάτων τὸ κῦρος
ἔχειν, νῦν ἔρχομαι φράσων. ἡμέων τῶν στρατηγῶν
ἐόντων δέκα δίχα γίνονται αἱ γνῶμαι, τῶν μὲν κελευόντων
συμβαλεῖν, τῶν δὲ οὔ. ἢν μέν νυν μὴ συμβάλωμεν, 10
ἔλπομαί τινα στάσιν μεγάλην διασείσειν ἐμπεσοῦσαν τὰ
Ἀθηναίων φρονήματα ὥστε μηδίσαι· ἢν δὲ συμβάλωμεν
πρίν τι καὶ σαθρὸν Ἀθηναίων μετεξετέροισι ἐγγενέσθαι,
θεῶν τὰ ἴσα νεμόντων οἷοί τέ εἰμεν περιγενέσθαι τῇ
συμβολῇ. ταῦτα ὦν πάντα ἐς σὲ νῦν τείνει καὶ ἐκ σέο 15
ἄρτηται· ἢν γὰρ σὺ γνώμῃ τῇ ἐμῇ προσθῇ, ἔστι τοι
πατρίς τε ἐλευθέρη καὶ πόλις πρώτη τῶν ἐν τῇ Ἑλλάδι·
ἢν δὲ τὴν τῶν ἀποσπευδόντων τὴν συμβολὴν ἕλῃ, ὑπάρξει
τοι τῶν ἐγὼ κατέλεξα ἀγαθῶν τὰ ἐναντία. ταῦτα λέγων
ὁ Μιλτιάδης προσκτᾶται τὸν Καλλίμαχον· προσγενο- 20
μένης δὲ τοῦ πολεμάρχου τῆς γνώμης ἐκεκύρωτο συμβάλ-
λειν. μετὰ δὲ οἱ στρατηγοὶ τῶν ἡ γνώμη ἔφερε συμβάλ-
λειν, ὡς ἑκάστου αὐτῶν ἐγίνετο πρυτανηίη τῆς ἡμέρης,
Μιλτιάδῃ παρεδίδοσαν. ὁ δὲ δεκόμενος οὔτι κω συμβολὴν
ἐποιέετο, πρίν γε δὴ αὐτοῦ πρυτανηίη ἐγένετο. ὡς δὲ ἐς 25
ἐκεῖνον περιῆλθε, ἐνθαῦτα δὴ ἐτάσσοντο ὧδε οἱ Ἀθηναῖοι
ὡς συμβαλέοντες· τοῦ μὲν δεξιοῦ κέρεος ἡγέετο ὁ πολέ-
μαρχος Καλλίμαχος· ὁ γὰρ νόμος τότε εἶχε οὕτω
τοῖσι Ἀθηναίοισι, τὸν πολέμαρχον ἔχειν κέρας τὸ δεξιόν.
ἡγεομένου δὲ τούτου ἐξεδέκοντο ὡς ἀριθμέοντο αἱ φυλαί, 30
ἐχόμεναι ἀλληλέων· τελευταῖοι δὲ ἐτάσσοντο, ἔχοντες τὸ

εὐώνυμον κέρας, Πλαταιέες. ἀπὸ ταύτης γάρ σφι τῆς
μάχης Ἀθηναίων θυσίας ἀναγόντων ἐς πανηγύριας τὰς ἐν
τῇσι πεντετηρίσι γινομένας κατεύχεται ὁ κῆρυξ ὁ Ἀθηναῖος
ἅμα τε Ἀθηναίοισι λέγων γίνεσθαι τὰ ἀγαθὰ καὶ
5 Πλαταιεῦσι. τότε δὲ τασσομένων τῶν Ἀθηναίων ἐν τῷ
Μαραθῶνι ἐγίνετο τοιόνδε τι· τὸ στρατόπεδον ἐξισού-
μενον τῷ Μηδικῷ στρατοπέδῳ, τὸ μὲν αὐτοῦ μέσον ἐγίνετο
ἐπὶ τάξιας ὀλίγας, καὶ ταύτῃ ἦν ἀσθενέστατον τὸ στρατό-
πεδον, τὸ δὲ κέρας ἑκάτερον ἔρρωτο πλήθεϊ. ὡς δέ σφι
10 διετέτακτο καὶ τὰ σφάγια ἐγίνετο καλά, ἐνθαῦτα ὡς
ἀπείθησαν οἱ Ἀθηναῖοι, δρόμῳ ἵεντο ἐς τοὺς βαρβάρους.
ἦσαν δὲ στάδιοι οὐκ ἐλάσσονες τὸ μεταίχμιον αὐτῶν ἢ
ὀκτώ. οἱ δὲ Πέρσαι ὁρῶντες δρόμῳ ἐπιόντας παρεσκευά-
ζοντο ὡς δεξόμενοι, μανίην τε τοῖσι Ἀθηναίοισι ἐπέφερον
15 καὶ πάγχυ ὀλεθρίην, ὁρῶντες αὐτοὺς ἐόντας ὀλίγους, καὶ
τούτους δρόμῳ ἐπειγομένους οὔτε ἵππου ὑπαρχούσης σφι
οὔτε τοξευμάτων. ταῦτα μέν νυν οἱ βάρβαροι κατείκαζον·
Ἀθηναῖοι δὲ ἐπείτε ἀθρόοι προσέμειξαν τοῖσι βαρβάροισι,
ἐμάχοντο ἀξίως λόγου. πρῶτοι μὲν γὰρ Ἑλλήνων
20 πάντων τῶν ἡμεῖς ἴδμεν δρόμῳ ἐς πολεμίους ἐχρήσαντο,
πρῶτοι δὲ ἀνέσχοντο ἐσθῆτά τε Μηδικὴν ὁρῶντες καὶ
τοὺς ἄνδρας ταύτην ἐσθημένους· τέως δὲ ἦν τοῖσι Ἕλλησι
καὶ τὸ οὔνομα τὸ Μήδων φόβος ἀκοῦσαι. μαχομένων δὲ
ἐν τῷ Μαραθῶνι χρόνος ἐγίνετο πολλός. καὶ τὸ μὲν μέσον
25 τοῦ στρατοπέδου ἐνίκων οἱ βάρβαροι, τῇ Πέρσαι τε αὐτοὶ
καὶ Σάκαι ἐτετάχατο· κατὰ τοῦτο μὲν δὴ ἐνίκων οἱ
βάρβαροι καὶ ῥήξαντες ἐδίωκον ἐς τὴν μεσόγαιαν, τὸ δὲ
κέρας ἑκάτερον ἐνίκων Ἀθηναῖοί τε καὶ Πλαταιέες.
νικῶντες δὲ τὸ μὲν τετραμμένον τῶν βαρβάρων φεύγειν
30 ἔων, τοῖσι δὲ τὸ μέσον ῥήξασι αὐτῶν συναγαγόντες
τὰ κέρεα ἐμάχοντο, καὶ ἐνίκων Ἀθηναῖοι. φεύγουσι

δὲ τοῖσι Πέρσῃσι εἵποντο κόπτοντες, ἐς ὃ ἐπὶ τὴν
θάλασσαν ἀπικόμενοι πῦρ τε αἴτεον καὶ ἐπελαμβάνοντο
τῶν νεῶν. καὶ τοῦτο μὲν ἐν τούτῳ τῷ πόνῳ ὁ πολέμαρχος
διαφθείρεται, ἀνὴρ γενόμενος ἀγαθός, ἀπὸ δ' ἔθανε τῶν
στρατηγῶν Στησίλεως ὁ Θρασύλεω· τοῦτο δὲ Κυνέγειρος 5
ὁ Εὐφορίωνος ἐνθαῦτα ἐπιλαμβανόμενος τῶν ἀφλάστων
νεός, τὴν χεῖρα ἀποκοπεὶς πελέκεϊ πίπτει, τοῦτο δὲ ἄλλοι
Ἀθηναίων πολλοί τε καὶ ὀνομαστοί. ἑπτὰ μὲν δὴ τῶν
νεῶν ἐπεκράτησαν τρόπῳ τοιούτῳ Ἀθηναῖοι, τῇσι δὲ
λοιπῇσι οἱ βάρβαροι ἐξανακρουσάμενοι καὶ ἀναλαβόντες 10
ἐκ τῆς νήσου ἐν τῇ ἔλιπον τὰ ἐξ Ἐρετρίης ἀνδράποδα,
περιέπλεον Σούνιον, βουλόμενοι φθῆναι τοὺς Ἀθηναίους
ἀπικόμενοι ἐς τὸ ἄστυ. οὗτοι μὲν δὴ περιέπλεον Σούνιον·
Ἀθηναῖοι δὲ ὡς ποδῶν εἶχον ἐβοήθεον ἐς τὸ ἄστυ, καὶ
ἔφθησάν τε ἀπικόμενοι πρὶν ἢ τοὺς βαρβάρους ἥκειν, καὶ 15
ἐστρατοπεδεύσαντο ἀπιγμένοι ἐξ Ἡρακλείου τοῦ ἐν
Μαραθῶνι ἐν ἄλλῳ Ἡρακλείῳ τῷ ἐν Κυνοσάργεϊ. οἱ δὲ
βάρβαροι τῇσι νηυσὶ ὑπεραιωρηθέντες Φαλήρου (τοῦτο
γὰρ ἦν ἐπίνειον τότε τῶν Ἀθηναίων) ὑπὲρ τούτου
ἀνακωχεύσαντες τὰς νέας ἀπέπλεον ὀπίσω ἐς τὴν Ἀσίην. 20
ἐν ταύτῃ τῇ ἐν Μαραθῶνι μάχῃ ἀπέθανον τῶν βαρβάρων
κατὰ ἑξακισχιλίους καὶ τετρακοσίους ἄνδρας, Ἀθηναίων
δὲ ἑκατὸν καὶ ἐνενήκοντα καὶ δύο. Λακεδαιμονίων δὲ
ἧκον ἐς τὰς Ἀθήνας δισχίλιοι μετὰ τὴν πανσέληνον,
ἔχοντες σπουδὴν πολλὴν καταλαβεῖν, οὕτω ὥστε τριταῖοι 25
ἐκ Σπάρτης ἐγένοντο ἐν τῇ Ἀττικῇ. ὕστεροι δὲ ἀπικό-
μενοι τῆς συμβολῆς ἱμείροντο ὅμως θεήσασθαι τοὺς
Μήδους· ἐλθόντες δὲ ἐς τὸν Μαραθῶνα ἐθεήσαντο. μετὰ
δὲ αἰνέοντες Ἀθηναίους καὶ τὸ ἔργον αὐτῶν ἀπαλλάσσοντο
ὀπίσω. 30

BOOK VII

Preparations of Darius for a Second Invasion of Greece

Ἐπεὶ δὲ ἡ ἀγγελίη ἀπίκετο περὶ τῆς μάχης τῆς ἐν
Μαραθῶνι γενομένης παρὰ βασιλέα Δαρεῖον τὸν Ὑστά-
σπεος καὶ πρὶν μεγάλως κεχαραγμένον τοῖσι Ἀθηναίοισι
διὰ τὴν ἐς Σάρδις ἐσβολήν, καὶ δὴ καὶ τότε πολλῷ τε
5 δεινότερα ἐποίεε καὶ μᾶλλον ὅρμητο στρατεύεσθαι ἐπὶ
τὴν Ἑλλάδα. καὶ αὐτίκα μὲν ἐπηγγέλλετο πέμπων
ἀγγέλους κατὰ πόλις ἑτοιμάζειν στρατιήν, πολλῷ πλέω
ἐπιτάσσων ἑκάστοισι ἢ πρότερον παρεῖχον, καὶ νέας τε
καὶ ἵππους καὶ σῖτον καὶ πλοῖα. τούτων δὲ περιαγγελ-
10 λομένων ἡ Ἀσίη ἐδονέετο ἐπὶ τρία ἔτεα, καταλεγομένων
τε τῶν ἀρίστων ὡς ἐπὶ τὴν Ἑλλάδα στρατευσομένων καὶ
παρασκευαζομένων. τετάρτῳ δὲ ἔτεϊ Αἰγύπτιοι οἱ ὑπὸ
Καμβύσεω δουλωθέντες ἀπέστησαν ἀπὸ Περσέων. ἐνθαῦτα
δὴ καὶ μᾶλλον ὅρμητο καὶ ἐπ᾽ ἀμφοτέρους στρατεύεσθαι.
15 στελλομένου δὲ Δαρείου ἐπ᾽ Αἴγυπτον καὶ Ἀθήνας τῶν
παίδων αὐτοῦ στάσις ἐγένετο μεγάλη περὶ τῆς ἡγεμονίης,
ὡς δεῖ μιν ἀποδέξαντα βασιλέα κατὰ τὸν Περσέων νόμον
οὕτω στρατεύεσθαι. ἦσαν γὰρ Δαρείῳ καὶ πρότερον ἢ
βασιλεῦσαι γεγονότες τρεῖς παῖδες ἐκ τῆς προτέρης
20 γυναικός, Γωβρύεω θυγατρός, καὶ βασιλεύσαντι ἐξ Ἀτόσ-
σης τῆς Κύρου ἕτεροι τέσσερες. τῶν μὲν δὴ προτέρων
ἐπρέσβευε Ἀρτοβαζάνης, τῶν δὲ ἐπιγενομένων Ξέρξης.
ἐόντες δὲ μητρὸς οὐ τῆς αὐτῆς ἐστασίαζον, ὁ μὲν Ἀρτο-
βαζάνης κατ᾽ ὅ τι πρεσβύτατός τε εἴη παντὸς τοῦ γόνου
25 καὶ ὅτι νομιζόμενον εἴη πρὸς πάντων ἀνθρώπων τὸν
πρεσβύτατον τὴν ἀρχὴν ἔχειν, Ξέρξης δὲ ὡς Ἀτόσσης τε
παῖς εἴη τῆς Κύρου θυγατρὸς καὶ ὅτι Κῦρος εἴη ὁ κτησά-

μενος τοῖσι Πέρσῃσι τὴν ἐλευθερίην. Δαρείου δὲ οὐκ ἀποδεικνυμένου κω γνώμην ἐτύγχανε κατὰ τὠυτὸ τούτοισι καὶ Δημάρητος ὁ Ἀρίστωνος ἀναβεβηκὼς ἐς Σοῦσα, ἐστερημένος τε τῆς ἐν Σπάρτῃ βασιληίης καὶ φυγὴν ἐπιβαλὼν ἑωυτῷ ἐκ Λακεδαίμονος. οὗτος ὠνὴρ πυθόμενος 5 τῶν Δαρείου παίδων τὴν διαφορήν, ἐλθών, ὡς ἡ φάτις μιν ἔχει, Ξέρξῃ συνεβούλευε λέγειν πρὸς τοῖσι ἔλεγε ἔπεσι, ὡς αὐτὸς μὲν γένοιτο Δαρείῳ ἤδη βασιλεύοντι καὶ ἔχοντι τὸ Περσέων κράτος, Ἀρτοβαζάνης δὲ ἔτι ἰδιώτῃ ἐόντι Δαρείῳ· οὐκ ὦν οὔτε οἰκὸς εἴη οὔτε δίκαιον ἄλλον τινὰ τὸ γέρας 10 ἔχειν πρὸ ἑωυτοῦ, ἐπεί γε καὶ ἐν Σπάρτῃ, ἔφη ὁ Δημάρητος ὑποτιθέμενος, οὕτω νομίζεσθαι, ἢν οἱ μὲν προγεγονότες ἔωσι πρὶν ἢ τὸν πατέρα σφέων βασιλεῦσαι, ὁ δὲ βασιλεύοντι ὀψίγονος ἐπιγένηται, τοῦ ἐπιγενομένου τὴν ἔκδεξιν τῆς βασιληίης γίνεσθαι. χρησαμένου δὲ Ξέρξεω τῇ 15 Δημαρήτου ὑποθήκῃ γνοὺς ὁ Δαρεῖος ὡς λέγοι δίκαια βασιλέα μιν ἀπέδεξε. δοκέειν δέ μοι, καὶ ἄνευ ταύτης τῆς ὑποθήκης ἐβασίλευσε ἂν Ξέρξης· ἡ γὰρ Ἄτοσσα εἶχε τὸ πᾶν κράτος. ἀποδέξας δὲ βασιλέα Πέρσῃσι Ξέρξεα Δαρεῖος ὁρμᾶτο στρατεύεσθαι. ἀλλὰ γὰρ μετὰ ταῦτά τε καὶ 20 Αἰγύπτου ἀπόστασιν τῷ ὑστέρῳ ἔτεϊ παρασκευαζόμενον συνήνεικε αὐτὸν Δαρεῖον, βασιλεύσαντα τὰ πάντα ἕξ τε καὶ τριήκοντα ἔτεα, ἀποθανεῖν, οὐδέ οἱ ἐξεγένετο οὔτε τοὺς ἀπεστεῶτας Αἰγυπτίους οὔτε Ἀθηναίους τιμωρήσασθαι.

The Succession of Xerxes. Invasion of Greece Urged by Mardonius

Ἀποθανόντος δὲ Δαρείου ἡ βασιληίη ἀνεχώρησε ἐς τὸν 25 παῖδα τὸν ἐκείνου Ξέρξην. ὁ τοίνυν Ξέρξης ἐπὶ μὲν τὴν Ἑλλάδα οὐδαμῶς πρόθυμος ἦν κατ᾽ ἀρχὰς στρατεύεσθαι, ἐπὶ δὲ Αἴγυπτον ἐποιέετο στρατιῆς ἄγερσιν. παρεὼν δὲ

καὶ δυνάμενος παρ' αὐτῷ μέγιστον Περσέων Μαρδόνιος ὁ
Γωβρύεω, ὃς ἦν Ξέρξῃ μὲν ἀνεψιός, Δαρείου δὲ ἀδελφεῆς
παῖς, τοιούτου λόγου εἴχετο, λέγων· Δέσποτα, οὐκ οἰκός
ἐστι Ἀθηναίους ἐργασαμένους πολλὰ δὴ κακὰ Πέρσας μὴ
5 οὐ δοῦναι δίκας τῶν ἐποίησαν. ἀλλ' εἰ τὸ μὲν νῦν ταῦτα
πρήσσοις τά περ ἐν χερσὶ ἔχεις· ἡμερώσας δὲ Αἴγυπτον
τὴν ἐξυβρίσασαν στρατηλάτεε ἐπὶ τὰς Ἀθήνας, ἵνα λόγος
τέ σε ἔχῃ πρὸς ἀνθρώπων ἀγαθὸς καί τις ὕστερον φυλάσ-
σηται ἐπὶ γῆν τὴν σὴν στρατεύεσθαι. οὗτος μέν οἱ λόγος
10 ἦν τιμωρός, τούτου δὲ τοῦ λόγου παρενθήκην ποιεέσκετο
τήνδε, ὡς ἡ Εὐρώπη περικαλλὴς χώρη καὶ δένδρεα παντοῖα
φέρει τὰ ἥμερα ἀρετήν τε ἄκρη, βασιλέϊ τε μούνῳ θνητῶν
ἀξίη ἐκτῆσθαι. ταῦτα δὲ ἔλεγε οἷα νεωτέρων ἔργων
ἐπιθυμητὴς ἐὼν καὶ θέλων αὐτὸς τῆς Ἑλλάδος ὕπαρχος
15 εἶναι. χρόνῳ δὲ κατεργάσατό τε καὶ ἀνέπεισε Ξέρξην
ὥστε ποιέειν ταῦτα.

Ξέρξης δὲ μετὰ Αἰγύπτου ἅλωσιν ὡς ἔμελλε ἐς χεῖρας
ἄξεσθαι τὸ στράτευμα τὸ ἐπὶ τὰς Ἀθήνας, σύλλογον
ἐπίκλητον Περσέων τῶν ἀρίστων ἐποιέετο, ἵνα γνώμας τε
20 πύθηταί σφεων καὶ αὐτὸς ἐν πᾶσι εἴπῃ τὰ θέλει. ὡς δὲ
συνελέχθησαν, ἔλεγε Ξέρξης τάδε· Ἄνδρες Πέρσαι, οὔτ'
αὐτὸς κατηγήσομαι νόμον τόνδε ἐν ὑμῖν τιθεὶς παραδεξά-
μενός τε αὐτῷ χρήσομαι. ὡς γὰρ ἐγὼ πυνθάνομαι τῶν
πρεσβυτέρων, οὐδαμά κω ἠτρεμίσαμεν, ἐπείτε παρελά-
25 βομεν τὴν ἡγεμονίην τήνδε παρὰ Μήδων, Κύρου κατελόντος
Ἀστυάγεα· ἀλλὰ θεός τε οὕτω ἄγει καὶ αὐτοῖσι ἡμῖν
πολλὰ ἐπέπουσι συμφέρεται ἐπὶ τὸ ἄμεινον. τὰ μέν νυν
Κῦρός τε καὶ Καμβύσης πατήρ τε ὁ ἐμὸς Δαρεῖος κατερ-
γάσαντο καὶ προσεκτήσαντο ἔθνεα, ἐπισταμένοισι εὖ οὐκ
30 ἄν τις λέγοι. ἐγὼ δὲ ἐπείτε παρέλαβον τὸν θρόνον τοῦτον,
ἐφρόντιζον ὅκως μὴ λείψομαι τῶν πρότερον γενομένων ἐν

τιμῇ τῇδε μηδὲ ἐλάσσω προσκτήσομαι δύναμιν Πέρσῃσι·
φροντίζων δὲ εὑρίσκω ἅμα μὲν κῦδος ἡμῖν προσγινόμενον
χώρην τε τῆς νῦν ἐκτήμεθα οὐκ ἐλάσσονα οὐδὲ φλαυροτέρην
παμφορωτέρην δέ, ἅμα δὲ τιμωρίην τε καὶ τίσιν γινομένην.
διὸ ὑμέας νῦν ἐγὼ συνέλεξα, ἵνα τὸ νοέω πρήσσειν 5
ὑπερθέωμαι ὑμῖν. μέλλω ζεύξας τὸν Ἑλλήσποντον ἐλᾶν
στρατὸν διὰ τῆς Εὐρώπης ἐπὶ τὴν Ἑλλάδα, ἵνα Ἀθηναίους
τιμωρήσωμαι ὅσα δὴ πεποιήκασι Πέρσας τε καὶ πατέρα
τὸν ἐμόν. ὡρᾶτε μέν νυν καὶ Δαρεῖον ἰθύοντα στρατεύε-
σθαι ἐπὶ τοὺς ἄνδρας τούτους. ἀλλ' ὁ μὲν τετελεύτηκε καὶ 10
οὐκ ἐξεγένετό οἱ τιμωρήσασθαι· ἐγὼ δὲ ὑπέρ τε ἐκείνου
καὶ τῶν ἄλλων Περσέων οὐ πρότερον παύσομαι πρὶν ἢ ἕλω
τε καὶ πυρώσω τὰς Ἀθήνας, οἵ γε ἐμὲ καὶ πατέρα τὸν
ἐμὸν ὑπῆρξαν ἄδικα ποιεῦντες. πρῶτα μὲν ἐς Σάρδις
ἐλθόντες ἅμα Ἀρισταγόρῃ τῷ Μιλησίῳ, δούλῳ δὲ ἡμετέρῳ, 15
ἐνέπρησαν τά τε ἄλσεα καὶ τὰ ἱρά· δεύτερα δὲ ἡμέας οἷα
ἔρξαν ἐς τὴν σφετέρην ἀποβάντας, ὅτε Δᾶτίς τε καὶ
Ἀτραφρένης ἐστρατήγεον, ἐπίστασθέ κου πάντες. τούτων
μέντοι εἵνεκα ἀνάρτημαι ἐπ' αὐτοὺς στρατεύεσθαι, ἀγαθὰ
δὲ ἐν αὐτοῖσι τοσάδε ἀνευρίσκω λογιζόμενος· εἰ τούτους 20
τε καὶ τοὺς τούτοισι πλησιοχώρους καταστρεψόμεθα, οἳ
Πέλοπος τοῦ Φρυγὸς νέμονται χώρην, γῆν τὴν Περσίδα
ἀποδέξομεν τῷ Διὸς αἰθέρι ὁμουρέουσαν. οὐ γὰρ δὴ
χώρην γε οὐδεμίαν κατόψεται ἥλιος ὁμουρέουσαν τῇ
ἡμετέρῃ, ἀλλά σφεας πάσας ἐγὼ ἅμα ὑμῖν μίαν χώρην 25
θήσω, διὰ πάσης διεξελθὼν τῆς Εὐρώπης. πυνθάνομαι
γὰρ ὧδε ἔχειν, οὔτε τινὰ πόλιν ἀνδρῶν οὐδεμίαν οὔτε ἔθνος
οὐδὲν ἀνθρώπων ὑπολείπεσθαι, τὸ ἡμῖν οἷόν τε ἔσται
ἐλθεῖν ἐς μάχην, τούτων τῶν κατέλεξα ὑπεξαραιρημένων.
ταῦτα εἴπας ἐπαύετο. μετ' αὐτὸν δὲ Μαρδόνιος ἔλεγε· 30
Ὦ δέσποτα, οὐ μοῦνον εἰς τῶν γενομένων Περσέων

ἄριστος, ἀλλὰ καὶ τῶν ἐσομένων, ὃς τά τε ἄλλα λέγων
ἐπίκεο ἄριστα καὶ ἀληθέστατα καὶ Ἴωνας τοὺς ἐν τῇ
Εὐρώπῃ κατοικημένους οὐκ ἐάσεις καταγελάσαι ἡμῖν
ἐόντας ἀναξίους. καὶ γὰρ δεινὸν ἂν εἴη πρῆγμα, εἰ
5 Σάκας μὲν καὶ Ἰνδοὺς καὶ Αἰθίοπάς τε καὶ Ἀσσυρίους
ἄλλα τε ἔθνεα πολλὰ καὶ μεγάλα ἀδικήσαντα Πέρσας
οὐδέν, ἀλλὰ δύναμιν προσκτᾶσθαι βουλόμενοι, καταστρε-
ψάμενοι δούλους ἔχομεν, Ἕλληνας δὲ ὑπάρξαντας ἀδικίης
οὐ τιμωρησόμεθα. τί δείσαντες; κοίην πλήθεος συστρο-
10 φήν; κοίην δὲ χρημάτων δύναμιν; τῶν ἐπιστάμεθα μὲν
τὴν μάχην, ἐπιστάμεθα δὲ τὴν δύναμιν ἐοῦσαν ἀσθενέα·
ἔχομεν δὲ αὐτῶν παῖδας καταστρεψάμενοι, τούτους οἳ ἐν
τῇ ἡμετέρῃ κατοικημένοι Ἴωνές τε καὶ Αἰολέες καὶ
Δωριέες καλέονται. ἐπειρήθην δὲ καὶ αὐτὸς ἤδη ἐπελαύ-
15 νων ἐπὶ τοὺς ἄνδρας τούτους ὑπὸ πατρὸς τοῦ σοῦ κελευ-
σθείς, καί μοι μέχρι Μακεδονίης ἐλάσαντι καὶ ὀλίγον
ἀπολιπόντι ἐς αὐτὰς Ἀθήνας ἀπικέσθαι οὐδεὶς ἠντιώθη
ἐς μάχην. σοὶ δὲ δὴ μέλλει τίς, ὦ βασιλεῦ, ἀντιώσεσθαι
πόλεμον προφέρων, ἄγοντι καὶ πλῆθος τὸ ἐκ τῆς Ἀσίης
20 καὶ νέας τὰς ἀπάσας; ὡς μὲν ἐγὼ δοκέω, οὐκ ἐς τοῦτο
θάρσεος ἀνήκει τὰ Ἑλλήνων πρήγματα· εἰ δὲ ἄρα ἔγωγε
ψευσθείην γνώμῃ καὶ ἐκεῖνοι ἐπαρθέντες ἀβουλίῃ ἔλθοιεν
ἡμῖν ἐς μάχην, μάθοιεν ἂν ὥς εἰμεν ἀνθρώπων ἄριστοι τὰ
πολέμια. ἔστω δ᾽ ὦν μηδὲν ἀπείρητον· αὐτόματον γὰρ
25 οὐδέν, ἀλλ᾽ ἀπὸ πείρης πάντα ἀνθρώποισι φιλέει γίνεσθαι.

The Expedition Opposed by Artabanus

Μαρδόνιος μὲν τοσαῦτα ἐπιλεήνας τὴν Ξέρξεω γνώμην
ἐπέπαυτο· σιωπώντων δὲ τῶν ἄλλων Περσέων καὶ οὐ
τολμώντων γνώμην ἀποδείκνυσθαι ἀντίην τῇ προκειμένῃ,

Ἀρτάβανος ὁ Ὑστάσπεος, πάτρως ἐὼν Ξέρξῃ, τῷ δὴ καὶ
πίσυνος ἐὼν ἔλεγε τάδε· Ὦ βασιλεῦ, μὴ λεχθεισέων μὲν
γνωμέων ἀντιέων ἀλλήλῃσι οὐκ ἔστι τὴν ἀμείνω αἱρεό-
μενον ἑλέσθαι, ἀλλὰ δεῖ τῇ εἰρημένῃ χρᾶσθαι, λεχθεισέων
δὲ ἔστι, ὥσπερ τὸν χρυσὸν τὸν ἀκήρατον αὐτὸν μὲν ἐπ' 5
ἑωυτοῦ οὐ διαγινώσκομεν, ἐπεὰν δὲ παρατρίψωμεν ἄλλῳ
χρυσῷ, διαγινώσκομεν τὸν ἀμείνω. ἐγὼ δὲ καὶ πατρὶ τῷ
σῷ, ἀδελφεῷ δὲ ἐμῷ, Δαρείῳ ἠγόρευον μὴ στρατεύεσθαι
ἐπὶ Σκύθας, ἄνδρας οὐδαμόθι γῆς ἄστυ νέμοντας· ὁ δὲ
ἐλπίζων Σκύθας τοὺς νομάδας καταστρέψεσθαι ἐμοί τε 10
οὐκ ἐπείθετο, στρατευσάμενός τε πολλοὺς καὶ ἀγαθοὺς τῆς
στρατιῆς ἀποβαλὼν ἀπῆλθε. σὺ δέ, ὦ βασιλεῦ, μέλλεις
ἐπ' ἄνδρας στρατεύεσθαι πολλὸν ἔτι ἀμείνονας ἢ Σκύθας,
οἳ κατὰ θάλασσάν τε ἄριστοι καὶ κατὰ γῆν λέγονται
εἶναι. σὺ δ' ὦν μὴ βούλευ ἐς κίνδυνον μηδένα τοιοῦτον 15
ἀπικέσθαι μηδεμιῆς ἀνάγκης ἐούσης, ἀλλὰ ἐμοὶ πείθευ·
νῦν μὲν τὸν σύλλογον τόνδε διάλυσον· αὖτις δέ, ὅταν τοι
δοκῇ, προσκεψάμενος ἐπὶ σεωυτοῦ προαγόρευε τά τοι
δοκέει εἶναι ἄριστα. ὁρᾷς τὰ ὑπερέχοντα ζῷα ὡς κεραυνοῖ
ὁ θεὸς οὐδὲ ἐᾷ φαντάζεσθαι, τὰ δὲ σμικρὰ οὐδέν μιν 20
κνίζει· ὁρᾷς δὲ ὡς ἐς οἰκήματα τὰ μέγιστα αἰεὶ καὶ
δένδρεα τὰ τοιαῦτα ἀποσκήπτει τὰ βέλεα. φιλέει γὰρ
ὁ θεὸς τὰ ὑπερέχοντα πάντα κολούειν. οὕτω δὲ καὶ
στρατὸς πολλὸς ὑπὸ ὀλίγου διαφθείρεται κατὰ τοιόνδε·
ἐπεάν σφι ὁ θεὸς φθονήσας φόβον ἐμβάλῃ ἢ βροντήν, δι' 25
ὧν ἐφθάρησαν ἀναξίως ἑωυτῶν. οὐ γὰρ ἐᾷ φρονέειν μέγα
ὁ θεὸς ἄλλον ἢ ἑωυτόν. σοὶ μὲν δὴ ταῦτα, ὦ βασιλεῦ,
συμβουλεύω· σὺ δέ, ὦ παῖ Γωβρύεω, παῦσαι λέγων
λόγους ματαίους περὶ Ἑλλήνων οὐκ ἐόντων ἀξίων φλαύρως
ἀκούειν. 30

The Anger of Xerxes against Artabanus

Ἀρτάβανος μὲν ταῦτα ἔλεξε, Ξέρξης δὲ θυμωθεὶς ἀμεί-
βεται τοισίδε· Ἀρτάβανε, πατρὸς εἶς τοῦ ἐμοῦ ἀδελφεός·
τοῦτό σε ῥύσεται μηδένα ἄξιον μισθὸν λαβεῖν ἐπέων
ματαίων. καί τοι ταύτην τὴν ἀτιμίην προστίθημι ἐόντι
5 κακῷ τε καὶ ἀθύμῳ, μήτε συστρατεύεσθαι ἔμοιγε ἐπὶ τὴν
Ἑλλάδα αὐτοῦ τε μένειν ἅμα τῇσι γυναιξί· ἐγὼ δὲ καὶ
ἄνευ σέο ὅσα περ εἶπα ἐπιτελέα ποιήσω. μὴ γὰρ εἴην ἐκ
Δαρείου τοῦ Ὑστάσπεος τοῦ Ἀρσάμεος τοῦ Ἀριαράμνεω
τοῦ Τείσπεος τοῦ Ἀχαμένεος γεγονώς, μὴ τιμωρησάμενος
10 Ἀθηναίους, εὖ ἐπιστάμενος ὅτι εἰ ἡμεῖς ἡσυχίην ἄξομεν,
ἀλλ᾽ οὐκ ἐκεῖνοι, ἀλλὰ καὶ μάλα στρατεύσονται ἐπὶ τὴν
ἡμετέρην, εἰ χρὴ σταθμώσασθαι τοῖσι ὑπαργμένοισι ἐξ
ἐκείνων, οἳ Σάρδις τε ἐνέπρησαν καὶ ἤλασαν ἐς τὴν
Ἀσίην. οὐκ ὦν ἐξαναχωρέειν οὐδετέροισι δυνατῶς ἔχει,
15 ἀλλὰ ποιέειν ἢ παθεῖν πρόκειται ἀγών, ἵνα ἢ τάδε πάντα
ὑπὸ Ἕλλησι ἢ ἐκεῖνα πάντα ὑπὸ Πέρσῃσι γένηται· τὸ
γὰρ μέσον οὐδὲν τῆς ἔχθρης ἐστί. καλὸν ὦν προπεπον-
θότας ἡμέας τιμωρέειν ἤδη γίνεται, ἵνα καὶ τὸ δεινὸν τὸ
πείσομαι τοῦτο μάθω, ἐλάσας ἐπ᾽ ἄνδρας τούτους, τούς
20 γε καὶ Πέλοψ ὁ Φρύξ, ἐὼν πατέρων τῶν ἐμῶν δοῦλος,
κατεστρέψατο οὕτω ὡς καὶ ἐς τόδε αὐτοί τε ὤνθρωποι καὶ
ἡ γῆ αὐτῶν ἐπώνυμοι τοῦ καταστρεψαμένου καλέονται.

Xerxes and Artabanus Arrive at a Common Decision

Ταῦτα μὲν ἐπὶ τοσοῦτο ἐλέγετο, μετὰ δὲ εὐφρόνη τε
ἐγίνετο καὶ Ξέρξην ἔκνιζε ἡ Ἀρταβάνου γνώμη· νυκτὶ δὲ
25 βουλὴν διδοὺς πάγχυ εὕρισκέ οἱ οὐ πρῆγμα εἶναι στρα-
τεύεσθαι ἐπὶ τὴν Ἑλλάδα. δεδογμένων δέ οἱ αὖτις τούτων
κατύπνωσε, καὶ δή κου ἐν τῇ νυκτὶ εἶδε ὄψιν τοιήνδε, ὡς
λέγεται ὑπὸ Περσέων· ἐδόκεε ὁ Ξέρξης ἄνδρα οἱ ἐπιστάντα

μέγαν τε καὶ εὐειδέα εἰπεῖν· Μετὰ δὴ βουλεύεαι, ὦ Πέρσα,
στράτευμα μὴ ἄγειν ἐπὶ τὴν Ἑλλάδα, προείπας ἁλίζειν
Πέρσῃσι στρατόν; οὔτε ὦν μεταβουλευόμενος ποιέεις εὖ,
οὔτε ὁ συγγνωσόμενός τοι πάρα· ἀλλ᾽ ὥσπερ τῆς ἡμέρης
ἐβουλεύσαο ποιέειν, ταύτην ἴθι τῶν ὁδῶν. τὸν μὲν ταῦτα 5
εἴπαντα ἐδόκεε ὁ Ξέρξης ἀποπτάσθαι, ἡμέρης δὲ ἐπιλαμ-
ψάσης ὀνείρου μὲν τούτου λόγον οὐδένα ἐποιέετο, ὁ δὲ
Περσέων συναλίσας τοὺς καὶ πρότερον συνέλεξε, ἔλεγέ σφι
τάδε· Ἄνδρες Πέρσαι, συγγνώμην μοι ἔχετε ὅτι ἀγχί-
στροφα βουλεύομαι· φρενῶν τε γὰρ ἐς τὰ ἐμεωυτοῦ πρῶτα 10
οὔκω ἀνήκω, καὶ οἱ παρηγορεόμενοι ἐκεῖνα ποιέειν οὐδένα
χρόνον μευ ἀπέχονται. ἀκούσαντι μέντοι μοι τῆς Ἀρτα-
βάνου γνώμης παραυτίκα μὲν ἡ νεότης ἐπέζεσε, ὥστε
ἀεικέστερα ἀπορρῖψαι ἔπεα ἐς ἄνδρα πρεσβύτερον ἢ
χρεόν· νῦν μέντοι συγγνοὺς χρήσομαι τῇ ἐκείνου γνώμῃ. 15
ὡς ὦν μεταδεδογμένον μοι μὴ στρατεύεσθαι ἐπὶ τὴν
Ἑλλάδα, ἥσυχοι ἔστε. Πέρσαι μὲν ὡς ἤκουσαν ταῦτα,
κεχαρηκότες προσεκύνεον· νυκτὸς δὲ γενομένης αὖτις τὠυτὸ
ὄνειρον τῷ Ξέρξῃ κατυπνωμένῳ ἔλεγε ἐπιστάν· Ὦ παῖ
Δαρείου, καὶ δὴ φαίνεαι ἐν Πέρσῃσί τε ἀπειπάμενος τὴν 20
στρατηλασίην καὶ τὰ ἐμὰ ἔπεα ἐν οὐδενὶ ποιεύμενος λόγῳ
ὡς παρ᾽ οὐδενὸς ἀκούσας; εὖ νυν τόδ᾽ ἴσθι, ἤν περ μὴ
αὐτίκα στρατηλατέῃς, τάδε τοι ἐξ αὐτῶν ἀνασχήσει· ὡς
καὶ μέγας καὶ πολλὸς ἐγένεο ἐν ὀλίγῳ χρόνῳ, οὕτω καὶ
ταπεινὸς ὀπίσω κατὰ τάχος ἔσεαι. Ξέρξης μὲν περιδεὴς 25
γενόμενος τῇ ὄψι ἀνά τε ἔδραμε ἐκ τῆς κοίτης καὶ πέμπει
ἄγγελον Ἀρτάβανον καλέοντα. ἀπικομένῳ δέ οἱ ἔλεγε
Ξέρξης τάδε· Ἀρτάβανε, ἐγὼ τὸ παραυτίκα μὲν οὐκ
ἐσωφρόνεον εἴπας ἐς σὲ μάταια ἔπεα χρηστῆς εἵνεκα
συμβουλῆς· μετὰ μέντοι οὐ πολλὸν χρόνον μετέγνων, 30
ἔγνων δὲ ταῦτά μοι ποιητέα ἐόντα τὰ σὺ ὑπεθήκαο.

οὐκ ὢν δυνατός τοί εἰμι ταῦτα βουλόμενος ποιέειν·
τετραμμένῳ γὰρ δὴ καὶ μετεγνωκότι ἐπιφοιτῶν ὄνειρον
φαντάζεταί μοι, οὐδαμῶς συνέπαινον ἐὸν ποιέειν με
ταῦτα· νῦν δὲ καὶ διαπειλήσαν οἴχεται. εἰ ὦν θεός ἐστι ὁ
5 ἐπιπέμπων καί οἱ πάντως ἐν ἡδονῇ ἐστι γενέσθαι στρατη-
λασίην ἐπὶ τὴν Ἑλλάδα, ἐπιπτήσεται καὶ σοὶ τὠυτὸ τοῦτο
ὄνειρον, ὁμοίως καὶ ἐμοὶ ἐντελλόμενον. εὑρίσκω. δὲ ὧδε
ἂν γινόμενα ταῦτα, εἰ λάβοις τὴν ἐμὴν σκευὴν πᾶσαν
καὶ ἐνδὺς μετὰ τοῦτο ἴζοιο ἐς τὸν ἐμὸν θρόνον καὶ ἔπειτα
10 ἐν κοίτῃ τῇ ἐμῇ κατυπνώσειας. Ξέρξης μὲν ταῦτά οἱ
ἔλεγε, Ἀρτάβανος δὲ οὐ τῷ πρώτῳ οἱ κελεύσματι πειθό-
μενος, οἷα οὐκ ἀξιεύμενος ἐς τὸν βασιλήιον θρόνον ἵζεσθαι,
τέλος ὡς ἠναγκάζετο ἐποίεε τὸ κελευόμενον. ἐνδὺς δὲ
τὴν Ξέρξεω ἐσθῆτα καὶ ἱζόμενος ἐς τὸν βασιλήιον θρόνον
15 ὡς μετὰ ταῦτα κοῖτον ἐποιέετο, ἦλθέ οἱ κατυπνωμένῳ
τὠυτὸ ὄνειρον τὸ καὶ παρὰ Ξέρξην ἐφοίτα, ὑπερστὰν δὲ
τοῦ Ἀρταβάνου εἶπε τάδε· Σὺ δὴ κεῖνος εἶς ὁ ἀποσπεύδων
Ξέρξην στρατεύεσθαι ἐπὶ τὴν Ἑλλάδα ὡς δὴ κηδόμενος
αὐτοῦ; ἀλλ᾽ οὔτε ἐς τὸ μετέπειτα οὔτε ἐς τὸ παραυτίκα
20 νῦν καταπροΐξεαι ἀποτρέπων τὸ χρεὸν γενέσθαι, Ξέρξην
δὲ τὰ δεῖ ἀνηκουστέοντα παθεῖν, αὐτῷ ἐκείνῳ δεδήλωται.
ταῦτά τε δὴ ἐδόκεε Ἀρτάβανος τὸ ὄνειρον ἀπειλέειν καὶ
θερμοῖσι σιδηρίοισι ἐκκαίειν αὐτοῦ μέλλειν τοὺς ὀφθαλ-
μούς. καὶ ὃς ἀμβώσας μέγα ἀναθρώσκει καὶ παριζόμενος
25 Ξέρξῃ, ὡς τὴν ὄψιν οἱ τοῦ ἐνυπνίου διεξῆλθε ἀπηγεόμενος,
δεύτερά οἱ λέγει τάδε· Ἐγὼ μέν, ὦ βασιλεῦ, οἷα ἄνθρωπος
ἰδὼν ἤδη πολλά τε καὶ μεγάλα πεσόντα πρήγματα ὑπὸ
ἡσσόνων, οὐκ ἔων σε τὰ πάντα τῇ ἡλικίῃ εἴκειν, ἐπι-
στάμενος ὡς κακὸν εἴη τὸ πολλῶν ἐπιθυμέειν, μεμνημένος
30 μὲν τὸν ἐπὶ Μασσαγέτας Κύρου στόλον ὡς ἔπρηξε, μεμνη-
μένος δὲ καὶ τὸν ἐπ᾽ Αἰθίοπας τὸν Καμβύσεω, συστρατευό-

μενος δὲ καὶ Δαρείῳ ἐπὶ Σκύθας. ἐπιστάμενος ταῦτα
γνώμην εἶχον ἀτρεμίζοντά σε μακαριστὸν εἶναι πρὸς
πάντων ἀνθρώπων. ἐπεὶ δὲ δαιμονίη τις γίνεται ὁρμή,
καὶ Ἕλληνας, ὡς οἶκε, φθορή τις καταλαμβάνει θεήλατος,
ἐγὼ μὲν καὶ αὐτὸς τράπομαι καὶ τὴν γνώμην μετατίθεμαι, 5
σὺ δὲ σήμηνον μὲν Πέρσῃσι τὰ ἐκ τοῦ θεοῦ πεμπόμενα,
χρᾶσθαι δὲ κέλευε τοῖσι ἐκ σέο πρώτοισι προειρημένοισι
ἐς τὴν παρασκευήν, ποίεε δὲ οὕτως ὅκως τοῦ θεοῦ παραδι-
δόντος τῶν σῶν ἐνδεήσει μηδέν. τούτων λεχθέντων,
ἐνθαῦτα ἐπαρθέντες τῇ ὄψι, ὡς ἡμέρη ἐγένετο τάχιστα, 10
Ξέρξης τε ὑπερετίθετο ταῦτα Πέρσῃσι καὶ Ἀρτάβανος,
ὃς πρότερον ἀποσπεύδων μοῦνος ἐφαίνετο, τότε ἐπισπεύδων
φανερὸς ἦν.

Preparations for the Expedition

Ξέρξης <δὴ> τοῦ στρατοῦ οὕτως ἐπάγερσιν ποιέεται,
χῶρον πάντα ἐρευνῶν τῆς ἠπείρου. ἀπὸ γὰρ Αἰγύπτου 15
ἁλώσιος ἐπὶ μὲν τέσσερα ἔτεα πλήρεα παραρτέετο στρα-
τιήν τε καὶ τὰ πρόσφορα τῇ στρατιῇ, πέμπτῳ δὲ ἔτεϊ
ἀνομένῳ ἐστρατηλάτεε χειρὶ μεγάλῃ πλήθεος. στόλων
γὰρ τῶν ἡμεῖς ἴδμεν πολλῷ δὴ μέγιστος οὗτος ἐγένετο,
ὥστε μήτε τὸν Δαρείου τὸν ἐπὶ Σκύθας παρὰ τοῦτον 20
μηδένα φαίνεσθαι μήτε τὸν Σκυθικόν, ὅτε Σκύθαι Κιμ-
μερίους διώκοντες ἐς τὴν Μηδικὴν ἐσβαλόντες σχεδὸν
πάντα τὰ ἄνω τῆς Ἀσίης καταστρεψάμενοι ἐνέμοντο,
τῶν εἵνεκεν ὕστερον Δαρεῖος ἐτιμωρέετο, μήτε κατὰ τὰ
λεγόμενα τὸν Ἀτρειδέων ἐς Ἴλιον μήτε τὸν Μυσῶν τε καὶ 25
Τευκρῶν τὸν πρὸ τῶν Τρωικῶν γενόμενον, οἳ διαβάντες ἐς
τὴν Εὐρώπην κατὰ Βόσπορον τούς τε Θρήικας κατεστρέ-
ψαντο πάντας καὶ ἐπὶ τὸν Ἰόνιον πόντον κατέβησαν μέχρι
τε Πηνειοῦ ποταμοῦ τὸ πρὸς μεσαμβρίης ἤλασαν. αὗται

αἱ πᾶσαι οὐδ' ἕτεραι πρὸς ταύτῃσι γενόμεναι στρατη-
λασίαι μιῆς τῆσδε οὐκ ἄξιαι. τί γὰρ οὐκ ἤγαγε ἐκ τῆς
Ἀσίης ἔθνος ἐπὶ τὴν Ἑλλάδα Ξέρξης ; κοῖον δὲ πινόμενον
ὕδωρ οὐκ ἐπέλιπε, πλὴν τῶν μεγάλων ποταμῶν ; οἱ μὲν
5 γὰρ νέας παρείχοντο, οἱ δὲ ἐς πεζὸν ἐτετάχατο, τοῖσι δὲ
ἵππος προσετέτακτο, τοῖσι δὲ ἱππαγωγὰ πλοῖα ἅμα
στρατευομένοισι, τοῖσι δὲ ἐς τὰς γεφύρας μακρὰς νέας
παρέχειν, τοῖσι δὲ σῖτά τε καὶ νέας. καὶ τοῦτο μέν, ὡς
προσπταισάντων τῶν πρώτων περιπλεόντων περὶ τὸν
10 Ἄθων, προετοιμάζετο ἐκ τριῶν ἐτέων κου μάλιστα ἐς τὸν
Ἄθων· ἐν γὰρ Ἐλαιοῦντι τῆς Χερσονήσου ὅρμεον τριή-
ρεες, ἐνθεῦτεν δὲ ὁρμώμενοι ὤρυσσον ὑπὸ μαστίγων
παντοδαποὶ τῆς στρατιῆς, διάδοχοι δ' ἐφοίτων· ὤρυσσον
δὲ καὶ οἱ περὶ τὸν Ἄθων κατοικημένοι. τοῖσι δὲ αὐτοῖσι
15 τούτοισι τοῖσί περ καὶ τὸ ὄρυγμα, προσετέτακτο καὶ τὸν
Στρυμόνα ποταμὸν ζεύξαντας γεφυρῶσαι. ταῦτα μέν
νυν οὕτως ἐποίεε.

Ἐν ᾧ δὲ οὗτοι τὸν προκείμενον πόνον ἐργάζοντο, ἐν
τούτῳ ὁ πεζὸς ἅπας συλλελεγμένος ἅμα Ξέρξῃ ἐπορεύετο
20 ἐς Σάρδις, ἐκ Κριτάλλων ὁρμηθεὶς τῶν ἐν Καππαδοκίῃ·
ἐνθαῦτα γὰρ εἴρητο συλλέγεσθαι πάντα τὸν κατ' ἤπειρον
μέλλοντα ἅμα αὐτῷ Ξέρξῃ πορεύεσθαι στρατόν. ἀπικό-
μενος δὲ ἐς Σάρδις πρῶτα μὲν ἀπέπεμπε κήρυκας ἐς τὴν
Ἑλλάδα αἰτήσοντας γῆν τε καὶ ὕδωρ καὶ προερέοντας
25 δεῖπνα βασιλέι παρασκευάζειν· πλὴν οὔτε ἐς Ἀθήνας οὔτε
ἐς Λακεδαίμονα ἀπέπεμπε ἐπὶ γῆς αἴτησιν, τῇ δὲ ἄλλῃ
πάντῃ. τῶνδε δὲ εἵνεκα τὸ δεύτερον ἀπέπεμπε ἐπὶ γῆν
τε καὶ ὕδωρ· ὅσοι πρότερον οὐκ ἔδοσαν Δαρείῳ πέμψαντι,
τούτους πάγχυ ἐδόκεε τότε δείσαντας δώσειν· βουλόμενος
30 ὦν αὐτὸ τοῦτο ἐκμαθεῖν ἔπεμπε.

Bridging of the Hellespont

Μετὰ δὲ ταῦτα παρεσκευάζετο ὡς ἐλῶν ἐς Ἄβυδον. οἱ δὲ
ἐν τούτῳ τὸν Ἑλλήσποντον ἐζεύγνυσαν ἐκ τῆς Ἀσίης ἐς τὴν
Εὐρώπην. ἔστι δὲ τῆς Χερσονήσου τῆς ἐν Ἑλλησπόντῳ,
Σηστοῦ τε πόλιος μεταξὺ καὶ Μαδύτου, ἀκτὴ τρηχέα
ἐς θάλασσαν κατήκουσα Ἀβύδῳ καταντίον. ἐς ταύτην 5
ὦν τὴν ἀκτὴν ἐξ Ἀβύδου ὁρμώμενοι ἐγεφύρουν τοῖσι
προσέκειτο, τὴν μὲν λευκολίνου Φοίνικες, τὴν δὲ βυβλίνην
Αἰγύπτιοι. ἔστι δὲ ἑπτὰ στάδιοι ἐξ Ἀβύδου ἐς τὴν
ἀπαντίον. καὶ δὴ ἐζευγμένου τοῦ πόρου ἐπιγενόμενος
χειμὼν μέγας συνέκοψέ τε ἐκεῖνα πάντα καὶ διέλυσε. ὡς 10
δ᾽ ἐπύθετο Ξέρξης, δεινὰ ποιεύμενος τὸν Ἑλλήσποντον
ἐκέλευσε τριηκοσίας ἐπικέσθαι μάστιγι πληγὰς καὶ κατεῖ-
ναι ἐς τὸ πέλαγος πεδέων ζεῦγος. ἤδη δὲ ἤκουσα ὡς καὶ
στιγέας ἅμα τούτοισι ἀπέπεμψε στίξοντας τὸν Ἑλλήσπον-
τον. ἐνετέλλετο δὲ ὦν ῥαπίζοντας λέγειν βάρβαρά τε 15
καὶ ἀτάσθαλα· Ὦ πικρὸν ὕδωρ, δεσπότης τοι δίκην
ἐπιτιθεῖ τήνδε, ὅτι μιν ἠδίκησας οὐδὲν πρὸς ἐκείνου ἄδικον
παθόν. καὶ βασιλεὺς μὲν Ξέρξης διαβήσεταί σε, ἤν τε
σύ γε βούλῃ ἤν τε μή· σοὶ δὲ κατὰ δίκην ἄρα οὐδεὶς
ἀνθρώπων θύει ὡς ἐόντι καὶ θολερῷ καὶ ἁλμυρῷ ποταμῷ. 20
τήν τε δὴ θάλασσαν ἐνετέλλετο τούτοισι ζημιοῦν καὶ
τῶν ἐπεστεώτων τῇ ζεύξι τοῦ Ἑλλησπόντου ἀποταμεῖν
τὰς κεφαλάς. καὶ οἱ μὲν ταῦτα ἐποίεον τοῖσι προσέκειτο
αὕτη ἡ ἄχαρις τιμή, τὰς δὲ ἄλλοι ἀρχιτέκτονες ἐζεύγνυσαν·
ὡς δὲ τά τε τῶν γεφυρέων κατεσκεύαστο καὶ τὰ περὶ τὸν 25
Ἄθων, ἐνθαῦτα χειμερίσας ἅμα τῷ ἔαρι παρεσκευασμένος
ὁ στρατὸς ἐκ τῶν Σαρδίων ὁρμᾶτο ἐλῶν ἐς Ἄβυδον. ὁρμη-
μένῳ δέ οἱ ὁ ἥλιος ἐκλιπὼν τὴν ἐκ τοῦ οὐρανοῦ ἕδρην ἀφανὴς
ἦν οὔτ᾽ ἐπινεφέλων ἐόντων αἰθρίης τε τὰ μάλιστα, ἀντὶ
ἡμέρης τε νὺξ ἐγένετο. ἰδόντι δὲ καὶ μαθόντι τοῦτο τῷ 30

Ξέρξῃ ἐπιμελὲς ἐγένετο, καὶ εἴρετο τοὺς μάγους τὸ θέλει
προφαίνειν τὸ φάσμα. οἱ δὲ ἔφασαν ὡς Ἕλλησι προδει-
κνύει ὁ θεὸς ἔκλειψιν τῶν πολίων, λέγοντες ἥλιον εἶναι
Ἑλλήνων προδέκτορα, σελήνην δὲ σφέων. ταῦτα πυθό-
5 μενος ὁ Ξέρξης περιχαρὴς ἐὼν ἐποιέετο τὴν ἔλασιν.

(Arrived at Abydus, Xerxes reviewed his army, sent Artabanus
back to Susa as his vice-regent, and exhorted the Persians to prove
themselves a match for their forbears in bravery.)

The Crossing of the Bridge

Ταύτην μὲν τὴν ἡμέρην παρεσκευάζοντο ἐς τὴν διάβασιν,
τῇ δὲ ὑστεραίῃ ἀνέμενον τὸν ἥλιον ἐθέλοντες ἰδέσθαι
ἀνίσχοντα, θυμιήματά τε παντοῖα ἐπὶ τῶν γεφυρέων κατα-
γίζοντες καὶ μυρσίνῃσι στορνύντες τὴν ὁδόν. ὡς δ'
10 ἐπανέτελλε ὁ ἥλιος, σπένδων ἐκ χρυσέης φιάλης Ξέρξης
ἐς τὴν θάλασσαν εὔχετο πρὸς τὸν ἥλιον μηδεμίαν οἱ
συντυχίην τοιαύτην γενέσθαι, ἥ μιν παύσει καταστρέψα-
σθαι τὴν Εὐρώπην πρότερον ἢ ἐπὶ τέρμασι τοῖσι ἐκείνης
γένηται. εὐξάμενος δὲ ἐσέβαλε τὴν φιάλην ἐς τὸν
15 Ἑλλήσποντον καὶ χρύσεον κρητῆρα καὶ Περσικὸν ξίφος,
τὸν ἀκινάκην καλέουσι. ταῦτα οὐκ ἔχω ἀτρεκέως διακρῖναι
οὔτε εἰ τῷ ἡλίῳ ἀνατιθεὶς κατῆκε ἐς τὸ πέλαγος οὔτε εἰ
μετεμέλησέ οἱ τὸν Ἑλλήσποντον μαστιγώσαντι καὶ ἀντὶ
τούτων τὴν θάλασσαν ἐδωρέετο. ὡς δὲ ταῦτά οἱ ἐπεποίητο,
20 διέβαινον κατὰ μὲν τὴν ἑτέρην τῶν γεφυρέων τὴν πρὸς τοῦ
Πόντου ὁ πεζός τε καὶ ἡ ἵππος ἅπασα, κατὰ δὲ τὴν
πρὸς τὸ Αἰγαῖον τὰ ὑποζύγια καὶ ἡ θεραπηίη. ἡγέοντο
δὲ πρῶτα μὲν οἱ μύριοι Πέρσαι, ἐστεφανωμένοι πάντες,
μετὰ δὲ τούτους ὁ σύμμεικτος στρατὸς παντοίων ἐθνέων.
25 ταύτην μὲν τὴν ἡμέρην οὗτοι, τῇ δὲ ὑστεραίῃ πρῶτοι μὲν οἵ
τε ἱππόται καὶ οἱ τὰς λόγχας κάτω τρέποντες· ἐστε-

φάνωντο δὲ καὶ οὗτοι. μετὰ δὲ οἵ τε ἵπποι οἱ ἱροὶ καὶ τὸ
ἅρμα τὸ ἱρόν, ἐπὶ δὲ αὐτός τε Ξέρξης καὶ οἱ αἰχμοφόροι
καὶ οἱ ἱππόται οἱ χίλιοι, ἐπὶ δὲ τούτοισι ὁ ἄλλος στρατός.
καὶ αἱ νέες ἅμα ἀνήγοντο ἐς τὴν ἀπεναντίον. ἤδη δὲ
ἤκουσα καὶ ὕστατον διαβῆναι βασιλέα πάντων.   5

Ξέρξης δὲ ἐπεὶ διέβη ἐς τὴν Εὐρώπην, ἐθηεῖτο τὸν
στρατὸν ὑπὸ μαστίγων διαβαίνοντα. διέβη δὲ ὁ στρατὸς
αὐτοῦ ἐν ἑπτὰ ἡμέρῃσι καὶ ἑπτὰ εὐφρόνῃσι, ἐλινύσας
οὐδένα χρόνον. ἐνθαῦτα λέγεται Ξέρξεω ἤδη διαβεβη-
κότος τὸν Ἑλλήσποντον ἄνδρα εἰπεῖν Ἑλλησπόντιον·   10
Ὦ Ζεῦ, τί δὴ ἀνδρὶ εἰδόμενος Πέρσῃ καὶ οὔνομα ἀντὶ Διὸς
Ξέρξην θέμενος ἀνάστατον τὴν Ἑλλάδα θέλεις ποιῆσαι,
ἄγων πάντας ἀνθρώπους; καὶ γὰρ ἄνευ τούτων ἐξῆν τοι
ποιέειν ταῦτα.

Numbering of the Host

Ὁ δὲ ἐν τῷ Δορίσκῳ τοῦτον τὸν χρόνον τῆς στρατιῆς   15
ἀριθμὸν ἐποιέετο. ὅσον μέν νυν ἕκαστοι παρεῖχον πλῆθος
ἐς ἀριθμόν, οὐκ ἔχω εἰπεῖν τὸ ἀτρεκές (οὐ γὰρ λέγεται
πρὸς οὐδαμῶν ἀνθρώπων), σύμπαντος δὲ τοῦ στρατοῦ τοῦ
πεζοῦ τὸ πλῆθος ἐφάνη ἑβδομήκοντα καὶ ἑκατὸν μυριάδες.
ἐξηρίθμησαν δὲ τόνδε τὸν τρόπον· συναγαγόντες ἐς ἕνα   20
χῶρον μυριάδα ἀνθρώπων καὶ συννάξαντες ταύτην ὡς
μάλιστα εἶχον περιέγραψαν ἔξωθεν κύκλον· περιγρά-
ψαντες δὲ καὶ ἀπέντες τοὺς μυρίους αἱμασιὴν περιέβαλον
κατὰ τὸν κύκλον, ὕψος ἀνήκουσαν ἀνδρὶ ἐς τὸν ὀμφαλόν.
ταύτην δὲ ποιήσαντες ἄλλους ἐσεβίβαζον ἐς τὸ περιοικοδο-   25
μημένον, μέχρι οὗ πάντας τούτῳ τῷ τρόπῳ ἐξηρίθμησαν.
ἀριθμήσαντες δὲ κατὰ ἔθνεα διέτασσον. ἀριθμὸς δὲ τῆς
ἵππου ἐγένετο ὀκτὼ μυριάδες, πάρεξ τῶν καμήλων καὶ
τῶν ἁρμάτων.

Τῶν δὲ τριηρέων ἀριθμὸς ἐγένετο ἑπτὰ καὶ διηκόσιαι
καὶ χίλιαι.

Athens the Savior of Greece

Ἡ δὲ στρατηλασίη ἡ βασιλέος οὔνομα μὲν εἶχε ὡς ἐπ᾽
Ἀθήνας ἐλαύνει, κατίετο δὲ ἐς πᾶσαν τὴν Ἑλλάδα.
5 πυνθανόμενοι δὲ ταῦτα πρὸ πολλοῦ οἱ Ἕλληνες οὐκ ἐν
ὁμοίῳ πάντες ἐποιεῦντο. οἱ μὲν γὰρ αὐτῶν δόντες γῆν
καὶ ὕδωρ τῷ Πέρσῃ εἶχον θάρσος ὡς οὐδὲν πεισόμενοι
ἄχαρι πρὸς τοῦ βαρβάρου· οἱ δὲ οὐ δόντες ἐν δείματι
μεγάλῳ κατέστασαν, ἅτε οὔτε νεῶν ἐουσέων ἐν τῇ
10 Ἑλλάδι ἀριθμὸν ἀξιομάχων δέκεσθαι τὸν ἐπιόντα, οὔτε
βουλομένων τῶν πολλῶν ἀντάπτεσθαι τοῦ πολέμου, μηδι-
ζόντων δὲ προθύμως. ἐνθαῦτα ἀναγκαίη ἐξέργομαι γνώ-
μην ἀποδέξασθαι ἐπίφθονον μὲν πρὸς τῶν πλεόνων ἀνθρώ-
πων, ὅμως δέ, τῇ γέ μοι φαίνεται εἶναι ἀληθές, οὐκ
15 ἐπισχήσω. εἰ Ἀθηναῖοι καταρρωδήσαντες τὸν ἐπιόντα
κίνδυνον ἐξέλιπον τὴν σφετέρην, ἢ καὶ μὴ ἐκλιπόντες ἀλλὰ
μείναντες ἔδοσαν σφέας αὐτοὺς Ξέρξῃ, κατὰ τὴν θάλασσαν
οὐδαμοὶ ἂν ἐπειρῶντο ἀντιεύμενοι βασιλέϊ. εἰ τοίνυν κατὰ
τὴν θάλασσαν μηδεὶς ἠντιοῦτο Ξέρξῃ, κατά γε ἂν τὴν
20 ἤπειρον τοιάδε ἐγίνετο. εἰ καὶ πολλοὶ τειχέων κιθῶνες
ἦσαν ἐληλαμένοι διὰ τοῦ Ἰσθμοῦ Πελοποννησίοισι, προδο-
θέντες ἂν Λακεδαιμόνιοι ὑπὸ τῶν συμμάχων οὐκ ἐκόντων
ἀλλ᾽ ὑπ᾽ ἀναγκαίης, κατὰ πόλις ἁλισκομένων ὑπὸ τοῦ
ναυτικοῦ στρατοῦ τοῦ βαρβάρου, ἐμουνώθησαν, μουνωθέντες
25 δὲ ἂν καὶ ἀποδεξάμενοι ἔργα μεγάλα ἀπέθανον γενναίως.
ἢ ταῦτα ἂν ἔπαθον, ἢ πρὸ τοῦ ὁρῶντες ἂν καὶ τοὺς
ἄλλους Ἕλληνας μηδίζοντας ὁμολογίῃ ἂν ἐχρήσαντο πρὸς
Ξέρξην. καὶ οὕτω ἂν ἐπ᾽ ἀμφότερα ἡ Ἑλλὰς ἐγίνετο ὑπὸ
Πέρσῃσι. τὴν γὰρ ὠφελίην τὴν τῶν τειχέων τῶν διὰ
30 τοῦ Ἰσθμοῦ ἐληλαμένων οὐ δύναμαι πυθέσθαι ἥτις ἂν ἦν

βασιλέος ἐπικρατέοντος τῆς θαλάσσης. νῦν δὲ Ἀθηναίους
ἄν τις λέγων σωτῆρας γενέσθαι τῆς Ἑλλάδος οὐκ ἂν
ἁμαρτάνοι τἀληθέος· οὗτοι γὰρ ἐπὶ ὁκότερα τῶν πρηγ-
μάτων ἐτράποντο, ταῦτα ῥέψειν ἔμελλε· ἑλόμενοι δὲ τὴν
Ἑλλάδα περιεῖναι ἐλευθέρην, τοῦτο τὸ Ἑλληνικὸν πᾶν 5
τὸ λοιπόν, ὅσον μὴ ἐμήδισε, αὐτοὶ οὗτοι ἦσαν οἱ ἐπεγεί-
ραντες καὶ βασιλέα μετά γε θεοὺς ἀνωσάμενοι. οὐδέ
σφεας χρηστήρια φοβερὰ ἐλθόντα ἐκ Δελφῶν καὶ ἐς δεῖμα
βαλόντα ἔπεισε ἐκλιπεῖν τὴν Ἑλλάδα, ἀλλὰ καταμείναντες
ἀνέσχοντο τὸν ἐπιόντα ἐπὶ τὴν χώρην δέξασθαι. 10

Πέμψαντες γὰρ οἱ Ἀθηναῖοι ἐς Δελφοὺς θεοπρόπους
χρηστηριάζεσθαι ἦσαν ἕτοιμοι· καί σφι ποιήσασι περὶ τὸ
ἱρὸν τὰ νομιζόμενα, ὡς ἐς τὸ μέγαρον ἐσελθόντες ἵζοντο,
χρᾷ ἡ Πυθίη, τῇ οὔνομα ἦν Ἀριστονίκη, τάδε·

ὦ μέλεοι, τί κάθησθε; λιπὼν φεῦγ᾽ ἔσχατα γαίης 15
δώματα καὶ πόλιος τροχοειδέος ἄκρα κάρηνα.
οὔτε γὰρ ἡ κεφαλὴ μένει ἔμπεδον οὔτε τὸ σῶμα,
οὔτε πόδες νέατοι οὔτ᾽ ὦν χέρες, οὔτε τι μέσσης
λείπεται, ἀλλ᾽ ἄζηλα πέλει· κατὰ γάρ μιν ἐρείπει
πῦρ τε καὶ ὀξὺς Ἄρης, Συριηγενὲς ἅρμα διώκων. 20
πολλὰ δὲ κἄλλ᾽ ἀπολεῖ πυργώματα, κοὐ τὸ σὸν οἶον·
πολλοὺς δ᾽ ἀθανάτων νηοὺς μαλερῷ πυρὶ δώσει,
οἵ που νῦν ἱδρῶτι ῥεούμενοι ἑστήκασι,
δείματι παλλόμενοι, κατὰ δ᾽ ἀκροτάτοις ὀρόφοισιν
αἷμα μέλαν κέχυται, προϊδὸν κακότητος ἀνάγκας. 25
ἀλλ᾽ ἴτον ἐξ ἀδύτοιο, κακοῖς δ᾽ ἐπικίδνατε θυμόν.

ταῦτα ἀκούσαντες οἱ τῶν Ἀθηναίων θεοπρόποι συμφορῇ τῇ
μεγίστῃ ἐχρέωντο. προβάλλουσι δὲ σφέας αὐτοὺς ὑπὸ
τοῦ κακοῦ τοῦ κεχρησμένου Τίμων ὁ Ἀνδροβούλου, τῶν
Δελφῶν ἀνὴρ δόκιμος ὅμοια τῷ μάλιστα, συνεβούλευέ σφι 30

ἱκετηρίας λαβοῦσι δεύτερα αὖτις ἐλθόντας χρᾶσθαι τῷ
χρηστηρίῳ ὡς ἱκέτας. πειθομένοισι δὲ ταῦτα τοῖσι
Ἀθηναίοισι καὶ λέγουσι· Ὦναξ, χρῆσον ἡμῖν ἄμεινόν τι
περὶ τῆς πατρίδος, αἰδεσθεὶς τὰς ἱκετηρίας τάσδε τάς τοι
5 ἥκομεν φέροντες· ἢ οὔ τοι ἄπιμεν ἐκ τοῦ ἀδύτου, ἀλλ᾽
αὐτοῦ τῇδε μενέομεν ἔστ᾽ ἂν καὶ τελευτήσωμεν, ταῦτα δὲ
λέγουσι ἡ πρόμαντις χρᾷ δεύτερα τάδε·

οὐ δύναται Παλλὰς Δί᾽ Ὀλύμπιον ἐξιλάσασθαι,
λισσομένη πολλοῖσι λόγοις καὶ μήτιδι πυκνῇ.
10 σοὶ δὲ τόδ᾽ αὖτις ἔπος ἐρέω, ἀδάμαντι πελάσσας·
τῶν ἄλλων γὰρ ἁλισκομένων ὅσα Κέκροπος οὖρος
ἐντὸς ἔχει κευθμών τε Κιθαιρῶνος ζαθέοιο,
τεῖχος Τριτογενεῖ ξύλινον διδοῖ εὐρύοπα Ζεὺς
μοῦνον ἀπόρθητον τελέθειν, τὸ σὲ τέκνα τ᾽ ὀνήσει.
15 μηδὲ σύ γ᾽ ἱπποσύνην τε μένειν καὶ πεζὸν ἰόντα
πολλὸν ἀπ᾽ ἠπείρου στρατὸν ἥσυχος, ἀλλ᾽ ὑποχωρεῖν
νῶτον ἐπιστρέψας· ἔτι τοί ποτε κἀντίος ἔσσῃ.
ὦ θείη Σαλαμίς, ἀπολεῖς δὲ σὺ τέκνα γυναικῶν
ἤ που σκιδναμένης Δήμητερος ἢ συνιούσης.

20 Ταῦτά σφι ἠπιώτερα γὰρ τῶν προτέρων καὶ ἦν καὶ
ἐδόκεε εἶναι, συγγραψάμενοι ἀπαλλάσσοντο ἐς τὰς Ἀθή-
νας. ὡς δὲ ἀπελθόντες οἱ θεοπρόποι ἀπήγγελλον ἐς τὸν
δῆμον, γνῶμαι καὶ ἄλλαι πολλαὶ ἐγίνοντο διζημένων τὸ
μαντήιον καὶ αἵδε συνεστηκυῖαι μάλιστα· τῶν πρε-
25 σβυτέρων ἔλεγον μετεξέτεροι δοκέειν σφίσι τὸν θεὸν τὴν
ἀκρόπολιν χρῆσαι περιέσεσθαι· ἡ γὰρ ἀκρόπολις τὸ
πάλαι τῶν Ἀθηναίων ῥηχῷ ἐπέφρακτο. οἱ μὲν δὴ
συνεβάλλοντο τοῦτο τὸ ξύλινον τεῖχος εἶναι, οἱ δ᾽ αὖ
ἔλεγον τὰς νέας σημαίνειν τὸν θεόν, καὶ ταύτας παραρ-
30 τέεσθαι ἐκέλευον τἄλλα ἀπέντας. τοὺς ὦν δὴ τὰς νέας

λέγοντας εἶναι τὸ ξύλινον τεῖχος ἔσφαλλε τὰ δύο τὰ
τελευταῖα ῥηθέντα ὑπὸ τῆς Πυθίης,

ὦ θείη Σαλαμίς, ἀπολεῖς δὲ σὺ τέκνα γυναικῶν
ἤ που σκιδναμένης Δημήτερος ἢ συνιούσης.

κατὰ ταῦτα τὰ ἔπεα συνεχέοντο αἱ γνῶμαι τῶν φαμένων 5
τὰς νέας τὸ ξύλινον τεῖχος εἶναι· οἱ γὰρ χρησμολόγοι
ταύτῃ ταῦτα ἐλάμβανον, ὡς ἀμφὶ Σαλαμῖνα δεῖ σφεας
ἐσσωθῆναι ναυμαχίην παρασκευασαμένους. ἦν δὲ τῶν τις
Ἀθηναίων ἀνὴρ ἐς πρώτους νεωστὶ παριών, τῷ οὔνομα μὲν
ἦν Θεμιστοκλέης, παῖς δὲ Νεοκλέος ἐκαλέετο. οὗτος ἀνὴρ 10
οὐκ ἔφη πᾶν ὀρθῶς τοὺς χρησμολόγους συμβάλλεσθαι,
λέγων τοιάδε, εἰ ἐς Ἀθηναίους εἶχε τὸ ἔπος εἰρημένον
ἐόντως, οὐκ ἂν οὕτω μιν δοκέειν ἠπίως χρησθῆναι, ἀλλὰ
ὧδε Ὦ σχετλίη Σαλαμίς, ἀντὶ τοῦ Ὦ θείη Σαλαμίς, εἴ πέρ
γε ἔμελλον οἱ οἰκήτορες ἀμφ᾽ αὐτῇ τελευτήσειν. ἀλλὰ 15
γὰρ ἐς τοὺς πολεμίους τῷ θεῷ εἰρῆσθαι τὸ χρηστήριον
συλλαμβάνοντι κατὰ τὸ ὀρθόν, ἀλλ᾽ οὐκ ἐς Ἀθηναίους.
παρασκευάζεσθαι ὦν αὐτοὺς ὡς ναυμαχήσοντας συνεβού-
λευε, ὡς τούτου ἐόντος τοῦ ξυλίνου τείχεος. ταύτῃ
Θεμιστοκλέος ἀποφαινομένου Ἀθηναῖοι ταῦτα σφίσι ἔγνω- 20
σαν αἱρετώτερα εἶναι μᾶλλον ἢ τὰ τῶν χρησμολόγων, οἳ
οὐκ ἔων ναυμαχίην ἀρτέεσθαι, τὸ δὲ σύμπαν εἶπαι οὐδὲ
χεῖρας ἀνταείρεσθαι, ἀλλὰ ἐκλιπόντας χώρην τὴν Ἀττικὴν
ἄλλην τινὰ οἰκίζειν. ἑτέρη τε Θεμιστοκλέϊ γνώμη
ἔμπροσθε ταύτης ἐς καιρὸν ἠρίστευσε, ὅτε Ἀθηναίοισι 25
γενομένων χρημάτων μεγάλων ἐν τῷ κοινῷ, τὰ ἐκ τῶν
μετάλλων σφι προσῆλθε τῶν ἀπὸ Λαυρείου, ἔμελλον
λάξεσθαι ὀρχηδὸν ἕκαστος δέκα δραχμάς· τότε Θεμιστο-
κλέης ἀνέγνωσε Ἀθηναίους τῆς διαιρέσιος ταύτης παυσα-
μένους νέας τούτων τῶν χρημάτων ποιήσασθαι διηκοσίας 30

ἐς τὸν πόλεμον, τὸν πρὸς Αἰγινήτας λέγων. οὗτος γὰρ
ὁ πόλεμος συστὰς ἔσωσε τότε τὴν Ἑλλάδα, ἀναγκάσας
θαλασσίους γενέσθαι Ἀθηναίους. αἱ δὲ ἐς τὸ μὲν ἐποιή-
θησαν, οὐκ ἐχρήσθησαν, ἐς δέον δὲ οὕτω τῇ Ἑλλάδι
5 ἐγένοντο. αὗταί τε δὴ αἱ νέες τοῖσι Ἀθηναίοισι προποιη-
θεῖσαι ὑπῆρχον, ἑτέρας τε ἔδεε προσναυπηγέεσθαι. ἔδοξέ
τέ σφι μετὰ τὸ χρηστήριον βουλευομένοισι ἐπιόντα ἐπὶ
τὴν Ἑλλάδα τὸν βάρβαρον δέκεσθαι τῇσι νηυσὶ πανδημεί,
τῷ θεῷ πειθομένους, ἅμα Ἑλλήνων τοῖσι βουλομένοισι.

Plans of the Greeks to Resist the Invaders

10 Οἱ δὲ Ἕλληνες ἐπείτε ἀπίκατο ἐς τὸν Ἰσθμόν, ἐβου-
λεύοντο τῇ τε στήσονται τὸν πόλεμον καὶ ἐν οἵοισι
χώροισι. ἡ νικῶσα δὲ γνώμη ἐγίνετο τὴν ἐν Θερμοπύλῃσι
ἐσβολὴν φυλάξαι· στεινοτέρη γὰρ ἐφαίνετο ἐοῦσα τῆς
ἐς Θεσσαλίην καὶ μία ἀγχοτέρη τε τῆς ἑωυτῶν. τὴν δὲ
15 ἀτραπόν, δι᾽ ἣν ἥλωσαν οἱ ἀλόντες Ἑλλήνων ἐν Θερμοπύ-
λῃσι, οὐδὲ ᾔδεσαν ἐοῦσαν πρότερον ἤ περ ἀπικόμενοι ἐς
Θερμοπύλας ἐπύθοντο Τρηχινίων. ταύτην ὦν ἐβουλεύ-
σαντο φυλάσσοντες τὴν ἐσβολὴν μὴ παριέναι ἐς τὴν
Ἑλλάδα τὸν βάρβαρον· ἡ δὲ διὰ Τρηχῖνος ἔσοδος ἐς τὴν
20 Ἑλλάδα ἐστὶ τῇ στεινοτάτῃ ἡμίπλεθρον. οὐ μέντοι κατὰ
τοῦτό γε ἐστὶ τὸ στεινότατον τῆς χώρης τῆς ἄλλης, ἀλλ᾽
ἔμπροσθέ τε Θερμοπυλέων καὶ ὄπισθε, κατά τε Ἀλπηνούς,
ὄπισθε ἐόντας, ἐοῦσα ἁμαξιτὸς μούνη, καὶ ἔμπροσθε κατὰ
Φοίνικα ποταμὸν ἀγχοῦ Ἀνθήλης πόλιος, ἄλλη ἁμαξιτὸς
25 μούνη. τῶν δὲ Θερμοπυλέων τὸ μὲν πρὸς ἑσπέρης ὄρος
ἄβατόν τε καὶ ἀπόκρημνον, ὑψηλόν, ἀνατεῖνον ἐς τὴν
Οἴτην· τὸ δὲ πρὸς τὴν ἠῶ τῆς ὁδοῦ θάλασσα ὑποδέκεται
καὶ τενάγεα. ἔστι δὲ ἐν τῇ ἐσόδῳ ταύτῃ θερμὰ λουτρά,
τὰ Χύτρους καλέουσι οἱ ἐπιχώριοι, καὶ βωμὸς ἵδρυται

Ἡρακλέος ἐπ' αὐτοῖσι. ἐδέδμητο δὲ τεῖχος κατὰ ταύτας
τὰς ἐσβολάς, καὶ τό γε παλαιὸν πύλαι ἐπῆσαν. τὸ μέν
νυν τεῖχος τὸ ἀρχαῖον ἐκ παλαιοῦ τε ἐδέδμητο καὶ τὸ
πλέον αὐτοῦ ἤδη ὑπὸ χρόνου ἔκειτο· τοῖσι δὲ αὖτις
ὀρθώσασι ἔδοξε ταύτῃ ἀπαμύνειν ἀπὸ τῆς Ἑλλάδος τὸν 5
βάρβαρον. κώμη δέ ἐστι ἀγχοτάτω τῆς ὁδοῦ, Ἀλπηνοὶ
οὔνομα· ἐκ ταύτης δὲ ἐπισιτιεῖσθαι ἐλογίζοντο οἱ Ἕλ-
ληνες. ὡς δὲ ἐπύθοντο τὸν Πέρσην ἐόντα ἐν Πιερίῃ,
διαλυθέντες ἐκ τοῦ Ἰσθμοῦ ἐστρατεύοντο ἐς Θερμοπύλας.
Ξέρξης δὲ καὶ ὁ πεζὸς πορευθεὶς διὰ Θεσσαλίης καὶ 10
Ἀχαιίης ἐσβεβληκὼς ἦν καὶ δὴ τριταῖος ἐς Μηλιέας.

Roll of the Greeks at Thermopylæ

Βασιλεὺς μὲν δὴ Ξέρξης ἐστρατοπεδεύετο τῆς Μηλίδος
ἐν τῇ Τρηχινίῃ, οἱ δὲ Ἕλληνες ἐν τῇ διόδῳ· καλέεται
δὲ ὁ χῶρος οὗτος ὑπὸ μὲν τῶν πλεόνων Ἑλλήνων Θερμο-
πύλαι, ὑπὸ δὲ τῶν ἐπιχωρίων καὶ περιοίκων Πύλαι. 15
ἐστρατοπεδεύοντο μέν νυν ἑκάτεροι ἐν τούτοισι τοῖσι
χωρίοισι, ἐπεκράτεε δὲ ὁ μὲν τῶν πρὸς βορῆν ἄνεμον
ἐχόντων πάντων μέχρι Τρηχῖνος, οἱ δὲ τῶν πρὸς νότον
τε καὶ μεσαμβρίην φερόντων τὸ ἐπὶ ταύτης τῆς ἠπείρου.
ἦσαν δὲ οἵδε Ἑλλήνων οἱ ὑπομένοντες τὸν Πέρσην ἐν 20
τούτῳ τῷ χώρῳ· Σπαρτιητέων τε τριηκόσιοι ὁπλῖται καὶ
Τεγεητέων καὶ Μαντινέων χίλιοι, ἡμίσεες ἑκατέρων, ἐξ
Ὀρχομενοῦ τε τῆς Ἀρκαδίης εἴκοσι καὶ ἑκατὸν καὶ ἐκ
τῆς λοιπῆς Ἀρκαδίης χίλιοι· τοσοῦτοι μὲν Ἀρκάδων, ἀπὸ
δὲ Κορίνθου τετρακόσιοι καὶ ἀπὸ Φλειοῦντος διηκόσιοι καὶ 25
Μυκηναίων ὀγδώκοντα. οὗτοι μὲν ἀπὸ Πελοποννήσου
παρῆσαν, ἀπὸ δὲ Βοιωτῶν Θεσπιέων τε ἑπτακόσιοι καὶ
Θηβαίων τετρακόσιοι. πρὸς τούτοισι ἐπίκλητοι ἐγένοντο
Λοκροί τε οἱ Ὀπούντιοι πανστρατιῇ καὶ Φωκέων χίλιοι.

αὐτοὶ γάρ σφεας οἱ Ἕλληνες ἐπεκαλέσαντο, λέγοντες δι'
ἀγγέλων ὡς αὐτοὶ μὲν ἥκοιεν πρόδρομοι τῶν ἄλλων,
οἱ δὲ λοιποὶ τῶν συμμάχων προσδόκιμοι πᾶσαν εἶεν
ἡμέρην, ἡ θάλασσά τέ σφι εἴη ἐν φυλακῇ ὑπ' Ἀθηναίων
5 τε φρουρεομένη καὶ Αἰγινητέων καὶ τῶν ἐς τὸν ναυτικὸν
στρατὸν ταχθέντων, καί σφι εἴη δεινὸν οὐδέν· οὐ γὰρ θεὸν
εἶναι τὸν ἐπιόντα ἐπὶ τὴν Ἑλλάδα ἀλλ' ἄνθρωπον,
εἶναι δὲ θνητὸν οὐδένα οὐδὲ ἔσεσθαι τῷ κακὸν ἐξ ἀρχῆς
γινομένῳ οὐ συνεμείχθη, τοῖσι δὲ μεγίστοισι αὐτῶν
10 μέγιστα· ὀφείλειν ὦν καὶ τὸν ἐπελαύνοντα, ὡς ἐόντα
θνητόν, ἀπὸ τῆς δόξης πεσεῖν. οἱ δὲ ταῦτα πυνθανόμενοι
ἐβοήθεον ἐς τὴν Τρηχῖνα. τούτοισι ἦσαν μέν νυν καὶ
ἄλλοι στρατηγοὶ κατὰ πόλιας ἑκάστων, ὁ δὲ θωμαζόμενος
μάλιστα καὶ παντὸς τοῦ στρατεύματος ἡγεόμενος
15 Λακεδαιμόνιος ἦν Λεωνίδης ὁ Ἀναξανδρίδεω κτησάμενος
τὴν βασιληίην ἐν Σπάρτῃ ἐξ ἀπροσδοκήτου. διξῶν γὰρ
οἱ ἐόντων πρεσβυτέρων ἀδελφεῶν, Κλεομένεός τε καὶ
Δωριέος, ἀπελήλατο τῆς φροντίδος περὶ τῆς βασιληίης.
ἀποθανόντος δὲ Κλεομένεος ἄπαιδος ἔρσενος γόνου, Δωριέος
20 τε οὐκέτι ἐόντος ἀλλὰ τελευτήσαντος καὶ τούτου ἐν
Σικελίῃ, οὕτω δὴ ἐς Λεωνίδην ἀνέβαινε ἡ βασιληίη, καὶ
διότι πρότερος ἐγεγόνεε Κλεομβρότου (οὗτος γὰρ ἦν
νεώτατος Ἀναξανδρίδεω παῖς) καὶ δὴ καὶ εἶχε Κλεομένεος
θυγατέρα. ὃς τότε ἤιε ἐς Θερμοπύλας ἐπιλεξάμενος ἄνδρας
25 τε τοὺς κατεστεῶτας τριηκοσίους καὶ τοῖσι ἐτύγχανον
παῖδες ἐόντες. παραλαβὼν δὲ ἀπίκετο καὶ Θηβαίων τοὺς
ἐς τὸν ἀριθμὸν λογισάμενος εἶπον, τῶν ἐστρατήγεε
Λεοντιάδης ὁ Εὐρυμάχου. τοῦδε δὲ εἵνεκα τούτους σπουδὴν
ἐποιήσατο Λεωνίδης μούνους Ἑλλήνων παραλαβεῖν, ὅτι
30 σφέων μεγάλως κατηγόρητο μηδίζειν· παρεκάλεε ὦν ἐς
τὸν πόλεμον θέλων εἰδέναι εἴτε συμπέμψουσι εἴτε καὶ

ἀπερέουσι ἐκ τοῦ ἐμφανέος τὴν Ἑλλήνων συμμαχίην.
οἱ δὲ ἄλλα φρονέοντες ἔπεμπον. τούτους μὲν τοὺς ἀμφὶ
Λεωνίδην πρώτους ἀπέπεμψαν Σπαρτιῆται, ἵνα τούτους
ὁρῶντες οἱ ἄλλοι σύμμαχοι στρατεύωνται μηδὲ καὶ οὗτοι
μηδίσωσι, ἢν αὐτοὺς πυνθάνωνται ὑπερβαλλομένους· μετὰ 5
δέ, Κάρνεια γάρ σφι ἦν ἐμποδών, ἔμελλον ὀρτάσαντες καὶ
φυλακὰς λιπόντες ἐν τῇ Σπάρτῃ κατὰ τάχος βοηθήσειν
πανδημεί. ὡς δὲ καὶ οἱ λοιποὶ τῶν συμμάχων ἐνένωντο
καὶ αὐτοὶ ἕτερα τοιαῦτα ποιήσειν· ἦν γὰρ κατὰ τὠυτὸ
Ὀλυμπιὰς τούτοισι τοῖσι πρήγμασι συμπεσοῦσα· οὐκ ὦν 10
δοκέοντες κατὰ τάχος οὕτω διακριθήσεσθαι τὸν ἐν Θερμοπύ-
λῃσι πόλεμον ἔπεμπον τοὺς προδρόμους.

Futile Efforts of Xerxes to Break Down Greek Resistance

Οὗτοι μὲν δὴ οὕτω διενένωντο ποιήσειν· οἱ δὲ ἐν
Θερμοπύλῃσι Ἕλληνες, ἐπειδὴ πέλας ἐγένετο τῆς ἐσβολῆς
ὁ Πέρσης, καταρρωδέοντες ἐβουλεύοντο περὶ ἀπαλλαγῆς. 15
τοῖσι μέν νυν ἄλλοισι Πελοποννησίοισι ἐδόκεε ἐλθοῦσι ἐς
Πελοπόννησον τὸν Ἰσθμὸν ἔχειν ἐν φυλακῇ· Λεωνίδης δὲ
Φωκέων καὶ Λοκρῶν περισπερχθέντων τῇ γνώμῃ ταύτῃ
αὐτοῦ τε μένειν ἐψηφίζετο πέμπειν τε ἀγγέλους ἐς τὰς
πόλιας κελεύοντάς σφι ἐπιβοηθέειν, ὡς ἐόντων αὐτῶν 20
ὀλίγων στρατὸν τὸν Μῆδον ἀλέξασθαι. ταῦτα βουλευο-
μένων σφέων ἔπεμπε Ξέρξης κατάσκοπον ἱππέα ἰδέσθαι
ὁκόσοι εἰσὶ καὶ ὅ τι ποιέοιεν. ἀκηκόεε δὲ ἔτι ἐὼν ἐν
Θεσσαλίῃ ὡς ἀλισμένη εἴη ταύτῃ στρατιὴ ὀλίγη, καὶ τοὺς
ἡγεμόνας ὡς εἴησαν Λακεδαιμόνιοί τε καὶ Λεωνίδης, ἐὼν 25
γένος Ἡρακλείδης. ὡς δὲ προσήλασε ὁ ἱππεὺς πρὸς τὸ
στρατόπεδον, ἐθηεῖτό τε καὶ κατώρα πᾶν μὲν οὐ τὸ
στρατόπεδον· τοὺς γὰρ ἔσω τεταγμένους τοῦ τείχεος, τὸ
ἀνορθώσαντες εἶχον ἐν φυλακῇ, οὐκ οἷά τε ἦν κατιδέσθαι·

ὁ δὲ τοὺς ἔξω ἐμάνθανε, τοῖσι πρὸ τοῦ τείχεος τὰ ὅπλα
ἔκειτο. ἔτυχον δὲ τοῦτον τὸν χρόνον Λακεδαιμόνιοι ἔξω
τεταγμένοι. τοὺς μὲν δὴ ὥρα γυμναζομένους τῶν ἀνδρῶν,
τοὺς δὲ τὰς κόμας κτενιζομένους. ταῦτα δὴ θεώμενος
5 ἐθώμαζε καὶ τὸ πλῆθος ἐμάνθανε. μαθὼν δὲ πάντα
ἀτρεκέως ἀπήλαυνε ὀπίσω κατ' ἡσυχίην· οὔτε γάρ τις
ἐδίωκε ἀλογίης τε ἐκύρησε πολλῆς· ἀπελθών τε ἔλεγε
πρὸς Ξέρξην τά περ ὀπώπεε πάντα. ἀκούων δὲ Ξέρξης
οὐκ εἶχε συμβαλέσθαι τὸ ἐόν, ὅτι παρεσκευάζοντο ὡς ἀπο-
10 λεόμενοί τε καὶ ἀπολέοντες κατὰ δύναμιν· ἀλλ' αὐτῷ
γελοῖα γὰρ ἐφαίνοντο ποιεῖν, μετεπέμψατο Δημάρητον
τὸν Ἀρίστωνος, ἐόντα ἐν τῷ στρατοπέδῳ. ἀπικόμενον
δέ μιν εἰρώτα Ξέρξης ἕκαστα τούτων, ἐθέλων μαθεῖν τὸ
ποιεύμενον πρὸς τῶν Λακεδαιμονίων. ὁ δὲ εἶπε· Ἤκουσας
15 μὲν καὶ πρότερόν μευ, εὖτε ὁρμῶμεν ἐπὶ τὴν Ἑλλάδα,
περὶ τῶν ἀνδρῶν τούτων· ἀκούσας δὲ γέλωτά με ἔθευ
λέγοντα τῇ περ ὥρων ἐκβησόμενα πρήγματα ταῦτα.
ἐμοὶ γὰρ τὴν ἀληθείην ἀσκέειν ἀντία σεῦ, ὦ βασιλεῦ,
ἀγὼν μέγιστός ἐστι. ἄκουσον δὲ καὶ νῦν. οἱ ἄνδρες
20 οὗτοι ἀπίκαται μαχησόμενοι ἡμῖν περὶ τῆς ἐσόδου καὶ
ταῦτα παρασκευάζονται. νόμος γάρ σφι οὕτω ἔχων ἐστί·
ἐπεὰν μέλλωσι κινδυνεύειν τῇ ψυχῇ, τότε τὰς κεφαλὰς
κοσμέονται. ἐπίστασο δέ· εἰ τούτους τε καὶ τὸ ὑπομένον
ἐν Σπάρτῃ καταστρέψεαι, ἔστι οὐδὲν ἄλλο ἔθνος ἀνθρώπων
25 τὸ σέ, βασιλεῦ, ὑπομενέει χεῖρας ἀνταειρόμενον· νῦν γὰρ
πρὸς βασιληίην τε καλλίστην τῶν ἐν Ἕλλησι προσφέρεαι
καὶ ἄνδρας ἀρίστους. κάρτα τε δὴ Ξέρξῃ ἄπιστα ἐφαίνετο
τὰ λεγόμενα καὶ δεύτερα ἐπειρώτα ὅντινα τρόπον τοσοῦτοι
ἐόντες τῇ ἑωυτοῦ στρατιῇ μαχήσονται. ὁ δὲ εἶπε· Ὦ
30 βασιλεῦ, ἐμοὶ χρᾶσθαι ὡς ἀνδρὶ ψεύστῃ, ἢν μὴ ταῦτά τοι
ταύτῃ ἐκβῇ τῇ ἐγὼ λέγω. ταῦτα λέγων οὐκ ἔπειθε τὸν

Ξέρξην. τέσσερας μὲν δὴ παρῆκε ἡμέρας, ἐλπίζων αἰεί
σφεας ἀποδρήσεσθαι· πέμπτῃ δέ, ὡς οὐκ ἀπαλλάσσοντο
ἀλλά οἱ ἐφαίνοντο ἀναιδείῃ τε καὶ ἀβουλίῃ διαχρεώμενοι
μένειν, πέμπει ἐπ' αὐτοὺς Μήδους τε καὶ Κισσίους θυμωθείς,
ἐντειλάμενός σφεας ζωγρήσαντας ἄγειν ἐς ὄψιν τὴν 5
ἑωυτοῦ. ὡς δ' ἐσέπεσον φερόμενοι ἐς τοὺς Ἕλληνας οἱ
Μῆδοι, ἔπιπτον πολλοί, ἄλλοι δ' ἐπεσήισαν, καὶ οὐκ
ἀπήλαυνον καίπερ μεγάλως προσπταίοντες. δῆλον δ'
ἐποίευν παντί τεῳ καὶ οὐκ ἥκιστα αὐτῷ βασιλέι ὅτι
πολλοὶ μὲν ἄνθρωποι εἶεν, ὀλίγοι δὲ ἄνδρες. ἐγίνετο δὲ ἡ 10
συμβολὴ δι' ἡμέρης. ἐπείτε δὲ οἱ Μῆδοι τρηχέως περιεί-
ποντο, ἐνθαῦτα οὗτοι μὲν ὑπεξήισαν, οἱ δὲ Πέρσαι
ἐκδεξάμενοι ἐπήισαν, τοὺς ἀθανάτους ἐκάλεε βασιλεύς, τῶν
ἦρχε Ὑδάρνης, ὡς δὴ οὗτοί γε εὐπετέως κατεργασόμενοι.
ὡς δὲ καὶ οὗτοι συνέμισγον τοῖσι Ἕλλησι, οὐδὲν πλέον 15
ἐφέροντο τῆς στρατιῆς τῆς Μηδικῆς ἀλλὰ τὰ αὐτά, ἅτε
ἐν στεινοπόρῳ τε μαχόμενοι καὶ δόρασι βραχυτέροισι
χρεώμενοι ἤ περ οἱ Ἕλληνες καὶ οὐκ ἔχοντες πλήθεϊ
χρήσασθαι. Λακεδαιμόνιοι δὲ ἐμάχοντο ἀξίως λόγου,
ἄλλα τε ἀποδεικνύμενοι ἐν οὐκ ἐπισταμένοισι μάχεσθαι 20
ἐξεπιστάμενοι, καὶ ὅκως ἐντρέψειαν τὰ νῶτα, ἁλέες
φεύγεσκον δῆθεν, οἱ δὲ βάρβαροι ὁρῶντες φεύγοντας βοῇ
τε καὶ πατάγῳ ἐπήισαν, οἱ δ' ἂν καταλαμβανόμενοι
ὑπέστρεφον ἀντίοι εἶναι τοῖσι βαρβάροισι, μεταστρεφό-
μενοι δὲ κατέβαλλον πλήθεϊ ἀναριθμήτους τῶν Περσέων· 25
ἔπιπτον δὲ καὶ αὐτῶν τῶν Σπαρτιητέων ἐνθαῦτα ὀλίγοι.
ἐπεὶ δὲ οὐδὲν ἐδυνέατο παραλαβεῖν οἱ Πέρσαι τῆς ἐσόδου
πειρώμενοι καὶ κατὰ τέλεα καὶ παντοίως προσβάλλοντες,
ἀπήλαυνον ὀπίσω. ἐν ταύτῃσι τῇσι προσόδοισι τῆς
μάχης λέγεται βασιλέα θηεύμενον τρὶς ἀναδραμεῖν ἐκ τοῦ 30
θρόνου, δείσαντα περὶ τῇ στρατιῇ. τότε μὲν οὕτως

ἠγωνίσαντο, τῇ δ' ὑστεραίῃ οἱ βάρβαροι οὐδὲν ἄμεινον
ἀέθλεον· ἅτε γὰρ ὀλίγων ἐόντων, ἐλπίσαντές σφεας
κατατετρωματίσθαι τε καὶ οὐκ οἵους τε ἔσεσθαι ἔτι χεῖρας
ἀνταείρεσθαι συνέβαλλον. οἱ δὲ Ἕλληνες κατὰ τάξις τε
5 καὶ κατὰ ἔθνεα κεκοσμημένοι ἦσαν καὶ ἐν μέρεϊ ἕκαστοι
ἐμάχοντο, πλὴν Φωκέων· οὗτοι δὲ ἐς τὸ ὄρος ἐτάχθησαν
φυλάξοντες τὴν ἀτραπόν. ὡς δὲ οὐδὲν εὕρισκον ἀλλοιό-
τερον οἱ Πέρσαι ἢ τῇ προτεραίῃ ἐνώρων, ἀπήλαυνον.

The Treachery of Ephialtes and the March of the Immortals over the Mountain Pass

Ἀπορέοντος δὲ βασιλέος ὅ τι χρήσηται τῷ παρεόντι
10 πρήγματι, Ἐπιάλτης ὁ Εὐρυδήμου ἀνὴρ Μηλιεὺς ἦλθέ οἱ
ἐς λόγους ὡς μέγα τι παρὰ βασιλέος δοκέων οἴσεσθαι,
ἔφρασέ τε τὴν ἀτραπὸν τὴν διὰ τοῦ ὄρεος φέρουσαν ἐς
Θερμοπύλας καὶ διέφθειρε τοὺς ταύτῃ ὑπομείναντας
Ἑλλήνων. Ξέρξης δέ, ἐπεὶ ἤρεσε τὰ ὑπέσχετο ὁ
15 Ἐπιάλτης κατεργάσεσθαι, αὐτίκα περιχαρὴς γενόμενος
ἔπεμπε Ὑδάρνεα καὶ τῶν ἐστρατήγεε Ὑδάρνης· ὁρμέατο
δὲ περὶ λύχνων ἁφὰς ἐκ τοῦ στρατοπέδου. ἔχει δὲ ὧδε
ἡ ἀτραπὸς αὕτη· ἄρχεται μὲν ἀπὸ τοῦ Ἀσωποῦ ποταμοῦ
τοῦ διὰ τῆς διασφάγος ῥέοντος, οὔνομα δὲ τῷ ὄρεϊ τούτῳ
20 καὶ τῇ ἀτραπῷ τὠυτὸ κεῖται, Ἀνόπαια· τείνει δὲ ἡ
Ἀνόπαια αὕτη κατὰ ῥάχιν τοῦ ὄρεος, λήγει δὲ κατά τε
Ἀλπηνὸν πόλιν, πρώτην ἐοῦσαν τῶν Λοκρίδων πρὸς
Μηλιέων, καὶ κατὰ Μελαμπύγου τε καλεόμενον λίθον καὶ
κατὰ Κερκώπων ἕδρας, τῇ καὶ τὸ στεινότατόν ἐστι. κατὰ
25 ταύτην δὴ τὴν ἀτραπὸν καὶ οὕτως ἔχουσαν οἱ Πέρσαι τὸν
Ἀσωπὸν διαβάντες ἐπορεύοντο πᾶσαν τὴν νύκτα, ἐν δεξιῇ
μὲν ἔχοντες ὄρεα τὰ Οἰταίων, ἐν ἀριστερῇ δὲ τὰ Τρηχινίων.
ἠώς τε δὴ διέφαινε καὶ οἳ ἐγένοντο ἐπ' ἀκρωτηρίῳ τοῦ

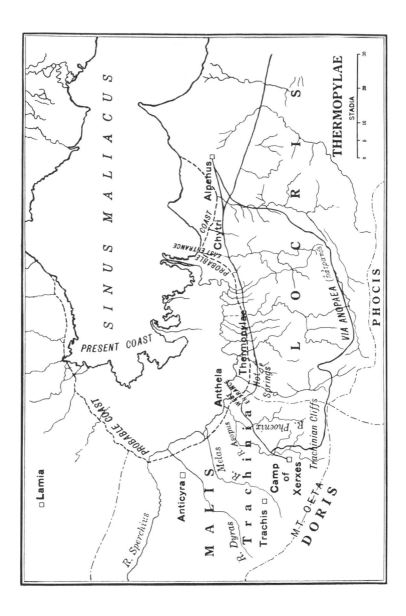

THERMOPYLAE

STADIA

0   5   10   20   30

SINUS MALIACUS

PRESENT COAST

PROBABLE COAST

□ Lamia

Anticyra □

R. Sperchius

R. Dyras

M A L I S

R. Melas

Trachis □

T r a c h i n i a

R. Asopus

WEST ENTRANCE

Anthela

Camp
of
Xerxes □

R. Phoenix

Hot Springs

Thermopylae

M T. O E T A

Trachinian Cliffs

DORIS

L O C R I S

VIA ANOPAEA (ἡ ἀτραπός)

PHOCIS

Alpenus □

Chytri □

COAST

PROBABLE EAST ENTRANCE

ὄρεος. κατὰ δὲ τοῦτο τοῦ ὄρεος ἐφύλασσον, ὡς καὶ
πρότερόν μοι δεδήλωται, Φωκέων χίλιοι ὁπλῖται, ῥυόμενοί
τε τὴν σφετέρην χώρην καὶ φρουρέοντες τὴν ἀτραπόν.
ἡ μὲν γὰρ κάτω ἐσβολὴ ἐφυλάσσετο ὑπὸ τῶν εἴρηται·
τὴν δὲ διὰ τοῦ ὄρεος ἀτραπὸν ἐθελονταὶ Φωκέες ὑποδεξά- 5
μενοι Λεωνίδῃ ἐφύλασσον. ἔμαθον δέ σφεας οἱ Φωκέες
ὧδε ἀναβεβηκότας· ἀναβαίνοντες γὰρ ἐλάνθανον οἱ
Πέρσαι τὸ ὄρος πᾶν ἐὸν δρυῶν ἐπίπλεον. ἦν μὲν δὴ
νηνεμίη, ψόφου δὲ γινομένου πολλοῦ, ὡς οἰκὸς ἦν φύλλων
ὑποκεχυμένων ὑπὸ τοῖσι ποσί, ἀνά τε ἔδραμον οἱ Φωκέες 10
καὶ ἐνέδυνον τὰ ὅπλα, καὶ αὐτίκα οἱ βάρβαροι παρῆσαν.
ὡς δὲ εἶδον ἄνδρας ἐνδυομένους ὅπλα, ἐν θώματι ἐγένοντο·
ἐλπόμενοι γὰρ οὐδέν σφι φανήσεσθαι ἀντίξοον ἐνεκύρησαν
στρατῷ. ἐνθαῦτα Ὑδάρνης καταρρωδήσας μὴ οἱ Φωκέες
ἔωσι Λακεδαιμόνιοι, εἴρετο Ἐπιάλτην ὁποδαπὸς εἴη ὁ 15
στρατός, πυθόμενος δὲ ἀτρεκέως διέτασσε τοὺς Πέρσας ὡς ἐς
μάχην. οἱ δὲ Φωκέες ὡς ἐβάλλοντο τοῖσι τοξεύμασι
πολλοῖσί τε καὶ πυκνοῖσι, οἴχοντο φεύγοντες ἐπὶ τοῦ
ὄρεος τὸν κόρυμβον, ἐπιστάμενοι ὡς ἐπὶ σφέας ὁρμήθησαν
ἀρχήν, καὶ παρεσκευάδατο ὡς ἀπολεόμενοι. οὗτοι μὲν 20
δὴ ταῦτα ἐφρόνεον, οἱ δὲ ἀμφὶ Ἐπιάλτην καὶ Ὑδάρνεα
Πέρσαι Φωκέων μὲν οὐδένα λόγον ἐποιεῦντο, οἱ δὲ κατέ-
βαινον τὸ ὄρος κατὰ τάχος.

The Defending Force Receives the News of the Betrayal
of the Pass

Τοῖσι δὲ ἐν Θερμοπύλῃσι ἐοῦσι Ἑλλήνων πρῶτον μὲν
ὁ μάντις Μεγιστίης ἐσιδὼν ἐς τὰ ἱρὰ ἔφρασε τὸν μέλλοντα 25
ἔσεσθαι ἅμα ἠοῖ σφι θάνατον, ἐπὶ δὲ καὶ αὐτόμολοι ἦσαν
οἱ ἐξαγγείλαντες τῶν Περσέων τὴν περίοδον. οὗτοι μὲν
ἔτι νυκτὸς ἐσήμηναν, τρίτοι δὲ οἱ ἡμεροσκόποι καταδρα-

μόντες ἀπὸ τῶν ἄκρων ἤδη διαφαινούσης ἡμέρης. ἐνθαῦτα
ἐβουλεύοντο οἱ Ἕλληνες, καί σφεων ἐσχίζοντο αἱ γνῶμαι·
οἱ μὲν γὰρ οὐκ ἔων τὴν τάξιν ἐκλιπεῖν, οἱ δὲ ἀντέτεινον.
μετὰ δὲ τοῦτο διακριθέντες οἱ μὲν ἀπαλλάσσοντο καὶ
5 διασκεδασθέντες κατὰ πόλις ἕκαστοι ἐτράποντο, οἱ δὲ
αὐτῶν ἅμα Λεωνίδῃ μένειν αὐτοῦ παρεσκευάδατο. λέγεται
δὲ καὶ ὡς αὐτός σφεας ἀπέπεμψε Λεωνίδης, μὴ ἀπόλωνται
κηδόμενος· αὐτῷ δὲ καὶ Σπαρτιητέων τοῖσι παρεοῦσι οὐκ
ἔχειν εὐπρεπέως ἐκλιπεῖν τὴν τάξιν ἐς τὴν ἦλθον φυλά-
10 ξοντες ἀρχήν. οἱ μέν νυν σύμμαχοι οἱ ἀποπεμπόμενοι
οἴχοντό τε ἀπιόντες καὶ ἐπείθοντο Λεωνίδῃ, Θεσπιέες δὲ
καὶ Θηβαῖοι κατέμειναν μοῦνοι παρὰ Λακεδαιμονίοισι.
τούτων δὲ Θηβαῖοι μὲν ἀέκοντες ἔμενον καὶ οὐ βουλόμενοι
(κατεῖχε γάρ σφεας Λεωνίδης ἐν ὁμήρων λόγῳ ποιεύ-
15 μενος), Θεσπιέες δὲ ἑκόντες μάλιστα, οἳ οὐκ ἔφασαν
ἀπολιπόντες Λεωνίδην καὶ τοὺς μετ' αὐτοῦ ἀπαλλάξεσθαι,
ἀλλὰ καταμείναντες συναπέθανον. ἐστρατήγεε δὲ αὐτῶν
Δημόφιλος Διαδρόμεω.

The Final Struggle at Thermopylæ

Ξέρξης δὲ ἐπεὶ ἡλίου ἀνατείλαντος σπονδὰς ἐποιήσατο,
20 ἐπισχὼν χρόνον ἐς ἀγορῆς κου μάλιστα πληθώρην πρόσο-
δον ἐποιέετο· καὶ γὰρ ἐπέσταλτο ἐξ Ἐπιάλτεω οὕτω·
ἀπὸ γὰρ τοῦ ὄρεος ἡ κατάβασις συντομωτέρη τέ ἐστι καὶ
βραχύτερος ὁ χῶρος πολλὸν ἤ περ ἡ περίοδός τε καὶ
ἀνάβασις. οἵ τε δὴ βάρβαροι οἱ ἀμφὶ Ξέρξην προσήισαν
25 καὶ οἱ ἀμφὶ Λεωνίδην Ἕλληνες, ὡς τὴν ἐπὶ θανάτῳ
ἔξοδον ποιεύμενοι, ἤδη πολλῷ μᾶλλον ἤ κατ' ἀρχὰς
ἐπεξήισαν ἐς τὸ εὐρύτερον τοῦ αὐχένος. τὸ μὲν γὰρ
ἔρυμα τοῦ τείχεος ἐφυλάσσετο, οἱ δὲ ἀνὰ τὰς προτέρας
ἡμέρας ὑπεξιόντες ἐς τὰ στεινόπορα ἐμάχοντο. τότε δὲ

συμμίσγοντες ἔξω τῶν στεινῶν ἔπιπτον πλήθεϊ πολλοὶ τῶν
βαρβάρων· ὄπισθε γὰρ οἱ ἡγεμόνες τῶν τελέων ἔχοντες
μάστιγας ἐρράπιζον πάντα ἄνδρα, αἰεὶ ἐς τὸ πρόσω
ἐποτρύνοντες. πολλοὶ μὲν δὴ ἐσέπιπτον αὐτῶν ἐς τὴν
θάλασσαν καὶ διεφθείροντο, πολλῷ δ' ἔτι πλεῦνες κατε- 5
πατέοντο ζωοὶ ὑπ' ἀλλήλων· ἦν δὲ λόγος οὐδεὶς τοῦ
ἀπολλυμένου. ἅτε γὰρ ἐπιστάμενοι τὸν μέλλοντα σφίσι
ἔσεσθαι θάνατον ἐκ τῶν περιιόντων τὸ ὄρος, ἀπεδείκνυντο
ῥώμης ὅσον εἶχον μέγιστον ἐς τοὺς βαρβάρους, παραχρεώ-
μενοί τε καὶ ἀτέοντες. δόρατα μέν νυν τοῖσι πλέοσι 10
αὐτῶν τηνικαῦτα ἤδη ἐτύγχανε κατεηγότα, οἱ δὲ τοῖσι
ξίφεσι διεργάζοντο τοὺς Πέρσας. καὶ Λεωνίδης τε ἐν
τούτῳ τῷ πόνῳ πίπτει ἀνὴρ γενόμενος ἄριστος, καὶ ἕτεροι
μετ' αὐτοῦ ὀνομαστοὶ Σπαρτιητέων, τῶν ἐγὼ ὡς ἀνδρῶν
ἀξίων γενομένων ἐπυθόμην τὰ οὐνόματα, ἐπυθόμην δὲ καὶ 15
ἁπάντων τῶν τριηκοσίων. καὶ δὴ Περσέων πίπτουσι
ἐνθαῦτα ἄλλοι τε πολλοὶ καὶ ὀνομαστοί, ἐν δὲ δὴ καὶ
Δαρείου δύο παῖδες, Ἀβροκόμης τε καὶ Ὑπεράνθης, ἐκ τῆς
Ἀρτάνεω θυγατρὸς Φραταγούνης γεγονότες Δαρείῳ.
Ξέρξεώ τε δὴ δύο ἀδελφεοὶ ἐνθαῦτα πίπτουσι μαχόμενοι 20
καὶ ὑπὲρ τοῦ νεκροῦ τοῦ Λεωνίδεω Περσέων τε καὶ Λακε-
δαιμονίων ὠθισμὸς ἐγίνετο πολλός, ἐς ὃ τοῦτόν τε ἀρετῇ
οἱ Ἕλληνες ὑπεξείρυσαν καὶ ἐτρέψαντο τοὺς ἐναντίους
τετράκις. τοῦτο δὲ συνεστήκεε μέχρι οὗ οἱ σὺν Ἐπιάλτῃ
παρεγένοντο. ὡς δὲ τούτους ἥκειν ἐπύθοντο οἱ Ἕλληνες, 25
ἐνθεῦτεν ἤδη ἑτεροιοῦτο τὸ νεῖκος· ἔς τε γὰρ τὸ στεινὸν
τῆς ὁδοῦ ἀνεχώρεον ὀπίσω καὶ παραμειψάμενοι τὸ τεῖχος
ἐλθόντες ἵζοντο ἐπὶ τὸν κολωνὸν πάντες ἀλέες οἱ ἄλλοι
πλὴν Θηβαίων. ὁ δὲ κολωνός ἐστι ἐν τῇ ἐσόδῳ, ὅκου νῦν
ὁ λίθινος λέων ἕστηκε ἐπὶ Λεωνίδῃ. ἐν τούτῳ σφέας τῷ 30
χώρῳ ἀλεξομένους μαχαίρῃσι, τοῖσι αὐτῶν ἐτύγχανον ἔτι

περιεοῦσαι, καὶ χερσὶ καὶ στόμασι κατέχωσαν οἱ βάρβαροι
βάλλοντες, οἱ μὲν ἐξ ἐναντίης ἐπισπόμενοι καὶ τὸ ἔρυμα
τοῦ τείχεος συγχώσαντες, οἱ δὲ περιελθόντες πάντοθεν
περισταδόν.

Fame of the Men Who Fell at Thermopylæ

5   Λακεδαιμονίων δὲ καὶ Θεσπιέων τοιούτων γενομένων
ὅμως λέγεται ἀνὴρ ἄριστος γενέσθαι Σπαρτιήτης Διηνέκης·
τὸν τόδε φασὶ εἰπεῖν τὸ ἔπος πρὶν ἢ συμμεῖξαί σφεας τοῖσι
Μήδοισι, πυθόμενον πρός τευ τῶν Τρηχινίων ὡς ἐπεὰν οἱ
βάρβαροι ἀπίωσι τὰ τοξεύματα, τὸν ἥλιον ὑπὸ τοῦ
10 πλήθεος τῶν ὀϊστῶν ἀποκρύπτουσι· τοσοῦτο πλῆθος
αὐτῶν εἶναι· τὸν δὲ οὐκ ἐκπλαγέντα τούτοισι εἰπεῖν, ἐν
ἀλογίῃ ποιεύμενον τὸ τῶν Μήδων πλῆθος, ὡς πάντα σφι
ἀγαθὰ ὁ Τρηχίνιος ξεῖνος ἀγγέλλοι, εἰ ἀποκρυπτόντων
τῶν Μήδων τὸν ἥλιον ὑπὸ σκιῇ ἔσοιτο πρὸς αὐτοὺς ἡ
15 μάχη καὶ οὐκ ἐν ἡλίῳ.   ταῦτα μὲν καὶ ἄλλα τοιουτότροπα
ἔπεά φασι Διηνέκεα τὸν Λακεδαιμόνιον λιπέσθαι μνη-
μόσυνα.   μετὰ δὲ τοῦτον ἀριστεῦσαι λέγονται Λακεδαι-
μόνιοι δύο ἀδελφεοί, Ἀλφεός τε καὶ Μάρων Ὀρσιφάντου
παῖδες.   Θεσπιέων δὲ εὐδοκίμεε μάλιστα τῷ οὔνομα ἦν
20 Διθύραμβος Ἁρματίδεω.   ταφθεῖσι δέ σφι αὐτοῦ ταύτῃ
τῇ περ ἔπεσον καὶ τοῖσι πρότερον τελευτήσασι ἢ τοὺς
ὑπὸ Λεωνίδεω ἀποπεμφθέντας οἴχεσθαι, ἐπιγέγραπται
γράμματα λέγοντα τάδε·

μυριάσιν ποτὲ τῇδε τριηκοσίαις ἐμάχοντο
25   ἐκ Πελοποννάσου χιλιάδες τέτορες.

ταῦτα μὲν δὴ τοῖσι πᾶσι ἐπιγέγραπται, τοῖσι δὲ Σπαρ-
τιήτῃσι ἰδίῃ·

ὦ ξεῖν', ἀγγέλλειν Λακεδαιμονίοις ὅτι τῇδε
κείμεθα τοῖς κείνων ῥήμασι πειθόμενοι.

Λακεδαιμονίοισι μὲν δὴ τοῦτο, τῷ δὲ μάντι τόδε·

μνῆμα τόδε κλεινοῖο Μεγιστία, ὅν ποτε Μῆδοι
Σπερχειὸν ποταμὸν κτεῖναν ἀμειψάμενοι,
μάντιος, ὃς τότε Κῆρας ἐπερχομένας σάφα εἰδὼς
οὐκ ἔτλη Σπάρτης ἡγεμόνας προλιπεῖν.   5

ἐπιγράμμασι μὲν νυν καὶ στήλῃσι, ἔξω ἢ τὸ τοῦ μάντιος
ἐπίγραμμα, Ἀμφικτύονές εἰσί σφεας οἱ ἐπικοσμήσαντες· τὸ
δὲ τοῦ μάντιος Μεγιστίεω Σιμωνίδης ὁ Λεωπρέπεός ἐστι
κατὰ ξεινίην ὁ ἐπιγράψας.

(While the Spartan force was holding the Pass of Thermopylæ, the Greek fleet under the command of the Spartan Eurybiades was stationed at Artemisium on the north coast of Eubœa, where it gained some slight successes in encounters with the Persian fleet, which suffered severe losses from storm. After the news of the disaster at Thermopylæ, the Greek fleet retired to the coast of Attica and put in at Salamis. There it was learned that the Peloponnesians had gathered at the Isthmus of Corinth, leaving Bœotia and Attica unprotected from the foe, who were marching rapidly in that direction.)

BOOK VIII

**Deliberations of the Greeks at Salamis. Advance of the
Persian Army and Capture of Athens**

Ὡς δὲ ἐς τὴν Σαλαμῖνα συνῆλθον οἱ στρατηγοὶ ἀπὸ τῶν
εἰρημένων πολίων, ἐβουλεύοντο, προθέντος Εὐρυβιάδεω
γνώμην ἀποφαίνεσθαι τὸν βουλόμενον, ὅκου δοκέοι ἐπιτη-
δεότατον εἶναι ναυμαχίην ποιέεσθαι τῶν αὐτοὶ χωρέων
5 ἐγκρατέες εἰσί· ἡ γὰρ Ἀττικὴ ἀπεῖτο ἤδη, τῶν δὲ
λοιπέων πέρι προετίθεε. αἱ γνῶμαι δὲ τῶν λεγόντων αἱ
πλεῖσται συνεξέπιπτον πρὸς τὸν Ἰσθμὸν πλώσαντας
ναυμαχέειν πρὸ τῆς Πελοποννήσου, ἐπιλέγοντες τὸν λόγον
τόνδε, ὡς εἰ νικηθέωσι τῇ ναυμαχίῃ, ἐν Σαλαμῖνι μὲν
10 ἐόντες πολιορκήσονται ἐν νήσῳ, ἵνα σφι τιμωρίη οὐδεμία
ἐπιφανήσεται, πρὸς δὲ τῷ Ἰσθμῷ ἐς τοὺς ἑωυτῶν ἐξοίσονται.
ταῦτα τῶν ἀπὸ Πελοποννήσου στρατηγῶν ἐπιλεγομένων
ἐληλύθεε ἀνὴρ Ἀθηναῖος ἀγγέλλων ἥκειν τὸν βάρβαρον
ἐς τὴν Ἀττικὴν καὶ πᾶσαν αὐτὴν πυρπολέεσθαι. ὁ γὰρ
15 διὰ Βοιωτῶν τραπόμενος στρατὸς ἅμα Ξέρξῃ, ἐμπρήσας
Θεσπιέων τὴν πόλιν αὐτῶν ἐκλελοιπότων ἐς Πελοπόννησον
καὶ τὴν Πλαταιέων ὡσαύτως, ἧκέ τε ἐς τὰς Ἀθήνας καὶ
πάντα ἐκεῖνα ἐδηίου. ἐνέπρησε δὲ Θέσπειάν τε καὶ Πλά-
ταιαν πυθόμενος Θηβαίων ὅτι οὐκ ἐμήδιζον. ἀπὸ δὲ τῆς
20 διαβάσιος τοῦ Ἑλλησπόντου, ἔνθεν πορεύεσθαι ἤρξαντο οἱ
βάρβαροι, ἕνα αὐτοῦ διατρίψαντες μῆνα, ἐν τῷ διέβαινον
ἐς τὴν Εὐρώπην, ἐν τρισὶ ἑτέροισι μησὶ ἐγένοντο ἐν τῇ
Ἀττικῇ, Καλλιάδεω ἄρχοντος Ἀθηναίοισι. καὶ αἱρέουσι
ἔρημον τὸ ἄστυ καί τινας ὀλίγους εὑρίσκουσι τῶν Ἀθηναίων
25 ἐν τῷ ἱρῷ ἐόντας, ταμίας τε τοῦ ἱροῦ καὶ πένητας ἀνθρώ-
πους, οἳ φραξάμενοι τὴν ἀκρόπολιν θύρῃσί τε καὶ ξύλοισι

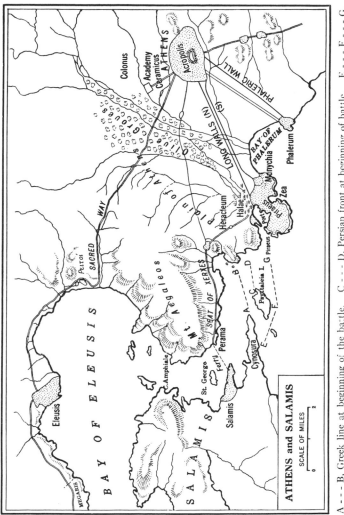

ATHENS and SALAMIS

SCALE OF MILES

0   2

A - - - B, Greek line at beginning of the battle. C - - - D, Persian front at beginning of battle. E - - - F - - - G, Persian line of blockade (in the night)

ἠμύνοντο τοὺς ἐπιόντας, ἅμα μὲν ὑπ᾽ ἀσθενείης βίου οὐκ
ἐκχωρήσαντες ἐς Σαλαμῖνα, πρὸς δὲ καὶ αὐτοὶ δοκέοντες
ἐξευρηκέναι τὸ μαντήιον τὸ ἡ Πυθίη σφι ἔχρησε, τὸ
ξύλινον τεῖχος ἀνάλωτον ἔσεσθαι· αὐτὸ δὴ τοῦτο εἶναι τὸ
κρησφύγετον κατὰ τὸ μαντήιον καὶ οὐ τὰς νέας. οἱ δὲ 5
Πέρσαι ἱζόμενοι ἐπὶ τὸν καταντίον τῆς ἀκροπόλιος ὄχθον,
τὸν Ἀθηναῖοι καλέουσι Ἀρήιον πάγον, ἐπολιόρκεον τρόπον
τοιόνδε· ὅκως στυππεῖον περὶ τοὺς ὀιστοὺς περιθέντες
ἅψειαν, ἐτόξευον ἐς τὸ φράγμα. ἐνθαῦτα Ἀθηναίων οἱ
πολιορκεόμενοι ὅμως ἠμύνοντο, καίπερ ἐς τὸ ἔσχατον 10
κακοῦ ἀπιγμένοι καὶ τοῦ φράγματος προδεδωκότος. οὐδὲ
λόγους τῶν Πεισιστρατιδέων προσφερόντων περὶ ὁμο-
λογίης ἐνεδέκοντο, ἀμυνόμενοι δὲ ἄλλα τε ἀντεμηχανῶντο
καὶ δὴ καὶ προσιόντων τῶν βαρβάρων πρὸς τὰς πύλας
ὀλοιτρόχους ἀπίεσαν, ὥστε Ξέρξην ἐπὶ χρόνον συχνὸν 15
ἀπορίῃσι ἐνέχεσθαι οὐ δυνάμενόν σφεας ἑλεῖν. χρόνῳ δ᾽
ἐκ τῶν ἀπόρων ἐφάνη δή τις ἔσοδος τοῖσι βαρβάροισι·
ἔδεε γὰρ κατὰ τὸ θεοπρόπιον πᾶσαν τὴν Ἀττικὴν τὴν ἐν
τῇ ἠπείρῳ γενέσθαι ὑπὸ Πέρσῃσι. ἔμπροσθε ὦν τῆς
ἀκροπόλιος, ὄπισθε δὲ τῶν πυλέων καὶ τῆς ἀνόδου, τῇ δὴ 20
οὔτε τις ἐφύλασσε οὔτ᾽ ἂν ἤλπισε μή κοτέ τις κατὰ ταῦτα
ἀναβαίη ἀνθρώπων, ταύτῃ ἀνέβησάν τινες κατὰ τὸ ἱρὸν
τῆς Κέκροπος θυγατρὸς Ἀγλαύρου, καίπερ ἀποκρήμνου
ἐόντος τοῦ χώρου. ὡς δὲ εἶδον αὐτοὺς ἀναβεβηκότας οἱ
Ἀθηναῖοι, οἱ μὲν ἐρρίπτεον ἑωυτοὺς κατὰ τοῦ τείχεος 25
κάτω καὶ διεφθείροντο, οἱ δὲ ἐς τὸ μέγαρον κατέφευγον.
τῶν δὲ Περσέων οἱ ἀναβεβηκότες πρῶτον μὲν ἐτράποντο
πρὸς τὰς πύλας, ταύτας δὲ ἀνοίξαντες τοὺς ἱκέτας
ἐφόνευον· ἐπεὶ δέ σφι πάντες κατέστρωντο, τὸ ἱρὸν
συλήσαντες ἐνέπρησαν πᾶσαν τὴν ἀκρόπολιν. σχὼν δὲ 30
παντελέως τὰς Ἀθήνας Ξέρξης ἀπέπεμψε ἐς Σοῦσα

ἄγγελον ἱππέα Ἀρταβάνῳ ἀγγελέοντα τὴν παρεοῦσάν
σφι εὐπρηξίην. ἀπὸ δὲ τῆς πέμψιος τοῦ κήρυκος δευτέρῃ
ἡμέρῃ συγκαλέσας Ἀθηναίων τοὺς φυγάδας, ἑωυτῷ δὲ
ἑπομένους, ἐκέλευε τρόπῳ τῷ σφετέρῳ θῦσαι τὰ ἱρὰ ἀνα-
5 βάντας ἐς τὴν ἀκρόπολιν, εἴτε δὴ ὦν ὄψιν τινὰ ἰδὼν
ἐνυπνίου ἐνετέλλετο ταῦτα, εἴτε καὶ ἐνθύμιόν οἱ ἐγένετο
ἐμπρήσαντι τὸ ἱρόν. οἱ δὲ φυγάδες τῶν Ἀθηναίων
ἐποίησαν τὰ ἐντεταλμένα. τοῦ δὲ εἵνεκεν τούτων ἐπε-
μνήσθην, φράσω. ἔστι ἐν τῇ ἀκροπόλι ταύτῃ Ἐρεχθέος
10 τοῦ γηγενέος λεγομένου εἶναι νηός, ἐν τῷ ἐλαίη τε καὶ
θάλασσα ἔνι, τὰ λόγος παρὰ Ἀθηναίων Ποσειδέωνά τε
καὶ Ἀθηναίην ἐρίσαντας περὶ τῆς χώρης μαρτύρια θέσθαι.
ταύτην ὦν τὴν ἐλαίην ἅμα τῷ ἄλλῳ ἱρῷ κατέλαβε
ἐμπρησθῆναι ὑπὸ τῶν βαρβάρων· δευτέρῃ δὲ ἡμέρῃ ἀπὸ
15 τῆς ἐμπρήσιος Ἀθηναίων οἱ θύειν ὑπὸ βασιλέος κελευό-
μενοι ὡς ἀνέβησαν ἐς τὸ ἱρόν, ὥρων βλαστὸν ἐκ τοῦ
στελέχεος ὅσον τε πηχυαῖον ἀναδεδραμηκότα. οὗτοι μέν
νυν ταῦτα ἔφρασαν.

Decision to Remain at Salamis

Οἱ δὲ ἐν Σαλαμῖνι Ἕλληνες, ὥς σφι ἐξαγγέλθη ὡς ἔσχε
20 τὰ περὶ τὴν Ἀθηνέων ἀκρόπολιν, ἐς τοσοῦτον θόρυβον
ἀπίκοντο ὥστε ἔνιοι τῶν στρατηγῶν οὐδὲ κυρωθῆναι
ἔμενον τὸ προκείμενον πρῆγμα, ἀλλ' ἔς τε τὰς νέας
ἐσέπιπτον καὶ ἱστία ἀείροντο ὡς ἀποθευσόμενοι· τοῖσί τε
ὑπολειπομένοισι αὐτῶν ἐκυρώθη πρὸ τοῦ Ἰσθμοῦ ναυ-
25 μαχέειν. νύξ τε ἐγίνετο καὶ οἳ διαλυθέντες ἐκ τοῦ
συνεδρίου ἐσέβαινον ἐς τὰς νέας. ἐνθαῦτα δὴ Θεμιστοκλέα
ἀπικόμενον ἐπὶ τὴν νέα εἴρετο Μνησίφιλος ἀνὴρ Ἀθηναῖος
ὅ τι σφι εἴη βεβουλευμένον. πυθόμενος δὲ πρὸς αὐτοῦ ὡς
εἴη δεδογμένον ἀνάγειν τὰς νέας πρὸς τὸν Ἰσθμὸν καὶ πρὸ

τῆς Πελοποννήσου ναυμαχέειν, εἶπε· Οὔ τοι ἄρα, ἢν
ἀπάρωσι τὰς νέας ἀπὸ Σαλαμῖνος, οὐδὲ περὶ μιῆς ἔτι
πατρίδος ναυμαχήσεις· κατὰ γὰρ πόλις ἕκαστοι τρέψονται,
καὶ οὔτε σφέας Εὐρυβιάδης κατέχειν δυνήσεται οὔτε τις
ἀνθρώπων ἄλλος ὥστε μὴ οὐ διασκεδασθῆναι τὴν στρατιήν· 5
ἀπολέεταί τε ἡ Ἑλλὰς ἀβουλίῃσι. ἀλλ' εἴ τις ἔστι
μηχανή, ἴθι καὶ πειρῶ διαχέαι τὰ βεβουλευμένα, ἤν κως
δύνῃ ἀναγνῶσαι Εὐρυβιάδην μεταβουλεύσασθαι ὥστε
αὐτοῦ μένειν. κάρτα τε τῷ Θεμιστοκλέϊ ἤρεσε ἡ ὑποθήκη
καὶ οὐδὲν πρὸς ταῦτα ἀμειψάμενος ἤιε ἐπὶ τὴν νέα τὴν 10
Εὐρυβιάδεω. ἀπικόμενος δὲ ἔφη ἐθέλειν οἱ κοινόν τι
πρῆγμα συμμεῖξαι. ὁ δ' αὐτὸν ἐς τὴν νέα ἐκέλευε
ἐσβάντα λέγειν, εἴ τι θέλοι. ἐνθαῦτα ὁ Θεμιστοκλέης
παριζόμενός οἱ καταλέγει ἐκεῖνά τε πάντα τὰ ἤκουσε
Μνησιφίλου, ἑωυτοῦ ποιεύμενος, καὶ ἄλλα πολλὰ προστι- 15
θείς, ἐς ὃ ἀνέγνωσε χρηίζων ἔκ τε τῆς νεὸς ἐκβῆναι
συλλέξαι τε τοὺς στρατηγοὺς ἐς τὸ συνέδριον. ὡς δὲ
ἄρα συνελέχθησαν, πρὶν ἢ τὸν Εὐρυβιάδην προθεῖναι τὸν
λόγον τῶν εἵνεκα συνήγαγε τοὺς στρατηγούς, πολλὸς ἦν
ὁ Θεμιστοκλέης ἐν τοῖσι λόγοισι οἷα κάρτα δεόμενος. 20
λέγοντος δὲ αὐτοῦ ὁ Κορίνθιος στρατηγὸς Ἀδείμαντος ὁ
Ὠκύτου εἶπε· Ὦ Θεμιστόκλεες, ἐν τοῖσι ἀγῶσι οἱ προεξ-
ανιστάμενοι ῥαπίζονται. ὁ δὲ ἀπολυόμενος ἔφη· Οἱ δέ
γε ἐγκαταλειπόμενοι οὐ στεφανοῦνται. τότε μὲν ἠπίως
τὸν Κορίνθιον ἀμείψατο, πρὸς δὲ τὸν Εὐρυβιάδην ἔλεγε 25
ἐκείνων μὲν οὐκέτι οὐδὲν τῶν πρότερον λεχθέντων, ὡς
ἐπεὰν ἀπάρωσι ἀπὸ Σαλαμῖνος διαδρήσονται· παρεόν-
των γὰρ τῶν συμμάχων οὐκ ἔφερέ οἱ κόσμον οὐδένα
κατηγορέειν· ὁ δὲ ἄλλου λόγου εἴχετο, λέγων τάδε· Ἐν
σοὶ νῦν ἐστι σῶσαι τὴν Ἑλλάδα, ἢν ἐμοὶ πείθῃ ναυμαχίην 30
αὐτοῦ μένων ποιέεσθαι μηδὲ πειθόμενος τούτων τοῖσι

λόγοισι ἀναζεύξῃς πρὸς τὸν Ἰσθμὸν τὰς νέας. ἀντίθες
γὰρ ἑκάτερον ἀκούσας. πρὸς μὲν τῷ Ἰσθμῷ συμβάλλων
ἐν πελάγεϊ ἀναπεπταμένῳ ναυμαχήσεις, τὸ ἥκιστα ἡμῖν
σύμφορόν ἐστι νέας ἔχουσι βαρυτέρας καὶ ἀριθμὸν ἐλάσ-
5 σονας· τοῦτο δὲ ἀπολέεις Σαλαμῖνά τε καὶ Μέγαρα καὶ
Αἴγιναν, ἤν περ καὶ τὰ ἄλλα εὐτυχήσωμεν. ἅμα δὲ τῷ
ναυτικῷ αὐτῶν ἕψεται καὶ ὁ πεζὸς στρατός, καὶ οὕτω
σφέας αὐτὸς ἄξεις ἐπὶ τὴν Πελοπόννησον, κινδυνεύσεις τε
ἀπάσῃ τῇ Ἑλλάδι. ἢν δὲ τὰ ἐγὼ λέγω ποιήσῃς, τοσάδε ἐν
10 αὐτοῖσι χρηστὰ εὑρήσεις· πρῶτα μὲν ἐν στεινῷ συμβάλ-
λοντες νηυσὶ ὀλίγῃσι πρὸς πολλάς, ἢν τὰ οἰκότα ἐκ τοῦ
πολέμου ἐκβαίνῃ, πολλὸν κρατήσομεν· τὸ γὰρ ἐν στεινῷ
ναυμαχέειν πρὸς ἡμέων ἐστί, ἐν εὐρυχωρίῃ δὲ πρὸς
ἐκείνων. αὖτις δὲ Σαλαμὶς περιγίνεται, ἐς τὴν ἡμῖν
15 ὑπέκκειται τέκνα τε καὶ γυναῖκες. καὶ μὲν καὶ τόδε ἐν
αὐτοῖσι ἔνεστι, τοῦ καὶ περιέχεσθε μάλιστα· ὁμοίως
αὐτοῦ τε μένων προναυμαχήσεις Πελοποννήσου καὶ πρὸς
τῷ Ἰσθμῷ, οὐδέ σφεας, εἴ περ εὖ φρονέεις, ἄξεις ἐπὶ τὴν
Πελοπόννησον. ἢν δέ γε τὰ ἐγὼ ἐλπίζω γένηται καὶ
20 νικήσωμεν τῇσι νηυσί, οὔτε ὑμῖν ἐς τὸν Ἰσθμὸν παρέ-
σονται οἱ βάρβαροι οὔτε προβήσονται ἑκαστέρω τῆς
Ἀττικῆς, ἀπίασί τε οὐδενὶ κόσμῳ, Μεγάροισί τε κερδα-
νέομεν περιεοῦσι καὶ Αἰγίνῃ καὶ Σαλαμῖνι, ἐν τῇ ἡμῖν καὶ
λόγιόν ἐστι τῶν ἐχθρῶν κατύπερθε γενέσθαι. οἰκότα μέν
25 νυν βουλευομένοισι ἀνθρώποισι ὡς τὸ ἐπίπαν ἐθέλει
γίνεσθαι· μὴ δὲ οἰκότα βουλευομένοισι οὐκ ἐθέλει οὐδὲ ὁ
θεὸς προσχωρέειν πρὸς τὰς ἀνθρωπηίας γνώμας. ταῦτα
λέγοντος Θεμιστοκλέος αὖτις ὁ Κορίνθιος Ἀδείμαντος
ἐπεφέρετο, σιγᾶν τε κελεύων τῷ μή ἐστι πατρὶς καὶ
30 Εὐρυβιάδην οὐκ ἐῶν ἐπιψηφίζειν ἀπόλι ἀνδρί· πόλιν γὰρ
τὸν Θεμιστοκλέα παρεχόμενον ἐκέλευε οὕτω γνώμας

συμβάλλεσθαι. ταῦτα δέ οἱ προέφερε, ὅτι ἡλώκεσάν τε
καὶ κατείχοντο αἱ Ἀθῆναι. τότε δὴ ὁ Θεμιστοκλῆς
κεῖνόν τε καὶ τοὺς Κορινθίους πολλά τε καὶ κακὰ ἔλεγε,
ἑωυτοῖσί τε ἐδήλου λόγῳ ὡς εἴη καὶ πόλις καὶ γῆ μέζων ἤ
περ ἐκείνοισι, ἔστ᾽ ἂν διηκόσιαι νέες σφι ἔωσι πεπληρω- 5
μέναι· οὐδαμοὺς γὰρ Ἑλλήνων αὐτοὺς ἐπιόντας ἀποκρού-
σεσθαι. σημαίνων δὲ ταῦτα τῷ λόγῳ διέβαινε ἐς Εὐρυ-
βιάδην, λέγων μᾶλλον ἐπεστραμμένα· Σὺ εἰ μενέεις
αὐτοῦ καὶ μένων ἔσεαι ἀνὴρ ἀγαθός· εἰ δὲ μή, ἀνατρέψεις
τὴν Ἑλλάδα· τὸ πᾶν γὰρ ἡμῖν τοῦ πολέμου φέρουσι αἱ 10
νέες. ἀλλ᾽ ἐμοὶ πείθεο. εἰ δὲ ταῦτα μὴ ποιήσῃς, ἡμεῖς
μὲν ὡς ἔχομεν ἀναλαβόντες τοὺς οἰκέτας κομιεύμεθα ἐς
Σῖριν τὴν ἐν Ἰταλίῃ, ἥ περ ἡμετέρη τέ ἐστι ἐκ παλαιοῦ
ἔτι, καὶ τὰ λόγια λέγει ὑπ᾽ ἡμέων αὐτὴν δεῖν κτισθῆναι·
ὑμεῖς δὲ συμμάχων τοιῶνδε μουνωθέντες μεμνήσεσθε τῶν 15
ἐμῶν λόγων. ταῦτα δὲ Θεμιστοκλέος λέγοντος ἀνεδιδάσ-
κετο Εὐρυβιάδης· δοκέειν δέ μοι, ἀρρωδήσας μάλιστα τοὺς
Ἀθηναίους, μή σφεας ἀπολίπωσι, ἢν πρὸς τὸν Ἰσθμὸν
ἀνάγῃ τὰς νέας· ἀπολιπόντων γὰρ Ἀθηναίων οὐκέτι
ἐγίνοντο ἀξιόμαχοι οἱ λοιποί. ταύτην δὴ αἱρέεται τὴν 20
γνώμην, αὐτοῦ μένοντας διαναυμαχέειν. οὕτω μὲν οἱ περὶ
Σαλαμῖνα ἔπεσι ἀκροβολισάμενοι, ἐπείτε Εὐρυβιάδῃ ἔδοξε,
αὐτοῦ παρεσκευάζοντο ὡς ναυμαχήσοντες. ἡμέρη τε
ἐγίνετο καὶ ἅμα τῷ ἡλίῳ ἀνιόντι σεισμὸς ἐγένετο ἔν τε τῇ
γῇ καὶ τῇ θαλάσσῃ. ἔδοξε δέ σφι εὔξασθαι τοῖσι θεοῖσι 25
καὶ ἐπικαλέσασθαι τοὺς Αἰακίδας συμμάχους. ὡς δέ σφι
ἔδοξε, καὶ ἐποίευν ταῦτα· εὐξάμενοι γὰρ πᾶσι τοῖσι θεοῖσι
αὐτόθεν μὲν ἐκ Σαλαμῖνος Αἴαντά τε καὶ Τελαμῶνα
ἐπεκαλέοντο, ἐπὶ δὲ Αἰακὸν καὶ τοὺς ἄλλους Αἰακίδας νέα
ἀπέστελλον ἐς Αἴγιναν. 30

Arrival of the Persian Fleet

Οἱ δὲ ἐς τὸν Ξέρξεω ναυτικὸν στρατὸν ταχθέντες,
ἐπειδὴ ἐκ Τρηχῖνος θεησάμενοι τὸ τρῶμα τὸ Λακωνικὸν
διέβησαν ἐς τὴν Ἱστιαίην, ἐπισχόντες ἡμέρας τρεῖς
ἔπλεον δι᾽ Εὐρίπου, καὶ ἐν ἑτέρῃσι τρισὶ ἡμέρῃσι ἐγένοντο
5 ἐν Φαλήρῳ. ἐπειδὴ δὲ παρήγγελλε ἀναπλέειν, ἀνῆγον
τὰς νέας ἐπὶ τὴν Σαλαμῖνα, καὶ παρεκρίθησαν διατα-
χθέντες κατ᾽ ἡσυχίην. τότε μέν νυν οὐκ ἐξέχρησέ σφι ἡ
ἡμέρη ναυμαχίην ποιήσασθαι· νὺξ γὰρ ἐπεγένετο· οἱ δὲ
παρεσκευάζοντο ἐς τὴν ὑστεραίην. τοὺς δὲ Ἕλληνας
10 εἶχε δέος τε καὶ ἀρρωδίη, οὐκ ἥκιστα δὲ τοὺς ἀπὸ Πελοπον-
νήσου· ἀρρώδεον δέ, ὅτι αὐτοὶ μὲν ἐν Σαλαμῖνι κατήμενοι
ὑπὲρ γῆς τῆς Ἀθηναίων ναυμαχέειν μέλλοιεν, νικηθέντες
τε ἐν νήσῳ ἀπολαμφθέντες πολιορκήσονται, ἀπέντες τὴν
ἑωυτῶν ἀφύλακτον· τῶν δὲ βαρβάρων ὁ πεζὸς ὑπὸ τὴν
15 παρεοῦσαν νύκτα ἐπορεύετο ἐπὶ τὴν Πελοπόννησον. τέως
μὲν δὴ αὐτῶν ἀνὴρ ἀνδρὶ παραστὰς σιγῇ λόγον ἐποιέετο,
θῶμα ποιεύμενοι τὴν Εὐρυβιάδεω ἀβουλίην· τέλος δὲ
ἐξερράγη ἐς τὸ μέσον. σύλλογός τε δὴ ἐγίνετο καὶ πολλὰ
ἐλέγετο περὶ τῶν αὐτῶν, οἱ μὲν ὡς ἐς τὴν Πελοπόννησον
20 χρεὸν εἴη ἀποπλέειν καὶ περὶ ἐκείνης κινδυνεύειν, μηδὲ
πρὸ χώρης δοριαλώτου μένοντας μάχεσθαι, Ἀθηναῖοι δὲ
καὶ Αἰγινῆται καὶ Μεγαρέες αὐτοῦ μένοντας ἀμύνεσθαι.

Ruse of Themistocles to Prevent the Withdrawal of the Greek Fleet

Ἐνθαῦτα Θεμιστοκλέης ὡς ἐσσοῦτο τῇ γνώμῃ ὑπὸ τῶν
Πελοποννησίων, λαθὼν ἐξέρχεται ἐκ τοῦ συνεδρίου, ἐξελθὼν
25 δὲ πέμπει ἐς τὸ στρατόπεδον τὸ Μήδων ἄνδρα πλοίῳ,
ἐντειλάμενος τὰ λέγειν χρεόν, τῷ οὔνομα μὲν ἦν Σίκιννος,
οἰκέτης δὲ καὶ παιδαγωγὸς ἦν τῶν Θεμιστοκλέος παίδων·

τὸν δὴ ὕστερον τούτων τῶν πρηγμάτων Θεμιστοκλέης
Θεσπιέα τε ἐποίησε, ὡς ἐπεδέκοντο οἱ Θεσπιέες πολιήτας,
καὶ χρήμασι ὄλβιον. ὃς τότε πλοίῳ ἀπικόμενος ἔλεγε
πρὸς τοὺς στρατηγοὺς τῶν βαρβάρων τάδε· Ἔπεμψέ με
στρατηγὸς ὁ Ἀθηναίων λάθρῃ τῶν ἄλλων Ἑλλήνων 5
(τυγχάνει γὰρ φρονέων τὰ βασιλέος καὶ βουλόμενος
μᾶλλον τὰ ὑμέτερα κατύπερθε γίνεσθαι ἢ τὰ τῶν Ἑλλήνων
πρήγματα) φράσοντα ὅτι οἱ Ἕλληνες δρησμὸν βουλεύονται
καταρρωδηκότες, καὶ νῦν παρέχει κάλλιστον ὑμέας ἔργον
ἁπάντων ἐξεργάσασθαι, ἢν μὴ περιίδητε διαδράντας 10
αὐτούς. οὔτε γὰρ ἀλλήλοισι ὁμοφρονέουσι οὔτ' ἔτι
ἀντιστήσονται ὑμῖν, πρὸς ἑωυτούς τε σφέας ὄψεσθε ναυ-
μαχέοντας, τοὺς τὰ ὑμέτερα φρονέοντας καὶ τοὺς μή. ὁ
μὲν ταῦτά σφι σημήνας ἐκποδὼν ἀπαλλάσσετο· τοῖσι δὲ
ὡς πιστὰ ἐγίνετο τὰ ἀγγελθέντα, τοῦτο μὲν ἐς τὴν 15
νησῖδα τὴν μεταξὺ Σαλαμῖνός τε κειμένην καὶ τῆς ἠπείρου
πολλοὺς τῶν Περσέων ἀπεβίβασαν· τοῦτο δέ, ἐπειδὴ ἐγί-
νοντο μέσαι νύκτες, ἀνῆγον μὲν τὸ ἀπ' ἑσπέρης κέρας κυ-
κλούμενοι πρὸς τὴν Σαλαμῖνα, ἀνῆγον δὲ οἱ ἀμφὶ τὴν
Κέον τε καὶ τὴν Κυνόσουραν τεταγμένοι, κατεῖχόν τε 20
μέχρι Μουνιχίης πάντα τὸν πορθμὸν τῇσι νηυσί. τῶνδε
δὲ εἵνεκα ἀνῆγον τὰς νέας, ἵνα δὴ τοῖσι Ἕλλησι μηδὲ
φυγεῖν ἐξῇ, ἀλλ' ἀπολαμφθέντες ἐν τῇ Σαλαμῖνι δοῖεν τίσιν
τῶν ἐπ' Ἀρτεμισίῳ ἀγωνισμάτων. ἐς δὲ τὴν νησῖδα τὴν
Ψυττάλειαν καλεομένην ἀπεβίβαζον τῶν Περσέων τῶνδε 25
εἵνεκα, ὡς ἐπεὰν γένηται ναυμαχίη, ἐνθαῦτα μάλιστα
ἐξοισομένων τῶν τε ἀνδρῶν καὶ τῶν ναυηγίων (ἐν γὰρ δὴ
πόρῳ ναυμαχίης τῆς μελλούσης ἔσεσθαι ἔκειτο ἡ νῆσος),
ἵνα τοὺς μὲν περιποιῶσι, τοὺς δὲ διαφθείρωσι. ἐποίευν δὲ
σιγῇ ταῦτα, ὡς μὴ πυνθανοίατο οἱ ἐναντίοι. οἱ μὲν δὴ 30
ταῦτα τῆς νυκτὸς οὐδὲν ἀποκοιμηθέντες παραρτέοντο.

The Greek Fleet Hemmed in by the Persian

Τῶν δὲ ἐν Σαλαμῖνι στρατηγῶν ἐγίνετο ὠθισμὸς λόγων πολλός. ᾔδεσαν δὲ οὔκω ὅτι σφέας περιεκυκλεῦντο τῇσι νηυσὶ οἱ βάρβαροι, ἀλλ᾽ ὥσπερ τῆς ἡμέρης ὥρων αὐτοὺς τεταγμένους, ἐδόκεον κατὰ χώρην εἶναι. συνεστηκότων δὲ
5 τῶν στρατηγῶν ἐξ Αἰγίνης διέβη Ἀριστείδης ὁ Λυσιμάχου, ἀνὴρ Ἀθηναῖος μέν, ἐξωστρακισμένος δὲ ὑπὸ τοῦ δήμου, τὸν ἐγὼ νενόμικα, πυνθανόμενος αὐτοῦ τὸν τρόπον, ἄριστον ἄνδρα γενέσθαι ἐν Ἀθήνῃσι καὶ δικαιότατον. οὗτος ὠνὴρ στὰς ἐπὶ τὸ συνέδριον ἐξεκαλέετο Θεμιστοκλέα, ἐόντα μὲν
10 ἑωυτῷ οὐ φίλον, ἐχθρὸν δὲ τὰ μάλιστα· ὑπὸ δὲ μεγάθεος τῶν παρεόντων κακῶν λήθην ἐκείνων ποιεύμενος ἐξεκαλέετο, θέλων αὐτῷ συμμεῖξαι. προακηκόεε δὲ ὅτι σπεύδοιεν οἱ ἀπὸ Πελοποννήσου ἀνάγειν τὰς νέας πρὸς τὸν Ἰσθμόν. ὡς δὲ ἐξῆλθέ οἱ Θεμιστοκλέης, ἔλεγε Ἀριστείδης τάδε·
15 Ἡμέας στασιάζειν χρεόν ἐστι ἔν τε τῷ ἄλλῳ καιρῷ καὶ δὴ καὶ ἐν τῷδε περὶ τοῦ ὁκότερος ἡμέων πλέω ἀγαθὰ τὴν πατρίδα ἐργάσεται. λέγω δέ τοι ὅτι ἴσον ἐστὶ πολλά τε καὶ ὀλίγα λέγειν περὶ ἀποπλόου τοῦ ἐνθεῦτεν Πελοποννησίοισι. ἐγὼ γὰρ αὐτόπτης τοι λέγω γενόμενος ὅτι νῦν
20 οὐδ᾽ ἢν θέλωσι Κορίνθιοί τε καὶ αὐτὸς Εὐρυβιάδης οἷοί τε ἔσονται ἐκπλῶσαι· περιεχόμεθα γὰρ ὑπὸ τῶν πολεμίων κύκλῳ. ἀλλ᾽ ἐσελθών σφι ταῦτα σήμηνον. ὁ δ᾽ ἀμείβετο τοισίδε· Κάρτα τε χρηστὰ διακελεύεαι καὶ εὖ ἤγγειλας· τὰ γὰρ ἐγὼ ἐδεόμην γενέσθαι, αὐτὸς αὐτόπτης γενόμενος
25 ἥκεις. ἴσθι γὰρ ἐξ ἐμέο τάδε ποιεύμενα ὑπὸ Μήδων. ἔδεε γάρ, ὅτε οὐκ ἑκόντες ἤθελον ἐς μάχην κατίστασθαι οἱ Ἕλληνες, ἀέκοντας παραστήσασθαι. σὺ δὲ ἐπεί περ ἥκεις χρηστὰ ἀπαγγέλλων, αὐτός σφι ἄγγειλον. ἢν γὰρ ἐγὼ αὐτὰ λέγω, δόξω πλάσας λέγειν καὶ οὐ πείσω
30 ὡς οὐ ποιεύντων τῶν βαρβάρων ταῦτα. ἀλλά σφι

σήμηνον αὐτὸς παρελθὼν ὡς ἔχει. ἐπεὰν δὲ σημήνῃς, ἢν
μὲν πείθωνται, ταῦτα δὴ τὰ κάλλιστα, ἢν δὲ αὐτοῖσι μὴ
πιστὰ γένηται, ὅμοιον ἡμῖν ἔσται· οὐ γὰρ ἔτι διαδρήσον-
ται, εἴ περ περιεχόμεθα πανταχόθεν, ὡς σὺ λέγεις.
ταῦτα ἔλεγε παρελθὼν ὁ Ἀριστείδης, φάμενος ἐξ Αἰγίνης 5
τε ἥκειν καὶ μόγις ἐκπλῶσαι λαθὼν τοὺς ἐπορμέοντας·
περιέχεσθαι γὰρ πᾶν τὸ στρατόπεδον τὸ Ἑλληνικὸν ὑπὸ
τῶν νεῶν τῶν Ξέρξεω· παραρτέεσθαί τε συνεβούλευε ὡς
ἀλεξησομένους. καὶ ὁ μὲν ταῦτα εἴπας μετεστήκεε, τῶν
δὲ αὖτις ἐγίνετο λόγων ἀμφισβασίη· οἱ γὰρ πλεῦνες τῶν 10
στρατηγῶν οὐκ ἐπείθοντο τὰ ἐσαγγελθέντα. ἀπιστεόν-
των δὲ τούτων ἧκε τριήρης ἀνδρῶν Τηνίων αὐτομολέουσα,
τῆς ἦρχε ἀνὴρ Τήνιος Παναίτιος ὁ Σωσιμένεος, ἥ περ δὴ
ἔφερε τὴν ἀληθείην πᾶσαν. διὰ δὲ τοῦτο τὸ ἔργον
ἐνεγράφησαν Τήνιοι ἐν Δελφοῖσι ἐς τὸν τρίποδα ἐν 15
τοῖσι τὸν βάρβαρον κατελοῦσι.

The Battle of Salamis

Τοῖσι δὲ Ἕλλησι ὡς πιστὰ δὴ τὰ λεγόμενα ἦν τῶν
Τηνίων, παρεσκευάζοντο ὡς ναυμαχήσοντες. ἠώς τε
διέφαινε καὶ οἳ σύλλογον τῶν ἐπιβατέων ποιησάμενοι,
προηγόρευε εὖ ἔχοντα μὲν ἐκ πάντων Θεμιστοκλέης. τὰ 20
δὲ ἔπεα ἦν πάντα τὰ κρέσσω τοῖσι ἥσσοσι ἀντιτιθέμενα,
ὅσα δὴ ἐν ἀνθρώπου φύσι καὶ καταστάσι ἐγγίνεται·
παραινέσας δὲ τούτων τὰ κρέσσω αἱρέεσθαι καὶ καταπλέξας
τὴν ῥῆσιν, ἐσβαίνειν ἐκέλευσε ἐς τὰς νέας. καὶ οὗτοι μὲν
δὴ ἐσέβαινον, καὶ ἧκε ἡ ἀπ' Αἰγίνης τριήρης, ἣ κατὰ τοὺς 25
Αἰακίδας ἀπεδήμησε. ἐνθαῦτα ἀνῆγον τὰς νέας ἀπάσας
οἱ Ἕλληνες. ἀναγομένοισι δέ σφι αὐτίκα ἐπεκέατο οἱ
βάρβαροι. οἱ μὲν δὴ ἄλλοι Ἕλληνες πρύμνην ἀνε-
κρούοντο καὶ ὤκελλον τὰς νέας, Ἀμεινίης δὲ Παλληνεὺς

ἀνὴρ Ἀθηναῖος ἐξαναχθεὶς νηὶ ἐμβάλλει. συμπλεκείσης
δὲ τῆς νεὸς καὶ οὐ δυναμένων ἀπαλλαγῆναι, οὕτω δὴ οἱ
ἄλλοι Ἀμεινίῃ βοηθέοντες συνέμισγον. Ἀθηναῖοι μὲν
οὕτω λέγουσι τῆς ναυμαχίης γενέσθαι τὴν ἀρχήν, Αἰγινῆ-
5 ται δὲ τὴν κατὰ τοὺς Αἰακίδας ἀποδημήσασαν ἐς Αἴγιναν,
ταύτην εἶναι τὴν ἄρξασαν. λέγεται δὲ καὶ τάδε, ὡς
φάσμα σφι γυναικὸς ἐφάνη, φανεῖσαν δὲ διακελεύσασθαι
ὥστε καὶ ἅπαν ἀκοῦσαι τὸ τῶν Ἑλλήνων στρατόπεδον,
ὀνειδίσασαν πρότερον τάδε· Ὦ δαιμόνιοι, μέχρι κόσου
10 ἔτι πρύμνην ἀνακρούεσθε;
    Κατὰ μὲν δὴ Ἀθηναίους ἐτετάχατο Φοίνικες (οὗτοι γὰρ
εἶχον τὸ πρὸς Ἐλευσῖνός τε καὶ ἑσπέρης κέρας), κατὰ δὲ
Λακεδαιμονίους Ἴωνες· οὗτοι δ' εἶχον τὸ πρὸς τὴν ἠῶ τε
καὶ τὸν Πειραιέα. ἐθελοκάκεον μέντοι αὐτῶν κατὰ τὰς
15 Θεμιστοκλέος ἐντολὰς ὀλίγοι, οἱ δὲ πλεῦνες οὔ. τὸ δὲ
πλῆθος τῶν νεῶν ἐν τῇ Σαλαμῖνι ἐκεραΐζετο, αἱ μὲν ὑπ'
Ἀθηναίων διαφθειρόμεναι, αἱ δὲ ὑπ' Αἰγινητέων. ἅτε
γὰρ τῶν μὲν Ἑλλήνων σὺν κόσμῳ ναυμαχεόντων καὶ κατὰ
τάξιν, τῶν δὲ βαρβάρων οὔτε τεταγμένων ἔτι οὔτε σὺν νόῳ
20 ποιεόντων οὐδέν, ἔμελλε τοιοῦτό σφι συνοίσεσθαι οἷόν περ
ἀπέβη. καίτοι ἦσάν γε καὶ ἐγένοντο ταύτην τὴν ἡμέρην
μακρῷ ἀμείνονες αὐτοὶ ἑωυτῶν ἢ πρὸς Εὐβοίῃ, πᾶς τις
προθυμεόμενος καὶ δειμαίνων Ξέρξην, ἐδόκεέ τε ἕκαστος
ἑωυτὸν θεήσεσθαι βασιλέα. κατὰ μὲν δὴ τοὺς ἄλλους οὐκ
25 ἔχω εἰπεῖν ἀτρεκέως ὡς ἕκαστοι τῶν βαρβάρων ἢ τῶν
Ἑλλήνων ἠγωνίζοντο· κατὰ δὲ Ἀρτεμισίην τάδε ἐγένετο,
ἀπ' ὧν εὐδοκίμησε μᾶλλον ἔτι παρὰ βασιλέϊ. ἐπειδὴ
γὰρ ἐς θόρυβον πολλὸν ἀπίκετο τὰ βασιλέος πρήγματα,
ἐν τούτῳ τῷ καιρῷ ἡ νηῦς ἡ Ἀρτεμισίης ἐδιώκετο ὑπὸ νεὸς
30 Ἀττικῆς· καὶ ἣ οὐκ ἔχουσα διαφυγεῖν (ἔμπροσθε γὰρ
αὐτῆς ἦσαν ἄλλαι νέες φίλιαι, ἡ δὲ αὐτῆς πρὸς τῶν

πολεμίων μάλιστα ἐτύγχανε ἐοῦσα), ἔδοξέ οἱ τόδε ποιῆσαι,
τὸ καὶ συνήνεικε ποιησάσῃ· διωκομένη γὰρ ὑπὸ τῆς
Ἀττικῆς φέρουσα ἐνέβαλε νηὶ φιλίῃ ἀνδρῶν τε Καλυνδέων
καὶ αὐτοῦ ἐπιπλέοντος τοῦ Καλυνδέων βασιλέος Δαμασι-
θύμου. εἰ μὲν καί τι νεῖκος πρὸς αὐτὸν ἐγεγόνεε ἔτι περὶ 5
Ἑλλήσποντον ἐόντων, οὐ μέντοι ἔχω γε εἰπεῖν, οὔτε εἰ
ἐκ προνοίης αὐτὰ ἐποίησε, οὔτε εἰ συνεκύρησε ἡ τῶν
Καλυνδέων κατὰ τύχην παραπεσοῦσα νηῦς. ὡς δὲ ἐνέβαλέ
τε καὶ κατέδυσε, εὐτυχίῃ χρησαμένη διπλὰ ἑωυτὴν ἀγαθὰ
ἐργάσατο· ὅ τε γὰρ τῆς Ἀττικῆς νεὸς τριήραρχος ὡς εἶδέ 10
μιν ἐμβάλλουσαν νηὶ ἀνδρῶν βαρβάρων, νομίσας τὴν νέα
τὴν Ἀρτεμισίης ἢ Ἑλληνίδα εἶναι ἢ αὐτομολέειν ἐκ τῶν
βαρβάρων καὶ αὐτοῖσι ἀμύνειν, ἀποστρέψας πρὸς ἄλλας
ἐτράπετο. τοῦτο μὲν τοιοῦτον αὐτῇ συνήνεικε γενέσθαι
διαφυγεῖν τε καὶ μὴ ἀπολέσθαι, τοῦτο δὲ συνέβη ὥστε 15
κακὸν ἐργασαμένην ἀπὸ τούτων αὐτὴν μάλιστα εὐδοκι-
μῆσαι παρὰ Ξέρξῃ. λέγεται γὰρ βασιλέα θηεύμενον
μαθεῖν τὴν νέα ἐμβαλοῦσαν, καὶ δή τινα εἰπεῖν τῶν
παρεόντων· Δέσποτα, ὁρᾷς Ἀρτεμισίην ὡς εὖ ἀγωνίζεται
καὶ νέα τῶν πολεμίων κατέδυσε; καὶ τὸν ἐπειρέσθαι εἰ 20
ἀληθέως ἐστὶ Ἀρτεμισίης τὸ ἔργον, καὶ τοὺς φάναι,
σαφέως τὸ ἐπίσημον τῆς νεὸς ἐπισταμένους· τὴν δὲ
διαφθαρεῖσαν ἠπιστέατο εἶναι πολεμίην. τά τε γὰρ
ἄλλα, ὡς εἴρηται, αὐτῇ συνήνεικε ἐς εὐτυχίην γενόμενα
καὶ τὸ τῶν ἐκ τῆς Καλυνδικῆς νεὸς μηδένα ἀποσωθέντα 25
κατήγορον γενέσθαι. Ξέρξην δὲ εἰπεῖν λέγεται πρὸς τὰ
φραζόμενα· Οἱ μὲν ἄνδρες γεγόνασί μοι γυναῖκες, αἱ δὲ
γυναῖκες ἄνδρες. ταῦτα μὲν Ξέρξην φασὶ εἰπεῖν. ἐν
δὲ τῷ πόνῳ τούτῳ ἀπὸ μὲν ἔθανε ὁ στρατηγὸς Ἀριαβίγνης
ὁ Δαρείου, Ξέρξεω ἐὼν ἀδελφεός, ἀπὸ δὲ ἄλλοι πολλοί τε 30
καὶ ὀνομαστοὶ Περσέων καὶ Μήδων καὶ τῶν ἄλλων

συμμάχων, ὀλίγοι δέ τινες καὶ Ἑλλήνων· ἅτε γὰρ νέειν
ἐπιστάμενοι, τοῖσι αἱ νέες διεφθείροντο, οἱ μὴ ἐν χειρῶν
νόμῳ ἀπολλύμενοι ἐς τὴν Σαλαμῖνα διένεον. τῶν δὲ
βαρβάρων οἱ πολλοὶ ἐν τῇ θαλάσσῃ διεφθάρησαν, νέειν
5 οὐκ ἐπιστάμενοι. ἐπεὶ δὲ αἱ πρῶται ἐς φυγὴν ἐτράποντο,
ἐνθαῦτα αἱ πλεῖσται διεφθείροντο. οἱ γὰρ ὄπισθε τεταγ-
μένοι, ἐς τὸ πρόσθε τῇσι νηυσὶ παριέναι πειρώμενοι ὡς
ἀποδεξόμενοί τι καὶ αὐτοὶ ἔργον βασιλέϊ, τῇσι σφετέρῃσι
νηυσὶ φευγούσῃσι περιέπιπτον. ἐγένετο δὲ καὶ τόδε ἐν
10 τῷ θορύβῳ τούτῳ· τῶν τινες Φοινίκων, τῶν αἱ νέες
διεφθάρατο, ἐλθόντες παρὰ βασιλέα διέβαλλον τοὺς
Ἴωνας, ὡς δι' ἐκείνους ἀπολοίατο αἱ νέες, ὡς προδόντων.
συνήνεικε ὦν οὕτω ὥστε Ἰώνων τε τοὺς στρατηγοὺς μὴ
ἀπολέσθαι Φοινίκων τε τοὺς διαβάλλοντας λαβεῖν τοιόνδε
15 μισθόν. ἔτι τούτων ταῦτα λεγόντων ἐνέβαλε νηὶ Ἀττικῇ
Σαμοθρηικίη νηῦς. ἥ τε δὴ Ἀττικὴ κατεδύετο καὶ
ἐπιφερομένη Αἰγιναίη νηῦς κατέδυσε τῶν Σαμοθρηίκων
τὴν νέα. ἅτε δὴ ἐόντες ἀκοντισταὶ οἱ Σαμοθρήικες τοὺς
ἐπιβάτας ἀπὸ τῆς καταδυσάσης νεὸς βάλλοντες ἀπήραξαν
20 καὶ ἐπέβησάν τε καὶ ἔσχον αὐτήν. ταῦτα γενόμενα τοὺς
Ἴωνας ἐρρύσατο· ὡς γὰρ εἶδέ σφεας Ξέρξης ἔργον μέγα
ἐργασαμένους, ἐτράπετο πρὸς τοὺς Φοίνικας οἷα ὑπερλυπεό-
μενός τε καὶ πάντας αἰτιώμενος, καί σφεων ἐκέλευσε τὰς
κεφαλὰς ἀποταμεῖν, ἵνα μὴ αὐτοὶ κακοὶ γενόμενοι τοὺς
25 ἀμείνονας διαβάλλωσι. ὅκως γάρ τινα ἴδοι Ξέρξης τῶν
ἑωυτοῦ ἔργον τι ἀποδεικνύμενον ἐν τῇ ναυμαχίῃ, κατήμενος
ὑπὸ τῷ ὄρεϊ τῷ ἀντίον Σαλαμῖνος τὸ καλέεται Αἰγάλεως,
ἀνεπυνθάνετο τὸν ποιήσαντα, καὶ οἱ γραμματισταὶ
ἀνέγραφον πατρόθεν τὸν τριήραρχον καὶ τὴν πόλιν.
30 πρὸς δέ τι καὶ προσεβάλετο φίλος Ἰώνων ἐὼν Ἀριαράμνης
ἀνὴρ Πέρσης παρεὼν τούτου τοῦ Φοινικηίου πάθεος.

Οἱ μὲν δὴ πρὸς τοὺς Φοίνικας ἐτράποντο· τῶν δὲ βαρβάρων ἐς φυγὴν τραπομένων καὶ ἐκπλεόντων πρὸς τὸ Φάληρον Αἰγινῆται ὑποστάντες ἐν τῷ πορθμῷ ἔργα ἀπεδέξαντο λόγου ἄξια. οἱ μὲν γὰρ Ἀθηναῖοι ἐν τῷ θορύβῳ ἐκεράϊζον τάς τε ἀντισταμένας καὶ τὰς φευγούσας 5 τῶν νεῶν, οἱ δὲ Αἰγινῆται τὰς ἐκπλεούσας· ὅκως δέ τινες τοὺς Ἀθηναίους διαφύγοιεν, φερόμενοι ἐσέπιπτον ἐς τοὺς Αἰγινήτας. ἐν δὲ τῇ ναυμαχίῃ ταύτῃ ἤκουσαν Ἑλλήνων ἄριστα Αἰγινῆται, ἐπὶ δὲ Ἀθηναῖοι, ἀνδρῶν δὲ Πολύκριτός τε ὁ Αἰγινήτης καὶ Ἀθηναῖοι Εὐμένης τε ὁ Ἀναγυράσιος 10 καὶ Ἀμεινίης ὁ Παλληνεύς, ὃς καὶ Ἀρτεμισίην ἐπεδίωξε. Ἀριστείδης δὲ ὁ Λυσιμάχου ἀνὴρ Ἀθηναῖος, τοῦ καὶ ὀλίγῳ τι πρότερον τούτων ἐπεμνήσθην ὡς ἀνδρὸς ἀρίστου, οὗτος ἐν τῷ θορύβῳ τούτῳ τῷ περὶ Σαλαμῖνα γενομένῳ τάδε ἐποίεε· παραλαβὼν πολλοὺς τῶν ὁπλιτέων οἳ 15 παρετετάχατο παρὰ τὴν ἀκτὴν τῆς Σαλαμινίης χώρης, γένος ἐόντες Ἀθηναῖοι, ἐς τὴν Ψυττάλειαν νῆσον ἀπέβησε ἄγων, οἳ τοὺς Πέρσας τοὺς ἐν τῇ νησῖδι ταύτῃ κατεφόνευσαν πάντας.

The Retreat of the Persians

Οἱ δ᾽ ἀμφὶ Ξέρξην ἐπισχόντες ὀλίγας ἡμέρας μετὰ τὴν 20 ναυμαχίην ἐξήλαυνον ἐς Βοιωτοὺς τὴν αὐτὴν ὁδόν. ἔδοξε γὰρ Μαρδονίῳ ἅμα μὲν προπέμψαι βασιλέα, ἅμα δὲ ἀνωρίη εἶναι τοῦ ἔτεος πολεμέειν, χειμερίσαι τε ἄμεινον εἶναι ἐν Θεσσαλίῃ, καὶ ἔπειτα ἅμα τῷ ἔαρι πειρᾶσθαι τῆς Πελοποννήσου. Ξέρξης δὲ Μαρδόνιον ἐν Θεσσαλίῃ κατα- 25 λιπὼν αὐτὸς ἐπορεύετο κατὰ τάχος ἐς τὸν Ἑλλήσποντον καὶ ἀπικνέεται ἐς τὸν πόρον τῆς διαβάσιος ἐν πέντε καὶ τεσσεράκοντα ἡμέρῃσι, ἀπάγων τῆς στρατιῆς οὐδὲν μέρος ὡς εἰπεῖν. ὅκου δὲ πορευόμενοι γινοίατο καὶ κατ᾽ οὕστινας

ἀνθρώπους, τὸν τούτων καρπὸν ἁρπάζοντες ἐσιτέοντο·
εἰ δὲ καρπὸν μηδένα εὕροιεν, οἱ δὲ τὴν ποίην τὴν ἐκ τῆς
γῆς ἀναφυομένην καὶ τῶν δενδρέων τὸν φλοιὸν περιλέποντες
καὶ τὰ φύλλα καταδρέποντες κατήσθιον, ὁμοίως τῶν τε
5 ἡμέρων καὶ τῶν ἀγρίων, καὶ ἔλειπον οὐδέν· ταῦτα δ᾽
ἐποίεον ὑπὸ λιμοῦ. ἐπιλαβὼν δὲ λοιμός τε τὸν στρατὸν
καὶ δυσεντερίη κατ᾽ ὁδὸν ἔφθειρε. τοὺς δὲ καὶ νοσέοντας
αὐτῶν κατέλειπε, ἐπιτάσσων τῇσι πόλισι, ἵνα ἑκάστοτε
γίνοιτο ἐλαύνων, μελεδαίνειν τε καὶ τρέφειν, ἐν Θεσσαλίῃ
10 τέ τινας καὶ ἐν Σίρι τῆς Παιονίης καὶ ἐν Μακεδονίῃ.
οἱ δὲ Πέρσαι ὡς ἐκ τῆς Θρηίκης πορευόμενοι ἀπίκοντο
ἐπὶ τὸν πόρον, ἐπειγόμενοι τὸν Ἑλλήσποντον τῇσι νηυσὶ
διέβησαν ἐς Ἄβυδον· τὰς γὰρ σχεδίας οὐκ εὗρον ἔτι
ἐντεταμένας ἀλλ᾽ ὑπὸ χειμῶνος διαλελυμένας. ἐνθαῦτα
15 δὲ κατεχόμενοι σιτία πλέω ἢ κατ᾽ ὁδὸν ἐλάγχανον,
οὐδένα τε κόσμον ἐμπιπλάμενοι καὶ ὕδατα μεταβάλλοντες
ἀπέθνησκον τοῦ στρατοῦ. τοῦ περιεόντος πολλοί. οἱ δὲ
λοιποὶ ἅμα Ξέρξῃ ἀπικνέονται ἐς Σάρδις.

THE BATTLE OF SALAMIS[1]

(From the *Persæ* of Æschylus)

ATOSSA

Tell how began the conflict of the ships.
Who made first onset? Was it Hellas' folk,
Or my son, glorying in his host of ships?

MESSENGER

'Twas this began all our disaster, Queen:
A demon or fell fiend rose—who knows whence?—
For from the Athenian host a Hellene came,
And to thy son, to Xerxes, told this tale,
That when the mirk of black night should be come,
The Greeks would not abide, but, leaping straight
Upon the galley-thwarts, this way and that
In stealthy flight would seek to save their lives.
Soon as he heard, discerning neither guile
In that Greek, nor the jealousy of heaven,
This word to all his captains he proclaims,
That when the sun should cease to scorch the earth,
And gloom should fill the hallowed space of sky,
In three lines should they range their throng of ships
To guard each pass, each seaward-surging strait;
And others should enring all Aias' Isle:
Since, if the Greeks should yet escape fell doom,
And find their ships some privy path of flight,
Doomed to the headsman all these captains were.
Thus spake he, in spirit over-confident,
Knowing not what the Gods would bring to pass.
With hearts obedient, in no disarray,
Then supped our crews, and every mariner
To the well-rounded rowlock lashed his oar.

[1] Translation by Arthur S. Way, Macmillan and Co., 1906.

But when the splendour faded of the sun,
And night came on, each master of the oar
A-shipboard went, and every man-at-arms.
Then rank to rank of long ships passed the word:
And, as was each appointed, so they sailed.
So all night long the captains of the ships
Kept all the sea-host sailing to and fro.
And night passed by, yet did the Hellene host
Essay in no wise any secret flight.
But when the day by white steeds chariot-borne,
Radiant to see, flooded all earth with light,
First from the Hellenes did a clamorous shout
Ring for a triumph-chant; and wild and high
Pealed from the island rock the answering cheer
Of Echo.   Thrilled through all our folk dismay
Of baffled expectation; for the Greeks
Not as for flight that holy pæan sang,
But straining battleward with heroic hearts.
The trumpet's blare set all their lines aflame.
Straightway with chiming dip of dashing oars
They smote the loud brine to the timing-cry,
And suddenly flashed they all full into view.
Foremost their right wing seemly-ordered led
In fair array; next all their armament
Battleward swept on.   Therewithal was heard
A great shout—" On, ye sons of Hellas, on!
Win for the home-land freedom!—freedom win
For sons, wives, temples of ancestral Gods,
And old sires' graves!   This day are all at stake!"
Yea, and from us low thunder of Persian cheers
Answered—no time it was for dallying!
Then straightway galley dashed her beak of bronze
On galley.   'Twas a Hellene ship began
The onset, and shore all the figure-head
From a Phœnician:—captain charged on captain.
At first the Persian navy's torrent-flood
Withstood them: but when our vast fleet was cramped
In strait space—friend could lend no aid to friend—
Then ours by fangs of allies' beaks of bronze

Were struck, and shattered all their oar-array;
While with shrewd strategy the Hellene ships
Swept round, and rammed us, and upturned were hulls
Of ships;—no more could one discern the sea,
Clogged all with wrecks and limbs of slaughtered men:
The shores, the rock-reefs, were with corpses strewn.
Then rowed each bark in fleeing disarray,
Yea, every keel of our barbarian host.
They with oar-fragments and with shards of wrecks
Smote, hacked, as men smite tunnies, or a draught
Of fishes; and a moaning, all confused
With shrieking, hovered wide o'er that sea-brine
Till night's dark presence blotted out the horror.
That swarm of woes, yea, though for ten days' space
I should rehearse, could I not tell in full.
Yet know this well, that never in one day
Died such a host, such tale untold, of men.

. . . .

MESSENGER

An isle there is that fronteth Salamis' coast,
Small, where no ship finds haven, and its beach
By Pan is haunted, lover of the dance.
Hither our king sent these, that when our foes
From shattered ships should flee unto the isle,
They might, as in a trap, slay Hellas' host,
And from the swift sea-currents rescue friends—
Ill boding that which should be!—for when God
Gave that sea-battle's glory to the Greeks,
On that same day they lapped their limbs in mail
Of gleaming bronze, leapt from their ships, beset
The isle all round, to the end these might not know
Which way to face. With stones from hands of foes
On all sides battered were they: arrows leapt
From twanging bowstrings aye, and smote them dead.
Last with one surge-sweep charging burst o'er them
The Hellenes, stabbing, hacking wretched limbs,
Till they had torn out life from each and all.
Then Xerxes shrieked to see that depth of woe:

For full in view of all the host his throne
Stood on a high knoll hard beside the sea.
He rent his vesture, wild and high he wailed.
Straight to the land-host sent he forth his hest,
And sped them fleeing thence in disarray.
Such woe uppiled on woe is thine to moan.

                              350–432, 447–471.

ABBREVIATIONS

Abbreviations used in the notes and vocabulary

abs. absolute.
acc. accusative.
act. active.
adj. adjective.
adv. adverb, adverbial.
Æsch. Æschylus.
aor. aorist.
apod. apodosis.
appos. appositive, apposition.
art. article.
Att. Attic.
attrib. attributive.
augm. augment.
cf. compare.
cogn. cognate.
comp. comparative.
compl. complementary.
cond. condition, conditional.
constr. construction.
contr. contract, contracted.
correl. correlative.
dat. dative.
decl. declension.
dem. demonstrative.
deriv. derivative, derivation.
Dial. Dialect of Hdt. (Introd. pp. 8 ff.).
dir. direct.
enclit. enclitic.
Eng. English.
equiv. equivalent.
esp. especially.
Eur. Euripides.
fem. feminine.
f., ff., foll. following.
fr. from.
frequent. frequentative.
fut. future.
gen. genitive.
Hdt. Herodotus.
hist. historic, historical.
Hom. Homeric, Homer.
Il. Iliad.
impers. impersonal.
impf. imperfect.
imv. imperative.
indecl. indeclinable.
indef. indefinite.
indic. indicative.
indir. indirect.
inf. infinitive.

interrog. interrogative.
intr. intransitive.
Introd. Introduction.
Ion. Ionic.
κτλ. and so forth.
l., ll. line, lines.
Lat. Latin.
l.c. loco citato.
lit. literal, literally.
masc. masculine.
mid. middle.
neg. negative.
neut. neuter.
nom. nominative.
obj. object, objective.
O. C. Œdipus Coloneus.
Od. Odyssey.
O. T. Œdipus Tyrannus.
opt. optative.
orig. originally.
p., pp. page, pages.
partit. partitive.
pass. passive.
perf. perfect.
pers. person, personal.
pl. plural.
Plat. Plato.
plupf. pluperfect.
pred. predicate.
prep. preposition.
pron. pronoun.
prot. protasis.
ptc. participle.
quest. question.
refl. reflexive.
rel. relative.
sc. supply.
sing. singular.
Soph. Sophocles.
subj. subject, subjective, subjunctive.
subst. substantive.
superl. superlative.
suppl. supplementary.
Synt. Syntax of Hdt. (Introd. pp. 13 ff.)
Thuc. Thucydides.
trans. transitive.
voc. vocative.
Vocab. Vocabulary.

NOTES

49. 1.[1] The words Ἡροδότου Ἁλικαρνησσέος ἱστορίης ἀπόδεξις ἥδε (*sc.* ἐστί) give the title of the work. For the form Ἁλικαρνησσέος, see Dial. 31. ἱστορίης : properly *inquiry*, here *result of inquiry* or *research*. ἀπόδεξις (Att. ἀπόδειξις : cf. ἀποδείκνυμι *point out, show*) : *showing forth, publication. Here is the publication of the result of Herodotus's researches.* Cf. the opening of the *History* of Thucydides : Θουκιδίδης Ἀθηναῖος ξυνέγραψε τὸν πόλεμον τῶν Πελοποννησίων καὶ Ἀθηναίων. — ὡς : introducing a clause of purpose. Hdt. uses also ἵνα, ὅκως (Hom. and Att. ὅπως) ; ὄφρα, common in Homer, is not found in Hdt. Synt. 143.

2. τὰ γενόμενα ἐξ ἀνθρώπων : *the things which have been brought to pass* (lit., *have come into being) by men, the deeds of men.* The pron. ὁ, ἡ, τό, which in Homer is usually demonstrative, becomes the definite article in Hdt., though in some cases it retains the demonstrative force. The art. with the ptc. forms a substantive expression which is equivalent to a rel. clause. Synt. 21 *a.* The prep. ἐξ denotes the origin. — τῷ χρόνῳ : dat. of means. For the art. with χρόνος, see Synt. 13. — γένηται : for the sing. verb with neut. pl. subj., see Synt. 1 *a.*

3. ἔργα : permanent *works*, such as monuments, in distinction from τὰ γενόμενα. — θωμαστά (Hom. and Att. θαυμαστά) : Dial. 13. — τὰ μὲν . . . τὰ δέ : *some . . . others ;* dem. use of the art. (Synt. 8, 9), in partit. appos. to ἔργα. Synt. 3 *a.* — Ἕλλησι . . . βαρβάροισι : dat. of agent with the ptc. Synt. 56.

4. ἀποδεχθέντα : fr. ἀποδείκνυμι ; cf. ἀπόδεξις, l. 1. Dial. 10. — ἀκλεᾶ (ἀκλεέα) : fr. ἀκλεής, -ές. Dial. 17. — τά τε ἄλλα καὶ δι᾽ ἣν αἰτίην : *both all other things and the reason for which ;* best taken as explanatory of ἱστορίης, or obj. of the verbal idea in ἀπόδεξις, as if he had said : Ἡρόδοτος ἀπεδείξατο τά τε ἄλλα κτλ.

5. ἀλλήλοισι : dat. of association. Synt. 65.

6. Περσέων μέν : the correlative to this is ἐγὼ δέ, 51, 16. — αἰτίους : *the cause of, responsible for*, picks up αἰτίην, l. 5, as διαφορῆς picks up ἐπολέμησαν.

7. γενέσθαι : inf. of indir. disc. after φασί, representing ἐγένοντο of the dir. disc. Synt. 174. — διαφορῆς : obj. gen. with αἰτίους. Synt. 44. — Ἐρυθρῆς θαλάσσης : the *Red Sea* in Hdt. means the Indian Ocean, from the shores of which the Phœnicians were said to have migrated.

8. ἀπικομένους : for the loss of the aspirate, see Dial. 2. — τήνδε τὴν θάλασσαν : *i.e.* the Mediterranean. Cf. Lat. *mare nostrum.* For the use of the art. with the dem. pron., see Synt. 24.

---

[1] References to the text are made by page and line.

210

9. **οἰκήσαντας**: *having settled;* for the ingressive force of the aor. ptc., see Synt. 99 *c.* — **τὸν καὶ νῦν**: *which even now.* For this form of the rel. pron., see Dial. 35. **καί**, when intensive, *even, also,* regularly precedes the word it emphasizes.

10. **ναυτιλίῃσι**: for the case, see Synt. 68. — **ἐπιθέσθαι**: *applied themselves to;* the inf. represents ἐπέθεντο of the dir. disc. Synt. 174. The indir. quotation (after φασί, l. 6) extends to 51, 10. — **ἀπαγινέοντας**: fr. ἀπαγινέω = ἀπάγω.

11. **φορτία**: *wares;* fr. φέρω *bear;* cf. φόρτον, l. 15. — **Αἰγύπτιά τε καὶ Ἀσσύρια**: Hdt. is fond of linking words or phrases by τε . . . καί. This statement has been confirmed by discoveries at Mycenæ and other prehistoric sites. — **τῇ τε ἄλλῃ** (*sc.* χώρῃ) . . . **καὶ δὴ καί**: *both elsewhere . . . and in particular.* — **ἐσαπικνέεσθαι**: pres. inf. representing the impf. indic. of the dir. disc. (Imperfect Infinitive.) Synt. 174. Note other instances in this passage

12. **τὸ δὲ Ἄργος**: the art., because the place was just mentioned; it has almost the force of a dem. pron. Synt. 15. — **τοῦτον τὸν χρόνον**: Synt. 24, 78.

13. **προεῖχε**: not inf., because the assertion of Hdt. himself. The preëminence of Argos suggests the influence of the Homeric poems, where Argolis was the leading power of prehistoric Greece. — **ἅπασι**: dat. of respect. Synt. 63. — **τῶν ἐν τῇ . . . χώρῃ**: the art. before a prepositional phrase gives it the value of a subst. (Synt. 21 *a*); some word like πολίων is understood. The phrase is gen. after the idea of comparison in προεῖχε. Synt. 39. — **νῦν Ἑλλάδι καλεομένη**: connect νῦν καλεομένη. For the order Ἑλλάδι καλεομένῃ χώρῃ, cf. Ἐρυθρῆς καλεομένης θαλάσσης, l. 7.

14. **δή**: emphasizing the place in point. This particle is used by Hdt. with great frequency. — **διατίθεσθαι**: cf. note on ἐσαπικνέεσθαι, l. 11. δια- has a distributive force, as *dis-* in Latin. With δια-τίθημι cf. Lat. *dispono,* Eng. *dispose.* For the scene, cf. Hom. *Od.* XV. 415 f.

> ἔνθα δὲ Φοίνικες ναυσίκλυτοι ἤλυθον ἄνδρες,
> τρῶκται, μυρί' ἄγοντες ἀθύρματα νηὶ μελαίνῃ.

'And there came Phœnicians famed for ships, greedy knaves, bringing countless toys in their dark ship.'

15. **ἀπ' ἧς**: *from that on which;* for the form of the rel., see Dial. 35.

16. **ἐξεμπολημένων**: perf. pass. ptc. fr. ἐξεμπολέω. — **σφι**: pers. pron. (Dial. 33), dat. of agent with the ptc., as regularly with the perf. pass. Synt. 56. — **σχεδὸν πάντων**: *nearly all;* gen. abs. with the ptc. Synt. 48.

17. **ἄλλας τε πολλάς**: unimportant for the story. — **καὶ δὴ καί**: emphasizing the heroine of the tale. Cf. l. 12. — **τοῦ βασιλέος θυγατέρα**: the art. omitted with θυγατέρα, exactly our 'the king's daughter'; but τοῦ βασιλέος τὴν θυγατέρα, 50, 9. The difference is doubtless for variety.

18. **οἱ**: pers. pron. (Dial. 33), dat. of possessor with εἶναι. Synt. 55. — **οὔνομα** (Att. ὄνομα): Dial. 9. — **κατὰ τὠυτό** (τὸ αὐτό) **τὸ καὶ Ἕλληνες λέγουσι**: *according to the same statement that the Greeks (also) make.* καί is pleonastic, but regularly used with words meaning *the same* or *like.* τὠυτό is an instance

of 'crasis' (Dial. 18). The smooth breathing is placed over the long vowel or diphthong resulting from contraction. This form is peculiar to Hdt. For Ἕλληνες without the art., see Synt. 15 *a*.

19. Ἰοῦν: for the decl., see Vocab. For another story about Io, see Æsch. *Prometheus*, 640 ff. — τὴν Ἰνάχου: *sc.* θυγατέρα. Synt. 31, 1 *a*. — ταύτας: 'asyndeton,' as often in Hdt., when the sentence begins with a form of οὗτος: see Introd. p. 45. The reference of the dem. is to ἄλλας τε πολλὰς καὶ . . . θυγατέρα; the intervening clause is parenthetical. — στάσας: 2 aor. ptc. acc. pl. fem. Note the difference between this and the 1 aor. ptc. nom. sing. masc.

20. κατά: *near*. For the omission of the art. with πρύμνην, cf. our *astern*. Synt. 16. — ὠνέεσθαι: impf. inf. ; cf. ἐσαπικνέεσθαι, l. 11, and note ; the force of the tense is 'conative,' *i.e. attempted to buy.* Synt. 84. — φορτίων: partit. gen. with the rel. τῶν; or, possibly, attracted to the case of the rel., which is obj. gen. with θυμός.

50. 1. μάλιστα: adv., because θυμὸς ἦν is equivalent to a verb. — διακελευσαμένους: for the force of δια- cf. διατίθεσθαι, 49, 14.

2. αὐτάς: *them ;* an unemphatic pers. pron. of the third pers. For other meanings of this word, which in Homer is usually an intensive, see Synt. 28. — τὰς . . . πλεῦνας (πλέονας) : Dial. 17. Synt. 29.

3. τὴν Ἰοῦν: for the art. see Synt. 15. — ἁρπασθῆναι: fr. ἁρπάζω. — ἐσβαλομένους: in agreement with the subj. Φοίνικας, as if the sentence τὰς μὲν . . . ἁρπασθῆναι had not intervened.

4. νέα: see Dial. 32. — οἴχεσθαι ἀποπλέοντας: *sailed away and were gone,* or, less accurately, *went sailing off.* Synt. 135. — ἐπ' Αἰγύπτου: *in the direction of Egypt.* — οὕτω μέν: 'asyndeton,' because a summing up with no additional statement. See Introd. p. 45.

5. οὐκ ὡς Ἕλληνες: *sc.* λέγουσι.

6. ἀδικημάτων: gen. with a verb of beginning (partit. gen.). Synt. 34. — πρῶτον: acc. of the adj., in the pred. with ἄρξαι (Synt. 6), a common pleonasm ; *this was the first to begin, i.e.* the first cause. — μετὰ ταῦτα: *after this,* a very common phrase.

7. ἔχουσι: *are able,* the regular meaning of ἔχειν with an inf. — τοὔνομα: crasis for τὸ ὄνομα, Dial. 18.

8. τῆς Φοινίκης: gen. of the whole (partit. gen.) with Τυρόν. Synt. 31, 6. — προσσχόντας (fr. προσέχω) : *sc.* νέα, *putting into port.*

9. βασιλέος: Homer (*Il.* XIV. 321) calls him Phœnix ; Hdt. elsewhere calls him Agenor. — εἴησαν δ' ἂν οὗτοι Κρῆτες: *these would be Cretans,* a supposition of Hdt. based on the legend that Europa was mother of King Minos of Crete. The opt. with ἄν may be explained as potential, although here it expresses, not possibility or likelihood in the future, but a present judgment or conjecture of the past. Synt. 113 *b*.

10. ταῦτα . . . γενέσθαι: *this then made matters even ;* with ἴσα πρὸς ἴσα, cf. *tit for tat.*

12. καταπλώσαντας γάρ: the participle does not introduce a reason for the preceding statement, but merely amplifies it. In this use of γάρ it should

not be translated. — μακρῇ νηΐ: properly *warship*, like Lat. *navis longa;* here used of the Argo, because the expedition was an organized one ; dat. of means.

13. τὴν Κολχίδα: the art. shows that Κολχίδα is attrib. of Αἶαν. Synt. 18. — ἐνθεῦτεν : Dial. 3.

14. τἆλλα (τὰ ἄλλα. Dial. 18) : *all the other objects of their expedition, i.e.* securing the golden fleece. — τῶν εἵνεκεν : *on account of which ;* εἵνεκεν (εἵνεκα, ἕνεκα) regularly follows the word it governs. — ἀπίκατο (ἀπίκοντο) : Dial. 40.

15. τοῦ βασιλέος : for the position of the limiting gen., see Synt. 23.

17. ἁρπαγῆς : obj. gen. with δίκας. Synt. 31, 3. — ἀπαιτέειν : *demand back ;* the prep. implies that the demand is of something rightfully belonging or due to one.   For the tense, see note on ἐσαπικνέεσθαι, 49, 11. — τοὺς δέ : *and they ;* dem. use of the art., regular at the beginning of a sentence or clause, when there is a change of subject; here, *the Greeks.* Synt. 9 *b*.

18. οὐδὲ ἐκεῖνοι . . . ἔδοσάν σφι δίκας : *they* (the Asiatics) *had not made amends to them* (the Greeks) *either.*   οὐδέ means *and not, not even,* or *not either :* here the last, as in the following line also. — Ἰοῦς : obj. gen. with ἁρπαγῆς. For the constr. of ἁρπαγῆς, see note on l. 17.

19. ὧν : Dial. 14. — αὐτοί : intensive; *they themselves.* Synt. 28.   Nom., as if ὑπεκρίναντο had preceded.   When the subj. of the inf. is the same as that of the main verb, it is regularly omitted, and any qualifying word is put in the nom.   Synt. 81.   Here αὐτούς would be more regular agreeing with τούς, l. 17. — δώσειν : representing the fut. indic. of the dir. disc.   Synt. 126.

20. τὸν Πριάμου : *sc.* υἱόν.   Synt. 31, 1 *a*.

21. ἀκηκοότα : perf. ptc. of ἀκούω. — οἱ . . . γενέσθαι : *to get ;* οἱ is dat. of possessor.   Synt. 55.

22. ἐπιστάμενον : *thinking ;* a common meaning in Hdt. — δώσει : form used in the dir. disc. retained in the indir.   Synt. 175.

23. διδόναι : impf. inf. denoting resistance or refusal; *would not give.* Synt. 91.

24. δόξαι : *it seemed best.* — πέμψαντας : agreeing with the omitted subj. of the inf., instead of with Ἕλλησι, as it might have done.   Hdt. prefers this constr.

25. τοὺς δέ : *and they* (the Persians).

26. προϊσχομένων : *sc.* τούτων as subj. of the ptc. in the gen. abs.   The ptc. might have agreed with σφι. — προφέρειν (with the dat.) : *to reproach one with. to cast in one's teeth ;* impf. inf. introducing ὡς . . . βουλοίατο (for this form, see Dial, 40 ; for its mood, see Synt. 175).

27. ἀπαιτεόντων : gen. abs. with an omitted pron. referring to the Persians.

28. σφι : dat. of the possessor with γενέσθαι ; the refl. would be more usual. The reference of the pronouns in this sentence is puzzling.   *And they* (the Persians), *when the Greeks put forth these pretensions, reproached them with the rape of Medea, asserting that though they themselves* (*i.e.* the Greeks) *had not made restitution or given up the girl on their demand, they wished to have restitution from others.* — γίνεσθαι : γίγνεσθαι, Hom. and Att.   Dial. 5. — μέχρι μὲν ὧν (οὖν) : *now while up to this point.*   While μέν and δέ are coördinate particles, the μέν clause is often, as here, logically subordinate ; an instance of parataxis.   Introd. p. 45.

29. **εἶναι . . . γενέσθαι**: representing ἦσαν . . . ἐγένοντο of the dir. disc. Synt. 126 a. — **τὸ δὲ ἀπὸ τούτου**: *yet after this;* the art. is often used before a prepositional phrase, giving no appreciable change of meaning. The phrase is strictly a subst. in the adv. acc. Synt. 21 a.

30. **προτέρους**: pred. with ἄρξαι, as l. 6; the comp. is used because only two parties are considered. Note the pleonasm, as l. c., *For the Greeks invaded Asia before they* (the Asiatics) *invaded Europe.*

51. 1–4. **τὸ μὲν ἁρπάζειν . . . τὸ δὲ . . . σπουδὴν ποιήσασθαι . . . τὸ δὲ μηδεμίην ὥρην ἔχειν**: the 'articular' infs. (Synt. 115, 2) are subjects of εἶναι, which is in ind. disc. after νομίζειν. *Now to carry off women they consider to be the deed of wicked men; but when they have been carried off, to be eager for revenge they think is the part of fools, while to have no concern for them when they have been carried off is the part of sensible men.* ἁρπασθεισέων, l. 2, is gen. abs. with γυναικῶν understood; probably so also in l. 3, though here it may be explained as obj. gen. with ὥρην. For the periphrases σπουδὴν ποιήσασθαι, ὥρην ἔχειν, see Introd. p. 7.

4. **δῆλα** (*sc.* ἐστί): *it is clear;* the neut. pl. is often used as pred. when the subj. is a clause. Synt. 2 b. — **εἰ μὴ ἐβούλοντο . . . οὐκ ἂν ἡρπάζοντο**: regular form of an unreal condition. In such a condition the impf. refers either to present time, or, as here, to a continued or habitual past action. Synt. 160.

5. **τοὺς ἐκ τῆς Ἀσίης**, a subst. phrase in appos. with σφέας; the prep. is proleptic and idiomatic in such phrases; *those from Asia*, instead of *those in Asia*, because of the 'from' idea implied in ἁρπαζομένων.

6. **λόγον οὐδένα ποιήσασθαι**: *to make no account* (of it); the obj. is implied in ἁρπαζομένων τῶν γυναικῶν (gen. abs.).

7. **Λακ. εἵνεκεν γυναικός**: the regular order, when the word governed by εἵνεκεν has a modifier; see note on 50, 14.

9. **ἀπὸ τούτου**: for the asyndeton, see note on ταύτας, 49, 19.

10. **ἡγήσασθαι**: *they thought.* — **τὸ Ἑλληνικόν**: *i.e.* τοὺς Ἕλληνας. — **σφίσι**: in Hdt. always a refl. pron.

11. **βάρβαρα**: pred.; *the Persians claim as theirs*, lit., *as barbarian* or *foreign*, the term applied to them by the Greeks. — **οἰκηιεῦνται**: fr. οἰκηιόομαι; see Dial. 16.

12. **ἥγηνται**: perf. with pres. meaning. Synt. 95 a.

13. **κεχωρίσθαι**: perf. pass. inf. of χωρίζω; *has been* (i.e. *is*) *separated.*

14. **οὕτω μὲν Πέρσαι**: resuming Περσέων μέν, 49, 6. — **γενέσθαι**: *it happened.*

15. **ἐοῦσαν**: suppl. ptc. in indir. disc. with εὑρίσκουσι. Synt. 137. — **τῆς ἐς τοὺς Ἕλληνας**: the prepositional phrase qualifies ἔχθρης, as shown by the repetition of the art. Synt. 18.

16. **ἐγὼ δέ**: correl. with οὕτω μέν. — **περὶ μὲν τούτων**: correl. with τὸν δέ, l. 17. — **ἔρχομαι ἐρέων**: *I am going to tell.* Synt. 96, 3.

17. **ἄλλως κως** (Dial. 1): *in some other way.* — **τόν**: *the man who.*

18. **ὑπάρξαντα**: suppl. ptc. agreeing with τόν, in indir. disc. with οἶδα. Synt. 137.

19. **τοῦτον**: antecedent of τόν above. — **σημήνας**: fr. σημαίνω. — **ἐς τὸ πρόσω τοῦ λόγου**: *forward in my narrative.* τοῦ λόγου is partit. gen. with the adv. expression ἐς τὸ πρόσω. Synt. 46. With τὸ πρόσω cf. τὸ πάλαι, l. 21.

21. τά: rel. pron. whose antecedent is αὐτῶν (for τούτων). — τὰ πολλά: *the greater part;* cf. οἱ πολλοί: *the majority.* Synt. 29.

22. ἐπ' ἐμεῦ: *in my time.*

23. τὴν . . . εὐδαιμονίην: *happiness.* For the article, see Synt. 14.

24. μένουσαν: suppl. ptc. in indir. disc.; cf. ἐοῦσαν, l. 15, ὑπάρξαντα, l. 18. The uncertainty of human happiness is a commonplace of the early elegiac poets and of the tragedians as well as of Hdt.

25. γένος: acc. of specification. Synt. 76. — 'Αλυάττεω: Dial. 21.

26. τύραννος: a new word, for a personage that did not exist in the time of the Hom. poems. — ἐθνέων τῶν κτλ.: the art. shows that the prepositional phrase is attrib. of ἐθνέων. Synt. 18. — ἐντός: *on this side of,* i.e. *west.*

27. Συρίων: here the northern Cappodocians. — ἐξίει (*sc.* τὸ ὕδωρ): *empties;* fr. ἐξίημι. Dial. 46. — πρὸς βορῆν ἄνεμον: *toward the north wind;* a poetic expression for *the north.*

28. Εὔξεινον: an instance of euphemism; this sea was anciently called ἄξεινος, *inhospitable.* Cf. the use of εὐώνυμος *of good omen* for ἀρίστερος *left* (*unlucky*), 158, 1. For the position of the adj., cf. 49, 7, 13. — οὗτος ὁ Κροῖσος: asyndeton; see note on ταύτας, 49, 19.

52. 1. πρῶτος . . . κατεστρέψατο: *he was the first to reduce.* Synt. 6. — τῶν: for τούτων τούς. Synt. 7 *b*. — ἴδμεν: fr. οἶδα. Dial. 45. — τοὺς μέν . . . τοὺς δέ: dem. use of the art.; *some . . . others;* cf. 49, 3.

2. Ἑλλήνων: partit. gen. with τοὺς μέν . . . τοὺς δέ. — φίλους: pred. Synt. 5.

3. κατεστρέψατο μέν: asyndeton, because explanatory of the preceding; see Introd. p. 45.

4. τοὺς ἐν τῇ 'Ασίῃ: qualifying Δωριέας only. The Lacedemonians belonged to the Dorian race.

6–9. τὸ γὰρ Κ. στράτευμα κτλ.: the sentence furnishes an instance of 'anacoluthon' (see Introd. p. 44); τὸ στράτευμα stands without constr. in the sentence; instead of the verb κατεστρέψατο, as we should expect, the constr. shifts to καταστροφὴ ἐγένετο, with which a gen. abs. (τοῦ στρατεύματος ἀπικομένου) would be more regular. *When the army of the Cimmerians arrived, there occurred not a reduction of cities but plunder by inroads.* — πρεσβύτερον: *i.e.* πρότερον. — ἀλλ' (ἀλλά): regular after negatives.

10. οὕτω: pointing forward, as shown by the asyndeton in the following sentence; more often οὕτω and forms of οὗτος point backward, while ὧδε and forms of ὅδε point forward. — περιῆλθε: *passed to.* — 'Ηρακλειδέων: pred. gen. of possession. Synt. 32.

13. Σαρδίων (nom. Σάρδιες): *Sardis.* For the decl. see πόλις, Dial. 29. Other city names used in the pl. are 'Αθῆναι Athens; Θῆβαι Thebes; Δελφοί Delphi. — τοῦ (υἱοῦ) 'Ηρακλέος: Synt. 31, 1 *a*.

14. ἠράσθη (fr. ἔραμαι): *fell in love,* ingressive aor. Synt. 93. — τῆς ἑωυτοῦ γυναικός: for the case of γυναικός, see Synt. 35. For the position of the refl., see Synt. 22. — ἐρασθεὶς δέ: the verb of the preceding clause repeated in the form of a ptc.; a favorite device of Hdt.; the ptc. is also ingressive. Synt. 99 *c*.

15. **oἱ**: dat. of interest, hardly differing from the possessive gen. Synt. 53. — **πολλόν**: *by far*.

16. **ὥστε** . . . **νομίζων**: *inasmuch as he thought;* this use of ὥστε (Synt. 129 *a*) is not found in Attic. — **ἦν γάρ κτλ.**: this clause explains the one following. It is a mannerism of Hdt. to place the γάρ-clause first; here it serves to introduce a new person without interrupting the narrative. — **τῶν αἰχμη-φόρων**: partit. gen.; *one of his spearmen.*

17. **ἀρεσκόμενος** (with ἦν) : = ἠρέσκετο. Synt. 96, 4.

18. **σπουδαιέστερα**: irreg. comp. of σπουδαῖος. — **ὑπερετίθετο**: lit. *put over on another*, so *entrust to, ask advice on.* For the dat. with it, see Synt. 50.

19. **ὑπερεπαινέων**: shift of constr.; we should expect the indic.

20. **χρῆν γάρ**: *since it was fated;* explaining the following clause. — **γενέσθαι κακῶς**: *to turn out ill;* the adv. with γίνομαι is unusual.

21. **οὐ γάρ κτλ.**: to explain the command ποίει ὅκως κτλ., l. 24.

22. **πείθεσθαι**: *to be convinced, to believe;* the perf. is more common in this sense. Synt. 88. — **τῆς γυναικός**: for the order of the limiting gen., see Synt. 23.

23. **ὦτα**: fr. οὖς, ὠτός, *ear.* With the expression, cf. our 'seeing is believing.' — **τυγχάνει** . . . **ἐόντα**: the suppl. ptc., regular with τυγχάνω, contains the main idea; *happens to be*, i.e. *are as it happens.* Synt. 134. — **ὀφθαλμῶν**: gen. after the comp. ἀπιστότερα. Synt. 44 *a*.

24. **ὅκως** . . . **θεήσεαι**: an obj. clause with ποίει (ποίεε) ; *bring it about (see to it) that you shall see.* Cf. Lat. *facere ut.* Synt. 146.

25. **ἀμβώσας**: fr. ἀμβοάω (for ἀναβοάω) ; a case of 'apocope' and 'assimilation.' Introd. p. 44. — **τίνα**: pred. as if he had said τίς ἐστι ὁ λόγος ὃν λέγεις ; — **οὐκ** (not οὐχ, because Hdt. did not use the rough breathing) **ὑγιέα**: belonging to τίνα rather than λόγον, and added as if an afterthought; *i.e.* 'what are you saying — a dreadful suggestion !'

26. **ἅμα κιθῶνι ἐκδυομένῳ**: lit. *together with her tunic put off*, i.e. *at the same time that she is stripped of her garment.* Synt. 128 *a*. κιθών = χιτών (Hom. and Att.) with transfer of aspirate. Dial. 3.

27. **συνεκδύεται καὶ τὴν αἰδῶ**: *she is stripped of her modesty also.* For καί see note on 49, 18.

28. **τὰ καλά**: perhaps *the proprieties, conventions.* — **ἐξεύρηται**: perf. pass. of ἐξευρίσκω. — **τῶν**: rel. pron.

29. **σκοπέειν τινὰ τὰ ἑωυτοῦ**: apparently a proverb ; 'a man should mind his own business.'

30. **πείθομαι**: see note on l. 22. — **σεο**: gen. with δέομαι, *beg*, which may take the gen. of either the person or the thing. Here the two constructions are combined. Synt. 38 *a*.

53. 1. **ὁ μέν**: correl. with ὁ δέ; *the one . . . the other,* or *he . . . the other.*

2. **μὴ** . . . **γένηται**: obj. clause with verb of fearing; the subj. after a secondary tense expresses the fear as it was orig. conceived. Synt. 145. — **ἐξ αὐτῶν**: *i.e.* ἐκ τούτων: *from this conduct.* Hdt. occasionally uses the unemphatic personal pron. (see note on 50, 2) instead of the dem.; cf. 51, 21.

3. ἀμείβετο : with omitted augm., as regularly in Hdt. with this verb.   Dial. 39. — τοισίδε : *sc.* λόγοις. — θάρσει (θάρσεε) . . . φοβεῦ (φοβέεο) : Dial. 17.

4. ὡς . . . λέγω: after a verb implied in φοβεῦ : *i.e.* 'believing that I am testing you by this suggestion.'   For the case of σεο, see Synt. 34. — λόγον τόνδε : for the omission of the art. see Synt. 24 with *b*.

5. τοι : dat. of pers. pron. — ἀρχήν : *at first, to begin with;* adv. acc.   Synt. 77.

6. μηχανήσομαι οὕτω ὥστε κτλ. : *I shall contrive that she shan't even know she was seen.*   ὥστε . . . μαθεῖν, a clause of result, shading into purpose, instead of ὅκως with the fut. indic., the more usual constr. ; cf. ποίεε ὅκως θεήσεαι, 52, 24, and μελέτω ὅκως ὄψεται, l. 13.   Synt. 121 *c.* — ὀφθεῖσαν (fr. ὁράω) : suppl. ptc. in indir. disc. after μαθεῖν.   Synt. 137. — μιν : pers. pron. used for refl.

8. ἀνοιγομένης : pres. ptc. instead of the more reg. perf. ; cf. πείθομαι, 52. 30.   Synt. 88. — μετὰ ἐμὲ ἐσελθόντα : *after I have come in.*   For the form of expression, cf. ἅμα κιθῶνι ἐκδυομένῳ, 52, 26.   Synt. 128 *a.*

9. ἐς κοῖτον : *to go to bed.* — κεῖται : *lies* or *is placed,* so here *stands.*   The verb is often used as the passive of τίθημι in the sense of a perf.

10. ἐπὶ τοῦτον : asyndeton, as 49, 19 ; 51, 9 ; 51, 28. — κατὰ ἓν ἕκαστον : *each, one by one;* the distributive idea doubly expressed.

11. παρέξει : impers., *it will be possible.*

12. ἐπεὰν (ἐπεί + ἄν) στίχῃ : a temporal clause, corresponding to a prot. of the fut. more vivid type.   Synt. 162. — κατὰ νώτου : *behind;* the phrase is regarded as a unit, hence the position of τε.

13. τὸ ἐνθεῦτεν : cf. τὸ ἀπὸ τούτου, 50, 29 : τὸ πάλαι, 51, 21, etc. — μή : reg. with the fut. indic. in obj. clauses.   Synt. 180.

14. ἰόντα : suppl. ptc.   Synt. 133. — ὡς : *when.*

16. Γύγεα : for the form, see Dial. 21.

17. ἐσελθοῦσαν . . . τιθεῖσαν : note the difference of tense, and the force of each.

19. ὑπεκδύς : *slipping out* (ἐκ) *from behind* (ὑπό).

20. ἐπορᾷ (ἐποράει) : hist. pres.   Synt. 85. — ἐκ : used with a pass. verb to express agency, though ὑπό is more regular.

21. οὔτε ἔδοξε : *but pretended not.*

22. τείσεσθαι (fr. τίνω) : fut. inf. with ἐν νόῳ ἔχειν on the analogy of μέλλειν or a verb of thinking; the compl. inf. (pres. or aor.) is more common with this phrase. — τὸν Κανδαύλεα : *this Candaules.* — παρά : *in the opinion of.*

23. σχεδόν : modifying τοῖσι ἄλλοισι βαρβάροισι, *nearly all other foreigners.* — καὶ ἄνδρα : *even a man.*

24. ὀφθῆναι : subj. of φέρει.

25. ἡσυχίην εἶχε : *kept quiet,* i.e. *made no sign.* — ὡς τάχιστα : *as soon as.*

26. οἰκετέων : partit. gen. with τούς (rel. pron.). — ὥρα (in Att. ἑώρα) : impf. indic. of ὁράω.

27. ἐόντας : suppl. ptc. in indir. disc.   Cf. ὄψεται ἰόντα, l. 13, where the suppl. ptc. is not in indir. disc.

28. πρηχθέντων : fr. πρήσσω. — ἐπίστασθαι : here *to know,* the regular meaning in Att.

29. **καλεόμενος**: pass. — **ἐώθεε**: plupf. with meaning of impf.; see Vocab. **ἔωθα**. — **ὅκως** . . . **καλέοι**: rel. clause corresponding to a prot. of a past gen. type. (Synt. 168.) The apod. is *ἐώθεε φοιτᾶν*, in which the idea of repeated or customary action is doubly expressed, as *φοιτᾶν* is a frequentative verb, meaning *to keep going*. Hdt. here transfers to the Lydians a purely Greek custom. A Lydian queen would be secluded in the harem.

31. **δυῶν ὁδῶν**: Hdt. never uses the dual.

54. 1. **ὁκοτέρην** (*ὁδόν*): an extension of the cogn. acc.; *whichever course you wish to take*. Synt. 70.

3. **αὐτίκα οὕτω**: i.e. *right on the spot, without more ado;* or, as some take it, *immediately so* (with a gesture). — **ὡς ἂν κτλ.** : *that you may not in the future obey C. in all things and see what you should not.* For *ἄν* with the subj. in a final clause, see Synt. 143 *a.*

4. **τοῦ λοιποῦ**: gen. of time within which. Synt. 47.

5. **τὸν ταῦτα βουλεύσαντα**: *the man who planned this.* Similarly, *τὸν* . . . *θεησάμενον καὶ ποιήσαντα.* Synt. 128.

6. **οὐ νομιζόμενα**: *not customary, unconventional,* hence *improper things.*

7. **τέως μέν** . . . **μετὰ δέ**: *for a while (at first)* . . . *but afterwards.*

8. **ἀναγκαίη ἐνδέειν**: cf. Hom. *Il.* II. 111. Ζεύς με μέγα Κρονίδης ἄτῃ ἐνέδησε βαρείῃ. — **διακρῖναι αἵρεσιν**: *to make a choice;* the inf. is complementary with *ἀναγκαίη.* Synt. 117.

9. **οὐκ ἔπειθε**: *he couldn't persuade her* (Synt. 91); it would be more logical to say, 'when he couldn't persuade her, he chose (*αἱρέεται*), etc.' As expressed we have an instance of ' parataxis ' and asyndeton. See Introd. p. 45.

11. **αὐτός**: agreeing with the omitted subj. of *περιεῖναι,* which is the same as the subj. of *αἱρέεται.* Synt. 81.

12. **δεσπότεα**: Dial. 21.

13. **ἐθέλοντα**: the sense shows that it agrees with *με.* — **φέρε**: used as *ἄγε* in Homer (and occasionally elsewhere). — **ἀκούσω**: aor. subj.; for the mood, see Synt. 108. — **τέῳ** (*τῷ, τίνι*) : interrog. pron. — **καί**: *also.*

15. **καὶ ἐκεῖνος**: for redundant *καί* after *the same*, see note on 49, 18. — **ὑπνωμένῳ** (*sc. αὐτῷ*) : dat. with the verbal idea in *ἐπιχείρησις.* Synt. 68.

16. **ἤρτυσαν**: translate as a plupf. Synt. 94.

17. **ἐμετίετο**: *let go, let off;* impf. pass. of *μετίημι,* treated as if it were a simple verb, with augm. before the prep.

18. **ἔδεε**: *it had to be;* impf. of past obligation. — **ἀπολωλέναι**: subj. of *ἔδεε;* the perf. tense (lit. *to have perished, to be dead*) emphasizes the speedy carrying out of the plan.

19. **εἵπετο**: fr. *ἕπομαι* (orig. *σέπομαι*). — **μιν**: obj. of *κατακρύπτει,* which is more important than *δοῦσα.*

20. **ἐγχειρίδιον**: anything in the hand, here *dagger.* — **ὑπό**: *behind;* with acc. because of the idea of motion in the verb.

22. **ἔσχε**: ingressive, *he got* or *obtained.* Synt. 93 *a.* In Plato's *Republic* (359 D ff.) there is another story about the accession of Gyges, who is there a shepherd. By the help of a magic ring, through which he could become invisible, he won the favor of the queen and killed the king. A still later

story represents him as the head of a noble Lydian family, who from love of the queen conspires against the king.

23. ἔσχε δὲ τὴν βασιληίην : the phrase repeated with the addition of ἐκρατύνθη, to bring it into close connection with ἐκ τοῦ . . . χρηστηρίου : it was in consequence of the oracle that he married the queen and became king. — ἐν Δελφοῖσι : attrib. of χρηστηρίου and so equiv. to Δελφικοῦ. Synt. 21.

25. πάθος : *experience*, whether good or bad ; here a euphemism for φόνος, *murder*. — συνέβησαν ἐς τὠυτό, *came to an agreement*.

26. στασιῶται : *partisans*. This implies that Gyges was a man of influence, and may point to the true explanation of his accession, *i.e.* that it was brought about by a forcible revolution.

27. ἤν (εἰ + ἄν) . . . ἀνέλῃ : prot. of a fut. more vivid cond., retained in the dir. form after συνέβησαν, whose complements βασιλεύειν and ἀποδοῦναι supply the apod. Synt. 162.

28. τὸν δὲ βασιλεύειν : note the δέ of 'apodosis' (*i e.* marking the main clause) ; the pres. inf. is used because of the continuance of the act, while ἀποδοῦναι which follows, is aor. because of a single act. — ὀπίσω : redundant with ἀπο-δοῦναι.

29. ἐβασίλευσε : *became king.* Synt. 93.

30. τοσόνδε : a fateful addition to the oracle, justifying the ways of Heaven. Though Gyges might escape, punishment would be visited upon his descendant. Stein suggests that the oracle ran as follows : πέμπτην δ᾽ ἐς γενέην ἥξει τίσις Ἡρακλείδαις. The 'fifth' generation is the fourth after Gyges.

55. 2. πρὶν δή : emphatic ; *i.e.* it was not until the fulfillment that they heeded the oracle.

3. Ἡρακλείδας : second acc. with a verb of depriving. Synt. 72.

4. τυραννεύσας : *when he became tyrant.* Synt. 99 c. — ἀπέπεμψε : the prep. implies that the gifts were regarded as the god's due. — ἀναθήματα : fr. ἀνατίθημι *set up, dedicate ;* the regular word for *votive offerings.*

5. Δελφούς : nom. Δελφοί, *Delphi.* — οὐκ ὀλίγα : 'litotes' (Introd. p. 45) ; in this position because of the contrast with ἀλλ᾽ ὅσα.

6. ἔστι οἱ πλεῖστα : *most are his, i.e.* offered by him. ἔστι is so accented when it stands at the beginning of a clause.

7. ἄλλον τε καὶ κτλ. : *both other gold and that which it is especially worth while to mention.* The antecedent of τοῦ is χρυσόν, though it refers to κρητῆρες, which we should expect to find in apposition. Instead, by a shift, it becomes the subj. of ἀνακέαται.

8. ἀριθμόν : acc. of specification with the numeral. Synt. 76. — ἀνακέαται (fr. ἀνάκειμαι, Dial. 40) : third pers. pl. pres. ind. used as pass. of ἀνα-τίθημι (with perf. meaning) ; *have been dedicated ;* with οἱ (dat. of interest) it may be translated : *are his votive offerings.*

9. ἑστᾶσι : *stand*, 2 perf. of ἵστημι. — Κορινθίων θησαυρῷ : *Treasury of the Corinthians.* Remains of this were discovered by the French in 1893. See Bourget, *Delphes,* pp. 133–135. Treasuries, or treasure houses, were erected by various Greek states at Delphi and Olympia, designed to contain dedicatory offerings. Most of the rich offerings of the Lydian kings were probably

melted down in the fourth century B.C., when the Phocians, who had seized Delphi, appropriated its treasures for their war chest. — **σταθμὸν ἔχοντες**: *having weight, weighing;* τάλαντα may be regarded as object of the phrase. Synt. 69 a.

10. **ἀληθέι λόγῳ χρεωμένῳ**: *for one using a true statement, if one may speak the truth;* the ptc. agrees with a pron. (μοι or τινί) understood, which is a dat. of relation. Synt. 58. For the constr. of λόγῳ, see Synt. 60 a. For the form χρεωμένῳ, see Dial. 17 a.

11. **τοῦ δημοσίου**: *the state;* pred. gen. of possession. Synt. 32. — **Κυψέλου τοῦ (υἱοῦ) Ἠετίωνος**: Cypselus, king of Corinth about 670 B.C., also made rich offerings at Olympia. The Museum of Fine Arts, Boston, has a bowl of solid gold, found at Olympia, which is inscribed as a votive offering of the sons of Cypselus.

12. **πρῶτος . . . τῶν ἡμεῖς ἴδμεν**: a common phrase in Hdt.; see 52, 1; 56, 3.

13. **μετά**: *after.* The names Midas and Gordias appear alternately in the line of Phrygian kings, and well-known myths are connected with them.

15. **ἐς τὸν προκατίζων ἐδίκαζε**: *upon which he sat in public* (προ-) *when he gave judgment.*

16. **ἀξιοθέητον**: *well worth seeing,* because of its artistic value. — **ἔνθα περ**: *just where.*

18. **Δελφῶν**: here the name of the people. — **Γυγάδας**: a Doric form. — **ἐπὶ τοῦ ἀναθέντος**: *after the man who dedicated it.*

19. **ἐπωνυμίην**: *by the name* (strictly *additional name, nickname*); cogn. acc. with καλέεται. Synt. 70.

20. **Περίανδρος**: Periander ruled 625–585. He was a patron of art and literature, and is sometimes included in the list of the Seven Sages. — **ὁ . . . μηνύσας**: Synt. 128.

22. **τῷ**: dem. pron., dat. with παρα-στῆναι (*happened*). Synt. 68.

23. **Λέσβιοι**: countrymen of Arion. The story is thus vouched for doubly.

56. 1. **Ἀρίονα . . . ἐξενειχθέντα** (fr. ἐκφέρω): apposition with θῶμα.

2. **τῶν τότε ἐόντων**: *of those of his time.* — **οὐδενὸς δεύτερον**: *second to none;* the gen. because δεύτερον is equivalent to a comp. Synt. 44 a.

3. **διθύραμβον**: a form of lyric verse sung in honor of Dionysus, out of which tragedy developed. The word 'dithyramb' occurs in a fragment of Archilochus, who lived somewhat earlier than Arion, but the latter is believed to have developed it into a choral song. Little is known of him beyond the myth related here. The word is the obj. of the ptcs. and placed at the beginning of the clause for emphasis.

4. **διδάξαντα**: fr. διδάσκω, teach. The word is used of the dramatic poet, who regularly trained the chorus and actors of his piece; hence *produced.*

5. **τὸν πολλὸν τοῦ χρόνου**: *the greater part of the time.* Synt. 29.

6. **παρὰ Περιάνδρῳ**: *at the court of;* the prep. is used like French *chez* or German *bei.*

8. **ὁρμᾶσθαι**: impf. inf.; so ἐπιβουλεύειν, 11, λίσσεσθαι, 12, and other infs. in the passage. Synt. 126 a.

9. οὐδαμοῖσι : Synt. 51.

10. τοὺς δέ: *and they;* see note on 50, 17. Synt. 9 *b*. — ἐν τῷ πελάγεϊ: *on the high seas;* πέλαγος regularly used of the deep sea; θάλασσα of the sea in general.

12. συνέντα : 2 aor. ptc. of συνίημι. — λίσσεσθαι : poetic word; cf. ἐλίσσετο πάντας᾽ Ἀχαιούς, Hom. *Il.* I. 15.

13. ψυχήν: *life.* — οὐκ ὢν δὴ πείθειν : the inf. represents the impf.; cf. οὐκ ὢν δὴ ἔπειθε, 54, 9, and note.

14. τούτοισι : *sc.* λόγοισι. — τοὺς πορθμέας : subj. of κελεύειν. — αὐτὸν . . . μιν : instead of the refl. ἑωυτόν. — διαχρᾶσθαι : *use up, finish,* hence *despatch, kill.*

15. ὡς ἄν : introducing a clause of purpose, as 54, 3. Synt. 143 *a*. — ταφῆς : partit. gen. with τύχῃ (fr. τυγχάνω). Synt. 34. — ἐν γῇ : *on land;* the art. omitted as usual. Synt. 13 *a*.

16. τὴν ταχίστην (*sc.* ὁδόν) : *the quickest way;* adv. acc. Synt. 77. — ἀπειληθέντα (fr. ἀπ-ειλέω, 2) . . . ἐς ἀπορίην : *brought to straits.*

17. δοκέοι : *seemed best;* opt. in subordinate clause in ind. disc. introduced by παραιτήσασθαι. Synt. 177.

18. ἐν τῇ σκευῇ πάσῃ : *in full dress,* as the lyre player would appear in public, namely with a long flowing robe of purple, like that on the statue of Apollo Musagetes in the Vatican. — ἑδωλίοισι : properly rowing benches; here, perhaps, a raised deck at the stern of the ship; see ἐκ τῆς πρύμνης below.

19. ἀείσας : preliminary to κατεργάσεσθαι ; nom. on the principle explained Synt. 81. With ὑπεδέκετο there is a temporary return to the direct narrative. The indir. disc. is resumed in the next sentence. — κατεργάσεσθαι : for the fut. inf. with verbs of promising, see Synt. 116 *b*. — καὶ τοῖσι ἐσελθεῖν γὰρ κτλ. : *and since it seemed pleasant to them if they were going to hear.* The thought in their minds was εἰ μέλλομεν ἀκούσεσθαι, *if we are going to hear,* but the implied indir. disc. in τοῖσι ἐσελθεῖν causes the verb to be changed to the opt. Synt. 177. For the dat. τοῖσι, see Synt. 79 *a*. γάρ introduces the reason for the following clause; see note on 52, 16 ; it is unusual to find it in the fourth place in the sentence.

21. ἀναχωρῆσαι : the subj. is to be supplied from τοῖσι above. — ἐς μέσην νέα : *amidship.* Synt. 27.

23. νόμον : originally *air* or *strain,* the word was early applied to a special form of ode rendered by a single performer with a lyre accompaniment, and sung in honor of some god, usually Apollo. — τὸν ὄρθιον : *high-pitched,* used with νόμος here first. Here we have, apparently, a show performance, like those by which Arion had entertained his audience and amassed his fortune.

25. ὡς εἶχε : *just as he was.*

26. τόν : *him.* — ἐξενεῖκαι : 1 aor. of ἐκ-φέρω.

28. σὺν τῇ σκευῇ : *sc.* πάσῃ, as above.

30. ἀνακῶς ἔχειν : *looked well to, watched for;* with gen. on the analogy of verbs of caring. Synt. 35.

31. παρεῖναι : inf. in a subordinate clause in indir. disc. ; the distinction between a main and a subordinate clause is often lost sight of. Synt. 177 *b*.

— κληθέντας : fr. καλέω. — εἴ τι λέγοιεν : indir. quest. ; the opt. representing the same tense of the indic.   Synt. 178.

57. 1. **περὶ Ἰταλίην** : *in Italy.*
2. **εὖ πρήσσοντα** : *faring well, prospering.*
3. **ὥσπερ ἔχων ἐξεπήδησε** : *just as he was when he leapt overboard.* — **καὶ τούς** : *and they.* — **ἐκπλαγέντας** : fr. ἐκπλήσσω.
4. **ἔχειν** : *be able,* as 50, 7.
5. **ἔστι** : so accented when it means *exists* or *is possible.*
6. **οὐ μέγα** : *small;* litotes.   Introd. p. 45. — **ἐπὶ Ταινάρῳ** : *on* the promontory of *Tænarum* where a temple of Poseidon once stood.   The sophist Ælian (third century of our era) saw the statue, with the inscription :

Ἀθανάτων πομπαῖσιν Ἀρίονα Κύκλονος υἱὸν
Ἐκ Σικελοῦ πελάγους σῶσεν ὄχημα τόδε.

De Nat. An. XII. 45.

' By guidance of immortals, this steed bore Arion, son of Cyclon, safe to land from the Sicilian sea.'   With this story, cf. that told of Apollo in the Homeric Hymn to the Delphian Apollo.   The resemblance between the words δελφίς and Δελφοί probably originated the belief that there was a connection between the dolphin and Apollo and his followers.
9. **Κροῖσος** : Crœsus, fourth in descent after Gyges, reigned 560–546 B.C. — **ἐτέων ἐὼν ἡλικίην** : an odd expression ; ἐτέων is gen. of measure.   Synt. 31, 5 ; ἡλικίην, acc. of respect.   Synt. 76.
10. **ὃς δή** : *the very man who.* — **πρώτοισι** : in pred. agreement with Ἐφεσίοισι.   Synt. 6 ; for the case, see Synt. 68. — **ἐπεθήκατο** : the first aor. mid. (stem θηκα-) is very rare ; it occurs twice in Homer.
11. **μετὰ δέ** : *but afterward.* — **ἑκάστοισι** : *sc.* ἐπεθήκατο. — **ἄλλοισι ἄλλας** : like Lat. *aliis alias ;* for the case. see Synt. 68.
12. **τῶν** : apparently a limiting gen. with αἰτίας (with which μέζονας agrees), where the dat. with παρευρίσκω would be more usual.   It may be translated : *making more serious charges against those in whom he could discover greater ground for accusation.*
13. **τοῖσι δέ** : *but   others;* dem. use of the art. — **καὶ φαῦλα** : *even trivial.*
15. **κατεστραμμένων** : fr. καταστρέφω.
16. **ἐντός** : as 51, 26.
17. **εἶχε καταστρεψάμενος** : *had subjugated ;* this periphrasis is often found in Hdt.   It is used commonly by the tragic poet, Sophocles, also.
18. **κατεστραμμένων** : resuming the ptc. l. 15, after the parenthesis πλὴν . . . Κροῖσος.
19. **προσεπικτωμένου** : *sc.* as obj. χώρην or ἔθνεα. — **ἀπικνέονται** : *there arrived ;* hist. pres.   Synt. 85.
20. **ἀκμαζούσας πλούτῳ** : *at the height of its wealth.*   For the dat., see Synt. 63.
21. **σοφισταί** : *sages.*   The class of professional teachers called ' sophists ' did not arise until later.   Crœsus was a patron of the arts ; cf. Pindar, Pyth.

I. 94. οὐ φθίνει Κροίσου φιλόφρων ἀρετά *Crœsus's reputation for generous hospitality does not wane.* — ἐτύγχανον ἐόντες : *were* (lit. *happened to be*) *alive.* Synt. 134.

22. ὡς ἕκαστος ἀπικνέοιτο : *as each of them came* (from time to time) ; a past general prot. denoting indef. repetition.   Synt. 166, 168. — καὶ δὴ καί *and in particular;* cf. 49, 17. — Σόλων : there are chronological difficulties in the way of accepting the account of this visit.   Crœsus's reign began in 560, while Solon revised the laws of Athens during his archonship in 594.   The visit may have occurred later, but the story is probably the result of the moralizing tendency of the time, which found an excellent subject in Crœsus and his fortunes.

23. Ἀθηναίοισι : dat. of advantage.   Synt. 54.

24. κατὰ θεωρίης πρόφασιν : *on the pretext of seeing; i.e.* 'ostensibly for sightseeing.'

25. ἵνα δὴ κτλ. : the real motive. — ἀναγκασθῇ : for the subj. after a secondary tense, see Synt. 140 *a.* — τῶν : rel. pron. attracted from the acc. to the case of the antecedent.   Synt. 7 *b.*

26. οὐκ οἷοί τε ἦσαν : *were not able, might not,* because of religious scruples. — αὐτὸ ποιῆσαι : *i.e.* λῦσαι τοὺς νόμους.

27. χρήσεσθαι : fut. inf. with ὁρκίοισι . . . κατείχοντο, equiv. to a verb of swearing.   Synt. 116 *b.*

28. τοὺς ἄν . . . θῆται : a conditional rel. clause of the fut. more vivid type, retained in the dir. form.   Synt. 162, 177.   Their oath was taken in advance and would run : χρησόμεθα τοῖσι νόμοισι τοὺς ἂν Σόλων θῆται. — αὐτῶν τούτων καὶ τῆς θεωρίης . . . εἵνεκεν : it is unusual to find the prep. so far from the word it governs ; perhaps Hdt. was using a free gen. and inserted εἵνεκεν as an afterthought.

58. 2. παρὰ Ἄμασιν : *to the court of Amasis, to visit A.*   The visit to Amasis, a king of Egypt, was not important for the story. — καὶ δὴ καί : emphasizing the one we are to hear about ; cf. 49, 17 ; 57, 22.

3. ἀπικόμενος : picking up ἀπίκετο in the preceding clause ; a common device of Hdt. ; cf. 52, 14.

6. θεησάμενον . . . καὶ σκεψάμενον : *when he had gazed with wonder . . . and had examined.*

7. ὥς οἱ κατὰ καιρόν : *to suit his convenience.*

9. γάρ : see note on 52, 16. — λόγος πολλός : *many stories.*

10. ὡς . . . ἐπελήλυθας : explanatory of σοφίης and πλάνης. — φιλοσοφέων : *in search for knowledge.* — γῆν πολλήν : an extension of the cogn. acc.   Synt. 70.

11. ἐπειρέσθαι (2 aor.) : complement of ἵμερος ἐπῆλθε.   Synt. 117.

12. ἤδη : *hitherto.* — ὁ μὲν ἐλπίζων : asyndeton, because explanatory of the preceding and containing no additional statement ; cf. 52, 3.   ἐλπίζων = νομίζων ; cf. our use of ' expect.'

14. τῷ ἐόντι χρησάμενος : lit. *using what was,* i.e. *telling the truth.*   For the dat. see Synt. 60 *a.*

15. Τέλλον : obj. of εἶδον, understood from εἶδες above.

17. **τοῦτο μέν . . . τοῦτο δέ**: *on the one hand . . . on the other;* frequent in Hdt. — **εὖ ἡκούσης** : *well off, prosperous;* εὖ πρήσσειν is more common in this sense ; cf. 57, 2.

18. **καλοί τε κἀγαθοί** : crasis for καλοί τε καὶ ἀγαθοί (Dial. 18) ; the adjs. summed up the desirable qualities of a gentleman. — **σφι** : dat. with the two following ptcs. ; with ἐκγενόμενα, dat. of possessor ; with παραμείναντα, dat. with the prep. παρα-. Synt. 55, 68. The ptcs. are suppl. (not in indir. disc.) with εἶδε. Synt. 133. For the tense of the ptcs., coincident in time with εἶδε, see Synt. 99 b.

19. **τοῦ βίου εὖ ἥκοντι** : *well-off in the world's goods;* with this meaning of βίος, *means of life,* cf. our ' living ' ; the gen. limits the adv. Synt. 46.

20. **ὡς τὰ παρ' ἡμῖν** : *i.e.* according to Athenian standards, which were less exacting than those of the luxurious Lydians.

21. **γενομένης γάρ** : this sentence gives the details of τελευτὴ . . . ἐπεγένετο ; γάρ is often so used, and should not be translated 'for,' but, if at all, *namely, that is to say.* See 50, 12 and note.

22. **ἀστυγείτονας** : probably the Megarians, with whom, in Solon's lifetime, the Athenians fought for the possession of Salamis. — **ἐν Ἐλευσῖνι** : connect with γενομένης . . . μάχης.

23. **δημοσίῃ ἔθαψαν** : *gave him a public funeral.*

24. **αὐτοῦ τῇ** : *there where.*

25. **τὰ κατὰ τὸν Τέλλον** : lit. *as to the things about Tellus, as to Tellus;* acc. of specification (Synt. 76) ; or, possibly, a mere periphrasis for τὸν Τέλλον, second acc. after εἶπας, in the sense *say something of.* Synt. 74. — **προετρέψατο** : *moved him to inquire.*

26. **ἐπειρώτα** : *sc.* Κροῖσος. — **δεύτερον μετ' ἐκεῖνον** : *next after him.*

27. **γῶν** : for γε ὦν (οὖν). — **οἴσεσθαι** : fr. φέρω.

29. **πρὸς τούτῳ** : *in addition to this.*

30. **ῥώμη σώματος** : Pausanias (II. 19, 5) says that in the temple of Apollo at Argos there was a statue of Bito carrying a bull upon his shoulders.

31. **ὁρτῆς** : *i.e.* the festival of the Argive Hera.

59. 1. **ἔδεε πάντως** : it was absolutely necessary. — **μητέρα** : as priestess of Hera, called Cydippe by Plutarch (*Mor.* 109).

2. **τὸ ἱρόν** : the Argive Heræum, situated on the road from Argos to Mycenæ, about three miles south of the latter. It was destroyed by fire 423 B.C., and another temple was erected on the site, some remains of which may be seen today. — **σφι** : dat. with παρεγίνοντο.

3. **ἐκκληιόμενοι τῇ ὥρῃ** : *prevented by time, i.e.* from waiting.

4. **ἐπὶ τῆς ἁμάξης** : treated as one word, hence the position of δέ ; cf. 53, 12.

5. **σφι** : dat. of interest. Synt. 53. — **σταδίους πέντε καὶ τεσσεράκοντα** : about five miles.

6. **διακομίσαντες** : the prep. means *through to the end.*

8. **ἐν τούτοισι** : *by these things;* or (possibly) *in their case.*

9. **ὁ θεός** : masc. though referring to Hera, because the power rather than the personality of the goddess is thought of.

9. τεθνάναι (2 perf. of θνήσκω) : *death.* — **μᾶλλον** : redundant. The sentiment occurs frequently in Greek literature ; e.g. Bacchylides, V. 160 ; Theognis, 425 f. ; Soph. *O. C.* 1225.

11. οἴων τέκνων ἐκύρησε : *what sort of sons she had obtained, i.e.* seeing that she had obtained such children ; for the gen. with ἐκύρησε (fr. κυρέω = τυγχάνω), see Synt. 34.

12. περιχαρής : περι- is often an intensive prefix.

13. τοῦ ἀγάλματος : the statue of Hera in her temple.

15. τυχεῖν ἄριστον : *best to obtain* (i.e. *to be obtained*) ; the inf. with the adj. Synt. 118.

18. ἀνέστησαν : 1 or 2 aor. ? — **ἔσχοντο** : 2 aor. mid. used as pass. ; *were held.*

19. εἰκόνας ποιησάμενοι (*having had made*) **ἀνέθεσαν ἐς Δελφούς** : in the Museum at Delphi are preserved two archaic statues of youths, identified with certainty as those mentioned here. See Poulsen, *Delphi* (trans. by G. C. Richards), Chap. vi. — **ὡς** . . . **γενομένων** : *on the ground that they had proved themselves;* for the force of ὡς with a ptc., see Synt. 129 *c.*

22. ἡ δ' ἡμετέρη : the δέ is due to a suppressed thought, such as ' they may be considered fortunate on these grounds, but is *my* happiness,' etc. Note the ' regal ' use of the pl. of the pers. pron.

23. ἀνδρῶν : gen. with ἀξίους, *on a par with.* Synt. 44.

24. ἐπιστάμενον : *when I believe.* — **τὸ θεῖον** . . . **φθονερόν τε καὶ ταραχῶδες** : a thought frequently expressed by Hdt. but not peculiar to him ; cf. Hom. *Od.* V. 118.

Σχέτλιοί ἐστε, θεοί, ζηλήμονες ἔξοχον ἄλλων.

26. πέρι : anastrophe ; πολλὰ μὲν . . . πολλὰ δέ : anaphora ; see Introd. p. 44.

27. ἔστι : see note on 57, 5. — **μή** : because in an indef. rel. clause. Synt. 180.

29. ἐκεῖνο τὸ εἴρεό με : *i.e.* ὄλβιον εἶναι ἄνθρωπον. For two accs. with a verb of asking, see Synt. 72. — **σε** : second acc. with λέγω. Synt. 74.

30. τελευτήσαντα (*sc.* σε) : suppl. ptc. in indir. disc. Synt. 137. — **πύθωμαι** : 2 aor. subj. of πυνθάνομαι in a temporal clause referring to fut. time ; ἄν would be used regularly in Att. Synt. 171 *a.*

31. μᾶλλον . . . **ὀλβιώτερος** : pleonastic. — **τοῦ ἐπ' ἡμέρην ἔχοντος** : *the man who has enough for the day;* τοῦ ἔχοντος is gen. after a comp. with ἤ *than* omitted. Synt. 44 *a.*

60. 1. εἰ μὴ . . . **ἐπίσποιτο** (fr. ἐπέπω) : prot. of a fut. less vivid cond., the apod. of which is contained in the preceding clause, though with the verb in the indic. as if a pres. gen. prot. were to follow. — Synt. 165, 167. — **πάντα καλὰ ἔχοντα** : *with all his affairs in good condition.* — **εὖ** : with τελευτῆσαι.

2. ζάπλουτοι : ζα- = δια-, *thoroughly.* Cf. Hom. *Il.* I. 38. Κίλλαν τε ζαθέην.

3. μετρίως ἔχοντες βίου : *moderately well off;* for the meaning of βίου, see on 58, 19 ; for the case, see l.c. and Synt. 46.

4. κῇ ἀποβήσεται : epexegetic of τὴν τελευτήν.

5. **ὑποδέξας**: fr. ὑποδείκνυμι. — **προρρίζους**: *root and branch*, i.e. *utterly;* adj. agreeing with πολλούς understood from πολλοῖσι.

6. **ἀνέτρεψε**: gnomic aor. Synt. 92. — **κως**: *I suppose.* — **οὔτε** . . . **οὔτε**: not strictly parallel, for the second belongs to the ptc. ποιησάμενος.

7. **λόγου**: gen. of value (price). Synt. 41. — **ἀποπέμπεται**: unusual change of subj.; translate as if in the preceding clause we had Κροῖσος οὐκ ἔχαιρε; *Crœsus wasn't pleased, but dismissed him.*

8. **δόξας**: *thinking.* — **ὅς**: *since he.*

10. **μετὰ δὲ Σόλωνα οἰχόμενον**: for the form of expression, cf. 53, 8.

11. **ὡς εἰκάσαι**: abs. use of the inf. (Synt. 122), limiting the following clause; *because, to make a guess (i.e.* in all probability) *he thought himself,* etc.

12. **αὐτίκα** . . . **εὔδοντι**: Synt. 129 *d.*

13. **ἐπέστη**: the usual word for the appearance of a dream, thought of as a vision; cf. Hom. *Il.* II. 20. — **ἀληθείην** . . . **τῶν** . . . **κακῶν**: truth about the misfortunes; περὶ τῶν κακῶν would be more usual.

14. **γενέσθαι**: aor. inf. with μέλλω is unusual; either the fut. or pres. may be used. — **δέ**: we should expect γάρ or asyndeton.

15. **οὕτερος**: crasis, for ὁ ἕτερος; correl. with ἕτερος δέ; *the one . . . the other.* — **διέφθαρτο** (plupf. indic. pass. of διαφθείρω): *was ruined,* i.e. *incapacitated, good for nothing.* — **κωφός**: *deaf and dumb.*

16. **τῶν ἡλίκων** . . . **πρῶτος**: *first of his mates;* an inexact but idiomatic expression, instead of 'better than his mates.' Cf. Milton, *Par. Lost.* IV. 323f. 'Adam the goodliest man of men since born His sons; the fairest of her daughters Eve.' The gen. is partit. Synt. 31, 6. — **μακρῷ**: *by far;* dat. of degree of difference. Synt. 64.

18. **ἀπολέει** (fut. of ἀπόλλυμι): *lose.* — **μιν**: repeating Ἄτυν, which was placed early in the sentence for emphasis. — **βληθέντα**: fr. βάλλω.

19. **ἐξηγέρθη**: fr. ἐξεγείρω. — **ἑωυτῷ λόγον ἔδωκε**: *consulted with himself;* i.e. *considered by himself.*

20. **ἄγεται** . . . **γυναῖκα**: *took a wife;* ἄγεσθαι γυναῖκα is more often used of the bridegroom. — **ἐωθότα** (εἰωθότα, Hom. and Att.): *though he was accustomed.*

23. **τοῖσι**; rel. pron. dat. with χρέωνται (Dial. 17 *a*); Synt. 60 *a.*

24. **οἱ**: dat. of interest, but, as often in Hdt., virtually equiv. to a possessive; so also οἱ, 25. Synt. 53.

25. **ἐμπέσῃ**: neg. purpose; for the subj. after a secondary tense, see Synt. 140 *a.* — **ἔχοντος** . . . **ἐν χερσὶ** . . . **τὸν γάμον**: explained by 61, 26; *i.e.* 'occupied with his honeymoon.'

26. **συμφορῇ**: properly *chance;* here, as often, *mischance, misfortune.*

27. **οὐ καθαρὸς χεῖρας**: *i.e. blood-guilty;* for the constr. of χεῖρας, see Synt. 76. — **γενεῇ**: dat. of respect. Synt. 63. — **γένεος**: pred. gen. of possession. Synt. 32.

29. **καθαρσίου**: gen. with ἐδέετο. Synt. 38 *a.* — **κυρῆσαι**: complementary to ἐδέετο, but added in explanation; the so-called epexegetic inf. Synt. 119.

61. 1. **ἐκάθηρε**: fr. καθαίρω. — **ἔστι** (for the accent, see note on 57, 5) **δὲ παραπλησίη κτλ.**: *the Lydians have a form of purification similar to (that* *of*) *the Greeks;* τοῖσι Λύδοισι is dat. of possessor; τοῖσι῾Ελλησι is dat. with the adj. of likeness, a condensed comparison. For pleonastic καί with words denoting similarity and the like, see note on 49, 18. For a description of the ritual of purification, see Apollonius of Rhodes, *Argonautica*, IV. 702 ff.

2. τὰ νομιζόμενα : *the customary rites.*

3. ἐπυνθάνετο ὁκόθεν τε καὶ τίς : as in Homer, the host does not ask his guest his name or country until he has provided entertainment or granted his request. Cf. the story of Odysseus at the court of Alcinous. *Od.* VII–IX.

4. ῎Ωνθρωπε : crasis for ὦ ἄνθρωπε. — τίς τε ἐὼν καὶ κόθεν : cf. Hom. *Od.* VII. 238 and often : τίς πόθεν εἶς ἀνδρῶν. — Φρυγίης : partit. gen. with κόθεν. Synt. 46.

8. ἐξεληλαμένος : perf. pass. of ἐξελαύνω.

10. τυγχάνεις ἐών : Synt. 134.

11. ἔνθα : rel. adv. *where.* — χρήματος : gen. of separation with a verb of want. Synt. 38.

12. ἐν ἡμετέρου : irregular, instead of ἐν ἡμῶν (οἴκῳ) or ἐν ἡμετέρῳ (οἴκῳ). — ὡς κουφότατα : *as lightly as possible;* ὡς with the ptc. indicates the highest degree of comparison.

13. δίαιταν εἶχε : *lived.*

14. ὑὸς χρῆμα μέγα : lit. *a great thing of a boar,* i.e. *a monstrous great boar;* a colloquial expression for ὗς μέγας, emphasizing the idea contained in the adj. Synt. 31, 8. Cf. the opening line of *The Clouds* of Aristophanes ; ὦ Ζεῦ βασιλεῦ τὸ χρῆμα τῶν νυκτῶν ὅσον *King Zeus, how interminable are the nights !*

15. γίνεται : *there appeared.*

16. ἔργα : *cultivated fields,* as often in Homer. — διαφθείρεσκε : iterative impf. formed by adding the suffix -εσκ to the stem before the thematic vowel, and denoting customary or repeated past action. So ποιέεσκον, 17. Hdt. (and Homer also) omits the augm. in such forms. Dial. 39.

17. ἔπασχον (*sc.* κακόν) πρὸς αὐτοῦ : *were injured by it :* πάσχω *experience,* is regularly used as a pass. of ποιέω, *do* (something *to* a person). With it the agent is commonly expressed by πρός with the gen.

18. τέλος : *finally;* adv. acc. Synt. 77.

22. σευ : gen. of the person with a verb of asking; for the gen. of the thing with this verb, see l. 24. Synt. 38 *a*. — τὸν παῖδα : *your son.* Synt. 10.

23. ὡς ἂν ἐξέλωμεν · Synt. 143 *a*.

24. τοῦ ὀνείρου : gen. with a verb of remembering. Synt. 35.

25. παιδὸς μὲν πέρι : the noun first for emphasis ; *as for my SON;* the correl. of μέν is μέντοι, l. 27. — μὴ μνησθῆτε : *don't mention it.* Synt. 109.

26. οὐ γὰρ ἂν συμπέμψαιμι : the potential opt. is somewhat more polite than the fut. indic. ; *I should not* (*could not*) *send him,* instead of ' I shall not send him.'

27. ταῦτα : referring to the noun understood in νεόγαμος. — λογάδας : *sc.* νεηνίας, as above.

28. τοῖσι ἰοῦσι : *those who go ;* subst. use of the ptc., dat. with διακελεύσομαι. Synt. 51.

29. ὡς προθυμοτάτοισι : see note on l. 12 ; the adj. is in pred. agreement with τοῖσι ἰοῦσι. — συνεξελεῖν : inf. with the adj. Synt. 117.

62. 1. οὐ φαμένου: *refusing;* the act. and mid. of φημί are used interchangeably by Hdt. and Homer.

3. τὰ κάλλιστα κτλ.: an unusual expression; the superlatives seem to be subjs. of ἦν with the inf. εὐδοκιμέειν added in explanation (epexegetic inf., Synt. 119); φοιτέοντας (fr. φοιτάω, Dial. 17 *a*) agrees with the omitted subj. of the inf.; *The fairest and noblest (rewards) were mine, to have glorious repute when I went to wars and the hunt.* For the 'regal' use of the pers. pron. cf. 59, 22.

5. τούτων: gen. of separation. Synt. 38. — ἀποκληίσας ἔχεις: periphrasis for the perf. Synt. 96, 5.

6. μοι: dat. with παριδών. Synt. 51 *c*. — τέοισι (τίσι, Att.) χρὴ ὄμμασι φαίνεσθαι; *with what eyes must I appear,* i.e. *what face must I show.*

7. ἐς ἀγορήν: cf. ἐς πόλιν *to town.*

10. ἐμέ: emphatic position. — μέθες ἰέναι: the inf. is epexegetic; cf. μέθες με, l. 29. In μέθες (and a few other forms) the aspirate appears.

11. ὅκως: *how.* — ποιεόμενα: ptc. agreeing with ταῦτα, instead of the more usual ποιεῖσθαι. Synt. 128 *a.*

12. οὔτε δειλίην οὔτε ἄλλο οὐδὲν ἄχαρι: Crœsus's answer is quite Homeric; cf. *Il.* I. 93; VI. 383 ff.

14. ὑπό: unusual with an inanimate object; its use virtually personifies αἰχμή.

15. πρός: *with reference to.*

16. τὰ παραλαμβανόμενα: *undertakings.*

17. εἴ κως δυναίμην: *if haply I might, in the hope that I might;* a form of prot. giving the motive for the action or feeling expressed by the clause on which it depends. When the motive is originally conceived, it would be expressed by ἤν (ἐάν) with the subj.; but when reported, it may, after a past tense, be changed to εἰ with the opt. Synt. 164 *a.*

18. ἐπὶ τῆς ἐμῆς ζοῆς: *in my lifetime.*

19. τὸν ἕτερον διεφθαρμένον: see 60, 15.

21. συγγνώμη . . . τοι . . . ἔχειν: *you may be pardoned for having.*

22. τὸ δὲ οὐ μανθάνεις κτλ.: *what you don't understand but (wherein) the dream misled you* (lit. *escaped your notice*); the rel. is usually omitted in a second clause, even though its case would change.

24. φής τοι: explanatory asyndeton. — φάναι: representing ἔφην of the dir. disc. — τελευτήσειν: i.e. ἀποθανεῖσθαι, *be killed;* hence ὑπό of the agent. See l. 14.

25. υἱὸς δὲ κοίαί εἰσι χεῖρες: *but of a boar* (emphatic), *what kind of hands has it;* κοῖος, *what kind of,* is common in expostulations.

26. ὀδόντος: nom. ὀδούς.

27. τούτῳ: i.e. the boar. — οἶκε (ἔοικε, Hom. and Att.): *befits.* — χρῆν: expressing unfulfilled obligation: *you ought to do.* Synt. 104, 2.

28. νῦν δέ: *but as it is;* a regular formula after an unfulfilled condition or the like.

29. ἔστι κη: lit. *there is a way in which;* hence, *in a way, some way.*

30. ὡς . . . νενικημένος: for the force of ὡς with the ptc., see Synt. 129 *c.* Here it sets forth the ground of belief for the action, not of the subject of the sentence, Crœsus, but of his son, referred to by the pers. pron. The sense is: "on the ground that I have been won over, you may go to the hunt."

63. 3. ἐγώ σε κτλ.: the pronouns put in close juxtaposition to emphasize their mutual relation, that of the benefactor and the benefited. *When you were stricken by a sad misfortune . . . I purified you.* ἀχάριτι: *unpleasant;* a euphemism. — τήν τοι οὐκ ὀνειδίζω: *with which I do not reproach you;* for τήν, see Synt. 51 a.

4. οἰκίοισι: instrumental dat.   Synt. 60. — ὑποδεξάμενος ἔχω: for the periphrasis, cf. 57, 17 ; 62, 5.   Synt. 96, 5.

5. ὀφείλεις: lit. *you owe,* but in our idiom, *you ought.*

7. μή . . . φανέωσι: neg. purpose.   Synt. 143.

8. ἐπὶ δηλήσι (for decl. cf. πόλις, Dial. 29) : *for harm.*   Cf. Hom. *Od.* VIII. 444.   μή τίς τοι καθ' ὁδὸν δηλήσεται.

9. ἔνθα ἀπολαμπρυνέαι (fut. indic. mid.; for -έαι see Dial. 17) : rel. clause of purpose.   Synt. 144.

10. πατρώιόν ἐστι: sc. ἀπολαμπρύνεσθαι.

12. ἄλλως μέν: *in other circumstances;* correl. with νῦν δέ, l. 15, *but as it is;* cf. 62, 28. — ἂν οὐκ ἦια (fr. εἶμι) : the apod. of an unreal cond. in pres. time. Synt. 160.

14. εὖ πρήσσοντας: cf. 57, 2. — τὸ βούλεσθαι πάρα: *have I the wish;* πάρα = πάρεστι.

15. τε: correl. with οὔτε, as often, *but.*

16. ὀφείλω κτλ.: in the mouth of Adrastus, these words furnish an instance of 'tragic irony'; cf. the words of Agamemnon; παρ' ἔμοιγε καὶ ἄλλοι οἵ κέ με τιμήσουσι, μάλιστα δὲ μητίετα Ζεύς; Hom. *Il.* I. 174 f.

18. τοῦ φυλάσσοντος εἵνεκεν: *as far as his guardian is concerned.* — προσδόκα (προσδόκαε) : pres. imv.

20. μετὰ ταῦτα: taking up and emphasizing ἐπείτε ἀμείψατο.

23. ἔνθα δή . . . οὗτος δή: *then it was . . . that very man.* — καθαρθεὶς τὸν φόνον: *cleansed of blood-guiltiness;* for the acc. with the pass. verb, see Synt. 72 a ; for another constr. with καθαίρω, cf. l. 31.

24. Ἄδρηστος: fr. a- (alpha privative) + δρα- (stem of διδρήσκω, *run*) ; equiv. to ἄφυκτος, *not to be escaped.* His name emphasizes his destiny. Ἀδράστεια is a name for Nemesis. — τοῦ μὲν . . . τοῦ δέ: verbs of hitting and missing take the gen.   Synt. 34.

26. ἐξέπλησε: fr. ἐκπίμπλημι. — τοῦ ὀνείρου τὴν φήμην: the order emphasizes the limiting gen.   Synt. 23.

27. ἀγγελέων: fut. ptc. denoting purpose.   Synt. 129 e.

29. συντεταραγμένος: fr. συνταράσσω.

30. ἀπέκτεινε: for subj. supply the antecedent of τόν; we should expect οὗτος.

64. 1. μαρτυρόμενος (sc. Δία): calling to witness. — ὑπό: because πεπονθὼς εἴη (fr. πάσχω) is equiv. to a pass. verb.   See note on 61, 17.

2. εἴη: opt. after a secondary tense in indir. disc. implied in μαρτυρόμενος. Synt. 177. — ἐκάλεε δέ: sc. Δία.   Zeus is invoked in a triple character; as the god who enjoined purification from involuntary bloodshed, as the guardian of the laws of hospitality, as the god of friendship.   The anaphora (see Introd. p. 44) gives a rhetorical cast to the sentence.

5. **ἐλάνθανε βόσκων**: with λανθάνω the suppl. ptc. contains the main idea. Synt. 134. *he was unwittingly supporting.* — **ὡς** . . . **εὑρήκοι**: *since* (as he said) *he had found him.* For the opt. see note on l. 2; the perf. opt. is more often expressed by a periphrasis; see πεπονθὼς εἴη, l. 2, and ἀπολωλεκὼς εἴη, l. 11.

8. **παρεδίδου**: impf. because of the 'conative' idea; *i.e.* 'he offered himself.' Synt. 84.

9. **προτείνων τὰς χεῖρας**: *i.e.* as sign of surrender.

11. **ἐπ' ἐκείνῃ**: *upon it*, i.e. *besides, after it.* — **ἀπολωλεκὼς εἴη**: *had ruined, undone.*

13. **καίπερ**: showing that the ptc. has concessive force. Synt. 129 *b.*

15. **σεωυτοῦ**: gen. after κατα- in composition. Synt. 43. — **οὐ μοι** . . . **αἴτιος**: for the thought, cf. Priam's address to Helen: οὔ τί μοι αἰτίη ἐσσί· θεοί νύ μοι αἴτιοί εἰσιν. Hom. *Il.* III. 164.

16. **εἰ μὴ ὅσον**: *except in so far that.*

19. **οὗτος δή**: cf. 63, 23.

20. **φονεὺς μὲν** . . . **φονεὺς δέ**: for the anaphora, see note on l. 2: for the exaggeration in φονεὺς δὲ καθήραντος, cf. l. 11.

21. **τῶν ἀνθρώπων**: obj. gen. with ἡσυχίη; *peace from men, i.e.* 'when the people had gone.'

22. **τῶν**: rel. pron. attracted from the acc. to the case of the antecedent. Synt. 7 *b.*

24. **πένθεϊ**: often used, as here, of the observance of mourning. — **κατῆστο**: *remained inactive.* — **τοῦ παιδός**: gen. of separation. Synt. 38.

25. **ἡ ἡγεμονίη καταιρεθεῖσα** . . . **τὰ πρήγματα αὐξανόμενα**: *the capture of the throne . . . the growth of power;* for the form of expression, see Synt. 128 *a.*

27. **πένθεος μὲν ἀπέπαυσε, ἐνέβησε δὲ ἐς φροντίδα**: *while it checked his grief, set him to thinking;* note the chiasmus and the parataxis. Introd. p. 45.

28. **εἴ κως δύναιτο**: *if haply he should be able;* quoted indirectly after ἐνέβησε ἐς φροντίδα; see note on 62, 17. — **πρὶν γενέσθαι**: Synt. 125.

29. **καταλαβεῖν**: compl. inf. with ἐς φροντίδα (on the analogy of a verb of hoping), or with δύναιτο; it is followed by the suppl. ptc. The passage may then be translated: *set him to thinking of (i.e.* hoping to) *preventing their power from increasing, if he could;* or *set him to thinking if haply he could prevent their power,* etc.

65. 2. **τῶν μαντηίων**: partit. gen. with verb meaning *make trial of.* Synt. 34. — **τῶν ἐν Ἕλλησι**: *sc.* μαντηίων; **τοῦ ἐν Λιβύῃ**: *sc.* μαντηίου. Synt. 21. The oracle in Libya is that of Zeus Ammon.

3. **διαπέμψας**: the prep. has distributive force. — **ἄλλους ἄλλη**: see note on 57, 11.

4. **ἰέναι**: epexegetic inf. Synt. 119. — **Ἄβας**: Abæ, in east Phocis, contained the oldest and most famous oracle of Apollo next to Delphi.

5. **Δωδώνην**: Dodona, in Epirus, was the seat of the oldest oracle in Greece, that of the Pelasgian Zeus. See Hom. *Il.* XVI. 233. — **Ἀμφιάρεων**: *Amphiaraus* at Thebes. For the declension, see Dial. 26.

6. **Τροφώνιον**: Trophonius, at Lebadea, in Bœotia. — **ἐς Βραγχίδας**: *i.e.* to the oracle of the Didymæan Apollo.

8. **μαντευσόμενος**: fut. ptc. to denote purpose. Synt. 129 *e*. — **Λιβύης**: partit. gen. with Ἄμμωνα.

9. **χρησομένους** = μαντευσομένους; different verbs used for variety.

10. **μαντηΐων**: used proleptically as obj. of πειρώμενος (Synt. 34), instead of subj. of φρονοῖεν; *i.e.* 'testing the wisdom of the oracles.' For the opt. see Synt. 178. — **ὡς**: introducing ἐπείρηται, a clause of purpose; the subj. after a secondary tense, as often. Synt. 140 *a*. — **εἰ . . . εὑρεθείη** (fr. εὑρίσκω): representing ἢν εὑρεθῇ of the dir. disc. Synt. 161, 177 *a*. — **φρονέοντα**: suppl. ptc. Synt. 137.

11. **δεύτερα**: *a second time, later.* Synt. 77 *a*. — **εἰ ἐπιχειρέοι**: an indir. quest., the opt. representing the deliberative subj. of the dir. quest. Synt. 110, 178.

13. **τάδε**: *as follows;* obj. of ἐντειλάμενος; explained by ἀπ᾿ ἧς κτλ.

14. **ὁρμηθέωσι**: subj. in a conditional rel. clause of the fut. more vivid type. For the mood after a secondary tense, see Synt. 177.

15. **τοῖσι χρηστηρίοισι**: Synt. 60 *a*.

16. **ποιέων**: Synt. 134.

17. **ἄσσα** (ἄττα) = ἅτινα: see Dial. 38.

18. **συγγραψαμένους**: *having them written down* (*i.e.* by the interpreter of the prophetic response).

20. **λέγεται πρός**: instead of the more usual ὑπό. — **ὡς . . . τάχιστα**: *as soon as.*

22. **ἐπειρώτων** (ἐπειρώταον): impf. of ἐπειρωτάω. — **ἐντεταλμένον**: fr. ἐντέλλω.

24. **οἶδα δέ**: the particle points to the fact that some verses preceded those given here, or that another response had preceded this.

25. **κωφοῦ . . . φωνεῦντος**: for the case, see Synt. 35.

26. **με**: acc. of limit of motion. — **κραταιρίνοιο**: epic form; so also κρέεσσιν. The epic dialect is usually found in oracles.

28. **ὑπέστρωται**: fr. ὑποστόρνυμι. — **ἐπίεσται**: ep. perf. ind. pass. of ἐπιέννυμι. Sayce renders the oracle as follows:

> I number the sand and I measure the sea,
> And the dumb and the voiceless speak to me;
> The flesh of a tortoise, hard of shell,
> Boiled with a lamb is the smell I smell,
> In a caldron of brass with brass cover as well.

30. **οἴχοντο ἀπιόντες**: cf. note on 50, 4. Synt. 135. The augm. is regularly omitted when a verb begins with a diphthong. — **ὦλλοι**: crasis for οἱ ἄλλοι. Dial. 18.

66. 2. **ἐπώρα**: impf. of ἐπωράω.

3. **τῶν μέν**: *of the others;* contrasted with τὸ ἐκ Δελφῶν. — **προσίετο**: *pleased.*

7. **φυλάξας**: fr. φυλάσσω *watch for, await.* — **τὴν κυρίην τῶν ἡμερέων**: *the appointed day.* Cf. φρουρῶν τόδ᾿ ἦμαρ. Eur. *Alcestis*, 27.

8. **ἐξευρεῖν τε καὶ ἐπιφράσασθαι**: τε καί connecting synonymous words, as often. The infs. are used with ἀμήχανον. Synt. 118.

9. **ἤψεε**: fr. ἑψέω, used by Hdt. instead of the usual ἕψω.

12. οὐκ ἔχω εἰπεῖν: *I am not able to say;* a common meaning of ἔχω with the inf.; cf. 50, 7.

14. καὶ τοῦτον ἐνόμισε μαντήιον ἀψευδὲς ἐκτῆσθαι: *he thought that in him too he possessed a truthful oracle;* τοῦτον is the dir. obj. and μαντήιον is pred. obj. Synt. 71. ἐκτῆσθαι is perf. inf. of κτάομαι.

17. πάντα τρισχίλια: *of every kind three thousand.*

20. τὸν θεόν: obj. of the inf. For an account of a similar holocaust, furnished by Sardanapallus, King of Nineveh, in which he and his wife and concubines perished, see Athenæus, 529.

21. πάντα τινά: partit. appos. to the omitted subj. of the inf. (Λύδους πάντας) instead of to the dat. Λύδοισι πᾶσι. See note on 50, 24.

25. ἐσιόντι: *as one enters;* dat. of relation. Synt. 58.

26. ὑπὸ τὸν νηὸν κατακαέντα: *at the time the temple was burned.* This occurred 548 B.C., about two years before the overthrow of Crœsus.

28. ἕλκων σταθμόν: *weighing;* for the periphrasis, cf. σταθμὸν ἔχοντες, 55, 9. — εἴνατον ἡμιτάλαντον: *eight and a half talents.* For this method of computation with an ordinal numeral, cf. Lat. *sestertius* (fr. *semis-tertius*) *two and a half.* The talent was a definite measure of weight, which varied in different systems. The Attic talent, which Hdt. may have had in mind, weighed about 60 lbs.

29. δώδεκα μνέας: *i.e.* about one-fifth of a talent. See Vocab. — ἐπὶ τοῦ προνηΐου τῆς γωνίης: the limiting gen. is placed before its noun as more important. Synt. 23. The προνήϊον was the hall or first room of a temple, through which one passed to the main chamber. Hdt. refers to the new temple, built by the Alcmæonidæ.

67. 1. ἀμφορέας ἑξακοσίους: *i.e.* about 5400 gallons. — ἐπικίρναται: *it is mixed; i.e.* filled with wine and water, and therefore measured.

2. Θεοφανίοισι: dat. of time. Synt. 67 a. The Theophania seems to have been a festival held at Delphi in honor of the reappearance of the sun god in the spring. — Θεοδώρου: Theodorus of Samos, mentioned by Pausanias (III. 12, 10) as the inventor of casting in bronze, seems to have been famous also as a gem cutter and goldsmith. He made the seal ring of Polycrates. (For the story see pp. 118 ff.)

3. συντυχόν: *common.*

9. ἀρτοκόπου: according to Plutarch (Mor. 401 E), Crœsus's stepmother attempted to poison him, and his life was saved by his baker.

11. τὰ ἀπὸ τῆς δειρῆς: *neck ornaments.* Notice the order of the limiting gen.

13. τὴν πάθην: *the fate.* Amphiaraus, an Argive seer, joined the expedition of the Seven against Thebes owing to the persuasions of his wife, Eriphyle, and lost his life in the conflict.

14. χρύσεον πᾶν ὁμοίως: *every part of gold.* — στερεὴν πᾶσαν χρυσέην: *all of solid gold ;* a different expression for the sake of variety.

15. τὸ ξυστόν . . . ἐὸν . . . χρύσεον: attracted to the case of αἰχμήν, though a gen. abs. would be more regular.

16. ἐς ἐμέ · *up to my time.* — ἦν κείμενα: periphrasis for ἔκειτο.

19. **εἰ στρατεύηται**: a deliberative question, the subj. retained in indir. disc. after a secondary tense; but cf. προσθέοιτο below. Synt. 110, 178.

21. **ἐς τά** (*sc.* μαντήια) : *at the oracles to which.*

25. **ἄξια . . . τῶν ἐξευρημάτων**: *worth the discoveries; i.e.* sufficient reward for discovering what Crœsus was doing, when the oracles were consulted before. See p. 65, 9 ff.

28. **ἐς τὠυτὸ συνέδραμον**: *agreed.* The verse of the oracle was, according to Aristotle (*Rhet.* III. 5) : Κροῖσος "Αλυν διαβὰς μεγάλην ἀρχὴν καταλύσει.

68. 2. **ἐξευρόντα**: agreeing with the omitted subj. of προσθέσθαι.

3. **ἀνενειχθέντα**: fr. ἀναφέρω.

6. **Πυθώ**: an old name for Delphi, doubtless chosen here to avoid the repetition of Δελφούς.

7. **κατ' ἄνδρα . . . ἕκαστον**: *each man individually;* the distributive idea doubly expressed. — **δύο**: here indeclinable. — **στατῆρσι**: dat. of means. — **ἕκαστον**: partit. apposition with Δελφούς, the dir. obj. of δωρέεται. Synt. 3 *a.*

9. **ἐξεῖναι**: the inf. used as a noun, coördinate with the preceding nouns; *the permission.* Synt. 115, 1. — **τῷ βουλομένῳ**: *to any one who wished;* a common use of the ptc. with the art. instead of an indef. rel. clause. Synt. 128.

10. **ἐς τὸν αἰεὶ χρόνον**: *for all time;* αἰεί by its position gains the force of an attrib. adj. Synt. 21.

11. **τοὺς ἄν κτλ.** : *who were the most powerful of the Greeks whom he could gain as allies;* the main point of the question is contained in the ptc.; the rel. pron. in an indir. quest. is found often in Hdt. but is rare in Att.

13. **προέχοντας**: suppl. ptc. in indir. disc. Synt. 137.

14. **γένεος**: pred. gen. of possession with ἐόντας understood. Synt. 32.

15. Digression on early Athenian history. This is one of the most valuable contributions to the history of Athens in the sixth century.

16. **ὑπὸ Πεισιστράτου**: properly used only with κατεχόμενον, to which διεσπασμένον *rent by faction* is added by way of explanation.

17. **τοῦ**: *sc.* υἱοῦ. — τοῦτον τὸν χρόνον; *i.e.* ca. 556 B.C. Pisistratus began to rule 560 B.C.

18. **γάρ**: not to be translated ; see on 50, 12.

21. **Χίλων**: Chilo, ephor, ca. 560 ; for his wisdom ranked one of the Seven Sages.

23. **πρῶτα μέν**: for the neut. pl. acc. of an adj. used as an adv., see Synt. 77 *a.*

24. **εἰ δὲ τυγχάνει ἔχων, δεύτερα**: correl. with πρῶτα μέν. Chilo interpreted the τέρας to mean that force was to boil up in P's own family.

26. **ἀπείπασθαι** : *to disown.* — **οὐ . . . θέλειν**: *refused;* note the change to indir. disc. after some word of saying understood. The inf. represents the impf. Synt. 174.

27. **γενέσθαι οἱ**: asyndeton, because explanatory of the preceding or giving its immediate consequence ; cf. 52, 3.

28. **τῶν παράλων**: inhabitants of ἡ πάραλος, as the coast of Attica was called ; *i.e.* the rich merchants.

29. **τῶν ἐκ τοῦ πεδίου**: *those* (i.e. *the party) of the plain, i.e.* the eupatrids or nobles.

69. 2. **καταφρονήσας**: *having designs upon.* — **ἤγειρε**: fr. ἀγείρω. — **στάσιν**: *party.*

3. **τῷ λόγῳ**: *in word;* i.e. *avowedly, as he said.* — **τῶν ὑπερακρίων**: *the inhabitants of the heights,* poor peasants, herdsmen, etc.; gen. with προστάς. Synt. 43.

5. **ὡς ἐκπεφευγώς**: Synt. 129 *c.* Here the alleged reason is false.

7. **δῆθεν**: *forsooth;* ironical. — **ἐδέετο**: followed by two genitives, one of the person, the other of the thing, with κυρῆσαι added epexegetically; cf. 60, 29, with note; or φυλακῆς may be taken as obj. of κυρῆσαι.

8. **εὐδοκιμήσας**: *since he had distinguished himself.* — **ἐν τῇ πρὸς Μ. . . . στρατηγίῃ**: *i.e.* to recover Salamis, which the Megarians had taken from Athens.

9. **Νίσαιαν**: the port of Megara.

10. **ἀποδεξάμενος**: fr. ἀποδείκνυμι.

11. **τῶν ἀστῶν**: partit. gen.

12. **δορυφόροι**: the usual name for the standing guard of a tyrant. In this case the guards carried clubs instead of spears.

13. **ξύλων**: gen. of material. Synt. 31, 4.

15. **ἔσχον**: *took;* the aor. with ingressive force as usual. Synt. 93 *a.*

16. **τιμάς**: *magistracies; i.e.* the usual offices or bodies, such as the office of archon and the assemblies.

17. **ἐπί**: *on the basis of, according to.* — **τε**: correl. with οὔτε has adversative force; *but.* — **τοῖσι κατεστεῶσι**: *those established (i.e.* by Solon).

18. **καλῶς τε καὶ εὖ**: synonymous words, like our 'well and good.'

19. **τὠυτὸ φρονήσαντες**: *becoming of the same mind,* i.e. *conspiring.*

20. **οὕτω μέν**: asyndeton, because the sentence is a summary of the preceding.

22. **κάρτα ἐρριζωμένην** (fr. ῥιζόω): *very well rooted,* i.e. *firmly established.*

23. **ἐκ νέης**: Lat. *de novo.*

24. **ἐπεκηρυκεύετο . . . εἰ**: *sent a message (to ask) whether.*

26. **ἐπὶ τῇ τυραννίδι**: *on the terms of the tyranny; i.e.* in return for the alliance to assist him in recovering the power. — **τὸν λόγον**: *the proposition.*

27. **ἐπὶ τούτοισι**: *on these conditions.* — **ἐπὶ τῇ κατόδῳ**: *with a view to his return.*

28. **μακρῷ**: *by far;* dat. of degree of difference with the superl. Synt. 64.

29. **ἀπεκρίθη**: fr. ἀποκρίνω. — **ἐκ παλαιτέρου**: *from very ancient times.* — **ἔθνεος**: gen. after the comparatives. Synt. 44 *a.*

30. **εὐηθίης ἠλιθίου ἀπηλλαγμένον**: *removed from foolish simplicity.* For the gen., see Synt. 38.

31. **εἰ καί**: *if actually.*

70. 1. **σοφίην**: *cleverness, intelligence.* Acc. of respect. Synt. 76.

2. **ἐν τῷ δήμῳ**: explanatory asyndeton. The Pæanian deme was situated on the east of Mt. Hymettus.

3. **μέγαθος κτλ.**: *in height lacking three fingers' breadths of four cubits.* The πῆχυς was 18¼ inches, and contained 24 δάκτυλοι. The girl was, therefore, about five feet ten inches tall.

4. **καὶ ἄλλως εὐειδής** (*sc.* **οὖσα**) : height was regarded by the Greeks as essential to beauty.

5–6. **προδέξαντες κτλ.** : *when they had taught her a bearing such that* (with it) *she was sure to give an impression of the utmost distinction* : the ptc. ἔχουσα may be regarded as circumstantial with οἷόν τι as obj., and as supplementary with φαίνεσθαι (Synt. 137 c), with εὐπρεπέστατον (σχῆμα) as its obj. For ἔμελλε showing past intention or likelihood, see Synt. 96, 1 a.

9. **ἀγαθῷ νόῳ** : *with favor, kindly.*

10. **κατάγει** : regular word for bringing back from exile ; cf. κατόδῳ, 69, 28.

11. **διαφοιτέοντες** : fr. διαφοιτάω ; Dial. 17 a.

13. **πειθόμενοι** : *believing;* the perf. would be more regular in this sense. Synt. 88.

14. **προσεύχοντο** : *adored.*

15. **τὴν ἄνθρωπον** : notice the gender.

18. **οἷα . . . ὑπαρχόντων** : *since he had sons.* Synt. 129 a. The sons were Hippias and Hipparchus.

19. **ἐναγέων** : *under a curse,* because a member of this family, also named Megacles, had violated a pledge of protection given to conspirators against the government who had sought refuge in the temple of Athene, and had caused the conspirators to be put to death. For further details of this affair, which had far-reaching consequences, see any *History of Greece,* under the head of the ' Conspiracy of Cylon.'

21. **οὐ** : with ἐμίσγετο ; an instance of ' hyperbaton.' Introd. p. 45.

22. **ἱστορεύσῃ** : dat. sing. fem. of the pres. ptc. of ἱστορέω, agreeing with μητρί below. The ptc. expresses cause.

23. **εἴτε καὶ οὔ** : καί is regular in this phrase, even though the second alternative excludes the first ; οὐ at the end of a clause receives an accent. — **τὸν δεινόν τι ἔσχεν ἀτιμάζεσθαι** : *anger seized him at the slight* (to be slighted).

24. **πρός :** = ὑπό. — **ὀργῇ ὡς εἶχε** : *in anger just as he was, i.e.* without waiting for his anger to cool.

25. **καταλλάσσετο** : *settled;* followed by the dat. of the person. Synt. 65.

27. **τὸ παράπαν** : *i.e.* with his family and connections.

29. **ἀνακτᾶσθαι** : with conative force ; used as complement of γνώμῃ νικήσαντος, equiv. to a verb of persuading.

30. **προαιδέατο** (-αίδηντο) : Ion. plpf.

71. 2. **οὐ πολλῷ λόγῳ εἰπεῖν** : *not to make a long story;* abs. use of the inf. Synt. 122. — **χρόνος διέφυ καὶ πάντα ἐξήρτυτο** : instead of ' when time had passed, all had been made ready ' ; a case of parataxis. διέφυ is a poetic word for διῆλθε or διεγένετο.

3. **καὶ γάρ** : *and in fact.*

5. **Λύγδαμις** : Lygdamis had been tyrant of Naxos, but when expelled joined forces with Pisistratus.

7. **διὰ ἑνδεκάτου ἔτεος** : *in the eleventh year.*

8. **πρῶτον** : pred. adj. agreeing with Μαραθῶνα. Synt. 6. — **τῆς Ἀττικῆς** : partit. gen. with πρῶτον : *the first in Attica.*

9. **σφι**: dat. of interest, with the ptc. in agreement, instead of a gen. abs. expressing time. — **οἱ ἐκ τοῦ ἄστεος**: *those in the city;* the prep. is proleptic; see note on 51, 5.

11. **πρό**: *in preference to, instead of.* — **ἀσπαστότερον**: neut. because the subj. is thought of as an abstraction without regard to its grammatical gender.

15. **πορεύεσθαι**: inf. in indir. disc. with **ἐπύθοντο**, which more commonly takes the suppl. ptc. Synt. 137 *a*. — **οὕτω δή**: picking up the temporal clause and emphasizing it; *i.e.* 'then, and only then, did they lend aid.'

16. **οἱ ἀμφὶ Π.**: *Pisistratus and his partisans.*

18. **ὅκως ἁλισθεῖεν**: opt. in a clause of purpose after an historical pres.

19. **τε**: correl. with μήτε, see note on 69, 17.

22. **ἕκαστον**: partit. apposition with the subj. of the inf.

23. **τὰ ἑωυτοῦ**: *sc.* οἰκία. — **οὕτω δή**: picking up the ptc.; cf. l. 15.

25. **συνόδοισι**: *income;* the usual word is πρόσοδος.

26. **αὐτόθεν**: *i.e.* from Attica; probably market and harbor tolls, land taxes, and possibly silver from the mines in Laurium, which in later times were a source of revenue.

The dates of the three periods of Pisistratus's rule and the intervening exiles are given as follows: First tyranny, 560–555 B.C.; first exile, 555–549 B.C.; second tyranny, 549–548 B.C.; second exile, 548–538 B.C.; third tyranny, 538–527 B.C.

28. **τοὺς μὲν Ἀθηναίους κτλ.**: transition to the story of the Lacedemonians; μέν resumes μέν, 68, 15 (τὸ μὲν Ἀττικόν), which was left without a corresponding δέ.

29. **κατέχοντα**: constr. as κατεχόμενον, 68, 15; see note on πορεύεσθαι, l. 15.

72. 1. **τῷ πολέμῳ**: the art. marks it as well known. Synt. 15.

2. **ἐπὶ Λέοντος**: *in the time of Leon.* Leon was the grandfather of Leonidas, the hero of Thermopylæ, and father of Anaxandridas. (See 73, 13.)

3. **Ἡγησικλέος**: Hegesicles was the father of Aristo. (See 73, 14.) The two kings ruled jointly (ca. 600–560 B.C.), following the custom in Sparta from time immemorial. — **τοὺς ἄλλους πολέμους**: nothing is known of these.

5. **καί**: *also.* With this statement, cf. Thuc. I. 18.

6. **κατά τε σφέας αὐτούς**: we should expect καὶ κατὰ τοὺς ξείνους; as it stands, there is a slight 'anacoluthon.' Introd. p. 44.

8. **Λυκούργου**: the historical reality of Lycurgus is often denied. See Bury, *History of Greece*, pp. 135 f.

11–14. Sayce renders the oracle as follows:

> Thou art come, Lycurgus, to my wealthy shrine,
> The friend of Zeus and all that are divine;
> I doubt if I shall name thee god or man,
> Yet rather god, Lycurgus, if I can.

16. **κόσμον**: *i.e.* the political and social order.

19. **ἀγαγέσθαι**: indir. disc. after ὡς λέγουσι in the parenthetical clause. — **ταῦτα**: referring loosely to κόσμον. — **ἐπετρόπευσε**: ingressive aor. Synt. 93.

20. **ἐφύλαξε ταῦτα μὴ παραβαίνειν**: *guarded these from transgressions;* i.e. made some provision against their being broken, perhaps by exacting pledge

under oath, as in the case of Solon, 57, 27.   With παραβαίνειν we must understand the subj. Λακεδαιμονίους.

21. εὐνομήθησαν: ingressive aor.

22. τῷ Λυκούργῳ τελευτήσαντι: to Lycurgus when he died; dat. with εἰσάμενοι (see Vocab. ἵζω), which is more important than the main verb σέβονται, which would take the acc.

23. οἷα: sc. ὄντων: inasmuch as they were; cf. 70, 18.

24. οὐκ ὀλίγων: litotes. — ἀνὰ . . . ἔδραμον: tmesis. Introd. p. 45. — εὐθενήθησαν: cf. ‘euthenics,’ a recently coined word.

25. ἡσυχίην ἄγειν: like ἡσυχίην ἔχειν, 53, 25. — καταφρονήσαντες: thinking scornfully; followed by the inf. in indir. disc.

26. Ἀρκάδων: gen. after the comp. — κρέσσονες (κρείσσονες): nom. because the subject of εἶναι is the same as that of the main verb. Synt. 81.

29. αἰτεῖς: followed by two accusatives. Synt. 72.

30. βαλανηφάγοι: the epithet implies a primitive civilization before the days of agriculture.   The Arcadians, like the Athenians, were thought to be aborigines; i.e. descendants of the old pre-Greek stock. — ἔασιν (εἰσίν): epic form.

73. 1. ὀρχήσασθαι: to dance in; purpose inf. Synt. 120. The verb is perhaps derived from ὄρχος row, usually row of trees, garden, and there may be intentional word play here, as the verb might mean cultivate a garden, and so point to the actual fulfillment of the prophecy.

2. διαμετρήσασθαι: an ambiguous word; it would be understood by the Spartans to mean measure off lots, i.e. divide among themselves.

4. οἱ δέ: repetition of the subj.; we should expect ἐπὶ δὲ Τεγεήτας, as correl. with τῶν μὲν Ἀρκάδων.

5. κιβδήλῳ: false; so-called because of their false interpretation of it. — ὡς δή: with the expectation, of course (ironical).

6. ἐξανδραποδιούμενοι: fut. of ἐξανδραποδίζω. — ἐσσωθέντες: fr. ἐσσάομαι (Att. ἡττάομαι).

8. ἐφέροντο: had brought; Hdt. uses the impf. instead of the aor. because of the continuance of the past act.

9. ἐδεδέατο: ἐδέδεντο.

11. Ἀλέης Ἀθηναίης: Athena Alea, the patron goddess of the Tegeates. — κρεμάμεναι: hung up. The traveler Pausanias (VIII. 47, 2) saw some of the fetters hanging in the temple in the second century after Christ.

13. κατὰ δὲ τὸν κατὰ Κροῖσον χρόνον: the repetition of the prep. seems to us careless writing. — τὴν Ἀναξανδρίδεώ τε καὶ Ἀρίστωνος βασιληίην: see notes on 72, 2 f. The double kinship was hereditary.

18. τίνα ἂν θεῶν κτλ.: what god they should propitiate to become superior.

19. ἔχρησε κτλ.: The answer does not conform strictly to the question; sc. ἂν κατύπερθε γενέσθαι: they might prevail by bringing the bones, etc. — Ὀρέστεω: Agamemnon's son Orestes had no connection with Tegea or Arcadia, as far as we know.   Perhaps he was confused with another hero of similar name.

22. τὴν ἐς θεόν: sc. ὁδόν or πομπήν; a cogn. acc. on the errand to the god; θεόν without the art. is virtually equiv. to a proper name. — ἐπειρησομένους: sc. θεοπρόπους. For the constr., see Synt. 129 e.

25. **λευρῷ ἐνὶ χώρῳ**. cf. Hom. *Od*. VII. 123.

28. **κατέχει φυσίζοος αἶα**: cf. Hom. *Il*. III. 243; *Od*. XI. 301.

29. **ἐπιτάρροθος**: epic word, *helper, defender*, in Hom. always of a god; here *master, lord*.

The oracle is rendered by Sayce as follows:

> Arcadian Tegea lies upon a plain;
> There blow two winds driven by might and main,
> Blow upon blow and stroke on stroke again.
> The fruitful soil holds Agamemnon's son;
> Fetch him to thee and Tegea is won.

31. **οὐδὲν ἔλασσον**: litotes. — **διζήμενοι**: with concessive force. — **ἐς ὅ** (*sc.* χρόνον): *until*.

74. 1. **ἀγαθοεργῶν**: partit. gen. in the pred. with ἐών understood. — **ἀνεῦρε**: *made the discovery*.

2. **αἰεὶ οἱ πρεσβύτατοι**: *the oldest men in each case*.

4. **τὸν ἂν ἐξίωσι**: *on which they go out;* the rel. agrees in case with its antecedent, though a dat. (of time) would seem more natural; ἄν with the subj. because of indef. frequency in pres. time. Synt. 171. — **τῷ κοινῷ**: *the commonwealth, state*, dat. of agent. Synt. 56.

5. **διαπεμπομένους μὴ ἐλινύειν**: *do not cease being sent, are continually sent*. For the ptc., see Synt. 132. — **ἄλλους ἄλλη**: emphasizing the distributive force in δια-πεμπομένους. — **τούτων ὧν κτλ.**: resumptive of Λίχης . . . ἀνεῦρε above, after the parenthesis οἱ δὲ . . . ἄλλῃ.

6. **καὶ . . . καί**: *both . . . and*.

9. **σίδηρον**: the employment of iron in place of bronze was comparatively late, hence the smith was called χαλχεύς.

11. **Ἦ κου ἄν**: ἄν is often placed early in a sentence to prepare the reader for the form of apod. to come, and may or may not be repeated with the verb. The cond. here is unreal, the prot. in past time, the apod. in pres. time. Synt. 160.

12. **ὅκου νῦν**: *since in the present instance;* cf. the use of νῦν δέ after an unreal cond. (see note on 62, 28). — **θῶμα ποιεύμενος**: periphrasis, equiv. to θαυμάζων; cf. ἐν θώματι ἦν, l. 9. Synt. 69 a.

15. **ὑπὸ ἀπιστίης μὴ κτλ.**: *through disbelief that there had ever been;* for the redundant μή after a negative idea, see Synt. 181. μέν (after μή) with no corresponding implies a suppressed thought in the man's mind. μηδαμά merely strengthens μή. Synt. 183.

16. **τῶν νῦν** (*sc.* ἀνθρώπων): gen. after the comp. Synt. 44 a.

18. **ὀπώπεε**: plupf. indic. of ὁράω, with augm. omitted.

21. **φύσας**: see Vocab. φῦσα. — **ἐόντας**: suppl. ptc. agreeing with the pred. obj. ἀνέμους instead of with φύσας, the dir. obj.

23. **κατὰ τοιόνδε τι**: *in some such way as this*.

24. **ἐπὶ κακῷ ἀνθρώπου**: *for man's harm*.

26. **ἐκ λόγου πλαστοῦ**: *on a fictitious charge; i.e.* for the sake of getting him back to Tegea.

27. **ἐδίωξαν**: *they banished*.

29. ἐμισθοῦτο : *tried to hire.* Synt. 84. — οὐκ ἐκδιδόντος : *when he was un-willing to let;* the ptc. corresponds to the impf. of refusal. Synt. 91.

30. ἐνοικίσθη : *took up his abode.* Synt. 93.

31. οἴχετο φέρων : *carried them off;* see note on 50, 4. Synt. 135.

75. 1. ὅκως πειρῴατο : a temporal clause corresponding to a past gen. prot. Synt. 172.

2. σφι : dat. of agent. Synt. 56.

3. κατεστραμμένη : fr. καταστρέφω.

4. ταῦτα δὴ ὧν κτλ. : the narrative is resumed after the digressions on Athenian and Lacedemonian history ; ταῦτα refers to the details of Lacedemonian supremacy.

5. φέροντας καὶ δεησομένους : for the coördination of ptcs. in different tenses, cf. λυσόμενός τε θύγατρα φέρων τ' ἀπερείσι' ἄποινα. Hom. *Il.* I. 13.

6. ἐντειλάμενός τε : ptc. in different constr. added coördinately with the preceding ptcs. ; we should expect the omission of τε.

8. χρήσαντος τοῦ θεοῦ κτλ. : *since the god directed us by oracle to gain the Greek as friend.*

9. ὑμέας γάρ : in explanation of the following clause, as often ; see note on 52, 16.

10. πυνθάνομαι : followed by the inf. in indir. disc., as 71, 15. Synt. 137 *a.*

12. ἄνευ τε δόλου καὶ ἀπάτης : for ἄνευ δόλου τε κτλ. ; an instance of hyperbaton. Introd. p. 45.

15. ἥσθησαν : fr. ἥδομαι.

16. αὐτοὺς εὐεργεσίαι εἶχον : a periphrasis for εὐεργέτηντο : *they had been benefited, were under obligation.*

18. ὠνέοντο : with conative force.

19. ἐς ἄγαλμα βουλόμενοι χρήσασθαι : *wishing to use it for a statue;* namely τοῦτο τὸ νῦν . . . ᾿Απόλλωνος. The position of ᾿Απόλλωνος is unusual. — τῆς Λακωνικῆς (*sc.* χώρης) is partit. gen. with Θόρνακι. Upon the mountain there was a colossal statue of Apollo, but according to Pausanias (III. 10, 10), the gold that Croesus sent was used to ornament another statue that stood at Amyclæ.

21. ὠνεομένοισι : see note on ὠνέοντο, l. 18.

25. καὶ . . . καί : *both . . . and.* — προσκτήσασθαι . . . βουλόμενος : added in explanation of γῆς ἱμέρῳ.

27. τείσασθαι : fr. τίνω .

28. γαμβρόν : *brother-in-law.*

29. καταστρεψάμενος εἶχε : as 57, 17 ; 62, 5 ; 63, 4.

76. 1. ἥλωσαν : fr. ἁλίσκομαι.

2. Κροίσῳ : dat. of relation. Synt. 58.

3. τῷ πρώτῳ ἐπιβάντι : *to the first man that scaled;* πρώτῳ is in pred. agreement with ἐπιβάντι. — τοῦ τείχεος : gen. with ἐπιβάντι on the analogy of verbs of touching ; verbs compounded with ἐπί more often take the dat.

4. δώσειν : fut. inf. in indir. disc. with προεῖπε, in the sense *promised;* the verb usually takes a compl. inf.

5. ὡς οὐ προεχώρεε (sc. τῇ στρατιῇ) : when there was no success.

6. προσβαίνων (= ἐπιβαίνων) : suppl. ptc. with ἐπειρᾶτο.

7. κατὰ τοῦτο τῆς ἀκροπόλιος : at that part of the citadel; for the gen., see Synt. 31, 6. — ἐτέτακτο : fr. τάσσω.

8. οὐ γὰρ ἦν δεινόν : for there was no fear (i.e. on the part of the inhabitants). — μὴ ἀλῷ : obj. clause after an expression of fearing. Synt. 145. For the subj. after a secondary tense, see Synt. 140 a. — ἀπότομος : adj. of two endings ; so ἄμαχος, and, in general, compound adjectives.

10. τῶν τινα Λυδῶν : a favorite order with Hdt.

11. καταβάντα : suppl. ptc. with ἰδών ; the aor. denotes simple occurrence of the act and is, therefore, coincident in time with ἰδών. Synt. 133. — ἐπί : after, to fetch.

12. κατακυλισθεῖσαν : fr. κατακυλίνδω. — ἐς θυμὸν ἐβάλετο : he laid it to heart.

13. κατ' αὐτόν : according to him ; i.e. 'following his example.'

15. οὕτω δή : taking up the ptc. as 71, 23, and often. — ἡλώκεσαν . . . ἐπορθέετο : note the force of the tense in each case.

16. κατά : concerning. — ἦν ὁ παῖς : explanatory asyndeton.

17. πρότερον : i.e. 60, 15, where he was described as κωφός. — ἐπιεικής : cf. Hebrews XI. 23, 'a proper child.'

18. εὐεστοῖ = εὐδαιμονίῃ.

19. ἄλλα τε ἐπιφραζόμενος καὶ . . . ἐπεπόμφεε : change of constr. in parallel expressions.

22. μέγα νήπιε Κροῖσε : cf. μέγα νήπιος, Hom. Il. XVI. 46.

77. 1. ἀμφὶς ἔμμεναι : to be apart or afar, i.e. otherwise.

3. ἁλισκομένου : for the tense, see Synt. 88. — γάρ : see note on 52, 16. — τῶν τις Περσῶν : see note on 76, 10.

4. ὡς ἀποκτενέων : as though going to kill him. Synt. 129 c.

5. ὁρέων : for ὁράων ; see Dial. 17 a. — ὑπὸ τῆς . . . συμφορῆς : because of his misfortune.

6. οὐδέ τι οἱ διέφερε κτλ. : nor did it matter to him at all to be smitten and killed.

8. ἔρρηξε φωνήν : cf. rumpere vocem, Verg. Æn. II. 129.

12. τεσσερεσκαίδεκα : in this compound τέσσερες is treated as indeclinable. If the statement is correct, Sardis was captured 546 B.C.

17. παρ' αὐτόν : beside him ; the acc. is used, because of the idea of motion in ἀνεβίβασε.

18. καταγιεῖν : fr. καταγίζω ; for the tense, see note on τείσεσθαι, 53, 22. θεῶν ὅτεῳ δή : to whatever god : i.e. 'to some god or other.'

21. τοῦ μὴ . . . κατακαυσθῆναι : from being burned; the 'articular' inf. is strictly a gen. of separation. Synt. 38. For redundant μή after a verb containing a negative idea, see Synt. 181.

22. ποιέειν : a shift to indir. disc. after some expression like λέγεται ὑπὸ Λυδῶν ; for the imp. inf. see Synt. 174. — τῷ Κροίσῳ : for the case, see Synt. 79 a.

24. τὸ τοῦ Σόλωνος : sc. ἔπος, the subj. of ἐσελθεῖν, occurred. — σὺν θεῷ : by inspiration of Heaven.

25. **τὸ μηδένα εἶναι . . . ὄλβιον**: a subst. clause in apposition with τὸ τοῦ Σόλωνος. Synt. 115, 1.

26. **μιν**: acc. with προσστῆναι (= ἐσελθεῖν), where the dat. would be more usual. Synt. 79. For the inf. in a subordinate clause in indir. disc., see Synt. 177 *b*. — **ἀνενεικάμενον**: fr. ἀναφέρω, *bring up, heave a sigh.*

27. **ἐκ**: *after.* — **ἐς τρίς**: *up to three times, thrice.*

29. **τίνα τοῦτον ἐπικαλέοιτο**: *who was this person he called upon.* — **καὶ τούς**: *and they.*

78. 2–3. **τὸν ἂν ἐγὼ κτλ.**: *the man whom I should have preferred above great possessions should come into converse with every tyrant; i.e.* 'whom I would have given anything to see converse with tyrants.' For the 'potential' indic., see Synt. 105; for the constr. of πᾶσι τυράννοισι, see Synt. 65. χρημάτων is gen. after the comparative idea in προετίμησα. Synt. 39.

4. **σφι**: dat. with ἄσημα.

5. **ἐπειρώτων**: the dir. narrative resumed. — **τὰ λεγόμενα**: impf. ptc. Synt. 99 *a.*

6. **δή**: *at length.* — **ὡς ἦλθε ἀρχήν**: *how he had come in the beginning.*

8. **ἀποφλαυρίσειε**: parallel to ἦλθε. Synt. 175. — **οἷα δὴ εἴπας**: *saying so and so.* εἴπας agrees with the subj. of ἔλεγε above, *i.e.* Crœsus. — **ἀποβεβήκοι**: see note on εὑρήκοι, 64, 5.

9. **οὐδέν τι μᾶλλον ἐς ἑωυτὸν λέγων ἢ οὐκ ἐς ἅπαν τὸ ἀνθρώπινον**: *applying the remark no more to him than to all mankind.* The neg. is redundant in our idiom, but required by the Greek (*no more to him than the contrary,* that is to say, *just as much to all mankind as to him*).

10. **παρὰ σφίσι αὐτοῖσι**: *in their own estimation.*

12. **ἀπηγέεσθαι**: return to indir. disc. — **ἀμμένης**: perf. pass. ptc. of ἅπτω.

15. **γενόμενον κτλ.**: *become a man as much blessed by fortune as himself.*

17. **εἴη . . . ἔχον**: periphrasis for ἔχοι; for the force of ἔχειν with an adv., see 56, 25; 60, 3.

18. **τὴν ταχίστην**: cf. 56, 16. Synt. 77.

23. **σβεννύντα**: with conative force. — **καταλαβεῖν** = ἐπικρατῆσαι above.

24. **εἴ τι οἱ κεχαρισμένον . . . ἐδωρήθη**: cf. the prayer of Chryses, Hom. *Il.* I. 39 ff.

25. **ἐξ αὐτοῦ** = ὑπ' αὐτοῦ, as often.

27. **ἐκ δὲ αἰθρίης**: *but out of a clear sky.*

28. **συνδραμεῖν**: fr. συντρέχω.

29. **ὗσαι**: *it rained.* — **ὕδατι**: dat. of means.

79. 4. **εὐδαιμονίη**: dat. of manner.

5. **ἐπάρας**: fr. ἐπαείρω.

6. **ὅστις αἱρέεται**: *as to choose;* the inf. would be expected. Synt 150, 151 *a.*

7. **ἐν μὲν τῇ . . . ἐν δὲ τῷ**: notice the chiastic order.

10. **κατεῖσε**: fr. κατίζω.

13. **τὸ ἐνθεῦτεν**: *from this point.* — **τόν τε Κῦρον . . . καὶ τοὺς Πέρσας**: used proleptically as objects of ἐπιδίζηται, instead of subj., in each case, of the verb in the following clause.

14. ὅστις ἐών . . . κατεῖλε : *who he was that he destroyed.* Cf. τοὺς ἂν δυνατωτάτους ἐόντας προσκτήσαιτο, 68, 11.

15. ἡγήσατο : *obtained the hegemony.* Synt. 93.

16. οἱ μὴ βουλόμενοι : equiv. to an indef. rel. clause ; hence μή. Synt. 180. — τὰ περὶ Κῦρον : hardly more than Κῦρον ; see note on 58, 25.

17. τὸν ἐόντα λόγον : *the truth ;* cf. τῷ ἐόντι χρησάμενος, 58, 14.

18. περὶ Κύρου : cf. περὶ Κῦρον above, with no apparent difference. — τριφασίας : other accounts are found in Xenophon's *Cyropedia* and Ctesias's *History of Persia.*

19. λόγων ὁδούς : a mere periphrasis for λόγους. — φῆναι (fr. φαίνω) : inf. with ἐπιστάμενος *knowing how.* Synt. 137 *b.* — τῆς ἄνω Ἀσίης : by *upper Asia,* Hdt. seems to mean the part lying east of the river Halys between the Tigris and the Mediterranean.

20. εἴκοσι καὶ πεντακόσια : according to Greek tradition, the beginning of the Median kingdom occurred in the last quarter of the eighth century B.C. Assyrian rule would then have begun after 1250 B.C. — πρῶτοι . . . Μῆδοι ἤρξαντο ἀπίστασθαι : the account of Hdt. is hardly historical, but indicates in general the growth of Median power.

21. κως : *somehow ;* the word indicates the lack of definite information on Hdt.'s part.

22. ἐγένοντο : *proved themselves.*

23. ἀπωσάμενοι : fr. ἀπωθέω. — ἐλευθερώθησαν : *became free.*

24. τοῖς Μήδοισι : dat. of association with τὠυτό. Synt. 65 *a.*

26. περιῆλθον : *reverted.*

27. Δηιόκης : Deioces is an historical personage, but the story of his advance to power (here omitted) is probably not true.

28. ἐρασθείς : ingressive. Synt. 99 *c.* — τυραννίδος : for the case, see Synt. 35.

80. 1. Φραόρτης : little is known of Phraortes. The statement that he conquered Persia may or may not be true.

5. ἐπεθήκατο : see note on 57, 10. — Μήδων : gen. with the verbal idea in ὑπηκόους. Synt. 44.

10. ὁ πολλός : attributive of στρατός : *the greater part of his army.* Synt. 29.

11. Κυαξάρης : usually regarded as the founder of Median greatness. After a rule of forty years, he died the most powerful ruler of western Asia.

12. γενέσθαι : see note on ἐγένετο, 79, 22.

13. Ἀστυάγης : Astyages, brother-in-law of Crœsus, succeeded to the throne in 548 B.C.

14. Μανδάνην : named as the mother of Cyrus by Xenophon also, but both writers are probably wrong in connecting him with the family of Astyages. The whole story that follows belongs to the field of legend rather than of history.

15. ἐδόκεε : *thought.* — ὥστε πλῆσαι (fr. πίμπλημι) : inf. of the natural result. Synt. 150.

18. ἐφοβήθη : ingressive aor. Cf. 79, 15 ; 79, 23. — αὐτὰ ἕκαστα : *the details themselves ;* as they were to be fulfilled.

19. **μετά**: adv.

20. **ἀνδρὸς ὡραίην**: *i.e.* the proper age for marriage. — **ἑωυτοῦ ἀξίων**: *as good as he*, in birth and connection.

21. **διδοῖ**: contracted fr. διδόει, as if fr. διδόω. Dial. 42. For the tense, see Synt. 85. — **ὁ δέ**: repeating the subject; we should expect Πέρσῃ δέ, correl. with Μήδων μέν. Cf. 73, 4, with note.

22. **οἰκίης . . . ἀγαθῆς**: pred. gen. of possession. Cambyses was an Achemenid; see note on 92, 2. — **ἐόντα**: suppl. ptc. in indir. disc. Synt. 137.

23. **τρόπου**: pred. gen. of quality. Synt. 32. — **πολλῷ ἔνερθε**: *far inferior;* followed by the gen. Synt. 45. — **ἄγων**: *considering;* ἡγέομαι is more common in this sense. — **μέσου ἀνδρός**: *average* or *mediocre man.*

26. **τῷ πρώτῳ ἔτεϊ**: *i.e.* of the marriage. — **ἐδόκεε οἱ**: *it seemed to him;* cf. ἐδόκεε, l. 15.

28. **ἐπισχεῖν**: *reached over*, i.e. *covered, shaded.*

81. 5. **φυλασσόμενος**: *guarding against.*

8. **τὸ ἂν προσθέω**: cond. rel. clause, corresponding to the prot. of a fut. more vivid cond. Synt. 162. — **μηδαμῶς παραχρήσῃ**: *by no means treat lightly* (lit. *as a side matter*), aor. subj. in a prohibition. Synt. 109.

10. **ἐξ ὑστέρης**: *afterwards.* — **σοι αὐτῷ περιπέσῃς**: *be caught in your own snare.* πίπτω and its compounds are often used as pass. of βάλλω. — **λάβε κτλ.**: asyndeton, because explanatory of πρῆγμα τὸ ἄν τοι προσθέω, above.

11. **ἐς σεωυτοῦ**: *sc.* οἰκίαν.

13. **οὔτε . . . δέ**: for the more common οὔτε . . . τε. — **ἀνδρὶ τῷδε**: = ἐμοί; a use common in tragedy; for the dat. cf. 62, 6.

14. **ἐς σὲ καὶ ἐς τὸν μετέπειτα χρόνον**: *toward you for the future also.*

15. **εἴ τοι φίλον**: *if it is your pleasure.*

16. **χρὴ τὸ ἐμόν ὑπηρετέεσθαι**: *it is right that my service should be rendered.*

18. **κεκοσμημένον τὴν (στολὴν) ἐπὶ θανάτῳ**: *dressed in the garb of death.* The second acc. after a verb meaning to clothe retained with the pass. Synt. 72 a.

19. **'Αστυάγεος**: poss. gen. with λόγον, instead of ὑπό with the gen. to express agency with the pass. ptc. ῥηθέντα.

21. **τῇ**: *in the way that, as.*

22. **εἰ παραφρονήσει τε καὶ μανέεται**: εἰ with the fut. indic. is used instead of ἤν with the subj. to express strong feeling. Synt. 163. — **τε . . . καί**: connecting synonymous words, as often. — **κάκιον**: cogn. acc. Synt. 70 a.

23. **προσθήσομαι** (*sc.* ψῆφον, *vote*): *accede to, concur with;* for the dat. with it, see Synt. 68.

24. **ἐς φόνον**: *to the end of,* or *to bring about murder.*

25. **καί**: correl. with the following καί.

26. **ἄπαις ἔρσενος γόνου**: *without male heir.* Synt. 44 b.

27. **ἐθελήσει . . . ἀναβῆναι**: like μέλλει . . . ἀναβαίνειν (ἀναβήσεσθαι). Synt. 96, 2.

28. **τῆς**: the antecedent is θυγατέρα.

29. **ἄλλο τι ἤ**: a formula equiv. to the Lat. *nonne; is there not left for me,* etc.

30. τοῦ ἀσφαλέος: *safety.*

31. μέντοι: correl. with μέν. — τῶν τινα Ἀστυάγεος: *one of the household of Astyages.* For the order, see 76, 10, and note.

82. 2. ἐπὶ τῶν βουκόλων κτλ.: *to that one of the herdsmen of Astyages whom he knew to be pasturing his flocks in pastures the most suitable* (for this purpose).

9. πρὸς βορέω ἀνέμου: *toward the north wind;* a poetic expression for the north; cf. 51, 27.

13. σπουδῇ πολλῇ: connect with ἀπίκετο.

16. ὅκως ἄν . . . διαφθειρείη: the one case in Hdt. where purpose is expressed by ὅκως ἄν with the opt. after a primary tense; there are several cases after a secondary tense. Perhaps in every case the opt. is potential. Synt. 143 *b*.

18. σε: obj. of διαχρήσεσθαι, *destroy* (cf. 56, 14). The subj. of the inf. is not expressed because the same as the subj. of ἐκέλευσε. Synt. 81.

19. ἐκκείμενον: *when he has been exposed;* used as the passive of ἐκτίθημι in a perf. sense.

21. τῷ: dat. of interest, almost equiv. to a possessive gen. Synt. 53.

24. ἦσαν ἐν φροντίδι: periphrasis for a verb of thinking; cf. ἐν θώματι ἦν, 74, 9.

25. τόκου: *sc.* περί. — ὅτι οὐκ κτλ.: (wondering) *why contrary to his custom Harpagus had summoned.* With the opt. μεταπέμψαιτο, cf. μετεπέμψατο below. Synt. 178.

27. οἷα . . . ἰδοῦσα: Synt. 129 *a*. — εἴρετο προτέρη: *she asked him first;* (*i.e.* before he questioned her).

30. τὸ μήτε ἰδεῖν ὤφελον μήτε κοτὲ γενέσθαι: *what I would I had never seen and I would had never happened.* τό does double duty, as obj. of ἰδεῖν and subj. of γενέσθαι, with which we must understand ὤφελε. For this way of expressing an unattainable wish, see Synt. 104, 1.

83. 2. ὁρέω: = ὁράω.

6. εἴη: Synt. 177. — τῶν ὀρέων: partit. gen. with ἔνθα. Synt. 46. — τὸν ταῦτα ἐπιθέμενον: *the man who had imposed this task.* For the regular Att. meaning of ἐπιτίθεσθαι, *to attack*, see 80, 5.

7. εἰ . . . ποιήσαιμι: representing ἤν . . . ποιήσῃς of the direct command. Synt. 162, 177 *a*. The apod. of the cond. is implied in πολλ' ἀπειλήσας.

8. τινός: pred. gen. of possession; for the order, see 81, 31.

9. οὐ γὰρ ἄν κτλ.: *for I never could have suspected whose child* (lit. *whence*) *he was.* For the potential indic. see Synt. 105.

13. θεράποντος: gen. with πυνθάνομαι (hist. pres.). Synt. 35 *a*.

14. ὡς ἄρα: *that after all.*

15. Καμβύσεω τοῦ Κύρου: in fact, not the son of Cyrus but of Teispes.

16. ὅδε: 'deictic'; *here he is.* — ἄμα τε ἔλεγε . . . ἀπεδείκνυε: parataxis. Introd. p. 45.

18. δακρύσασα: ingressive aor. *bursting into tears.* Synt. 99 *c*.

19. τῶν γουνάτων: partit. gen. with λαβομένη. Synt. 34. — μηδεμιῇ τέχνῃ: *by no means.*

20. ὁ δὲ οὐκ ἔφη κτλ.: *but he said he was not able to do it* (i.e. *to act*) *otherwise.*

21. ἐπιφοιτήσειν: *sc.* ἔφη.

22. ἐποψομένους: fr. ἐποράω. — ἀπολέεσθαι: *sc.* as subj. the speaker. — ἦν μή σφεα ποιήσῃ: *if he should not do it* (cf. αὐτὰ ποιέειν above). For the cond. retained in the dir. form after a secondary tense, see Synt. 162, 177.

23. δεύτερα: *then;* as often.

24. σὺ δέ: δέ marks the apod.; cf. τοῖσι δ' ἀνιστάμενος, Hom. *Il.* I. 58.

26. τέτοκα γὰρ . . . τέτοκα δέ: anaphora.

28. ἁλώσεαι: fr. ἁλίσκομαι.

29. ἀδικέων: suppl. ptc. Synt. 133 *a.* — ἡμῖν: dat. of agent. Synt. 56. — βεβουλευμένα ἔσται: a periphrastic fut. perf.

30. ταφῆς: for the case, see Synt. 34.

84. 2. τὸν μέν: rel. pron. picked up by τοῦτον μέν.

3. παραδιδοῖ: see note on διδοῖ, 80, 21: Dial. 42.

6. τιθεῖ: as if from τιθέω; cf. the impf. ἐτίθει, and imv. τίθει, the regular forms in Hom., Hdt., and Attic. Dial. 42. — ὡς δὲ τρίτη ἡμέρη κτλ.: *when the child has been exposed two days.* For the dat., see Synt. 59.

7. ἐς πόλιν: *to town.*

12. καί: *and so.* — ἐτέθαπτο: *had been buried;* i.e. *lay buried.* — τόν: connect with ὀνομασθέντα. Synt. 21 *a.*

13. ὕστερον τούτων: *later.*

16. ἐς αὐτόν: *in regard to him.*

17. τοιόνδε: *the following:* note the asyndeton in the next sentence.

20. τοῦτον δή: cf. οὗτος δή, 63, 23.

21 ff. τοὺς μὲν . . . τοὺς δὲ . . . τὸν δέ τινα . . . τῷ δέ τινι: *some . . . others . . . one . . . to another;* the addition of the indef. pron. makes no appreciable difference in the sense. — ὀφθαλμὸν βασιλέος: a confidential officer of high rank, by whose aid the king oversaw everything.

23. ὡς ἑκάστῳ: *each to each;* the particle serves to emphasize the distributive force of ἑκάστῳ.

24. εἷς: nom. to agree with the subj. of ἐποίησε; it is taken up by αὐτόν, l. 27.

26. γάρ: *since;* introducing the reason for the following clause.

27. διαλαβεῖν: *to seize on both sides;* cf. διακελευσαμένους, 50, 1, with note.

85. 1. ἐπείτε μετείθη τάχιστα: *as soon as he was released;* μετείθη, fr. μετίημι.

2. ὡς . . . παθών: Synt. 129 *c.*

3. τῶν ὑπὸ Κύρου ἤντησε: *the treatment he had received from Cyrus;* the verb is poetic for ἔτυχε, and like it takes the gen. Synt. 34.

4. ὑπὸ Κύρου: because of the pass. idea in the verb. — Κύρου: the word repeated from the preceding clause, and carrying on its constr.

5. πρὸς τοῦ βουκόλου κτλ.: the order is ambiguous; the prep. governs παιδός and the limiting gen. precedes, because the insult was due to the boy's lowly position as the son of a herdsman: cf. l. 8.

6. ὀργῇ ὡς εἶχε: *in anger just as he was;* i.e. without waiting for his anger to cool; so 70, 24. For the intr. use of εἶχε, cf. 56, 25; 60, 3; 78, 18.

7. ἀνάρσια πρήγματα: *outrageous treatment.*

9. **δέ**: connecting δούλου and βουκόλου παιδός, two designations for the same person. — **περινβρίσμεθα**: fr. περινβρίζω.

11. **παιδί**: Synt. 51. — **'Αρτεμβάρεος**: obj. gen. with τιμῆς (Synt. 31, 3), itself governed by εἵνεκα.

14. **τοιούτου**: *snch;* i.e. *so humble.*

15. **τοιῆδε**: accompanied by a gesture.

17. **τοῦτον**: second acc. with ἐποίησα. Synt. 74. — **με**: with ἐστήσαντο; Hdt. often separates a pron. quite widely from the verb with which it belongs; the position is determined by emphasis.

20. **τὰ ἐπιτασσόμενα**: representing the impf. Synt. 99 *a*, 87 *a*.

21. **ἔλαβε τὴν δίκην**: *got his punishment;* usually λαβεῖν δίκην means to *inflict punishment,* and δοῦναι δίκην, to *be punished.*

22. **ὅδε τοι πάρειμι**: *here I am* (for you); cf. ὅδε, 83, 16. The pron. is ethical dat. Synt. 57.

23. **ἐσήιε**: with the acc., as ἐσῆλθε, 120, 3. Synt. 79 *a*.

24. **προσφέρεσθαι . . . ἐς ἑωυτόν**: *to be like himself.*

25. **ἐλευθερωτέρη**: *too free,* i.e. for a slave.

28. **ἀνενεχθείς**: *come to himself;* for a different meaning, cf. 77, 26.

29. **βασανίσῃ**: Synt. 140 *a*.

30. **ταῦτα ποιήσω ὥστε**: *I shall act in such a way that;* for the inf., see Synt. 150.

31. **πέμπει**: for ἐκπέμπει.

86. 2. **μοῦνος μουνόθεν**: cf. the Homeric οἶος οἰόθεν. *Il.* VII. 39, 226.

3. **τάδε αὐτὸν εἵρετο**: for the two accusatives, see Synt. 72. — **λάβοι . . . εἴη**: for ἔλαβε . . . ἐστί of the dir. quest. Synt. 178.

6. **ἐς ἀνάγκας . . . ἀπικέσθαι**: *to come to straits.*

7. **ἅμα λέγων**: *at the same time that he said.* Synt. 129 *d*.

8. **λαμβάνειν**: complement of ἐσήμαινε, on the analogy of a verb meaning to *order.* Synt. 116.

9. **οὕτω δή**: taking up and emphasizing the ptc. as the cause of ἔφαινε κτλ.

10. **ἀπ' ἀρχῆς**: we say, less exactly, *at the beginning.*

11. **κατέβαινε ἐς λιτάς τε καὶ συγγνώμην ἑωυτῷ κελεύων**: *he ended with prayers and the urgent plea to pardon him.* The suppl. ptc. is coördinate with the prepositional phrase.

12. **βουκόλου**: gen. with λόγον ἐποιέετο, on the analogy of a verb of heeding. Synt. 35. The gen. of the subst. with the ptc. should be rendered in English by a clause; i.e. *when the herdsman had revealed,* etc.

13. **καὶ ἐλάσσω . . . καὶ μεγάλως**: the intensive καί emphasizes the contrast between the advs. almost like *as . . . so.* — **'Αρπάγῳ**: Synt. 51.

18. **ἐόντα**: suppl. ptc. not in indir. disc. Synt. 133. — **οὐ τρέπεται ἐπὶ ψεύδεα ὁδόν**: *did not take a road toward falsehood;* i.e. *did not betake himself to falsehoods;* ὁδόν is cogn. acc. Synt. 70.

19. **ἐλεγχόμενος**: circumstantial ptc. — **ἀλίσκηται**: subj. in a clause of purpose after a secondary tense. Synt. 140 *a*.

21 ff. **σκοπέων ὅκως . . . ποιήσω καὶ . . . εἴην**: for the two constructions after a verb of effort, see Synt. 146 and *a*.

22. **θυγατρί**: *in the eyes of;* dat. of relation. Synt. 58.

27. **κατὰ τάδε**: *in this wise;* explained by the following.

28. **ἄχρι οὗ τελευτήσῃ**: temporal clause corresponding to a fut. more vivid prot. Hdt. usually omits **ἄν**. Synt. 171 *a*.

29. **ἢν μὴ ποιήσῃ**: reg. form of a fut. more vivid prot. unchanged in indir. disc. after a secondary tense. Synt. 177.

30. **κελευόμενα**: representing an impf. Synt. 98 *a*, 87 *a*.

87. 1. **οὕτως ἔσχε**: *so it came to be;* the aor. of **ἔχω** is regularly ingressive. Synt. 93 *a*.

3. **τὸν ἰθὺν λόγον**: cf. our 'straight story.'

4. **τὸν . . . λόγον**: obj. incorporated in the rel. clause. — **πρῶτα**: neut. pl. used as adv. Synt. 77 *a*.

5. **κατά περ**: *just as.*

6. **ἐπαλιλλόγητο**: fr. παλιλλογέω (πάλιν + λέγω), *repeat.*

7. **κατέβαινε λέγων**: *ended by saying;* cf. 86, 11. Synt. 135 *a*.

8. **τῷ πεποιημένῳ** (= τῷ ἔργῳ): dat. of cause with **ἔκαμνον** *I suffered.* Synt. 61. — **ἔφη λέγων**: a common pleonasm in Hdt.

10. **διαβεβλημένος**: *brought into variance with, estranged from;* followed by the dat. Synt. 65. — **ὡς**: with the ptc. Synt. 129 *c*.

11. **τοῦτο μὲν . . . τοῦτο δέ**: *on the one hand . . . on the other; first . . . next.*

13. **τοῖσι θεῶν τιμὴ αὕτη πρόσκειται**: *to whomever of the gods this honor is due.* For the omission of the art, with τιμὴ αὕτη, see Synt. 24 *b*.

14. **πάρισθί μοι ἐπὶ δεῖπνον**: for ἐπί with the acc. after πάρισθι, cf. παρέσται ἐς κοῖτον, 53, 8. μοι is ethical dat. Synt. 57.

16. **ἐς δέον**: *all right, happily.* — **ἐπὶ τύχῃσι χρηστῇσι**: *in favorable circumstances;* or, perhaps, *after fortunate events.*

18. **κου μάλιστα**: *somewhere about,* with the numeral.

19. **ἐς 'Αστυάγεος**: Synt. 31, 1 *a*.

20. **ὅ τι ἂν ἐκεῖνος κελεύῃ**: a cond. rel. clause, corresponding to a fut. more vivid prot., unchanged in indir. disc. after a secondary tense. Synt. 140 *a*.

23. **κατὰ μέλεα**: *limb from limb.* — **ἥψησε**: fr. ἑψέω.

26. **τοῖσι ἄλλοισι**: Synt. 68.

27. **κρεῶν**: Synt. 44.

28. **ἄκρων**: adj. in agreement with χειρῶν and ποδῶν, used like *summus* in Lat. *the extremities of the hands and feet.* Synt. 27.

31. **ἅλις ἔχειν**: *to have enough of;* with the gen. Synt. 46.

88. 1. **ἡσθείη**: fr. ἥδομαι.

2. **τοῖσι προσέκειτο**: *to whom it belonged; i.e.* 'upon whom the command had been laid'; the antecedent of τοῖσι is the subj. of παρέφερον.

6. **οὔτε ἐξεπλάγη κτλ.**: *he was not driven out of his self-possession, but contained himself.*

9. **τὸ ἂν βασιλεὺς ἔρδῃ**: a pres. gen. prot. unchanged in indir. disc. after a secondary tense. Synt. 167, 177. — **βασιλεύς**: without the art. virtually a proper name.

11. ἔμελλε . . . θάψειν: *he was likely to, must have buried.* Synt. 96, 1 *a.*

13. ἀνδρευμένῳ: fr. ἀνδρόομαι. See Dial. 16. — τῶν ἡλίκων ἀνδ.: *bravest of his comrades; i.e.* braver than they; see note on 60, 16.

16. ἐσομένην: suppl. ptc. in indir. disc. representing the fut. indic. Synt. 137.

19. οἱ: dat. of agent with κατέργαστο (plupf. indic. pass. with augm. omitted). Synt. 56.

21. ἀνέπειθε: conative impf. Synt. 84.

25. εἶχε (*sc.* δηλῶσαι): *was able.* — ἅτε: like ὥστε and οἷα, showing that the ptc. has a causal force. Synt. 129 *a.*

26. ὁ δέ: repetition of the subj., as 73, 4.

28. ὡς εἶχε: cf. 85, 6.

89. 2. ἅτε θηρευτῇ: *as a hunter;* apposition with τῷ πιστοτάτῳ; that is, with the dress and appearance of a hunter.

3. ἀπὸ γλώσσης: *by word of mouth ;* connect with ἐπειπεῖν.

4. μηδένα παρεῖναι: *i.e.* to see to it that no one was by.

8. σὲ γὰρ θεοὶ ἐπορῶσι: giving the reason for the exhortation contained in the main clause, σύ νυν . . . τεῖσαι.

9. οὐ γὰρ ἂν κτλ.: *for (otherwise, i.e.* if the gods did not watch over you) *you would never have come to so great (a point of) fortune.* The apod. of an unreal cond., with the prot. implied in the preceding clause. Synt. 160. For τοσοῦτο τύχης, see Synt. 31, 6.

10. κατὰ μὲν γὰρ κτλ.: *for according to this man's wish, you are dead; i.e.* 'if his wish had been fulfilled, you would be dead.'

11. τὸ δὲ κατὰ θεούς: *but because of the gods ;* the art. gives a subst. value to the prepositional phrase, without affecting its meaning.

12. τά: dem. pron. placed proleptically as obj. of ἐκμεμαθηκέναι, instead of subj. of ἐπρήχθη.

13. πέρι: anastrophe.

18. ἤν τε ἐγὼ . . . ἤν τε τῶν τις ἄλλος: *whether I or any other;* a fut. more vivid prot.

19. ἔστι τοι . . . βούλεαι: the pres. tense makes the consequence more certain than the fut. would have done. Synt. 89.

21. πρὸς σέο: *on your side.*

22. ὡς . . . ἐόντος: stating the ground upon which he is to act. Synt. 129 *c.* — τοῦ ἐνθάδε: *matters here,* i.e. *we here.*

25. σοφωτάτῳ: adj. in pred. agreement with ὅτεῳ τρόπῳ instead of an adv.: *in what way most cleverly.* — ἀναπείσει: the form used in the dir. quest. retained in the indir. after a secondary tense. Synt. 141. — φροντίζων: picking up the main verb in the preceding clause ; a common device of Hdt.

26. ταῦτα: with forward reference. — εἶναι: inf. with εὕρισκε. Synt. 137 *a.* — ἐποίεε δὴ ταῦτα: the repetition of the dem. and the use of δή give emphasis.

30. ἀποδεικνύναι: pres. inf. representing the impf. of continuance. Synt. 87 *a.* — ἔφη λέγων: see note on 87, 8.

31. ἕκαστον: partit. apposition with the omitted subj. of παρεῖναι, implied in ὑμῖν. Synt. 3 *a.*

90. 3. ὅσον τε : *about, nearly ;* used with expressions of distance.

4. πάντῃ : *each way, i.e.* in length and breadth. — ἐξημερῶσαι : *reclaim* (for cultivation).

6. ἐς τὴν ὑστεραίην : more commonly τῇ ὑστεραίῃ, as l. 11.

7. ἐν τούτῳ (*sc.* χρόνῳ) : *meanwhile.*

9. ὡς δεξόμενος : the avowed intention is here the real one.

10. πρὸς δέ : *and besides.* — οἴνῳ : dat. of means. — ὡς ἐπιτηδεοτάτοισι : see note on 61, 12.

12. ἀπὸ δείπνου ἦσαν : periphrasis for ἐδεδειπνήκεσαν *had finished dining.*

15. πολλὸν εἶναι . . . τὸ μέσον : *the difference was great.*

17. τοῦτο τὸ ἔπος : *i.e.* πάντα ἀγαθά.

18. Ἄνδρες Πέρσαι : *fellow Persians.*

19. οὕτως ὑμῖν ἔχει : *this is the situation for you.* — ἐμέο : gen. with πείθεσθαι on the analogy of a verb of hearing, instead of the usual dat.   Synt. 51 *b.*

21. ἔχουσι : as βουλομένοισι, l. 19.

22. τῷ χθιζῷ παραπλήσιοι : *like (those of) yesterday;* an example of brachylogy.   Introd. p. 45.

23. αὐτός τε γὰρ δοκέω κτλ. : *for I think that I myself who undertake these matters have come into existence by divine intervention;* while ἄγεσθαι is grammatically the main verb after δοκέω, the ptc. γεγονώς is logically more important.

24. ἥγημαι : as 51, 12.

26. ὡς . . . ἐχόντων ὧδε (*sc.* τούτων) : in Lat. *quae cum ita sint.*

28. προστάτεω : gen. with ἐπιλαβόμενοι, on the principle of a verb of touching.   Synt. 34. — ἄσμενοι : pred. adj. instead of an adv.   Synt. 6. — ἐλευθεροῦντο : conative impf.   Synt. 84.

29. πάλαι δεινὸν ποιεύμενοι : *since they had long taken it ill;* the pres. tense with πάλαι is idiomatic.   Synt. 86.

91. 1. ὅτι . . . ἥξει . . . βουλήσεται : the verbs retained in the dir. form. Synt. 141.

3. ὥστε : with the ptc. ; cf. 52, 16.

4. μιν : second acc. with ἐόργεε.   Synt. 74.

6. ὅσοι μὴ τοῦ λόγου μετέσχον : *all who had not gained a share in the plot.* μή : because in an indef. rel. clause.   Synt. 180.   For the case of λόγου, see Synt. 33.   For the ingressive force of the verb, see Synt. 93 *a.*

10. οὐ . . . χαιρήσει : *will not rejoice,* i.e. *escape punishment.*

15. Ἀστυάγεα : second acc. with ποιήσας.

16. οὕτω : to be taken with the ptcs. as well as the finite verb.

17. ἐβασίλευσε : *became king;* the aor. is ingressive; so also ἦρξε below. Synt. 93.

92. 2. Φαρνάσπεω : Pharnaspes was an Achæmenid, *i.e.* descended from Achæmenes, from whom Cyrus traced his descent.

3. τῆς προαποθανούσης : *at whose death before* (his own) ; the rel. is obj. gen. with πένθος.   Synt. 31, 3. — αὐτός τε κτλ. : *he not only observed deep mourning himself, but also commanded all over whom he ruled to observe it.* πένθος is repeated in the second clause, because μέγα is said only of Cyrus.

5. ταύτης δή: said with emphasis, because there was a tradition that the mother of Cambyses was the daughter of an Egyptian king.

6. Ἴωνας . . . καὶ Αἰολέας: conquered by Cyrus (Book I. 162 ff.). — ὡς . . . ἐόντας ἐνόμιζε: *he regarded as being;* νομίζω is more often followed by the inf. in indir. disc. Synt. 173 b.

8. ἄλλους τε . . . καὶ δὴ καί: *not only others* (of no importance for the narrative) *but in particular.* Cf. 49, 17.

9. Ἑλλήνων τῶν ἐκράτεε: for τούτους Ἑλλήνων κτλ. For the gen., see Synt. 36.

10. πρὶν μὲν ἤ . . . βασιλεῦσαι: *before he became king;* Hdt. often uses πρὶν ἤ instead of πρίν with the inf. Synt. 125. — Ψαμμήτιχον: Psammetichus (Psamtik I) ruled 664–609 B.C.

11. ἑωυτοὺς πρώτους γενέσθαι: *they themselves had been born first* (i.e. *before*). When the subj. of the inf. is the same as that of the main verb, it is often omitted, and any qualifying word is in the nom.; so Hdt. might have said αὐτοὶ πρῶτοι γενέσθαι; the refl., however, tends to emphasize the contrast between themselves and all other nations. Cf. 14 below.

12. ἠθέλησε εἰδέναι: *wanted to know;* i.e. *sought to find out.*

13. ἀπὸ τούτου (*sc.* χρόνου) : *thereafter; i.e.* after he had conducted his experiment. — Φρύγας . . . ἑωυτῶν, τῶν δὲ ἄλλων ἑωυτούς: chiastic order.

15. πόρον οὐδένα τούτου ἀνευρεῖν: *to discover any way of finding this out.* τούτου is obj. gen. with πόρον and explained by the following clause.

16. οἵ: for οἵτινες, in an indir. quest., as often in Hdt. Synt. 178. — ἐπιτεχνᾶται τοιόνδε: 'Frederick II of Germany and James II of Scotland are said to have repeated the experiment of Psammetichus, and proved that Hebrew was the language of Paradise.' How and Wells, on this passage.

17. τῶν ἐπιτυχόντων: *who came in their way; i.e.* taken by chance, not selected.

18. διδοῖ: see note on 80, 21; hist. pres. Synt. 85. — τρέφειν: inf. of purpose. Synt. 120. — ἐς τὰ ποίμνια : the prep., because of the idea of motion implied in the verb; *to take to the flocks and rear.* — τροφήν τινα τοιήνδε: *in some such way as this;* cogn. acc. Synt. 70. τοιήνδε is explained by the following clauses.

19. ἰέναι: fr. ἵημι.

20. ἐπ' ἑωυτῶν: *by themselves.* — αὐτά: agreeing with παιδία and emphasizing the refl., as often. — τὴν ὥρην: *at the proper time.* Synt. 77. ἐν ὥρῃ is more common.

21. ἐπαγινέειν (= ἐπάγειν): for subj. *sc.* ποιμένα: observe the change of subj. with the three infs. — γάλακτος (fr. γάλα) : gen. with word of fulness. Synt. 37. — τἆλλα: *i.e.* the usual care of a child.

22. ἐποίεέ τε καὶ ἐνετέλλετο: the second verb defines the first.

23. παιδίων: gen. with ἀκοῦσαι, instead of subj. of ῥήξουσι (prolepsis). — ἀπαλλαχθέντων (fr. ἀπαλλάσσω) : agreeing with παιδίων and followed by the gen. of separation. Synt. 38.

24. φωνὴν ῥήξουσι: for the figure, see 77, 8 and note. — πρώτην: pred. Synt. 6.

25. τά περ ὦν καὶ ἐγένετο: *now this was what actually happened; i.e.* they

uttered articulate speech. — ὡς γὰρ . . . πρήσσοντι: a characteristic way of saying, 'when the shepherd had done this for two years'; the tense of ἐγεγόνεε emphasizes the completion of the period. τῷ ποιμένι is dat. of interest. Synt. 59.

93. 1. ἀνοίγοντι τὴν θύρην κτλ.: *as he opened the door and went in, both children fell upon him and said.* This sentence illustrates how much more the participle is used in Greek than in English; for the dat. ἀνοίγοντι (agreeing with ποιμένι understood), see Synt. 68.

3. τὰ . . . πρῶτα: *at first.*

4. πολλάκις φοιτῶντι: somewhat pleonastic, as the verb φοιτάω is frequentative.

5. πολλόν: *frequent,* i.e. *often uttered.* — οὕτω δή: summing up the the preceding ptcs. as affording a reason for σημῆναs. See note on 71, 15.

6. κελεύσαντος: *at his order;* agreeing with ἐκείνου instead of δεσπότῃ. — ἐς ὄψιν τὴν ἐκείνου: for the position of the dem., see Synt. 22.

7. καὶ αὐτός: to be taken closely with ἀκούσας.

8. βεκός: pred. obj. with καλέουσι; it must be supplied in the next clause also.

9. καλέοντας: suppl. ptc. Synt. 137.

10. καί: connecting οὕτω and τοιούτῳ σταθμησάμενοι πρήγματι.

12. Μῖνα: Menes, whose date is about 3400 B.C., was thought by the Egyptians to have been their first king. Before him they supposed a dynasty of gods, followed in turn by demigods and sacred animals. Egyptian chronology is full of difficulties, and it is customary to date the period preceding the seventh century B.C. by dynasties of variable and uncertain length. Aside from the monuments, the principal authority for the chronology is Manetho, a priest, who was entrusted by Ptolemy Philadelphus (284–246 B.C.) with the task of translating into Greek, for the great library at Alexandria, historical works contained in Egyptian temples. His work survives only in meager extracts made by others and often contradictory. Discoveries made in the last twenty years have helped to correct or supplement the statements of Manetho. The tomb of Menes was discovered in 1897.

13. τοῦτο μὲν . . . τοῦτο δέ: *on the one hand . . . on the other, now . . . again, first . . . later;* often in Hdt. — ἀπογεφυρῶσαι: *dammed off,* i.e. by diverting the course of the Nile he obtained an embankment upon which to build the capital of his new empire. The great dike still exists, two miles south of Memphis.

14. Ἡφαίστου: Hephæstus (in Egyptian, Ptah) was one of the early and great gods,in Egyptian mythology, the god of light and father of the universe. His temple was the probable source of much of Herodotus's information as to Egyptian history. Its site can still be traced.

15. μετὰ δὲ τοῦτον: notice the gender of the dem. — οἱ ἱρέες: probably of the temple of Ptah.

16. ἐκ βύβλου: *from a papyrus,* upon which, as in other temples, annals of the kings were kept. A fragment of such a papyrus, discovered in a tomb in 1824, was preserved in the Turin museum until it was destroyed by fire in

1903. — **τριηκοσίων τε καὶ τριήκοντα** : how the number was obtained, it is impossible to say.

18. **Αἰθίοπες** : there is no reference elsewhere to these Ethiopians, though there was an Ethiopian dynasty later.

20. **ἐβασίλευσε** : not ingressive ; when the rule is over it is thought of as a single occurrence. — **τό περ τῇ Βαβυλωνίῃ** : *the very name that the Babylonian queen had.* The achievements of this queen are narrated by Hdt. elsewhere (Book I. 185). The Egyptian Nitocris (Neitokrit) was placed by Manetho at the close of the sixth dynasty (ca. 2500 B.C.). — **τήν** : subj. of διαφθεῖραι below. Note the asyndeton, which is more common when a form of οὗτος begins the sentence. — **ἔλεγον** : *sc.* ἱρέες.

21. **τιμωρέουσαν ἀδελφεῷ** : *in avenging her brother.*

22. **ἀποκτείναντες** : repeating in the form of a ptc. the verb in the preceding clause to bring it into close connection with ἀπέδοσαν ; οὕτω emphasizes the connection ; *after they had killed him, then* (in these circumstances) *they handed over the throne to her.*

23. **τούτῳ τιμωρέουσαν** : epanalepsis (see Introd. p. 45) ; the repetition, because of the interruption of the narrative by τὸν . . . βασιληίην.

24. **γάρ** : not to be translated. See note on 50, 12.

25. **καινοῦν** (contr. from καινόειν) : *use for the first time,* our *christen.* — **τῷ λόγῳ, νόῳ δέ** : *avowedly, but in fact* (lit. *in mind* or *purpose*) ; the usual way of indicating this contrast is by λόγῳ and ἔργῳ.

26. **μεταιτίους** : more exact than αἰτίους, because it shows complicity ; *sharers in the guilt.* The adj. is pred. after ᾔδεε, as if ὄντας were expressed.

27. **ἐπεῖναι** : from ἐπίημι, *let in.* Lord Dunsaney has made use of this story in his play, *The Queen's Enemies.*

28. **πέρι** : anastrophe.

94. 1. **τοσαῦτα** : *only so much, i.e.* 'no more than this.' — **πλὴν ὅτι** : *except that ;* a formula that does not affect the constr. — **μιν** : here a refl. pron. — **ὥς** : *when.*

2. **ῥῖψαι** : inf. after ἔλεγον, as often in Hdt. Synt. 173 *a.* — **ὅκως γένηται** : subj. in a clause of purpose after a secondary tense. Synt. 140 *a.*

3. **τούτου** : *i.e.* King Pheros (Pharaoh), the name given to Proteus's predecessor, an imaginary king, the details of whose reign are here omitted.

5. **Πρωτέα** : Proteus, 'a man of Memphis' ; probably of a different family from the preceding kings. In Homer (*Od.* IV. 351 ff.) Proteus is a sea god, living on the island of Pharos. In late mythology he became an Egyptian king. — **εἶναι** : inf. in a subordinate clause in indir. disc., as often. Synt. 177 *b.*

6. **τοῦ Ἡφαιστείου** : *the Hephæsteum* or *temple of Hephæstus* (Ptah). — **πρὸς νότον ἄνεμον** : cf. πρὸς βορῆν ἄνεμον, 51, 27, with note.

9. **στρατόπεδον** : *quarter ;* pred. nom. with καλέεται. Synt. 4.

10. **ξείνης Ἀφροδίτης** : the Phœnician Astarte, called ξείνη to distinguish her from the Egyptian. The temple was found by Petrie in 1907. For the case, see Synt. 32. — **συμβάλλομαι** : *I infer ;* an unwarranted supposition of Hdt.

11. **Τυνδάρεω** : Attic second decl. ; see Dial. 26. — **καί** : *both.*

12. **διαιτήθη** : augm. omitted.   Dial. 39.   For the force of the tense, see Synt. 93.

13. **ἐπώνυμον** (*i.e.* τὸ ἱρόν) : *named after, called by the name of;* with obj. gen.

15. **τὰ περὶ Ἑλένην** : *the details of Helen's story;* a subst. expression, subj. of γενέσθαι.   This story is the basis of Euripides's *Helen.*

16. **ἀποπλέειν** : impf. inf., very frequent in the narratives of Hdt.   See, *e.g.* 49, 6–51, 24 ; 55, 20–57, 7.

18. **ἐκβάλλουσι** : hist. pres.   Synt. 85.   Observe the return to dir. disc.

20. **τὸ νῦν Κανωβικὸν καλεύμενον** (cf. 49, 13 and note) : the Canopic arm of the Nile, called after the city Κάνωβος at its mouth.   Its early name was Thonis, but it was renamed after the helmsman of Menelaus who died there (Strabo, 801).

21. **Ταριχείας** : fr. ταριχεύω, *pickle, salt;* probably so-named from its factories for preserving fish. — **τὸ καὶ νῦν ἐστι** : a rel. clause placed before its antecedent, so as not to interrupt the narrative.

22. **Ἡρακλέος ἱρόν** : this temple existed (Strabo, 788), but no such right of asylum as Hdt. describes is paralleled in Egyptian history. — **ἐς τὸ κτλ.** : *in which a slave may take refuge, and if he puts upon himself sacred marks, . . . it is not permissible to lay hands upon him.*   For the form of cond., see Synt. 167.

23. **ὅτευ ὢν ἀνθρώπων** : *of any man whatever.* — **στίγματα ἱρά** : *i.e.* as a sign that he is the slave of the god.

25. **ἐών** : suppl. ptc. with διατελέει.   Synt. 132. — **τὸ μέχρι ἐμεῦ** : *up to my time;* the art. with the prepositional phrase does not alter its meaning.

26. **ἀπιστέαται** (ἀπίστανται) : fr. ἀπίστημι, the stem ιστα- becoming ιστε- as often happens in -αω verbs.   Dial. 17 *a*, 42. — **τὸν περὶ τὸ ἱρὸν ἔχοντα νόμον** : *the law that existed concerning the temple;* ἔχοντα with the prepositional phrase is intr., as often with advs.

27. **τοῦ θεοῦ** : obj. gen. with ἱκέται, which is pred. with ἱζόμενοι ; *i.e. sitting as suppliants.*

28. **Ἀλεξάνδρου** : gen. with κατηγόρεον.   Synt. 43.

96. 1. **ὡς εἶχε** : epexegetical of πάντα λόγον, *how it was.*

2. **ταῦτα** : cogn. acc.   Synt. 70 *a*. — **πρός** : *before, in the presence of.*

4. **Θῶνις** : in Homer (*Od.* IV. 228) Thon is the name of the king of Egypt, whose wife is said to have made presents to Helen.   Thonis was the early name of the town.   Cf. note on 94, 20. — **ἀκούσας τούτων** : cf. ἀκούσας ταῦτα, l. 14.   Synt. 35 *a*. — **τὴν ταχίστην** : *sc.* ὁδόν.

6. **γένος** : acc. of respect.   Synt. 76. — **Τεῦκρος** : *sc.* ὤν, coördinate with ἐξεργασμένος.

7. **ξείνου τοῦ ἑωυτοῦ** : placed at the beginning of the sentence for emphasis.

8. **ἄγων ἥκει** : the ptc. contains the main idea.

9. **ὑπὸ ἀνέμων** : the prep. virtually personifies the subst.

10. **ἐῶμεν** : deliberative subj.   Synt. 110. — **ἀσινέα** : in pred. agreement with τοῦτον after ἐκπλέειν.   Synt. 6. — **τὰ ἔχων ἦλθε** : *what he brought with him.*

13. **ξεῖνον** : second acc. after ἐργασμένος.   Synt. 74.

14. τί κοτε καὶ λέξει : *what in the world he will really say.*
16. μετά : adv. ; so also πρός, l. 17.
19. τίς εἴη καὶ ὁκόθεν : dir. and indir. interrog. combined. Cf. 61, 3.
20. πάτρης : poetic for πατρίδος. — καὶ δὴ καί : see on 92, 8.
21. ὁκόθεν πλέοι : epexegetic of τὸν πλόον.
22. πλανωμένου : fr. πλανάομαι, *wander, be evasive.*
25. τέλος : *finally.*
26. ὅτι : before a dir. quotation ; hence not to be translated. — εἰ μὴ κτλ. : *if I did not consider it of great importance to put no stranger to death.* For the condition, see Synt. 160. μηδένα has its neg. force, even though it follows another neg., because εἰ μή is a formula.
27. ἤδη : *hitherto, up to this time;* with ἦλθον. — ἀπολαμφθέντες : fr. ἀπολαμβάνω.
28. ἐγώ σε : cf. 63, 3.
29. ὅς : *you who, since you.* — ξεινίων : gen. with τυχών. Synt. 34.
30. ἐργάσαο : with augm. omitted. — παρὰ τοῦ : explanatory asyndeton ; the prep. governs γυναῖκα.
31. καὶ μάλα : *and verily.*

96. 1. οἴχεαι ἔχων : cf. 50, 4 and note.
2. κεραΐσας ἥκεις : cf. 95, 8.
3. ἥγημαι : *I think;* the perf. of this verb is used by Hdt. in the sense of a pres. Cf. 51, 12 ; 90, 24. Synt. 95 *a.*
4. γυναῖκα ταύτην : the art. is omitted when the dem. follows its noun, as often in Hdt. Synt. 24 *b.*
5. προήσω : fr. προΐημι. — ἀπάγεσθαι : inf. of purpose ; cf. 92, 18. Synt. 120. — αὐτά : *i.e.* τὴν γυναῖκα καὶ τὰ χρήματα.
6. ἐς ὃ ἄν . . . ἐθέλῃ : temporal clause in the form of a fut. more vivid prot. Synt. 171.
7. τριῶν ἡμερέων : see Synt. 47.
8. προαγορεύω : followed by two infs., the first complementary, the second in indir. disc.
9. εἰ δὲ μή : *otherwise;* a formula, regularly employed, whatever form of condition is understood. Here it is fut. vivid, though the minatory type might be used. Synt. 162, 163. — ἅτε : *as.* — περιέψεσθαι : fut. mid. for fut. pass.
10. Ἑλένης μὲν ταύτην κτλ. : *this is the way Helen came to Proteus, according to the priests' tale;* ταύτην is pred.
11. δοκέει δέ μοι καὶ Ὅμηρος : *it seems to me that Homer too;* δοκέει is personal with Ὅμηρος as subj. but we prefer the impers. constr.
12. ἀλλὰ . . . γάρ : *but since.*
13. τῷ ἑτέρῳ : dat. with ὁμοίως. Synt. 65 *a.* — τῷ περ ἐχρήσατο : *which he actually used.* For the dat., see Synt. 60 *a.* — μετῆκε : fr. μετίημι.
14. δῆλον δέ : taking up δηλώσας ; *and it is clear ⟨i.e.* that he knew it⟩.
15. κατά (κατ' ἅ) : *from the way in which.* — ἐν Ἰλιάδι : the first mention in Greek literature of the *Iliad* as a separate poem.
16. ὡς ἀπηνείχθη : explanatory of πλάνην ; *how he was borne down.*
17. τῇ τε ἄλλῃ . . . καὶ ὡς ἐς Σιδῶνα . . . ἀπίκετο : a shift of constr. ; we

should expect merely τῇ τε ἄλλῃ καὶ ἐς Σιδῶνα : *both everywhere else and to Sidon.* — πλαζόμενος : *in his wanderings.*

18. αὐτοῦ : for the case, see Synt. 35 ; the reference is to τὸν λόγον τοῦτον, l. 11.

19. Διομήδεος ἀριστείη : a title given to the fifth book of the *Iliad.* Hdt. includes under this name a part of the sixth book.   In his time the *Iliad* was probably not divided into books. — τὰ ἔπεα : *Il.* VI. 289 ff.

23. τὴν ὁδὸν ἥν : *upon the journey upon which ;* cogn. acc.

27. οὐκ ἥκιστα ἀλλὰ μάλιστα : a favorite collocation in Hdt., especially in controversial passages.

28. δηλοῖ : = δῆλόν ἐστι ; so also, probably, l. 24. — τὰ Κύπρια ἔπεα : the *Cyprian Lays,* one of the poems of the so-called epic cycle, in antiquity generally attributed to Homer.   It narrated the origin and course of the Trojan War from the judgment of Paris to the wrath of Achilles.   Its name came from the prominence of Aphrodite in the action.   In basing his argument against authenticity on the inconsistency of passages, Hdt. anticipates modern criticism.

97. 1. εὐαέι : a poetic word, perhaps a quotation from the poem, which Stein suggests may have run as follows : εὐαέι τ' ἀνέμων πνοιῇ λείῃ τε θαλάσσῃ.

3. χαιρέτω : i.e. *enough of.*

4. εἰ μάταιον λόγον κτλ. : *whether it is an idle tale that the Greeks tell in their story of the occurrences at Troy.*   In this somewhat difficult passage, μάταιον λόγον seems to be pred. with λέγουσι, as if a subst. expression were to follow as its object.   Instead the author shifts to the constr. of indir. disc. with τὰ περὶ Ἴλιον as subj. of γενέσθαι.

7. γάρ : as 50, 12, and often.

9. ἱδρυθεῖσαν : see Synt. 99 c.

11. ἐπείτε ἐσελθεῖν : inf. in a subordinate clause in indir. disc., as often in Hdt.   Synt. 177 b.

12. τὰ χρήματα τά οἱ οἴχετο κλέψας : *the possessions of his which he had stolen and carried off* (lit. *gone off with*).   οἱ is dat. of interest.   Synt. 53.

14. καὶ ὀμνύντας καὶ ἀνωμοτί : *both under oath and unsworn.*

15. μέν : for μήν, regular after words of swearing. — ἐπικαλεύμενα : *attributed to them.*

17. αὐτοί : nom. because agreeing with the omitted subj. of ὑπέχειν.   Synt. 81. — ὑπέχειν : representing a potential opt. of the dir. disc.   τῶν : attracted to the case of the omitted antecedent, which would be gen. with δίκας ; cf. l. 13.

19. οὕτω δή : as 93, 5 and often. — ἐπολιόρκεον : shift to dir. disc. — ἑλοῦσι : taking up ἐξεῖλον, and agreeing with an omitted pron. (αὐτοῖσι) to be taken with ἐφαίνετο.

20. τῷ προτέρῳ : see Synt. 65 a.

24. τὴν ἀληθείην τῶν πρηγμάτων : *the truth about the matter ;* cf. 60, 13.

25. ξεινίων : gen. with ἤντησε = ἔτυχε, as 85, 3.   Synt. 34. — κακῶν : obj. gen. with ἀπαθέα.

26. πρός : adv.

27. ἐγένετο : *proved himself.*

28. ἐπειδὴ δὲ κτλ. : *but when the situation was like this for a considerable length of time.*

30. γάρ : see note on 93, 24.

31. ἔντομα . . . ἐποίησε : *offered as victims;* probably to appease the gods who had caused his detention. Cf. the story of the sacrifice of Iphigenia. The story may have been invented by the priests as a retort to the charge of human sacrifice brought against the Egyptians by the Greeks. See also the story Odysseus tells in the *Odyssey* (XIV. 262 ff.).

98. 1. ἐργασμένος : suppl. ptc. in indir. disc. with ἐπάϊστος ἐγένετο (= ἐφάνη). Synt. 137. — μισηθείς : *becoming hated.* Synt. 99 *c.*

2. τῆσι νηυσί : dat. of means. — ἰθὺ Διβύης : *straight to Libya.* — ὅκου : *where* slightly inaccurate for ὅκοι, *whither.* Cf. our own use of *where.*

6. τῷ λόγῳ : dat. with προστίθεμαι (*sc.* ψῆφον) *concur.* Cf. 81, 23. Synt. 68.

8. ἐπιλεγόμενος : *considering.* — ἀποδοθῆναι : inf. in indir. disc. representing ἀπεδόθη of the dir., the apod. of an unreal cond. in past time. ἦν in the prot. refers to continued action in past time. Synt. 160.

9. ἑκόντος ἢ ἀέκοντος (properly participles) : gen. abs. with Ἀλεξάνδρου.

11. σώμασι : *persons.*

13. ὅκως . . . συνοικέῃ : Synt. 140 *a.* — εἰ δέ τοι κτλ. : *but even if they had this opinion in the beginning* (without implying whether or not they had). Synt. 159.

14 ff. ἐπεὶ πολλοὶ μὲν κτλ. : *when many of the rest of the Trojans were perishing, whenever they joined battle with the Greeks, and of Priam himself there were falling continually* (οὐκ ἔστι ὅτε οὐ) *two or three or even more of his sons* (*if one may use the epic poets for his authority*), *when these things were occurring as I have described* (τοιούτων), *I am confident that even if Priam himself had had Helen as wife, he would have given her back to the Greeks, if he expected, at least, to be rid of the evils in which they were involved.*

22. οὐ μὲν (μὴν) οὐδὲ κτλ. : *furthermore it was not true either that the kingdom was coming to Alexander.* The impf. of περίειμι, which in the pres. has a fut. meaning, is here used of past intention or probability, just as ἔμελλε . . . παραλάμψεσθαι below. Synt. 84 *a,* 96, 1 *a.* The same idea might have been expressed by the aor. indic. with ἄν. Synt. 160.

23. ὥστε κτλ. : *so that the power was in his hands on account of the age of Priam;* the result of ἐς Ἀλέξανδρον περιήιε, if it had been true.

24. ἀνὴρ ἐκείνου μᾶλλον : *more of a man than he.*

26. παραλάμψεσθαι : fr. παραλαμβάνω. — τὸν οὐ προσῆκε κτλ. : *who would not properly have connived at his brother's wrong-doing;* for προσῆκε without ἄν, see Synt. 104, 2.

27. καὶ ταῦτα : *and that too;* taking up the preceding clause and followed by a ptc. expressing concession. — αὐτόν : Paris, but αὐτῷ, l. 28, Hector.

28. ἀλλ' οὐ γὰρ εἶχον : elliptical; *but* (it can't be) *for they weren't able;* i.e. *but in fact they weren't able.*

29. οὐδὲ λέγουσι κτλ. : *but when they were telling the truth the Greeks did not believe them.*

30. ὡς μὲν ἐγὼ γνώμην ἀποφαίνομαι: *i.e.* 'in my opinion,' qualifying the part of the sentence that follows. μέν without a corresponding δέ, as l. 19. In each case there is a suppressed contrast, *e.g.* ' I for my part, whatever others may think.'

31. ὅκως . . . ποιήσωσι: for a purpose clause instead of the regular obj. clause after a verb of effort, see Synt. 146 *a*.

99. 3. καὶ ταῦτα μὲν κτλ. : merely a transition to the next story. — τῇ : *in the way that, as.*

5. Ῥαμψίνιτον: an imaginary king, to whom Hdt. assigns many of the works of Rameses III, who was a temple builder and renowned for his wealth. Almost all the kings of the 20th dynasty (ca. 1200–1090) were named Rameses (Ramses). The tale found here belongs to the same class as *Ali Baba and the Forty Thieves.* Pausanias (IX. 37, 3) tells a similar story of Trophonius and Agamedes. Frazer, in a note on this passage (*Pausanias's Description of Greece*, Vol. V. pp. 176 ff.) gives a list of twenty-eight variants of the story from all parts of the world.

6. προπύλαια: the propylæa of an Egyptian temple consisted of a great entrance gate flanked by towers.

7. ἀντίους : *in front of;* pred. adj. governing the gen. just as the corresponding prep. ἀντί.

9. πηχέων: gen. of measure. Synt. 31, 5, — τῶν: partit. gen. with the following subst. expressions, τὸν μὲν πρὸς βορέω ἐστεῶτα, τὸν δὲ πρὸς νότον (ἐστεῶτα). — πρὸς βορέω . . . πρὸς νότον: πρός with the gen. means *from*, with the acc. *toward.* In expressing the relative situation of places either case is used, depending upon the point of view; an object may be said to look ' from ' the north or ' toward ' the north. Hdt. here combines the two uses.

11. τὸν μὲν καλέουσι θέρος . . . τὸν δὲ χειμῶνα καλεύμενον: the first τόν is a rel. pron., the second the art.; an excellent illustration of the fact that a ptc. with the art. is equivalent to a rel. clause; the rel. clause, however, requires an antecedent, while the art. with the ptc. is a subst.; for its constr. see Synt. 74.

12. τὰ ἔμπαλιν τούτων: *the opposite of this.*

13. γενέσθαι : indir. disc. resumed from l. 5; the intervening portion contains the statements of Hdt. himself. — ἀργύρου: gen. of material with πλοῦτον; *wealth in silver.* Synt. 31, 4.

15. δύνασθαι : for the inf. in a subordinate clause in indir. disc., see Synt. 177 *b*; the inf. represents the impf., as often in this narrative. — ἐγγὺς ἐλθεῖν : *sc.* αὐτοῦ.

16. οἰκοδομέεσθαι : *to have built for him,* a common force of the mid.

17. ἐς τὸ ἔξω μέρος . . . ἔχειν: *extended to the outer part of the house; i.e.* one wall was an outside one.

18. τὸν ἐργαζόμενον: *the builder.* — ἐπιβουλεύοντα : *by way of plot.*

20. καὶ . . . καί: *both . . . and,* i.e. *whether . . . or.*

25. ὡς ἐκείνων προορῶν . . . τεχνάσαιτο : *that in providing for them . . . he had contrived.* — ὅκως . . . ἔχωσι: Synt. 146 *a*.

27. τὰ περὶ τὴν ἐξαίρεσιν : *the details concerning the removal.*

28. **τὰ μέτρα**: *the measurements*, *i.e.* the distances from fixed points.

29. **διαφυλάσσοντες**: *if they observed carefully*.

100. 2. **οὐκ ἐς μακρήν**: *not for long*, *i.e.* not putting it off to a remote time. — **ἔχεσθαι**: *to refrain from*.

5. **ὡς τυχεῖν**: subordinate clause in indir. disc., see note on 97, 11 and cf. ὡς φαίνεσθαι, l. 8; ὡς γνῶναι, l. 15. — **ἀνοίξαντα**: aor. ptc. coincident in time with τυχεῖν; see Synt. 99 *b*.

6. **τῶν χρημάτων**: for the case, see Synt. 44. — **καταδεᾶ** (καταδεέα): Dial. 17.

7. **οὐκ ἔχειν ὅντινα ἐπαιτιᾶται**: *did not know whom to accuse;* the verb is subj. (for ἐπαιτιάηται), in a deliberative quest.   Synt. 110.

10. **κεραΐζοντας**: Synt. 132.

11. **ἐργάσασθαι . . . στῆσαι**: sc. as subj. τινάς, though the verbs may be translated as passive, according to our idiom.

13. **πρὸ τοῦ**: = προτέρῳ.

15. **ἐνέχεσθαι**: *was held fast;* the subj. must be understood from τοῦ ἑτέρου above.

16. **ἦν**: for the indic., see Synt. 175 *a*.

18. **γνωρισθεὶς ὃς εἴη**: *when it was known who he was.*   The rel. clause is epexegetical of the ptc. and not strictly an indir. quest.

19. **προσαπολέσῃ κἀκεῖνον**: pleonastic. — **τῷ δέ**: *but to the other.*

20. **ποιῆσαι**: change from the impers. to the pers. constr.

28. **τὸν ἂν ἴδωνται**: fut. more vivid prot. unchanged in indir. disc. — **ἀπο-κλαύσαντα ἢ κατοικτισάμενον**: the ptcs. are coincident in time with ἴδωνται. Synt. 99 *b*.

29. **ἀνακρεμαμένου**: cf. κατακρεμάσαι l. 27 ; to 'hang up' is also to 'hang down.'

30. **δεινῶς φέρειν**: *took ill.* — **λόγους . . . ποιευμένην**: *talking* or perhaps like our *having words with.*

101. 2. **εἰ . . . ἀμελήσει**: minatory prot.   Synt. 163.

4. **χαλεπῶς ἐλαμβάνετο**: *handled roughly;* the verb is followed by the gen. on the principle of verbs of touching.   Synt. 34.

5. **οὐκ ἔπειθε**: with change of subj. *he could not persuade her;* for the force of the tense, see Synt. 91.

7. **οἴνου**: Synt. 37.

8. **κατά**: *near.*

10. **ποδεῶνας**: ragged edges of a skin where the tail and feet have been. One of these left open formed the mouth of the bottle and was tightly fastened (ἀπαμμένους).

11. **ὡς οὐκ ἔχοντα κτλ.**: *as though he didn't know to which* (lit. *what sort of*) *mule to turn first* (*i.e.* to vent his wrath).   See note on 100, 7.

13. **πολλόν**: pred. *in streams.*

14. **συγκομίζειν**: *recovered, caught.* — **ἐν κέρδεϊ ποιευμένους**: *considering it their gain.*

15. **διαλοιδορέεσθαι**: the prep. has a distributive force ; cf. διακελευσαμένους, 50. 1. — **πᾶσι**: dat. with the verbal idea in ὀργήν.

19. ὡς . . . ἐγγίνεσθαι: cf. note on ὡς τυχεῖν, 100, 5. — τινά: collective, as often; *one and another*.

21. ὥσπερ εἶχον: *just as they were*, i.e. without delay.

23. πεισθῆναι δή: the particle has ironic force; *of course!*

26. δαψιλέϊ: the position shows that it is pred.; *in abundance, to excess*.

27. ὑπὸ τοῦ ὕπνου: personification; see note on 62, 14. For the art., see Synt. 13. — αὐτοῦ ἔνθα περ: *right there where*.

28. πρόσω τῆς νυκτός: *far along in the night;* for the gen., see Synt. 46.

30. ἐπὶ λύμῃ: *by way of insult*. — ξυρῆσαι: for the deed, cf. II. Sam. X. 4–5. — ἐπιθέντα . . . ἐπὶ τοὺς ὄνους: cf. ἐπιθεῖναι ἐπὶ τῶν ὄνων, l. 7.

102. 1. τῇ μητρί: to be taken with both ptcs., but belonging properly to the first.

2. ἀπηγγέλθη: the subj. is ὁ νέκυς with ἐκκεκλεμμένος in pred. agreement.

3. δεινὰ ποιέειν: cf. δεινῶς φέρειν, 100, 30. Hdt. more often uses δεινὰ (δεινῶς) ποιέεσθαι. — εὑρεθῆναι: sc. as subj. the antecedent of ὅστις.

4. ἐμοὶ μὲν οὐ πιστά: *though I for my part don't believe it;* for μέν without corresponding δέ, see note on 98, 30.

8. ὃς ἂν ἀπηγήσηται: see note on 100, 28.

10. συλλαμβάνειν: complement of ἐντειλάμενον, l. 6. — ἀπιέναι: fr. ἄπειμι.

13. πολυτροπίη: *versatility, cleverness;* cf. πολύτροπος, a common epithet of Odysseus; e.g. Ἄνδρα μοι ἔννεπε, Μοῦσα, πολύτροπον, Hom. *Od.* I. 1.

16. ὡς . . . τὴν θυγατέρα: the only instance in Hdt. of ὡς as a prep.; a common use in Xenophon.

17. ὡς ἀνοσιώτατον κτλ.: *that the worst thing he had ever done was when* (ὅτε); cf. below, σοφώτατον (εἴη ἐργασμένος) κτλ.: *the cleverest thing he had ever done was that* (ὅτι); possibly Hdt. wrote the same conj. in both places, but we have many illustrations of his fondness for variety in parallel expressions.

21. ἅπτεσθαι: impf. inf. with conative force.

26. ἀπηνεῖχθαι: see note on 100, 5. — ἐκπεπλῆχθαι . . . ἐπί: the verb is usually followed by a dat. of cause; cf. 85, 27.

29. διδόντα: *offering*. — ἐλθόντι: with cond. force.

103. 1. ἀνθρώπων: partit. gen. with πλεῖστα.

2. προκεκρίσθαι: *to have been chosen before;* i.e. *to be preferred before*.

The Pyramid Builders. Hdt. gives their names correctly, but their chronological position is entirely wrong. They belong to the fourth dynasty (ca. 2900–2750 B.C.), but Hdt. puts them only three generations before Psammetichus, whose date is 660 B.C.

6. μετὰ τοῦτον βασιλεύσαντα: cf. μετὰ Σόλωνα οἰχόμενον, 60, 10. Synt. 128 a. — Χέοπα: Cheops (Khufu). — πᾶσαν: *complete*.

7. ἐλάσαι: trans.; sc. Αἰγυπτίους. — κατακληίσαντα . . . τὰ ἱρά: the impiety here stated is contrary to the monuments, upon which Cheops figures as a temple builder. Hdt. is accepting a popular story which arose from the sufferings of the people under the pyramid builders.

9. τοῖσι μέν: unless μέν stands for μήν, the correl. is implied in ἑτέροισι, l. 12.

10. ἐκ τουτέων: taking up ἐκ τῶν λιθοτομέων; unusual when no parenthesis has intervened; but cf. l. 13.

12. ἑτέροισι: dat. with ἔταξε, instead of subj. of the inf. with which διαπεραιωθέντας agrees.

14. κατὰ δέκα μυριάδας: *in gangs of 100,000.*

15. αἰεί: *in each case;* emphasizing the distributive idea. — τὴν τρίμηνον ἕκαστοι: *each in a three-month shift;* for the art., see Synt. 12. Petrie regards as credible the statements in regard to the number of men employed and the time consumed in building the pyramid. — χρόνον ἐγγενέσθαι τριβομένῳ τῷ λεῷ: for the form of expression, cf. 92, 25.

16. δέκα ἔτεα: pred. — τῆς ὁδοῦ: limiting χρόνον; *the time of (building) the road.* A road to this pyramid can still be traced, but its dimensions do not agree with the statements here.

17. ἐόν: in agreement with the pred. ἔργον. — οὐ πολλῷ τεῳ: a vague statement; dat. of degree of difference. Synt. 64.

18. ὡς . . . δοκέειν: abs. inf. Synt. 122. — μῆκος: either the subj., in which case the verb agrees with the pred., or the acc. of respect; cf. τὸ μῆκός ἐστι εἷς τε καὶ εἴκοσι πηχέες, 112, 17; πόδες πέντε . . . εἰσὶ τὸ μῆκος, 113, 1.

19. τῇ ὑψηλοτάτη κτλ.: *where it is at its highest;* for the intensive with the refl., cf. 92, 19; the gen. is partit. with the superl.

20. λίθου: gen. of material. Synt. 31, 4.

21. ταύτης τε δὴ κτλ.: *now ten years were devoted to this* (i.e. τῆς ὁδοῦ) *and to the underground chambers on the hill on which the pyramids stand;* the repetition of the art. belonging to οἰκημάτων with two attributive expressions is unusual.

23. τὰς ἐποιέετο κτλ.: *which he caused to be made as tombs for himself in the midst of an island formed by admitting a channel of the Nile.* 'The connection with the Nile is impossible, as the underground chamber is thirty-six feet above the river level.' How and Wells.

24. τῇ πυραμίδι . . . ποιευμένη: *for the construction of the pyramid.* Synt. 128 a. This is the Great Pyramid of Gizeh, opposite modern Cairo.

25. τῆς ἐστι πανταχῆ κτλ.: *each side of which is everywhere eight plethra* (800 feet); this seems to refer to the base. For the case of πλέθρα, see Synt. 78.

26. ἐούσης τετραγώνου: a superfluous bit of information! — ὕψος: this seems to be the height along the sloping side. The actual height is 450 feet.

27. ἀρμοσμένου τὰ μάλιστα: *most carefully fitted.*

29. τρόπον: *after the manner;* with limiting gen.

104. 1. τοιαύτην: *i.e.* cut into steps.

2. τοὺς ἐπιλοίπους λίθους: *i.e.* to fill in the triangular spaces between the steps.

4. ὅκως . . . ἀνίοι: expressing indef. frequency in past time; so ὅκως . . . ἐξέλοιεν, l. 10. Synt. 172.

9. εἴτε καί: *or it may be that;* introducing another possible explanation of the method pursued.

11. λελέχθω: *let it be recorded* (lit. *have been said*). — κατά περ: *just as.*

12. ἐξεποιήθη : *were completed*, by filling in the gaps.

13. μετά : adv. — τὰ ἐχόμενα τούτων : *those next to these;* the gen. with a verb of touching (lit. *holding on to*). Synt. 34.

16. συρμαίην κτλ. : *radishes . . . onions . . . garlic;* these vegetables were used merely as relishes or for medicinal purposes. Probably the inscription was mistranslated.

17. ὡς ἐμὲ εὖ μεμνῆσθαι : *to the best of my recollection*. Synt. 122.

18. ἐπιλεγόμενος : *reading;* for another meaning, see 98, 8.

19. ἔστι (so accented after εἰ) οὕτως ἔχοντα = οὕτως ἔχει.

22. ὁκότε : *since, whereas.* — τὸν εἰρημένον : with χρόνον : *i.e.* thirty years.

23. ἄλλον δέ . . . οὐκ ὀλίγον χρόνον : *sc.* some verb like ἐπόνεον from οἰκοδόμεον. — ὡς ἐγὼ δοκέω : qualifying ὀλίγον χρόνον (litotes).

28. Χεφρῆνα : Chefren (Khafre). If, as Hdt. states, Cheops reigned fifty years and Chefren fifty-six, they can hardly have been brothers, but Hdt. may have been misinformed as to the length of their rule. A statue of Chefren, made of hard diorite, and said to be one of the most beautiful and realistic specimens of Egyptian art, is preserved in the Cairo Museum. A cast of it is in the British Museum. — τῷ αὐτῷ τρόπῳ . . . τῷ ἑτέρῳ : the first dat. with διαχρᾶσθαι, the second with τῷ αὐτῷ. Synt. 60 *a*, 65 *a*.

29. τά τε ἄλλα καὶ . . . ποιῆσαι : a shift in constr. ; see note on 96, 17.

30. ἐκείνου : for τῆς ἐκείνου πυραμίδος ; brachylogy (Introd. p. 45).

105. 1. οὔτε γὰρ κτλ. : this does not give the reason for the foregoing ; possibly a sentence has fallen out. It is not true that there were no underground chambers, as two have been discovered.

3. δι᾽ οἰκοδομημένου κτλ. : this is somewhat disturbing to the connection, as it refers to the first pyramid. — ἔσω νῆσον περιρέει : *it flows in* (and) *around an island*.

5. ὑποδείμας δέ : correl. with ἐς μὲν τὰ ἐκείνου, 104, 30 ; this suggests that the passage οὔτε γὰρ . . . Χέοπα was a later addition. — λίθου Αἰθιοπικοῦ ποικίλου : *i.e.* red granite.

6. τεσσεράκοντα πόδας κτλ. : *going forty feet below the other; i.e.* building it forty feet lower. τῆς ἑτέρης is gen. because of the comparative idea in ὑποβάς. — τὠυτὸ μέγαθος : acc. of extent of space, or adv. acc. This apparently contradicts the statement 104, 30. As a matter of fact, the second pyramid was inferior in size and workmanship to the first. Its imposing entrance still stands beside the Great Sphinx.

9. ταῦτα ἓξ κτλ. : *they reckon as one hundred and six years that period in which*, etc. The abruptness of this sentence suggests a lacuna before it.

11. εἶναι : indir. disc. after the idea of saying implied in λογίζονται.

14. ποιμένος Φιλίτιος : pred. gen. limiting πυραμίδας. This may refer to the conquest of Egypt by the Hyskos, or Shepherd Kings (ca. 1675 B.C.). Their rule was oppressive and may have become blended in popular memory with the time of the pyramid-builders.

16. Μυκερῖνον : Mycerinus (Menkaure). The Museum of Fine Arts in Boston contains a magnificent series of sculptures of the period of Mycerinus, excavated at Gizeh by the Harvard-Boston expedition. They include a colos-

sal alabaster statue of the king himself and also a slate group of less than life size, almost perfectly preserved, representing Mycerinus and his queen. This is perhaps the most remarkable object which has been permitted to leave Egypt in recent years.

17. ἀπαδεῖν : inf. in a subordinate clause of indir. disc., as often. Synt. 177 b.

18. τὰ ἱρὰ ἀνοῖξαι : his piety is confirmed by contemporary evidence, though, as the temples were never closed, they were not opened. — ἐς τὸ ἔσχατον κακοῦ : to the extremity of evil; for the gen., see Synt. 31, 6.

19. ἀνεῖναι : fr. ἀνίημι, here trans.; otherwise 106, 29. — δίκας : cogn. acc., Synt. 70.

20 ff. βασιλέων : partit. gen. with the superl. — κατὰ τοῦτο : pointing forward to τά τε ἄλλα κτλ. but particularly to the second clause ; a good illustration of parataxis ; *for while in all other respects he judged fairly, yet in particular when any one found fault with his verdict, he gave him more out of his own pocket until he satisfied his desire* (lit. *by giving more, he satisfied*, etc.). τῷ ἐπιμεμφομένῳ is a subst. expression, equiv. to a rel. clause. This feature of Mycerinus's justice was probably a popular myth.

24. ἐόντι : with concessive force.

25. ταῦτα : *i.e.* τὰ ἤπια.

26. πρῶτον . . . ἄρξαι : a common pleonasm : the subj. of the inf. is implied in ἀποθανοῦσαν ; *i.e. his daughter's death.* Synt. 128 a.

28. πρήγματι : antecedent incorporated in the rel. clause ; dat. of cause with ὑπεραλγήσαντα.

29. περισσότερόν τι τῶν ἄλλων : *more remarkably than all others.*

106. 1. ποιέεσθαι : cf. 99, 16. — βοῦν : the cow was sacred to Isis, with whom queens were identified.

4. ἐν Σάϊ : the pyramid builders had nothing to do with Saïs ; Hdt. has brought them into a rite connected with the story of Osiris.

5. ἠσκημένῳ : *adorned, i.e.* with paintings and sculpture.

11. μάλιστά κη : *somewhere about.* — γυμναί : this was contrary to Egyptian custom. The garments may have been so fine and clinging that the statues appeared nude.

12. πλὴν ἢ τὰ λεγόμενα : *i.e.* that they were παλλακαί.

13. δεύτερα : taking up μετά. — γενέσθαι : *sc.* ἔλεγον οἱ ἱρέες.

14. Βουτοῦς : Buto, where the Egyptian monarchy was founded, was the seat of the oracle of Leto.

17. ὅτι ὁ μὲν αὐτοῦ πατὴρ κτλ. : *that while his father and uncle . . . had lived a long time, he himself was to die quickly* (parataxis).

21. δεύτερα : *sc.* ἔπεα or μαντήια. — τούτων εἵνεκα : beginning the quotation.

22. καί : *actually.* — συνταχύνειν : probably trans., with αὐτόν as subj. — οὐ γὰρ ποιῆσαι κτλ. : *for he had not done what he ought to do.*

23. δεῖν γάρ : *for it was fated.*

24. τοὺς μὲν δύο : *the other two;* defined further by τοὺς . . . βασιλέας.

27. λύχνα πολλά : *many lights;* borrowed from the Osiris festival. See Matthew Arnold's poem *Mycerinus.* The sarcophagus and wooden coffin with portions of his mummy were found in the pyramid in 1837. The coffin

and mummy are now in the British Museum. — ὅκως γίνοιτο : cond. rel. clause corresponding to a past general prot. Synt. 172.

28. ἡμέρης . . . νυκτός : Synt. 47.

30. ἵνα : *where*, introducing a past gen. prot. ; but 107, 1 *in order that*, introducing a clause of purpose. Cf. the uses of ὅκως.

107. 1. αἱ νύκτες ἡμέραι ποιεύμεναι : anacoluthon ; we should expect a gen. abs.

2. πυραμίδα : smaller than the other two, but so perfect in workmanship that it is worthy to rank with them among the Wonders of the World.

3. τοῦ πατρός : brachylogy ; cf. 104, 30. — εἴκοσι ποδῶν κτλ. : *on each side lacking twenty feet of three plethra.* κῶλον ἕκαστον is a kind of adv. acc. τριῶν πλέθρων is odd ; possibly it is gen. after the comparative idea in εἴκοσι ποδῶν καταδέουσαν, *i.e. twenty feet less than.*

4. ἐούσης τετραγώνου : as if he had said τῆς κῶλον ἕκαστον : *each side of which.*

5. ἐς τὸ ἥμισυ : *i.e.* faced half way up.

6. ἐλευθερωθέντες : *i.e.* from the sway of the Ethiopians, who, according to Hdt., ruled fifty years. — τὸν ἱρέα τοῦ Ἡφαίστου : called Sethon by Hdt. Neither Manetho nor the monuments know anything of him ; the Saïte rule (the account of which follows) came immediately after the Ethiopian dynasty.

7. βασιλεύσαντα : Synt. 128 *a*.

8. δυώδεκα βασιλέας : there is no trace of this dodecarchy on the monuments. The number twelve perhaps came from the twelve halls of the labyrinth.

9. μοίρας : second acc. after a verb of dividing ; properly a cogn. acc.

10. μήτε καταιρέειν μήτε δίζησθαι : the infs. are explanatory of νόμοισι τοισίδε.

12. τε : correl. with μήτε and adversative, as usual.

14. ἐκέχρηστο : *it had been declared by oracle.* — κατ' ἀρχάς : *in the beginning ;* made more precise by αὐτίκα ἐνισταμένοισι ἐς τὰς τυραννίδας. Synt. 129 *d*.

18. δόξαν : picking up ἔδοξε ; acc. abs. Synt. 80.

19. λαβύρινθον : probably not so called by the Egyptians, but given the name by Greeks because of its similarity to the Cretan labyrinth of their own traditions. In its main features it was constructed on regular lines and acquired its intricate character from many additions. Its foundations survive and were identified by Petrie in 1888. They measure 1000 by 800 feet.

20. Κροκοδείλων καλεομένην πόλιν : the city was called Sebek (Sebak) after a god honored there, to whom the crocodile was sacred. It lay one hundred stades east of the Labyrinth (Strabo, 811).

21. λόγου μέζω : (a work) *beyond description ;* we should expect ὄντα. — τὰ ἐξ Ἑλλήνων : *i.e.* those built by Greeks.

22. ἔργων ἀπόδεξιν : cf. ἔργα ἀποδέχθεντα, 49, 3.

23. πόνου : pred. gen. of quality. Synt. 31, 7 ; 32. — φανείη : *i.e.* τὰ τείχεά τε καὶ ἔργα. — ἐόντα : suppl. ptc. with φανείη ; *would be shown to be.* Synt. 137 *c*.

24. ὁ ἐν Ἐφέσῳ νηός : the famous temple of Artemis, begun ca. 550 B.C. and not finished until ca. 430 B.C. It was one of the Seven Wonders of the World.

25. ὁ ἐν Σάμῳ: the temple of Hera.

28. αὐλαὶ κατάστεγοι: an αὐλή was usually open to the sky; these were probably large rooms (called by Strabo l. c. οἶκοι).

29. πρὸς βορέω . . . πρὸς νότον: see note on 99, 9

108. 4. πεντακοσίων καὶ χιλίων ἑκατέρα: *each set* (*i e.* upper and lower) *consisting of fifteen hundred;* the case may be explained as a loose gen. of material.

6. αὐτοὶ θεησάμενοι: taking up αὐτοὶ ὡρῶμεν: *i.e.* "as the result of our own observations." Note the ' editorial we.'

7. τῶν Αἰγυπτίων: partit. gen. with οἱ ἐπεστεῶτες.

9. τῶν ἀρχὴν . . . οἰκοδομησαμένων: *of those who originally built.* The grave of King Amenemhat, the original builder, was in his pyramid.

11. πέρι: anastrophe, because governing τῶν κάτω; οἰκημάτων seems to be an afterthought. — τὰ δὲ ἄνω: *sc.* ὄντα.

13. στεγέων: here equiv. to οἰκημάτων.

14. ἐξ αὐλῆς: treated as a single word; hence the position of τε; so ἐς στέγας, below.

15. διεξιοῦσι: agreeing with an omitted substantive after παρείχοντο; (*to people*) *as they pass,* i.e. *as one passes.*

19. ἁρμοσμένου τὰ μάλιστα: cf. 103, 27.

20. τῆς γωνίης: gen. with ἔχεται, *is next to.* Synt. 34. — τελευτῶντος τοῦ λαβυρίνθου: *where the labyrinth ends.*

21. ζῷα: *hieroglyphics* (How and Wells); *figures* (Stein). μεγάλα seems to make the latter interpretation more probable.

22. ὁδὸς . . . ὑπὸ γῆν: an underground passage leading to the sepulchral chamber of King Amenemhat was found by Petrie.

25. μελλόντων: returning to the constr. of χρεωμένων (gen. abs.) though it might have agreed with σφι.

26. τῇσι: dat. of means.

27. τοῦ ἀριθμοῦ: for the case, see Synt. 34. — ἕνδεκα δυώδεκα ἐοῦσι: *eleven bowls, though they were twelve;* the ptc. agrees with σφι.

28. ἔσχατος: pred. with ἑστεώς. — περιελόμενος: *taking off;* usually of something that is around one (or a part of one) ; cf. 119, 15, where it is used of a ring.

29. ὑπέσχε τε καὶ ἔσπενδε: *held it under and was pouring libation ;* note the difference of tense.

109. 1. ἐφόρεον . . . ἔχοντες: used with the same meaning; *were wearing . . . having on.*

2. οὐδενὶ δολερῷ νόῳ χρεώμενος: *without any crafty intent.*

4. ὅ τι ἐκέχρηστο: explanatory of τὸ χρηστήριον; plupf. because a statement of fact by the author.

5. τὸν . . . σπείσαντα: taken up by τοῦτον.

6. ἀναμνησθέντες: resumptive of φρενὶ λαβόντες. — τοῦ χρησμοῦ: Synt. 35.

7. κτεῖναι μὲν οὐκ ἐδικαίωσαν . . . ἐς δὲ τὰ ἕλεα ἔδοξε σφι διῶξαι: *did not, to be sure, think it right to kill him . . . but resolved to banish him to the marshes.*

9. **ψιλώσαντας**: in agreement with the omitted subj. of διῶξαι.

11. **ἐπιμίσγεσθαι**: *sc.* as subj. αὐτόν. — **ἐπιστάμενος**: *thinking;* for the constr. following it, see Synt. 137 *b*.

14. **μαντήιον**: *i.e.* of Leto.

16. **ἀπιστίη μεγάλη ὑπεκέχυτο**: *great disbelief had welled up in him;* a poetic expression; followed by the fut. inf. of indir. disc.

19. **ἐκβάντας**: agreeing with a pron. the obj. of ἀγγέλλει, though the sentence structure shifts at ὡς χάλκεοι . . . λεηλατεῦσι; *when they had landed, some one reported of them that bronze men . . . were ravaging.*

21. **ὡς οὐκ ἰδὼν πρότερον κτλ.**: this seems inconsistent with the statement that the twelve kings themselves wore helmets of bronze.

24. **φίλα . . . ποιέεται**: *made friends with, treated kindly;* for the dat., see Synt. 65.

25. **σφεας μεγάλα**: two accs. with a verb of promising. Synt. 73.

26. **οὕτω**: *then;* taking up ὡς ἔπεισε.

28. **κρατήσας**: *when he had become ruler.*

30. **Ἆπι**: *Apis,* a sacred bull that from time to time appeared among the Egyptians. See Bk. III. 27–29.

110. 1. **πᾶσαν**: *on all four sides.*

2. **κολοσσοί**: square pillars adorned with a statue in front.

5. **ἐνοικῆσαι**: inf. of purpose with δίδωσι. So ἐκδιδάσκεσθαι below. Synt. 120.

8. **ἀπέδωκε**: the prep. implies that the gift was due; cf. ἀπαιτέειν, 50, 17.

10. **ἐκμαθόντων**: used as the pass. of ἐκδιδάσκειν.

11. **οἱ ἑρμηνέες**: the 'interpreters' formed one of the seven classes into which the Egyptians were divided (Bk. II. 164). One of these served as guide and expositor to Hdt.

13. **πρὸς θαλάσσης**: *seaward.*

14. **Πηλουσίῳ στόματι**: the Pelusiac arm, so named from the city Pelusium situated upon it, was one of the seven streams into which the Nile divided north of Memphis.

15. **χρόνῳ ὕστερον**: *i.e.* about one hundred years later. For the dat., see Synt. 64.

18. **οἱ Ἕλληνες**: *we Greeks.* — **οὕτω**: taking up the gen. abs. and emphasizing it as the ground for the following.

19. **τὰ περὶ Αἴγυπτον γινόμενα**: obj. of ἐπιστάμεθα. — **ἀπὸ Ψαμμητίχου ἀρξάμενοι**: *beginning with Psammetichus;* we should expect the ptc. to agree with the obj. rather than the subj. of ἐπιστάμεθα.

22. **ἀλλόγλωσσοι**: this seems to be a standing expression for foreigners.

23. **χώρων**: attracted into the rel. clause and taken up by τούτοισι.

25. **ἔσχε**: ingressive, as usual. Synt. 93 *a*.

26. **Ἀπριέω**: Apries (Hophra), great-grandson of Psammeticus, who was preceded in succession by the son and grandson of Psammetichus. He was overthrown by a revolt in which Amasis (Ahmose II) was a leader.

27. **ἐκ τῆς δὲ κτλ.**: *and the name of the city from which he came was Siouph;* Siouph was a village near Saïs.

28. τὰ πρῶτα: cf. ἐξ οὗ δὴ τὰ πρῶτα διαστήτην ἐρίσαντε, Hom. *Il.* I. 5.—
κατώνοντο: fr. κατόνομαι.

29. ἐν οὐδεμιῇ μοίρῃ . . . ἦγον: *they held in no regard;* ἄγω is unusual in
this sense; cf. 80, 23.

111. 1. οἰκίης: pred. gen.   Synt. 32.

3. τὸ ὄρθριον: adv. expression, strictly an acc. of extent; so τὸ ἀπὸ τούτου
below.

4. μέχρι ὅτευ (equiv. to μέχρι alone) : *until.*—πληθώρης ἀγορῆς: *full
market-time, i.e.* about ten o'clock in the morning; the second gen. limits the
first.   The usual expression in Attic is πλήθουσα ἀγορά.

9. προέστηκας = ἄρχεις.

10. ἐχρῆν: of unfulfilled obligation.   Synt. 104, 2.— σεμνῷ σεμνόν: each
adj. is pred.   Two forms of the same word in close juxtaposition are often
found in Greek, especially in tragedy.

11. ἠπιστέατο = ἠπίσταντο.   See on 94, 26.

12. ἄμεινον ἤκουες (*sc.* ἄν) : *you would be better spoken of,* i.e. *have a better
reputation.*   Synt. 160.   ἀκούω is often used as the pass. of λέγω.   Cf. the use
of πάσχω as pass. of ποιέω, μανθάνω as pass. of διδάσκω, πίπτω as pass. of
βάλλω.— νῦν δέ: *but as it is;* a regular formula after an unreal cond. or the
like.

14. οἱ ἐκτημένοι (fr. κτάομαι) : *those who possess.*   Synt. 95.

15. ἐπεὰν χρήσωνται : *after they have used it.*

16. ἐντεταμένα εἴη (fr. ἐκτείνω), ἐκραγείη (fr. ἐκρήγνυμι) ἄν : *should be stretched*
(the perf. indicating the state), *would break* (the aor. of the single occurrence).
— ἐς τὸ δέον : *at need.*

17. ἔχοιεν : *sc.* as subj. οἱ ἐκτημένοι.

18. κατεσπουδάσθαι : perf. inf. *to be serious;* see note on ἐντεταμένα, l. 16.

19. τὸ μέρος : *in turn.*— λάθοι ἂν κτλ. : *he would without knowing it become
a madman or a simpleton.*   For the sense of the ptcs., see Synt. 99 *b.*   For the
repetition of the subj. by ὅ γε, cf. Hom. *Il.* III. 220.

21. ταῦτα τοὺς φίλους ἀμείψατο : two accs. with ἀμείψατο; the more com-
mon constr. is the acc. of the person and the dat. of the words spoken, as
l. 13 above.   Synt. 73.

22. λέγεται ὁ Ἄμασις . . . ὡς : *it is said of Amasis . . . that;* with the
pass. of λέγω the inf. is more regular.

24. ἐπιλίποι : the subj. is τὰ ἐπιτήδεια.

25. κλέπτεσκε ἄν : iterative impf. with ἄν, sometimes used in the apod. of a
past general cond.   The augm. is regularly omitted in iterative forms.   Dial.
39.— οἱ . . . φάμενοι : subst.; *those who said.*— ἄν : with ἄγεσκον.

26. ἀρνεύμενον : *when he denied it.*

27. ὅκου ἑκάστοισι εἴη : *wherever they severally had one;* the past general
prot. used of an indef. number of cases. — πολλὰ μὲν . . . πολλὰ δέ : adv. *many
times.*   Note the anaphora.— καὶ ἡλίσκετο . . . καὶ ἀπέφυγε : the intensive
καί is redundant in our idiom; its use emphasizes that both experiences be-
fell him, conviction and acquittal.

29. ἐβασίλευσε : ingressive.   Synt. 93.

30. **ἀπέλυσαν μὴ φῶρα εἶναι**: *acquitted him of the charge of theft;* μή because of the neg. idea in ἀπέλυσαν. Synt. 181. — **τούτων**: antecedent of ὅσοι, and limiting τῶν ἱρῶν, for which see Synt. 35.

31. **ἐς ἐπισκευήν**: *for repairs;* with τούτων understood as obj. gen.

112. 1. **ὡς οὐδενὸς ἐοῦσι ἀξίοισι**: *on the ground that they* (the gods) *were worthless.*

2. **ὅσοι δὲ . . . τούτων δέ**: correl. with ὅσοι μὲν . . . τούτων μέν above; the second δέ not to be translated. — **κατέδησαν**: *convicted;* the opposite of ἀπέλυσαν.

4. **τῇ Ἀθηναίῃ**: *for Athena; i.e.* in her honor. The Egyptians called her Neith.

5. **θωμάσια οἷα**: an abridged expression for θωμάσιόν ἐστιν οἷα, *it is wonderful what;* i.e. *wonderfully beautiful.* — **πολλόν**: *far.*

6. **ὅσων τε . . . καὶ ὁκοίων τέων**: *of how great . . . of what sort;* the indir. interrogatives are exclamatory and indicate cause; 'seeing that they are so great and of so excellent quality.' For the gen. of material, see Synt. 31, 4.

8. **ἀνδρόσφιγγας**: the Egyptian sphinx consisted of a lion's body and a man's head, while the Greek sphinx was usually represented with the body of a lioness and the head of a woman.

9. **ἠγάγετο**: *he caused to be brought;* see note on οἰκοδομέεσθαι, 99, 16.

11. **πλόον**: acc. of extent.

12. **καί**: *actually.* — **ἡμερέων**: gen. of measure.

14. **ἐκόμισε . . . ἐκόμιζε**: note the difference in force.

15. **προσετετάχατο**: fr. προστάσσω.

16. **κυβερνῆται**: forming one of the seven classes of Egyptians; see note on ἑρμηνέες, 110, 11.

17. **στέγης** = οἰκήματος, as 108, 13. — **τὸ μῆκος . . . ἐστι εἷς τε καὶ εἴκοσι πήχεες**: the more usual constr. is found below (l. 21). Cf. 103, 18 with note.

22. **αὕτη**: *i.e.* ἡ στέγη.

25. **οἷα**: showing that the two following ptcs. have a causal force.

26. **οὐκ ἐᾶν κτλ.**: probably because he took the lament of the builder as a warning.

28. **τῶν τις αὐτὴν μοχλευόντων**: explanatory of ἄνθρωπος.

31. **ἐν δέ**: *and among them.* — **τὸν ὕπτιον κείμενον**: probably it originally stood upright.

113. 5. **τῷ ἐν Μέμφι** (κολοσσῷ): dat. with τὸν αὐτόν. Synt. 65 *a.*

8. **ἐπ' Ἀμάσιος**: *in the time of Amasis.*

9. **καὶ . . . καί**: *both . . . and.* — **τὰ . . . γινόμενα**: acc. of specification.

11. **πόλις**: acc. pl. — **τὰς ἀπάσας**: *in all.*

13. **ἀποδεικνύναι κτλ.**: explanatory of νόμον.

14. **ὅθεν βιοῦται**: *whence he lived; i.e.* the way in which he got his living; or, perhaps, the amount of his income.

15. **ἰθύνεσθαι**: lit. *straightened,* i.e. *punished;* coördinate with ἀποδεικνύναι, l. 13.

16. **Σόλων κτλ.**: Solon's constitution was considerably later than this.

21. ἐνοικῆσαι: purpose inf. Synt. 120. — τοῖσι μὴ βουλομένοισι . . .
αὐτοῦ δὲ ναυτιλλομένοισι: *to those who did not wish . . . but who sailed there*,
if the reading is correct. Stein's suggestion is tempting, *i.e.* to take αὐτοῦ
with ἐνοικέειν and assume that a phrase like κατ᾽ ἐμπορίην, *for trade*, has fallen
out after αὐτοῦ.

24. χρησιμώτατον: *most used* or *frequented;* the more common meaning of
the adj. is *useful.*

25. Ἑλλήνιον: *Hellenium;* dedicated to Ζεὺς Ἑλλήνιος.

31. οὐδέν σφι μετεόν: *though it does not belong to them;* for the acc. abs.
see Synt. 80.

114. 1. Πηλουσίῳ καλεομένῳ στόματι: see note on 110, 14. There were
several important roads from Pelusium, so that it was always guarded with
special care by Egyptian kings.

2. Ψαμμήνιτος (Psamtik III): the name is a variant of Ψαμμήτιχος.

4. βασιλεύσας ὁ Ἄμασις κτλ.: the length of Amasis's rule is confirmed by
the list of Manetho; *i.e.* from 570 to 526 B.C.

5. μέγα ἀνάρσιον: for the expression, cf. μέγα πλούσιος, 59, 31.

6. συνηνείχθη: fr. συμφέρω.

7. ἐτάφη: fr. θάπτω. — ἐν τῷ ἱρῷ: *i.e.* in the temple of Neith at Saïs. See
112, 4, and note.

8. ἐπὶ Ψαμμηνίτου . . . βασιλεύοντος: *in the time of Psammenitus . . .
ruling;* i.e. *in the reign of P.*

9. φάσμα: *a marvel;* Lat. *portentum.* — μέγιστον δή: the superlative is
made more emphatic by the particle.

10. ὕσθησαν (fr. ὕω): *was rained upon.* — οὔτε πρότερον . . . οὔτε ὕστε-
ρον: rain is more frequent now in upper Egypt. At Thebes it rains three or
four times a year. (So How and Wells.)

11. τὸ μέχρι ἐμεῦ: as 94, 25.

13. καὶ τότε: *actually then.*

14. ἀμφοτέρων τῶν στρατοπέδων: for the art. with ἀμφότερος, see Synt. 24.
The gen. is partit. with πολλῶν.

15. πλήθεϊ: Synt. 63.

16. τῶν γὰρ κτλ.: *as the bones of those who fell in this battle lay scattered,
each nation separately;* ὀστέων may be explained as partit. with αἱ κεφαλαί or
as gen. abs.

21. εἰ θέλοις . . . διατετρανέεις (fr. διατετραίνω): a mixed cond.

22. οὕτω δή τι: *so excessively,* an idiomatic expression. — μόγις ἄν . . .
διαρρήξειας: *sc. ὥστε.* — παίσας = εἰ παίσειας.

23. ἐμέ γε: *me for my part.*

24. ἀπὸ παιδίων ἀρξάμενοι: *beginning at childhood.*

26. τοῦ μὴ φαλακροῦσθαι: articular inf.; obj. gen. with αἴτιον. Synt. 115, 2.

115. 1. Αἰγυπτίων . . . ἐλαχίστους . . . πάντων ἀνθρώπων: each gen. is
partit. with the adj., the second with the superlative idea; *the fewest Egyptians
of all men;* i.e. *fewer Egyptians than all (other) men.*

2. τούτοισι μέν: taking up Αἰγύπτιοι μέν above after the parenthesis τὠυτὸ
. . . ἀνθρώπων.

3. **ἰσχυρὰς φορέειν τὰς κεφαλάς**: *i.e.* 'that their heads are hard.' Notice the constr. in the parallel clause below, ὅτι ἀσθενέας φορέουσι τὰς κεφαλάς, and that with αἴτιον above, τοῦ μὴ φαλακροῦσθαι. For φορέειν = ἔχειν, cf. 109, 2, where ἔχειν = φορέειν.

5. **ἐξ ἀρχῆς**: *i.e.* from childhood. — **πίλους τιάρας φορέοντες**: *by wearing turbans* (a Persian word) *as caps*. The Greeks did not wear hats except when traveling. Wilkinson (*Manners of the Ancient Egyptians*, Vol. II, p. 74) says that the statement as to the hardness of Egyptian skulls is confirmed by monuments and modern experience.

8. **Μέμφιν**: the capital of Egypt. — **ἀνὰ ποταμόν**: *up stream;* the 'river' is always the Nile, the only Egyptian river. — **νέα Μυτιληναίην**: some citizens of Mytilene had settled at Naucratis.

10. **προκαλεόμενος**: fut.

12. **τοὺς ἄνδρας**: *i.e.* the fighting men on board, regularly two hundred to a trireme; this number is confirmed by ll. 28 ff.

14. **χρόνῳ**: *in time.*

15. **ἀπ' ἧς**: *from that on which.*

16. **ἐπὶ λύμῃ**: as 101, 30.

18. **τοῦτον κατίσας**: taking up κατίσας βασιλέα above (epanalepsis).

19. **τῆς ψυχῆς**: *his strength of spirit;* for the case, see Synt. 34.

20. **ἐπ' ὕδωρ**: compare Hector's prophecy of Andromache's fate. Hom. *Il.* VI, 454.

22. **ὁμοίως . . . τῇ τοῦ βασιλέος**: *in the same way as the king's daughter.* Synt. 65 *a.*

24. **ἀντεβόων . . . ἀντέκλαιον**: corresponding to βοῇ . . . κλαυθμῷ above.

27. **οἱ τὸν παῖδα**: *his son.* Synt. 53.

29. **κάλῳ**: fr. κάλως (Attic 2 decl.). — **δεδεμένους**: in free agreement with τὸν παῖδα μετ' ἄλλων Αἰγυπτίων.

116. 1. **Μυτιληναίων**: partit. gen. with τοῖσι . . . ἀπολομένοισι.

6. **δεινὰ ποιεύντων**: cf. 102, 3.

7. **τὸ καὶ ἐπὶ τῇ θυγατρὶ** (ἐποίησε): for καί after τὠυτό, see on 49, 18.

8. **συνήνεικε** (fr. συμφέρω) **ὥστε**: *it befell that.* Cf. 127, 17; more often followed by the inf. without ὥστε. Synt. 121 *a.* — **τῶν συμποτέων οἱ**: cf. οἱ τὸν παῖδα, 115, 27.

9. **ἐκπεπτωκότα ἐκ τῶν ἐόντων**: *cast out of his possessions;* cf. note on 111, 12.

10. **εἰ μὴ ὅσα** (*sc.* ἔχει): *except as much as.*

13. **ἀνακλαύσας μέγα . . . ἐπλήξατο**: *he burst into loud laments . . . and began to beat;* the ptc. does not precede in time the main verb, but is ingressive like it. Synt. 99 *c.*

15. **τὸ ποιεύμενον πᾶν**: *everything that was done;* impf. ptc. Synt. 99 *a.* — **ἐπ' ἑκάστῃ ἐξόδῳ**: *i.e.* 'as each person passed.'

23. **μέζω κακὰ ἢ ὥστε ἀνακλαίειν**: *misfortunes too great to weep for.*

24. **ὅς**: *since he.* — **ἐκ πολλῶν τε καὶ εὐδαιμόνων**: *from great prosperity.*

25. **ἐπὶ γήραος οὐδῷ**: *on the threshold of old age,* always used of the outgoing door of life, not of the entrance upon old age. Cf. Hom. *Il.* XXII, 60; XXIV, 487, where it is said of Priam.

26. δοκέειν : the inf. in anticipation of λέγεται in the next sentence.

27. δακρύειν : inf. in indir. disc., although the verb of saying is in a parenthetical clause.

28. ἐπισπόμενος : aor. ptc. coincident in time with the main verb. Synt. 99 b.

29. Καμβύσῃ : dat. with ἐσελθεῖν, as 77, 23. — οἰκτόν τινα : *a feeling of pity*.

30. κελεύειν : change from the impers. to the pers. constr. with the subj. implied in αὐτῷ. — ἀπολλυμένων : *destined for death*.

31. σῴζειν : *sc.* as subj. τοὺς ἀγγέλους. — αὐτόν : *i.e.* Psammenitus.

117. 2. κατακοπέντα : fr. κατακόπτω.

4. ἔχων = πάσχων.

This story belongs to the same class as the story of Crœsus placed on the pyre by order of Cyrus. Both reflect the moralizing tendency of the time and are probably not historical.

6. ἐμάνη : ingressive aor. Synt. 93. — ἐὼν οὐδὲ πρότερον φρενήρης : the explanation of Hdt. as opposed to that of the Egyptians.

7. ἐξεργάσατο : *destroyed;* cf. κατεργάσεσθαι, 56, 19. — πατρὸς καὶ μητρός : *i.e.* Cyrus and Cassandane.

8. φθόνῳ : dat. of cause, explained by the following clause.

9. τὸ τόξον : the great bow sent to Cambyses by the king of Ethiopia, to whom the Persian had sent Ichthyophagi as spies, on the pretence that he wished an alliance. With it came a message bidding Cambyses to make an expedition into Ethiopia when he could draw the bow with ease; until then, ran the message, he should be grateful to the gods that they had not incited the Ethiopians to go against the Persians. — ὅσον τε : as 90, 3.

12. ὄψιν εἶδε : the dream thought of as a vision, as always.

15. τοῦ οὐρανοῦ : gen. with a verb of touching. Synt. 34.

19 οἱ μὲν λέγουσι : asyndeton; *sc.* ἀποκτεῖναι, correl. with καταποντῶσαι in the next clause.

20. ἐξαγαγόντα : agreeing with the omitted subj. of the inf. — Ἐρυθρὴν θάλασσαν : see on 49, 7.

21. πρῶτον μέν : taking up and resuming πρῶτα μέν, l. 7. Here it is a pred. adj. used pleonastically with ἄρξαι, as often; *i.e.* 'this was the beginning (or the first) of his evil deeds.' Synt. 34.

23. συνοίκεε : *i.e.* as wife. It was not uncommon for Persian kings to marry their own sisters. Hdt. says that Cambyses was the first to do it.

24. ἀπ' ἀμφοτέρων : *i.e.* πατρὸς καὶ μητρός.

118. 3. ἔσχε : *took.* Synt. 93 a. — ἐπαναστάς : used absolutely; it would require the dat.

7. ἔχων : *when he had it.*

8. συνεθήκατο : for the mid. of this stem, see on 57, 10. — δεκόμενος : ιn Att. δεχόμενος.

10. τὰ πρήγματα : *the power.* — ηὔξετο : fr. αὔξω. — βεβωμένα : *shouted abroad.*

11. ὅκου : for ὅκοι; cf. 98, 2 and note. — ἰθύσειε : opt. of indef. frequency (past. gen. cond.). Synt. 168.

12. ἔκτητο : *he possessed.*

13. ἔφερε καὶ ἦγε : *carried off as booty and captives.* Cf. Lat. *ferre et agere.*

14. διακρίνων οὐδένα : *excluding no one, i.e.* with no distinction.

15. ἀρχὴν μηδὲ λαβών : *not taking it at all.* — συχνάς : with partit. gen. ; in the next clause πολλά agrees with its noun.

16. ἀραιρήκεε : Ion. plupf. of αἱρέω.

17. ἐν δέ : *and among them.*

18. οἵ : *the men who;* the rel. clause serves to characterize the Lesbians by mentioning a subsequent act of theirs, which was probably notorious.

19. πᾶσαν : in agreement with τάφρον, added as if an afterthought, to make more definite the qualifying phrase περὶ τὸ τεῖχος τὸ ἐν Σάμῳ. — δεδεμένοι : *in chains.* — ὤρυξαν : fr. ὀρύσσω. — κως : *I suppose.*

20. οἱ τοῦτ᾿ ἦν ἐπιμελές : *this was a concern to him,* i.e. *made him anxious.*

21. οἱ εὐτυχίης : *his good-fortune.* Synt. 53.

23. Ἄμασις Πολυκράτεϊ ὧδε λέγει : conventional formula for beginning a letter.

25. τὸ θεῖον . . . φθονερόν : for the thought, cf. the speech of Solon to Crœsus, 59, 24.

26. ἔστι : so written after ὡς. — βούλομαι καὶ αὐτὸς κτλ. : *I prefer that I myself and those for whomsoever I am concerned;* αὐτός is nom. because the subj. of the inf. is the same as that of the main verb ; the antecedent of τῶν, if expressed, would be τούτους. Synt. 81.

27. τὸ μέν τι . . . τὸ δέ : *in one thing . . . in another;* τι adds indefiniteness to the notion. — τῶν πρηγμάτων : partit. gen.

28. καὶ οὕτω κτλ. : *and so (i.e. τὸ μὲν εὐτυχέειν . . . τὸ δὲ προσπταίειν) to pass through life with alternations of fortune rather than,* etc. πρήσσων is nom. because he is thinking only of αὐτός. For ἤ = μᾶλλον ἤ, cf. βούλομ᾿ ἐγὼ λαὸν σόον ἔμμεναι ἢ ἀπολέσθαι, Hom. *Il.* I. 117.

29. λόγῳ ἀκούσας : *by hearsay.*

30. ἐς τέλος : *finally.* — πρόρριζος : cf. 60, 5.

119. 3. ἐπ᾿ ᾧ ἀπολομένῳ : *at whose loss.*

4. ὅκως μηκέτι ἥξει : *so that it shall never again come;* the constr. used ordinarily after a verb of effort (*e.g.* see to it, take care), is used here where a clause with ὥστε would be expected. Synt. 148.

5. τὠπὸ τούτου : *after this.*

6. πάθῃσι : dat. with ἐναλλάξ. — τρόπῳ τῷ . . . ὑποκειμένῳ : *in the manner suggested;* for the word order, see Synt. 18.

7. ἀκέο (for ἀκέεο, Dial. 17) : *remedy it.* — ἐπιλεξάμενος . . . καὶ νόῳ λαβών : *when he had read . . . and had decided.*

8. ἐπ᾿ ᾧ ἄν κτλ. : *that one of his possessions at whose loss he would be especially distressed in heart;* the partit. gen. is drawn into the rel. clause by the omission of the antecedent.

10. διζήμενος : for the repetition of the verb in the form of a ptc., see on 52, 14. — σφρηγίς : properly *seal,* but as it was usually set in a ring, it came to mean *ring* as well; so 120, 2.

11. σμάραγδος : in Hdt. always with λίθος.

12. **Θεοδώρου**: Theodorus of Samos was a gem-cutter as well as a metal worker. This ring is referred to by Pausanias (VIII. 14, 8) and by Pliny (*N.H.* XXXVII. 4). As Theodorus was not living, the ring was irreplaceable. The σμάραγδος (*emerald* or *aquamarine*) was next to the diamond in costliness.

14. **ἀνδρῶν**: Synt. 37. — **ἀναγαγεῖν** (*sc.* πεντηκόντερον) : *put out.*

15. **περιελόμενος**: used of taking off something that surrounds one ; cf. 108, 28, of a helmet.

18. **συμφορῇ ἐχρᾶτο** : *treated (it as) a misfortune ;* i.e. *mourned for it.*

21. **δῶρον δοθῆναι**: pleonastic. — **Πολυκράτεϊ** : dat. with ἐλθεῖν ἐς ὄψιν, as often with ἐλθεῖν ἐς λόγους. Synt. 65.

22. **χωρήσαντος οἱ τούτου** : *when he had succeeded in this.*

23. **διδούς**: *offering.*

24. **καίπερ ἐών**: Synt. 129 *b.*

26. **ἡσθείς**: fr. ἥδομαι.

27. **εὖ ἐποίησας**: a formula virtually equivalent to our ' thank you.' — **χάρις διπλῆ κτλ.** : *i.e.* ' I thank you both for your words and the gift.'

28. **καλέομεν**: ' regal ' use of the plural.

29. **μέγα ποιεύμενος**: *esteem of great importance ;* a formula, hence μέγα and not μεγάλα, as we might expect.

31. **ὡς . . . τάχιστα**: *as soon as.*

120. 3. **τὸν . . . ἐσῆλθε**: for a different constr., see 116, 29. Synt. 79.

4. **πάντα τὰ ποιήσαντά μιν οἷα καταλελάβηκε**: *all that he had done and what* (as a consequence) *had befallen him.* τά is a rel. pron. obj. of ποιήσαντα ; οἷα serves as an indir. interrog.

5. **ἐς Αἴγυπτον ἐπέθηκε**: *despatched it to Egypt.*

7. **ἐκκομίσαι = σῶσαι.** — **ἀνθρώπῳ ἄνθρωπον**: see note on 111, 10.

9. **ὅς καὶ κτλ.** : *since he actually finds what he throws away.*

11. **διαλύεσθαι τὴν ξεινίην**: Diodorus (I. 75) rationalizes the story by making Amasis break off the alliance, because Polycrates misused his tyranny. The story of Polycrates is one of the best illustrations of the doctrine of Nemesis. For the rest of his story, see p. 132.

14. **ἐπὶ τοῦτον δὴ κτλ.** : a return to the main narrative interrupted at page 118.

15. **τῶν . . . κτισάντων . . . Σαμίων**: instead of τῶν Σ. τῶν κτισάντων ; the phrase is subj. of ἐπικαλεσαμένων in the gen. abs.

17. **πολιορκέουσι**: dat. of the ptc. ; for the constr., see Synt. 59.

18. **ἐς τὸ πρόσω**: redundant with προεκόπτετο ; the phrase is treated as one word : hence the position of τε.

19. **ὡς δὲ ὁ ματαιότερος κτλ.** : *but as the idler (i.e.* less credible) *tale has gone abroad* (to be said) ; the inf. is epexegetical. Synt. 119. ὅρμηται = ὥρμηται.

20. **ἐπιχώριον νόμισμα κόψαντα πολλόν**: *striking a quantity of coin of the country.*

21. **μολύβδου**: gen. of material.

22. **οὕτω δή**: picking up the ptc. δεξαμένους and emphasizing it as the reason for ἀπαλλάσσεσθαι. — **ταύτην πρώτην στρατιήν**: *this was the first expedition.*

25. Καμβύσῃ . . . χρονίζοντι . . . καὶ παραφρονήσαντι: *when Cambyses was lingering and had taken leave of his senses.*
26. ἐπανιστέαται = ἐπανίστανται. See on 94, 26. — ἄνδρες μάγοι: *Magians;* properly the name of one of the six tribes into which the Medes were divided, but applied to a class of wise men who interpreted dreams.
28. τὸν . . . θάνατον: prolepsis; *i.e.* obj. of μαθών instead of subj. of κρύπτοιτο.
29. κρύπτοιτο γενόμενος: *had been accomplished secretly.* — ὀλίγοι: *only a few.*

121. 1. αὐτόν: *i.e.* τὸν θάνατον. — οἱ δὲ πολλοί: *while the majority;* paratactic addition to the main statement.
2. εἰδείησαν: *thought,* an unusual meaning; followed by a ptc. in indir. disc. as in the meaning *know.* Synt. 137 with *b.*
3. εἶπα: followed by an inf. in indir. disc.; an unusual constr. Synt. 173 *a.*
7. ἀναγνώσας: fr. ἀναγινώσκω, in Hdt. always *persuade.* In Attic it means *read.* — ὡς . . . διαπρήξει: indir. disc. after the idea of saying implied in ἀναγνώσας.
8. εἷσε ἄγων: cf. αὐτὸν δ' ἐς θρόνον εἷσεν ἄγων, Hom. *Od.* I. 130.
10. προερέοντα: *sc.* κήρυκα.
11. ἀκουστέα: verbal adj. used impersonally; the pl. does not differ in meaning from the sing.; *they must give ear to* (i.e. *obey*) *Smerdis.*
12. καὶ δὴ καί: emphasizing, as usual, the person of importance for the narrative; cf. 49, 17.
14. Ἀγβατάνοισι: the situation of the Syrian Ecbatana is uncertain.
15. στὰς ἐς μέσον: a shortened expression for ἐλθὼν ἐς μέσον καὶ στάς.
16. ἐλπίσας: *thinking,* as often.
17. αὐτός: with προδεδόσθαι. Synt. 81.
19. οὕτω μοι διέπρηξας: *is this the way you accomplished?* μοι is probably ethical dat. Synt. 57.
21. ἔστι: so accented after οὐκ. — ὅκως: properly *how,* used here like ὅτι or ὡς, *that,* to introduce a substantive clause explanatory of ταῦτα.
25. ἐμεωυτοῦ: for the position of the refl. pron., see Synt. 22. — ἀνεστέασι = ἀνεστάασι (-ᾶσι): 2 perf. (Dial. 42) *arise.*
26. εἰ δ' ἔστι ὥσπερ πρὸ τοῦ: *but if the situation is as before* (i.e. that the dead do not rise); ἔστι is so accented when it follows εἰ.
27. οὐ μὴ . . . ἀναβλάστῃ: Synt. 111. — νεώτερον: a euphemism for κακόν. — ἀναβλάστῃ: a poetic word.
28. μεταδιώξαντας: *sc.* ἄνδρας or ἀγγέλους.
29. παρ' ὅτεο ἥκων προαγορεύει: *from whom he has come that he orders.*
31. μεταδίωκτος γενόμενος: periphrasis for μεταδιωχθείς.

122. 2. φῇς γὰρ κτλ.: this clause is logically subordinate to ἄπιθι in the next sentence; a favorite form of expression with Hdt.
3. εἴπας τὴν ἀληθείην κτλ.: *tell the truth as to whether . . . and be gone unharmed.*
5. ἐγὼ Σμέρδιν: a favorite order for emphasis.
6. ἐξ ὅτευ: *from the time when, ever since.*

9. τὸν ταῦτα ἐπιθέμενον εἶπαι: for the word order, cf. Ἀθηναίοισι νόμους κελεύσασι ποιήσας, 57, 23.

12. οἷα ἀνὴρ ἀγαθός: as a good man.

13. τίς ἂν εἴη . . . ὁ ἐπανεστεὼς ἐπιβατεύων: who could be the man who has risen against me and is usurping. ἐπανεστεώς is a circumstantial ptc. subordinate to the subst. ptc. ἐπιβατεύων.

14. τοῦ οὐνόματος: Synt. 43.

19. ὃς ἐδόκεε: he who thought.

22. ἀπέκλαιε . . . ἀποκλαύσας: cf. 52, 14 ; 93, 22 ; 119, 10.

25. οἱ ἀναθρώσκοντι: as he leapt; dat. of interest.

26. μύκης: a cap to guard the curved point of the scimitar. According to Pausanias (II. 16, 3) Mycenæ was so named by Perseus, because there the cap fell from his sword.

28. κατὰ τοῦτο: i.e. κατὰ τὸν μηρόν. — τῇ: where; an adv.

29. Ἆπιν: see Summary p. 117. — καιρίη (sc. πληγῇ): a fatal blow. — τετύφθαι: perf. pass. inf. of τύπτω.

31. ἐκ Βουτοῦς (nom. Βουτώ) πόλιος: i.e. by the oracle of Leto. See 106, 14.

123. 4. ἔλεγε ἄρα: meant after all.

6. τῆς τε: since the particle belongs to τῆς συμφορῆς and not the attributive expression, its natural position would be after the first τῆς. — ἐκπεπληγμένος: also placed out of its natural order, since it belongs to both nouns.

7. ἐσωφρόνησε: came to his senses. — συλλαβών: comprehending.

9. τοσαῦτα (sc. ἔλεγε): only so much. — ἡμέρῃσι: dat. of degree of difference. — ὡς: about; as regularly with numerals.

11. καταλελάβηκε: Ion. perf. of καταλαμβάνω; its subj. is the inf. ἐκφῆναι (fr. ἐκφαίνω).

14. τὴν μηδαμὰ ὤφελον ἰδεῖν: which I would I had never seen. Cf. 82, 30. For the neg., see Synt. 180 ; for the form of wish, see Synt. 104, 1.

18. ταχύτερα ἢ σοφώτερα: rather quickly than wisely; if two adjectives or adverbs are compared with each other, both are regularly in the comp. degree.

19. οὐκ ἐνῆν ἄρα: it is not after all possible. The impf., usually with ἄρα, is used idiomatically of something that was true before, but has just been found to be true. Synt. 90. — τὸ μέλλον γίνεσθαι: that which is destined to happen. This fatalism is characteristic of Hdt. as well as of oriental thought.

20. ὁ μάταιος: that fool, i.e. fool that I was.

22. μή: lest, after the idea of fearing in ἐπιλεξάμενος.

23. ὑπαραιρημένον: Ion. perf. of ὑπαιρέω.

24. μέλλοντος ἔσεσθαι: cf. μέλλον γίνεσθαι, 19. Synt. 96, 1. — ἁμαρτών: mistaken in; followed by the gen. Synt. 34. — ἀδελφεοκτόνος: cf. the formation of the Eng. word fratricide. — οὐδὲν δέον: when I should not; acc. abs. Synt. 80.

25. οὐδὲν ἧσσον: none the less. — ἐστέρημαι: for the force of the tense, see Synt. 95.

26. δή: clearly.

28. **μηκέτι ὑμῖν ἐόντα**: the pron. may be dat. of the possessor or, like ὑμῖν, l. 29, dat. of advantage (or disadvantage). — **λογίζεσθε**: followed by the suppl. ptc. in indir. disc. instead of the more usual inf. Synt. 173 *b, c.*

29. **τόν τε ἔλιπον**: the omitted antecedent of the rel. would be partit. appos. with οἱ μάγοι.

31. **τὸν μέν νυν κτλ.**: *now he who ought to aid me, when I have suffered shameful treatment from the magi;* for χρῆν τιμωρέειν, see Synt. 104, 2.

124. 2. **τετελεύτηκε**: *has died,* i.e. *been killed;* ἀποθνήσκειν is more common in this sense. — **τῶν οἰκηιοτάτων**: generalizing pl. — **τούτου δέ**: correl. with οὗτος μέν though it refers to the same person; the logical contrast is between οὗτος and μοι. — **μηκέτι**: instead of οὐκέτι because strong assurance is indicated, as though with an imv. ; cf. 123, 28.

3. **τῶν λοιπῶν**: partit. gen. with the superl.

4. **τὰ θέλω μοι γενέσθαι**: *what I wish to have accomplished.* — **τελευτῶν**: agreeing with the subj. of θέλω.

6. **᾿Αχαιμενιδέων**: see on 92, 2.

7. **μὴ περιιδεῖν . . . περιελθοῦσαν**: *not to allow . . . to pass over;* the aor. ptc., regular with περιιδεῖν, is coincident in time with it. Synt. 132, 99 *b.*

8. **ἔχουσι . . . κτησάμενοι**: a periphrasis for the perf. Synt. 96, 5.

9. **ἀπαιρεθῆναι**: shift to the pass. constr. ; *sc.* αὐτούς as subj.

10. **κατεργασάμενοι**: *sc.* ἔχουσι. — **ἀνασώσασθαι**: *sc.* as subj. ὑμᾶς.

11. **ταῦτα μέν ποιεῦσι**: *if you do this.* — **ἐκφέροι**: Synt. 112.

14. **τὰ ἐναντία**: subj. of γενέσθαι. — **τούτοισι**: with ἐναντία. For the threefold curse of unfruitfulness, cf. Soph. *O. T.* 25 ff., 269 ff. ; Deuteronomy XXVIII. 17–18.

16. **ἅμα εἴπας**: Synt. 129 *d.*

17. **πρῆξιν**: *fortune, fate.*

18. **ἀνακλαύσαντα**: coincident in time with εἶδον. Synt. 99 *b*, 133.

19. **τὰ ἐσθῆτος ἐχόμενα εἶχον**: *what they had on in the way of clothing* (lit. connected with clothing).

20. **ὡς . . . τάχιστα**: *as soon as.* — **ἐσφακέλισε . . . ἐσάπη**: chiastic order. ἐσάπη fr. σήπω.

21. **ἀπήνεικε**: *carried off.* Cambyses ruled from 529 to 522 B.C.

22. **τὰ πάντα**: *in all.*

23. **ἄπαιδα . . . ἔρσενος καὶ θήλεος γόνου**: cf. 81, 26.

25. **ἀπιστίη . . . ὑπεκέχυτο**: for the same expression, see 109, 16.

26. **τὰ πρήγματα**: cf. 118, 10. — **ἠπιστέατο** (= ἠπίσταντο): *they thought.* — ἐπὶ **διαβολῇ**: the prep. indicates purpose; cf. ἐπὶ λύμῃ, 101, 30 ; 115, 16 ; ἐπὶ δηλήσι, 63, 8.

125. 1. **πᾶν τὸ Περσικόν**: *all Persia.*

2. **ἐνεστεῶτα**: ptc. in indir. disc. with ἐπίσταμαι, meaning *think;* cf. 124, 26 for a different const. Synt. 137 *b.*

3. **ἔξαρνος ἦν**: periphrasis for a verb of denying. — **μὴ ἀποκτεῖναι**: for the neg., see Synt. 181.

5. **αὐτοχειρίῃ**: cf. 89, 4.

6. **μῆνας ἑπτὰ κτλ.**: *the seven months that remained to complete eight years of Cambyses's rule.*

8. **πληρώσιος**: obj. gen. with ἐπιλοίπους. — **ἐν τοῖσι**: *sc. μησί.*

9. **αὐτοῦ πόθον ἔχειν**: *mourned him.* Synt. 150.

11. **τῶν**: pl. because the antecedent is collective. — **ἀτελείην στρατηίης καὶ φόρου**: *exemption from military service and from taxes.* Synt. 31, 3.

13. **αὐτίκα ἐνιστάμενος**: see note on ἅμα εἴπας, 124, 16.

14. **Ὀτάνης**: brother of Cassandane, wife of Cyrus (see 92, 2).

16. **τὸν μάγον**: prolepsis.

17. **ὅς περ ἦν**: *the man he really was.* ἦν for ἐστί or εἴη, see Synt. 175 a.

18. **ἐξεφοίτα**: fr. ἐκφοιτάω.

19. **ἐς ὄψιν ἑωυτῷ**: the usual const.; cf. 119, 21. But ἤγαγε ἐς ὄψιν τὴν ἐκείνου, 93, 6.

21. **τὴν αὐτήν**: the harem was a part of the crown possessions taken over by a successor.

25. **κοιμῷτο**: for κοιμάοιτο. Synt. 177.

29. **σὺ δέ**: the δέ of 'apodosis'; see on 54, 28.

30. **ὅτεῳ τούτῳ συνοικέει**: *who this is to whom she is married.*

31. **πάντως γὰρ δή κου**: *for surely, I suppose.*

126. 1. **Ἀτόσσῃ**: dat. of association with ἐς λόγους ἐλθεῖν (= διαλέγεσθαι).

3. **συγκατημένων**: i.e. *living with her.*

5. **ἄλλην ἄλλῃ**: *one to one task, another to another.*

8. **τὸν ἂν κελεύῃ**: this may be taken as either a pres. general or a fut. more vivid prot., since δεῖ ἀναλαβέσθαι may refer to either a present or a future obligation.

10. **οὗτοι μιν κτλ.**: *surely when he has you as wife and holds sway over the Persians he ought not to get off unpunished.* The father puts the indignity to his daughter before the wrong to the nation. For χαίροντα in this sense, cf. 122, 3.

13. **ἄφασον αὐτοῦ τὰ ὦτα** (fr. οὖς): *feel for his ears.*

14. **ἢν μὲν φαίνηται ἔχων**: *if he is shown to have;* for φαίνεσθαι with the ptc., see Synt. 137 c.

15. **σὺ δέ** (*sc.* νόμιζε σεωυτὴν συνοικέειν): see note on 125, 29.

17. **εἰ γὰρ κτλ.**: *for if he chanced not to have ears and she should be caught feeling for them;* the first cond. is simple, not implying anything as to fulfillment, the second would ordinarily be expressed by ἤν with the subj. (fut. more vivid), but, because the particle εἰ does duty for both, the fut. ind. is used. The direct form is retained after a past tense (ἀντιπέμπει is hist. pres.) as commonly in Hdt. Synt. 177.

19. **ἀϊστώσει**: *destroy;* a poetic word.

21. **τοῦ δὲ μάγου κτλ.**: we should expect this clause to form a new sentence, as it refers to a past act and is not properly coördinate with the preceding.

22. **οὐ σμικρῇ**: litotes. See Introd. p. 45.

23. **ἡ τοῦ Ὀτάνεω θυγάτηρ**: *i.e.* as became the daughter of Otanes.

24. **ἐπείτε αὐτῆς μέρος ἐγένετο τῆς ἀπίξιος**: *when it became her turn to approach.*

26. **τοῖσι Πέρσῃσι**; dat. of association with φοιτῶσι.

27. **ὑπνωμένου καρτερῶς** : *sound asleep.*

28. **οὐ χαλεπῶς ἀλλ' εὐπετέως** : this sounds as if Hdt. were contradicting the statement of someone else.   Cf. on 96, 27.

127. 1. **ἑωυτῷ ἐπιτηδεοτάτους ἐς πίστιν** : *most suitable for him to trust.*

2. **καὶ αὐτοί** : *even themselves* (i.e. *of themselves*).

4. **ἕκαστον** : subj. of the inf.

5. **τοῦτον** : agreeing with ἄνδρα, added with the force of an appositive.

8. **Σοῦσα** : Hdt. wrongly lays the scene at Susa, because to him it was the capital of the empire.   It was said to be at a Median fort Sictachotes.   (So How and Wells.)

9. **οἱ ὁ πατήρ** : *his father.*

11. **σφίσι** : reflex. pron. used for the reciprocal ἀλλήλοισι.

12. **πίστις** : acc pl. — **ἐς Δαρεῖον ἀπίκετο** : *it came to Darius; i.e.* was his turn.

13. **αὐτὸς μοῦνος** : *alone by myself.*

14. **εἴη . . . τετελεύτηκε** : opt. and ind. combined in parallel clauses in indir. disc., as often.   Synt. 175.

16. **ὡς συστήσων** (fr. συνίστημι) : *with the avowed intention of contriving.*

17. **συνήνεικε ὥστε** : as 116, 8.

18. **ποιέειν αὐτίκα** : *to act at once.* — **οὐ γὰρ ἄμεινον** : sc. ὑπερβάλλεσθαι.

20. **ἐκφαίνειν οἶκας σεωυτόν** : *you seem likely to show yourself.*

21. **οὐδὲν ἧσσω** : *just as good as.*

22. **ἐπὶ τὸ σωφρονέστερον** : adv. phrase ; *more temperately, more cautiously.*

23. **αὐτὴν λάμβανε** : *make it.* — **οὕτως** : taking up with emphasis πλεῦνας γενομένας ; *i.e. we must become more and then attempt it.*

24. **οἱ παρόντες** : a nom. added as appos. to the voc.

25. **τρόπῳ** : dat. with χρήσεσθε ; fut. indic. in a monitory or minatory prot. Synt. 163.

26. **ἐξοίσει** : fr. ἐκφέρω.

27. **μάλιστα μέν** : *above all, if possible.*

28. **ὠφείλετε . . . ποιέειν** : *you ought to do* ; the impf. expresses unfulfilled obligation.   Synt. 104, 2. — **ἐπ' ὑμέων αὐτῶν βαλόμενοι** : *by yourselves;* an idiom, perhaps derived from the throwing of dice.

29. **ἀναφέρειν** : properly *to refer to*, hence *to share with.*

30. **ὑπερέθεσθε** : *consult with, ask advice of.* — **ποιέωμεν . . . ἴστε** : hortatory subj. coördinate with imv. — **ὑμῖν** : dat. of interest with ὑπερπέσῃ ; *i.e. if you let pass the present day.*

31. **ὡς** : repetition of ὅτι.   For the clause introduced by ὡς there are three possible interpretations : (1) *no other than I will be an accuser first;* taking ἐμεῦ as gen. with the comp. idea in ἄλλος, and φθάς as equiv. to an adv.   (2) *no one will accuse me before I accuse* (some one else) ; taking ἐμεῦ as obj. gen. with κατήγορος and understanding ἐμέ with φθάς.   (3) *no one before me will be an accuser;* where ἐμεῦ follows φθάς on the principle of a comparative.   While the last interpretation is tempting, there is no parallel for this const. with φθάς, and (1) seems most probable.

128. 1. σφεα = ταῦτα.

2. ὥρα : fr. ὁράω.

4. ἐξηγέο: for form, see on ἀκέο 119, 7.

5. πάριμεν: with fut. force, as regularly ; *we shall enter.* — αὐτοῖσι: *i.e.* τοῖσι μάγοισι.

6. διεστεώσας: *stationed at intervals ;* suppl. ptc. in indir. disc. with οἶδας. Synt. 137. — εἰ μὴ ἰδών, ἀλλ' ἀκούσας: *if not from seeing, at least by hearsay.*

7. τάς: *these ;* placed first for emphasis. — τέῳ (τίνι) : interrog. pron.

8. τὰ λόγῳ μὲν κτλ.: *which it is possible to show, not by word, but by deed.*

12. χαλεπὰς παρελθεῖν: *difficult to pass.* Synt. 118. — τοιῶνδε: *i.e.* prominent Persians.

13. οὐδεὶς ὅστις οὐ: *everyone.* — παρήσει: fr. παρίημι ; so also παρίῃ, l. 17. — τὰ μὲν . . . τὰ δέ: *partly . . . partly.*

16. τοῦ πατρός: *my father, i.e.* Hystaspes ; see 127, 8.

18. πειρᾶται: for πειράηται.

19. διαδεικνύσθω κτλ.: *let him be declared by that to be an enemy ;* i.e. *be struck down.*

19. ὠσάμενοι: fr. ὠθέω.

20. ἔργου ἐχώμεθα : *let us hold fast to the task ;* for the gen., see Synt. 34.

21. κότε κάλλιον παρέξει : *when will there be a better opportunity* (than now) ?

22. ἤ: *or;* connecting ἀνασώσασθαι and ἀποθανεῖν.

23. ὅτε: *since.* — ἀρχώμεθα μέν : the correlative is ὅσοι τε. The two reasons are their own submission to a foreign king and the commands laid upon them by Cambyses.

24. καὶ τούτου ὦτα οὐκ ἔχοντος : *and he a man without ears!*

26. ἐπέσκηψε: *enjoined* (by way of threat). — μὴ πειρωμένοισι: *if we should not try.*

27. ἐπὶ διαβολῇ : cf. 124, 26.

28. τίθεμαι ψῆφον : *I cast my vote,* i.e. *favor.*

30. ἀλλ' ἢ ἰόντας : *except on the condition of going.*

129. 1. ἐν ᾧ (χρόνῳ) : *while.* — ἐγίνετο . . . τάδε : there were three traditions about the exposure of the false Smerdis : that it was effected (1) by Darius ; (2) by Otanes and his daughter ; (3) by Prexaspes. Hdt. joins all three traditions in his account.

3. Πρηξάσπεα . . . προσθέσθαι: three reasons are given for this : ὅτι ἐπεπόνθεε κτλ. ; διότε μοῦνος ἠπίστατο κτλ. ; πρὸς δ' ἔτι ἐόντα (= διότι ἦν) κτλ.

4. τὸν παῖδα τοξεύσας : Cambyses had wantonly shot down the son of Prexaspes to disprove by his marksmanship the popular notion that he was too much addicted to wine.

8. προσεκτῶντο : conative impf. — πίστι : dat. — λαβόντες : *binding.* — ἦ μέν (μήν) : a formula regularly used to introduce an oath, *in very truth, on his honor.*

9. ἕξειν παρ' ἑωυτῷ : *to keep to himself;* for the fut. inf., see Synt. 116 b. — ἐξοίσειν: as 127, 26. — τὴν ἀπὸ σφέων ἀπάτην : the prepositional phrase is a little more precise than the subj. gen.

10. τὰ πάντα μυρία : *everything possible to an infinite extent.*

12. **δεύτερα προσέφερον**: *they made a second proposal.*

13. **αὐτοί**: connect closely with συγκαλέειν (fut.).

14. **ἐκέλευον**: coördinate with προσέφερον instead of with φάμενοι, as we should expect.

15. **τοῦ Κύρου**: *sc.* υἱοῦ.

16. **ὡς**: with the three following ptcs.

17. **δῆθεν**: *forsooth;* emphasizing the folly of the belief.

20. **ἑτοίμου**: pred. with εἶναι agreeing with the subj. of φαμένου (gen. abs.).

22. **ἀγορεύειν ἐκέλευον**: cf. ἀγορεῦσαι ἐκέλευον, 14, and account for the difference of tense in the infs. — **τῶν μέν**: taken up by τούτων μέν; for the case of each gen., see Synt. 35, 38 *a.*

23. **ἑκὼν ἐπελήθετο**: *he willingly forgot;* i.e. *disregarded.* — **ἀρξάμενος ἀπό**: *beginning with.*

24. **ἐγενεηλόγησε τὴν πατριήν**: *traced the pedigree;* i.e. enumerated the ancestors of Cambyses, with some description of their qualities.

25. **ὡς ἐς τοῦτον κατέβη**: *when he got to him* (Cyrus). — **τελευτῶν**: *in conclusion.* Synt. 129 f.

26. **πεποιήκοι**: representing the perf. indic. of the dir. disc.; the perf. because the benefits done resulted in a state of blessing.

27. **πρότερον μὲν κρύπτειν**: *while formerly he had concealed it;* the clause is logically subordinate to the following δέ-clause (parataxis). The inf. is pres. because the concealment has been continuous up to the present. Synt. 86.

29. **τὸν μὲν Κύρου (υἱὸν) Σμέρδιν**: placed before the ὡς-clause for emphasis, and to bring it into correlation with τοὺς μάγους δέ. Note the different constructions after ἔλεγε.

31. **Πέρσῃσι δὲ κτλ.**: *after he had called down many curses upon the Persians if they should not recover,* etc. εἰ ἀνακτησαίατο represents ἢν ἀνακτήσωνται of the dir. disc. Synt. 177 *a.*

130. 2. **ἀπῆκε ἑωυτὸν ἐπὶ κεφαλὴν φέρεσθαι**: *he hurled himself* (to be borne) *head first;* purpose (or epexegetical) inf. Synt. 119, 120.

5. **οἱ δὲ δὴ ἑπτά**: resuming the narrative of the conspiracy interrupted at 129, 1, to tell the episode of Prexaspes. — **ἐβουλεύσαντο**: cf. the tense used 129, 1.

8. **ἔν τε . . . καί**: paratactic arrangement; i.e. *while they were proceeding in the middle of their course* (when they were half way), *they learned* etc. For μέσος, see Synt. 27.

10. **ἐδίδοσαν . . . σφίσι λόγους**: as 127, 11 and often. — **οἱ ἀμφὶ τὸν Ὀτάνεα**: *Otanes and his partisans.*

12. **οἰδεόντων**: *in a ferment;* due to the disclosures of Prexaspes.

14. **ὠθιζομένων** (*sc.* λόγοισι) **αὐτῶν**: *while they were disputing.* — **ἑπτά**: the number corresponds to that of the conspirators.

18. **τοῖσι ὄρνισι**: dat. of means.

19. **οἷόν τι κτλ.**: *the kind of thing that Darius's opinion pointed to* (i.e. that D· expected). — **γάρ**: see on 50, 12.

21. **θείῃ πομπῇ χρεωμένους** (*sc.* αὐτούς): *favored by divine guidance.*

23. **τοῖσι . . . ἐσφέροισι**: *those who carry messages* (as a regular duty).

25. ἅμα ἱστορέοντες : Synt. 129 d.

26. ἴσχον: conative impf.

27. διακελευσάμενοι: cf. 50, 1 and note.

29. αὐτοῦ ταύτῃ : pleonastic. — δρόμῳ: on a run.

31. ἀπὸ Πρηξάσπεος γενόμενα: the prep. is unusual; we should expect ἐκ or πρός. Cf. 131, 30. — ἐν βουλῇ ἔχοντες: discussing.

131. 2. ἀνὰ . . . ἔδραμον: tmesis; as 72, 24.

4. φθάνει τὰ τόξα κατελόμενος: seized his bow first, i.e. before the conspirators were upon him. Notice the aor. ptc. coincident in time with an hist. pres. (equiv. to the aor. indic.). Synt. 99 b. τὰ τόξα = τὸ τόξον, as often in Homer.

7. ἦν (sc. τὰ τόξα) χρηστὰ οὐδέν: was of no use.

11. μέντοι: correl. with μέν.

13. ἦν γάρ: giving the reason for the following clause. — ἐσέχων: with ἦν = ἐσεῖχε. Cf. κατασταθεὶς ἦν, 132, 26.

14. προσθεῖναι: put to, shut.

16. συμπλακέντος (fr. συμπλέκω): intertwined, locked together.

17. οἷα ἐν σκότεϊ: since it was dark.

25. οἱ δὲ πέντε: i.e. the other five.

28. δεικνύοντες: as if fr. δεικνύω. Dial. 42.

29. ἐν ποσὶ γινόμενον: that came in their way.

132. 3. ἔσχε: checked.

4. θεραπεύουσι: Lat. colunt, celebrant. — τῶν ἡμερέων: partit. gen. with μάλιστα.

8. κατέστη: subsided. — ἐκτὸς πέντε ἡμερέων ἐγένετο : i.e. five days had passed.

11. ἀπεδέδεκτο: the decision was left to chance; for the story, see Book III. 83–87.

14. κατήκουσαν ἐπὶ δηλοσύνῃ : were obedient on terms of slavery.

15. παρέντες Κ. ἐπ᾽ Αἴγυπτον: since they had allowed C. (to pass) into Egypt.

16. ἀεκόντων γὰρ Ἀραβίων: for if the Arabians had been unwilling. — οὐκ ἂν ἐσβάλοιεν: potential opt. of a past occurrence; the aor. ind. with ἄν would be more regular.

17. γάμους τοὺς πρώτους ἐγάμεε: he contracted marriages of the first rank. (So Stein).

18. θυγατέρας: obj. of ἐγάμεε ; γάμους is cogn. acc.

21. ἐτέρην: besides.

24. ἐπιμπλέατο (ἐπίμπληντο): Dial. 40. It is unusual to find a pl. verb with a neut. pl. subj.

25. κατὰ . . . μάλιστα: about the time of.

26. ὕπαρχος: usually called σατράπης.

27. ἐπεθύμησε: became enamored; for the following gen., see Synt. 35.

28. οὔτε παθὼν οὔτε ἀκούσας κτλ.: when he had neither received an injury nor had been the subject of idle talk; for πάσχω and ἀκούω with the force of passives, see note on 111, 12.

133. 1. οὐδὲ ἰδών: nor even had seen him.

2. ὡς μὲν οἱ πλεῦνες λέγουσι : referring to the following clause. The correl. to μέν does not occur until l. 15.

4. **εἶναι**: inf. in subordinate clause in indir. disc., as often.

5. **Δασκυλείῳ**: Dascylium on the Phrygian coast of the Propontis was the principal city of the province or satrapy. — **τούτους**: picks up τόν τε ᾿Οροίτεα καὶ ἄλλην Πέρσην.

6. **ἐς νείκεα συμπεσεῖν**: *became involved in a quarrel.* — **κρινομένων** (*sc.* αὐτῶν) : *while they were disputing.*

7. **τῷ ᾿Οροίτῃ προφέροντα**: *throwing up to Orœtes,* i.e. *casting in his teeth ;* cf. 50, 26. — **Σὺ γάρ κτλ.** : *what, are you to be reckoned a man?* γάρ in a question often refers to some suppressed previous declaration ; here with reference to κρινομένων περὶ ἀρετῆς ; *i e.* ᾿ How can you claim distinction, for,᾿ etc.

8. **ὅς**: *you who, since you.* Cf. 116, 24.

9. **ὧδε . . . ἐοῦσαν εὐπετέα χειρωθῆναι**: *though it is so easy to subdue.*

10. **τήν**: = ὥστε αὐτήν.

11. **οἱ μὲν . . . φασί**: taking up οἱ πλεῦνες λέγουσι, l. 2. The cause (αἰτίην, l. 3) is contained in ἀλγήσαντα τῷ ὀνείδεϊ.

13. **οὐκ οὕτω . . . ὡς** : *not so much . . . as.*

14. **δι᾿ ὅντινα κακῶς ἤκουσε**: *on whose account he was disparaged.*

16. **ὅτευ δὴ χρήματος**: *something or other ;* for the gen. see Synt. 35 *a.*

18. **᾿Ανακρέοντα**: *Anacreon* of Teos, a lyric poet, who died about 478 B.C. Poets were often found at a tyrant's court.

19. **εἴτε ἐκ προνοίης κτλ.**: *either because he purposely scorned the power of Orœtes, or something like this happened : the herald of O. came up and spoke with him, and Polycrates (for he happened to be turned toward the wall) neither turned nor answered ; i.e.* either because of intentional contempt or because he did not see the herald and so failed to answer him.

25. **πάρεστι** (= ἔξεστι) : *it is possible, one may.*

26. **ὁ δὲ ὦν ᾿Οροίτης** : *but at any rate Orœtes.* — **τῇ ὑπὲρ Μαιάνδρου ποταμοῦ οἰκημένῃ**: to distinguish it from the Lydian Magnesia.

29. **τὸν νόον**: *the purpose.*

31. **Μίνω**: cf. Thucydides I. 4. Μίνως παλαιότατος ὧν ἴσμεν ναυτικὸν ἐκτήσατο καὶ τῆς νῦν ῾Ελληνικῆς θαλάσσης ἐκράτησε.

134. 1. **τῆς ἀνθρωπηίης λεγομένης γενεῆς**: Minos belonged to the ἡρωικὴ γενεή, or to the field of legend.

2. **πρῶτος**: *sc.* ἐστί.

3. **ἄρξειν**: fut. inf. with ἐλπίδας ἔχων equiv. to a verb of hoping. Synt. 116 *b.*

5. **ἐπιβουλεύειν**: *to have designs upon ;* an unusual meaning ; for the common meaning, see l. 8.

6. **κατὰ τὰ φρονήματα**: *on a par with your ambitions.*

7. **ὧδε**: pointing forward to σύ νυν κτλ. l. 9.

11. **εἵνεκα χρημάτων**: *as far as wealth is concerned.*

12. **τὰ περὶ τῶν χρημάτων**: *my story about wealth.*

16. **Μαιάνδριον Μαιανδρίου**: *Mœandrius son of Mœandrius.* He succeeded Polycrates as tyrant of Samos.

18. **τὸν κόσμον**: *decoration, adornments,* or perhaps, *dress.*

20. **τὸ ῞Ηραιον**: the *Herœum* or *temple of Hera,* one of the greatest temples of antiquity, see 107, 25.

21. **ἐποίεε τοιάδε**: for a similar deception, see Nepos, *Hannibal*, 9.

22. **βραχέος**: *a small space*.

25. **πολλὰ μέν** . . . **πολλὰ δέ**: *earnestly;* notice the anaphora.

27. **αὐτός**: as opposed to the man whom he sent to inspect the wealth.

29. **λοῦσθαι**: fr. λόω.

30. **παντοίη ἐγένετο μὴ ἀποδημῆσαι**: *resorted to every means to dissuade him from going away*.

135. 4. **βούλεσθαι γὰρ κτλ.**: *for she preferred* (she said) *a long period of maidenhood to being bereft of her father;* πλέω is due to the influence of the comparative idea in βούλεσθαι.

6. **ἄλλους τε πολλοὺς** . . . **ἐν δὲ καί**: *not only many others, but among them also*.

9. **ἄριστα τῶν κατ' ἑωυτόν**: *best of his time* (lit. *of those of his time*).

10. **οὔτε ἑωυτοῦ ἀξίως οὔτε κτλ.**: *in a way that neither he nor his pretensions deserved*.

11. **ὅτι μή**: *except.* — **οἱ Συρακοσίων γενόμενοι τύραννοι**: *i.e.* Gelo and Hiero.

12. **οὐδὲ εἷς**: more emphatic than οὐδείς; *not even a single one*.

14. **οὐκ ἀξίως ἀπηγήσιος**: *in a way too horrible to relate*.

16. **ἀπῆκε**: fr. ἀπίημι.

17. **ἐόντας ἐλευθέρους**: *for their freedom*.

18. **τῶν ἐπομένων**: repeating τῶν ἐπ. l. 15, although it should properly be taken with both clauses.

18. **ἐν ἀνδραπόδων λόγῳ**: cf. ἐν ἀνδρῶν λόγῳ, 133, 7.

21. **ὕοι** (*sc.* as subj. Ζεύς): opt. of past indef. frequency.

22. **Πολυκράτεος αἱ πολλαὶ εὐτυχίαι**: *Polycrates's many successes*.

24. **ἀπικομένων δὲ κτλ.**: Orœtes was put to death by order of Darius in punishment for disloyalty and several lawless acts. His property was confiscated. The first ptc. used here would apply to slaves, the second to the inanimate objects included in his property.

27. **στραφῆναι**: fr. στρέφω. — **τὸν πόδα**: acc. of specification. — **ἰσχυροτέρως**: *very severely*.

29. **νομίζων**: *since he was accustomed*.

136. 3. **ἀγρυπνίῃσι**: the pl. of abstract nouns is a poetic use.

4. **ἔχοντι οἱ φλαύρως**: *to him in his illness*.

6. **Δημοκήδεος**: see 135, 7. He was taken to Sardis as slave of Orœtes, 135, 18.

7. **ἄγειν**: *sc.* as subj. some word such as τοὺς θεράποντας, though we may translate it as pass. according to our own idiom.

8. **ὅκου δή**: *somewhere or other;* cf. ὅτευ δή, 133, 16.

11. **οὐκ ὑπεδέκετο**: *claimed not to;* i.e. denied the knowledge.

12. **ἑωυτὸν ἐκφήνας**: *if he declared himself, i.e.* his profession. — **Ἑλλάδος**: Hellas here includes Magna Grecia.

13. **τεχνάζειν**: with κατεφάνη.

17. **ἔχειν τὴν τέχνην**: *i.e.* ἐπίστασθαι τὴν τέχ. — **ἐπέτρεψε**: *yielded, gave way*.

18. **ἰσχυρά**: *i.e.* the strenuous treatment of the Egyptian physicians ; or, possibly, after setting the limb.

21. **δωρέεται**: followed by the acc. of the person and the dat. of the thing.

24. **τῷ ἔπεϊ**: often of a witty saying, a *bon mot*.

27. **ὑποτύπτουσα κτλ.**: *each of them dipping deep down into the gold chest with a bowl*.

29. **ὡς** = **ὥστε**; Synt. 149.

30. **ἀνελέγετο καὶ συνελέχθη**: for ἀναλεγόμενος συνέλεξε.

31. **χρῆμα πολλόν τι χρυσοῦ**: colloquial; *a great lot of gold;* cf. ὑὸς χρῆμα μέγα, 61, 14.

137. 3. **ἐκραγέν**: fr. ἐκρήγνυμι. — **ἐνέμετο πρόσω** : *it spread*.

4. **ἡ δέ**: the δέ of apodosis.

5. **ἐν κακῷ**: *in bad plight*.

7. **ἐξορκοῖ** (ἐξορκόει) **μιν**: *made her swear*. — **ἦ μέν** (μήν) : see on 129, 8.

8. **τὸ ἄν . . . δεηθῇ**: indef. rel. clause of the fut. more vivid type, retained in the form of the dir. disc. The oath was exacted before telling her his demand. — **δεήσεσθαι**: sc. some verb of saying from ἐξορκοῖ.

9. **ἐστὶ φέροντα**: = φέρει; for the meaning cf. 53, 24. — **ἰώμενος**: *by treatment*.

12. **κάτησαι**: *remain inactive;* cf. 64, 24.

14. **νέον**: according to Hdt., Darius was about twenty-eight years old. — **φαίνεσθαί τι ἀποδεικνύμενον**: *to make an open display* (of strength or courage) ; for φαίνεσθαι with the ptc., see Synt. 137 *c*.

15. **ἵνα καί**: καί seems to emphasize the whole clause. — **ἀνδρός**: *a* (real) *man, i.e* one possessed of the manly virtues.

16. **ἐπ' ἀμφότερα** : *for two reasons ;* explained by the two following clauses.

17. **σφέων**: gen. with προεστεῶτα.

20. **αὐξομένῳ γὰρ κτλ.**: *for as the body waxes, the powers of mind wax with it ; but as it grows old, they too grow old and are dulled for any enterprise.*

22. **ἐκ διδαχῆς**: *i.e.* ὑπὸ Δμοκήδεος διδαχθεῖσα.

24. **ζεύξας γέφυραν** : *throwing a bridge.*

25. **τῆσδε τῆς ἠπείρου**: *i.e.* Asia. — **τὴν ἑτέρην ἤπειρον** : Europe.

26. **ὀλίγου χρόνου** : Synt. 47.

28. **τὴν πρώτην** (sc. ὁδόν) : *first;* cf. the common expression τὴν ταχίστην.

29. **ἔσονταί τοι**: *will be at your disposal.* — **μοι**: ethical dat. Synt. 57. — **στρατεύεσθαι**: inf. for imv.

30. **πυνθανομένη**: pres. in the sense of perf. Synt. 88.

138. 1. **δέξαι**: with the adj. Synt. 118.

6. **ὁμοῦ**: = ἅμα. — **τούτῳ τῷ**: rel. attracted to case of the antecedent.

7. **ἕκαστα αὐτῶν**: *everything about them.*

8. **ἐπ' αὐτούς**: *i.e.* Ἕλληνας understood from Ἑλλάδα.

9. **ἅμα ἔπος τε καὶ ἔργον ἐποίεε**: apparently a proverb ; 'no sooner said than done.'

12. **ὅκως . . . μὴ διαδρήσεται . . . ἀλλὰ . . . ἀπάξουσι**: obj. clauses, loosely coördinate with διεξελθεῖν : *he ordered them to go and* (to see to it that) *he should not escape, but that they should bring him back.*

15. **ἐδέετο αὐτοῦ ὅκως . . . ἥξει** : a request, not a command ; an obj. clause after δεῖσθαι is unusual. — **πᾶσαν** : to be taken with τὴν Ἑλλάδα.

18. **ἐκείνου** : *i.e.* Democedes.

20. **πλεύσεσθαι** : inf. in a subordinate clause in indir. disc.

21. **δοκέειν** : abs. inf.

22. **μὴ εὖ ἐκπειρῷτο** : *that D. was testing him;* i.e. because if he accepted everything, Darius might conclude that he did not intend to return.

23. **οὔτι ἐπιδραμὼν κτλ.** : *by no means accepted with eagerness the proffered gifts.*

24. **κατὰ χώρην** : *in place,* i.e. where they were.

26. **ἀδελφεοῖσι** : dat. with the verbal idea in δωρεήν. Above the father was included. — **ταῦτά** : *i e.* the same as to the fifteen Persians.

29. **καὶ Φοινίκης ἐς Σιδῶνα** : a more precise designation of the preceding.

30. **γαῦλον** : a Persian boat; here = ὁλκάδα.

31. **παντοίων ἀγαθῶν** : gen. of material, or with ἐπλώρησαν. Synt. 31, 4, 37.

139. 1. **προΐσχοντες** : *putting in.*

2. **ἀπεγράφοντο** : *had them listed,* for report to the king.

4. **ἐκ ῥαστώνης τῆς Δ.** : *out of kindly feeling toward D.* An unusual expression.

6. **Μηδικέων** : = Περσικέων, as often.

7. **δῆθεν** : emphasizing the fact that it was mere pretence.

14. **προϊέναι** : fr. προΐημι.

15. **ἀντάπτοντο** : sc. Δημοκήδεος.

18. **κῶς ταῦτα κτλ.** : *how will king Darius be content to have received a wanton insult* (i.e. without taking revenge)?

20. **ἀπέλησθε ἡμέας** : sc. Δημοκήδεα. — **τῆσδε** (πόλιος) : gen. after the comp.

23. **ἐξαιρεθέντες τε τὸν Δημοκήδεα καὶ τὸν γαῦλον . . . ἀπαιρεθέντες** : chiastic order. For the accus., see Synt. 72 a.

24. **τὸν ἅμα ἥγοντο** : *which they had brought with them.*

25. **τῆς Ἑλλάδος** : partit. gen. with the adv. expression τὸ προσωτέρω. Synt. 46.

140. 1. **Δαρεῖος δὲ ὡς διαβὰς τάχιστα τὸν Ἑλλήσποντον** : *i.e.* after an expedition into Scythia, which according to Hdt. was without success. Modern historians regard the whole account as a fairy tale.

2. **τῆς ἐξ Ἱστιαίου κτλ.** : because of the advice of Coes, the king abandoned his intention of destroying the bridge built across the Ister after his forces had crossed into Scythia and left it under guard by the Ionians. It was due to Histiæus that the bridge was not destroyed before Darius returned. ἐξ Ἱστιαίου with εὐεργεσίης, as if it were a verb ; cf. the constr. with παραινέσιος ; the difference is due to the desire for variety.

4. **ἐδίδου** : *offered.*

5. **ἅτε** : cf. οἷα, 8. Synt. 129 a.

6. **προσεχρήιζε** : *desired in addition* (πρός). For the gen. see Synt. 35. — **Μύρκινον** : Myrcinus was rich in timber and silver mines.

8. **τε οὐ . . . δέ** : unusual correlation ; cf. οὔτε . . . δέ, 81, 13. οὔτε . . . τε is more common.

9. **τυραννεῦσαι** (i.e. τυραννίδα) : obj. of αἰτέει. — **τελεωθέντων** : sc. τούτων, i.e *these requests.*

10. κατὰ τὰ εἵλοντο : *according to their choice ; i.e.* to Myrcinus and Mytilene respectively.

11. ἐπιθυμῆσαι : *to conceive the desire.* Synt. 98 *a*. — Μεγαβάζῳ : a Persian whom Darius had left in Thrace to complete the reduction of the states on the Hellespont.

16. ἅτε δὲ τειχέοντος κτλ. : *and inasmuch as H. was fortifying the gift* (i.e. Myrcinus) *which he had asked of Darius as reward for guarding the bridge.* For the tense of the suppl. ptc. αἰτήσας, see Synt. 99 *b*.

18. παρὰ Στρυμόνα ποταμόν : *lying along the river Strymon ;* the acc. because of the extent of the district.

21. κοῖόν τι χρῆμα ἐποίησας : *what a foolish thing you did ;* κοῖος (lit. *what sort of*) is common in expostulations.

22. δεινῷ τε καὶ σοφῷ : *clever and tricky.* — δοὺς ἐγκτίσασθαι : *allowing to found ;* the inf. denotes purpose. Synt. 120.

23. ἵνα : *where.*

24. κωπέες : *i.e.* pines, from which *oars* might be made.

141. 1. οἵ : pl. because the antecedent is collective.

2. προστάτεω : Synt. 34.

3. καὶ ἡμέρης καὶ νυκτός : *by day or night.* Synt. 47.

4. παῦσον . . . ποιεῦντα : the ptc. is suppl. with παῦσον ; not so μεταπεμ-ψάμενος, l. 5. — οἰκηΐῳ : *i.e.* with his subjects.

5. συνέχῃ : pass. voice. — ἠπίῳ : a common word in Homer.

6. περιλάβῃς : *get in your grasp ;* a word used of trapping an animal or person. Cf. περιπέσῃς, 81, 10 and note. — ποιέειν (inf. used as imv.) ὅκως : *see to it that,* followed, as regularly, by the fut. indic. Synt. 146.

8. ὡς εὖ προορῶν κτλ. : *that he rightly foresaw the future ;* as if he had said ὡς (ὅτι) προορῴη κτλ. Synt. 129 *c*.

11. εἶναι : Synt. 137 *a*.

13. οἶδα μαθών : *I know from my own observation.* — ἐπινοέω γὰρ κτλ. : giving the reason for the following clause.

14. ἀπικνέο : cf. ἀκέο 119, 7 . — μοι : ethical dat.

15. ὑπερθέωμαι : *communicate to, ask advice of.*

18. ἐγώ σε : a favorite order ; cf. σύ μοι, below.

19. μοι . . . ἐξ ὀφθαλμῶν : *out of my sight.*

20. ἐν βραχεῖ : *in short.*

21. σε : doing double duty, as obj. of ἰδεῖν and subj. of ἀπικέσθαι.

22. τιμιώτατον : neuter, because a friend is a κτῆμα.

23. τά τοι κτλ. : *to both of which qualities* (as if abstract nouns and not adjectives had preceded) *in you I can from my own knowledge testify in regard to my own affairs.*

25. εὖ ἐποίησας : a formula like our 'thank you '; 'I am obliged to you for coming.' Cf. 119, 27.

26. σὺ δέ : repetition of the subj. for emphasis.

28. σύσσιτος : one of the highest honors among the Persians.

29. ὁμοπάτριον : *i.e.* a half-brother.

30. εἶναι : after καταστήσας.

142. 1. ἤρχετο: fr. ἄρχω. — τὸ δεύτερον: the first time may have been their conquest by the Persians in the time of Cyrus.

3. τῶν νήσων: *i.e.* the Cyclades; for the gen., see Synt. 39.

4. αὐτή τε ἑωυτῆς μάλιστα . . . ἀκμάσασα: *was not only at the height of her power;* for ἑωυτῆς, see Synt. 31, 6. ἀκμάσασα ἦν = ἤκμασε.

7. ἔφυγον: *were banished*; used as a pass., hence ὑπό. — παχέων; *i.e.* πλουσίων. — φυγόντες: picking up ἔφυγον; a common device of Hdt.

8. ἐπίτροπος: *i.e.* for the absent tyrant Histiæus.

9. Ἀρισταγόρης . . . Μολπαγόρεω . . . Λυσαγόρεω: names containing a common element are often found in families.

11. ὁ γὰρ Ἱστιαῖος τύραννος ἦν . . . καὶ ἐτύγχανε: *though H. was tyrant, he happened* (parataxis).

13. πρίν = πρότερον.

15. εἴ κως αὐτοῖσι παράσχοι κτλ.: *if haply he would furnish them*, etc. For this form of prot., see Synt. 164 *a*. We should expect instead an inf. obj. of ἐδέετο. κατέλθοιεν is grammatically coördinate with παράσχοι, though logically the consequence of it (parataxis).

21. ὀκτακισχιλίην ἀσπίδα: *eight thousand shield; i.e.* men armed with shields, the later 'hoplites.' — εἶναι: inf. with πυνθάνομαι; the ptc. is more regular. Synt. 137 *a*.

22. πλοῖα μακρά: Lat. *naves longae.*

24. ὑμῖν: ethical dat.

29. προσέθεσαν; *commissioned.* — τῆ δύναιτο: representing a fut. more vivid prot. of the dir. disc. Synt. 177 *a*.

30. ὡς αὐτοὶ διαλύσοντες: *saying that* (on the ground that) *they would themselves discharge it.* Synt. 129 *c*.

143. 1. ἐλπίδας πολλὰς ἔχοντες: followed by the constr. of indir. disc. with the verbs of the subordinate clauses unchanged.

7. ἀγαθή: *fertile.* — ἔνι = ἔνεστι.

9. τοὺς φυγάδας ἐξ αὐτῆς: as if he had said τοὺς φυγόντας; cf. 140, 2.

11. πάρεξ: *besides* (and including).

12. ταῦτα μέν: *i.e.* τὰ ἀναισιμώματα; the implied contrast is with the rest of the χρήματα offered. — τοὺς ἄγοντας: appos. with ἡμέας.

17. εὐπετέϊ αἱρεθῆναι: *easy to take* (lit. *be taken*). Cf. 133, 9. Synt. 118.

22. τούτοισι: dat. with συνέπαινον; below the dat. of the person is used with this adj. Synt. 68 *a*.

25. ὡς: *when.* — ὑπερθέντι: the mid. is more common in this sense; cf. 141, 15.

28. τῶν ἄλλων συμμάχων: *of the allies as well;* an idiomatic use of ἄλλος.

30. τῶν Ἀχαιμενιδέων: see on 92, 2. — τοῦ: limiting θυγατέρα below.

31. Παυσανίης: Pausanias, victorious general of the Spartans at Platæa, 480 B.C., was sent to assist in freeing the eastern Greeks, but becoming possessed with a desire for rule he intrigued with Persia and, according to Thucydides (I. 128), planned to marry the daughter of the king. Megabates, whose daughter Hdt. says he intended to marry, was satrap of Phrygia.

144. 1. τούτων: gen. with ὑστέρῳ.

2. σχών: ingressive, as if he had said ἔσχε. Synt. 99 c.

6. πρόφασιν: avowedly; adv. acc. Synt. 77.

7. ἐγένετο ἐν: i.e. ἀπίκετο ἐς. — Καύκασα: otherwise unknown; certainly a port on the south coast of Chios.

9. οὐ γὰρ ἔδεε: since it was not fated; cf. 106, 23. — πρῆγμα τοιόνδε συνηνείχθη γενέσθαι: it befell that the following thing occurred. Hdt. generally uses the aor. act. of συμφέρω in the sense found here.

10. περιιόντος: going the rounds of. — τὰς φυλακάς: the watch.

11. Μυνδίης: Myndus was situated on the Carian coast, northwest of Halicarnassus.

14. διελόντας κατὰ τοῦτο: dividing him in this fashion (explained by the following).

15. τῆς νεός: limiting θαλαμίης.

20. ἐποιήσατο . . . ἐσπέρχετο: account for the difference of tense.

21. σοὶ δὲ κτλ.: what have you to do with this, lit. what have you and these matters (in common)?

23. ἐμέο πείθεσθαι: cf. 90, 19.

24. πολλὰ πρήσσεις: meddle.

25. πλοίῳ: dat. of means.

29. τὰ ἐκ τῶν ἀγρῶν: for the proleptic use of the prep., see on 51, 5.

30. ὡς πολιορκησόμενοι: with the expectation of being besieged; note the use of the fut. mid. for the fut. pass.

31. ἐσάξαντο: fr. σάσσομαι.

145. 2. διέβαλον . . . τὰς νέας: cf. 144, 8, where the verb is intr.

3. πεφραγμένους: fr. φράσσω.

4. ὡς δὲ κτλ.: but when the resources with which they had come had been used up by them.

6. τοῦ πλεῦνός τε κτλ.: and the siege was demanding more and more (the more).

8. κακῶς πρήσσοντες: in bad plight.

9. οὐκ εἶχε: was unable.

10. ἡ δαπάνη . . . ἀπαιτεομένη: the demand for the expenses; for this use of the ptc., see Synt. 128 a.

12. Μεγαβάτῃ διαβεβλημένος: since he had been brought into enmity with M; the ptc. in the nom. is coördinate with the gen. abs. — τὴν βασιληίην: Synt. 72 a.

14. τὸν ἐστιγμένον (fr. στίζω) τὴν κεφαλήν: the man whose head was branded.

18. ἄλλως μὲν οὐδαμῶς εἶχε κτλ.: cf. 88, 25.

19. ὁ δέ: repetition of the subj.

20. τὸν πιστότατον: second acc. with a verb of taking away. Synt. 72.

24. ξυρήσαντα: with two accusatives as ἀποξυρήσας above.

28. ἀποστάσιος ὢν γινομένης: now if a revolt came about; the gen. abs. forms a prot. to μετήσεσθαι, inf. in indir. disc. after an expression of hoping.

29. νεώτερόν τι ποιεύσῃς: i.e. revolt.

146. 1. συνέπιπτε κτλ.: *it befell that all these things occurred at the same time.*
It is unusual to find an aor. ptc. with the impf. ind.; the suppl. ptc. is used
with this verb on the analogy of τυγχάνω; for the usual constr. see 145, 15.

3. πᾶν: *everything possible.*

4. λόγῳ: *i.e.* a temporary measure. In fact he expected to recover the tyranny.

5. ὡς ἄν . . . συναπιστίαιατο: Synt. 143 *b*.

7. τοὺς μὲν ἐξελαύνων . . . τοὺς δὲ ἐξεδίδου: change of const.

8. τῆσι πόλισι: dat. with ἐξεδίδου, but to be understood with φίλα ποιεῖσθαι
also. — ἄλλον . . . ἄλλην: Lat. *alium . . . aliam.*

9. ὅθεν εἴη ἕκαστος: a past general prot. denoting indef. repetition.

11. ὡς . . . κατέπαυσε: taking up κατάπαυσις.

14. συμμαχίης: gen with ἔδεε; the inf. is epexegetical.   Synt. 119.

18. πίνακα: the oldest mention of a map of the world, which the Ionic
philosopher, Anaximander, is said to have been the first to make. — ἐνετέτ-
μητο: fr. ἐντέμνω.

21. μὴ θωμάσῃς: a prohibition.   Synt. 109.

22. παῖδας εἶναι δούλους: subject of ἐστί understood, to which ὄνειδος and
ἄλγος are pred.

24. τῶν λοιπῶν: partit. gen. with ὑμῖν. — ὅσῳ: *inasmuch as;* dat. of degree
of difference with the superl.

26. εὐπετέως: to be taken with χωρέειν.

27. οὔτε . . . τε: *not . . . but,* as regularly.

28. τὰ ἐς τὸν πόλεμον = τὰ πολεμικά; acc. of respect. — ἐς τὰ μέγιστα
ἀνήκετε: *you have attained the highest position.*

29. ἡ μάχη αὐτῶν: *their (equipment in) battle.*

147. 3. εὐπετέως χειρωθῆναι: as 133, 9. — ἔστι δὲ καὶ ἀγαθὰ κτλ.: *and those
who possess that continent have good things . . . beginning with gold;* we should
expect the ptc. to agree with ἀγαθά; instead it seems to agree with τοῖσι . . .
νεμομένοισι.

6. τὰ θυμῷ κτλ.: *these things you may yourselves have if you wish them heartily.*

7. ἀλλήλων ἐχόμενοι: *next to one another, bordering upon one another;* for
the gen., see Synt. 34.

8. οἵδε: pointing to the map; the 'deictic' use of the dem., when the art.
is regularly omitted.   Synt. 24 *a*.

11. ἔφη λέγων: for the pleonasm, see 87, 8.

18. τὸν ἐπέτειον φόρον: *the* (fixed) *annual tribute.*

19. καὶ οὗτοι: *these too.*

21. παρὰ ποταμόν: cf. 140, 18.

22. τὰ Σοῦσα ταῦτα: *this famous Susa.*

23. ἐνθαῦτα: the rel. constr. of the preceding clause is abandoned.

24. ἤδη: *henceforth.* — ἐρίζετε: may be taken as pres. imv. or as pres. indic.
(prophetic present).

25. περὶ μὲν χώρης: the correl. clause is παρέχον δὲ τῆς Ἀσίης, 1. 30.

29. χρυσοῦ ἐχόμενον: *pertaining to gold;* cf. 124, 19. — καί τινα: *many a
man actually.*

30. παρέχον: *when it is possible;* acc. abs. — ἄλλο τι: = Lat. *nonne.*

148. 2. ἐς τρίτην ἡμέρην: *until day after tomorrow.*
3. ἐς τοσοῦτον ἤλασαν: *they proceeded only so far.*
5. ἐς τὸ συγκείμενον: *to the appointed place.*
6. ὁκοσέων ἡμερέων: *how many days' journey;* gen. of measure. — ἀπὸ θαλάσσης τῆς Ἰώνων: *i.e.* from the sea coast of Ionia.
8. διαβάλλων: *deceiving;* an unusual meaning. — χρέον γὰρ κτλ.: *for when he ought not to have told the truth.*
9. βουλόμενόν γε: *if he wished at least.*
10. λέγει δ᾽ ὦν: *yet he did tell it* (the truth).
11. ὑπαρπάσας: *snatching away; i.e.* 'preventing by interruption.'
13. οὐδένα γὰρ κτλ.: *for no word that you say is acceptable to the Lacedemonians.*
17. ἐσελθὼν ἔσω: pleonastic.
18. ἀποπέμψαντα: *after he had sent;* preliminary to ἐπακοῦσαι.
20. τοῦτο δέ: *and she;* the pronoun agrees with the pred. τέκνον.
23. ἄρχετο ἐκ δέκα ταλάντων ὑπισχνεόμενος: *he began by promising ten talents* (lit. *he began with ten talents in his promises*). This use of the ptc. is analogous to the epexegetical inf. Synt. 119.
25. προέβαινε . . . ὑπερβάλλων: *he went on offering larger sums.*
27. καὶ τὸ παιδίον ηὐδάξατο (fr. αὐδάξομαι): *when the child cried out* (parataxis). In later years Gorgo became the wife of Leonidas.
31. ἐπὶ πλέον: *any further.*

149. 2. τῶν λοιπέων . . . μέγιστον: *i.e. greater than the rest;* see note on 60, 16.
3. ἐπελθὼν ἐπὶ τὸν δῆμον: *going before the assembly.*
4. ταὐτὰ . . . τὰ καί: see note on 49, 18.
5. πολέμου: *warfare;* cf. μάχη, 146, 29.
6. νομίζουσι: *use.* — εἴησαν: opt. combined with indic. in subordinate clauses in indir. disc.; so below εἰσί . . . εἴη. Synt. 177.
8. σφέας: *i.e.* the Milesians.
9. δυναμένους: agreeing with the omitted subj. of ῥύεσθαι (τοὺς Ἀθηναίους). — οὐδὲν ὅ τι οὐκ: *everything.*
11. διαβάλλειν: as 148, 8. — εἰ: *if* (as was true).
13. ἐποίησε τοῦτο: *i.e.* διέβαλε.
15. Ἴωσι: dat. with the verbal idea in βοηθούς.
17. ἐγένοντο: *proved to be.*
21. αὐτὸς μὲν δὴ οὐκ: *he did not indeed in person.*
24. τῷ στόλῳ τούτῳ: instrumental dat.
25. τῆς Ἐφεσίης: *sc.* γῆς.
26. χειρὶ πολλῇ: dat. of accompaniment. Synt. 66 a.
29. ἀπίκοντο: *i.e.* at Sardis.

150. 1. αἱρέουσι δέ: Hdt. is fond of repeating a verb of a previous clause with an additional statement. Cf. 54, 23. — χωρίς: *except.*
3. τὸ δὲ μὴ λεηλατῆσαι: obj. of ἔσχε *prevented.* The redundant μή is due to the neg. idea in ἔσχε. Synt. 181.
7. ἐνέπρησε: ingressive.

10. ὥστε : with the two following ptcs. Synt. 129 *a.*

11. συνέρρεον : *poured.*

15. ὁ δέ : *and it* (the Hermus).

17. τοὺς μὲν . . . τοὺς δέ : *some . . . others.*

20. ὑπὸ νύκτα : *toward night.*

22. τὸ σκηπτόμενοι : *in excuse for which.*

24. ἐντὸς Ἅλυος : *i.e.* west of the Halys.

27. κατὰ στίβον : *on their track.*

31. στεφανηφόρους ἀγῶνας : the great games held at Olympia, Delphi, the Isthmus of Corinth and the valley of Nemea in Argos, where the prize was merely a crown.

151. 1. Σιμωνίδεω τοῦ Κηίου : Simonides of Ceos, a famous lyric poet, who is noted especially for his epigrams in honor of Greeks who fell in the Persian Wars, but who achieved great distinction also in other forms of verse, notably in epinicia, or songs in honor of victors in the great national games.

6. οὐκ ἔφασαν : *refused.*

8. οὕτω γὰρ κτλ. : giving the reason for τὸν πόλεμον ἐσκευάζοντο. ὑπάρχω is used like τυγχάνω, with a suppl. ptc. ; *since the fact was that their behavior had been such toward Darius* (that it was too late to recede). — οὐδὲν ἦσσον : *nevertheless;* in spite of the fact that they were deprived of Athenian assistance.

11. τὸν δὲ ἡγεμόνα κτλ. : *and the leader of the coalition that resulted in the concoction of these events.*

18. ἐκγενέσθαι μοι : *may it be possible for me;* understand δός to account for this use of the inf.

20. δείπνου προκειμένου . . . ἑκάστοτε : *every day when his dinner was served.*

21. μέμνεο : perf. imv. of μιμνήσκω, but made on the analogy of the pres. instead of the regular form μέμνησο.

152. 1. μετὰ δὲ τοῦτο : an expedition had been sent out 492 B.C. under Mardonius, the king's son-in-law, to punish Athens and Eretria, the two cities in Greece that had assisted the Ionians. The fleet was wrecked off the dangerous promontory of Athos in Macedonia and, after securing the submission of Thrace and Macedonia, Mardonius returned. — τῶν Ἑλλήνων : used proleptically as obj. of ἀπεπειρᾶτο (Synt. 34), instead of subj. of ἔχοιεν.

3. διέπεμπε κήρυκας ἄλλους. ἄλλῃ : the distributive idea expressed by the prep. διά is emphasized by ἄλλους ἄλλῃ.

8. οὗτοι : *i.e.* the inhabitants of the tributary cities along the coast.

10. τὰ προΐσχετο αἰτέων : *what he demanded in his proposals.* — πάντες νησιῶται : instead of the more regular πάντες οἱ νησιῶται. Synt. 27.

11. ἐς τοὺς ἀπικοίατο : opt. in a rel. clause denoting indef. frequency in past time. Synt. 168.

12. καὶ δὴ καὶ Αἰγινῆται : the Æginetans are especially mentioned because of the result of their act mentioned in the next sentence. There was constant hostility between the Athenians and Æginetans.

13. ἐπεκέατο: fr. ἐπίκειμαι.

14. ἐπὶ σφίσι ἔχοντας: *aiming at them.*

15. καὶ . . . ἐπελάβοντο: shift of constr.; the clause should properly be coördinate with δοκέοντές τε κτλ. For the case of προφάσιος, see Synt. 34.

18. πόλεμος συνῆπτο: *war was in progress.* — ὁ Πέρσης: *i.e.* Darius.

19. ὥστε: with the four following ptcs.

20. Πεισιστρατιδέων: referring especially to Hippias, son of Pisistratus, who was exiled from Athens and had taken refuge at the Persian court. Doubtless he hoped to be restored as tyrant of Athens.

22. ὁ Δαρεῖος: picking up ὁ Πέρσης. — ταύτης ἐχόμενος τῆς προφάσιος: *using* (lit. *holding on to*) *this pretext.*

23. τῆς Ἑλλάδος: partit. gen. with τοὺς μὴ δόντας instead of τῶν Ἑλλήνων. For the neg. μή with the ptc., see Synt. 180.

24. φλαύρως πρήξαντα τῷ στόλῳ: see note on l. 1.

25. παραλύει τῆς στρατηγίης: *he relieved of his command.*

153. 8. ἐπεῖχον (*sc.* τὸ νόον): *intended.*

9. τῶν πρότερον: *the former events;* referring, probably, to instances of cruelty on the part of the Persians toward the inhabitants of places which they had reduced.

10. τούς: for τούτους τούς.

13. καὶ αὐτοί: *themselves too.*

16. Ῥηναίη: an island only four stades (less than half a mile) from Delos.

17. ἵνα ἦσαν: *where they were;* we should expect εἶεν, but see Synt. 175 *a.*

18. Ἄνδρες ἱροί: *sacred,* because Delos was devoted to the cult of Apollo.

19. οὐκ ἐπιτήδεα κτλ.: *having formed an unfavorable judgment against me.* ἐπὶ τοσοῦτο: *only so far;* pointing forward to μηδὲν σίνεσθαι. So ὧδε, l. 20.

21. ἐν τῇ χώρῃ: the antecedent of the rel. incorporated in the rel. clause and taken up by ταύτην. This promotes clearness when the rel. clause precedes. — οἱ δύο θεοί: *i.e.* Apollo and Artemis, whom the Asiatics would probably identify with their own sun and moon divinities. — ἐγένοντο: *were born.*

23. αὐτῶν: agreeing with the gen. implied in ὑμέτερα.

24. μετά: adv.

28. μετὰ τοῦτον ἐξαναχθέντα: cf. μετὰ Σόλωνα οἰχόμενον, 60, 10. Synt. 128 *a.*

154. 1. Δῆλος ἐκινήθη: Thucydides (II. 8) says that there was an earthquake at Delos a short time before the Peloponnesian War, though none earlier within the memory of the Greeks. He is obviously contradicting Hdt., but one statement is as likely to be true as the other. — ὡς ἔλεγον Δήλιοι: to be taken with the following clause.

3. ἔσεσθαι: with μελλόντων. — ἐπὶ γὰρ Δαρείου κτλ.: Darius reigned 521–486 B.C., Xerxes 486–465 B.C., Artaxerxes 465–424 B.C. The whole period of the three reigns was, therefore, about one hundred years, and, as Hdt. reckoned thirty-three and one-third years to a generation, it seems probable that this was written after the close of Artaxerxes's reign. In that case, the Peloponnesian War was in progress.

6. **εἴκοσι ἄλλας γενεάς**: according to Hdt.'s method of reckoning, this would represent a total of six hundred and sixty-six and two-thirds years, or the period 1189–522 B.C. Hdt. places the Trojan War at about 1250 B.C., and, as the Dorian migration was dated about eighty years later, he seems to mean that not since that event had Greece been so troubled.

7. **τὰ μὲν . . . τὰ δέ**: *some . . . others*.

11. **ἀπῆραν** (ἀπαείρω): *sc. νέας*; so also with προσίσχον. — **πρὸς τὰς νήσους**: *i e.* on the way to Euboea; see 153, 27.

13. **περιπλέοντες τὰς νήσους**: *i.e.* from one to another. For the case of νήσους, cf. περιέναι τὰς φυλακάς, 144, 10.

15. **οὔτε ἐδίδοσαν οὔτε ἔφασαν**: *would not give and refused*. For ἐδίδοσαν, see Synt. 91.

16. **στρατεύεσθαι**: pres. not fut., because οὐκ ἔφασαν, *refused*, may take a complementary inf. — **λέγοντες**: *meaning*.

20. **τῆς Ἐρετρικῆς χώρης**: partit. gen. with the following names of towns. These towns were situated on the coast, east of Eretria, but are otherwise unknown.

21. **κατασχόντες**: taking up κατέσχον in characteristic fashion.

23. **ὡς προσοισόμενοι**: Synt. 129 c.

24. **ἐποιεῦντο βουλήν** = ἐβουλεύοντο. — **εἴ κως δὲ κτλ.**: *but if haply they might guard their walls, this was their concern; i.e.* 'they were concerned with guarding their walls, if perchance they might.'

26. **ἐνίκα**: *it had been decided;* the subj. is ἐκλιπεῖν.

27. **πολλοὶ μέν**: a more logical position for μέν would be after ἔπιπτον.

29. **προδιδοῦσι**: *sc. τὴν πόλιν*.

31. **ἀποτινύμενοι κτλ.**: *taking vengeance for the temples that were burned in Sardis;* for the allusion, see 150, 21 ff.

155. 2. **κατὰ τὰς Δαρείου ἐντολάς**: see 153, 4.

5. **ταὐτὰ τοὺς Ἀθηναίους**: two accusatives with ποιήσειν.

6. **καὶ . . . γάρ**: *and since*.

7. **ἐνιππεῦσαι**: *i.e.* for cavalry manœuvres; inf. with the adj. ἐπιτηδεότατον. There is no reference to the use of cavalry in Hdt.'s account of the Battle of Marathon.

8. **σφι**: dat. with a verb of leading, as often in Homer. — **Ἱππίης ὁ Πεισιστράτου**: see note on 152, 20.

12. **κατέλαβε φυγεῖν . . . Πεισίστρατον**: *it befell to be banished by Pisistratus.* φυγεῖν in this sense is usually followed by ὑπό with the gen.

15. **Φιλιππίδην**: Philippides, a name confirmed by manuscript authority. Phidippides, the common form of the name, is undoubtedly a corruption. See Browning's *Phidippides*, which perpetuates a late addition to the story: namely, that he died after carrying to Athens the news of the victory at Marathon.

16. **τοῦτο** (*i.e* ἡμεροδρομεῖν) **μελετῶντα**: *practicing this* (as a profession).

17. **τῷ**: dat. with περιπίπτει.

18. **τὸ Παρθένιον ὄρος**: there was a temple of Pan on the mountain (Pausanias, VIII. 54, 6).

19. **βώσαντα δὲ . . . κελεῦσαι**: shift to the constr. of indir. disc. suggested by **ἔλεγε** above.   Whether Philippides himself reported this vision or whether it was a legend that took form later, we cannot tell.   The supernatural plays a considerable part in our author's account of this and other battles.

20. **ἀπαγγεῖλαι δι' ὅ τι**: *to carry a message (asking) why.*

22. **τὰ δ' ἔτι καὶ ἐσομένου**: *and would be on other occasions besides;* **τὰ δέ** as if **τὰ μέν** had preceded.

23. **ταῦτα**: subj. of **εἶναι**. — **καταστάντων εὖ τῶν πρηγμάτων**: *i.e.* after the Persian invasion.

25. **Πανὸς ἱρόν**: a cave on the north side of the Acropolis, which may be seen today.

27. **τότε . . . ὅτε περ κτλ.**: the rel. clause simply defines the time of this mission of Philippides.

156. 1. **δευτεραῖος**: *on the next day; i.e.* within twenty-four hours.   The distance is estimated at 1240 stades, or about 138 miles.

2. **τοὺς ἄρχοντας**: *i.e.* the ephors.

4. **μὴ περιιδεῖν κτλ.**: *not to allow the most ancient city in Greece to be cast into slavery by barbarians.*   For **περιπίπτω** used as the pass. of **περιβάλλω**, see on 81, 10.   For the constr. and tense of the ptc., see Synt. 132, 99 *b*,   The Athenians believed that their city had existed from time immemorial and that the inhabitants were autochthonous.

6. **πόλι λογίμῳ**: dat. of degree of difference with the comp.; *poorer by a famous city.*

8. **ἔαδε**: fr. **ἁνδάνω**.

9. **σφι**: repeating **τοῖσι** pleonastically, as the latter belongs properly both to the **μέν** and the **δέ** clause.   Cf. 135, 18.

10. **ἱσταμένου τοῦ μηνός**: in the Attic calendar the month was divided into three decads, **μὴν ἱστάμενος, μὴν μεσῶν, μὴν φθίνων**.   The date indicated would be, therefore, the ninth of the month.

11. **μὴ οὐ κτλ.**: *unless the moon was full;* for the double neg., see Synt. 182 *a*.

15. **τεμένεϊ Ἡρακλέος**: the cult of Heracles at Marathon was the oldest in Greece.   His temple, the Heracleum, is placed by modern authorities at some distance from the modern Marathon.   See How and Wells on this passage.

18. **ἀναραιρέατο**: Ionic plupf. of **ἀναιρέω**.

20. **οὐκ ἐώντων συμβαλεῖν**: *opposing an attack.* — **ὀλίγους γὰρ εἶναι . . . συμβαλεῖν**: *for they were too few . . . to attack;* implied indir. disc. after **οὐκ ἐώντων**.   **συμβαλεῖν** with **ὀλίγους** instead of the more usual **ὥστε συμβαλεῖν**.   Synt. 121 *b*.

21. **καὶ Μιλτιάδεω**: *including Miltiades.*

23. **ὁ τῷ κυάμῳ λαχὼν πολεμαρχέειν**: *he who had been appointed by lot to the office of polemarch.*   This is an anachronism, as the custom of choosing the archons by lot was not instituted until later (487–486 B.C.).

27. **ἐν σοὶ . . . ἐστι**: *it depends upon you, rests with you.*

29. **μνημόσυνα**: pl. of a single circumstance ; cf. 107, 18.

157. 1. Ἁρμόδιός τε καὶ Ἀριστογείτων: Harmodius and Aristogiton, who killed the tyrant Hipparchus, son of Pisistratus, were also of the deme Aphidna.

3. δέδοκται: *it has been resolved* (*i.e.* by the Persians). A conjectural reading (Reiske) δέδεκται, *it has been shown,* is tempting.

7. κῶς ἐς σέ κτλ. : *how it belongs to you to have power over events.*

8. ἔρχομαι φράσων: cf. 51, 16. Synt. 96, 3.

11. ἔλπομαι = νομίζω, as often.

13. πρίν τι κτλ. : *before any unsound thought occurs to some of the Athenians,* *i.e.* before they become traitors.

14. θεῶν τὰ ἴσα νεμόντων: *if the gods dispense justice.* — οἷοί τέ εἰμεν : *we shall be able.* Synt. 89 *a.*

15. ἐς σὲ τείνει καὶ ἐκ σέο ἄρτηται (perf.): the pron. is emphatic; *concern YOU, are dependent upon YOU.*

16. προσθῇ (*sc.* γνώμην) : *concur.* — ἔστι : for the tense, cf. εἰμέν, l. 14; for the accent, cf. 55, 6.

18. τῶν ἀποσπευδόντων τὴν συμβολήν: *i.e.* τῶν οὐκ ἐώντων συμβαλεῖν, cf. 156, 20.

19. τῶν: rel. pron. attracted to the case of its antecedent ἀγαθῶν, which is incorporated in the rel. clause.

21. ἐκεκύρωτο: *it was* (lit. *had been*) *decided.*

22. τῶν ἡ γνώμη ἔφερε: *whose judgment favored;* i.e. *who were in favor.*

23. ἑκάστου: pred. gen. with ἐγίνετο. — πρυτανηίη τῆς ἡμέρης: *the day's command;* instead of 'the command for the day.'

24. ὁ δὲ δεκόμενος οὔτι κω συμβολὴν ἐποιέετο : if Miltiades was in favor of an immediate attack, it seems odd that he should have delayed in this way. We must rather believe that the decision to attack was the result of other causes, such as the condition of the enemy's forces.

26. περιῆλθε: *sc.* ἡ πρυτανηίη.

29. κέρας τὸ δεξιόν: the right wing was the post of honor and of danger. It is not clear whether the tribe of the polemarch was also there.

30. ὡς ἀριθμέοντο : *i.e.* according to an official or assigned order.

158. 1. εὐώνυμον: for the euphemism, see on 51, 28. — ἀπὸ ταύτης σφι τῆς μάχης: *after this battle;* σφι points proleptically to Πλαταιεῦσι, l. 5.

2. ἐς πανηγύριας τὰς ἐν τῇσι πεντετηρίσι: *at the festivals that occur every four years.* The reference is probably to the great Panathenaic festival.

3. κατεύχεται . . . λέγων: pleonastic.

6. τὸ στρατόπεδον κτλ. : *while the army was made equal* (in length) *to the army of the Medes* (*i.e.* the Persians). Instead of this clause we should expect a gen. abs.; as it stands it is an instance of anacoluthon.

8. ἐπὶ τάξιας ὀλίγας: *only a few rows deep.*

9. ἔρρωτο (fr. ῥώννυμι) πλήθεϊ: *was strong* (lit. had been strengthened) *in numbers.*

10. διετέτακτο: impers.

11. ἀπείθησαν (fr. ἀπίημι): *had been let go ; i.e.* 'had been given the command to go.' — δρόμῳ ἵεντο : *they hastened on a run.*

12. **ἦσαν δὲ κτλ.**: *and the distance between them was not less than eight stades* (*i.e.* a little less than a mile) ; the verb agrees with the pred.

14. **μανίην τοῖσι Ἀθηναίοισι ἐπέφερον κτλ.** : *attributed to the Athenians* (i.e. *thought them possessed of*) *madness that would utterly destroy them.*

16. **ἵππου**: see note on 155, 7.

21. **πρῶτοι ἀνέσχοντο κτλ.**: *were the first to endure the sight of*, etc.   Synt. 132.   Hdt. seems to forget other struggles described by himself in which Greeks engaged with Persians, *e.g.* 150, 25 ff.

22. **τέως δέ**: *but up to that time.*

23. **φόβος ἀκοῦσαι**: *fearful to hear.*   Synt. 118. — **μαχομένων** . . . **χρόνος ἐγίνετο πολλός**: instead of *τῆς μάχης* . . . *χρόνος κτλ.*

26. **κατὰ τοῦτο μέν**: taking up *τὸ μὲν μέσον* and correl. with *τὸ δὲ κέρας ἑκάτερον.*

30. **ἔων**: impf. of *ἐάω.* — **τοῖσι** . . . **ῥήξασι**: dat. with *ἐμάχοντο.*

159. 3. **πόνῳ** = *μάχῃ*, a Hom. use.

4. **γενόμενος**: *having proved himself.* — **ἀπὸ ἔθανε**: tmesis.

5. **Κυνέγειρος**: brother of the tragic poet Æschylus, who also fought at Marathon.

7. **τὴν χεῖρα**: acc. of the thing retained with the pass. of a verb of depriving.

9. **ἐπεκράτησαν**: *got possession of.*

12. **φθῆναι κτλ.**: *to reach the city before the Athenians;* for the aor. ptc. with *φθάνω*, see Synt. 134, 99 *b.*

14. **ὡς ποδῶν εἶχον**: *as fast as they could.*   Synt. 46.

15. **πρὶν ἢ ἥκειν**: redundant.

17. **Κυνοσάργεϊ**: Cynosarges, a gymnasium dedicated to Heracles, whose location is uncertain.   It may have been at the foot of Mt. Lycabettus, which would have been a natural position for the Athenians to take, in full view of the bay.

20. **ἀπέπλεον**: *i.e.* because they saw the Athenian forces.

21. **ἀπέθανον**: the subj. *ἄνδρες* is thrown into the acc. after the prep. *κατά.*

25. **καταλαβεῖν** (*sc.* Ἀθήνας): *to reach.*

26. **ὕστεροι** . . . **τῆς συμβολῆς**: *too late for the engagement.*

The account of the Battle of Marathon, as given by Herodotus, is singularly lacking in the details we should expect from a modern historian, such details as the exact date and hour, the position of the opposing armies, the kind and number of forces in action.   On the other hand many of the details given are immaterial or of doubtful truth.   He probably had no documentary evidence concerning the battle and had never visited the battlefield.   He was acquainted with the traditions that sprang up in connection with the battle and knew well how it was regarded by the Greeks of his own day.   His method of description is that of the artist rather than the historian, but we must not assume from that that he deliberately falsified the facts.

160. 3. **καὶ πρίν**: *even before ; i.e.* because of the burning of Sardis. — **κεχαραγμένον**: fr. *χαράσσω.*

4. **καὶ δὴ καί**: introducing the main clause ; the first *καί* is intensive.

5. **δεινότερα ἐποίεε**: cf. 102, 3. — **ὅρμητο** (ὥρμητο) : *was eager.*

6. αὐτίκα μέν: the correl. is τετάρτῳ δὲ ἔτεϊ, 10. — ἐπηγγέλλετο πέμπων ἀγγέλους: pleonastic.

7. κατὰ πόλις: *city by city;* i.e. *from city to city.* — πλέω (πλέονα) : *sc. στρατιήν.*

8. ἑκάστοισι: agreeing with a word for the inhabitants of the cities. — ἣ παρεῖχον: abridged expression for ἣ ὅσην παρεῖχον; the impf. is used because it refers to a repetition of the action.

8. καί: connecting the following nouns with στρατιήν. — νέας: *ships-of-war.*

9. πλοῖα: *transports,* for animals and supplies.

10. ἐπὶ τρία ἔτεα: *i.e.* 489–487 B.C.

11. ὡς . . . στρατευσομένων: *with the avowed intention of proceeding;* the alleged reason is also the real one.

12. παρασκευαζομένων: coördinate with καταλεγομένων.

15. στελλομένου: *when he was on the point of setting out.* Synt. 84.

17. ὡς δεῖ μιν κτλ. : *since he had to appoint a successor and then* (οὕτω) *set out;* the preliminary ptc. contains, as often, the main idea and is taken up by οὕτω.

18. πρότερον ἤ: followed by the inf. like πρὶν ἤ.

19. βασιλεῦσαι: ingressive aor.; so also βασιλεύσαντι below. Synt. 98 *a,* 99 *b.*

20. Γωβύεω: Gobryas was one of the seven conspirators who slew the false Smerdis. See 126, 31 ff. Four other wives of Darius were mentioned, 132, 19 ff.

23. μητρός: pred. gen.

24. κατ' ὅ τι . . . εἴη: *on the ground that he was;* the opt. because of implied indir. disc. Cf. in the following clauses ὅτι εἴη, ὡς εἴη; the difference for the sake of variety. — γόνου: collective ; *progeny, children.*

25. νομιζόμενον εἴη πρὸς κτλ. : *it was customary in the view of,* etc.

161. 2. οὐκ ἀποδεικνυμένου κω γνώμην: *had not yet expressed his opinion;* the pres. because he was still refraining from expressing it. Synt. 86. — κατὰ τὠυτὸ τούτοισι: *at the same time as* (*with*) *these events.*

3. καὶ Δημάρητος: the intensive is regular after 'the same.' — ἀναβεβηκώς: with the impf. of τυγχάνω the ptc. retains its own time reference; so the two following ptcs.

6. ὡς ἡ φάτις μιν ἔχει: *as the report goes about him.*

7. πρὸς τοῖσι ἔλεγε ἔπεσι: *in addition to what he had been saying.*

11. καὶ ἐν Σπάρτῃ: such a custom at Sparta is mentioned nowhere else. The story of the intervention of Demaratus is probably without foundation. It is not likely that a Spartan king could have influenced the succession.

12. νομίζεσθαι: because of ἔφη in the parenthetical clause. — ἦν οἱ μὲν κτλ. : *if some children have been born* (previously) *before their father became king.*

14. ὀψίγονος: *late-born* (relatively speaking); a poetic word, pleonastic with ἐπι-γένηται. — τοῦ ἐπιγενομένου: pred. gen. of possession.

17. δοκέειν δέ μοι: Synt. 122.

18. ἡ γὰρ Ἄτοσσα εἶχε τὸ πᾶν κράτος: doubtless the real reason for the accession of Xerxes.

20. ὁρμᾶτο στρατεύεσθαι: *was hurrying his preparations for the expedition;* cf. ὅρμητο στρατεύεσθαι, 160, 5.

21. παρασκευαζόμενον: *in the midst of his preparations.*

22. **βασιλεύσαντα**: when a rule is over it is thought of as a single occurrence. — **τὰ πάντα**: *in all; i.e.* 522–486 B.C.

23. **οἱ ἐξεγένετο**: *was it permitted him.*

162. 1. **Περσέων**: partit. gen. with the superlative. — **Μαρδόνιος**: leader of the unsuccessful expedition sent out by Darius in 492 B.C. See note on 152, 1.

2. **Ξέρξη μὲν** . . . **Δαρείου δέ**: the difference in constr. for the sake of variety.

3. **τοιούτου λόγου εἴχετο**: *persisted in such talk as this* (lit. *held on to it*).

4. **Πέρσας**: Synt. 74. — **μὴ οὐ κτλ.**: *not to pay the penalty for what they had done;* the redundant οὐ because οἰκός ἐστι upon which the phrase depends is itself negatived. Synt. 181.

5. **εἰ** . . . **πρήσσοις**: properly a supposition with the apodosis suppressed (aposiopesis), but it may be translated as a wish: *may you accomplish.*

7. **ἵνα λόγος σε ἔχη κτλ.**: cf. 161, 6, and the Hom. expression ἵνα μιν κλέος ἐσθλὸν ἐν ἀνθρώποισιν ἔχῃσιν. *Od.* I. 95.

8. **καί τις** . . . **φυλάσσηται**: *and that people may guard against;* for the use of τις, cf. ἵνα τις στυγέῃσι καὶ ἄλλος, Hom. *Il.* VIII. 515, etc.

9. **λόγος τιμωρός**: *an argument for vengeance.*

11. **περικαλλής**: *sc.* ἐστί.

12. **τὰ ἥμερα**: *cultivated;* attributive of δένδρεα. — **ἀρετήν τε ἄκρη** (*i.e.* χώρη): *unsurpassed in fertility.*

13. **ἀξίη ἐκτῆσθαι**: *worthy to possess.* — **οἷα**: with the ptc. — **νεωτέρων ἔργων ἐπιθυμητής**: cf. *novarum rerum cupidus* Caesar *B.G.* I. 18, etc.

14. **αὐτός**: connect with εἶναι; for the case, see Synt. 81.

15. **κατεργάσατο**: *worked upon.* — **ἀνέπεισε ὥστε**: usually the inf. without ὥστε is used.

17. **ἔμελλε ἐς χεῖρας ἄξεσθαι**: *was about to undertake.*

21. **οὔτε** . . . **τε**: *not* . . . *but,* as often.

22. **κατηγήσομαι κτλ.**: *shall be the first to establish this custom* (explained by οὐδαμά κω ἠτρεμίσαμεν below).

24. **ἐπείτε**: *since, from the time when.*

26. **θεὸς** . . . **ἄγει**: an example of tragic irony; cf. 169, 4. — **αὐτοῖσι ἡμῖν πολλὰ ἐπέπουσι**: *if we ourselves engage in many undertakings;* the dat. with συμφέρεται, *it turns out.*

27. **τὰ μέν**: rel. clause, with the antecedent incorporated in it.

28. **κατεργάσαντο**: *subdued;* for a different meaning, see l. 15.

29. **ἐπισταμένοισι** (*sc.* ὑμῖν): *since you know well.*

31. **ὅκως μὴ λείψομαι** (fut. mid. for fut. pass.): obj. clause with ἐφρόντιζον. — **τῶν πρότερον γενομένων**: gen. with the comp. idea in λείψομαι, *left behind,* *inferior to.* Synt. 39.

163. 1. **τιμῇ**: *office, i.e.* of king.

2. **προσγινόμενον**: suppl. ptc. with εὑρίσκω; for the tense, see Synt. 89.

3. **τῆς**: rel. pron. attracted to the case of the omitted antecedent ταύτης. — **οὐκ** . . . **οὐδέ** . . . **δέ**: *not* . . . *or* . . . *but.*

4. **τιμωρίην τε καὶ τίσιν**: Hdt. is fond of coupling synonyms.

6. **ἐλᾶν στρατόν** = στρατεύεσθαι.

12. **πρὶν ἢ ἕλω**: *until I seize;* in Attic, ἄν would be required. Synt. 171 *a*.

13. **οἵ γε**: the antecedent is implied in τὰς Ἀθήνας.

15. **ἅμα Ἀρισταγόρη**: *i.e.* at his instigation; see 149, 19 ff. — **δούλῳ δέ**: the particle connects two designations for the same person; cf. 85, 9.

17. **ὅτε Δᾶτις κτλ.**: *i.e.* at the battle of Marathon.

19. **ἀνάρτημαι**: *I am bent upon.* Synt. 95.

20. **ἐν αὐτοῖσι**: *therein; i.e.* the expedition against Greece. — **εἰ . . . καταστρεψόμεθα**: monitory protasis. Synt. 163.

22. **Πέλοπος . . . χώρην**: *i.e.* τὴν Πελοπόννησον.

23. **τῷ Διὸς αἰθέρι ὁμουρέουσαν**: *coterminous with the ether of Zeus.* The ancients thought of the heavens as a hemisphere covering the earth, which was a circular disk whose circumference coincided with that of the heavens.

25. **σφέας πάσας**: *all of them; i.e.* all lands or cities.

26. **πυνθάνομαι . . . ἔχειν**: Synt. 137 *a*.

29. **τούτων . . . ὑπεξαιρημένων**: *if these are removed* (from the number of our enemies).

164. 1. **ὅς**: *you who, since you.*

2. **ἐπίκεο**: *hit the mark.* — **καὶ . . . οὐκ ἐάσεις**: logically coördinate with τά τε ἄλλα λέγων, but shifting to an independent clause.

3. **καταγελάσαι**: with dat. instead of the more regular gen.

4. **ἐόντας ἀναξίους** (*sc.* καταγελάσαι): *who have no right.* — **δεινὸν ἂν εἴη . . . εἰ**: after δεινόν and similar words, εἰ = ὅτι, hence οὐ (not μὴ) τιμωρησόμεθα. The sentence illustrates a common paratactic arrangement after words like δεινόν, θαυμαστόν, etc. *It would be a shocking thing that while we have reduced to slavery the Sacæ, etc., when they had done the Persians no injury, but merely wished to gain additional power, we shall not punish the Greeks, when they were the aggressors.*

9. **κοίην**: used contemptuously.

10. **ἐπιστάμεθα μὲν . . . ἐπιστάμεθα δέ**: anaphora.

11. **μάχην**: *manner of fighting.*

12. **παῖδας**: so called because Athens was the 'mother city.'

14. **ἐπελαύνων**: suppl. ptc. with ἐπειρήθην. Synt. 132.

16. **ὀλίγον ἀπολιπόντι ἀπικέσθαι**: *lacked only a little of reaching* (lit. *failed by a little*).

19. **τὸ ἐκ τῆς Ἀσίης**: the attrib. expression belongs properly with νέας also.

20. **ἐς τοῦτο θάρσεος**: *to that pitch of boldness.* Synt. 31, 6.

24. **ὦν**: *at any rate.*

25. **ἀπὸ πείρης κτλ.**: apparently a proverb; cf. Theocritus, *Id.* XV. 62. πεῖρα πάντα τελεῖται.

26. **τοσαῦτα**: adv. (cogn.) acc. with ἐπιλεήνας.

27. **ἐπέπαυτο**: *was done.* Synt. 95 *b*.

28. **προκειμένη**: equiv. to a pass. of προτίθημι (in a perf. sense) as usual.

165 1. **τῷ δὴ καὶ κτλ.**: *upon which fact he actually relied in speaking;* ἔλεγε has to be taken with both the rel. and the main clause.

2. **μὴ λεχθεισέων**: the neg. shows that the ptc. has conditional force.

3. **ἔστι**: *it is possible.* — **αἱρεόμενον ἑλέσθαι**: *in choosing to choose.*

4. **λεχθεισέων δέ**: sc. γνωμέων ἀντιέων ἀλλήλῃσι.

5. **ἔστι**: sc. τὴν ἀμείνω . . . ἐλέσθαι. — **αὐτὸν ἐπ' ἑωυτοῦ**: (itself) *by itself;* the intensive often accompanies and emphasizes the refl.

6. **παρατρίψωμεν ἄλλῳ χρυσῷ**: *rub it beside other gold* (*i.e.* on the touch-stone). Fine gold, when rubbed upon the touchstone, made a red mark; adulterated gold made a dark streak.

8. **ἀδελφεῷ δέ**: see note on 163, 15.

9. **οὐδαμόθι γῆς**: *nowhere on earth.* Synt. 46. Cf. Lat. *ubi terrarum.*

10. **τε οὐκ . . . τε**: more often οὔτε . . . τε.

19. **ὑπερέχοντα ζῷα**: *overweening creatures;* placed proleptically as obj. of ὁρᾷς instead of κεραυνοῖ.

22. **τὰ τοιαῦτα**: *i.e.* τὰ μέγιστα. The sentiment found here became a com-monplace with later poets; cf. the fine lines in Horace (*Od.* II. X. 9–12): saepius ventis agitatur ingens | pinus et celsae graviore casu | decidunt turres feriuntque summos | fulgura montis. — **φιλέει ὁ θεὸς τὰ ὑπερέχοντα πάντα κολούειν**: the keynote of the History.

24. **κατὰ τοιόνδε**: *in some such way as the following.*

25. **δι' ὧν ἐφθάρησαν**: tmesis. The aor. is gnomic.

29. **οὐκ ἐόντων ἀξίων φλαύρως ἀκούειν**: *who do not deserve to be slightingly spoken of.*

166. 3. **τοῦτό σε ῥύσεται κτλ.**: *this will save you from receiving any punish-ment befitting your idle words.* μηδένα because ῥύσεται has the force of a verb of preventing. Synt. 181.

7. **ἐπιτελέα ποιήσω**: a periphrasis for ἐπιτελέσω. — **μὴ γὰρ εἴην κτλ.**: *may I not be the son of Darius, the son of Hystaspes,* etc., *if I do not punish.*

11. **ἀλλ' οὐκ ἐκεῖνοι**: *at least they will not.*

13. **Σάρδις τε ἐνέπρησαν καὶ ἤλασαν ἐς τὴν Ἀσίην**: hysteron proteron; see Introd. p. 45.

16. **τὸ γὰρ μέσον κτλ.**: *for there is no middle ground of our enmity.*

18. **τιμωρέειν**: *to take vengeance.* — **ἵνα καὶ κτλ.**: *that I may actually* (καὶ) *know this terrible thing that I shall suffer;* referring contemptuously to the warnings of Artabanus.

20. **Πέλοψ ὁ Φρύξ**: according to Pindar (*Ol.* 1, 24) a Lydian.

21. **ὡς = ὥστε.**

23. **εὐφρόνη τε ἐγίνετο καὶ Ξέρξην ἔκνιζε**: parataxis, instead of 'when night came on,' etc. For the euphemism in εὐφρόνη, see on 51, 28.

24. **νυκτὶ βουλὴν διδούς**: *leaving counsel to the night; i.e.* allowing night to fill the rôle of counselor.

25. **εὕρισκε οἱ οὐ πρῆγμα εἶναι**: *he found that it was not the thing* (i.e. *advis-able*) *for him.*

27. **κατύπνωσε**: *he fell asleep.* — **καὶ δή κου**: *and now perhaps.* — **ὡς λέγεται ὑπὸ Περσέων**: the account of the dream, however, is thoroughly Greek.

28. **ἄνδρα οἱ ἐπιστάντα**: cf. Hom. *Il.* II. 20 ff.

167. 1. **μετὰ δὴ βουλεύεαι**: tmesis; *do you by change of plan decide?*

4. **οὔτε ὁ συγγνωσόμενός τοι πάρα** (πάρεστι): *nor is there with you one who will pardon you.*

5. τῶν ὁδῶν: partit. gen. with ταύτην.

6. ἀποπτάσθαι: cf. ᾤχετ' ἀποπτάμενος. Hom. *Il.* II. 71.

7. ὁ δέ: repetition of the subj.

9. ἀγχίστροφα βουλεύομαι: *I make a sudden change of plan.*

10. φρενῶν τε γὰρ κτλ.: *for I have not yet reached the prime of my mental powers; φρενῶν* and ἐμεωυτοῦ both limit τὰ πρῶτα.

14. ἀεικέστερα . . . ἢ χρέον: *more insolent than I should.*

15. συγγνούς: *having come to the same mind* (as he).

16. ὡς μεταδεδογμένον: *on the understanding that I have decided by change of mind;* acc. abs.

17. ἥσυχοι ἔστε: *make no move, remain inactive.*

20. καὶ δὴ φαίνεαι κτλ.: *have you really openly renounced?* for the ptc. with φαίνεσθαι, see Synt. 137 *c.*

22. ὡς παρ' οὐδενὸς ἀκούσας: *as though you had heard them from a nobody.*

23. ἐξ αὐτῶν: *therefrom; i.e.* from your conduct.

26. ἀνά τε ἔδραμε: cf. 72, 24; 131, 2.

27. καλέοντα: fut.

31. ὑπεθήκαο: 1 aor. mid. of ὑποτίθημι; a rare form.

168. 2. τετραμμένῳ καὶ μετεγνωκότι: synonyms. — ἐπιφοιτῶν = ἐπιφοιτάον.

3. οὐδαμῶς συνέπαινον ἐόν: *by no means approving.*

4. νῦν δέ: *just now.*

5. οἱ πάντως ἐν ἡδονῇ: *it is altogether his pleasure.*

6. ἐπιπτήσεται καὶ σοί: *he will appear to you too;* with the verb cf. ἀποπτάσθαι, 167, 6.

7. ὁμοίως καὶ ἐμοί: *just as to me.*

8. ἂν γινόμενα: indir. disc. with εὑρίσκω, representing ἂν γίνοιτο of the dir.

11. οἱ: *his.* Synt. 53.

15. κοῖτον ἐποιέετο: *he was sleeping.*

16. ὑπερστάν: cf. Hom. *Il.* II. 20.   στῆ δ' ἄρ' ὑπὲρ κεφαλῆς.

17. σὺ δή: *you really.*

18. ὡς δὴ κηδόμενος αὐτοῦ: *as though you were anxious for him forsooth;* δήπου is more common in this sense.

20. ἀποτρέπων: with conative force. — Ξέρξην: placed at the beginning of the clause for emphasis; *as for Xerxes;* subj. of παθεῖν.

24. ὅς: dem. pron. — ἀμβώσας: for ἀναβώσας; cf. 52, 25.

26. οἷα ἄνθρωπος ἰδών κτλ.: *as a man who has seen many great powers brought low by lesser ones.*

29. μεμνημένος μὲν κτλ.: *remembering the expedition of Cyrus against the Massagetæ how it fared;* for the case of στόλον, see Synt. 35 *c.* This expedition took place about 529 B.C. and resulted in the death of Cyrus. (Book I. 201 ff.).

30. μεμνημένος δέ: note the anaphora.

31. τὸν ἐπ' Αἰθίοπας τὸν Καμβύσεω: an expedition upon which the soldiers were driven by famine to devour many of their own number. (Book III. 25.) — συστρατευόμενος: ptc. representing the impf. This expedition is described in Book IV. See note on 140, 1.

169. 2. ἀτρεμίζοντα: with cond. force.

4. Ἕλληνας φθορή τις καταλαμβάνει θεήλατος: an example of tragic irony. See 162, 26.

5. τράπομαι καὶ τὴν γνώμην μετατίθεμαι: cf. 168, 2, with note.

8. ποίεε δὲ οὕτως κτλ.: *act in such a way that no effort on your own part shall be lacking.* Synt. 146.

12. ἐφαίνετο . . . φανερὸς ἦν: synonymous.

15. ἀπό: temporal.

16. ἐπὶ τέσσερα ἔτεα: *i.e.* 484–481 B.C.

17. πέμπτῳ ἔτεϊ ἀνομένῳ: *in the course of the fifth year.*

18. χειρὶ μεγάλῃ πλήθεος: *with a great body of troops.* Synt. 66 a. — στόλων τῶν ἡμεῖς ἴδμεν πολλῷ μέγιστος: cf. Thucydides I. 23. τῶν προτέρων ἔργων μέγιστον ἐπράχθη τὸ Μηδικόν.

20. παρὰ τοῦτον: *in comparison with this.*

21. μηδένα: *of no* (after the neg. *any*) *importance.* — τὸν Σκυθικόν: the Cimmerians were driven from their home north of the Euxine Sea by the Scythians in the middle of the seventh century B.C.

23. τὰ ἄνω τῆς Ἀσίης: *upper Asia; i.e.* the region between the Tigris and the Indus Rivers.

24. ἐτιμωρέετο: with conative force. — κατὰ τὰ λεγόμενα: *i.e.* according to traditional accounts, such as the Catalogue of Ships in *Iliad* II.

26. πρὸ τῶν Τρωικῶν: *before the Trojan War.*

29. τὸ πρὸς μεσαμβρίης: *southward.*

170. 1. οὐδ': as if the neg. οὐκ had preceded; *not these or others.*

2. ἄξιαι: *a match for.*

3. κοῖον: lit. *what sort of;* probably used after τί for variety's sake.

5. ἐτετάχατο: *were assigned.*

6. ἅμα στρατευομένοισι: *while at the same time joining the expedition.*

8. τοῦτο μέν: with no corresponding τοῦτο δέ; see note on l. 16. — ὡς προσπταισάντων κτλ.: *on the ground that those who first sailed had come to grief.* This refers to the expedition under Mardonius; see note on 152, 1.

10. ἐκ τριῶν ἐτέων: *beginning three years before.* — κου μάλιστα: *somewhere about;* qualifying the numeral.

12. ὑπὸ μαστίγων: *under the lash.*

16. ζεύξαντας: *i.e.* by joining the opposite banks by means of boats. — ταῦτα μέν: picking up τοῦτο μέν, l. 8.

18. ἐν ᾧ (χρόνῳ) . . . ἐν τούτῳ (χρόνῳ): *while . . . meanwhile.*

20. Κριτάλλων: the site of Critalla is not definitely known, but it was somewhere on the royal road to Susa, east of the Halys River.

21. ἐνθαῦτα (Att. ἐνταῦθα): *i.e.* at Critalla. — πάντα τὸν κτλ.: *all the army on the mainland that was going to march*, etc.

23. πρῶτα μέν: the correlative is μετὰ δέ, 171, 1.

24. γῆν τε καὶ ὕδωρ: as tokens of submission.

25. πλήν: *except that.* — οὔτε ἐς Ἀθήνας οὔτε ἐς Λακεδαίμονα: because, as Hdt. says elsewhere (Book VII. 133), his former messengers the Athenians

EXTRACTION

EXTRACTION

threw into a pit and the Lacedemonians cast into a well, telling them to get earth and water from there.

26. ἐπί: *to fetch.*

171. 1. οἱ δέ: *and they;* i.e. Phœnicians and Egyptians; see l. 7.

3. τῆς Χερσονήσου: limiting ἀκτή.

4. μεταξύ: placed between the two dependent genitives.

6. ἐγεφύρουν: sc. as subj. the antecedent of τοῖσι.

7. τὴν μέν ... τὴν δέ: agreeing with γέφυραν understood. By the 'bridge' Hdt. means the cables connecting the boats. — λευκολίνου ... βυβλίνην: gen. of material followed by adj. limiting the subst.; as usual, showing the author's desire for variety. Papyrus is an Egyptian product.

8. ἔστι: sing. verb with pl. subj. referring to an interval of space. Synt. 1 c — ἐς τὴν ἀπαντίον: sc. γῆν.

9. ἐξευγμένου: perf. of the finished product.

10. ἐκεῖνα: i.e. τὰ ἐξευγμένα.

12. ἐπικέσθαι μαστίγι: equiv. to μαστιγῶσαι, *to scourge,* hence followed by the acc. — πληγάς: cogn. acc. Hdt. treats the Hellespont as a rebellious slave.

13. ἤδη ἤκουσα: *I have heard too.*

15. ὦν: *at any rate;* implying some doubt of the story of the scourging.

18. ἤν τε ... ἤν τε μή: *whether ... or not.*

19. ἄρα: *after all.*

20. θύει: it was customary to offer sacrifices to great rivers to propitiate them. The Hellespont is here called a river because of its strong current. It is called πέλαγος (*open sea*) l. 13; θάλασσα, l 21.

21. ζημιοῦν: contr. fr. ζημιόειν; its subj., like that of ἐπικέσθαι, l. 12, is left indefinite; we should use the pass. constr.: *that it be punished.*

22. τῶν ἐπεστεώτων τῇ ζεύξι: *those in charge of the construction;* the gen. limits τὰς κεφαλάς.

24. τὰς δέ: *but other bridges.*

25. τὰ τῶν γεφυρέων: hardly more than αἱ γέφυραι. — τὰ περὶ τὸν "Αθων: *the works about Athos.*

26. ἅμα τῷ ἔαρι: i.e. early in April.

28. ἐκλιπὼν τὴν ἐκ τοῦ οὐρανοῦ ἕδρην: *leaving its seat in the heavens;* for the proleptic use of the prep., see 51, 5.

29. οὔτ' ἐπινεφελέφων ὄντων: *though the weather was not cloudy.* — αἰθρίης τε (sc. ἐουσῆς) τὰ μάλιστα: *but when there was a perfectly clear sky.*

30. ἰδόντι δὲ καὶ μαθόντι: the ptcs. are practically synonymous.

172. 1. τὸ θέλει προφαίνειν: *what it would portend;* for the rel. in an indir. quest., see 92, 16 and note.

3. ὁ θεός: i.e. the Sun. — ἥλιον: without the art. virtually equiv. to a proper name; so σελήνην, l. 4.

4. προδέκτορα: *fore-shower;* perhaps coined by Hdt.; found only here. — σελήνην δὲ σφέων (προδέκτορα): probably only a Greek notion; see next note.

7. τὸν ἥλιον ἐθέλοντες ἰδέσθαι ἀνίσχοντα : the Persians were sun worshippers and waited for the sacred moment of its rising before a great undertaking.

12. τοιαύτην . . . ἥ μιν παύσει καταστρέψασθαι : *such . . . as to prevent his reducing.*

13. πρότερον ἤ . . . γένηται : more commonly πρὶν (ἤ) ἂν γένηται. Synt. 171 a.

18. μετεμέλησε . . . μαστιγώσαντι : *he regretted . . . having scourged.* Synt. 136.

20. πρὸς τοῦ Πόντου . . . πρὸς τὸ Αἰγαῖον : for the difference in case, see on 99, 9.

21. ἡ ἵππος : *the cavalry.*

22. ἡ θεραπηίη : abstract noun used as collective.

24. στρατός : *sc.* διέβαινε.

173. 4. ἤδη δὲ ἤκουσα : cf. 171, 13.   In both places Hdt. probably doubts the report.

12. ἀνάστατον . . . ποιῆσαι : a common periphrasis.

13. ἐξῆν τοι ποιεῖν : *you might have done it.* Synt. 104, 2.

19. πεζοῦ : here an adj. — ἐφάνη (*sc.* ὄν) : *was shown to be.*

20. ἐξηρίθμησαν τόνδε τὸν τρόπον : this can hardly be authentic. The numbers given by Hdt. are probably greatly exaggerated.

21. ὡς μάλιστα εἶχον : *as much as they could.*

26. μέχρι οὗ (χρόνου) : *until.*

28. ἐγένετο : *came to.*

174. 3. οὔνομα μὲν εἶχε κτλ. : *while it was ostensibly proceeding against Athens, it was really directed*, etc. ; paratactic arrangement of clauses.

7. ὡς . . . πεισόμενοι : *in the belief that they would suffer.* — οὐδὲν ἄχαρι : euphemism ; cf. 63, 3.

11. μηδιζόντων : *side with the Medes.* The Medes, who were conquered by the Persians, were often identified with them in the speech of the Greeks.

12. γνώμην ἐπίφθονον : *invidious (unpopular) opinion ;* because at the time when this was probably written the Peloponnesian War was in progress, during which many Greek states were arrayed against Athens. — πρός : *in the view of.*

14. οὐκ ἐπισχήσω (*sc.* γνώμην ἀποδέξασθαι) : *I shall not refrain.*

16. ἐξέλιπον : *had abandoned ;* as a matter of fact, the Athenians did leave the city, but only to fight for it at Salamis.

18. ἐπειρῶντο : impf. because referring to a continued act in past time. Synt. 160. — ἀντιεύμενοι (ἀντιόομαι) : Synt. 132.

20. τοιάδε ἐγίνετο : pointing forward. — τειχέων κιθῶνες (χιτῶνες) : a poetic periphrasis for τείχεα.

21. ἐληλαμένοι : fr. ἐλαύνω. — Πελοποννησίοισι : Synt. 56.

22. ἄν : connect with ἐμουνώθησαν below.

26. ἤ ταῦτα : asyndeton, because a summary. — πρὸ τοῦ : *before that.* — ὁρῶντες ἄν : in this case ἄν is repeated with its verb.

28. ἐπ' ἀμφότερα : *in both cases*, i.e. *in either case*.

29. τὴν ὠφελίην : placed at the beginning of the sentence for emphasis, and made the obj. of πυθέσθαι instead of the subj. of ἦν. For the tense of ἦν, see on ἐπειρῶντο l. 18.

175. 1. νῦν δέ : *but as it is*.

3. τἀληθέος : crasis for τοῦ ἀληθέος ; for the case, see Synt. 34. — ἐπὶ ὁκότερα τῶν πρηγμάτων : i.e. *to whichever side*.

4. ῥέψειν ἔμελλε : Synt. 96 a. — ἑλόμενοι δὲ κτλ. : *choosing that Greece remain free*.

5. τὸ Ἑλληνικόν : obj. of ἐπεγείραντες.

7. μετά γε θεούς : *next to the gods*. — ἀνωσάμενοι : fr. ἀνωθέω.

10. ἀνέσχοντο . . . δέξασθαι : Synt. 132 a.

12. τὸ ἱρόν : *i.e.* the whole sacred precinct.

15. λιπὼν φεῦγ' ἔσχατα γαίης κτλ. : *flee to the ends of the earth, leaving your homes*, etc. The sing. verb is used because the advice is to the whole people regarded as a unit.

16. τροχοειδέος : referring to the circular city wall. — ἄκρα κάρηνα : *i.e.* the Acropolis.

18. πόδες νέατοι : cf. πόδα νέατον "Ίδης, Hom. *Il.* II. 824. — χέρες (χεῖρες) : poetic form. — μέσσης : Ep. for μέσης.

19. ἄζηλα (= ἄδηλα) : *unseen*, i.e. *annihilated*. — κατὰ . . . ἐρείπει : *casts down, demolishes*. — μιν : *i.e.* τὴν πόλιν.

20. ὀξὺς "Άρης : often in Homer ; here applied to Xerxes. — Συριηγενὲς ἅρμα διώκων : cf. Æsch. *Persians* 85. Σύριον ἅρμα διώκων. In both places 'Syrian' means no more than Asiatic.

21. κοὐ : crasis for καὶ οὐ.

22. μαλερῷ πυρί : often in Hom.

23. οἵ : the antecedent is νηούς. — ῥεούμενοι : as if fr. ῥεέω ; the usual form is ῥέω. The mid. is used here like the act.

24. κατά : with κέχυνται ; tmesis. — ὀρόφοισιν : dat. with κατακέχυνται, instead of the more usual gen. ; this constr. is sometimes found in Homer ; *e.g. Il.* III. 10.

25. κακότητος ἀνάγκας : *unavoidable misfortune*.

26. ἴτον : apparently there were two θεόπροποι. — κακοῖς ἐπικίδνατε θυμόν : variously translated ; e.g. *spread a brave spirit over your ills*, or *steep your soul in woes*, *i.e.* succumb to them ; the last is perhaps better.

27. συμφορῇ τῇ μεγίστῃ ἐχρέωντο : *i.e.* 'were afflicted with the greatest despair' ; cf. 119, 18.

28. προβάλλουσι : agreeing with σφι, l. 30. — ὑπό : *under the influence of*.

30. ὅμοια τῷ μάλιστα (*sc.* δοκίμῳ) : *equally with the most famous*, *i.e.* 'of as high repute as any.'

176. 1. δεύτερα αὖτις : Homeric. — ἐλθόντας : acc. after the dat. λαβοῦσι, agreeing with the omitted subj. of the inf.

6. αὐτοῦ τῇδε : cf. αὐτοῦ ταύτῃ, 130, 29. — ἔστ' ἂν τελευτήσωμεν : Synt. 171. — ταῦτα δὲ λέγουσι : repeating ταῦτα λέγουσι above ; the δέ of apodosis.

8. **Παλλάς**: as the patron goddess of Athens.

10. **ἀδάμαντι πελάσας**: *bringing it close to adamant, i.e.* 'making it strong as adamant.'

11. **γάρ**: not to be translated; see on 50, 12. — **Κέκροπος οὖρος**: referring to the Acropolis, supposed to have been settled by Cecrops, or, perhaps, to the border of Attica.

12. **κευθμὼν Κιθαιρῶνος**: the vale of Cithæron. Mt. Cithæron forms the boundary between Attica and Bœotia.

13. **Τριτογενεῖ**: an epithet of doubtful origin; according to Hdt. (Book IV. 180) Athena was said to be the child of Poseidon and Lake Tritonis in Libya.

15. **ἱπποσύνην**: abstract noun used instead of a collective; cf. θεραπηίη, 172, 22. — **μένειν**: inf. used for imv.

16. **ἥσυχος**: pred. adj. with μένειν, instead of an adv.

17. **ποτέ**: in Hdt. κοτέ, cf. που (κου) l. 19. — **κἀντίος (καὶ ἀντίος) ἔσσῃ**: *you will face* (them).

18. **ἀπολεῖς δέ**: the usual position of the particle, when a vocative precedes.

19. **Δημήτερος**: metonymy for σίτου. — **συνιούσης**: *gathered in.* The battle of Salamis occurred on the twenty-eighth of September.

20. **ταῦτά σφι κτλ.**: *since this both seemed and was gentler than the former response.*

22. **ἐς τὸν δῆμον**: *before the assembly.*

23. **διζημένων τὸ μαντήιον**: *as they sought the meaning of the oracle;* the ptc. limits γνῶμαι.

24. **συνεστηκυῖαι**: *conflicting.*

27. **ἐπέφρακτο**: fr. φράσσω. — **οἱ μὲν δή**: taking up μετεξέτεροι above.

177. 1. **ἔσφαλλε**: *baffled;* the subj. is τὰ δύο τὰ τελευταῖα.

5. **συνεχέοντο**: *were confounded, made doubtful.*

7. **ἐλάμβανον**: *understood, interpreted;* cf. συμβάλλεσθαι, l. 11; συλλαμβάνοντι, l. 17.

8. **τῶν τις Ἀθηναίων**: a favorite order with Hdt.

9. **ἐς πρώτους νεωστὶ παριών**: *recently come into prominence.*

10. **ἐκαλέετο**: poetic for ἦν.

12. **εἶχε . . . εἰρημένον**: periphrasis for εἴρητο.

13. **οὐκ ἄν κτλ.**: *it would not, he thought, have been uttered so mildly.* δοκέειν is the main verb in this clause, inf. because of λέγων. μιν refers to τὸ ἔπος.

14. **τοῦ**: with the phrase ὦ θείη Σάλαμις. — **εἴ πέρ γε**: *if really.*

15. **ἀμφ' αὐτῇ**: *about it;* hence *for it.*

17. **συλλαμβάνοντι (τινί) κατὰ τὸ ὀρθόν**: *if one understands aright;* the dat. of relation. Synt. 58.

19. **τούτου**: referring to the ships, but agreeing in gender and number with the pred. τείχεος.

20. **ἀποφαινομένου**: *sc.* γνώμην.

21. **αἱρετώτερα μᾶλλον**: pleonastic.

22. **οὐκ ἔων**: *forbade, opposed.* — **τὸ σύμπαν εἶπαι**: *to put it comprehensively.*

23. **ἐκλιπόντας . . . οἰκίζειν**: *sc.* ἐκέλευον from οὐκ ἔων.

25. ὅτε Ἀθηναίοισι κτλ. : *when the Athenians had amassed great wealth in the public treasury . . . and were going to share it individually, each man receiving ten drachmas.* The mines in Laurium were the property of the state and were productive from early times.

28. λάξεσθαι : fr. λαγχάνω.

30. τούτων τῶν χρημάτων : gen. of price. — ποιήσασθαι : *to cause to be made.*

178. 1. τὸν πρὸς Αἰγινήτας λέγων : *meaning that with the Æginetans;* see note on 152, 12.

3. αἱ δὲ κτλ. : *but they were not used for the purpose for which they were made.*

9. πειθομένους : after βουλευομένοισι ; cf. 176, 1.

10. τὸν Ἰσθμόν : where a congress of deputies from loyal Greek states had met upon news of the approach of Xerxes.

11. στήσονται : trans. *establish, institute,* hence *wage.* — οἷοισι : instead of the simple rel. τοῖσι parallel to τῇ ; the difference merely for variety.

13. τῆς ἐς Θεσσαλίην : *i.e.* the pass of Tempe.

14. μία ἀγχοτέρη τε κτλ. : *single and nearer their own land.* In Thessaly there were two ways.

16. πρότερον ἤ = πρὶν ἤ, as often.

18. παριέναι : *to let pass.*

19. Τρηχῖνος : here the district at the head of the Malian Gulf; usually the town. — τὴν Ἑλλάδα : *i.e.* Central Greece, excluding Thessaly.

20. τῇ στεινοτάτη : sc. ἐστίν. Hdt. is speaking of the Pass of Thermopylæ proper. There were two spots, at either end of the defile, which was about three miles long, where the passage was actually narrower. — ἡμίπλεθρον : *i.e.* fifty feet. — κατὰ τοῦτο : *at this spot.*

21. τὸ στεινότατον τῆς χώρης τῆς ἄλλης : *i.e. narrower than the rest of the region* or *the narrowest part of the whole region.* For the idiom, see on 60, 16.

22. ἔμπροσθε : *i.e.* in the direction of the invader. — ὄπισθε : *i.e.* at the other end of the pass. — κατά τε Ἀλπηνούς κτλ. : making more precise the previous statement and in chiastic order.

25. τῶν Θερμοπυλέων : limiting τὸ πρὸς ἑσπέρης, an adv. expression. Hdt. is mistaken in the direction ; the mountains are south, the sea north of the pass.

27. θάλασσα . . . καὶ τενάγεα : the sea had gradually receded, and today the pass is separated from the sea by a tract of marshy ground a mile or more in width.

28. θερμὰ λουτρά : warm springs were usually sacred to Heracles, as, according to the legend, they were created by Athena for his refreshment. The whole region was associated with him, and Mt. Œta was the legendary scene of his death and apotheosis.

29. Χύτρους : caldrons or basins provided for collecting the water for baths.

179. 2. τὸ παλαιόν : adv. ; cf. ἐκ παλαιοῦ below.

4. ἔκειτο : *lay in ruins.*

5. ὀρθώσασι : *after they had rebuilt it;* preliminary to ἀπαμύνειν, not ἔδοξε.

7. ἐπισιτιεῖσθαι : fr. ἐπισιτίζομαι.

11. ἐσβεβληκὼς ἦν : periphrasis for ἐσεβεβλήκει. — καὶ δή = ἤδη. — τριταῖος : *on the third day.*

13. **Τρηχινίη** : *i.e.* the district; called Τρηχίς, 178, 19. — **ἐν τῇ διόδῳ** : in the Pass of Thermopylæ proper, midway between the two ἔσοδοι ; see note on 178, 20.

17. **ὁ μέν** : *i.e.* Xerxes. — **τῶν πρὸς βορὴν ἄνεμον ἐχόντων** : *the region extending toward the north ;* strictly *toward the west ;* see note on 178, 25.

18. **Τρηχῖνος** : *i.e.* the town. — **πρὸς νότον τε καὶ μεσαμβρίην** : fulness of expression.

19. **φερόντων** = ἐχόντων above. — **τὸ ἐπὶ ταύτης τῆς ἠπείρου** : *upon this continent ; i.e.* that of Europe ; the expression is adv. with φερόντων.

180. 1. **αὐτοὶ . . . οἱ Ἕλληνες** : *i.e.* the Greeks at Thermopylæ, independently, without appealing to the federal council at Corinth.

4. **σφι** : *i.e.* the Opuntian Locrians and the Phocians.

6. **οὐ γὰρ θεὸν εἶναι** : *sc.* λέγοντες.

8. **ἐξ ἀρχῆς γινομένῳ** : *straightway from birth.*

9. **τοῖσι μεγίστοισι . . . μέγιστα** : for the sentiment, cf. 165, 18.

11. **δόξης** : *expectation, i.e.* of success.

12. **τὴν Τρηχῖνα** : as 178, 19.

13. **ἑκάστων** : limiting στρατηγοί.

15. **Λεωνίδης** : Ionic form, the Doric is Λεωνίδας.

16. **διξῶν** = δυῶν.

18. **ἀπελήλατο τῆς φροντίδος** : *he was far removed from the thought.*

19. **ἄπαιδος ἔρσενος γόνου** : the same expression 81, 26.

21. **οὕτω δή** : summing up the ptcs. and emphasizing them as the cause of ἐς Λ. ἀνέβαινε ἡ βασιληίη. — **καί** : *both.*

23. **Κλεομένεος θυγατέρα** : *i.e.* Gorgo ; see note on 148, 27.

24. **ὅς** : dem. pron.

25. **τοὺς κατεστεῶτας τριηκοσίους** : *the usual* (fixed) *three hundred ;* picked men who were always in readiness and went out to war under the leadership of the king. — **τοῖσι ἐτύγχανον παῖδες ἐόντες** : *those who happened to have sons ;* so that, in case of their death, their families might not die out.

26. **τοὺς κτλ.** : *whom I reckoned in my enumeration ; i.e.* 179, 28.

30. **κατηγόρητο μηδίζειν** : *the charge had been brought of siding with the Medes ;* the inf. is subj. of κατηγόρητο.

181. 2. **ἄλλα φρονέοντες** : *though they were otherwise minded ; i.e.* inclined toward the Persian cause. During the Peloponnesian War there was very bitter feeling in Athens against the Thebans, and this feeling is reflected in the insinuation of Hdt. against their loyalty. There is no evidence of their disloyalty at this time, although later they did 'medize.'

6. **Κάρνεια** : the great national festival of the Dorians celebrated in the month of August in honor of Apollo ; during it they always refrained from war.

8. **ἐνένωντο . . . ποιήσειν** : *were minded . . . to do ;* the fut. inf. on the analogy of indir. disc. after a verb of thinking.

9. **κατὰ τὠυτὸ . . . τούτοισι** : *at the same time as these events.*

10. **Ὀλυμπιάς** : more commonly τὰ Ὀλύμπια ; the great festival of the Olympic Games which lasted five days.

21. ὀλίγων . . . ἀλέξασθαι: *too few . . . to ward off.*

23. ὁκόσοι εἰσὶ καὶ ὅ τι ποιέοιεν: indic. and opt. combined in indir. disc — ἀκηκόεε: plpf. See Dial. 41.

27. κατώρα: in Att. καθεώρα. — οὔ: as if he had written τὸ στρατόπεδον πᾶν μὲν οὔ.

28. τὸ ἀνορθώσαντες κτλ.: *which they had erected and held under guard.*

182. 1. ὁ δὲ τοὺς ἔξω: correl. with πᾶν μὲν οὔ; ὁ δέ resumes the subj. after the parenthetical sentence that intervenes. — ἐμάνθανε: of sense perception, as often in Hdt. Cf. ἐμάνθανε, l. 5, where sense perception and mental action are combined in the meaning.

4. τὰς κόμας: the Spartans wore their hair long. At Athens it was a sign of foppery or of ‘ Laconism.’

6. κατ᾽ ἡσυχίην: *unmolested.*

9. τὸ ἐόν: *the fact* or *truth;* cf. 58, 14.

10. ἀλλὰ . . . γάρ: *but . . . since.*

15. καὶ πρότερον: *i.e.* Book VII. 102 ff. In reply to the king's question whether he should meet resistance, Demaratus had said that the Spartans at any rate would oppose him, no matter how few their numbers. That conversation, as well as the one given here, is undoubtedly imaginary and inspired by the actual result.

16. γέλωτά με ἔθευ: *you made me a laughingstock.*

17. τῇ περ κτλ.: *the way in which I saw that matters would turn out.*

19. ἀγὼν μέγιστος: *highest endeavor.*

20. ἀπίκαται: in Att. ἀφιγμένοι εἰσί.

21. ταῦτα: *for this;* cogn. acc. — ἔχων ἐστί = ἔχει.

22. κινδυνεύειν τῇ ψυχῇ: *to risk their lives;* for the dat., see Synt. 60.

23. εἰ . . . καταστρέψεαι: monitory prot. Synt. 163.

25. ὑπομενέει χεῖρας ἀνταειρόμενον: *will endure to resist you;* for the ptc., see Synt. 132.

26. βασιληίην καλλίστην: because founded by the Heracleidæ, the oldest and most illustrious family in Greece; perhaps also a reflection of the pride in his country often observed in the speeches Hdt. puts in the mouth of Demaratus.

28. τοσοῦτοι: *only so many; i.e. so few.*

30. χρᾶσθαι: inf. used as imv.

183. 1. παρῆκε: *let pass.*

3. ἀναιδείῃ τε κτλ.: *through* (lit. *by the use of*) *shamelessness and recklessness.*

6. φερόμενοι: *with a rush.*

10. πολλοὶ μὲν ἄνθρωποι κτλ.: *though there were many persons, there were few men.*

13. ἀθανάτους: so called, because the number was constant, for as one man fell another took his place (Book VII. 83).

14. ὡς δὴ κτλ.: *in the thought, forsooth, that these would easily conquer.* For δή in this sense, see 101, 23.

15. οὐδὲν πλέον ἐφέροντο: *they gained no greater success.*

17. **ἐν στεινοπόρῳ**: *i.e.* ἐν τῇ διόδῳ, 179, 13.

20. **ἄλλα τε ἀποδεικνύμενοι . . . καὶ . . . φεύγεσκον**: *since they not only showed in other ways . . . but would flee;* a shift in constr.

21. **ὅκως ἐντρέψειαν**: we should expect to find this expressed by a ptc. preliminary to φεύγεσκον; *i.e.* 'they would turn their backs and flee.'

22. **δῆθεν**: with ironic force, as usual.

23. **ἂν . . . ὑπέστρεφον**: for ἄν with the impf. expressing frequently repeated action, see Synt. 107. Note that ὑποστρέφω is intr., but cf. μεταστρεφόμενοι.

24. **ἀντίοι εἶναι**: *to face.*

27. **ἐδυνέατο** = ἐδύναντο. — **τῆς ἐσόδου**: gen. with πειρώμενοι. Synt. 34.

28. **καὶ κατὰ τέλεα καὶ παντοίως**: *both by companies and in every fashion.*

30. **θηεύμενον**: *i.e.* from one of the surrounding heights. — **ἀναδραμεῖν κτλ.**: perhaps imitated from Hom. *Il.* XX. 62, δείσας δ' ἐκ θρόνου ἆλτο said of Hades terrified by an earthquake caused by Poseidon.

184. 2. **ὀλίγων ἐόντων**: *sc.* τῶν Ἑλλήνων.

7. **τὴν ἀτραπόν**: cf. 178, 15. — **ἀλλοιότερον . . . ἢ . . . ἐνώρων**: *different from what they had seen;* the impf. because of repeated past action.

9. **ὅ τι χρήσεται**: *how he should deal with.*

11. **ὡς δοκέων οἴσεσθαι** = ὡς οἰσόμενος : *in the belief that he would get.*

12. **ἔφρασε τε . . . καὶ διέφθειρε**: *by revealing . . . he destroyed* (parataxis).

14. **ἤρεσε** (fr. ἀρέσκω) : *sc.* οἱ : *he was pleased with.*

16. **τῶν ἐστρατήγεε Ὑδάρνης**: *i.e.* the Immortals. — **ὁρμέατο** = ὥρμηντο.

20. **κεῖται**: used as pass. of τίθημι (in the sense of a perf.), but hardly different from ἐστί.

22. **πρώτην ἐοῦσαν κτλ.**: *first of the Locrian cities on the side of the Malian;* *i.e.* a border town.

23. **κατὰ Μελαμπύγου λίθον καὶ κατὰ Κερκώπων ἕδρας**: *at the stone of Melampygus and the seats of the Cercopes.* Melampygus was a nickname of Heracles, and the stone called his was one on which he lay down to sleep. There two mischievous dwarfs called Cercopes stole his arms, in punishment for which he tied them head downward to a pole and carried them off on his shoulders. This scene is represented on one of the earliest of extant sculptures, a metope of the temple of Selinus in Sicily, now preserved in the museum at Palermo.

24. **τῇ καὶ τὸ στεινότατόν ἐστι**: cf. 178, 21.

25. **ταύτην . . . καὶ οὕτως ἔχουσαν**: the second attributive a little more precise than the first; *this . . . and such* (as I have described it).

28. **ἠώς τε διέφαινε καὶ οἳ ἐγένοντο**: *when dawn was beginning to show, they reached* (parataxis).

185. 2. **πρότερόν μοι δεδήλωται**: *i.e.* 184, 6.

4. **ἡ κάτω ἐσβολή**; *i e.* the Pass proper. — **ὑπὸ τῶν εἴρηται**: condensed expression for ὑπὸ τούτων ὑπὸ τῶν εἴρηται.

5. **ἐθελονταί**: notice the accent. — **ὑποδεξάμενοι Λεωνίδῃ**: *under promise to Leonidas.*

7. ὧδε : pointing forward to ἦν μὲν δὴ κτλ. ; the intervening sentence is parenthetical. — ἀναβαίνοντες . . . ἐλάνθανον : *they made the ascent unobserved;* for the suppl. ptc. with λανθάνω, see Synt. 134.

10. ἀνά τε ἔδραμον : cf. 167, 26.

13. ἐλπόμενοι : *thinking,* as often.

19. ἐπιστάμενοι ὡς κτλ. : *imagining that they had advanced against themselves in the beginning.* For ἐπίσταμαι with a ὡς-clause even though meaning 'think,' see Synt. 137 *b.*

20. παρεσκευάδατο : in Att. παρεσκευασμένοι ἦσαν.

22. οἱ δέ : repetition of the subj.

25. ἐσιδὼν ἐς τὰ ἱρά : *when he had inspected the victims.*

26. ἐπὶ δέ : *and besides.*

27. οὗτοι μέν : *i.e.* Megistias and the deserters.

28. τρίτοι : in the third place ; pred. adj. — οἱ ἡμεροσκόποι : *sc.* ἐσήμηναν.

186. 4. διακριθέντες : in agreement with the two subjects οἱ μέν, οἱ δέ.

5. κατὰ πόλις : *to their several cities;* cf. 160, 7.

8. οὐκ ἔχειν εὐπρεπέως : *it was not fitting;* the indir. statement of Leonidas's opinion.

9. ἐς τὴν ἦλθον φυλάξοντες ἀρχήν : *to which they had come in the first place to guard;* or better *to guard which they had come,* etc.

11. οἴχοντό τε . . . καὶ ἐπείθοντο : *i.e.* 'they went off in obedience.'

13. ἀέκοντες . . . καὶ οὐ βουλόμενοι : synonymous expressions emphasizing the author's belief in the disloyalty of the Thebans.

14. ἐν ὁμήρων λόγῳ ποιεύμενος : *regarding them as hostages.*

15. οὐκ ἔφασαν : *refused.*

19. ἡλίου ἀνατείλαντος σπονδὰς ἐποιήσατο : see note on 172, 7.

20. ἀγορῆς . . . πληθώρην : in Att. ἀγορὰν πλήθουσαν ; *i.e.* about ten o'clock in the morning.

22. ἡ κατάβασις . . . ὁ χῶρος : observe the chiasmus.

27. τὸ ἔρυμα τοῦ τείχεος : *the defence of the wall;* i.e. 'the protecting wall.'

28. ἀνὰ τὰς προτέρας ἡμέρας : this phrase belongs properly to the preceding clause as well; 'since the wall was guarded during the previous days,' etc.

187. 1. συμμίσγοντες : we should expect this to agree with the subj. of ἐμάχοντο in the preceding sentence, *i.e.* the Greeks ; hence ἔπιπτον πολλοὶ τῶν βαρβάρων is disturbing ; we may read it as if it were αὐτῶν συμμισγόντων.

2. ἔχοντες μάστιγας : cf. 173, 7.

6. ἦν δὲ λόγος κτλ. : *and there was no account taken of the man who was falling.*

7. ἐπιστάμενοι : a sudden change of subj.

9. ῥώμης ὅσον εἶχον μέγιστον : *the greatest strength of which they were capable.* ῥώμης is partit. gen. with ὅσον ; μέγιστον is redundant but serves to make the phrase more emphatic. — παραχρεώμενοί τε καὶ ἀτέοντες : 'with reckless disregard of life and blind fury.'   (Smith and Laird.)

10. τοῖσι πλέοσι : dat. of interest, hardly different from the possessive gen.

11. ἤδη ἐτύγχανε κατεηγότα (fr. κατάγνυμι) : *were already broken.* — οἱ δέ : *but they* (*i.e.* οἱ πλέονες) : the logical contrast in the two clauses is between δόρατα and ξίφεσι.

12. ἐν . . . πόνῳ : cf. 159, 3.

13. γενόμενος : for the meaning, cf. 159, 4.

14. τῶν : rel. pron. limiting τὰ οὐνόματα.

15. ἀξίων : *sc.* πυθέσθαι (or perhaps μνήμης). — ἐπυθόμην : *i.e.* from a column set up in Sparta (Pausanias, III. 14, 1).

19. Φραταγούνης : the sixth wife of Darius mentioned by Hdt.; see 132, 18; 160, 20.

22. ἐς ὅ : cf. μέχρι οὗ below. Hdt. likes to vary his expression.

24. τοῦτο συνεστήκεε : *this conflict continued.*

25. ἥκειν : Synt. 137 *a.*

28. τὸν κολωνόν : a mound just behind the Phocian wall.

29. πλὴν Θηβαίων : who saved their lives by surrendering to the king, according to Hdt. But see note on 181, 2.

30. λέων : manifestly in reference to the name of the king. — ἐπὶ Λεωνίδῃ : *in honor of L.* — σφέας : obj. of κατέχωσαν.

31. τοῖσι αὐτῶν κτλ. : *those of them who still had daggers; i.e.* 'if any had them.'

188. 4. περισταδόν = περιστάντες : doubtless chosen to avoid so great an accumulation of ptcs. as would result.

7. τὸ ἔπος : cf. 136, 24.

8. πυθόμενον πρός τευ : rare constr. for πυθόμενόν τευ (or παρά τευ). — ὡς ἐπεὰν κτλ. : pres. general cond. unchanged in indir. disc.

11. εἶναι : *sc.* a verb of saying from πυθόμενον; *i.e.* ὁ Τρηχίνιος ἔφη. — τὸν δὲ . . . εἰπεῖν : taking up τὸν εἰπεῖν, l. 7.

12. πάντα . . . ἀγαθά : *only good news.*

14. ὑπὸ σκιῇ : *in the shade.*

20. θαφθεῖσι . . . σφι : with ἐπιγέγραπται. — αὐτοῦ ταύτῃ : cf. 130, 29.

24. μυριάσιν . . . τριηκοσίαις : 3,000,000 ; *i.e.* in round numbers. Hdt. estimates the total number as 2,641,610 (VII. 184–185).

25. Πελοποννάσου : a Doric form; so also τέτορες (Ion. τέσσερες). The number 4000 is again somewhat greater than the estimate of Hdt. (Book VII, 202), whose total is 3100. He tells us (186, 11) that all the Peloponnesians except three hundred Spartans returned home.

28. ἀγγέλλειν : inf. for imv.

189. 2. κλεινοῖο : ep. for κλεινοῦ. — Μεγιστία : Doric gen.

3. κτεῖναν = ἔκτειναν. — ἀμειψάμενοι = διαβάντες.

4. μάντιος : taking up Μεγιστία.

5. οὐκ ἔτλη : *could not bring himself.*

6. ἔξω ἤ : instead of ἔξω with the gen. ; we should expect the following substantive to agree in case with ἐπιγράμμασι ; the acc. is perhaps in anticipation of ἐπικοσμήσαντες, a kind of cogn. acc.

9. ὁ ἐπιγράψας : *i.e.* he had it set up at his own expense. He was the author of all three epigrams. See note on 150, 2.

190. 1. ἀπὸ τῶν εἰρημένων πολίων: *i.e.* in the few pages preceding this account, where the total number of ships furnished was said to be 366, of which Athens furnished 180.

2. προθέντος Εὐρυβιάδεω κτλ.: *when Eurybiades gave the opportunity of expressing an opinion to any one who wished; i e.* 'threw the matter open for discussion.'

3. ὅκου δοκέοι κτλ.: *in which of the places under their control it seemed most suitable to engage in a naval battle.* ὅκου δοκέοι for κοῦ δοκέει of the dir. quest.

5. ἀπεῖτο: plupf. pass. of ἀπίημι; *was lost, i.e.* 'was out of the question.'

8. ἐπιλέγοντες: constr. according to sense, as if οἱ πλεῖστοι ἔγνωσαν had preceded.

9. εἰ νικηθέωσι: fut. more vivid prot.; one of the few cases where Hdt. omits ἄν. — ἐν Σαλαμῖνι μὲν ἐόντες κτλ.: correl. with πρὸς δὲ τῷ Ἰσθμῷ κτλ., the two alternatives forming the apod. to εἰ νικηθέωσι.

10. πολιορκήσονται: fut. mid. for fut. pass. — ἵνα. *where.*

11. ἐξοίσονται: fut. mid. for fut. pass.

13. ἐληλύθεε: *there arrived.*

16. ἐς Πελοπόννησον: the prep. because of the implied idea of motion.

18. ἐνέπρησε δέ: repetition of ἐμπρήσας to bring it into close connection with the statement of its cause.

19. ἐμήδιζον: impf. indic. because a statement of the author himself. Synt. 175 *a*.

22. ἐν τρισὶ ἑτέροισι μησί: they arrived about Sept. 10.

23. Καλλιάδεω ἄρχοντος: *in the archonship of Calliades;* this, the regular method of indicating the year, is used by Hdt. only here.

24. τινὰς ὀλίγους: *only a few persons.*

25. ταμίας: *stewards* or guardians of the temple treasures.

26. φραξάμενοι (φράσσω): *i.e.* on the west side; the other sides were protected by their steep slopes and the old Pelasgic wall.

191. 1. ἀσθενείης βίου: *poverty.*

2. αὐτοὶ . . . ἐξευρηκέναι τὸ μαντήιον: *that they alone had discovered the meaning of the oracle* (see 176, 8 ff.). For αὐτοί in the sense *by oneself, alone,* cf. 127, 13.

6. ἱζόμενοι ἐπί: *taking a position upon.*

8. ὅκως . . . ἅψειαν: a compressed statement for 'they fastened tow to their arrows and set fire to them, and whenever they did this' etc.

9. ἐτόξευον ἐς τὸ φράγμα: and set it on fire, as is shown by τοῦ φράγματος προδεδωκότος below.

13. ἀμυνόμενοι δέ: after a neg. we usually find ἀλλά.

15. ὥστε . . . ἐνέχεσθαι: the natural result is also the actual one. Synt. 150.

18. ἔδεε γὰρ κτλ.: for the fatalism, cf. 106, 23; 123, 19; 144, 9. — τὴν Ἀττικὴν τὴν ἐν τῇ ἠπείρῳ: as opposed to the islands off its coast, Salamis in particular.

19. ἔμπροσθε τῆς ἀκροπόλιος: referring to the north side, not the entrance on the west.

21. **οὔτ' ἂν ἤλπισε κτλ.**: *no one would have expected that any man would ascend here;* μή is used as if after a verb of fearing. κατὰ ταῦτα repeats the idea of the rel. τῇ; the rel. constr. is often abandoned in the second of two parallel clauses. For the past potential, see Synt. 105.

22. **τὸ ἱρὸν . . . 'Αγλαύρου**: Aglaurus was said to have thrown herself from the Acropolis at this point. For the story, see Pausanias I. 18, 2.

25. **ἐρρίπτεον**: impf. of description. Synt. 87.

192. 3. **ἑωυτῷ δέ**: the particle connects two attributive expressions for the same person; cf. 85, 9; 163, 15.

6. **ἐνετέλλετο**: repeating ἐκέλευε; its use apparently suggests ἐγένετο in the parallel clause, though this is logically coördinate with ἰδών.

11. **θάλασσα**: *i.e.* a salt spring. — ἔνι = ἔνεστι. — λόγος (*sc.* ἐστί) = λέγεται.

12. **ἐρίσαντας**: agreeing with the two substantives and, as regularly, conforming in gender to the masc.

13. **κατέλαβε**: *it befell.*

15. **'Αθηναίων**: partit. gen. with οἱ . . . κελευόμενοι.

19. **οἱ δὲ ἐν Σαλαμῖνι Ἕλληνες κτλ.**: a return to the narrative interrupted at 190, 14, to tell of the advance of Xerxes and the capture of Athens. — ὡς ἔσχε τὰ περὶ τὴν 'Αθηνέων ἀκρόπολιν: *what had happened to the Acropolis of Athens;* the subst. phrase is the subj. of ἔσχε. At 190, 13 news was brought that Athens was being fired; now the report had come of the seizure of the Acropolis.

20. **θόρυβον**: *hubbub.*

22. **τὸ προκείμενον πρῆγμα**: *i.e.* where it was best to engage with the Persian fleet. At 190, 6, it was stated that the majority were in favor of sailing to the Isthmus. It is not clear whether this is the same or a different meeting.

23. **τοῖσι ὑπολειπομένοισι**: perhaps it was only the common soldiers that 'tumbled into the ships'; at any rate, probably the greater part of the generals remained in council. The picture of the disorderly flight reminds of that described by Homer, *Il.* II. 149 ff.

25. **νύξ τε ἐγίνετο καὶ οἵ . . . ἐσέβαινον**: notice the parataxis; οἵ is here a demonstrative pronoun.

27. **Μνησίφιλος**: *the man who was fond of reminding;* the name points to the conclusion that the story of his advice to Themistocles was invented to detract from the glory of the latter.

28. **ὅ τι . . . εἴη βεβουλευμένον**: *what had been under discussion.*

29. **εἴη δεδογμένον**: *it had been decided.*

193. 2. **οὐδὲ περὶ μιῆς κτλ.**: *you will no longer have a single country for which to fight.*

4. **κατέχειν . . . ὥστε μὴ οὐ διασκεδασθῆναι τὴν στρατιήν**: *to prevent the army (fleet) from dispersing.* For the negatives μὴ οὐ (both redundant), see Synt. 181. It is more common to omit ὥστε in such expressions.

7. **πειρῶ** (for πειράεο): pres. imv. — **διαχέαι**: 1 aor. inf. — **τὰ βεβουλευμένα**: here = τὰ δεδογμένα.

11. **κοινόν τι πρῆγμα**: *a matter of common interest.*

15. **ἐωυτοῦ ποιεύμενος** : *making it his own, i.e.* taking the credit of the suggestion. — **καὶ ἄλλα πολλά** : correl. with ἐκεῖνά τε πάντα ; προστιθείς is added epexegetically.

16. **χρηίζων** : *by his urgency.*

19. **τῶν εἵνεκα** : explanatory of τὸν λόγον. — **πολλὸς ἦν . . . ἐν τοῖσι λόγοισι** = ἔλεγε πολλά.

22. **οἱ προεξανιστάμενοι** : *i.e.* before the signal is given for the start.

23. **ῥαπίζονται** : *i.e.* by the ῥαβδοῦχοι (wand-bearers), who kept order in the ring. — **ἀπολυόμενος** : *by way of excuse* or *justification.*

24. **στεφανοῦνται** : see note on 150, 31. — **τότε μέν** : in contrast to another occasion referred to 195, 2.

28. **οὐκ ἔφερέ οἱ κόσμον** : *it did not become him.* — **οὐδένα** : with κόσμον.

29. **κατηγορέειν** : *sc.* τινός. — **ἄλλου λόγου εἴχετο** : cf. 162, 3. — **ἐν σοί** : cf. the speech of Miltiades 156, 27.

194. 2. **συμβάλλων** : *if you join battle* or *engage.*

4. **βαρυτέρας** : as a matter of fact, the Persian ships were larger and presumably heavier than the Greek ships. The emendation βραδυτέρας *slower*, suggested by Stein is tempting.

5. **τοῦτο δέ** : *and again, secondly ;* as if τοῦτο μέν had preceded.

8. **κινδυνεύσεις ἀπάσῃ τῇ Ἑλλάδι** : *you will endanger all Greece ;* for the dat., see Synt. 60.

9. **ἦν δέ** : correl. with πρὸς μέν, l. 2. — **ἐν αὐτοῖσι** : *therein, thereby.*

13. **πρὸς ἡμέων** : *in our interest.*

14. **περιγίνεται** : *survives, is saved* (for us). The present makes the fact more certain than the future would. — **ἐς τήν** : not ἐν τῇ, because ὑπέκκειται = ὑπεκτέθειται. — **ἡμῖν** : dat. of agent.

15. **καὶ μέν** = καὶ μήν.

17. **αὐτοῦ τε μένων . . . καὶ πρὸς τῷ Ἰσθμῷ** : coördinate alternatives.

18. **σφέας** : *i.e.* the Persians.

21. **τῆς Ἀττικῆς** : gen. after the comparative without ἤ.

22. **ἀπίασι** : with future force. — **Μεγάροισι κερδανέομεν περιεοῦσι κτλ.** : *we shall profit by the immunity of Megara,* etc. For the form of expression, see Synt. 128 *a.*

24. **λόγιον** : referring to his own interpretation of the verse of the oracle 176, 18.

25. **ὡς τὸ ἐπίπαν** : an expanded expression = ἐπίπαν. — **ἐθέλει** : *are wont ;* the subject is to be understood from οἰκότα βουλευομένοισι, *i.e.* 'reasonable plans.'

29. **τῷ μή ἐστι πατρίς** : *a man who hadn't a country ;* μή because the expression is indefinite. Synt. 180.

30. **ἐπιψηφίζειν ἀπόλι ἀνδρί** : *to put the question for* or *at the instance of ;* or, possibly, *to give a vote to* (Stein) ; the dat. on the analogy of ψῆφον διδόναι. — **πόλιν . . . παρεχόμενον κτλ.** : *he bade him furnish a city and then* (οὕτως) *express his opinions.*

195. 1. **ἡλώκεσαν . . . κατείχοντο** : notice the tense of each verb.

2. **τότε δή** : cf, τότε μέν, 193, 24.

3. **κεῖνόν τε καὶ τοὺς Κορινθίους** : Synt. 74.

4. **ἑωυτοῖσι** : dat. of the possessor with εἴη ; first in the clause for emphasis.

5. **διηκόσιαι** : including twenty furnished to the Chalcidians, see note on 190, 1.

7. **σημαίνων** : prior in time to the action of the main verb. Synt. 99 *a*. — **τῷ λόγῳ** : connect with διέβαινε.

8. **μενέεις** : monitory prot. Synt. 163. For the apodosis, understand something like ' you will save Greece.'

10. **τὸ πᾶν** : *the whole fate* or *issue.*

11. **εἰ . . . ποιήσῃς** : see note on εἰ νικηθέωσι, 190, 9.

12. **ὡς ἔχομεν** : *just as we are, without more ado.* — **κομιεύμεθα** : fr. κομίζω.

13. **Σῖριν τὴν ἐν'Ἰταλίῃ** : to distinguish it from the Pæonian Siris (in Macedonia) ; cf. 204, 10. — **ἡμετέρη** : Siris was said to have been settled by Ionians from Colophon, with whom the Athenians might claim relationship. — **ἐστι ἐκ παλαιοῦ** : the pres. is idiomatic. Synt. 86.

14. **αὐτήν** : rel. constr. abandoned, as regularly. — **κτισθῆναι** : nothing more is heard about this, but Thurii, about forty miles from Siris, was colonized by the Athenians in 444 B.C. and Hdt. himself joined the colony ; see Introd. p 3.

17. **δοκέειν** : abs. use of the inf. ; *sc.* ἀνεδιδάσκετο. — **ἀρρωδήσας** : denoting cause. Eurybiades apparently decided the matter without putting it to vote.

20. **ἐγίνοντο** : for the impf. of past probability, see Synt. 84 *a*.

23. **ἡμέρη τε ἐγένετο καὶ κτλ.** : see note on 192, 25.

26. **τοὺς Αἰακίδας** : the sons of Æacus were Peleus, Telamon, and Phocus. Telamon and Ajax, his son, had lived in Salamis, Phocus was buried in Ægina, Peleus and Achilles lived in Thessaly. They were regarded as gods and protectors of their homes on earth.

28. **αὐτόθεν** : made more precise by ἐκ Σαλαμῖνος.

29. **τοὺς ἄλλους Αἰακίδας** : it is not clear who these were.

196. 2. **τὸ τρῶμα τὸ Λακωνικόν** : *the disaster to the Laconians* at Thermopylæ, whither the fleet had gone upon the summons of Xerxes to view the bodies of the fallen Greeks.

5. **Φαλήρῳ** : at that time the chief harbor of Athens. — **παρήγγελλε** : *sc.* Ξέρξης. — **ἀνῆγον . . . ἐπὶ τὴν Σαλαμῖνα** : the exact position of the Persian fleet at this time is uncertain but presumably was outside the straits.

9. **παρεσκευάζοντο** : *sc.* ναυμαχίην ποιεῖσθαι.

11. **αὐτοὶ μέν** : the correlative is τῶν δὲ βαρβάρων, l. 14.

12. **μέλλοιεν** : in implied ind. disc., representing μέλλουσι of the direct.

13. **πολιορκήσονται** : fut. mid. for fut. pass. ; the form unchanged in ind. disc. Synt. 177.

15. **ἐπορεύετο** : we should expect the form to be πορεύεται or πορεύοιτο, following the constr. of one or the other of the two preceding verbs. The impf. ind. implies that this is the statement of the writer himself independent of the quotation. Synt. 175 *a*.

16. **σιγῇ** : *in whispers, secretly.*

17. **θῶμα ποιεύμενοι** : cf. 74, 12 and note.

19. οἱ μέν : *sc.* λέγοντες, as if ἔλεγον and not ἐλέγετο had preceded.   These would be the Corinthians, Sicyonians, and Epidaurians.

24. λαθὼν ἐξέρχεται : instead of the more familiar ἔλαθεν ἐξελθών. — συνεδρίου : probably a meeting of the generals, because the Persian maneuvers had given rise to fresh debate.

197. 2. Θεσπιέα ἐποίησε : *caused him to be made a citizen of Thespiæ.*   The mid. of the verb would be more usual in this sense.   The population of Thespiæ was so reduced by its losses during the Persian invasion that it enrolled new citizens after their troubles were over.   The recommendation of Themistocles would doubtless be enough to secure the admission of any one.

3. ἔλεγε . . . τάδε : the message reported here differs from that given by Æschylus in the *Persæ* in several particulars, notably in the fact that in the latter there is nothing to indicate that it was despatched without the knowledge or approval of the other generals.   Many details of Themistocles's story were colored by his later career, when he became an exile through the charge of treason and took refuge at the Persian court.

6. φρονέων τὰ βασιλέος : *favor the king's cause.*

9. παρέχει : *you have the opportunity.*

10. διαδράντας : for the use of the ptc. and its tense, see Synt. 132, 99 *b.*

16. τὴν νησῖδα : *i.e.* Psyttaleia ; see 25 below.

18. μέσαι νύκτες : *midnight.* — τὸ ἀπ' ἑσπέρης κέρας : *the western wing;* in our imperfect knowledge of the position of the fleet, it is not possible to say whether this was the right or the left wing. — κυκλούμενοι : *by way of encircling* the Greeks.

19. οἱ ἀμφὶ τὴν Κέον κτλ. : *i.e.* the eastern wing.   The location of Ceos is uncertain.   Cynosoura is supposed to be a long point of Salamis stretching to the east toward Psyttaleia.

21. Μουνιχίης : a hill above the Piræus.

23. ἐξῇ . . . δοῖεν : for the difference of mood, see Synt. 140 *a.*

26. ὡς . . . ἐξοισομένων κτλ. : *on the ground that men and wreckage would be washed ashore.* ἐξοισομένων is fut. mid. instead of fut. pass., cf. ἐξοίσονται, 190, 11.

29. τοὺς μέν . . . τοὺς δέ : *their own men . . . the Greeks.*

198. 2. περιεκυκλεῦντο : for the tense, see on ἐπορεύετο, 196, 15.

4. κατὰ χώρην : *in statu quo.* — συνεστηκότων : *while they were at odds.*

7. νενόμικα : *I have come to the conclusion.*

9. στὰς ἐπὶ τὸ συνέδριον : *presenting himself at the council;* outside it, manifestly.

10. ἐχθρόν : Aristides the typically just man was constantly contrasted with Themistocles, who became the type of the shrewd trickster. — ὑπό : *by reason of.*

11. λήθην . . . ποιεύμενος : *forgetting,* a common periphrasis.

16. περὶ τοῦ ὁκότερος κτλ. : *on the question as to which of us,* etc.

17. ἴσον ἐστὶ κτλ. : *it is the same (matters nothing) whether you say little or much.*

19. αὐτόπτης τοι λέγω γενόμενος : *I tell you on the evidence of my own eyes.*

24. **τὰ γὰρ ἐγὼ ἐδεόμην γενέσθαι**: *for the thing that I was wishing to happen.* — **αὐτὸς αὐτόπτης**: pleonastic; *sc. τούτων* as antecedent of *τά.*

26. **ὅτε**: *since.* — **ἑκόντες ἤθελον**: pleonastic.

27. **παραστήσασθαι**: *to bring them into it.*

29. **δόξω πλάσας λέγειν**: *I shall be thought to have invented what I say.*

30. **ὡς οὐ ποιεύντων κτλ.**: *inasmuch as they believe (in their belief that) the barbarians aren't doing this.*

199. 1. **ἐπεὰν σημήνῃς**: *after you have told them.*

11. **οὐκ ἐπείθοντο τὰ ἐσαγγελθέντα**: *did not credit the news.*

15. **ἐνεγράφησαν . . . ἐς τὸν τρίποδα**: this monument was taken to Constantinople in later times and is preserved there. The inscription can still be deciphered.

17. **τὰ λεγόμενα τῶν Τηνίων**: instead of *ὑπὸ τῶν Τηνίων,* as if he had written *οἱ λόγοι.*

19. **οἱ . . . ποιησάμενοι**: standing without constr.; a gen. abs. would be more regular.

20. **προηγόρευε εὖ ἔχοντα**: *proposed the best measures.* — **ἐκ πάντων**: *above all.* — **τὰ δὲ ἔπεα κτλ.**: *the whole speech was a contrasting of better motives with worse, as many as exist in the nature and condition of man.* Contrasts in nature would be, for example, bravery and cowardice; contrasts in condition, freedom and slavery.

23. **καταπλέξας τὴν ῥῆσιν**: *winding up his speech;* a metaphor from weaving.

24. **μὲν . . . καί**: instead of *τε . . . καί.*

25. **κατά**: *after, to fetch;* cf. *ἐπὶ Αἴακον καὶ τοὺς ἄλλους Αἰακίδας,* 195, 29.

27. **ἀναγομένοισι**: the mid. is equiv. to the act. with *νέας.* — **ἐπεκέατο** (*ἐπέκειντο*): equiv. to the mid. of *ἐπιτίθημι,* but with the force of a perf. as usual.

28. **πρύμνην ἀνεκρούοντο**: *backed water;* a naval maneuver, described by a scholium on Thucydides I. 50: *πρύμναν ἀνακρούεσθαί ἐστι τὸ κατ' ὀλίγον ἀναχωρεῖν μὴ στρέψαντα τὸ πλοῖον . . . τοῦτο δὲ ποιοῦσιν ἵνα μὴ δόξωσι φανερῶς φεύγειν: to back water is to recede a little without turning the boat. . . . And they do this that they may not seem to flee openly.*

29. **Ἀμεινίης Παλλανεύς**: sometimes said to be the brother of the poet Æschylus, but his deme was Eleusis.

200. 7. **διακελεύσασθαι**: inf. after *λέγεται* immediately following a clause with *ὡς.*

9. **δαιμόνιοι**: reminiscent of Homer. — **μέχρι κόσου**: Lat. *quo usque.*

11. **κατά**: *opposite.* — **ἐτετάχατο**: in Att. *τεταγμένοι ἦσαν.*

12. **ἑσπέρης**: strictly 'northwest'; so below *ἠῶ* 'southeast' For *πρός* with the gen and acc. in expressions indicating direction, see note on 99, 9.

14. **κατὰ τὰς Θεμιστοκλέος ἐντολάς**: when the Athenian fleet was returning from Artemisium, Themistocles had caused inscriptions to be cut in the rocks near springs in the line of the Persian advance, bidding the Ionians in the army to desert to the Athenian cause or at least to 'play the coward' and not fight against those who had come to their own assistance and in so doing had caused the present invasion (VIII. 22).

16. **αἱ μέν** : as if τὸ πλῆθος were αἱ πολλαί.

18. **σὺν κόσμῳ . . . κατὰ τάξιν** : the first expression refers to the discipline of the men, the second to their arrangement according to a definite plan.   In the following clause τεταγμένων corresponds to κατὰ τάξειν, σὺν νόῳ to σὺν κόσμῳ; *i.e.* in chiastic order.

20. **ἔμελλε . . . συνοίσεσθαι** : *was bound to happen.* Synt. 96, 1 *a.* — **οἷόν περ ἀπέβη** : *as actually happened.*

22. **μακρῷ ἀμείνονες αὐτοὶ ἑωυτῶν** : *far better than themselves.* — **ἢ πρὸς Εὐβοίῃ** : epexegetical of the preceding; 'better, that is, than at Euboea.' — **πᾶς τις** : partit. appos. with the subj of ἐγένοντο.

23. **ἐδόκεέ τε** : this adds a third motive for their bravery and would more naturally be expressed by a ptc. coördinate with the two that preceded.

24. **ἑωυτόν** : obj. of θεήσεσθαι.

26. **Ἀρτεμισίην** : Artemisia, Queen of Halicarnassus and in command of the forces from that region.   Before the battle she had, according to Hdt. (VIII. 68 f.), advised the king against an engagement; and, though he rejected her advice, he was mightily pleased with it.   Her prominence in the narrative of Hdt. is perhaps due to his desire to give glory to his native city.

31. **πρὸς τῶν πολεμίων μάλιστα** : *nearest to the enemy.*

201. 1. **ἔδοξέ οἱ** : by using the impersonal verb, Hdt. leaves ἥ . . . ἔχουσα without construction.

2. **τὸ καὶ συνήνεικε ποιησάσῃ** : *the doing of which actually profited her.*

3. **φέρουσα** : used like φερόμενος; cf. 183, 6. — **ἀνδρῶν τε Καλυνδέων καὶ αὐτοῦ ἐπιπλέοντος** : possessive gen. coördinate with a gen. abs.; 'manned by Calyndians with the king himself on board.'

5. **εἰ μὲν κτλ.** : *even though she had had a quarrel with him;* a cond. implying nothing as to its truth. Synt. 159.

6. **οὐ μέντοι κτλ.** : *yet I cannot say whether she did it with intention or whether the Calyndian ship happened to encounter her by chance;* κατὰ τύχην repeats the idea of συνεκύρησε (= ἔτυχε). παραπεσοῦσα : coincident in time with συνεκύρησε. Synt. 99 *b.*

10. **τριήραρχος** : *i.e.* Aminias; see 199, 29.

13. **αὐτοῖσι** : *i.e.* the Greeks. — **ἀποστρέψας** : *sc.* τὴν νέα.

14. **τοῦτο μὲν κτλ.** : *in the first place it happened to be her fortune in such wise to escape,* etc. τοιοῦτον is virtually equiv. to οὕτως.

15. **συνέβη ὥστε** : like συνήνεικε with the inf.

18. **μαθεῖν** = ἰδεῖν, as often. — **ἐμβαλοῦσαν** : coincident in time with μαθεῖν. Synt. 133.

21. **καὶ τοὺς φάναι** : *and they said yes.*

22. **ἐπισταμένους** : *knowing;* but ἠπιστέατο *thought.*

23. **συνήνεικε . . . γενόμενα** : cf. συνήνεικε γενέσθαι above.

25. **τὸ τῶν κτλ.** : *the fact that none of those on the Calyndian ship survived to become her accuser.*

29. **ἀπὸ . . . ἔθανε** : tmesis.

30. **ἀπὸ δέ** : *sc.* ἔθανε.

31. **τῶν ἄλλων συμμάχων** : *of the allies besides.*

202. 2. τοῖσι αἱ νέες διεφθάρησαν : *when their ships were destroyed* — ἐν χειρῶν νόμῳ : *i.e.* 'in hand to hand fighting.'

7. ἐς τὸ πρόσθε κτλ. : *in trying to press forward in* (lit. *with*) *their ships with the idea of displaying some valor on their own part also.*

9. περιέπιπτον : *were entangled.*

11. διέβαλλον τοὺς Ἴωνας κτλ. : *falsely accused the Ionians* (saying) *that it was due to them that the ships had been destroyed, on the ground that they were deserters.* ὡς προδότων is gen. abs. though it might have agreed with Ἴωνας.

13. συνήνεικε ὥστε : as 127, 17. Synt. 121 *a.*

15. μισθόν : a grim joke.

16. Σαμοθρηκίη νηῦς : Samothrace was colonized by the Ionian Samos.

19. ἀπήραξαν (ἀπαράσσω) κτλ. : *swept them off and boarded and took it.*

22. ἐργασαμένους : coincident in time with εἶδε.

25. ὅκως γάρ τινα ἴδοι : cf. Æsch. *Persæ* 466 ; ἕδραν γὰρ εἶχε παντὸς εὐαγῆ στρατοῦ ὑψηλὸν ὄχθον ἄγχι πελαγίας ἁλός ; *for he had a seat in good view of all the fleet, a high hill near the broad sea.*

29. πατρόθεν : *i.e.* adding the name of his father.

30. πρὸς δέ τι κτλ. : *and besides Ariaramnes contributed somewhat to the fate of the Phœnicians.*

203. 1. οἱ μέν : *i.e.* those ordered to carry out the execution of the Phœnicians.

3. ἐν τῷ πορθμῷ : *in the strait ; i.e.* between Psyttaleia and Attica.

9. ἐπὶ δέ : *and next.*

12. τοῦ καί . . . πρότερον ἐπεμνήσθην : the exploit briefly alluded to here is described at length by Æschylus in the *Persæ.* See p. 207.

17. ἀπέβησε : causative, *landed.* — οἵ : *and they;* the rel. clause contains the main statement.

Herodotus's account of the Battle of Salamis leaves the reader with many unanswered questions, not only as to the topography of the region, the position and maneuvers of the two fleets, and the like, but especially as to how far his account is colored by prejudice against its hero, Themistocles, who, nine years after Salamis, was charged with high treason (see note on 197, 1). Modern historical criticism tends to acquit him of the charge of deception and chicanery at Salamis. The account of the battle given by Æschylus in the *Persæ*, a drama brought out in 472 B.C. (quoted pp. 205 ff.), is valuable as that of a man contemporary with the events described and possibly a participant in them.

21. ἔδοξε : with προπέμψαι, *seemed best ;* with the three following infs. *seemed.*

23. ἀνωρίη . . . τοῦ ἔτεος πολεμέειν : *too late in the year to engage in war.*

26. αὐτός : *by himself ;* see note on 191, 2.

27. τὸν πόρον τῆς διαβάσιος : *the bridge.* — πέντε καὶ τεσσεράκοντα ἡμέρῃσι : it took him three months to march to Attica (190, 22).

28. οὐδὲν μέρος : probably an exaggeration.

29. ὅκου δὲ πορευόμενοι γινοίατο : *and wherever they arrived on the march.*

204. 2. **οἱ δέ**: subj. repeated with δέ of apodosis.

8. **ἵνα ἑκάστοτε κτλ.**: *wherever they were in each instance on their march.*

11. **οἱ δὲ Πέρσαι**: *i.e.* the main body.

12. **ἐπειγόμενοι**: *in haste.*

15. **κατεχόμενοι**: *tarrying.*

16. **οὐδένα κόσμον**: *without restraint;* adv. acc. — **ἐμπιμπλάμενοι**: *gorging themselves.*

17. **οἱ δὲ λοιποὶ κτλ**: cf. Æsch. *Persæ* 508 ff.

> " So many as survived and safety won
> Through Thrace with toil exceeding hardly passed,
> And, so escaped, are come — small remnant they ! —
> Back to the home-land, so that Persia's streets
> Moan, sorrowing for our country's best-beloved.
> All this is true : yet much do I pass by
> Of ills that God on Persia's land hath hurled."

Translation by ARTHUR S. WAY.

VOCABULARY

The genitive of nouns is regularly indicated.

The gender of all third declension nouns and of feminines of the second declension is regularly indicated.

Adjectives of the first and second declension are given only in the masculine, as all alike have η, ον, in the feminine and neuter. Other adjectives are given in all forms of the nominative singular.

The principal parts of compound verbs are usually not given if the simple verb occurs.

The principal parts of verbs that occur only once, or where the usage of Herodotus is not known, are not given.

Verbs whose parts are formed regularly are usually given in the present and future indicative only (if the future as used by Herodotus is known) except that verbs that add σ in the future without other change are not given in the future.

Other verbs are given in all the parts known, or as far as these parts may be useful to the student.

When a form is enclosed in parentheses, as (σκέπτομαι), that particular form does not exist, at least in Herodotus.

A

Ἄβαι, -έων Abæ, *a town in Phocis*

ἄβατος, -ον impassable, inaccessible

ἀβουλίη, -ης lack of judgment, thoughtlessness, recklessness

ἀβούλως *adv.* without counsel *or* deliberation, inconsiderately

Ἀβροκόμης, -εω Abrocomas, *a son of Darius*

Ἄβυδος, -ου Abydus, *a town on the Hellespont*

ἀγαθοεργός, -όν doing good. οἱ ἀγαθοεργοί *a name given at Sparta to the five oldest knights, sent by the state on foreign missions*

ἀγαθός good, noble, serviceable ; *of soil*, fertile; *neuter, as subst.*, good, blessing, benefit

ἄγαλμα, -ατος, τό statue of a god *or* goddess, statue

Ἀγαμεμνονίδης, -εω son of Agamemnon

Ἀγαμέμνων, -ονος Agamemnon, *leader of the expedition against Troy*

ἄγαν *adv.* very, very much

Ἀγβάτανα, -ων Ecbatana (1) *Capital of the Median kingdom.* (2) *A town in Syria*

ἀγγελίη, -ης message, news

ἀγγέλλω, ἀγγελέω, ἤγγειλα announce, bear a message

ἄγγελος, -ου messenger

ἀγγήιον, -ου vessel, coffer

ἄγγος, -εος, τό vessel, receptacle, casket

ἀγείρω, ἀγερέω, ἤγειρα collect, gather, assemble

ἄγερσις, -ιος, ἡ gathering, mustering

Ἄγλαυρος, -ου Aglaurus, *daughter of Cecrops*

ἀγνωμοσύνη, -ης ignorance, folly, want of sense

ἀγοράζω, -άσω be in the agora, frequent the agora

ἀγορεύω speak, say, counsel

ἀγορή, -ῆς assembly, market, market place

ἄγρη, -ης chase, hunt, game

ἄγριος wild, uncultivated

ἀγρός, -οῦ field, country

ἀγρυπνίη, -ης sleeplessness

ἀγχίστροφος, -ον quick-changing. ἀγχίστροφα βουλεύεσθαι to change (one's) mind suddenly

ἀγχοτάτω adv. superl. of ἀγχοῦ nearest, next

ἀγχότερος comp. of ἀγχοῦ nearer

ἀγχοῦ adv. and prep. with gen. near

ἄγω, ἄξω, ἤγαγον, ἦγμαι, ἤχθην lead, bring, take, consider (rare). ἡσυχίην ἄγειν to keep quiet. In mid. take with, to, or upon oneself; ἄγεσθαι γυναῖκα to take a wife (for oneself), bring home a wife (for one's son); ἄγεσθαι ἐς χεῖρας to undertake

ἀγωγεύς, -έος, ὁ one that draws or drags, hauler

ἀγών, -ῶνος, ὁ contest, struggle, game

ἀγωνίζομαι, ἀγωνίσομαι, ἠγωνισάμην contend, fight

ἀγώνισμα, -ατος, τό contest, conflict, brave deed

ἀδάμας, -αντος, ὁ adamant, i.e. the hardest metal, probably steel

ἀδείη, -ης freedom from fear, indemnity

Ἀδείμαντος, -ου Adimantus, a Corinthian general

ἀδελφεή, -ῆς sister

ἀδελφεοκτόνος, -ον slayer of (one's) brother

ἀδελφεός, -οῦ brother

ἀδελφιδέος, -ου brother's son, nephew

ἀδεῶς adv. without fear

ἀδικέω, -ήσω do wrong, act unjustly, injure

ἀδίκημα, -ατος, τό wrong, injury

ἀδικίη, -ης wrong-doing, injustice

ἄδικος, -ον unjust, wrong

Ἄδρηστος, -ου Adrastus, a Lydian

ἀδυνασίη, -ης want of strength, inability

ἀδύνατος, -ον unable (of persons); impossible (of things)

ἄδυτον, -ου sanctuary

ἀεθλέω, -ήσω contend

ἄεθλον, -ου contest, struggle. task

ἀεθλοφόρος, -ον bearing away the prize, prize-winning

ἀείδω, ἀείσω, ἤεισα sing

ἀεικείη, -ης injury, outrage

ἀεικής, -ές unseemly, unfitting, strange

ἀείρω, ἦρα, ἤρθην raise, hoist

ἀέκων, -ουσα, -ον against (one's) will, unwilling, involuntary

ἄελπτος, -ον unexpected. ἐξ ἀέλπτου unexpectedly

ἄζηλος, -ον unenvied, unenviable

ἀήρ, ἠέρος, ὁ air, open air

ἀθάνατος, -ον immortal

Ἀθῆναι, -έων Athens

Ἀθηναίη, -ης Athena, patron goddess of Athens

Ἀθηναῖος Athenian

ἀθροίζω, -σω gather, collect; in mid. assemble

ἀθρόος in crowds, in a body, all together

ἀθυμίη, -ης want of spirit, faint-heartedness

ἄθυμος, -ον without spirit, faint-hearted

Ἄθως acc. Ἄθων Athos, a mountainous peninsula, projecting from Chalcidice in Macedonia

αἶα, -ης epic form = γαῖα earth

Αἶα, -ης Æa, early name of Colchis, the kingdom of Æetes

Αἰάκης, -εος Æaces, father of Polycrates, tyrant of Samos

Αἰακίδης, -εω son or descendant of Æacus

Αἴακος, -ου Æacus, founder of the line of Æacidæ

Αἴας, -αντος Æas or Ajax, son of Telamon, a hero of the Trojan War

Αἰγαῖος (sc. πόντος) the Ægean Sea

Αἰγάλεως, -εω Ægaleos, a mountain in Attica

Αἰγίλια, -ων Ægilia, a place in Eubœa

Αἴγινα, -ης Ægina, an island in the Saronic gulf, off the coast of Attica

Αἰγιναῖος of Ægina
Αἰγινήτης, -εω an Æginetan
αἰγυπιός, -οῦ vulture
Αἰγύπτιος Egyptian
Αἴγυπτος, -ου, ἡ Egypt
αἰδέομαι, aor. αἰδέσθην feel shame before, respect, regard
αἰδοῖα, -ων privy parts
αἰδώς, acc. αἰδῶ, ἡ sense of shame, modesty
αἰεί adv. always, forever
αἰθήρ, -έρος, ὁ upper air, ether
Αἰθιοπικός Ethiopian
Αἰθίοψ, -οπος, ὁ an Ethiopian
αἰθρίη, -ης fair weather
αἷμα, -ατος, τό blood
αἱμασιή, -ῆς wall, probably made of loose stones
αἰνέω, αἰνέσω, αἴνεσα, αἰνέθην praise, approve
αἴνη, -ης praise, fame
αἴξ, αἰγός goat
Αἰολεύς, -έος an Æolian
αἰπόλιον, -ου herd of goats
αἵρεσις, -ιος, ἡ taking, choice
αἱρετός to be taken or chosen. αἱρετώτερος preferable
αἱρέω, αἱρήσω, εἷλον, ἀραίρηκα, ἀραίρημαι, αἱρέθην take, seize, capture; in mid. choose
ἀϊστόω, -ώσω make unseen, destroy, annihilate
αἰσχρός shameful, ugly
αἰσχρῶς adv. shamefully, disgracefully
αἰσχύνη, -ης shame, disgrace
αἰσχύνω, αἰσχυνέω, ᾔσχυνα, ᾐσχύνθην disgrace, bring shame upon; in pass. be ashamed
αἰτέω, -ήσω ask, request, demand
αἴτησις, -ιος, ἡ demand, request
αἰτιάομαι accuse, blame
αἰτίη, -ης charge, accusation, cause
αἴτιος accountable, guilty, to blame
αἰχμή, -ῆς spear point, spear, lance
αἰχμοφόρος, -ον bearing a spear; as subst. spearman

αἰών, -ῶνος, ὁ life
ἀκανθώδης, -ες full of thorns, thorny
ἀκέομαι heal, cure, repair
ἀκήρατος, -ον unmixed, pure
ἀκινάκης, -εω, ὁ a short straight sword, a Persian word
ἀκίνητος, -ον unmoved, unshaken
ἀκλεής, -ές without fame, inglorious, unsung
ἀκμάζω, -άσω be at the height
ἄκμων, -ονος, ὁ anvil
ἀκοή, -ῆς hearsay; ἀκοῇ by hearsay
ἀκοντίζω hurl a javelin, hurl
ἀκόντιον, -ου javelin, dart
ἀκοντιστής, -έω, ὁ javelin thrower
ἀκουστέον verbal adj. of ἀκούω one must hear or be obedient to
ἀκούω, -ούσομαι, ἤκουσα, ἀκήκοα hear, hearken to, obey; often serving as pass. of λέγω (say of); e.g. κακῶς ἀκούειν to be ill-spoken of
ἀκροβολίζομαι skirmish, fence
ἀκροθίνια, -ων choice part, first-fruits of booty
ἄκρον, -ου summit, peak
ἀκρόπολις, -ιος, ἡ citadel
ἄκρος at the farthest end, outermost, topmost; ἄκρος πούς end of the foot; ἄκρη χείρ end of the hand; of quality, highest, consummate
ἀκρωτήριον, -ου topmost part of anything, summit
ἀκτή, -ῆς promontory, coastland, strand
ἀλγέω, -ήσω suffer pain, grieve, smart
ἄλγος, -εος, τό grief, pain
Ἀλέη, -ης Alea, epithet of Athena from the city Alea in Arcadia
Ἀλέξανδρος, -ου Alexander, a name of Paris, son of Priam
ἀλέξω, ἀλεξήσω, ἠλεξάμην ward off, defend; in mid. keep off from oneself, defend oneself
ἀληθείη, -ης truth
ἀληθέως adv. truly
ἀληθής, -ές true, real
ἀλής, -ές thronged, crowded, in a mass

ἁλιεύς, -έος, ὁ fisherman; also ἁλιεὺς ἀνήρ

ἁλίζω, ἥλισα, ἡλίσθην collect, assemble; in pass., assemble (intr.)

ἁλίη, -ης assembly

Ἁλικαρνησσεύς, -έος a Halicarnassian

Ἁλικαρνησσός, -οῦ,· ἡ Halicarnassus, a city in southwestern Asia Minor

ἅλις adv. enough

ἁλίσκομαι, ἁλώσομαι, ἥλων, ἥλωκα used as pass. of αἱρέω be taken, captured; with ptc. be caught, detected

Ἀλκαῖος, -ου Alcæus, son of Heracles

ἀλκή, -ῆς might, strength

Ἀλκίμαχος, -ου Alcimachus, father of Euphorbus, a prominent citizen of Eretria

ἄλκιμος valiant, mighty

Ἀλκμέων, -έωνος Alcmeon, father of Megacles

Ἀλκμεωνίδης, -εω son or descendant of Alcmeon; in pl. the Alcmeonidæ, a noble Athenian family

ἀλλά conj. but, yet, at least

ἄλλη adv. properly dat. fem. of ἄλλος elsewhere

ἀλλήλων, ἀλλήλοισι, ἀλλήλησι, ἀλλήλους, ἀλλήλας reciprocal pron. of one another, of each other, to one another, etc.

ἀλλόγλωσσος, -ον of different speech, using a strange tongue

ἀλλογνοέω, aor. ptc. ἀλλογνώσας take for another, fail to know

ἀλλοῖος comp. ἀλλοιότερος different

ἄλλος, -η, -ο (alius) other, another; ὧλλοι = οἱ ἄλλοι all the others; τὰ ἄλλα all the rest; ἄλλη elsewhere; τῇ ἄλλῃ (sc. γῇ) everywhere else; ἄλλοι ἄλλη some here, others there. Sometimes it is used as an appositive, e.g. οἱ ἄλλοι σύμμαχοι the others, allies, i.e. allies also

ἄλλοτε adv. at another time

ἄλλο τι(ἤ) anything else (than); a formula used in questions expecting an affirmative answer, like Lat. nonne

ἄλλως adv. otherwise; ἄλλως δέ and besides

ἁλμυρός salt, briny, brackish

ἀλογέω, -ήσω pay no heed, disregard

ἀλογίη, -ης unconcern, disregard

Ἀλπηνός, -οῦ (Ἀλπηνοί, -ῶν) Alpenus (Alpeni) a city lying near the border of Locris and Malis

ἄλσος, -εος, τό grove, sacred grove

Ἀλυάττης, -εω Alyattes, a Lydian king, father of Crœsus

Ἅλυς, -υος, ὁ Halys, the greatest river of Asia Minor

Ἀλφεός, -οῦ Alpheus, a Spartan, who won distinction for bravery at Thermopylæ

ἅλωσις, -ιος, ἡ capture

ἅμα (1) adv. at the same time, together; often with a ptc. e.g. ἅμα λέγων at the same time that he said; (2) prep. with dat. along with, together with; ἅμα ἠοῖ at dawn

ἀμαθής, -ές without learning, ignorant, unlettered

ἄμαξα, -ης wagon, carriage

ἀμάξιτος, -ον traversed by wagons; as subst. (sc. ὁδός) wagon-road

ἁμαρτάνω, 2 aor. ἥμαρτον, perf. ἡμάρτηκα miss, fail to hit, err, be mistaken

ἁμαρτάς, -άδος, ἡ fault, sin

Ἄμασις, -ιος Amasis, a king of Egypt

ἄμαχος, -ον unconquerable, invincible

ἀμβοάω see ἀναβοάω

ἀμείβομαι, ἀμείψομαι, ἀμειψάμην (always without augm.) repay, requite, answer, pass over (a river)

Ἀμεινίης Aminias, an Athenian, distinguished for valor at Salamis

ἀμείνων, -ον comp. of ἀγαθός better, preferable, braver; neut. sing. ἄμεινον used as adv.

ἀμελέω, -ήσω have no care for, neglect

ἀμηχανέω, -ήσω be in want of, at a loss for

ἀμήχανος, -ον impossible, impracticable

Ἄμμων, -ωνος Ammon, *an Egyptian divinity who possessed a celebrated temple and oracle in the Libyan desert*

ἄμπελος, -ου, ἡ vine

ἀμύνω, -νέω, ἤμυνα ward off, defend, aid; *in mid.* defend oneself against

ἀμύσσω, ἀμύξω tear, rend

ἀμφί *prep. with dat. and acc.* about, around, for the sake of

Ἀμφιάρεως, -εω Amphiaraus, *a prophet, worshipped after death as a hero. He possessed an oracle at Thebes.*

ἀμφίβληστρον, -ου casting net

Ἀμφικτύονες, -ων Amphictyons, *deputies of the Amphictyonic League pledged to maintain the common interests of Greece*

ἀμφίς *epic word,* apart, asunder

ἀμφισβασίη, -ης controversy, dispute

ἀμφορεύς, -έος, ὁ *a liquid measure of about nine gallons*

ἀμφότερος both of two. ἐπ' ἀμφότερα both ways

ἄμωμος, -ον without blame, blameless

ἄν *a particle which cannot be translated by itself; in Hdt. it has the following uses :* (1) *with the subj. in the protases of fut. more vivid and pres. general conditions ;* (2) *with the subj. to denote purpose ;* (3) *with the opt. giving a potential force ;* (4) *with past tenses of the indic. (impf. and aor.) giving a past potential force ; used regularly in the apod. of unreal conditions ;* (5) *with past tenses of the indic. giving iterative force. (For more detailed explanations, see Synt. 102 ff. passim.)*

ἀνά *adv. and prep. with acc.* up, up through, throughout, in course of

ἀναβαθμός, οῦ flight of steps, stair

ἀναβαίνω, -βήσομαι, -έβην, -βέβηκα go *or* come up, go up from the coast, mount, embark, turn out, pass to

ἀναβάλλομαι put off, postpone

ἀνάβασις, -ιος, ἡ ascent

ἀναβιβάζω, -άσω, -εβίβασα make to go upon, cause to mount *or* go up

ἀναβλαστάνω, 2 *aor.* -έβλαστον spring up

ἀναβοάω cry aloud, utter a loud cry

ἀναγινώσκω, -γνώσω, -έγνωσα persuade

ἀναγκάζω, -άσω force, compel

ἀναγκαίη, -ης necessity, compulsion

ἀναγκαῖος necessary

ἀνάγκη, -ης necessity, compulsion, straits

ἀνάγνωσις, -ιος, ἡ recognition

ἀναγράφω write down, record, register; *in mid.* have written down *or* recorded

Ἀναγύρασις, -ιος Anagyrasis, *father of Eumenes, who won distinction at Salamis*

ἀνάγω lead up, conduct; *with* νέα put a ship to sea; *with* ἑορτήν celebrate; *in mid.* put out to sea

ἀναδιδάσκω teach better; *in pass.* be better instructed, be persuaded, change one's mind

ἀναζεύγνυμι yoke again, break up and move to

ἀνάθημα, -ατος, τό dedicatory offering, statue

ἀναθρώσκω leap up

ἀναιδείη, -ης shamelessness, impudence, effrontery

ἀναιρέω take up, answer, declare (*of an oracle*): *in mid.* take up for oneself, take up for burial, undertake

ἀναισιμόω, -ώσω spend, use up, consume

ἀναισίμωμα, -ατος, τό that which is used up *or* spent; τὰ ἀναισιμώματα τῇ στρατιῇ war expenses

ἀνακαλέομαι call to oneself, summon

ἀνάκειμαι *used as pass. of* ἀνατίθημι be laid up *as a votive offering,* be devoted *or* dedicated

ἀνακλαίω weep aloud

ἀνακομίζω take *or* convey up

ἀνακρεμάννυμι hang up; *in pass.* (*pres.* ἀνακρέμαμαι) be hung up

326 VOCABULARY

'Ανακρέων, -οντος Anacreon, *a lyric poet*
ἀνακρούομαι *with* πρύμνην put a ship astern by backing water
ἀνακτάομαι get back, recover, win over
ἀνακῶς *adv.* carefully; ἀνακῶς ἔχειν (*with gen.*) look well to
ἀνακωχεύω hold back; *with* νέα, keep riding at anchor
ἀναλαμβάνω take up, recover, assume, incur
ἀναλέγω pick up; *in mid.* pick up for oneself
ἀνάλωτος, -ον not to be taken, impregnable
ἀναμάρτητος, -ον without fault
ἀναμένω wait, wait for
ἀναμιμνήσκω remind; *in pass.* (*aor.* ἀνεμνήσθην) remember, recall
ἀνανεύω nod upward, refuse
ἄναξ, -ακτος, ὁ lord, king
'Αναξανδρίδης, -εω Anaxandridas, *name of the father and great-great-grandfather of Leonidas*
ἀνάξιος, -ον unworthy, undeserving
ἀναξίως *adv.* unworthily
ἀναξυρίδες, -ων, αἱ trousers
ἀναπαύομαι rest, sleep, retire
ἀναπείθω persuade, win over
ἀναπεπταμένος *perf. pass. ptc. used as adj.* open
ἀναπλέω sail upwards, sail out to sea
ἀναπλώω = ἀναπλέω
ἀναποδίζω, *aor.* ἀνεπόδισα correct, retract
ἀναπτερόω, -ώσω set on the wing, excite
ἀναπτύσσω, -πτύξω, -έπτυξα unfold
ἀνάπτω kindle, light
ἀναπυνθάνομαι inquire into, learn by inquiry
ἀναρίθμητος, -ον unnumbered, countless
ἀνάρσιος, -ον unfitting, strange, monstrous
ἀναρτέομαι *used only in perf. pass.* ἀνάρτημαι be prepared, be bent upon

ἀνάσπαστος, -ον dragged up; ἀνασπάστους τινὰς ποιῆσαι compel to emigrate
ἀνάστατος, -ον made to depart; *of places* ruined, laid waste
ἀναστενάζω, -στενάξω groan aloud
ἀνασταυρόω, -ώσω impale, crucify
ἀνασχίζω rip up
ἀνασῴζω recover what is lost, rescue; *more often in mid. in same sense*
ἀνατείνω extend
ἀνατέλλω, *aor.* ἀνέτειλα rise
ἀνατίθημι set up as a votive offering, devote, dedicate
ἀνατρέπω overturn, overthrow, ruin
ἀνατρέχω, *aor.* -έδραμον run up, leap up, shoot up
ἀναφαίνω show forth, display; *in pass.* be shown forth, appear plainly
ἀναφέρω carry up, bring back, report, refer, restore, recover; ἀνενείκασθαι fetch up a deep breath; heave a sigh; ἀνενειχθῆναι recover oneself
ἀναφύομαι *with 2 aor. act.* -έφυν grow up *or* out, grow again
ἀναχωρέω go *or* come back, withdraw, revert, pass to
ἀνδάνω, ἁδήσω, ἕαδον please
ἀνδραποδίζω, -ιέω, ἠνδραπόδισα enslave; *more often in mid.*
ἀνδράποδον, -ου slave
ἀνδρεών, -ῶνος, ὁ men's apartment *or* quarters
ἀνδρήιος manly
ἀνδριάς, -άντος, ὁ image of a man, statue
'Ανδρόβουλος, -ου Androbulus, *a Delphian*
ἀνδρόομαι, -ώσομαι, ἠνδρώθην become a man
"Ανδρος, -ου, ἡ Andros, *an island of the Cyclades*
ἀνδρόσφιγξ, -γγος man-sphinx
ἄνειμι (*ire*) go *or* come up, rise
ἄνεμος, -ου wind
ἄνευ *prep. with gen.* without
ἀνευρίσκω, 2 aor. -εῦρον discover, find out

ἀνέχω hold up *or* back ; *intr.* rise up, rise ; *in mid.* hold oneself up, bear; *with infin. or ptc.* suffer, endure

ἀνεψιός, -οῦ cousin

ἀνηκουστέω be unwilling to hear, disobey

ἀνήκω have come up to, reach, belong

ἀνήρ, ἀνδρός, ὁ (*vir*) man, *as opposed to woman, as possessing the virile qualities ;* μᾶλλον ἀνήρ more (*of a*) man

Ἀνθήλη, -ης Anthela, *a city near Thermopylæ*

ἀνθρωπήϊος belonging to man, human

ἀνθρώπινος = ἀνθρωπήϊος

ἄνθρωπος, -ου, ὁ, ἡ (*homo*) human being, man, woman

ἀνιάω grieve, annoy, distress

ἀνίημι send up, let go, free, release; *intr.* let up, cease

ἀνίστημι *causal in pres., impf., fut., 1 aor. act. and mid.* set up, raise up, cause to stand; *intr. in pass., 2 aor., perf. and plupf. act.* stand up, rise

ἀνίσχω rise

ἄνοδος, -ου, ἡ way up, journey inland

ἀνόητος, -ον foolish, senseless, silly

ἀνοίγω, -οίξω, -οιξα, -οίχθην open

ἄνολβος, -ον luckless, wretched

ἄνομαι come to an end, be finished; ἔτος ἀνόμενον waning year

ἄνομος, -ον lawless, unlawful

Ἀνόπαια, -ης Anopæa, *name of a mountain and pass above Thermopylæ*

ἀνορθόω restore, rebuild

ἀνορύσσω dig up

ἀνόσιος, -ον unholy, profane

ἀνταείρω raise against; *with* χεῖρας war against

ἀντάξιος worth as much as; *followed by the gen.*

ἀνταπόλλυμι destroy in return; *in mid. and pass.* die in turn

ἀντάπτομαι lay hold of in turn

ἀντάω, -ήσω, ἤντησα meet with, receive

ἀντεμπίμπρημι burn in return

ἀντέχω hold out; *in mid.* hold on to, cling to *with gen.*

ἀντί *prep. with gen.* instead of, in return for

ἀντιβαίνω go against, resist, withstand

ἀντιβοάω cry in turn

ἀντιδίδωμι give in return

ἀντικλαίω weep in turn

ἀντιμέμφομαι find fault in return

ἀντιμηχανάομαι contrive against *or* in opposition

ἀντίξοος, -ον opposed to, adverse

ἀντιόομαι, -ώσομαι oppose

ἀντίος opposite. ἀντίον, ἀντία *adv. often used as prep. with gen.* against, before, in the presence of

ἀντιπέμπω send in return *or* in reply

ἀντίπυλος, -ον with the gates opposite

ἀντίστημι *causal in pres., impf., fut., 1 aor. act. and mid.* set against; *intr. in pass., 2 aor., perf. and plupf. act.* oppose

ἀντιτάσσω arrange against *or* opposite

ἀντιτείνω strive against, oppose

ἀντιτίθημι set against, contrast, compare

ἀντίτυπος, -ον repelled; τύπος ἀντίτυπος blow against blow

ἀντυπουργέω, -ήσω return a favor

ἀνύω, -ύσω, ἤνυσα accomplish

ἄνω *adv.* upward, above

ἄνωθεν *adv.* from above

ἀνωθέω push back, repulse

ἀνωμοτί *adv.* without oath, unsworn

ἀνωρίη, -ης untimeliness, bad season

ἀνώτατος *formed from superl.* of ἄνω highest

ἀξιαπήγητος, -ον worth telling *or* describing

ἀξιοθέητος, -ον worth seeing

ἀξιόλογος, -ον worthy of mention

ἀξιόμαχος, -ον a match in battle; *with inf.* sufficient (*in number*)

ἄξιος of equal value, worthy, deserving, due, deserved; πολλοῦ ἄξιος worth much

ἀξιόω, -ώσω think worthy, think right, think fit; *also in mid.*

ἀξίως *adv.* worthily, in a way deserving of

ἀοιδός, -οῦ singer, minstrel

ἀπαγγέλλω bring back word, report

ἀπαγινέω = ἀπάγω

ἀπαγορεύω forbid

ἀπάγω lead back *or* away, carry off; *in mid.* take away for *or* with oneself

ἀπαγωγή, -ῆς payment

ἀπαδεῖν *2 aor. of* ἀπανδάνω

ἀπαείρω, *aor.* ἀπῆρα lift off, carry off; *elliptically* (*sc.* νέα, στρατόν) sail away, depart

ἀπαθής, -ές without experience. ἀπαθὴς κακῶν unharmed.

ἀπαιρέω take away, deprive; *in mid.* take away for oneself

ἄπαις, ἄπαιδος childless

ἀπαιτέω demand back (*of something rightfully belonging to one*)

ἀπαλλαγή, -ῆς escape, departure

ἀπαλλάσσω, -αλλάξω, -ήλλαξα, -ήλλαγμαι, -ηλλάχθην and -ηλλάγην set free, release; *intr.* get off free, escape; *in mid. and pass.* get rid of, give over, escape, be set free *or* removed from, depart

ἀπαμβλύνω blunt *or* dull the edge of

ἀπαμύνω keep off, ward off

ἀπανδάνω displease

ἀπαντίον *adv.* opposite

ἀπάπτω fasten from *or* upon; ἀπαμμένους (*perf. pass*) fastened on

ἀπαράσσω, -ξω, -ήραξα strike *or* knock off, sweep off

ἅπας, ἅπασα, ἅπαν all, every

ἀπάτη, -ης deceit, trick

ἄπεδος, -ον level

ἀπειλέω, -ήσω (1) threaten; (2) force back

ἄπειμι (*ire*) go away *or* back

ἄπειπα *1 aor.* = ἄπειπον; *so also in mid.* ἀπείπασθαι.

ἄπειπον *2 aor.* forbid, renounce, disown

ἀπείρητος, -ον untried

ἀπελαύνω drive from *or* back, repulse, remove, exclude; *intr.* ride off, depart

ἀπεναντίος, -ον opposite; *neut. sing. often used as adv.*

ἀπέργω, -ξω keep away, prevent, hinder

ἀπερέω *fut. with no pres. in use* disown, renounce, refuse

ἀπέρχομαι go away, depart from, go back

ἀπέχω keep off; *intr.* be away *or* far from, be distant; *in mid.* keep off, refrain from

ἀπηγέομαι tell, relate

ἀπήγησις, -ιος, ἡ telling, narrating

ἀπῆλιξ, -ικος, ὁ, ἡ beyond youth, elderly; *comp.* ἀπηλικέστερος

ἀπημελέω, -ήσω neglect, disregard

ἀπήμων, -ον safe, unharmed

ἀπίημι send away, let go, give up, leave, neglect, hurl

ἀπικνέομαι arrive at, come to, reach; *impers.* come to, be the turn of

ἄπιξις, -ιος, ἡ going to, approach, arrival

Ἆπις, -ιος Apis, *a sacred bull of Memphis, worshipped as a god*

ἀπιστέω, -ήσω disbelieve

ἀπίστημι *causal in pres., impf., fut, and 1 aor. act. and mid.* set at a distance, make to revolt; *intr. in pass. and 2 aor., perf. and plupf. act.* withdraw, shun, revolt

ἀπιστίη, -ης disbelief, incredulity

ἄπιστος, -ον, disbelieved, incredible, distrustful, incredulous

ἄπλετος, -ον boundless, beyond measure

ἄπλοια, -ης impossibility of sailing, detention in port

ἀπό *prep. with gen.* from, away from; ἀπὸ τούτου after this, in consequence of this; ἀπὸ γλώσσης by word of mouth

ἀποβαίνω, -βήσομαι, -έβην, -βέβηκα go from, go on land, turn out; *in fut. and 1 aor. act.* (-βήσω, -έβησα) *causal* make to go from, put on shore

ἀποβάλλω lose, throw away

ἀποβιβάζω -άσω put on shore

ἀπογεφυρόω, -ώσω bank off, fence with dykes

ἀπόγονος, -ον born *or* descended from; *as subst.* descendant

ἀπογράφω record, register; *in mid.* have *a thing* recorded

ἀποδείκνυμι show, exhibit, make known, appoint; *with a pred. adj. or subst.* make, appoint; *in mid.* display oneself, make a display

ἀπόδεξις, -ιος, ἡ setting forth, display, publication

ἀποδημέω, -ήσω be away from home, be abroad, go abroad

ἀποδιδρήσκω, -δρήσομαι run away

ἀποδίδωμι give back, restore, give over, deliver

ἀποδοκεῖ it seems good not

ἀποθέω, -θεύσομαι run away

ἀποθνῄσκω, -θανέομαι, -έθανον die, be killed

ἀποθρῴσκω leap from

ἀποθωμάζω wonder much

ἄποικος, -ον away from home; *as subst.* settler, colonist

ἀποικτίζομαι complain

ἀποίχομαι be gone

ἀποκαλύπτω, -ψω uncover, disclose, reveal

ἀποκλαίω weep aloud, bewail, lament

ἀποκληίω shut out, shut up

ἀποκοιμάομαι *properly* sleep away from home, sleep a little

ἀποκόπτω cut off

ἀπόκρημνος, -ον broken off, sheer, precipitous

ἀποκρίνω separate, distinguish, select

ἀποκρούω beat off; *in mid.* beat off from oneself, repel

ἀποκρύπτω hide from, conceal

ἀποκτείνω kill

ἀποκωλύω keep off, hinder, prevent

ἀπολαμβάνω take back, recover, cut off, intercept, arrest

ἀπολαμπρύνω, -νέω make bright; *in pass.* become famous

ἀπολέγω pick out, select

ἀπολείπω leave behind, forsake, abandon; *intr.* cease, fail, be wanting

ἄπολις, -ιος without a city

ἀπόλλυμι, -ολέω, -ώλεσα, -ολώλεκα, -όλωλα destroy, kill, lose; *in mid. and 2 perf.* die, perish

Ἀπόλλων, -ωνος Apollo, *one of the mightiest 'gods, possessing a famous oracle at Delphi*

ἀπολύω release, acquit, absolve; *in mid.* absolve *or* defend oneself

ἀπομάχομαι fight against, decline

ἀπονοστέω return home

ἀποξυρέω shave clean

ἀποπαύω stop, make to cease; *in mid. and pass.* leave off, cease

ἀποπειράομαι make trial *or* proof of

ἀποπέμπω send back *or* away; *in mid.* send away from oneself

ἀποπέτομαι, 2 *aor.* ἀπεπτάμην fly away

ἀποπίμπλημι fill out, satisfy

ἀποπίπτω fall from, fall out

ἀποπλέω sail away *or* back

ἀπόπληκτος, -ον struck dumb, senseless, stupid

ἀπόπλοος, -ον sailing away

ἀπορέω, -ήσω be at a loss, perplexed; *so also in mid.*

ἀπόρθητος, -ον unsacked

ἀπορίη, -ης perplexity, straits

ἀπορράπτω, -ράψω sew up

ἀπορρίπτω throw back *or* away, cast forth, hurl forth

ἀποσκήπτω, -σκήψω hurl from above; *intr.* fall suddenly (*like a thunder-bolt*)

ἀποσπεύδω dissuade earnestly

ἀπόστασις, -ιος, ἡ revolt, defection

ἀποστέλλω send away, despatch

ἀποστερέω deprive of

ἀπόστολος, -ου messenger, ambassador, envoy

ἀποστρέφω turn back; *in mid. and pass.* turn oneself back *or* away from, be turned away from

ἀποσῴζω keep safe; *in pass.* be kept safe, survive

ἀποτάμνω cut off

ἀποτίλλω pluck, pull out

ἀποτίννυμαι (*poet. for* ἀποτίνομαι) exact a penalty for

ἀπότομος, -ον sheer, precipitous

ἀποτρέπω avert, turn aside

ἀποφαίνω show forth, express, declare, reveal; *in mid.* show forth *something* of one's own, express oneself

ἀποφέρω carry off, bear away, bring back, report

ἀποφεύγω escape

ἀπόφημι declare plainly, speak out

ἀποφλαυρίζω, -ίσω make light of

ἀποχειροβίοτος, -ον living by the work of one's hands

ἀποχράω suffice, be sufficient; *in mid. and pass.* avail oneself of, be contented with; *also* suffice (*like act.*)

Ἀπρίης, -εω Apries, *a king of Egypt*

ἀπροσδόκητος, -ον unexpected. ἐξ ἀπροσδοκήτου unexpectedly

ἀπρόσμεικτος, -ον not capable of mixing with, holding no intercourse with, solitary

ἅπτω, -ψω (fasten), kindle, set on fire *usually in mid.* (*perf.* ἅμμαι) touch, lay hold of, cling to; *of fire,* catch

ἀπωθέω drive away, repulse, avert

ἄρα *a postpositive particle implying close connection* then, after all.

Ἀράβιος Arabian

ἀράομαι (ἀρῶμαι), ἀρήσομαι pray

Ἀργεῖος Argive

Ἄργος, -εος, τό Argos, *a city in the Peloponnesus*

ἀργός inactive, idle

ἀργύρεος of silver, silver

ἄργυρος, -ου silver

ἀρέσκω, ἀρέσω, ἤρεσα please, satisfy, be acceptable

ἀρεστός acceptable, pleasing

ἀρετή, -ῆς excellence, virtue, courage

Ἀρήιος of *or* belonging to Ares. Ἀρήιος πάγος Areopagus

Ἄρης Ares, *the god of war ; poetic by metonymy* war

ἄρθρον, -ου joint

Ἀριαβίγνης, -εω Ariabignes, *son of Darius, who fell at Salamis*

Ἀριαράμνης, -εω Ariaramnes (1) *an ancestor of Darius;* (2) *a Persian who fought at Salamis*

ἀριθμέω, -ήσω number, count

ἀριθμός, -οῦ number

Ἀρισταγόρης, -εω Aristagoras, *instigator of the Ionian revolt*

Ἀριστείδης, -εω Aristides, *a distinguished Athenian, often called ' The Just'*

ἀριστείη, -ης bravery, prowess

ἀριστερός left. ἐπ' ἀριστερά on the left

ἀριστεύω be best *or* bravest, prevail

Ἀριστογείτων, -ονος Aristogiton, *one of the slayers of the tyrant Hipparchus*

Ἀριστολαΐδης, -εω Aristolaïdes, *an Athenian, father of Lycurgus, who headed the party ' of the plain'*

Ἀριστονίκη, -ης Aristonice, *a priestess of Apollo*

ἄριστος best, strongest, bravest, most excellent

Ἀριστοφιλίδης, -εω Aristophilides, *a king of the Tarentines*

Ἀρίστων, -ωνος Ariston, *a king of Sparta*

Ἀρίων, -ίονος Arion, *a famous minstrel, considered the inventor of the dithyramb*

Ἀρκαδίη, -ης Arcadia, *a state in the Peloponnesus*

Ἀρκάς, -άδος *an Arcadian*

ἀρκέω, -έσω suffice, be enough for

ἅρμα, -ατος, τό chariot

Ἁρματίδης, -εω Harmatides, *a Spartan, father of Dithyrambus*

Ἀρμένιος Armenian

Ἁρμόδιος, -ου Harmodius, *one of the slayers of the tyrant Hipparchus*

ἁρμόζω, ἁρμόσω, ἥρμοσα, ἥρμοσμαι fit together; *of marriage*, betroth; *in mid.* betroth to oneself, take as wife

ἄρνα *acc. sing.* lamb; *nom. pl.* ἄρνες

ἄρνειος of a lamb *or* sheep

ἀρνέομαι, -ήσομαι deny, refuse

ἁρπαγή, -ῆς seizure, plundering, rape

Ἅρπαγος, -ου Harpagus, *grand vizier of Astyages, king of the Medes*

ἁρπάζω, ἁρπάσω, ἥρπασα, ἡρπάσθην seize, snatch, carry off

ἀρρωδέω, -ήσω fear, dread

ἀρρωδίη, -ης terror, dread

Ἀρσάμης, -εος Arsames, *grandfather of Darius*

Ἀρτάβανος, -ου Artabanus, *brother of Darius and uncle of Xerxes*

Ἀρτάνης, -εω Artanes, *father-in-law of Darius*

Ἀρταξέρξης, -εω Artaxerxes, *son and successor of Xerxes*

Ἀρταφέρνης, -εος Artaphernes (1) *brother of Darius;* (2) *nephew of Darius*

ἀρτάω, -ήσω hang upon, fasten to; *in pass.* be hung upon, hang upon, be dependent upon

Ἀρτεμβάρης, -εος Artembares, *a prominent Persian*

Ἀρτεμισίη, -ης Artemisia, *queen of Halicarnassus*

Ἀρτεμίσιον, -ου Artemisium, *a promontory on the north coast of Euboea*

ἀρτέομαι prepare

ἄρτι *adv.* just, just now, recently

ἀρτίπους, -ποδος sound of foot

Ἀρτοβαζάνης, -εω Artobazanes, *son of Darius*

ἀρτοκόπος, -ου, ἡ baker

ἄρτος, -ου bread, loaf of bread

Ἀρτυστώνη, -ης Artystone, *daughter of Cyrus and wife of Darius*

ἀρτύω arrange, prepare, make ready

ἀρχαῖος ancient

ἀρχή, -ῆς beginning, rule, empire, office. ἀπὸ (ἐξ) ἀρχῆς from the beginning; κατ' ἀρχάς at the beginning; ἀρχήν at first; *with neg.* at all

ἀρχιερεύς, -έος chief priest

ἀρχιτέκτων, -ονος chief builder, director of works, architect, engineer

ἄρχω, ἄρξω, ἦρξα begin, rule, hold office; *in mid.* begin

ἄρχων, -οντος, ὁ (*ptc. of* ἄρχω) ruler; οἱ ἄρχοντες chief magistrates; *at Athens* archons; *at Sparta* ephors.

ἀσάομαι, -ήσομαι be disgusted *or* annoyed

ἄσημος, -ον unintelligible, obscure

ἀσθενείη, -ης weakness, feebleness

ἀσθενής, -ές without strength, weak, feeble, soft

Ἀσίη, -ης Asia

ἀσινής, -ές safe, unharmed

ἀσκέω, -ήσω fashion skillfully, dress out, adorn, deck, practise

ἀσκός, -οῦ skin, bag made of skin

ἄσμενος glad

ἀσπάζομαι welcome, greet, salute

Ἀσπαθίνης, -εω Aspathines, *one of the seven conspirators against the false Smerdis.*

ἀσπαίρω gasp, struggle convulsively

ἀσπαστός welcome, acceptable

ἀσπίς, -ίδος, ἡ shield; a body of men armed with shield, spearmen, hoplites

ἄσσα *Ion. for* ἅτινα, *neut. pl. of* ὅστις

Ἀσσύριος Assyrian

ἀστός, -οῦ citizen

ἀστράγαλος, -ου ball of the ankle joint

ἀστραπή, -ῆς flash of lightning

ἄστυ, -εος, τό city

Ἀστυάγης, -εος Astyages, *a king of the Medes, grandfather of Cyrus*

ἀστυγείτων, -ον near a city, neighboring; *as subst.* neighbor to a city, neighbor

ἀσφαλείη, -ης safety, assurance from danger

ἀσφαλέως *adv.* safely, securely. ἀσφαλέως ἔχειν be safe *or* secure

ἀσφαλής, -ές safe, secure

Ἀσωπός, -οῦ Asopus, *a river near Thermopylæ*

ἀτάσθαλος reckless, wicked, presumptuous

ἅτε *properly neut. pl. of* ὅστε (=ὅς *or* ὅστις) as, just as; *mostly with ptc. showing causal force*

ἀτελείη, -ης exemption *from taxes or other public burden*

ἀτέω be reckless, foolhardy

ἄτη, -ης ruin, disaster

ἀτιμάζω hold in low esteem, slight

ἀτιμίη, -ης dishonor, disgrace

ἀτιμώρητος, -ον unpunished

Ἄτοσσα, -ης Atossa, *daughter of Cyrus and wife of Darius*

ἀτραπός, -οῦ ἡ path

Ἀτρείδης, -εω son of Atreus

ἀτρεκέως *adv.* exactly, accurately

ἀτρεκής, -ές exact, accurate

ἀτρεμίζω, -ιέω, ἠτρέμισα keep quiet *or* still

Ἀττικός Attic. Ἀττική (γῆ) Attica

Ἄτυς, -υος Atys, *son of Cræsus*

αὖ *adv.* again, on the other hand, moreover

αὐδάζομαι, *aor.* ηὐδαξάμην cry out, speak

αὐδάω, -ήσω utter a sound, speak

αὐθέντης, -εω one who does *anything* with his own hand, an actual murderer

αὐλέω, -ήσω play on the flute

αὐλή, -ῆς courtyard, court

αὐλητής, -έω flute player

αὐλών, -ῶνος, ὁ trench, canal

αὐξάνω make to grow, increase; *in pass.* grow, wax, increase

αὔξω = αὐξάνω

αὐτίκα *adv.* immediately, at once, straightway

αὖτις *adv.* again, afterwards, hereafter

αὐτόθεν *adv.* from the very spot, from the country itself

αὐτόθι *adv.* on the spot

αὐτόματος acting of itself, spontaneous, without external agency

αὐτομολέω, -ήσω desert

αὐτόμολος, -ον going of oneself; *as subst.* deserter

αὐτόνομος, -ον having one's own laws, independent, autonomous

αὐτόπτης, -εω eyewitness

αὐτός, -ή, -ό self; *in the oblique cases an unemphatic pers. pron.* him, her, it, them; *preceded by the art.* same

αὐτοῦ *adv.* (*properly gen. of preceding*) here, there

αὐτοχειρίη, -ης one's own hand

αὐχήν, -ένος, ὁ neck, narrow sea, strait, defile

ἀφανής, -ές invisible

ἀφάσσω, *aor.* ἤφασα (*as if from* ἀφάω) feel, feel for

ἀφή, -ῆς lighting, kindling. περὶ λύχνων ἀφάς about lamp-lighting time

ἄφθογγος, -ον without speech, silent

ἄφθονος, -ον without envy, abundant, plentiful

Ἀφιδναῖος of *the deme* Aphidna

ἄφλαστον, -ου curved stern of a ship; *in pl. of a single ship*

Ἀφροδίτη, -ης *the goddess* Aphrodite

ἀφύλακτος, -ον without guard, unguarded

ἄφωνος, -ον mute, speechless

Ἀχαιίη, -ης Achæa, *a district in southern Thessaly, also called Phthiotis*

Ἀχαιμένης, -εος Achæmenes, *ancestor of the Persian kings*

Ἀχαιμενίδης, -εω son *or* descendant of Achæmenes

ἄχαρις, ἄχαρι, *gen.* ἀχάριτος unpleasant, disagreeable, thankless

ἀχάριστος, -ον thankless, ungrateful

ἄχθομαι, *aor.* ἠχθέσθην be burdened, distressed

ἄχρι *prep. with gen.* until; *as conj.* ἄχρι *or* ἄχρι οὗ until

ἀψευδής, -ές without deceit, truthful

B

Βαβυλώνιος Babylonian

βάθρον, -ου foundation, base

βαίνω *for prin. parts see* ἀναβαίνω
βαλανηφάγος, -ον acorn-eating
βάλλω, βαλέω, ἔβαλον, ἐβλήθην throw,
cast, hurl, strike, hit; *in mid.* put *or*
throw for oneself. ἐς θυμὸν βαλέσθαι
lay to heart. ἐπ' ὑμέων αὐτῶν βαλ-
λόμενοι (throwing) by yourselves *i.e.*
(*acting*) on your own judgment
βάρβαρος, -ον not Greek, foreign; *as
subst.* barbarian, foreigner
βαρύς, -έα, -ύ heavy
βαρυσύμφορος, -ον of heavy fortune,
unfortunate
βασανίζω, *aor.* ἐβασάνισα examine,
cross-question
βασίλεια, -ης queen
βασιλεύς, -έος king
βασιλεύω be king
βασιληίη, -ης kingdom, reign, throne
βασιλήιον, -ου dwelling of the king,
palace; *so in pl.*
βασιλήιος of the king, kingly, royal
βασιλικός = βασιλήιος
βεκός, τό bread.
βέλος, -εος, τό anything thrown, mis-
sile, dart, bolt
βίαιος forcible, violent
βιάω force, constrain, treat with vio-
lence; *so in mid.*
βιβρώσκω, *perf.* βέβρωκα eat
βίος, -ου life, livelihood, substance
βιόω, *aor.* ἐβίωσα *and* ἐβίων (*ptc.* βιούς)
live, pass one's life
Βίτων, -ωνος Biton (Bito), *brother of
Cleobis*
βιώσιμος, -ον to be lived, fit to live
βλάβος, -εος, τό harm, injury
βλάπτω, -ψω harm, injure
βλαστός, -οῦ sprout, shoot
βλέπω, -ψω look
βοάω, βώσομαι, ἔβωσα, βέβωμαι, ἐβώ-
σθην shout, celebrate, noise abroad
βοή, -ῆς shout, outcry
βοηθέω, -ήσω aid, go to aid
βοηθός, -όν helping, auxiliary; *as subst.*
helper, assistant; *in pl.* auxiliaries
Βοιωτός Bœotian

βορή, -ῆς food
βορῆς, -έω, -ῆν, ὁ the north wind, north
βόσκω support, maintain
Βόσπορος, -ου Bosporus (*Ox-ford*), *the
name of several straits; in Hdt.
regularly the Thracian*
Βουβάστις, -ιος, ἡ Boubastis, *a city on
the Nile*
βουκολίη, -ης ox stall, byre
βουκόλιον, -ου herd of cattle
βουκόλος, -ου herdsman
βούλευμα, -ατος, τό plan, counsel
βουλεύω take counsel, deliberate, plan,
resolve; *so also in mid.*
βουλή, -ῆς plan, counsel
βούλομαι, -ήσομαι wish, prefer
βοῦς, βοός, ὁ, ἡ ox, cow
Βουτώ, -οῦς Bouto, *a city in Egypt, the
seat of an oracle*
Βραγχίδαι, -ιδέων Branchidæ, *a place
on the coast of Ionia celebrated for a
temple and oracle of Apollo*
βραχύς, βραχέα, βραχύ short, small,
little
βρέφος, -εος, τό new-born baby
βροντή, -ῆς thunder, thunder-storm
βύβλινος *made* of papyrus
βυβλίον, -ου paper, letter
βύβλος, -ου, ἡ *properly* bark of the
papyrus, *hence* book
βωμίς, -ίδος, ἡ step
βωμός, -οῦ altar

Γ

γάλα, -ακτος, τό milk
γαμβρός, -οῦ son-in-law, brother-in-law
γαμέω, ἔγημα marry, *of the man*
γάμος, -ου marriage
γάρ *postpositive causal particle* for,
*introducing a reason for what pre-
cedes;* since, *introducing a reason
for what follows :* namely, *introduc-
ing details promised in a preceding
clause : in questions,* what, why. καὶ
γάρ *usually elliptical :* and . . . for,
and in fact; *similarly* ἀλλὰ γάρ but
in fact

γαστήρ, -έρος, ἡ belly

γαῦλος, -ου round-built Phœnician merchant vessel

γε *enclitic particle giving prominence to the foregoing word,* at least, at any rate

γελοῖος causing laughter, ridiculous

γέλως, -ωτος, ὁ laughter, matter for laughter, laughingstock

γενεή, -ῆς race, tribe, generation

γενεηλογέω, -ήσω trace ancestry, draw out a pedigree

γενναῖος high-born, noble

γενναίως *adv. of preceding*

γεννάω, -ήσω give birth

γένος, -εος, τό race, descent, family

γέρας, -εος, τό gift of honor, prerogative, privilege

γέρων, -οντος, ὁ old man, elder

γέφυρα, -ης bridge

γεφυρόω, -ώσω bridge

γῆ, γῆς, land, earth

γηγενής, -ές earth-born

γηραιός old, aged

γῆρας, -εος, τό old age

γηράσκω grow old

γίνομαι, γενήσομαι, ἐγενόμην, γέγονα be created *or* born, become, take place, happen, prove oneself, come to (*of number*). γενέσθαι ἐν (ἐπί) arrive at

γινώσκω, γνώσομαι, ἔγνων, ἔγνωκα recognize, perceive, learn, know, judge, determine, decide

γλῶσσα, -ης tongue, speech, language

γνώμη, -ης judgment, opinion, purpose

γνωρίζω, *aor. pass.* ἐγνωρίσθην make known; *in pass.* become known

γονεύς, -έος, ὁ father, ancestor

γόνος, -ου child, offspring, stock

γόνυ, γούνατος, τό knee

Γοργώ Gorgo, *daughter of King Cleomenes of Sparta*

Γορδίας, -εω Gordias, *a Phrygian, father of Midas*

γράμμα -ατος, τό letter of alphabet; *in pl.* piece of writing, letter, inscription

γραμματιστής, -έω scribe, clerk

γράφω, γράψω, ἔγραψα, ἐγράφην write, draw

Γυγάδας *a name given to the votive offerings of Gyges at the Delphic oracle*

Γύγης, -εω Gyges, *a Lydïan;* (1) *son of Dascylus, ancestor of Crœsus;* (2) *father of Myrsus*

γυμνάζω, -άσω exercise, train; *in mid.* exercise (oneself)

γυμνός unclad

γυμνόω, -ώσω lay bare, strip

γυναικήιος of a woman; γυναικηίη women's quarters, harem

γυνή, γυναικός, ἡ woman, wife

Γωβρύης, -εω Gobryas, *a prominent Persian; one of the seven conspirators against the false Smerdis*

γῶν (γε ὦν) at least, at any rate

γωνίη, -ης corner, angle

Δ

δαιμόνιος heaven-sent, divine, miraculous; *neut. as subst.* divine providence, fate; *of human beings,* strange, luckless. ὦ δαιμόνιοι poor wretches

δαίμων, -ονος, ὁ divine power, divinity. κατὰ δαίμονα by fate

δαίνυμι give a banquet *or* feast; *in mid.* feast

δαιτυμών, -όνος, ὁ one who is entertained, guest

δάκρυον, -ου tear

δακρύω weep, shed tears

δάκτυλος, -ου, ὁ finger; *as a measure of length,* finger's breadth, *about seventenths of an inch*

Δαμασίθυμος, -ου Damasithymus *king of the Calyndians*

δαπανάω, -ήσω spend

δαπάνη, -ης money for spending, expense, expenses

Δαρεῖος, -ου Darius, *son of Hystaspes, king of Persia*

Δασκύλειον, -ου Dascylium, *a place near the southern shore of the Propontis*

Δάσκυλος, -ου Dascylus, *father of the Lydian Gyges*

δασμοφόρος, -ον paying tribute, tributary

δατέομαι, *aor.* ἐδασάμην divide

Δᾶτις, -ιος Datis, *a Mede, one of the two generals in command of the expedition sent by Darius against Greece*

δαψιλής, -ές abundant, plentiful

δέ *conj.* but, and; *to mark the apodosis* then, yet

δεῖ *impers. verb followed by the inf. and acc. of the person* one must, one ought; *neut. ptc.* δέον *used in the acc. abs.* when (though) he ought; *as a subst.* that which is needful *or* proper. ἐς δέον at need, opportunely

(δείδω), ἔδεισα, δέδοικα (*with pres. meaning*) fear, be alarmed *or* anxious about

δείκνυμι, δέξω, ἔδεξα, δέδεγμαι, ἐδέχθην point out, show, make known

δειλίη, -ης timidity, cowardice

δεῖμα, -ατος, τό fear

δειμαίνω be afraid

δεινολογέομαι complain loudly

δεινός to be dreaded, fearful, able, clever. δεινὰ ποιεῖν, δεινὸν ποιεῖσθαι take ill, complain of, be indignant at. δεινόν τι ἔσχε τινά indignation seized one. *As subst.* τὸ δεινόν danger

δεινῶς *adv. of preceding* terribly, awfully, strongly, mightily

δεῖπνον, -ου dinner, *the* principal meal. ἀπὸ δείπνου after dinner

δειρή, -ῆς neck, throat

δέκα *indecl.* ten

δεκαέτης, -ες ten years old

δέκατος tenth

δέκομαι, δέξομαι receive, accept, entertain

δελφίς, -ῖνος, ὁ dolphin

Δελφοί, -ῶν, αἱ Delphi, *seat of the famous oracle of Apollo*

Δελφός Delphian.

δέμω, *aor.* ἔδειμα build, construct

δένδρεον, -ου tree

δεξιός right, shrewd, clever. ἐπὶ δεξιά at the right

δέομαι, δεήσομαι, ἐδεήθην be in need of, want, ask, beg

δέον, -οντος, τό *see* δεῖ

δέος, δέους, τό fear

δέσποινα, -ης mistress

δεσπότης, -εω, *acc.* δεσπότεα, *voc.* δέσποτα master, lord

δευτεραῖος on the second day

δευτερεῖα, -ων, τά second prize *in a contest*, second place *or* rank

δεύτερος second *in order or in rank.* δεύτερον, δεύτερα *adv.* next, again, a second time, then

δέω, δήσω, *perf. pass.* δέδεμαι bind, chain, imprison

δέω, δεήσω lack, miss; *for impers. see* δεῖ; *for mid. see* δέομαι

δή *a particle used to give greater explicitness or emphasis to the preceding word* now, in truth, truly; *sometimes of what is well known* manifestly; *sometimes ironically* doubtless, of course, forsooth. *It cannot always be translated by any single word, but its force may be rendered by emphasis of the preceding word.* καὶ δὴ καί and in particular

δῆθεν *adv.* really, in truth, forsooth (*ironical*)

Δηιόκης, -εω Deioces, *a tyrant of the Medes*

δηιόω, -ώσω lay waste, ravage

δηλαδή (δῆλα δή) quite clearly, plainly, manifestly

δήλησις, -ιος, ἡ mischief, harm, hurt

Δήλιοι, -ων Delians

Δῆλος, -ου, ἡ Delos, *an island in the Ægean sea, the fabled birthplace of Apollo*

δῆλος evident, clear, plain

δηλόω, -ώσω make clear, disclose, show. δηλοῖ, *impers.* it is clear

Δημάρητος, -ου Demaratus, *a Spartan king exiled to Persia*

Δημήτηρ, Δήμητρος (*ep.* Δημήτερος) Demeter, *goddess of agriculture*

Δημοκήδης, -εος Democedes, *a physician from Croton*

δῆμος, -ου people, common people, commons, assembly of the people, democracy, township, deme

δημόσιος belonging to the people *or* state, public, common. τὸ δημόσιον the state. δημοσίῃ publicly, at the public expense

δημότης, -εω man of the people, commoner

Δημόφιλος, -ου Demophilus, *commander of the Thespians at Thermopylæ*

δῆτα *adv.* then, therefore

Δία *see* Ζεύς

διά *prep.* (1) *with gen.* through, throughout, during, by means of; (2) *with acc.* by reason of, because of

διαβαίνω pass over, go across, cross

διαβάλλω throw across, carry over *or* across, pass over, set at variance, misrepresent, speak slanderously, deceive, impose upon

διάβασις, -ιος, ἡ crossing over, passage

διαβολή, -ῆς false accusation, calumny, prejudice

διαγινώσκω know one from another, distinguish

διαδείκνυμι show clearly *or* thoroughly

διαδιδρήσκω, -δρήσομαι run away, escape

διάδοχος, -ον succeeding, relieving, in succession *or* relays

Διαδρόμης, -εω Diadromes, *a Thespian*

διαίρεσις, -ιος, ἡ division

διαιρέω divide into parts, divide

δίαιτα, -ης way of living, life, maintenance. δίαιταν ποιεῖσθαι pass one's life, live. δίαιταν ἔχειν live

διαιτάομαι, -ήσομαι lead a course of life, live

διακελεύομαι give orders this way and that, direct, exhort

διακλέπτω steal away, keep alive by stealth

διακομίζω carry through *or* to the end

διακρίνω separate one from another, distinguish, settle, decide. διακρῖναι αἵρεσιν make a choice; *in pass.* be parted, separate

διαλαμβάνω lay hold of separately *or* on every side, seize, arrest

διαλέγομαι converse with

διαλοιδορέομαι rail furiously at, abuse on all sides

διαλύω break up into parts, disperse, destroy, break off, dissolve, pay, discharge (*a debt or promise*); *also in mid.*

διαμετρέω measure through *or* off; *in mid.* have measured out to one, *hence* receive as one's share

διαναυμαχέω fight a naval battle through to the end

διανέω swim through *or* out

διανοέομαι, -ήσομαι, *perf.* -νένωμαι intend, be disposed to

διάνοια, -ης thought, notion, intention, purpose

διαπειλέω threaten violently

διάπειρα, -ης trial, test

διαπειράομαι make trial *or* proof of

διαπέμπω send in different directions

διαπεραιόω, -ώσω carry across; *in pass.* be taken over, go across

διαπρήσσω bring about, accomplish; *so also in mid.*

διαρρήγνυμι break through

διασείω shake violently, throw into confusion

διασκεδάννυμι scatter, disperse; *perf. pass.* διεσκέδασμαι be dispersed

διασπάω tear asunder

διασπείρω, -σπερέω, -έσπειρα scatter, spread about, disperse

διασφάξ, -άγος, ἡ rent, cleft, rocky gorge

διατάσσω appoint *or* dispose severally, appoint to several offices, arrange διατελέω bring to an end, accomplish; with ptc. continue

διατετραίνω, -ανέω bore or break through

διατίθημι place separately, distribute, dispose; in mid. dispose of

διατρίβω spend (of time)

διαφαίνω make to show through; seemingly intr. shine through, appear, dawn

διαφέρω carry through; of time go through; διαφέρει impers. it makes a difference

διαφεύγω flee through, escape

διαφθείρω destroy, ruin, ravage, corrupt

διαφοιτάω go about continually here and there

διαφορά, -ῆς difference, disagreement, quarrel

διαφυλάσσω guard carefully, observe closely

διαφύομαι, -σομαι, with 2 acr. act. -έφυν grow between, intervene

διαχέω pour different ways, disperse, upset, confound, undo

διαχράομαι use up, use constantly or habitually, consume, destroy

διδάσκω, διδάξω, ἐδίδαξα, ἐδιδάχθην teach, instruct; of a poet bring out a piece

διδαχή, -ῆς instruction

δίδωμι, δώσω, ἔδωκα, δέδωκα, δέδομαι, ἐδόθην give; in pres. and impf. be ready to give, offer. δοῦναι δίκας give satisfaction, be punished. λόγον δοῦναι ἑωυτῷ consider

διελαύνω drive or ride through

διέξειμι go through, recount, rehearse

διεξέρχομαι go through to the end, recount in full, relate

διεργάζομαι make an end of, kill, destroy

διέρχομαι go through, pass through

διέτης, -ες of or lasting two years

δίζημαι seek for, seek

δίζω be in doubt

διηκόσιοι two hundred

Διηνέκης Dieneces, a Spartan distinguished for bravery and wit

Διθύραμβος, -ου Dithyrambus, a Thespian who won distinction at Thermopylæ

διθύραμβος, -ου dithyramb, a form of lyric verse

διίστημι causal in pres., impf., fut., I aor. act. and mid. set or place at intervals; intr. in pass., 2 aor., perf. and plupf. act. stand or be set at intervals

δικάζω, aor. ἐδίκασα give judgment, decree

δίκαιος just, right, exact, precise

δικαιοσύνη, -ης justice, righteousness

δικαιόω, -ώσω think right or fit

δικαίως adv. rightly, justly

δικαστής, -έω judge

δίκη, -ης right, justice, judgment, atonement, satisfaction, penalty. αἰτέειν δίκας demand satisfaction. ἔχειν δίκην have satisfaction. δοῦναι δίκας give satisfaction, make amends, pay penalty. λαβεῖν δίκην be punished. σὺν δίκῃ, κατὰ δίκην rightly

δίκτυον, -ου net

διξός = δισσός twofold; in pl. two

διό (δι' ὅ) therefore

δίοδος, -ου, ἡ way through, passage

Διομήδης, -εος Diomed, one of the mightiest of the Achæans before Troy

διότι conj. because that, for the reason that; indir. therefore, why; sometimes = ὅτι that

διπλήσιος double, twice as much

διπλός twofold, double

δίς adv. twice

δισμύριοι twenty thousand

δισχίλιοι two thousand

διφάσιος twofold; in pl. two

δίχα, adv. in two, apart, at variance

διώκω, -ώξω drive, pursue, drive away, banish; as a law-term, prosecute

διῶρυξ, -υχος, ἡ trench, canal

δοκέω, δόξω, ἔδοξα, δέδογμαι think, seem, seem good, be resolved

δόκιμος famous, distinguished
δολερός deceitful, treacherous
δόλος, -ου guile, trick, treachery
δόμος, -ου house, room, chamber
δονέω, -ήσω shake, agitate; *in pass.*
be in a turmoil
δόξα, -ης reputation, fame, glory
δοράτιον, -ου spear
δοριάλωτος, -ον captive of the spear,
taken in war
Δορίσκος, -ου, ἡ Doriscus, *a town in
Thrace*
δόρυ, δόρατος, τό spear
δορυφόρος, -ου spear-bearing; *as subst.*
spearman, *especially* one of the body-
guard *of a king*
δόσις, -ιος, ἡ gift
δουλήιος of a slave
δουλοπρεπής, -ές befitting a slave, servile
δοῦλος, -ου slave
δουλοσύνη, -ης slavery
δουλόω, -ώσω make a slave of, en-
slave; *in pass.* be a slave
δραχμή, -ῆς drachma, *an Attic coin
worth about a franc*
δρέπανον, -ου scythe
δρηπέτης, -εω runaway
δρησμός, -οῦ running away, flight
δρόμος, -ου running, race, race course.
δρόμῳ on a run
δρῦς, -υός, ἡ tree, oak-tree
δύναμαι, -ήσομαι, ἐδυνάσθην be able,
can
δύναμις, -ιος, ἡ strength, power, force,
ability. κατὰ δύναμιν to the best
of one's ability
δυναστεύω be powerful *or* influential
δυνατός able, powerful; *of things,*
possible
δυνατῶς *adv.* ably, powerfully. δυνατῶς
ἔχειν = δυνατόν εἶναι
δύο, -ῶν two
δύομαι, -σομαι, *with 2 aor. act.* ἔδυν
enter, sink. πρὸ δύντος ἡλίου before
sunset
δυσεντερίη, -ης dysentery
δύω *epic for* δύο

δυώδεκα twelve
δυωδεκάπηχυς, -υ twelve cubits long
Δωδώνη, -ης Dodona, *in Epirus, seat
of the oracle of Zeus, the most ancient
in Greece*
δῶμα, -ατος, τό house *or* part of a
house; *hence pl.* δώματα house
δωρεή, -ῆς gift
δωρέομαι, -ήσομαι present *a thing* to,
present *one* with; *in pass.* be pre-
sented
Δωριεύς, -έος (1) *a* Dorian; (2) Dori-
eus, *brother of Leonidas*
Δωρικός Doric
δῶρον, -ου gift
δωτίνη, -ης gift

E

ἔαδε *see* ἀνδάνω
ἔαρ, ἔαρος, τό spring. ἅμα τῷ ἔαρι
in early spring
ἔασιν *epic form for* εἰσίν; *see* εἰμί
ἐάω (*impf.* ἔων), -άσω allow, permit;
οὐκ ἐᾶν to forbid, hinder, prevent;
give over, leave, let *it* alone; ἰέναι
ἔασον omit to go, don't go
ἑβδομήκοντα *indecl.* seventy
ἕβδομος seventh
ἐγγίνομαι take place in, happen among;
of time, intervene, pass
ἐγγλύφω, -ύψω carve in, cut in
ἐγγράφω engrave, inscribe
ἐγγύς *adv.* near, *with gen.*
ἐγκαταλείπω leave behind
ἐγκρατής, -ές having possession of, in
control of, master of
ἐγκτίζω, *aor.* ἐνέκτισα build in, found
ἔγκυος, -ον pregnant
ἐγκυρέω, *aor.* ἐνεκύρησα *and* ἐνέκυρσα
(*as if from* κύρω) fall in with, find,
meet
ἐγχαλινόω put a bridle in the mouth
of; *pass. ptc.* ἐγκεχαλινωμένοι with
bits in their mouths
ἐγχειρίδιον, -ου dagger
ἐγχειρίζω, *aor.* ἐνεχείρισα put into *one's*
hand

ἐγχρίμπτω, -ψω bring near to

ἐγώ, ἐμέο, ἐμεῦ, ἐμοί, ἐμέ also enclitic forms μευ, μοι, με; pers. pron. of the first pers. sing. I, me. ἔγωγε I at least, I for my part

ἔδραμον, see τρέχω

ἕδρη, -ης seat, throne

ἑδώλιον, -ου seat; in pl. rowing-benches

ἐθελοκακέω, -ήσω play the coward

ἐθελοντής, -έω volunteer

ἐθέλω, ἐθελήσω, ἠθέλησα be willing, wish; with inf. be going to (like μέλλω); οὐκ ἐθέλω refuse

ἔθνος, -εος, τό nation, race, people

εἰ if, whether, if (as is true), since; after words denoting wonder, delight, etc. =ὅτι that. εἰ μή unless, except. εἰ δὲ μή otherwise

εἰδείην, εἰδέναι, εἰδέω, see οἶδα

εἴδομαι be like, liken oneself

εἶδος, -εος, τό form, beautiful form, beauty, appearance

εἴδωλον, -ου likeness, image

εἰκάζω, -άσω liken, compare, conjecture, infer, guess. ὡς εἰκάσαι as one may guess, to make a guess

εἴκοσι indecl. twenty

εἴκω yield, give way

εἰκών, -όνος, ἡ likeness, image

εἰλιγμός, -οῦ winding, convolution

εἷμα, -ατος, τό mantle, raiment

εἰμί (esse) εἶς, ἐστί, εἰμέν, ἐστέ, εἰσί (all enclit. except εἶς); subj. ἔω, ἦς, ᾖ, ἔωσι; opt. εἴην etc.; imv. ἴσθι, ἔστω etc.; inf. εἶναι; ptc. ἐών, ἐοῦσα, ἐόν; impf. ἦν, ἦσαν; fut. ἔσσομαι, ἔσται; iterative impf. ἔσκε, ἔσκον be, exist, be possible (in last two meanings 3 sing. written ἔστι; so also after certain particles). τὸ ἐόν reality, truth; τῷ ἐόντι in truth

εἶμι (ire) εἶ, εἶσι, ἴμεν, ἴτε, ἴασι; subj. ἴω etc.; opt. ἴοιμι etc.; imv. ἴθι etc.; inf. ἰέναι; ptc. ἰών, ἰοῦσα, ἰόν; impf. ἤια, ἤιε, ἤισαν go, come

εἴνατος ninth

εἵνεκα prep. with gen., usually after its case on account of, with regard to, as far as

εἵνεκεν = preceding

εἶπα 1 aor. said, spoke

εἶπον 2 aor. said, spoke

εἴρημαι see ἐρῶ

εἰρήνη, -ης peace

εἴρομαι, 2 aor. εἰρόμην ask, inquire, question

εἰρωτάω, -ήσω ask, inquire, question

εἷς, μία, ἕν one

εἶσα see ἵζω

εἴτε usually doubled εἴτε . . . εἴτε whether . . . or, either . . . or

ἐκ (before a vowel ἐξ) prep. with gen. from, out of, in consequence of, according to, after, by

ἑκάς adv. far, afar. ἑκαστέρω farther

ἕκαστος each, each one, every

ἑκάστοτε adv. each time, on each occasion

ἑκάτερος each of two

ἑκατόν indecl. one hundred

ἑκατοστός hundredth

ἐκβαίνω come or go out, disembark, come to pass, turn out

ἐκβάλλω throw out, drive out, expel; in mid. put ashore

ἐκγίνομαι born of, be gone away, have passed; impers. it is allowed, is granted

ἔκγονος, -ου child, descendant

ἐκδέκομαι take or receive from, succeed to, come next

ἔκδεξις, -ιος, ἡ succession

ἐκδημέω, -ήσω be out of town, be abroad

ἐκδιδάσκω teach thoroughly

ἐκδίδωμι give out, give up, let (of a house), empty (of a river)

ἐκδύνω and ἐκδύω take off, strip off; in mid. strip oneself of, put off

ἔκδυσις, -ιος, ἡ exit, way out

ἐκεῖ adv. there, in that place

ἐκεῖνος dem. pron. that, that person, he, she, it

ἔκθεσις, -ιος, ἡ putting forth *or* away, exposure

ἐκκαίω burn out

ἐκκαλέω call forth; *in mid.* call out to oneself

ἐκκαλύπτω, -ψω uncover

ἔκκειμαι be placed forth, be exposed (*as pass. of* ἐκτίθημι)

ἐκκλέπτω steal away

ἐκκληίω shut out, hinder

ἐκκομίζω take out, save from

ἐκλείπω forsake, desert, abandon

ἔκλειψις, -ιος, ἡ eclipse

ἐκλύω loose, release, set free

ἐκμανθάνω learn thoroughly

ἐκπειράομαι make trial of, test

ἐκπέμπω send out *or* away, dismiss

ἐκπηδάω, -ήσω leap out

ἐκπίμπλημι fill out, fulfill

ἐκπίπτω fall out, be thrown out

ἐκπλέω sail away

ἐκπλήσσω astonish, drive out of one's senses. ἐκπεπλῆχθαι, ἐκπλαγῆναι to be astounded, be driven from one's senses

ἐκπλώω = ἐκπλέω

ἐκποδών *adv.* out of the way, away

ἐκποιέω make completely, complete

ἐκπολεμόω, -ώσω excite to war; *in pass.* be set at war *or* feud with, become an enemy to

ἐκρήγνυμι break off, snap off; *in pass.* be shattered, break, break forth

ἐκτελέω fulfill, accomplish

ἐκτίθημι put *or* place forth, expose

ἐκτός *adv.* outside; *as prep. with gen.* outside of, except

ἕκτος sixth

Ἕκτωρ, -ορος Hector, *son of Priam*

ἐκφαίνω show forth, reveal, set forth, declare

ἐκφέρω bring *or* carry forth, carry off, carry ashore, report; *in mid and pass.* come to land

ἐκφεύγω escape from, escape

ἐκφοιτάω go out commonly *or* regularly

ἐκχέω pour out; *in pass.* flow out, stream out (*of persons*)

ἐκχράω suffice; ἐκχρᾷ *impers.* it suffices, contents

ἐκχωρέω go *or* come out, slip out

ἑκών, -οῦσα, -όν willing, voluntary. ἑκὼν εἶναι as far as depends upon one's will

ἐλαίη, -ης olive-tree

Ἐλαιών, -οῦντος Elæon, *more commonly* Elæus, *a town in the Thracian Chersonese*

ἔλασις, -ιος, ἡ driving, journey, expedition

ἐλάσσων, -ον *comp. of* μικρός less, inferior; *in pl.* fewer. ἔλασσον *adv.* less

ἐλαύνω, ἐλάω, ἤλασα, ἐλήλαμαι, ἠλάσθην drive, ride, march, proceed, draw (*of a line of wall*)

ἐλαφρός light, easy. ἐν ἐλαφρῷ ποιεῖσθαι to hold lightly

ἐλάχιστος *superl. of* ἐλάσσων least; *in pl.* fewest

ἐλέγχω question, cross-examine, confute

Ἑλένη, -ης Helen, *wife of Menelaus*

ἐλευθερίη, -ης freedom, liberty

ἐλεύθερος free

ἐλευθερόω, -ώσω set free, free, release

Ἐλευσίς, -ῖνος Eleusis, *a town in Attica*

Ἐλαφαντίνη, -ης Elephantine, *a city in Egypt*

ἐλθεῖν *see* ἔρχομαι

ἐλινύω rest, cease from

(ἑλκύω), εἵλκυσα, εἱλκύσθην draw, drag

ἕλκω, *impf.* εἷλκον draw, drag, draw down *the balance,* so weigh

ἐλλάμπομαι, -ψομαι distinguish oneself

Ἑλλάς, -άδος, ἡ Hellas, Greece

ἔλλεσχος, -ον talked of in the λέσχαι

Ἕλλην, -ηνος, ὁ Greek; *as adj.* = Ἑλληνικός

Ἑλληνικός Hellenic, Greek. τὸ Ἑλληνικόν = οἱ Ἕλληνες

Ἑλλήνιος = Ἑλληνικός. τὸ Ἑλλήνιον Hellenium *or* temple of the Hellenes

Ἑλληνίς, -ίδος *fem. adj.* Greek

Ἑλλησπόντιος of the Hellespont, Hellespontine

Ἑλλήσποντος, -ου the Hellespont

ἐλλόγιμος notable, of high repute

ἕλος, -εος, τό marsh

ἐλπίζω, *aor.* ἤλπισα hope, expect, think

ἐλπίς, -ίδος, ἡ hope, expectation

ἔλπομαι think, suppose, be confident

ἐμβαίνω step in *or* upon, embark; ἐνέβησα *causative* make to step in *or* upon

ἐμβάλλω throw in *or* on; *intr.* invade, ram (*of a ship*)

ἐμέ, ἐμέο, ἐμεῦ, ἐμοί *see* ἐγώ

ἐμεωυτοῦ, -ῆς *reflex. pron.* of myself

ἔμμεναι *epic for* εἶναι; *see* εἰμί

ἐμός my, mine, of me

ἔμπαλιν *adv.* the opposite way; *with gen.* contrary to

ἔμπεδον *adv.* firm

ἐμπίμπλημι fill full; *in mid. and pass.* sate oneself, eat one's fill

ἐμπίμπρημι, -πρήσω, -έπρησα, -επρήσθην kindle, set on fire

ἐμπίπτω fall upon

ἔμπλεος quite full

ἐμποδών *adv.* in the way

ἐμπόριον,-ου trading-place, mart

ἔμπρησις, -ιος, ἡ burning

ἔμπροσθε *adv.* before, in front; *with gen.* in front of, before

ἐμφανής, -ές visible, manifest. ἐκ τοῦ ἐμφανέος openly

ἐν *prep. with dat.* in, among, on, at, in the presence of, within the reach *or* power of, with, by; *as adv.* among

ἐναγής, -ές accurst, under a curse

ἐνάγω lead on, induce, persuade

ἐναλλάξ *adv.* alternately

ἐναντιόομαι, -ώσομαι oppose, withstand, set oneself against

ἐναντίος opposed, opposite; ἐξ ἐναντίης in front, opposite; ἐναντίον *as prep. with gen.* opposite, facing

ἕνδεκα *indecl.* eleven

ἑνδέκατος eleventh

ἐνδέκομαι accept, believe

ἐνδέω bind in, entangle in

ἐνδέω, -δεήσω be wanting *or* lacking

ἐνδίδωμι grant, allow, permit

ἔνδον *adv.* within, in the house

ἐνδύνω *and* ἐνδύω put on, clothe in; *in mid. and 2 aor. act.* ἐνέδυν put on, enter

ἔνειμι be in. ἔνι = ἔνεστι

ἐνενήκοντα *indecl.* ninety

ἔνερθε *adv.* from beneath, beneath, below; *as prep. with gen.* beneath, below, inferior to, subject to

ἐνέχω hold fast within, cherish; *in pass.* be held fast, caught *or* entangled in

ἐνηβητήριον, -ου place of amusement

ἔνθα *adv.* (1) *dem.* there, then; (2) *rel.* where

ἐνθάδε *adv.* here, hither, thither

ἐνθαῦτα *Ion. for* ἐνταῦθα *adv.* there, then

ἔνθεν *adv.* (1) *dem.* from there, thence; (2) *rel.* from where, whence. ἔνθεν . . . ἔνθεν on one side . . . on the other *with the gen.*

ἐνθεῦτεν *Ion. for* ἐντεῦθεν *adv.* from there, thereupon

ἐνθύμητός laid to heart. ἐνθυμητὸν ποιεῖσθαι to lay to heart

ἐνθύμιος, -ον taken to heart. ἐνθύμιον γενέσθαι to become a source of anxiety *or* regret

ἔνι *see* ἔνειμι

ἐνιαυτός, -οῦ year

ἐνιδρύομαι build for oneself

ἔνιοι some

ἐνιππεύω ride in

ἐνίστημι causal in pres., impf., fut., 1 aor. act. and mid. place in; *intr. in pass.,* 2 aor., perf. and plupf. act. be set in, stand in, enter upon, be appointed

ἐννοέω think, reflect on, consider

ἐνοικέω live in, inhabit

ἐνοικίζω settle in; *in pass.* be settled in, take up one's abode in

ἐνοράω see, remark, observe *something* in

ἐντάμνω cut in, engrave upon

ἐντανύω = ἐντείνω

ἐντείνω stretch *or* strain tight. ἐντετά-σθαι be held taut

ἐντέλλομαι, ἐνετειλάμην, ἐντέταλμαι enjoin, command, order

ἐντολή, -ῆς command, order

ἔντομος, -ον cut in pieces; τὰ ἔντομα victims

ἐντός *adv.* inside, within; *with gen.* on this side of. ἐντὸς ἑωυτοῦ in control of himself, in his senses

ἐντρέπω turn about, turn

ἐντυγχάνω happen upon, find

ἐνύπνιον, -ου dream

ἐξ *see* ἐκ

ἕξ *indecl.* six

ἐξαγγέλλω proclaim, make known, report; *in mid.* cause to be proclaimed

ἐξάγω lead out *or* forth

ἐξαίρεσις, -ιος, ἡ taking away, removal

ἐξαιρετός to be taken out *or* removed

ἐξαίρετος taken out, chosen out, choice

ἐξαιρέω take out, remove, make away with, take completely, capture; *in mid.* set free, deliver

ἐξακισχίλιοι six thousand

ἑξακόσιοι six hundred

ἐξαμαρτάνω err, do wrong, commit a fault, offend

ἑξάμετρος, -ον of six measures *or* feet. ἐν ἑξαμέτρῳ τόνῳ in hexameter measure

ἐξανάγομαι put out to sea, set sail

ἐξανακρούομαι retreat out of *a place* by backing water

ἐξαναχωρέω retreat, withdraw

ἐξανδραποδίζω, -ιέω enslave; *so also in mid.*

ἐξανίστημι *causal in pres., impf., fut., 1 aor. act. and mid.* make to stand from, remove from; *intr. in pass., 2 aor., perf. and plupf. act.* stand up from, depart from *or* emigrate

ἐξαπατάω, -ήσω deceive

ἐξαπίνης *adv.* suddenly

ἐξαριθμέω count, number

ἐξαρνέομαι deny utterly

ἔξαρνος, -ον denying, refusing. ἔξαρνον εἶναι to deny

ἐξαρτύω equip, make ready

ἐξεγείρω, -εγερέω, -ήγειρα, -ηγέρθην rouse, waken; *in pass.* wake up

ἔξειμι go *or* come out

ἐξεῖναι *see* ἔξεστι

ἐξειρύω draw out

ἐξελαύνω drive out, banish, march out, beat out (*of metals*)

ἐξεμπολέω sell off; *perf. pass.* ἐξεμπόλημαι be sold

ἐξεπίσταμαι know thoroughly

ἐξεργάζομαι accomplish, do *or* make completely, destroy; *perf. and aor. used in pass. sense*

ἐξέργω shut out, prevent, force, compel

ἐξέρχομαι come *or* go out

ἔξεστι it is permitted *or* possible

ἐξετάζω examine

ἐξεύρεσις, -ιος, ἡ searching out, search

ἐξεύρημα, -ατος, τό discovery, invention

ἐξευρίσκω find out, discover

ἐξηγέομαι go first, lead, dictate, prescribe, tell at length, relate in full, set forth, explain, narrate

ἐξήλυσις, -ιος, ἡ way out, outlet

ἐξημερόω tame *or* reclaim completely

ἐξιάομαι cure thoroughly

ἐξίημι send out

ἐξιλάσκομαι propitiate

ἐξισόω make equal

ἐξίστημι *causal in pres., impf., fut., 1 aor. act. and mid.* put out of place; *intr. in pass., 2 aor., perf. and plupf. act.*, stand aside from, withdraw from

ἐξίτηλος, -ον fading, evanescent. ἐξίτηλον γενέσθαι to become extinct, forgotten

ἔξοδος, -ου, ἡ way out, going out, departure

ἐξοικοδομέω build completely

ἐξορκόω put under oath, make *one* swear, administer an oath to one

ἐξοστρακίζω banish by ostracism; *perf. pass.* -ωστράκισμαι

ἐξυβρίζω, aor. -ύβρισα treat with insolence or violence

ἔξω adv. outside, without, out; with gen. outside of, except

ἔξωθεν adv. from without, outside

ἐξώστης, -εω one which drives out. ἐξῶσται ἄνεμοι violent winds

ἐόντως adv. really, truly

ἔοργα see ἔρδω

ἐπαγγέλλομαι proclaim, let proclamation be made, promise

ἐπάγερσις, -ιος, ἡ gathering, mustering

ἐπαγινέω = ἐπάγω

ἐπάγω lead to or against, bring to

ἐπαείρω arouse, incite; in pass. be elated

ἐπάϊστος, -ον detected

ἐπαισχύνομαι be ashamed of or at

ἐπαιτιάομαι charge, accuse

ἐπακούω listen to, hear, give ear to

ἐπαναβάλλομαι put off

ἐπανατέλλω rise

ἐπανίστημι causal in pres., imperf., fut., 1 aor. act. and mid. make to rise against; intr. in pass., 2 aor., perf. and plupf. act. rise up against, rise in revolt against

ἐπαράομαι lay a curse upon, imprecate

ἐπάργυρος, -ον plated with silver

ἐπαρκέω help, assist

ἔπαυλις, -ιος, ἡ farm building, cot, hut

Ἔπαφος, -ου Epaphus, Hellenic name of Egyptian god Apis

ἐπεάν (ἐπεί + ἄν) whenever, followed by subj.

ἐπεγείρω awaken, rouse

ἐπεί conj. when, whenever, after, since. ἐπεὶ τάχιστα as soon as

ἐπείγομαι hurry, hasten

ἐπειδή conj. when, since, after

ἔπειμι (esse) be upon or near

ἔπειμι (ire) come upon, approach, attack, invade

ἐπεῖπον bade

ἐπείρομαι ask again or besides, inquire of

ἐπειρωτάω question, ask, ask about, consult

ἔπειτα adv. then, afterwards

ἐπείτε conj. when, since, since the time when

ἐπελαύνω drive or ride against, march against

ἐπέξειμι (ire) go over, go through in detail, go out against, proceed against

ἐπεξέρχομαι go out against

ἐπεξῆς adv. in order, successively

ἐπέπω engage in ; in mid. follow upon, accompany, attend, pursue

ἐπέρχομαι come upon, come or go against, come forward, traverse

ἐπέσειμι come on after, come on besides

ἐπεσέρχομαι come to, come after

ἐπεστραμμένος perf. mid. ptc. of ἐπιστρέφω earnest, vehement

ἐπέτειος yearly, annual

ἐπέχω hold or direct towards, hold back, check, have power over ; also intr. stay, stop, cease, wait, pause, extend over, reach over

ἐπί prep. (1) with gen. upon, in, toward, in the direction of, in the time of, after (with κεκλῆσθαι), by (with refl. pron.); (2) with dat. upon, on or over, in honor of, in addition to, in the power of, in regard to, for the purpose of, on condition of ; (3) with acc. to a place upon, to, toward, against, for (of purpose), for (with expression of time). As adv. upon, besides, next

Ἐπιάλτης, -εω Ephialtes, a Malian, who, by betraying to Xerxes the existence of a mountain pass, caused the destruction of the Spartans at Thermopylæ

ἐπιβαίνω set foot upon, go upon, mount, go on board ship

ἐπιβάλλω put or place upon, impose

ἐπιβατεύω set foot upon, occupy, usurp, appropriate

ἐπιβάτης, -εω one who embarks; regularly of a fighting man on board ship ἐπιβοάω, -βώσομαι, -εβωσάμην shout to, call upon

ἐπιβοηθέω come to aid

ἐπιβουλεύω plot against, form designs upon

ἐπιβουλή, -ῆς plot

ἐπίγαιος, -ον on the ground

ἐπιγαμίη, -ης intermarriage

ἐπιγίνομαι be born after, come after, come upon, fall upon, befall, come on (*of time*)

ἐπίγραμμα, -ατος, τό inscription

ἐπιγράφω write upon; *in pass.* be inscribed upon *or* over

ἐπιδείκνυμι point out, show, exhibit ; *so also in mid.*

ἐπιδέκομαι admit besides *or* in addition

ἐπιδίδωμι give besides *or* in addition

ἐπιδίζημαι seek for, demand besides

ἐπιδιώκω follow after, pursue

ἐπιδρομή, -ῆς inroad, attack, sally. ἐξ ἐπιδρομῆς by inroad

ἐπιεικής, -ές capable, able, moderate

ἐπιεικῶς *adv.* moderately, tolerably, fairly

ἐπιέννυμι put on besides *or* over; *perf. pass.* ἐπίεσμαι

ἐπιζέω boil over

ἐπιζητέω seek after, wish for

ἐπίημι send against, send upon, let in

ἐπιθαλάσσιος, -ον dwelling *or* lying on the coast

ἐπίθημα, τό something put on, lid, cover

ἐπιθυμέω, -ήσω set *one's* heart upon, long for, desire earnestly

ἐπιθυμητής, -έω one who longs for *or* desires, lover

ἐπικαλέω call upon, invoke, bring accusation against, impute; *in mid.* call on as a helper; *in pass.* be called by a surname, nicknamed

ἐπικατακλύω overflow besides, submerge

ἐπικατασφάζω slay upon *or* over

ἐπικαταψεύδομαι to tell falsehoods besides

ἐπίκειμαι be placed *or* lie in *or* on, be laid on, be imposed, press on, attack

ἐπικηρυκεύομαι proclaim publicly, send a message by a herald

ἐπικίδνημι spread over

ἐπικίρνημι mix in addition

ἐπίκλησις, -ιος, ἡ additional name, surname; ἐπίκλησιν *adv.* by name, nominally

ἐπίκλητος, -ον called upon, specially summoned

ἐπικνέομαι reach, attain to, hit the mark

ἐπικοσμέω honor, celebrate

ἐπίκουρος, -ου ally

ἐπικρατέω be in control of, rule over

ἐπικυρέω fall in with, meet with, obtain

ἐπιλαμβάνω seize, attack; *in mid.* lay hold of, get, obtain

ἐπίλαμπτος, -ον caught, detected

ἐπιλάμπω, -ψω shine after, shine forth

ἐπιλεαίνω, -ελέηνα smooth *or* gloss over, make plausible

ἐπιλέγω say in addition; *in mid.* choose, pick out, select, think over, consider, read; *foll. by* μή fear, be apprehensive

ἐπιλείπω fail, be wanting

ἐπιλήθομαι, -λήσομαι, -ελαθόμην, -λέληθα forget, disregard

ἐπίλοιπος, -ον left remaining; *of time* to come, future

ἐπιμειξίη, -ης intercourse, dealings

ἐπιμέλεια, -ης care bestowed *on one*, attention. ἐπιμέλειαν ποιεῖσθαι to pay attention to

ἐπιμελής, -ές cared for, object of care

ἐπιμέλομαι give heed, attend

ἐπιμέμφομαι find fault, blame, complain

ἐπιμιμνήσκομαι make mention of, mention

ἐπιμίσγομαι have dealings with

ἐπίνειον, -ου state harbor

ἐπινέμομαι *of cattle* feed over the boundaries; *of fire* spread over

ἐπινέφελος, -ον cloudy, overcast

ἐπινοέω think on, contrive, have in mind, intend; *also in pass.* intend

ἐπίπαν *'adv.* upon the whole, in general

ἐπιπέμπω send after, send upon *or* to

ἐπιπέτομαι, -πτήσομαι fly to *or* towards

ἔπιπλα, -ων, τά furnishings, movable property

ἐπίπλεος quite full of

ἐπιπλέω *or* ἐπιπλώω sail upon *or* over

ἐπιπολῆς *adv.* atop; *with gen.* on top of, above

ἐπίσημον, -ον device, ensign *or* flag *on a ship*

ἐπίσημος, -ον having a mark *or* inscription

ἐπισιτίζομαι, -ιεῦμαι furnish oneself with food *or* provisions

ἐπισκευή, -ῆς repair, restoration

ἐπισκήπτω, -ψω enjoin upon

ἐπισπάω, -άσω draw to *or* towards one

ἐπισπεύδω urge on, further, promote

ἐπίσταμαι feel sure, believe, think, know

ἐπιστέλλω send to, despatch, enjoin, command

ἐπίστημι *causal in pres., impf., fut., 1 aor. act. and mid.* set *or* place over; *intr. in pass., 2 aor., perf. and plupf. act.* be set over, stand over, be in command *or* authority, stand by *or* near

ἐπίστιος, -ον at one's fireside *or* hearth; *as epithet of Zeus,* god of the hearth *or* of hospitality

ἐπιστρεφέως *adv.* earnestly

ἐπιστρέφω turn about, turn toward; *in mid.* pay attention to, regard. ἐπεστραμμένα = ἐπιστρεφέως

ἐπιτάρροθος, -ον master, lord

ἐπιτάσσω put upon *as a duty,* impose, enjoin

ἐπιτελέω fulfill, accomplish, complete

ἐπιτελής, -ές complete, accomplished

ἐπίτεξ, -εκος, ἡ about to bring forth

ἐπιτεχνάομαι, -ήσομαι contrive for *a purpose,* devise, invent

ἐπιτήδεος suitable, useful, serviceable, convenient. τὰ ἐπιτήδεα necessaries, provisions

ἐπίτηδες *adv.* advisedly, on purpose

ἐπιτηδεύω practise

ἐπιτηδέως *adv.* suitably, conveniently

ἐπιτίθημι put to *or* upon, apply, impose, despatch (*a letter*); *in mid.* set oneself to *something,* attack, lay commands upon

ἐπιτρέπω turn over to, entrust, give way, yield

ἐπιτρέφω support, maintain; *in pass.* grow up after *or* as a successor

ἐπιτρέχω run upon, run after, be eager for

ἐπιτροπεύω be guardian *or* regent for

ἐπίτροπος, -ον in charge of; *as subst.* steward, viceroy, guardian

ἐπιτυγχάνω happen upon, meet

ἐπιφαίνω show forth, display; *in pass.* show oneself, appear

ἐπιφανής, -ές manifest, evident, conspicuous, remarkable

ἐπιφέρω bring upon *or* against, inveigh against, impute; *in pass.* rush upon, attack

ἐπιφημίζομαι utter ominous words

ἐπίφθονος, -ον liable to envy *or* jealousy, odious, unpopular

ἐπιφοιτάω keep coming to, visit frequently

ἐπιφράζομαι think of, contrive

ἐπιφράσσω, -ξω block up, fortify

ἐπιχειρέω, -ήσω make an attempt upon, attempt, attack

ἐπιχείρησις, -ιος, ἡ attempt upon, attack

ἐπίχρυσος, -ον plated with gold

ἐπιχώριος of the country, native; οἱ ἐπιχώριοι people of the country, natives

ἐπιψηφίζω put to the vote, put the question

ἕπομαι, *impf.* εἱπόμην, *2 aor.* ἑσπόμην follow, accompany

ἐποποιίη, -ης epic poetry, epic poem

ἐποποιός, -οῦ epic poet

ἐποράω look upon, watch over, behold, inspect, view, observe, see

ἐπορμέω lie moored against, blockade

ἔπος, -εος, τό word, saying, verse

ἐποτρύνω urge on

ἑπτά *indecl.* seven

ἑπτακαίδεκα *indecl.* seventeen

ἑπτακόσιοι seven hundred

ἑπτάπηχυς, -υ seven cubits long

ἐπωνυμίη, -ης additional name, nickname

ἐπώνυμος, -ον named after

ἔραμαι, *aor.* ἠράσθην be in love with

ἐργάζομαι, -άσομαι, ἐργασάμην, ἔργασμαι, ἐργάσθην do something to *another*, do, work, perform, earn by working; *perf. and aor. used in pass. sense*

ἐργασίη, -ης working

ἔργον, -ου deed, action, achievement, work, matter, thing; τὰ ἔργα tilled lands

ἔργω, ἔρξω, εἶρξα confine, restrain, prevent

ἔρδω, ἔρξω, εἶρξα, ἔοργα do work, do, do *something* to

ἐρείπιον, -ου ruin, wreck

ἐρείπω throw down, cast down

Ἐρέτρια, -ης Eretria, *one of the chief towns of Euboea*

Ἐρετριεύς, -έος *an* Eretrian

Ἐρετρικός Eretrian

ἐρευνάω seek *or* search for, search

Ἐρεχθεύς, -έος Erechtheus, *son of Poseidon and Athena, brought to life in the lap of earth*

ἐρέω, *fut. of a rare form* εἴρω *from which come also* εἴρηκα, εἴρημαι, ἐρρήθην, εἰρήσομαι (*fut. mid. for fut. pass.*) say, speak, tell, order

ἔρημος deserted, solitary, destitute of, void of

ἐρημόω, -ώσω strip bare, bereave

ἐρίζω, *aor.* ἤρισα vie with, strive, rival

ἑρμηνεύς, -έος, ὁ interpreter

Ἕρμος, -ου Hermus, *a river in Lydia*

Ἑρμόφαντος, -ου Hermophantus, *a Milesian*

ἔρσην, -ενος, ὁ male

ἐρυθρός red. Ἐρυθρὴ θάλασσα *the* Red Sea, *a name given to the Indian Ocean*

ἔρυμα, -ατος, τό defence

ἐρύω, *aor.* εἴρυσα draw, drag

ἔρχομαι, ἐλεύσομαι, ἦλθον, ἐλήλυθα come, go; *with fut. ptc. used like an auxiliary verb* be going to

ἔρως, -ωτος, ὁ love, desire

ἐς *prep. with acc.* to, into, upon, up to (*of time*), until, for, with a view to, in regard to, toward; *with numerals* about; *in many adv. expressions* ἐς τὴν ὑστεραίην on the next day; ἐς μακρήν for long; ἐς τὸ δέον at need; ἐς τὸ πρόσω forward

ἐσάγω lead in *or* into; *in mid.* bring in, import, admit

ἐσακοντίζω throw a javelin at *someone*

ἐσακούω give ear to, listen, obey

ἐσαπικνέομαι come to, arrive at, reach

ἐσβαίνω go into, enter, embark

ἐσβάλλω throw into, put on board, invade; *in mid.* put on board one's ship

ἐσβιβάζω, -άσω, make to go into, put into *or* upon

ἐσβολή, -ῆς pass, invasion

ἐσδύνω *and* ἐσδύομαι *with 2 aor. act.* ἐσέδυν enter

ἔσειμι go *or* come into, enter

ἐσελκύω draw *or* drag in *or* into

ἐσέρχομαι go *or* come into, come to, enter, return, occur to

ἐσέχω stretch into, open into

ἐσηγητής, -έω, ὁ mover, author, proposer

ἔσθημαι *perf. pass. of* ἐσθέω be clothed

ἐσθής, -ῆτος, ἡ clothing

ἐσθλός *epic word* = ἀγαθός good, brave, *etc.*

ἔσοδος, -ου, ἡ way in, entrance

ἐσοράω look in, inspect

ἐσπέμπω send to *or* into

ἑσπέρη, -ης west, evening

ἐσπίπτω rush or burst in, fall into or upon, attack

ἔσσεσθαι see εἰμί

ἐσσόομαι, aor. ἐσσώθην be weaker, be defeated

ἔστε conj. as long as, while, until

ἑστεώς 2 perf. ptc. of ἵστημι

ἐστίθημι put in or into, put on board

ἐσφέρω carry to or into, bring in, propose; in mid. import, introduce

ἐσφορέω frequent. of ἐσφέρω carry or bear to a place continually

ἔσχατος farthest, uttermost; τὸ ἔσχατον the utmost, extremity

ἔσω adv. within, inside

ἔσωθεν adv. from within, within, inside

ἑταιρήιος of or belonging to comrades; as epithet of Zeus, god of fellowship

ἑταῖρος, -ου comrade, friend, companion

ἑτεροιόω make different, change; in pass. be changed, altered

ἕτερος, -ου one of two, other. ἕτερος . . . ἕτερος one . . . other

ἑτέρωθι adv. in another place

ἔτι adv. still, besides; with neg. longer

ἑτοιμάζω, -άσω make ready, prepare

ἕτοιμος ready, prepared

ἔτος, -εος, τό year

εὖ adv. well, fortunately, happily

εὖ, οἱ sing. of the pers. pron. of the third pers. (of, to) him, her

εὐαής, -ές fair-blowing, favorable

Εὐαλκίδης, -εω Eualcidas, a general of the Eretrians

εὐβάστακτος, -ον easy to move

Εὐβοίη, -ης Euboea

εὐδαιμονέω, -ήσω be fortunate, happy, prosperous

εὐδαιμονίη, -ης good-fortune, happiness, prosperity

εὐδαίμων, -ον fortunate, happy, prosperous

εὕδω sleep

εὐδοκιμέω, -ήσω be of good repute, honored, famous, distinguished

εὐειδής, -ές beautiful, handsome

εὐεπής, -ές well-spoken, acceptable

εὐεργεσίη, -ης kindness, benefit

εὐεστώ, -οῦς, ἡ well-being, tranquillity, prosperity

εὐηθείη, -ης simplicity, silliness, folly

εὐηθής, -ές simple-minded, silly, foolish

εὐθηνέω, -ήσω flourish, prosper; so also in pass.

Εὐμένης Eumenes, an Athenian who won distinction at Salamis

εὐνή, -ῆς couch, bed

εὐνοέστερος see εὔνοος

εὐνομέομαι, aor. εὐνομήθην have good laws, be orderly

εὐνομίη, -ης well-ordered state, good order

εὔνοος, -ον well-disposed, kindly, friendly; irreg. comp. εὐνοέστερος

εὐνοῦχος, -ου eunuch, chamberlain

εὔξεινος, -ον kind to strangers, hospitable. πόντος Εὔξεινος or Εὔξεινος the Euxine or Black Sea

εὐπαθέω, -ήσω enjoy oneself, make merry

εὐπατέρεια, -ης daughter of a noble father

εὐπετέως adv. of the foll.

εὐπετής, -ές without trouble, easy

εὐπρεπέως adv. of the foll.

εὐπρεπής, -ές well-looking, fit, becoming, glorious, specious, distinguished

εὐπρηξίη, -ης welfare, success

Εὔριπος, -ου Euripus, the strait that separates Euboea from the mainland

εὑρίσκω, εὑρήσω, εὗρον, εὕρηκα, εὕρημαι, εὑρέθην find, discover; in mid. get for oneself, obtain

εὖρος, -εος, τό width

Εὐρυβιάδης, -εω Eurybiades, a Spartan in command of the allied Greek fleet

Εὐρύδημος, -ου Eurydemus, father of Ephialtes, the traitor

Εὐρύμαχος, -ου Eurymachus, a Theban

εὐρύοπα ep. for εὐρυόπης far-seeing

εὐρύς, -έα, -ύ wide, broad

εὐρυχωρίη, -ης open space

Εὐρώπη, -ης (1) *the continent of* Europe; (2) Europa, *daughter of a Phœnician king*

εὐσεβέω, -ήσω be pious *or* reverent, act reverently

εὐσεβής, -ές pious, reverent

εὖτε *rel. adv.* when

εὔτυκος, -ον ready, ready for eating

εὐτυχέω, -ήσω be well-off, successful, fortunate

εὐτυχέως *adv. of the foll.*

εὐτυχής, -ές well-off, fortunate, successful

εὐτυχίη, -ης good-fortune, prosperity, success

Εὔφορβος, -ου Euphorbus, *an Eretrian, who betrayed his city to the Persians*

Εὐφορίων, -ωνος Euphorion, *father of the tragic poet Æschylus and of Cynegirus, who fell at Marathon*

εὐφρόνη, -ης kindly time, *a euphemism for* night

εὐχή, -ῆς prayer, vow

εὔχομαι, εὔξομαι, εὐξάμην pray

εὐώνυμος, -ον of good name *or* omen, fortunate; *euphemistic for* ἀριστερός left

εὐωχέω, -ήσω entertain lavishly; *in pass.* feast

Ἐφέσιος Ephesian

Ἔφεσος, -ου, ἡ Ephesus, *the chief Ionian city of the coast of Asia Minor*

ἔχθρη, -ης hatred, enmity

ἐχθρός hostile, at enmity; *as subst.* one's enemy

ἔχω (*impf.* εἶχον), σχήσω, *aor.* ἔσχον have, hold, inhabit, have to wife; hold *or* keep *in a certain direction, hence* guide, steer; check, stop; have *mentally, hence* know, understand; *with ptc. as auxiliary* have; *also intr.* tend towards, extend, aim at; *with adv.* be, *with inf.* be able; *in mid.* cling to, be close, come next to, border upon, pertain to, refrain from

ἐψέω *and* ἕψω boil

ἔωθα *perf. with meaning of pres.* be accustomed

ἔων *impf. of* ἐάω

ἐών, ἐοῦσα, ἐόν *ptc. of* εἰμί

ἕως *conj.* while, until

ἑωυτοῦ, -ῆς, -οῦ *reflex. pron. of third pers.* of himself, herself, itself; *sometimes used for first and second persons*

Z

ζάθεος very holy

ζάπλουτος, -ον very rich

ζάω live, be living *or* alive

ζεύγλη, -ης strap *or* loop of the yoke

ζεύγνυμι, ζεύξω join together, bridge

ζεῦγος, -εος, τό yoke, pair, couple, chariot (*drawn by pair*)

ζεῦξις, -ιος, ἡ joining, bridging

Ζεύς, Διός *or* Ζηνός Zeus, *king of the gods*

ζέω, ζέσω boil, boil *or* bubble up

ζημιόω, -ώσω punish, fine

ζητέω, -ήσω seek, seek for

ζήτησις, -ιος, ἡ search

ζόη, -ης life, living; *hence* property, substance, income, way of living

ζωγρέω, -ήσω take alive, take captive

ζώνη, -ης girdle

ζῷον, -ου living animal, figure (*of animal or man*)

ζωός alive, living

ζώω live

H

ἤ *conj.* or. ἤ . . . ἤ either . . . or, whether . . . or; *after a comp.* than

ἦ in truth, verily

ἡγεμονίη, -ης chief command, leadership, hegemony

ἡγεμών, -όνος, ὁ leader, guide, commander

ἡγέομαι, -ήσομαι, -ησάμην, ἥγημαι lead the way, be the leader of, guide; *also* suppose, believe, think

Ἡγησικλέης, -έος Hegesicles, *a king of Sparta*

ἤδεα, ἤδεε *see* οἶδα

ἤδη *adv.* now, already, hitherto, forthwith

ἥδομαι, *aor. pass.* ἥσθην be pleased, enjoy, be delighted

ἡδονή, -ῆς pleasure, enjoyment, delight

ἡδύς, -έα, -ύ sweet, pleasant, agreeable

Ἠδωνός Edonian

ἠέρος, ἠέρι *see* ἀήρ

Ἠετίων, -ίωνος Eetion, *father of Cypselus*

ᾔα, ᾔε, ᾔσαν *see* εἶμι (*ire*)

ἠιών, -ιόνος, ἡ shore, beach

ἥκιστα *adv.* least

ἥκω, ἥξω have come, have reached, arrive; εὖ ἥκειν be well off, flourishing

ἦλθον *see* ἔρχομαι

ἠλίθιος silly, foolish

ἡλικίη, -ης age, time of life, youth

ἧλιξ, -ικος of the same age. ἥλικες comrades, fellows

ἥλιος, -ου sun. Ἥλιος Helius, *the sun god*

ἥλωκα, ἥλων *see* ἁλίσκομαι

ἦμαρ, -ατος, τό day

ἡμεῖς, -έων, -ῖν, -έας *pers. pron. of the first pers. pl.* we, us

ἡμέρη, -ης day. ἐπ' ἡμέρην for a day; δι' ἡμέρης the whole day long

ἡμεροδρόμης, -ου courier

ἡμερολογέω count by days

ἥμερος tame, cultivated

ἡμεροσκόπος, -ου day-watcher

ἡμερόω, -ώσω tame, subdue

ἡμέτερος our

ἡμίονος, -ου, ἡ mule

ἡμίπλεθρον, -ου a half-plethrum, *i.e. fifty feet*

ἥμισυς, -εα, -υ half

ἡμιτάλαντον, -ου half-talent

ἤν = εἰ + ἄν if *followed by the subj.*

ἦν, ἦσαν *see* εἰμί

ἤνεικα *see* φέρω

ἤπειρος, -ου, ἡ continent, mainland

ἠπειρώτης, -εω of the mainland. οἱ ἠπειρῶται inhabitants of the mainland

ἤπιος gentle, mild

ἠπίως *adv. of* ἤπιος

Ἥραιον temple of Hera, Heraeum

Ἡρακλέης, -έος Heracles, *son of Zeus, the most famous Greek hero*

Ἡρακλείδης, -εω son *or* descendant of Heracles. οἱ Ἡ. the Heraclidae

Ἡράκλειον, -ου Heracleum *or* temple of Heracles

Ἥρη, -ης Hera, *queen of the gods, wife of Zeus*

Ἡρόδοτος, -ου Herodotus

ἧσσον, ἥσσω *adv.* less, worse. οὐδὲν ἧσσον nevertheless

ἥσσων, -ον less, worse

ἡσυχίη, -ης quiet, stillness, rest, ease. ἡσυχίην ἔχειν *or* ἄγειν to keep quiet. κατ' ἡσυχίην at ease, in peace, undisturbed

ἡσύχιος, -ον quiet, silent, gentle

ἥσυχος, -ον = foregoing

ἤτοι either in truth. ἤτοι . . . ἤ either . . . or

Ἡφαίστειον, -ου Hephaesteum *or* temple of Hephaestus

Ἥφαιστος, -ου Hephaestus *or* Ptah, *a great god in Egyptian mythology*

ἠώς, ἠοῦς, ἠοῖ, ἠῶ, ἡ dawn, east

Θ

θαλάμιος pertaining to the θάλαμος *or* lowest part of the ship. θαλαμίη (*sc.* ὀπή hole) hole in the ship's side through which the oar of the θαλαμίτης (*rower on the lowest bench*) worked

θάλαμος, -ου (1) inner room, chamber, bedroom, store room; (2) lowest part of the ship, hold

θάλασσα, -ης sea, sea water, salt well

θαλάσσιος of *or* from the sea, belonging to the sea, skilled in the sea, nautical; *as subst.* seamen

θαλασσοκρατέω rule the sea

θαμβέω, -ήσω be amazed, astonished

θάνατος, -ου death; *in pl.* kinds of deaths, deaths

θανατόω, -ώσω put to death

θάπτω, θάψω, ἔθαψα, ἐτεθάμμην, ἐτάφην *and* ἐθάφθην bury

θαρσέω, -ήσω, ἐθάρσησα, τεθάρσηκα be of good courage, feel confidence

θάρσος, -εος, τό boldness, audacity, courage

θεάομαι, -ήσομαι see, behold, view with wonder

θεήλατος, -ον driven *or* sent by a god

θεῖος of *or* from the gods, divine. τὸ θεῖον the Divinity, Deity

θέλω *shortened form of* ἐθέλω

Θεμιστοκλέης, -κλέος, -κλέϊ, -κλέα, Θεμιστόκλεες Themistocles, *an Athenian general, hero of the Battle of Salamis*

θεοβλαβής, -ές stricken of God, infatuated

Θεόδωρος, -ου Theodorus *of Samos, a famous gem-cutter and goldsmith*

θεοειδής, -ές godlike

θεοπρόπιον, -ου prophecy, oracle

θεοπρόπος, -ου seer, prophet

θεός, -οῦ, ὁ, ἡ god, goddess

θεοσεβής, -ές god-fearing, reverent, pious

Θεοφάνια, -ίων, τά festival of the Theophany, *celebrated at Delphi*

θεοφιλής, -ές god-beloved, favored by Heaven

θεράπαινα, -ης maid-servant, handmaid

θεραπεύω serve, court, flatter; *with* ἡμέρην observe, keep as a feast

θεραπηίη, -ης service, attendance; *in collective sense* body of attendants, retinue

θεράπων, -οντος, ὁ man-servant, attendant

θερμός hot, warm

Θερμοπύλαι, -έων Thermopylæ, *a pass so-named because of hot springs near it*

θέρος, -εος, τό summer

θέσμιον, -ου law, custom

Θέσπεια, -ης Thespia, *usually* Thespiæ, *a town in Bœotia*

Θεσπιεύς, -έος a Thespian

θεσπίζω, ἐθέσπισα declare by oracle, prophesy

Θεσσαλίη, -ης Thessaly

θέω, θεύσομαι run

θεωρέω, -ήσω view as spectator

θεωρίη, -ης sight, sight-seeing

Θῆβαι, -έων Thebes (1) *the chief city in Bœotia;* (2) *the capital of Upper Egypt*

Θηβαῖος of Thebes, Theban

θήκη, -ης chest, money chest, grave, tomb

θῆλυς, θήλεα, θῆλυ of female sex, female

θηρευτής, -έω, ὁ hunter

θήρη, -ης hunt, chase

θηρίον, -ου wild animal, beast

θηριώδης, -ες full of wild beasts, infested by wild beasts

θησαυρίζω store *or* treasure up

θησαυρός, -οῦ treasure house, treasury of a temple

θνήσκω *used only in the perf.* τέθνηκα, τεθνάναι, τεθνεώς be dead; *in other tenses* ἀποθνήσκω *is regular*

θνητός liable to death, mortal. οἱ θνητοί mortals

θοίνη, -ης feast

θολερός muddy, foul, thick, troubled

Θόρναξ, -ακος, ἡ Thornax, *a mountain northeast of Sparta*

θορυβέω, -ήσω make an uproar, throw into confusion; *in pass.* be disturbed, thrown into confusion

θόρυβος, -ου commotion, confusion, uproar

Θρασύβουλος, -ου Thrasybulus, *tyrant of Miletus*

Θρασύλεως (-λαος) Thrasylaos, *father of Stesilaus, a general who fell at Marathon*

Θρηίκη, -ης Thrace

θρίξ, τριχός, ἡ a hair; αἱ τρίχες hair

θρόνος, -ου chair, seat, throne

θυγάτηρ, -τρός, ἡ daughter

θυμιάω, -ήσω burn (*of incense*)

θυμίημα, -ατος, τό incense; *in pl.* burnt offerings of fragrant stuffs

θυμόομαι, -ώσομαι, ἐθυμώθην be angry

θυμός, οῦ spirit, strength, courage, heart, anger, desire

θύρη, -ης (1) door (of a room). αἱ τοῦ βασιλέος θύραι the king's court. (2) plank

θυσίη, -ης sacrifice

θύσιμος, -ον fit for sacrifice

θύω sacrifice, slay, celebrate (with sacrifice)

θωκέω sit

θῶμα, -ατος, τό marvel, wonder, astonishment

θωμάζω, aor. ἐθώμασα wonder, wonder at, admire

θωμάσιος wonderful

θωμαστός marvellous, admirable

Θῶνις Thonis, guard of the Canopic mouth of the Nile

I

ἰάομαι, -ήσομαι heal, cure

Ἰάς, -άδος fem. adj. Ionian

ἴδη, -ης timber-tree, timber

ἴδιος one's own, private, personal, separate. ἰδίῃ in private, separately, individually

ἰδιώτης, -εω one in private station, private citizen, common man; also as adj. ἰδιώτης ἀνήρ

ἴδμεν see οἶδα

ἱδρύομαι (mid.) establish, set up for oneself, found; in perf. and aor. pass. ἵδρυμαι, ἱδρύθην be seated, be set, lie encamped, be situated

ἱδρώς, -ῶτος, ὁ sweat

ἰέναι see εἶμι

ἵζω, εἷσα (εἰσάμην) make to sit, place, set up; ἵζομαι sit, sit down, take up a position

ἰή, -ῆς voice, sound

ἴημα, -ατος, τό remedy

ἵημι, ἥσω, ἧκα, εἷμεν, etc., εἷμαι, εἵθην send, throw, utter; in mid. send oneself, hasten, rush

ἰητρική, -ῆς art of the physician, medicine, surgery

ἰητρός, -οῦ physician

ἰθέως immediately, straightway

ἴθι see εἶμι

ἰθύνω make straight. ἰθύνεσθαι θανάτῳ be punished with death

ἰθύς, -έα, -ύ straight, true. ἰθύς as adv. straightway, immediately. ἰθύ adv. with gen. straight at, towards

ἰθύω, -ύσω, ἴθυσα go straight, press on, be eager, strive

ἱκετεύω approach as a suppliant, beseech

ἱκετηρίη, -ης suppliant branch, olive branch

ἱκέτης, -εω suppliant

ἰκμάς, -άδος, ἡ moisture

ἱκνέομαι, ἵξομαι, ἱκόμην, ἷγμαι come, come upon. ἱκνέεται it becomes, befits

ἱλάσκομαι, aor. ἱλασάμην appease, propitiate, conciliate

Ἰλιάς, -άδος, ἡ the Iliad

Ἴλιον, -ου (regular form after Homer)

Ἴλιος, -ου, ἡ (regular form in Homer) Ilium, Ilios, Troy

ἱμάτιον, -ου cloak; in pl. clothing, clothes

ἱμείρομαι long for, yearn after, desire

ἵμερος, -ου longing, desire

ἵνα rel. adv. where; conj. that, in order that

Ἴναχος, -ου Inachus, king of Argos, father of Io

Ἰνδός, οῦ an Indian

Ἰνταφρένης, -εος Intaphernes, one of the seven conspirators against the false Smerdis

Ἰόνιος Ionian

ἱππαγωγός, -όν horse-carrying. πλοῖα ἱππαγωγά cavalry transports

ἱππεύς, -έος, ὁ horseman, rider; in pl. cavalry; in Sparta applied to a body of 300 picked men who formed a bodyguard of the king

Ἱππίης, -εω Hippias, son of Pisistratus

Ἱπποκράτης, -εος Hippocrates, father of Pisistratus

ἵππος, -ου, ὁ horse. ἵππος, ἡ cavalry
ἱπποσύνη, -ης cavalry
ἱππότης, -εω horseman
ἱρεύς, -έος priest
ἴρηξ, -ηκος, ὁ hawk
ἱρός holy, sacred. ἱρόν temple, holy place. ἱρά offerings, sacrifices, victims
ἴσθι (1) imv. of οἶδα; (2) imv. of εἰμί
ἰσθμός, -οῦ isthmus. ὁ Ἰσθμός the Isthmus of Corinth
Ἶσις, -ιος Isis, one of the chief Egyptian divinities, wife of Osiris
Ἰσμήνιος Ismenian, of Ismenus, an epithet of Apollo, so-called because the river Ismenus ran beneath the temple
ἰσονομίη, -ης equality of rights
ἰσοπαλής, -ές well-matched
ἴσος equal, the same
ἵστημι, στήσω, ἔστησα, ἔστην, ἔστηκα (3 pl. ἑστᾶσι, ἑστέασι) causal in pres., impf., fut., 1 aor. act. and mid. make to stand, set, place, appoint, establish; intr. in pass., 2 aor., perf., plupf. act. stand, take a stand, stop, be set, be placed; in phrase ἱσταμένου μηνός begin
Ἱστιαίη, -ης Histiæa, a town on the north coast of Eubœa
Ἱστιαῖος, -ου Histiæus, tyrant of Miletus
ἱστιάω, -ήσω entertain, feast; in pass. be a guest, be entertained
ἱστίον, -ου sail
ἱστορέω inquire, learn by inquiry, question; in pass. be questioned
ἱστορίη, -ης inquiry, knowledge gained by inquiry, research
ἰσχυρός strong, hard, strenuous, severe
ἰσχυρῶς adv. of foregoing; ἰσχυρωτέρως comp. very severely
ἴσχω form of ἔχω used only in pres. and impf. have, hold, check, detain
Ἰταλίη, -ης Italy
Ἰχθυοφάγοι, -ων Ichthyophagi (Fisheaters) an Egyptian tribe

ἰχθύς, -ύος, -ύι, -ύν fish
Ἰώ, Ἰοῦς, Ἰοῦν Io, daughter of King Inachus of Argos
Ἴων, -ονος an Ionian
ἰών see εἰμι
Ἰωνίη, -ης Ionia, the country of the Ionians
Ἰωνικός Ionic, Ionian

Κ

καθαίρω, καθαρέω, ἐκάθηρα, ἐκαθάρθην purify, cleanse
καθαρός clean, pure, sound
καθάρσιος purifying; as epithet of Zeus, god of purification; τὸ καθάρσιον purification
κάθαρσις, -ιος, ἡ cleansing, purification
κάθημαι sit, sit idle or inactive
καί adv. and conj. and; emphasizing single words also, even, actually. καί . . . καί not only . . . but also. καὶ δὴ καί and in particular
καινόω use for the first time
καίπερ although with a ptc. showing concessive idea
καίριος in the right place; καιρίη πληγή a fatal stroke; at the right time, timely, seasonable
καιρός proper time, critical time, crisis. ἐς καιρόν, κατὰ καιρόν opportunely, conveniently
καίω, καύσω, ἔκαυσα, ἐκαύθην and ἐκάην burn; in pass. be lighted, burn
κακοδαιμονίη, -ης misfortune, unhappiness
κακόνομος, -ον ill-governed
κακός bad, evil, harmful. τὸ κακόν harm, evil, ill
κακότης, -ητος, ἡ baseness, wickedness, evil condition, misery, distress
κακοῦργος, -ον working evil, harmful, mischievous, wicked
κακόω, -ώσω afflict, distress
κακῶς adv. badly, miserably
καλάμινος of reed

κάλαμος reed, cane

καλέω, καλέω, ἐκάλεσα, κέκληκα, κέκλημαι, ἐκλήθην call, summon, invite, call by name, name, invoke

Καλλιάδης, -εω Calliades, an Athenian archon

Καλλίμαχος Callimachus, polemarch at the Battle of Marathon

Καλλιφῶν, -ῶντος Calliphon, father of Democedes of Croton

καλός beautiful, fair, good, fine, noble, auspicious. Comp. καλλίων, superl. κάλλιστος

Καλυνδέες, -έων Calyndians, dwellers in Calynda, a small island off the coast of Caria

Καλυνδικός Calyndian

καλῶς adv. well, finely, nobly

κάλως, -ω, ὁ rope, reefing rope

Καμβύσης, -εω Cambyses (1) father of Cyrus; (2) son of Cyrus and his successor

κάμηλος, -ου camel

κάμνω, καμέω, ἔκαμον suffer, be ill

Κανδαύλης, -εω Candaules, a tyrant of Sardis

κάνεον, -ου basket, especially breadbasket

Κανωβικός Canopic, of Canopus

Καππαδόκαι, -έων Cappadocians

Καππαδοκίη, -ης Cappadocia, a district of Asia Minor

Κᾶρες, -ων Carians

κάρηνον, -ου head; so also in pl.

Κάρνεια, -ων, τά the Carneia, a Spartan festival

καρπός fruit of the earth, harvest

κάρτα adv. very, very much, exceedingly. τὸ κάρτα in good earnest

καρτερός strong, great, mighty. πρὸς τὸ καρτερόν by force

καρτερῶς adv. of foregoing

Καρύστιοι, -ων Carystians

Κάρυστος, -ου, ἡ Carystus, a town on the south coast of Euboea

Κασσανδάνη, -ης Cassandane, wife of Cyrus and mother of Cambyses

κατά prep. (1) with gen. down from ; (2) with acc. down, on, over, throughout, opposite, at, near, for or after, in search of, according to, concerning, by favor of, during, about ; as distributive by, e.g. κατὰ πόλις city by city; κατὰ ἕν one by one; in adv. phrases κατ᾽ ἡσυχίην in quiet or peace; κατὰ πρόφασιν on the pretext, ostensibly; κατὰ τάχος swiftly, etc.

κατά (for κατ᾽ ἅ), κατά περ according as, just as

καταβαίνω go or come down, descend, dismount, come ashore; with ptc. end in

καταβάλλω throw down, scatter (of seed); overthrow

κατάβασις, -ιος, ἡ going down, descent

καταβιβάζω, -άσω make go down

καταγελάω laugh at, ridicule, deride, mock

καταγίζω, -ιέω consecrate, dedicate, offer

καταγινώσκω form an opinion against

κατάγνυμι break in pieces, shatter, shiver; in pass. and perf. act. κατέηγα be broken, break

κατάγω lead down, bring to port, restore (of an exile)

καταδαπανάω, -ήσω consume entirely

καταδεής, -ές wanting or failing in, lacking of

καταδέω, -ήσω bind fast, put in bonds, convict

καταδέω, -εήσω lack, want, need

κατάδηλος, -ον evident, manifest. κατάδηλον ποιεῖν make known, discover

καταδικάζω give judgment against, condemn

καταδοκέω suspect

καταδουλόω reduce to slavery, enslave

καταδρέπω strip off, pluck off

καταδύω make to sink, sink

καταθρώσκω, 2 aor. -έθορον leap down

καταιδέομαι stand in awe of, feel reverence before

καταιρέω take down, put down, seize, destroy, reduce, depose

κατακαίω burn down, burn completely

κατακαλύπτω cover up

κατάκειμαι lie, recline

κατακληίω, aor. pass. -εκληίσθην close, shut up

κατακλίνω make recline; in pass. lie, recline

κατακοιμάω put to sleep; in pass. sleep

κατακόπτω cut up, cut in pieces, slay

κατακούω lend ear to, listen to, obey

κατακρεμάννυμι hang down; κατακρέμαμαι hang down (intr.), be suspended

κατακρίνω give sentence against, condemn

κατακρύπτω cover over, conceal

κατακυλίνδω, aor. pass. κατεκυλίσθην roll down

καταλαμβάνω catch, overtake, find, reach, hold down, repress, check, compel; impers. happen to, befall

καταλέγω (1) pick out, select, enlist; (2) recount, narrate, tell, reckon up

καταλείπω leave behind, forsake, abandon

καταλλάσσω reconcile; in mid. or pass. be reconciled. καταλλάσσεσθαι τὴν ἔχθρην τινί to make up one's quarrel with some one

καταλύω dissolve, loose, unloose, break up, end

καταμεθύσκω, -εμέθυσα make drunk

καταμένω stay behind, stay

κατανέω heap or pile up

καταντίον adv. right opposite

καταπατέω trample down or under foot

κατάπαυσις, -ιος, ἡ putting down, deposing

καταπαύω put an end to, stop, check, depose

καταπίπτω fall down

καταπλέκω, -ξω entwine, finish twining, and so bring to an end

καταπλέω sail down, sail to land, put in

καταπλώω = καταπλέω

καταποντόω, -ώσω throw into the sea, drown

καταπροίξομαι fut. with no pres. in use escape, get off unpunished

καταρμόζω fit to, join

καταρρήγνυμι break down, rend; in pass., esp. 2 aor. κατερράγην burst forth, break (of storm)

καταρρωδέω, -ήσω fear, dread

κατασβέννυμι put out, quench. κατασβεσθῆναι be quenched, go out

κατασκευάζω get ready, arrange, put in order, make, build; in mid. make ready for oneself, pack up

κατάσκοπος, -ου spy, scout, inspector

κατασκώπτω make jokes upon, jeer at

κατασπένδω pour a drink offering or libation

κατασπουδάζομαι, -εσπούδασμαι be very earnest or serious

κατάστασις, -ιος, ἡ state, condition, settled order, method, system

κατάστεγος, -ον covered in, roofed over

καταστρέφω overturn, upset; in mid. make subject to oneself, subdue

καταστροφή, -ῆς overthrow, reduction, subjugation

καταστρώννυμι, -στρώσω, -έστρωσα, -έστρωμαι, -εστρώθην spread out, lay low; in pass. be laid low, destroyed

κατατίθημι put down; in mid. put away for oneself, lay by, lay up

κατατρέχω run down

κατατρωματίζω cover with wounds, bear down by wounds

καταφαίνω make known, reveal; in pass. become visible, be clear, appear

καταφανής, -ές quite evident, manifest

καταφεύγω flee for refuge

καταφονεύω slay, slaughter

καταφορέω bear or carry down

καταφρονέω, -ήσω regard lightly, despise, fix *one's* thoughts upon, aim at; also (*followed by inf.*) think contemptuously that

καταχράομαι make away with, destroy, kill

καταχρυσόω, -ώσω gild

καταχώννυμι, -χώσω, -έχωσα overwhelm, bury

κατεικάζω guess, surmise

κατειλέω force into a narrow space, coop up

κάτειμι go *or* come down, come back, return (*especially from exile*)

κατερείκομαι rend one's *garments*

κατεργάζομαι effect, accomplish, make an end of, kill, overpower, prevail upon; *perf. and aor. used in pass. sense*

κατέργω press hard, reduce to straits

κατερέω *fut.* speak against, denounce

κατέρχομαι go *or* come down, return (*especially from exile*)

κατεσθίω eat up, devour

κατεύχομαι pray earnestly

κατέχω hold down, restrain, detain, afflict, hold fast, occupy, fill; *intr.* (*sc.* ἑωυτόν) hold back, restrain oneself, stop, cease; *with or without* τὴν νέα put in; *in pass.* be detained, tarry

κατηγέομαι act as guide, lead the way, take the initiative, establish, institute

κατηγορέω, -ήσω accuse, denounce

κατήγορος, -ου accuser

κατήκοος, -ον obedient, subject

κατήκω reach to, belong to, be fit *or* proper. τὰ κατήκοντα the circumstances

κατηλογέω, -ήσω make of small account

κάτημαι sit, sit quiet *or* idle, be settled

κατίζω, κατεῖσα (*ptc.* κατίσας) set, place, seat; *intr.* sit, be seated, sit as judge

κατίημι send down, let down; *in mid.* set oneself in motion, be directed

κατίστημι causal in pres., impf., fut., *1 aor. act. and mid.* bring into a state, make, establish; *intr. in pass., 2 aor., perf. and plupf.* come into a state, be established, be made, be brought, exist

κατίσχω = κατέχω

κάτοδος, -ου, ἡ going down, descent, return (*of an exile*)

κατοικέω settle in, colonize; *in perf.* have been settled in, dwell

κατοικίζω settle, establish

κατοικτίζομαι, -ισάμην bewail oneself, utter lamentations

κατοικτίρω have mercy *or* compassion upon, pity

κατόνομαι disparage, depreciate

κατοράω look at, observe, look down upon, see, perceive

κατοχή, -ῆς detention

κατύπερθε adv. from above, above. κατ. γενέσθαι get the upper hand of, become superior to, prevail

κατυπέρτερος superior to

κατυπνόω and -όομαι be asleep

κάτω adv. downward, below, beneath

κατωτάτω adv. superl. of κάτω at the lowest part

Καύκασα, -ων, τά Caucasa, *a port on the island of Chios*

Καΰστριος, -ου Caÿster, *a river in Lydia*

κεῖμαι lie, have been placed, stand, be situated

κειμήλιον -ου treasure

κεῖνος = ἐκεῖνος

κείνως adv. in that way

κείρω, κερέω, ἔκειρα, κέκαρμαι, ἐκάρην cut short, shear; *of land*, ravage

Κέκροψ, -οπος Cecrops, *said to have been the first king of Attica*

κέλευσμα, -ατος, τό order, command

κελεύω, -σω, ἐκελεύσθην urge, bid, order, command

κέντρον, -ου sharp point, goad, instrument of torture

Κέος, -ου, ἡ Ceos (*see note on 197, 20*)

κεραΐζω, -ίσω, ἐκεράϊσα plunder, sink or disable *a ship*

κέρας, -εος, τό wing (*of an army*)

κεραυνόω, -ώσω strike with a thunderbolt

κερδαίνω, κερδανέω *and* κερδήσομαι, ἐκέρδηνα derive profit, gain

κέρδος, -εος, τό gain, profit, advantage

Κέρκωπες Cercopes, *two dwarfs connected with Heracles in legend*

κευθμών, -ῶνος, ὁ hiding place, hollow

κεφαλή, -ῆς head

κῃ (πῃ) *enclit. particle*, in some way, somehow

κῇ (πῇ) *interrog. particle*, in what way? how?

κήδομαι be troubled, concerned *or* anxious for

Κήιος of Ceos

Κήρ, -ρός, ἡ Goddess of Death *or* Doom. Κῆρες *avenging deities bringing death*

κῆρυξ, -υκος, ὁ herald, messenger

κίβδηλος false, spurious

Κιθαιρών, -ῶνος Cithæron, *a mountain range separating Attica from Bœotia*

κιθάρη, -ης cithara, lute

κιθαρῳδός, -οῦ one who plays and sings to the cithara, harper, minstrel

κιθών (*Att.* χιτών), -ῶνος, ὁ chiton, tunic

Κίλιξ, -ικος *a* Cilician

Κιμμέριοι, -ων Cimmerians

Κίμων, -ωνος Cimon, *father of Miltiades*

κινδυνεύω incur danger, run risk; *with dat.* run a risk with, endanger

κίνδυνος, -ου danger, risk

κινέω, -ήσω set in motion, move, stir, disturb; *in pass.* be set in motion, move, stir, be shaken

Κίσσιος Cissian

κιών, -όνος, ὁ column, pillar

Κλαζομεναί, -έων Clazomenæ, *an Ionian city in Asia Minor*

Κλαζομένιος of Clazomenæ

κλαίω, κλαύσω, ἔκλαυσα weep, lament, wail

κλαυθμός, -οῦ weeping, wailing

κλεινός famous, renowned, illustrious

Κλέοβις, -ιος Cleobis, *brother of Biton*

Κλεόμβροτος, -ου Cleombrotus, *a Spartan, father of Pausanias and brother of Leonidas*

Κλεομένης, -εος Cleomenes, *king of Sparta*

κλέπτης, -εω thief

κλέπτω, -ψω steal

κληίω shut, close, bar

κλίνη, -ης couch

κλώψ, -ωπός, ὁ thief

Κνίδος, -ου, ἡ Cnidus, *a city in Caria*

κνίζω chafe, annoy, irritate, trouble

κνύζημα, -ατος, τό whining, whimpering

Κνώσσιος of Cnossus

κόθεν (πόθεν) *interrog. adv.* whence? from where?

κοῖλος hollow

κοιμάω, -ήσω put to sleep; *in mid. and pass.* sleep, go to bed

κοινός common, public, of public interest. τὸ κοινόν the state, public treasury; κοινῇ in common

κοῖος (ποῖος) of what sort? what?

κοίτη, -ης act of going to bed, bed

κοῖτος, -ου bed. κοῖτον ποιεῖσθαι to go to bed, sleep

κολεός, -οῦ sheath, scabbard

κολοσσός, -οῦ gigantic statue, colossus

κολούω cut short, cut off, lop off

κολπός, -οῦ gulf

Κολχίς, -ίδος *fem. adj.* Colchian

Κόλχος Colchian

κολωνός, -οῦ hill

κόμη, -ης hair; *also in pl.*

κομίζω, -ιέω, ἐκόμισα, ἐκομίσθην take, convey, bring; *in mid.* carry home *or* away, recover, betake oneself

κόπρος, -ου dung, manure

κόπτω, κόψω, ἔκοψα, ἐκόπην beat, strike, smite, stamp; *in mid.* beat *or* strike oneself, beat one's breast

Κορησός, -οῦ Koresus, *a hill near Ephesus; also the name of a part of the city of Ephesus*

Κορίνθιος Corinthian

Κόρινθος, -ου, ἡ Corinth, *a city on the Isthmus of Corinth*

κόρυμβος, -ου end, top

κορύνη, -ης club

κορυνηφόροι, -ων club-bearers

κορυφαῖος, -ου chief man, leader

κοσμέω, -ήσω order, arrange, govern, deck, adorn

κόσμος, -ου order, government, adornment, decoration, dress, honor, credit

κόσος (πόσος) how much? how many? *of distance,* how far?

κότε (πότε) *interrog. particle,* when?

κοτέ (ποτέ) *enclit. particle,* at some time, once, ever. τίς (τί) κοτε who (what) in the world?

κότερα (πότερα) *adv. introducing an interrogative sentence consisting of two alternatives, of which the second is introduced by* ἤ; *in a dir. quest.* κότερα *is untranslatable; in an indir. question* κότερα . . . ἤ whether . . . or

κοῦ (ποῦ) *interrog. particle* where?

κου (που) *enclit. particle* somewhere, anywhere, possibly, perhaps

κοῦφος light, easy

κούφως, *superl.* κουφότατα *adv. of foregoing*

κραταίρινος, -ον hard-shelled

κράτερος *Ep. form of* κάρτερος

κρατέω, -ήσω be strong, rule, be master, conquer, prevail over

κράτος, -εος, τό power, might, rule

κρατύνω strengthen, confirm

κραυγάνομαι cry aloud, scream

κρέας, -έεος, τό flesh, meat; *often in pl.*

κρεμάννυμι, -άσω hang, suspend; *pres. pass.* κρέμαμαι be hung, hang

κρεουργηδόν *adv.* in pieces

κρέσσων, -ον *comp. of* ἀγαθός stronger, mightier

κρησφύγετον, -ου place of refuge

Κρῆτες, -ων Cretans

Κρήτη, -ης Crete, *a large island southeast of Greece*

κρητήρ, -ῆρος, ὁ mixing bowl

κρίνω, -έω, ἔκρινα, κέκριμαι, ἐκρίθην decide, judge; *in mid. and pass.* come to an issue, dispute, contend

Κρίταλλα, -ων, τά Critalla, *a place in Cappadocia*

Κροῖσος, -ου Crœsus, *King of Lydia*

κροκόδειλος crocodile; *in pl.* Κροκόδειλοι Crocodilii, *a city in Egypt*

κρόμμυα, -ων, τά onions

κρόσσαι, -έων courses *or* steps

Κρότων, -ωνος Croton, *a city in Magna Græcia*

Κροτωνιήτης, -εω *a* Crotoniate *or* inhabitant of Croton

κρυπτός secret, hidden

κρύπτω, -ψω, ἔκρυψα, ἐκρύφθην hide, conceal, bury

κτάομαι, -ήσομαι, ἔκτημαι get, procure, acquire; *in perf.* possess

κτείνω, κτενέω, ἔκτεινα kill

κτενίζω comb; *in mid.* comb one's own hair

κτῆμα, -ατος, τό possession

κτῆνος, -εος, τό *only in pl.* flocks and herds

κτίζω, -ίσω found, colonize

κύαμος bean, lot

Κυαξάρης, -εω Cyaxares, *a Mede, father of Astyages*

κυβερνήτης, -εω steersman, pilot

Κυβήβη, -ης Cybebe, *a Phrygian goddess identified with Cybele*

κῦδος, -εος, τό glory

Κυδωνίη, -ης Cydonia, *a city of Crete*

Κυκλάδες, -ων, αἱ (*sc.* νῆσοι) *the* Cyclades, *a group of islands in the Ægean Sea*

κυκλόομαι encircle, surround

κύκλος, -ου circle, orb *of the sun or moon*

κυκλοτερής, -ές circular, round

Κυνέγειρος, -ου Cynegirus, *brother of Æschylus killed at Marathon*

κυνέη, -ης helmet

Κυνέης, -εω Cyneas, *an Eretrian*

κυνηγέσιον, -ου pack of hounds

Κυνόσαργες, -εος, τό Cynosarges, *a gymnasium outside of Athens*

Κυνόσουρα, -ης Cynosura, *a promontory of Salamis*

Κυνώ, -οῦς, ἡ Cyno (*she-dog*), *foster-mother of Cyrus*

Κύπριος Cyprian. τὰ Κύπρια (ἔπεα) the Cyprian lays, *an epic poem dealing with the Trojan legend*

Κύπρος, -ου, ἡ Cyprus, *a large island in the Mediterranean south of Cilicia*

κύπτω, -ψω bend forward, stoop down

κυρβασίη, -ης Persian hat, tiara

κυρέω, -ήσω, ἐκύρησα *and* ἔκυρσα find, light upon, meet with, obtain, attain to, be master of, receive

κύριος fixed, appointed

Κῦρος, -ου Cyrus, *the Great, founder of the Persian empire*

κῦρος, -εος, τό supreme power, authority

κυρόω, -ώσω confirm, ratify, determine, decide

Κύψελος, -ου Cypselus, *a tyrant of Corinth*

κύων, κυνός, ὁ, ἡ dog, hound

κω(πω) *enclit. particle* yet

Κώης, -εω Coes, *a general of Mytilene*

κῶλον, -ου leg, side *of building*

κωλύω hinder, check, forbid

κώμη, -ης village

κωπεύς, -έος *always in pl.* κωπέες oarspars, pieces of wood fit for making oars

κῶς (πῶς) *interrog. particle* how? in what way?

κως (πως) *enclit. particle* in some way, in any way, somehow. ἄλλως κως in some other way. οὔ κως in no way

κωφός mute, dumb

Λ

λάβρος furious, violent

λαβύρινθος, -ου labyrinth

λαγός, -ου hare

λαγχάνω, λάξομαι, ἔλαχον, λέλογχα obtain by lot *or* fate, obtain as one's portion

λάθρη *adv.* secretly, by stealth; *with gen.* without the knowledge of

Λάκαινα, -ης *fem. of* Λάκων Laconian

Λακεδαιμόνιος Lacedemonian, Spartan

Λακεδαίμων, -ονος Lacedæmon, Sparta, *the principal city of Laconia*

Λακρίνης Lacrines, a distinguished Spartan

Λάκων, -ονος *a* Laconian

Λακωνικός Laconian. ἡ Λακωνική (*sc.* γῆ) Laconia

λαμβάνω, λάμψομαι, ἔλαβον, ἐλάμφθην take, seize, apprehend, understand, undertake; *in mid.* take hold of, lay hands upon

λαμπάς, -άδος, ἡ torch, torch race

λαμπρός brillant, splendid

λαμπρότης, -ητος, ἡ brilliancy, splendor

λανθάνω, λήσω, ἔλαθον, λέληθα escape notice; *in mid. and pass.* forget

λάρναξ, -ακος, ἡ box, chest, coffer

Λαύρειον, -ου Laurium, *a mountain in southern Attica famous for its mines*

λέβης, -ητος, ὁ kettle, caldron

λέγω, λέξω, ἔλεξα, λέλεγμαι, ἐλέχθην say, speak, mention, mean, say of *a person*

ληλατέω, -ήσω plunder, despoil

λεῖμμα, -ατος, τό part left, remnant. τὰ λείμματα remains

λειμών, -ῶνος, ὁ meadow

λεῖος level, smooth

λείπω, λείψω, ἔλιπον, λέλοιπα, λέλειμμαι, ἐλείφθην leave, leave behind; *in pass.* be left behind, be inferior to

Λεοντιάδης, -εω Leontiades, *a general of the Thebans at Thermopylæ*

Λέσβιος Lesbian

λευκόλινον, -ου white flax

λευκός white, pale

λευρός smooth, level

Λεωβώτης, -εω Leobotes, *a nephew of Lycurgus, the Spartan*

λέων, -οντος, ὁ lion

Λέων, -οντος Leon, *a king of Sparta*

Λεωνίδης, -εω Leonidas, a Spartan king, hero of Thermopylæ

Λεωπρέπης, -εος Leoprepes, father of Simonides of Ceos

λεώς, -ώ (Hom. λαός, -οῦ) people

λήγω, -ξω leave off, cease, come to an end

λήθη, -ης forgetfulness. λήθην ποιεῖσθαι to forget

ληίη, -ης booty

λιβανωτός, -οῦ frankincense

Λιβύη, -ης Libya, a district in the north part of Africa

Λιβυκός of Libya, Libyan

λίθινος of stone

λίθος, -ου, ὁ stone; ἡ precious stone

λιθοτομίαι, -έων quarries

λίμνη, -ης lake

λιμός, -οῦ hunger, famine

λιπαρέω, -ήσω persist, keep on (with dat.), persist in entreaty, importune, entreat

λίσσομαι beg, pray, beseech

λιτή, -ῆς prayer, entreaty

Λίχης Liches, a Spartan ἀγαθοεργός (see 73, 31 f)

λογάς, -άδος, ὁ, ἡ adj. picked, chosen; as subst. οἱ λογάδες picked men

λογίζομαι, ἐλογισάμην reckon, calculate, reason, consider

λόγιμος worth mention, notable, famous

λόγιον, -ου oracle

λόγιος versed in tales, learned in legend or history; as subst. chronicler

λόγος, -ου word, saying, story, narrative, speech, discourse, subject, matter, proposition, reason, account, repute, reckoning. τῷ λόγῳ avowedly. πολλῷ λόγῳ at great length.

λόγχη, -ης spear head; in pl. spear

λοιμός, -οῦ pestilence, plague, any infectious disease

λοιπός remaining. οἱ λοιποί the rest (of). τὰ λοιπά the rest. τὸ λοιπόν, τοῦ λοιποῦ the future

Λοκρίς, -ίδος fem. adj. Locrian

Λοκροί, -ῶν Locrians

Λοξίης Loxias, an epithet of Apollo of uncertain meaning

λουτρόν, -οῦ bath, bathing place

λούω wash, bathe; in mid. bathe (oneself)

λόφος, -ου hill

λόω inf. λοῦσθαι impf. ἐλοῦτο = λούω

Λύγδαμις -ιος Lygdamis, a Naxian

Λυδός Lydian

Λύκιος Lycian

Λυκοῦργος (Λυκόοργος), -ου Lycurgus, (1) a Spartan law-giver; (2) leader of a faction in Athens

λυμαίνομαι treat with indignity, outrage, maltreat

λύμη, -ης insult, outrage

Λυσαγόρης, -εω Lysagoras, father of Histiæus, tyrant of Miletus

Λυσίμαχος, -ου Lysimachus, an Athenian, father of Aristides

λύχνος, -ου lamp

λύω loose, release, break

λωίων, -ον comp. (fr. λάω desire) of ἀγαθός better, more desirable

M

Μαγνησίη, -ης Magnesia, a city of Caria

μάγος, -ου Magian, belonging to the Magian tribe, magus or wise man

μαγοφόνια, -ων, τά slaughter of the Magians; name given to a Persian festival

Μάδυτος, -ου, ἡ Madytus, a city in Thracian Chersonese

Μαιάνδριος, -ου Mæandrius, son of Mæandrius, a Samian

Μαίανδρος, -ου Mæander, a river in Asia Minor, between Lydia and Caria

μαίνομαι, μανέομαι, ἐμάνην rage, be furious, be mad

μακαρίζω deem happy, congratulate

μακαριστός to be deemed happy, enviable

Μακεδονίη, -ης Macedonia, a country north of Greece

μακρός long, far. μακρῷ by far. ἐς μακρήν for long, long

μάλα *adv. strengthening the word with which it stands;* very, very much, exceedingly, in truth, certainly

μαλερός fierce, devouring

μάλιστα *adv. superl. of* μάλα most, above all, especially; *with numerals,* about. τὰ μάλιστα for the most part

μᾶλλον *adv. comp. of* μάλα more, rather

Μανδάνη, -ης Mandane, *daughter of Astyages and mother of Cyrus*

μανθάνω, μαθήσομαι, ἔμαθον, μεμάθηκα learn, understand, perceive, notice

μανίη, -ης madness, frenzy

μαντεύομαι prophesy, forbode, surmise, consult an oracle, seek divination

μαντήιον, -ου oracle, oracular response

Μαντινέες, -έων Mantineans

μάντις, -ιος, ὁ seer, prophet

Μαραθών, -ῶνος Marathon, *a village of Attica, famous for the battle between Athenians and Persians*

Μαρδόνιος, -ου Mardonius, *son of Gobryas and cousin of Xerxes*

Μάρδος Mardian, *name of a Persian nomadic tribe*

μαρτυρέω, -ήσω bear witness to, confirm, testify

μαρτύριον, -ου testimony, proof

μαρτύρομαι call to witness, invoke

Μάρων Maron, *a Spartan who won distinction at Thermopylæ*

Μασσαγέται, -έων Massagetæ, *a Scythian tribe living beyond the Caspian Sea*

μαστιγέω, -ήσω and μαστιγόω, -ώσω whip, scourge

μάστιξ, -ιγος, ἡ whip, scourge

μαστός, -οῦ breast

μάταιος vain, empty, idle, foolish

μάτην *adv.* in vain, idly, fruitlessly

Ματιηνοί, -ῶν inhabitants of Matiene, *a district in Media,* Matienians

μάχαιρα, -ης short sword, dagger

μάχη, -ης battle, conflict

μάχομαι, μαχέσομαι, ἐμαχεσάμην fight, with (*against*)

με *see* ἐγώ

Μεγάβαζος, -ου Megabazus, *a Persian general*

Μεγαβάτης, -εω Megabates, *a Persian general*

Μεγάβυξος,- ου Megabyxus, *a Persian, one of the seven conspirators against the false Smerdis*

μέγαθος, -εος, τό greatness, size

μεγαίρω grudge

Μεγακλέης, -έος Megacles, *son of Alcmeon, leader of a faction in Athens*

μεγαλοπρεπείη, -ης magnificence

μεγάλως *adv.* greatly, mightily, exceedingly

Μέγαρα, -ων, τά Megara, *capital of Megaris*

Μεγαρέες, -έων citizens of Megara, Megarians

μέγαρον, -ου sacred chamber of a temple, sanctuary, *sometimes* temple *itself*

μέγας, μεγάλη, μέγα great, mighty, important; *of sound* loud. μέγα *as adv.* greatly, loudly, far, very

Μεγιστίης, -εω (-α) Megistias, *a Spartan seer who fell at Thermopylæ*

μέγιστος, *superl. of* μέγας greatest, *etc.*

μέζων, -ον *comp. of* μέγας greater, too great

μέθες 2 *aor. imv. of* μετίημι

Μελάμπυγος, -ου Melampygus, *a nickname of Heracles*

Μελάνθιος, -ου Melanthius, *an Athenian general sent to aid the Ionians*

μέλας, μέλαινα, μέλαν black, dark

μελεδαίνω care for, attend upon

μελεδωνός, -οῦ one who takes care of, guardian, steward

μέλει, μελήσει it concerns, it is a care

μέλεος wretched, unhappy, miserable

μελετάω, -ήσω practice

μέλλω *with fut. or pres. inf.* be about to, be destined to, intend, be likely to. τὸ μέλλον, τὰ μέλλοντα the future

μέλος, -εος, τό limb. κατὰ μέλεα limb by limb, *i.e.* limb from limb

Μέμφις, -ιος Memphis, *an important city of Egypt*

Μεμφίτης, -εω of Memphis

μέμφομαι, μέμψομαι, ἐμέμφθην blame, find fault with, reproach

μέν *postpositive particle commonly used to prepare for and point to a correl. clause introduced by* δέ. μέν . . . δέ on the one hand . . . on the other, while . . . yet; *often* μέν *should not be translated. Sometimes* μέν = μήν verily, truly

Μενέλεως, -ω Menelaus, *King of Sparta*

μέντοι *adv.* however, yet, nevertheless; *sometimes correl. with* μέν

μένω, -έω, ἔμεινα stay, remain, wait, wait for

Μερμνάδαι Mermnadæ, *a Lydian family to which Cræsus belonged*

μέρος, -εος, τό part, share, portion, turn

μεσαμβρίη, -ης midday, noon, south

μεσόγαια, -ης inland parts, interior

μέσος middle, middle of (*in pred. position*), middling, average. τὸ μέσον middle *or* intervening space, center (*of an army*), difference. ἐς τὸ μέσον into the open, openly, in public. μέσαι νύκτες midnight

Μεσσήνιοι, -ων Messenians, citizens of Messenia

μετά *prep.* (1) *with gen.* with; (2) *with acc.* after, next to ; *as adv.* next, afterwards

μεταβάλλω change, alter (*trans. and intr.*) ὕδατα μεταβάλλειν drink different water

μεταβουλεύομαι change one's plan *or* mind

μεταγινώσκω change one's mind, repent

μετάγνωσις, -ιος, ἡ change of mind *or* purpose

μεταδίωκτος, -ον pursued

μεταδιώκω follow after, pursue

μεταδοκέω change one's opinion, *usually impers. with dat. of person*

μεταίτιος, -ον in part the cause, partly responsible, accessory to

μεταίχμιον, -ου space between two armies

μετακινέω remove from one place to another, shift

μεταλλάσσω, -αλλάξω change, alter

μέταλλον, -ου mine, quarry

μεταμέλει *impers.* it repents *one, one* repents *or* regrets *with dat. of person*

μεταξύ *adv.* between, meanwhile; *as prep. with gen.* between

μεταπέμπομαι send for, summon

μεταποιέομαι lay claim to

μεταστρέφω turn about; *in pass.* turn oneself about

μετατίθημι change, transpose; *in mid.* change one's opinion, retract

μεταῦτις *adv.* thereupon, afterwards

μεταφορέω carry over, transfer

μεταχειρίζομαι, -εχειρισάμην handle

μέτειμι (*esse*) be among. μέτεστί τινι one has a share of

μέτειμι (*ire*) go after *or* in quest of, seek, fetch

μετεξέτεροι some, certain

μετέπειτα *adv.* hereafter, thereafter

μετέχω share in

μετέωρος, -ον raised from the ground, on high, upper

μετίημι let go, give up, release, allow, neglect, disregard

μετίστημι causal in pres., impf., fut., 1 aor. act. and mid. change, remove; *intr. in pass.*, 2 aor., perf., and plupf. act retire, depart, revolt, change

μετορμίζομαι sail from one place to another, put out from

μετρέω, -ήσω measure

μέτριος within measure, moderate

μετρίως *adv.* moderately

μέτρον, -ου measure, dimension

μέτωπον, -ου forehead, face *of a building*

μευ see ἐγώ

μέχρι *prep. with gen.* up to, until, as far as. μέχρι οὗ *conj.* until

μή *neg. particle of will and thought* not; *as conj.* lest

μηδαμά *adv.* in no wise, never

μηδαμῶς = μηδαμά

μηδέ *adv. and conj.* not even, and not, not either

Μηδείη, -ης Medea, *daughter of King Æetes of Colchis*

μηδείς, μηδεμία, μηδέν no one, nobody, none, nothing. ἐς τὸ μηδέν into nothingness

μηδίζω, -ίσω side with the Medes, be pro-Mede, medize

Μηδικός Median

Μῆδος, -ου *a* Mede

Μηθυμναῖος of Methymna

μηκέτι *adv.* no longer

μῆκος, -εος, τό length

μήλεος *of sheep.* μήλεα κρέα mutton

Μηλιεύς *a* Malian

Μηλίς, -ίδος, ἡ Malis, *a division of Greece including the pass of Thermopylæ*

μήν, -ός, ὁ month

μηνύω inform, reveal

μηρός, -οῦ thigh

μήτε and not; *usually* μήτε . . . μήτε neither . . . nor; *sometimes* μήτε . . . τε not . . . but

μήτηρ, μητρός, ἡ mother

μῆτις, -ιδος, ἡ wisdom, craft, plan

μηχανάομαι, -ήσομαι contrive, devise, procure for oneself

μηχανή, -ῆς machine, engine, device, contrivance, way

μία *see* εἷς

Μίδης, -εω Midas, *king of Phrygia*

Μιλήσιος Milesian. ἡ Μιλησίη (*sc.* χώρη) the Milesian territory

Μιλτιάδης, -εω Miltiades, *an Athenian general, hero of the Battle of Marathon*

μιμνήσκω, μνήσω, ἔμνησα remind; μέμνημαι remember; ἐμνήσθην remember, mention

μιν, *unemphatic pers. pron. of 3 pers. acc. sing.* him, her, it

Μίνως, -νός Menes, *the first king of Egypt*

Μίνως, -ω Minos, *King of Crete*

μίσγω, μείξω, ἔμειξα, ἐμίχθην mix; *in pass.* have intercourse with

μισέω, -ήσω hate

μισθός, -οῦ pay, reward

μισθόω, -ώσω let out for hire; *in mid.* have let to one, hire

μισθωτός hireling, mercenary

μῖσος, -εος, τό hatred

Μιτριδάτης, -εω Mithridates, *a herdsman of Astyages*

Μιτροβάτης, -εος Mithrobates, *a Persian*

μνέα, -ης mina, *a measure of weight,* $\frac{1}{60}$ *of a talent*

μνῆμα, -ατος, τό memorial, monument

μνήμη, -ης remembrance, memory, mention. μνήμην ἔχειν *or* ποιεῖσθαι make mention

μνημονεύω remember, call to mind, think of

μνημόσυνον, -ου memorial, remembrance

Μνησίφιλος, - ου Mnesiphilus, *an Athenian, said to be an adviser of Themistocles at the Battle of Salamis*

μόγις *adv.* hardly, scarcely, gradually

μοι *see* ἐγώ

μοῖρα, -ης lot, destiny, portion, doom; that which is due one, right, respect, esteem

Μοῖρις, -ιος Mœris, *a lake in Egypt*

Μολπαγόρης, -εω Molpagoras, *father of Aristagoras of Miletus*

μόλυβδος, -ου, lead

μόρος, -ου = μοῖρα, -ης

Μουνιχίη, -ης Munychia, *a harbor of Athens*

μουνόθεν *adv.* alone, singly

μουνόλιθος, -ον made out of a single stone

μοῦνος alone, only

μουνόομαι, -ώσομαι be left alone

μοχλεύω heave, prise up

Μυκερῖνος, -ου Mycerinus, *a king of Egypt*

Μυκηναῖοι Myceneans

μύκης, -εω cap at the end of the scabbard of a sword

Μύνδιος Myndian, of Myndus, *an island off the coast of Caria*

μυριάς, -άδος, ἡ number of ten thousand, myriad

μυρίος numberless, countless, measureless. μύριοι (*note accent*) ten thousand

Μύρκινος, -ου, ἡ Myrcinus, *a town in Thrace*

Μυρσίλος, -ου Myrsilus, *Greek name for Candaules*

μυρσίνη, -ης myrtle branch

Μύρσος, -ου Myrsus, *a Lydian*

Μύσιος Mysian

Μυσοί, -ῶν Mysians

Μυτιληναῖος Mytilenean

N

Νάξιος *of Naxos*, Naxian

Νάξος, -ου Naxos, *an island in the Ægean Sea*

ναυήγιον, -ου piece of wreck; *in pl.* wreckage

ναύκληρος, -ου shipmaster, skipper

Ναύκρατις, -ιος, ἡ Naucratis, *a city in Egypt*

ναυμαχέω, -ήσω fight by sea, engage in a naval battle

ναυμαχίη, -ης naval battle

ναυπηγήσιμος, -ον useful in shipbuilding

ναυτικός naval. τὸ ναυτικόν fleet, navy

ναυτιλίη, -ης voyage

ναυτίλλομαι sail, go by sea

νέατος lowest

νέηλυς, -υδος, ὁ, ἡ new-comer

νεηνίης, -εω young man

νεῖκος, -εος, τό strife, quarrel

Νεῖλος, -ου the Nile, *the great river of Egypt*

νεκρός, -οῦ dead body, corpse

νέκυς, -υος = νεκρός

νέμεσις, -ιος, ἡ vengeance

νέμω, -έω, ἔνειμα (1) distribute, dispense, assign; *in both act. and mid.* hold, possess, inhabit, manage; (2) pasture *or* graze *flocks; in mid., of flocks*, feed, graze; *metaphorically, of fire*, consume, devour; *of disease*, spread

νεόγαμος, -ον newly wed

νεογνός new-born

Νεοκλέης, -έος Neocles, *father of Themistocles*

νεόκτιστος, -ον newly-founded

νέομαι come *or* go

νέος new, young. ἐκ νέης anew

νεότης, -ητος, ἡ youth, youthful spirit, impetuosity

νέφος, -εος, τό cloud

νέω, νεύσομαι swim

νέω, νήσω heap up, pile

νεωστί *adv.* recently

νηδύς, -ύος, ἡ stomach, belly

νηνεμίη, ης calm

νηός, -οῦ temple

νήπιος foolish, silly

νησίς, -ῖδος, ἡ little island, islet

νησιώτης, -εω islander

νῆσος, -ου, ἡ island

νηῦς, νεός, ἡ ship

νικάω, -ήσω conquer, vanquish, prevail. ἐνίκα it prevailed, was decided

Νίσαια, -ης Nisæa, *a city of Megaris*

Νίτωκρις Nitocris, *the name of a queen of Egypt and a queen of Babylonia*

νοέω, -ήσω, ἔνωσα, νένωκα, νένωμαι, ἐνώθην think, intend; *so also in mid.*

νόημα, -ατος, τό thought

νομάρχης, -εω nomarch, chief of an Egyptian province

νομάς, -άδος, ὁ, ἡ roaming. οἱ νομάδες wandering tribes, nomads

νομεύς, -έος, ὁ herdsman

νομή, -ῆς pasture, pasturage

νομίζω, νομιέω, ἐνόμισα hold as a custom, use customarily, practise, use, be accustomed, consider, believe in, believe, think. **τὰ νομιζόμενα** customs, usages, customary rites

νόμιμος customary, lawful. **τὰ νόμιμα** usages, customs

νόμισμα, -ατος, τό current coin, money

νόμος, -ου (1) custom, law; (2) musical mode, strain

νομός, -οῦ district, province

νόος, -ου mind, purpose, sense. **σὺν νόῳ** wisely; **ἐν νόῳ ἔχειν** intend

νοσέω, -ήσω be ill, diseased

νοστέω, -ήσω return home

νότος, -ου south wind, south

νουθετέω, -ήσω admonish, advise

νοῦσος, -ου, ἡ sickness, disease, disorder

νῦν adv. now, just now. **νῦν δέ** but as it is

νυν enclitic particle then, therefore

νύξ, νυκτός, ἡ night

νῶτον, -ου back. **κατὰ νώτου** behind

Ξ

ξεινίζω entertain strangers, receive as a guest

ξεινίη, -ης hospitality, friendship, friendly relation

ξείνιος belonging to a guest or friend, pertaining to hospitality. **τὰ ξείνια** friendly gifts

ξεινοκτονέω, -ήσω kill a guest or stranger

ξεῖνος, -ου guest, host, guest-friend, stranger, foreigner. **ξεῖνος, -η, -ον** strange, foreign

Ξέρξης, -εω Xerxes, son of Darius, king of Persia

ξεστός polished

ξίφος, -εος, τό sword

ξύλινος of wood, wooden

ξύλον, -ου piece of wood, stick, log; in pl. wood, timber

ξυρέω, -ήσω shave; in mid. and pass. shave oneself, be shaved

ξυστόν, -οῦ shaft of a spear

Ο

ὁ, ἡ, τό (1) dem. pron. this, that, he, she, it. **ὁ μέν . . . ὁ δέ** the one . . . the other; **οἱ μέν . . . οἱ δέ** some . . . others; **ὁ δέ** and he; (2) def. art. the

ὄγδοος eighth

ὀγδώκοντα eighty

ὅδε, ἥδε, τόδε dem. pron. this, indicating someone or something present, or something immediately to follow. **ὅδε πάρειμι** here I am. **εἴρετο τάδε** he asked the following question

ὀδμή, -ῆς odor

ὁδός, -οῦ, ἡ way, path, road, journey

ὀδούς, -όντος, ὁ tooth

ὅθεν rel. adv. whence, from which

οἱ see **εὖ**

οἶδα perf. with meaning of pres. know. (For other forms, see Dial. 45)

οἰδέω, -ήσω swell, become swollen; figuratively be troubled

οἶκα perf. with meaning of pres. be like, beseem, befit, seem likely; **οἶκε** impers. it is fitting, right, reasonable; so **οἰκός (ἐστί)**

οἰκέτης, -εω slave, servant; in pl. one's household, family, women and children

οἰκέω, -ήσω inhabit, colonize, settle in; intr. dwell, live, be settled, be situated

οἰκηιόομαι make one's own, appropriate, claim as one's own

οἰκήιος belonging to one's house, related, one's own, belonging to one's country, civil

οἴκημα, -ατος, τό room, chamber, brothel

οἰκήτωρ, -ορος, ὁ inhabitant

οἰκίη, -ης house, family

οἰκίζω, οἴκισα, οἰκίσθην found, settle

οἰκίον, -ου house, dwelling, palace usually in pl. in sense of sing.

οἰκοδομέω, -ήσω build a house, build; in mid. build oneself a house, have it built οἰκοδόμημα, -ατος, τό building, structure

οἰκοδόμος, -ου builder, architect

οἶκος, -ου house, abode, property, family

οἶκτος, -ου pity, compassion

οἰκώς, -υῖα, -ός ptc. of οἶκα like, resembling, likely, reasonable, natural, fitting

οἰμωγή, -ῆς loud wailing, lamentation

οἶνος, -ου wine

οἶος alone; neut. as adv.

οἶος rel. pron. of what sort. οἶός τε with inf. fit, able. οἶα like, as; with ptc. showing causal force since, inasmuch as

ὀϊστός, -οῦ arrow

οἴσω see φέρω

Οἰταῖος Œtæan, of Œta

Οἴτη, -ης Œta, a mountain south of Thermopylæ

οἴχομαι regularly only in pres. and impf. with sense of perf. (and plupf.) have gone, be gone usually with suppl. ptc. Hdt. has also οἴχωκα

ὀκέλλω run a ship aground or on shore, ground

ὀκόθεν rel. adv. whence, from what place

ὀκοῖος rel. pron. of what sort

ὀκόσος rel. pron. as great as, as many as

ὀκότε adv. when, whenever, since

ὀκότερος indef. rel. pron. which, whichever (of two)

ὄκου adv. where, whereas, since. ὄκου δή somewhere or other

ὀκτακισχίλιοι eight thousand; also in sing. ὀκτακισχιλίη ἀσπίς eight thousand spearmen

ὀκτώ indecl. eight

ὀκτωκαίδεκα indecl. eighteen

ὄκως (1) rel. adv. how, in what manner, when, whenever; (2) conj. introducing final clause that, in order that

ὄλβιος happy, blest, prosperous

ὄλβος, -ου happiness, bliss, wealth

ὀλέθριος destructive

ὄλεθρος, -ου destruction

ὀλίγος little, only a little; in pl. few, too few; ὀλίγον as adv. little, a little

ὀλιγοχρόνιος, -ον short-lived

ὀλκάς, -άδος, ἡ merchantman, transport

ὀλκός, -οῦ machine for hauling, windlass or, possibly, dry dock for repair of ships

ὀλοίτροχος, -ου rolling stone, round stone

ὅλος whole

Ὀλυμπιάς, -άδος, ἡ the Olympic Games

Ὀλύμπιος Olympian, Olympic. τὰ Ὀλύμπια the Olympic Games

Ὄλυμπος, -ου Olympus, a mountain in Mysia

ὁμαίμων, -ον of the same blood, related by blood

ὁμῆλιξ, -ικος, ὁ, ἡ of the same age; as subst. an equal in age, comrade

Ὅμηρος, -ου Homer

ὅμηρος, -ου hostage

ὁμιλέω, -ήσω associate with, be acquainted with

ὅμιλος, -ου crowd, throng

ὄμμα, -ατος, τό eye

ὄμνυμι swear, affirm by oath

ὁμοιόομαι liken, compare

ὅμοιος like, equal, the same. ὅμοια as adv. equally. ἐν ὁμοίῳ in like manner, equally

ὁμοίως adv. alike, equally

ὁμολογέω, -ήσω agree with, agree, admit

ὁμολογίη, -ης agreement, terms of surrender

ὁμοπάτριος, -ον of the same father

ὁμοῦ adv. together; with dat. together with

ὁμουρέω, -ήσω border upon

ὁμοφρονέω, -ήσω be of the same mind, agree

ὁμόψηφος, -ον having an equal vote with

ὀμφαλός, -οῦ navel

ὅμως *conj.* nevertheless

ὀνειδίζω reproach, cast in *one's* teeth

ὀνείδισμα, -ατος, τό reproach, insult

ὄνειδος, -εος, τό reproach, rebuke, disgrace

ὀνειροπόλος, -ου interpreter of dreams

ὄνειρος, -ου dream, vision

ὀνίνημι, ὀνήσω profit, benefit, help

ὀνομάζω, -άσω name, call by name

ὀνομαστί *adv.* by name

ὀνομαστός notable, renowned, famous

ὄνος, -ου ass

ὀξύς, -έα, -ύ sharp, keen, passionate

ὄπισθε *adv. and prep. with gen.* behind

ὀπίσω *adv.* backwards, back, back again

ὅπλα, -ων, τά arms, armor

ὁπλίζω, ὥπλισα, ὡπλίσθην arm, equip

ὁπλίτης, -εω heavy-armed soldier, hoplite

ὁποδαπός *indef. rel. pron.* of what country

Ὀπούντιος Opuntian. Λοκροὶ Ὀπύντιοι Opuntian Locrians, *one of the three tribes into which the Locrians were divided*

ὀπτάω, -ήσω roast

ὁράω (*impf.* ὥρων), ὄψομαι, εἶδον, ὄπωπα, ὤφθην see, observe, see to, take heed, beware; *mid. sometimes used like the act.*

ὀργή, -ῆς anger, wrath

ὀργυιή, -ῆς fathom, *i.e. about six feet*

ὀρέγω stretch out

ὀρεινός mountainous

Ὀρέστης, -εω Orestes, *son of Agamemnon.*

ὄρθιος upward, upright; *of the voice* high-pitched. ὄρθιος νόμος orthian strain, *so high-pitched that few voices could reach it*

ὀρθός right, straight. κατὰ τὸ ὀρθόν rightly

ὀρθόω, -ώσω raise, erect, exalt, honor

ὄρθριος early. τὸ ὄρθριον *as adv.* early in the morning

ὀρθῶς *adv.* rightly

ὅρκιον, -ου oath

ὁρμάω, -ήσω set in motion; *more commonly intr.* rush, start, hasten; *so also in mid. and pass.; in perf. mid.* be eager

ὁρμέω, -ήσω be at anchor

ὁρμή, -ῆς attack, onset, impulse

ὄρνις, -ιθος bird

Ὀροίτης, -εω Oroetes, *satrap of Sardis*

ὄρος, -εος, τό mountain

ὀροφή, -ῆς roof

ὄροφος, -ου = ὀροφή

Ὀρσίφαντος, -ου Orsiphantus, *father of two Spartans who won distinction at Thermopylæ*

ὀρτάζω, -άσω celebrate a festival

ὀρτή, -ῆς festival

ὄρυγμα, -ατος, τό excavation, trench

ὀρύσσω, -ξω dig

ὀρχέομαι, -ήσομαι dance, dance in

ὀρχηδόν *adv.* in a row, one after another, each man

Ὀρχομενός, -οῦ, ἡ Orchomenus, *a town in Arcadia*

ὅς, ἥ, τό *rel. pron.* who, which, *occasionally used as dem. pron. in the phrase* καὶ ὅς (ἥ, οἵ, αἵ) and he (she, they)

ὅσιος holy, sacred, pious, righteous

ὅσος *indef. rel. pron.* as great as, as much as; *in pl.* as many as. ὅσον how far, in so far. ἐπ' ὅσον as far as. ὅσον τε (*sometimes* ὅσον) nearly. ὅσῳ by as much, inasmuch

ὀστέον, -ου bone

ὅστις, ἥτις, ὅ τι *indef. rel. pron.* whoever, whatever. ὅ τι *adv.* why. ὅστις δή (*without rel. force*) someone or other; *so also* ὅστις ὤν

Ὀτάνης, -εω Otanes, *father of Phædymia, wife of the false Smerdis*

ὅτε *rel. adv.* when, whereas, since. ἔστι ὅτε sometimes; *also* οὐκ ἔστι ὅτε οὐ

ὅτι *conj.* that, because. ὅτι μή except

οὐ (οὐκ *before vowels*) *neg. particle of statements of fact* not. *In contrast-*

ing clauses the particle is sometimes thrown to the end and written **οὔ**

οὐδαμά *adv.* never, in no wise

οὐδαμόθι *adv.* nowhere, in no place

οὐδαμός no one, none. **οὐδαμῇ** nowhere, in no way

οὐδαμῶς *adv.* in no wise

οὐδέ *adv. and conj.* not even, and not, not either

οὐδείς, οὐδεμία, οὐδέν no one, none, nothing, nought; **οὐδέν** *as adv.* not at all

οὐδέτερος neither one (*of two*)

οὐδός, -οῦ threshold

οὐκέτι *adv.* no longer, no more

οὐκ *see* **οὐ**

οὔκω *adv.* not yet

οὔνομα, -ατος, τό name

οὐρανός, -οῦ sky, heaven

οὐρέω, ἥσω, make water

οὖρος, -ου boundary

οὖς, ὠτός, τό ear

οὔτις, οὔτι no one, nothing

οὔτοι *adv.* indeed not, surely not

οὗτος, αὕτη, τοῦτο *dem. pron.* this *often referring to what precedes, in distinction from* **ὅδε** *which refers to what follows. In distinction from* **ἐκεῖνος** *(the former) it often means* the latter. **ταύτῃ** *adv.* there. **ἐν τούτῳ (χρόνῳ)** meanwhile. **τοῦτο μέν . . . τοῦτο δέ** on the one hand . . . on the other. **καὶ ταῦτα** and that too

οὕτω *adv.* in this way, so, thus. **οὕτω δή** (*to introduce an apodosis, or main clause, summing up the subordinate clauses or preliminary participles*) then indeed, so then

ὀφείλω, *2 aor.* **ὤφελον** owe, be obliged, ought; *with an inf. the pres. indicates a present or future obligation; the impf. and aor. unfulfilled obligation or an unfulfilled wish*

ὀφθαλμός, -οῦ eye. **ἐξ ὀφθαλμῶν** out of sight

ὀφθῆναι *see* **ὁράω**

ὀχέω *frequentative of* **ἔχω** carry, bear

ὄχθος, -ου hill

ὄχλος, -ου annoyance, trouble

ὀψίγονος, -ον late-born

ὄψις, -ιος, ἡ vision, apparition, sight, presence

Π

πάγη, -ης trap, snare

πάγος, -ου rocky hill. **Ἀρήιος πάγος** the Areopagus

πάγχυ *adv.* wholly, entirely, altogether, certainly

πάθη, -ης experience, misfortune

πάθος, -εος, τό experience, misfortune, calamity, death

Παιανιεύς, -έος of Pæania, *an Attic deme*

παιγνίη, -ης sport, play

παιγνιήμων, -ον fond of joking

παιδαγωγός, -οῦ attendant of a boy, *name given to a slave that accompanied a boy to and from school*

παιδίον, -ου *diminutive of* **παῖς** little child, young child

παίζω play

Παίονες, -ων Pæonians, *a Thracian tribe*

Παιονίη, -ης Pæonia, *a district of Macedonia*

παῖς, παιδός, ὁ, ἡ child, boy, girl, son, daughter

παίω strike, smite

Πακτωλός, -οῦ Pactolus, *a river of Lydia, famed for its golden sands*

πάλαι *adv.* long ago, in olden times; *as adj.* ancient, of old. **τὸ πάλαι = πάλαι**

παλαιός, *comp.* **παλαιότερος** *and* **παλαί-τερος** ancient, old. **τὸ παλαιόν** anciently, in olden times. **ἐκ παλαιοῦ** from of old

παλιλλογέω, -ήσω repeat

πάλιν *adv.* back, again, once more

παλλακή, -ῆς mistress, concubine

Παλλάς, -άδος Pallas, *an epithet of Athena*

Παλληνεύς, -έος of Pallene, *an Attic deme*

πάλλομαι quiver, quake

παμποίκιλος, -ον all embroidered, richly embroidered

πάμφορος, -ον all-bearing, all-productive

Πάν, Πανός Pan, *god of flocks and shepherds*

Παναίτιος, -ου Panætius, *commander of a Tenian ship at Salamis*

πανδημεί *adv.* with the whole people, in a body

πανήγυρις, -ιος, ἡ festal assembly, festival, festal assemblage

πάννυχος, -ον lasting all night

πανοπλίη, -ης full armor of a hoplite, πανοπλίη in full armor

πανσέληνος, -ον at the full of the moon. ἡ πανσέληνος (*sc.* ὥρη) time of full moon, the full moon

πανστρατιῆ *a dat. used as adv.* with the whole army

Παντάγνωτος, -ου Pantagnotus, *a brother of Cambyses*

πανταχῆ *adv.* everywhere

πανταχόθεν *adv.* from all sides, on all sides

παντελέως *adv.* altogether, utterly

πάντη *adv.* on every side

παντοδαπός of every kind, manifold

παντόθεν *adv.* from every side

παντοῖος of all sorts

παντοίως *adv.* in all kinds of ways

πάντως *adv.* altogether, absolutely

πανωλεθρίη, -ης utter destruction

παρά *prep.* (1) *with gen.* from the side of, from; (2) *with dat.* by the side of, beside, with, at the house of, in the opinion of; (3) *with acc.* to a place beside, by, to, near, beyond, past, contrary to, in comparison with. πάρα = πάρεστι *or* παρά *following its case*

παραβαίνω overstep, transgress

παραβάλλω entrust to; *in mid.* deceive, betray

παραγγέλλω give the word, give orders, command

παραγίνομαι become with, come to, arrive

παραγυμνόω lay bare, disclose

παράγω bring forward

παραδέκομαι receive from, succeed to

παραδίδωμι give over, entrust, surrender

παραθαλάσσιος, -ον beside the sea. τὰ παραθαλάσσια places along the coast

παραίνεσις, -ιος, ἡ advice, counsel

παραινέω advise, exhort

παραιτέομαι beg from, obtain leave from, move by entreaty, intercede with

παρακαίω light beside; *in pass.* be kept lighted beside

παρακούω hear aside, hear by chance

παρακρίνομαι be drawn up in line opposite

παραλαμβάνω receive from, seize, get possession of, undertake, ascertain, take to oneself, associate with oneself, invite

πάραλος, -ον by the sea. οἱ πάραλοι the people of the coast-land

παραλύω take off, detach, release *or* relieve from

παραμείβομαι leave on one side, pass by

παραμελέω pay no heed, disregard

παραμένω stay beside, stand *one's* ground, remain alive, survive

παραμυθέομαι console, comfort

παράπαν *adv.* altogether, absolutely; *with neg.* at all

παραπίπτω fall in *one's* way

παραπλήσιος, -ον similar

παραποιέω compose aside, introduce as an episode

παραρτέομαι get ready, prepare

παρασκευάζω, -άσω get ready, prepare, contrive; *in mid.* make preparations, prepare *or* contrive for oneself

παρασκευή, -ῆς preparation

παρατάσσω draw up beside

παρατίθημι place beside

παρατρίβω, -ψω rub alongside

παρατυγχάνω happen to be near *or* present

παραυτίκα, *adv.* immediately, straightway. ἐς τὸ παραυτίκα for the present

παραφέρω bear *or* bring to, set before, bring forward

παραφρονέω be beside oneself, be deranged

παραχράομαι misuse, disregard

πάρειμι (*esse*) be present, have come. πάρεστι it is possible, is in *one's* power

πάρειμι (*ire*) go by, pass, go to *or* into, come forward

παρενθήκη, -ης addition

πάρεξ *adv. and prep. with the gen.* beside, except, outside of

παρέξειμι go out beside, pass along by

παρέρχομαι go by, pass, arrive at, pass in, come forward

παρευρίσκω discover besides, invent

παρέχω furnish, provide, present, offer. παρέχει *impers.* it is allowed, is in *one's* power; *in mid.* supply with one's own means, furnish, exhibit

παρηγορέομαι exhort

παρηίς, -ίδος, ἡ cheek

παρθενεύομαι be a maiden, remain unmarried

Παρθένιον ὄρος Mt. Parthenius, *between Argolis and Laconia*

παρθένος, -ου, ἡ maiden

παρίζομαι sit beside

παρίημι pass by, pass over, disregard, permit, let pass, admit

παρίστημι *causal in pres., impf., fut., 1 aor. act. and mid.* make to stand beside, bring over, bring to terms; *intr. in pass., 2 aor., perf. and plupf. act.* stand beside, assist, come to terms, surrender, come over to the opinion *of someone*, occur

Πάρμυς, -υος Parmys, *daughter of Cyrus, wife of the false Smerdis*

παροίχομαι be gone by, have past

παροράω notice, remark; παρορᾶν τί τινι notice something in a person

Πάρος, -ου Paros, *an island of the Cyclades*

πᾶς, πᾶσα, πᾶν all, the whole, every. τὸ πᾶν, τὰ πάντα the whole, everything. πάντα in all, entirely. διὰ παντός forever, continually

παστάς, -άδος, ἡ colonnade, pillared corridor

πάσχω, πείσομαι, ἔπαθον, πέπονθα receive an impression, experience, suffer; *often used as pass. of* ποιέω

πάταγος, -ου clashing, din

πατήρ, πατρός, ὁ father

Πατιζείθης, -εω Patizithes, *a μάγος who put the false Smerdis on the throne*

πάτρη, -ης country, native land

πατριή, -ῆς pedigree, lineage, descent

πάτριος of *one's* father, ancestral, hereditary

πατρίς, -ίδος, ἡ *fem. of* πάτριος; *as subst.* = πάτρη

πατρόθεν *adv.* from *or* after a father. π. ὀνομάζων naming by the father's name. ἀναγράφειν πατρόθεν to record as the son of a father, *i.e.* with his father's name

πατρώιος of one's father, hereditary

πάτρως, -ω, ὁ *a* father's brother, uncle

Παυσανίης, -εω Pausanias, *a Spartan general, commander of the allied forces at Plataea*

παύω stop, check, depose; *in mid.* stop (*intr.*), cease, rest

Παφλαγών, -όνος *a* Paphlagonian, *inhabitant of Paphlagonia, a division of Asia Minor, bordering on the Euxine Sea*

παχύνω make thick, harden

παχύς, -έα, ὑ thick, stout. οἱ παχέες men of substance, the wealthy

πέδη, -ης fetter

πεδίον, -ου plain

πεζός on land, on foot. ὁ πεζός footsoldiers, land forces; *so also* τὸ πεζόν, πέζῃ on land

πείθω, πείσω, ἔπεισα win over, per=
suade; *in mid. and pass.* be won
over, listen to, obey, believe, trust in,
be convinced

Πειραιεύς, -έος, ὁ *the* Piræus, *the most
important harbor of Athens*

πειράομαι, -ήσομαι try, make trial of,
test, make attempt upon, attack

πείρη, -ης trial, experiment

Πεισιστρατίδαι, -εων Pisistratidæ, sons
of Pisistratus

Πεισίστρατος, -ου Pisistratus, *tyrant
of Athens*

πέλαγος, -εος, τό open sea, high sea

πελάζω, *aor.* ἐπέλασα (ἐπέλασσα *ep.*)
bring near to

πέλας *adv.* near

πέλεκυς, -εος, ὁ axe, battle axe

Πελοπόννησος, -ου, ἡ *the* Pelopon-
nesus, *the southern part of Greece*

Πέλοψ, -οπος Pelops, *a Phrygian who
migrated to Greece and for whom the
Peloponnesus was named*

πέλω *poetic word =* εἰμί

πέμπτος fifth

πέμπω, πέμψω, ἔπεμψα, πέπομφα, πέ-
πεμμαι, ἐπέμφθην send

πέμψις, -ιος, ἡ sending

πένης, -ητος, ὁ poor man; *as adj.* poor

πένθος, -εος, τό grief, mourning

πεντακόσιοι five hundred

πέντε *indecl.* five

πεντεκαίδεκα *indecl.* fifteen

πεντετηρίς, -ίδος, ἡ a term of five
years

πεντήκοντα *indecl.* fifty

πεντηκόντερος, -ου ship of burden with
fifty oars, penteconter

πέπλος, -ου robe

πέπρωμαι *perf. pass.* has been fated.
πεπρωμένος *as adj.* fated, destined

περ *enclit. particle adding force to the
word to which it is added,* very, just,
even, *etc. e.g.* τά περ the very things
which; ἔνθα περ just where; ἤν περ
even if; ἤ περ than even

περάω, -ήσω pass

πέρην *adv.* across, on the other side

περί *prep.* (1) *with gen.* about, on ac-
count of, concerning; (2) *with dat.*
about, for, on account of; (3) *with
acc.* about, in, concerning, in regard
to

περιαγγέλλω send around orders

περιάγω lead about

περιαιρέω take off; *in mid.* take off
from oneself, strip off

Περίανδρος, -ου Periander, *tyrant of
Corinth*

περιβάλλω throw about, build about,
surround, catch in a net; *in mid.*
bring into one's power, aim at

περιγίνομαι be superior to, prevail
over, survive

περιγράφω draw about, circumscribe

περιδεής, -ές very fearful

περίειμι (*esse*) be superior, be left over,
remain, survive

περίειμι (*ire*) go *or* come around,
come around to one (*as by inherit-
ance*)

περιελαύνω ride *or* drive around,
harass

περιέπω, -έψω, -έσπον treat, handle

περιέργω encompass, surround

περιέρχομαι go *or* come around, come
upon, pass to

περιέσχατα, -ων, τά extremities all
around, edges

περιέχω encompass, surround; *in mid.*
hold one's hands around, hold fast
to, cling to

περιημεκτέω be much aggrieved, chafe

περιίστημι *causal in pres., impf., fut.,
1 aor. act and mid.* set around; *intr.
in pass. and 2 aor., perf. and plupf.
act.* stand around

περικαλλής, -ές very beautiful

περικάτημαι sit beside

περικυκλόομαι surround, encircle

περιλαμβάνω surround, get possession
of, catch

περιλέπω strip off all around

περιμήκης, -ες very large

περίοδος, -ου, ἡ going around, way around, circumference
περιοικέω live about
περιοικοδομέω build about
περίοικος, -ον dwelling around. οἱ περίοικοι neighbors
περιοράω overlook, allow
περιπέμπω send about
περιπίπτω fall in with, encounter, be caught, befall
περιπλέω sail about
περιποιέω keep safe, preserve
περιρραντήριον, -ου vessel for lustral water
περιρρέω flow about, surround
περισπέρχομαι be very much angered
περισσός beyond the regular number or size, extraordinary, remarkable, beyond (with gen.)
περισταδόν adv. = περιστάντες standing round about
περιστέλλω protect, defend, maintain
περίστυλος, -ον surrounded with a colonnade
περιτίθημι put round about, bestow, confer
περιτροπή, -ῆς turning about, change. ἐν περιτροπῇ by turns
περιυβρίζω, perf. pass. -ύβρισμαι treat very ill, insult wantonly
περιχαρής, -ές very much delighted
Πέρσης, -εω a Persian
Περσικός Persian
Περσίς, -ίδος, ἡ fem. of Περσικός Persian
πηδάλιον, -ου rudder
Πηλούσιον, -ου Pelusium, a town on the coast of Egypt. Πηλούσιον στόμα the Pelusiac mouth of the Nile
πῆμα, -ατος, τό woe, calamity
πηχυαῖος a cubit long
πῆχυς, -εος, ὁ length of the fore-arm, cubit
Πηνειός Peneus, the chief river of Thessaly
πιέζω, -έσω, ἐπίεσα press, press hard, distress

Πιερίη, -ης Pieria, a district in the northern part of Thessaly
πιθανός credible
πίθος, -ου large earthenware wine jar
πικρός sharp, bitter, severe, cruel
πῖλος, -ου felt cap
πίμπλημι, πλήσω, ἔπλησα fill
πίναξ, -ακος, ὁ map
πίνω, 2 aor. ἔπιον drink, drink up
πίπτω, πεσέομαι, ἔπεσον, πέπτωκα fall, throw oneself, be thrown, be brought low
πιστεύω trust, believe
πίστις, -ιος, ἡ faith, faithfulness, pledge
πιστός faithful, trusted, believed, credible
πίσυνος, -ον trusting in, relying upon
πίων, -ον rich, wealthy
πλάζομαι wander
πλανάομαι, -ήσομαι wander about, digress, beat about the bush
πλάνη, -ης wandering, traveling, travels
πλάσσω, aor. ἔπλασα make up, fabricate
πλαστός fabricated
Πλάταια, -ης Platæa, a town in Bœotia
Πλαταιέες Platæans
πλέθρον, -ου plethrum, one hundred feet
πλεῖστος superl. of πολύς most
πλέος full, filled
πλέω, πλεύσομαι sail
πλέων, -ον comp. of πολλός more, greater, longer. οἱ πλεῦνες the greater part. πλέον as adv. more, farther; so ἐπὶ πλέον
πληγή, -ῆς blow, stroke
πλῆθος, -εος, τό number, throng, crowd, size, extent. τὸ πλῆθος the greater part
πληθώρη, -ης fulness. πληθώρη ἀγορῆς full market time, i.e. about ten o'clock
πλήν prep. with gen. except; as conj. (for πλὴν ὅτι) except that
πλήρης, -ες full, complete
πληρόω, -ώσω fill, equip or man a ship
πλήρωσις, -ιος, ἡ filling, completion

πλησιόχωρος near a country, bordering upon. οἱ π. next neighbors

πλήσσω, πλήξω, ἔπληξα, πέπληγμαι, ἐπλήγην (ἐπλάγην) strike, smite; *in pass.* be stricken

πλίνθινος of brick

πλοῖον, -ου boat, transport. πλοῖα μακρά war-ships

πλόος, -ου voyage, journey by sea

πλούσιος, rich, wealthy

πλουτέω, -ήσω be rich

πλοῦτος, -ου wealth

πλώω, -σω, ἔπλωσα, ἔπλων sail

πνείω blow

πνεῦμα, -ατος, τό wind

ποδεών, -ῶνος, ὁ neck *or* mouth of a wine-skin

πόθος, -ου regret, mourning

ποιέω, -ήσω make, do, act, cause, compose, do something to *a person;* εὖ ποιεῖν benefit; κακῶς ποιεῖν injure. *In mid.* have made for oneself, make for oneself, bring about, consider, regard, esteem; ποιεῖσθαι περὶ πολλοῦ consider of great importance; ποιεῖσθαι λόγου make of account; π. λόγον take account *of;* π. σπουδήν make haste, be eager; π. φίλα (τινί) make friends with (*someone*)

ποίη, -ης grass

ποιητέος *verbal adj.* to be done, must be done

ποικίλος many-colored, richly-wrought, intricate

ποιμήν, -ένος, ὁ shepherd

ποίμνη, -ης flock of sheep

ποίμνιον, -ου = ποίμνη

ποινή, -ῆς penalty

πολεμαρχέω, -ήσω be a polemarch

πολέμαρχος, -ου polemarch, *one of the nine archons at Athens who took the field as commander-in-chief*

πολεμέω, -ήσω be at war, fight

πολέμιος hostile, war-like. οἱ π. the enemy

πόλεμος, -ου war

πολιήτης, -εω citizen, fellow-citizen

πολιορκέω, ήσω besiege

πολιορκίη, -ης siege

πόλις, -ιος, ἡ city

πολλάκις *adv.* often

πολλαπλήσιος many times as much

πολλαχῇ *adv.* many times, often

πολλός, -ή, -όν much, great, mighty; *in pl.* many. πολλόν *as adv.* greatly, much, far, by far. τὰ πολλά the greater part. περὶ πολλοῦ of great importance. πρὸ πολλοῦ long before

πολύ *adv.* far

πολυάργυρος, -ον abounding in silver

πολύευκτος, -ον much prayed for

πολύκαρπος, -ον rich in fruit, fruitful

Πολυκράτης, -εω Polycrates, *tyrant of Samos*

Πολύκριτος, -ου Polycritus, *an Æginetan, said to have been the bravest man at Salamis.*

πολυπρόβατος, -ον rich in flocks and herds

πολυτροπίη, -ης versatility, craft

πολυφροσύνη, -ης great shrewdness, cleverness

πομπή, -ῆς sending, conduct

πόνος, -ου toil, labor

'πόντος, -ου sea; Πόντος the Euxine Sea

πορεύομαι, *aor.* ἐπορεύθην proceed

πορθέω, -ήσω lay waste, ravage, despoil

πορθμεύς, -έος, ὁ boatman

πορθμός, -οῦ strait

πόρος, -ου means of passing, passage, pathway, strait, way of discovering, contrivance

πορφύρεος purple *or* crimson

Ποσειδέων, -ωνος Poseidon, *god of the sea*

πόσις, -ιος, ἡ drinking, carousal

ποσσίκροτος, -ον struck with the foot

ποταμός, -οῦ river, stream

ποτί *epic for* πρός

ποτόν, -οῦ drink, wine

πούς, ποδός, ὁ foot. ἐν ποσί in the way. ὡς ποδῶν εἶχον as quick as they could

πρεσβεύω be the older *or* oldest
πρεσβύτερος, -ύτατος older, oldest
πρεσβύτης, -εω old man
πρῆγμα, -ατος, τό thing, matter, affair,
enterprise, duty. πρῆγμά ἐστι it is
necessary *or* expedient. τὰ πρήγ-
ματα empire, power
Πρηξάσπης, -εω Prexaspes, *a Persian
who killed Smerdis, son of Cyrus,
and betrayed the false Smerdis*
πρῆξις, -ιος, ἡ fortune, state, condition
πρῆσις, -ιος, ἡ selling, sale
πρήσσω, πρήξω, ἔπρηξα, ἐπρήχθην do,
accomplish, be in a certain state, fare.
εὖ πρήσσειν to fare well, be success-
ful *or* fortunate. κακῶς πρήσσειν to
fare ill; *in mid.* exact for oneself
πρηΰνω soften, appease
Πρίαμος, -ου Priam, *king of Troy*
πρίν (1) *adv.* before, sooner, formerly
(2) *conj.* before (*with inf.*), until
(*with finite verb*)
πρό *prep. with gen.* before, in front of,
in defence of, in preference to
προαγορεύω tell before, predict, pro-
pose, command, proclaim
προάγω lead forth, induce, persuade,
move
προαιδέομαι be under obligations to
προακούω hear beforehand
προαποθνήσκω die before
προάστιον, -ου space in front of a
town, suburb
προβαίνω go forward, go on, proceed
προβάλλω give up; *with reflex.* give
oneself up for lost
προβοσκός, -οῦ assistant herdsman
προγίνομαι be born before
πρόγονος, -ου forefather, ancestor
προδείκνυμι show forth, show by ex-
ample
προδέκτωρ, -ορος, ὁ foreshower
προδίδωμι betray, desert
πρόδρομος, -ον going in advance. οἱ
π. advanced guard
προεδρίη, -ης privilege of front seats
προεῖπα *1 aor.* = προεῖπον

προεῖπον *2 aor. of which* προαγορεύω
is used as pres. proclaimed, *etc.*
προεξανίσταμαι start ahead of the
signal
προερέω, προείρημαι *serving as fut. and
perf. of* προαγορεύω
προετοιμάζω make ready before; *in mid.*
make one's preparations in advance
προέχω be before, surpass
προθυμέομαι be eager, desire ardently
προθυμίη, -ης zeal, eagerness, desire
πρόθυμος, -ον ready, eager, zealous
προθύμως *adv. of foregoing*
προΐημι send away, let go, give up, be-
tray, deliver over
προΐστημι *causal in pres., impf., fut.,
1 aor. act. and mid.* place before, put
at head, choose as leader; *intr. in
pass., 2 aor., perf., and plupf. act.*
stand at the head, be set over
προΐσχομαι put forward, use as pretext,
allege, propose
προκαλέομαι call forth, invite, challenge
προκάτε *adv.* forthwith, straightway
προκατίζω sit in public, sit in state
πρόκειμαι lie before, be placed before,
be proposed
προκόπτω forward *a work;* in pass. be
forwarded, prosper
προκρίνω choose before, select, prefer
before
προλέγω say beforehand, foretell
προλείπω forsake, abandon
προμαντηίη, -ης right of consulting
the oracle first
πρόμαντις, -ιος, ἡ *the Delphic* priestess
προμηθέομαι take care beforehand,
look out for
προμηθίη, -ης consideration
προναυμαχέω fight a naval battle for
προνήιος, -ου hall *or* first room of a
temple
προνοίη, -ης forethought, design
προοράω look before, see before, fore-
see, look out for, have foresight,
provide
προπάσχω suffer beforehand

374 VOCABULARY

προπέμπω send ahead, attend, escort
προπλώω sail before
προποιέω do beforehand, make beforehand, prepare
προπύλαια, -ων, τά propylæa, gateway, entrance
προπυνθάνομαι learn or hear beforehand
πρόρριζος, -ον root and branch
πρός prep. (1) with gen. proceeding from, towards, on the side of, in the eyes of, in favor of, before or by (in prayers or oaths), from or by (with passive verbs); (2) with dat. near, besides, in addition to; (3) with acc. to, towards, against, with reference to, in view of, in the presence of. As adv. besides, in addition
προσάγω lead to, add to, apply; in mid. attach to oneself, win over
προσαιτέω importune, ask alms of
προσαναισιμόω, -ώσω spend besides
προσαπόλλυμι destroy in addition
προσβαίνω mount, ascend
προσβάλλω attack; in mid. contribute
προσβολή, -ῆς attack, assault
προσγίνομαι come to, be added to
προσδέκομαι receive, accept, admit to one, expect
προσδέομαι beg, entreat
προσδέω attach
προσδοκάω expect
προσδόκιμος, -ον expected
πρόσειμι (esse) be beside, be added to
πρόσειμι (ire) approach, advance
προσελαύνω ride towards
προσεπικτάομαι acquire in addition, add to
προσέρχομαι come or go to, approach, come in (of revenue)
προσεταιρίζομαι, -ίσομαι take as associate
προσέτι adv. besides
προσεύχομαι offer prayers or vows, worship, adore
προσέχω bring to or near, put in (sc. νέα)

προσήκω belong to, be related to; impers. it belongs to, befits, concerns.
οἱ προσήκοντες relatives
προσημαίνω foretell
πρόσθε adv. before
προσίημι send toward; in mid. admit, approve, attach to oneself, attract, please
προσίσταμαι pass. with intr. tenses of act., 2 aor., perf. and plupf. stand near or by, occur to
προσίσχω = προσέχω
προσκάτημαι sit near, besiege
πρόσκειμαι lie or be placed upon, be attached to, apply oneself to, press upon, entreat, press hard, fall to, belong to, be adjacent
(προσκέπτομαι) -σκέψομαι, -εσκεψάμην see beforehand, weigh well
προσκτάομαι acquire besides or in addition, win over
προσκυνέω, -ήσω prostrate oneself before, worship, adore
προσμίσγω, aor. -έμειξα approach, join battle with
προσναυπηγέομαι build ships in addition
πρόσοδος, -ου, ἡ approach, attack, onset
προσορμίζομαι come to anchor at
πρόσουρος, -ον adjoining, bordering on
προσπίπτω fall upon, run to, befall
προσποιέομαι add or attach to oneself, win, gain over, pretend
προσπταίω stumble, suffer defeat, be unsuccessful
προσρέω stream to, assemble
προστάσσω post at a place, assign, command, order
προστάτης, -εω chief, protector, guard, champion
προστίθημι put to, hand over, assign, impose upon; in mid. associate with oneself, take as ally, win over, add one's opinion to (with or without γνώμην), assent, agree

προστρέχω run to *or* towards
προσυνοικέω live as wife with before
πρόσφατος, -ον lately slain
προσφέρω bring to *or* upon, employ, add, bring forward, propose; *in pass.* attack, go towards, deal with, come near to, resemble
προσφιλής, -ές dear, beloved
πρόσφορος, -ον serviceable, useful
πρόσχημα, -ατος, τό show, ornament
προσχρηίζω desire besides *or* in addition
προσχωρέω accede, agree to
πρόσω *adv.* forward, far
πρόσωπον, -ου face
προσωτέρω *comp. of* πρόσω farther
προτείνω stretch forth, hold out, offer, propose; *so also in mid.*
προτεραῖος of the day before. τῇ προτεραίῃ (ἡμέρῃ) on the day before
πρότερος former, earlier, before. πρότερον, τὸ πρότερον *adv.* before
προτίθημι place before, propose, expose, fix, set
προτιμάω honor before, prefer
προτρέπω urge on, impel, rouse the curiosity *of someone; so also in mid.*
προφαίνω show forth, portend, declare
πρόφασις, -ιος, ἡ alleged cause, pretext. πρόφασιν *as adv.* in pretence, ostensibly
προφέρω bring forward, display, declare, allege, cast in the teeth *of someone,* surpass
προχωρέω go to meet, approach, accede to; *impers.* προχωρέει μοι I succeed
πρύμνη, -ης stern *of a boat*
πρυτανηίη, -ης chief command
Πρωτεύς, -έος Proteus, *a king of Egypt*
πρῶτος *superl.* first, foremost. πρῶτον, (τὰ) πρῶτα *adv.* first
πτωχηίη, -ης beggary
πτωχός, -οῦ beggar
πυγών, -όνος, ὁ distance from the elbow to the first joint of the finger, *about fifteen inches*

Πύθερμος, -ου Pythermus, *a Phocæan sent as envoy to Sparta*
Πυθίη, -ης *the* Pythia, *priestess of Apollo at Delphi*
Πυθώ, -οῦς, ἡ Pytho, *old name of Delphi*
πυκνός close together, frequent, shrewd, sagacious, wise
πύλη, -ης gate; *in pl.* gates, pass. Πύλαι Pylæ, *common name for Thermopylæ*
πυλουρός, -οῦ gatekeeper, porter
πυνθάνομαι, πεύσομαι, ἐπυθόμην learn, hear, inquire
πῦρ, πυρός, τό fire
πυραμίς, -ίδος, ἡ pyramid
πύργος, -ου tower
πύργωμα, -ατος, τό fenced city.
πυρή -ῆς pyre
πυρόω, -ώσω burn, fire
πυρπολέω waste with fire; *in mid.* cause to be wasted with fire

Ρ

ῥάκος, -εος, τό rag
Ῥαμψίνιτος, -ου Rhampsinitus, *a king of Egypt*
ῥαπίζω, -ίσω strike with a stick, thrash
ῥάχις, -ιος ἡ back, ridge
ῥέζω, ῥέξω, ἔρρεξα do, perform
ῥέπω, ῥέψω *properly of the scale* go down, incline; *hence* preponderate, prevail
ῥέω flow, run, stream
ῥήγνυμι, ῥήξω, ἔρρηξα, ἐρράγην break, rend, let loose
ῥηθείς *see* ἐρέω
ῥηιδίως *adv.* easily
ῥῆμα, -ατος, τό word
Ῥηναίη, -ης Rhenæa, *an island near Delos*
ῥῆσις, -ιος, ἡ saying, speaking, speech, resolution, declaration
ῥηστώνη, -ης easiness, ease, kindness, good-nature
ῥηχός, -οῦ wall
ῥιζόω, -ώσω make to strike root, plant, make solid *or* firm; *in mid.* take root

ῥιπτέω = ῥίπτω

ῥίπτω, ῥίψω, ἔρριψα, ἔρριμμαι throw, cast, hurl

Ῥόδος, -ου, ἡ Rhodes, *an island south-west of Asia Minor*

ῥύομαι, ῥύσομαι save, rescue, protect

ῥώμη, -ης strength, might

ῥώννυμι, ῥώσω, ἔρρωσα, ἔρρωμαι strengthen; *in perf. pass.* be strong

Σ

σαθρός unsound

Σάϊς, -ιος, ἡ Saïs, *a city of Egypt*

Σαΐτης, -εω, ὁ *a* Saïte, *or* dweller in Saïs; *as adj.* Saïte, of Saïs

Σάκαι, -έων Sacæ, *a Scythian tribe*

σάκος, -εος, τό shield

Σαλαμίς, -ῖνος, ἡ Salamis, *an island opposite Athens*

Σάμιος Samian, of Samos

Σαμοθρήικες, -ων Samothracians, *dwellers in Samothrace, an island south of Thrace*

Σαμοθρηίκιος of Samothrace

Σάμος, -ου, ἡ Samos, *an island in the Ægean opposite Ephesus*

Σάρδιες, -ίων, αἱ Sardis, *capital of Lydia*

Σάσπειρες, -ων Saspires *or* Saspirians, *a race living north of Media*

σάσσομαι, *aor.* ἐσαξάμην fill full, load heavily

σάφα *adv.* clearly, plainly, distinctly

σαφέως = σάφα

σαφηνέως = σαφέως

σβέννυμι, σβέσω, ἔσβεσα, ἐσβέσθην quench, put out

σέβομαι revere

σεισμός shaking, shock

σείω, σείσω, ἔσεισα, ἐσείσθην shake; *in pass.* be shaken, heave, quake

σελήνη moon

σεμνός solemn, stately, august, dignified

σεμνόω, -ώσω exalt, magnify, embellish

σεωυτοῦ, -ῆς *refl. pron. of 2 pers. sing.* of thyself, yourself

σῆμα, -ατος, τό grave, tomb

σημαίνω, σημανέω, ἐσήμηνα, σεσήμασμαι show, point out, indicate, give a sign to, order

σήμαντρον, -ου seal

σήμερον *adv.* to-day

σήπω, σήψω, 2 *aor. pass.* ἐσάπην make decay; *in pass.* decay, rot

Σηστός, -οῦ, ἡ Sestus, *a town on the Thracian Chersonese opposite Abydos*

σθένος, -εος, τό strength, might

σιγάω, -ήσομαι be silent, keep silence, keep secret

σιγή, -ῆς silence. σιγῇ in silence, in an undertone. σιγὴν ἔχειν to keep silence

σιδήρεος of iron, iron

σιδήριον, -ου implement of iron. σιδήρια θερμά hot irons

σίδηρος, -ου iron

Σιδονίηθεν from Sidon

Σιδόνιος Sidonian, of Sidon

Σιδών, -ῶνος, ἡ Sidon, *a city of Phœnicia*

Σικελίη, -ης Sicily

Σίκιννος, -ου Sicinnus, *a slave of Themistocles entrusted with a message to Xerxes at Salamis*

Σιμωνίδης, -εω Simonides, *a famous lyric poet*

σιναμωρέω lay waste *or* destroy wantonly

σίνομαι harm, hurt

Σιούφ Siouph, *name of an Egyptian city*

Σῖρις Siris, *the name of a place in Italy and one in Pæonia*

σιτέομαι eat

σιτία, -ων, τά provisions, food

σῖτος, -ου corn, grain; *pl.* τὰ σῖτα provisions

σιωπάω be silent

σκεδάννυμι, σκεδῶ, ἐσκέδασμαι, ἐσκεδάσθην scatter; *in pass.* be scattered, disperse

(σκέπτομαι), σκέψομαι, ἐσκεψάμην look carefully, view, examine

σκευάζω, ἐσκεύασα, ἐσκεύασμαι prepare, make ready, furnish, supply, dress up; *in mid.* prepare for oneself, contrive, bring about

σκευή, -ῆς dress, equipment

σκήπτομαι allege by way of excuse

σκῆψις, -ιος, ἡ excuse, pretext

σκίδνημι spread, scatter

σκιή, -ῆς shadow

σκιητροφέω wear a shade, cover one's head

Σκίτων Sciton, *a slave of Darius*

σκοπέω *only in pres. and impf.* (*see* σκέπτομαι) look at, consider, examine

σκόροδα, -ων, τά garlic

σκότος, -εος, τό darkness

Σκύθης, -εω *a* Scythian

Σκυθικός Scythian

Σκύλαξ, -ακος Scylax, *commander of a Myndian ship*

σκύταλον, -ου club, cudgel

σκώπτω, -ψω scoff, jeer at

σμάραγδος, -ου, ἡ smaragdus, *a precious or semi-precious stone of light green color, perhaps* emerald *or* aquamarine

Σμέρδις, -ιος Smerdis (1) *son of Cyrus;* (2) *a pretender to the Persian throne*

σμικρός (μικρός) small, little, trivial

Σόλων, -ωνος Solon, *an Athenian lawgiver*

σόος safe, sound, secure, intact, preserved

σορός, -οῦ, ἡ coffin

σός *possessive adj. of 2 pers. sing.* thy, your

Σούνιον, -ου Sunium, *southernmost point of Attica*

Σοῦσα, -ων, τά Susa, *the winter residence of the Persian kings*

σοφίη, -ης wisdom, skill, prudence, shrewdness, craft, cleverness

σόφισμα, -ατος, τό clever device, artifice

σοφιστής, -έω wise man

σοφός wise, clever, shrewd

Σπακώ Spaco, *a Median name for Cyno, foster-mother of Cyrus*

σπάξ, σπακός *Median word for* κύων

Σπάρτη, -ης Sparta

Σπαρτιήτης, -εω *a* Spartan

σπάω, σπάσω, ἔσπασα, ἔσπασμαι draw; *also in mid.*

σπένδω, σπείσω, ἔσπεισα pour *or* make *a* drink-offering

Σπερχειός, -οῦ Spercheus, *a river in Thessaly*

σπέρχομαι, *aor.* ἐσπέρχθην hasten, be hasty, be angry

σπεύδω, σπεύσω, ἔσπευσα hasten, promote, further, urge; *intr.* press on, be eager

σποδός, -οῦ, ἡ ashes

σπονδή, -ῆς drink-offering, libation

σπουδαῖος, *comp.* σπουδαιέστερος serious, important, good, excellent

σπουδή, -ῆς haste, zeal, attention, regard

σταδίον, -ου *pl.* στάδια *and* στάδιοι stade, *a measure of length, about one-eighth of a mile*

σταθμάομαι, -ήσομαι calculate, estimate

σταθμόομαι, -ώσομαι form an estimate, judge, conclude

σταθμός, -οῦ balance, weight

στασιάζω, -άσω form a faction, be at odds, quarrel

στάσις, -ιος, ἡ faction, party, discord

στασιώτης, -εω member of a faction, partisan

στατήρ, -ῆρος, ὁ stater, *a Persian coin* $= \frac{1}{3000}$ *of a talent or two drachmæ*

στέγη, -ης roof, roofed place, room

στεινόπορος, -ον with a narrow outlet. τὰ στεινόπορα the narrow pass. ἐν στεινοπόρῳ in a narrow place

στεινός narrow, cramped, confined. τὰ στεινά the narrows *of a pass or straits*

στέλεχος, -εος, τό stump

στέλλω, στελέω, ἔστειλα, ἔσταλμαι equip, make ready, dress

στέργω love, like, acquiesce in
(στερέομαι), ἐστέρημαι, ἐστερήθην be
deprived, robbed, bereaved
στερεός hard, solid
στεφανηφόρος, -ον wearing a crown.
ἀγὼν σ. contest in which the prize is
a crown
στεφανόω, -ώσω crown, wreathe
στήλη, -ης slab *bearing an inscription*,
monument
Στησαγόρης, -εω Stasagoras, *father of
Cimon*
Στησίλεως, -ω Stesilaus, *an Athenian
general who fell at Marathon*
στίβος, -ου trodden way, path, track,
trail
στιγεύς, -έος, ὁ one who brands *or*
tattoos
στίγμα, -ατος, τό mark, brand
στίζω, στίξω, ἔστιξα, ἔστιγμαι brand
with a mark
στίχω go
στοῖχος, -ου row
στόλος, -ου expedition, force
στόμα, -ατος, τό mouth
στόρνυμι strew *or* spread with
στράτευμα, -ατος, τό army, expedition
στρατεύομαι make an expedition
στρατηγέω, -ήσω command as general,
lead an army
στρατηγίη, -ης office of general, com-
mand
στρατηγός, -οῦ general, commander of
an army
στρατηίη, -ης expedition, campaign
στρατηλασίη, -ης expedition, army
στρατηλατέω, -ήσω make an expedition
στρατιή, -ῆς army
Στρατόπεδα, τά the name of a quarter
of Egypt
στρατοπεδεύομαι encamp
στρατόπεδον, -ου camp, army, quarter
στρατός, -οῦ army
στρεβλόω, -ώσω twist, wrench
στρέφω, στρέψω, ἔστρεψα, ἔστραμμαι,
ἐστράφην twist, sprain; *in pass.*
sprain (*intr.*)

Στρυμών, -όνος Strymon, *an important
river in Macedonia*
στυππεῖον, -ου coarse fibre of flax *or*
hemp, tow, oakum
σύ, σεῦ (σεο), σοί (τοι), σέ (σε) *per-
sonal pron. of the 2 pers. sing.* thou,
thee, you
συγγενής, -ές akin
συγγηράσκω grow old with
συγγίνομαι associate with, have inter-
course with
συγγινώσκω, -γνωσομαι agree with,
sympathize with, pardon; συγγινώ-
σκειν ἑωυτῷ *or* συγγινώσκεσθαι be
conscious
συγγνώμη, -ης sympathy, pardon
σύγγραμμα, -ατος, τό writing, written
paper
συγγράφω write down; *in mid. to*
have written down *for one*
συγκαλέω call together
συγκατεργάζομαι assist in accomplishing
συγκάτημαι be seated with *or* beside
σύγκειμαι be agreed, arranged, ap-
pointed
συγκεντέω pierce *or* stab together
συγκοιμάομαι sleep with, lie with
συγκομίζω bring together, collect
συγκόπτω cut up, break up into bits
συγκυρέω happen
συγχέω confound, trouble
συγχόω, -ώσω, -έχωσα heap with earth,
cover up, demolish
συγχωρέω agree, assent to
συλάω, -ήσω strip, rob, pillage
συλλαμβάνω collect, rally, arrest, under-
stand, comprehend
συλλέγω collect, assemble; *in mid.*
come together
συλλογή, -ῆς gathering, assembly, con-
ference
συλλογίζομαι compute fully, sum up
σύλλογος, -ου conference, assembly
Συλοσῶν, -ῶντος Syloson, *brother of
Cambyses*
συμβαίνω come to terms, agree, come
to pass, happen

συμβάλλω bring together, come together, engage with, compare; *in mid.* conclude, conjecture, contribute, comprehend

συμβολή, -ῆς encounter, attack

συμβουλεύω advise, counsel

συμβουλή, -ῆς advice

συμβουλίη = συμβουλή

σύμβουλος, -ου adviser

συμμαχίη, -ης alliance

σύμμαχος, -ον allied. *As subst.* ally

σύμμεικτος, -ον commingled, promiscuous

συμμίσγω mix together, communicate *to a person* (τινί); *intr.* associate with, join battle with, talk with

συμπαίζω play with

σύμπας, -πασα, -παν all together, whole. τὸ σύμπαν *as adv.* in general

συμπέμπω send with

συμπίνω drink with

συμπίπτω fall together, come together (*in conflict*); *impers.* it happens, falls out, comes to pass

συμπλέκω, -ξω, *aor. pass.* -επλέκην entwine

σύμπλοος, -ον sailing with; *as subst.* shipmate, fellow voyager

συμπότης, -εω fellow drinker, boon companion

συμφέρω bring together, be useful, profit, befall; *in pass.* happen, occur, turn out

συμφορή, -ῆς chance, misfortune

σύμφορος, -ον useful, profitable, convenient, advantageous

σύν *prep. with dat.* with, along with, together with, by aid *or* favor of

συναγείρω gather, collect

συνάγω lead *or* bring together, collect

συναλίζω collect; *in pass.* assemble

συνάπας = σύμπας

συναπίσταμαι join in revolt with

συναποθνῄσκω die with

συνάπτω join together. μάχην συνάπτειν join battle

συναύξομαι increase along with

συνδούλη, -ης fellow slave

συνέδριον, -ου council, congress

σύνειμι come together, gather

συνεκδύομαι put off together

συνεκπίπτω come out in agreement, agree

συνεξαιρέω assist in removing

συνέπαινος, -ον joining in approval. συνέπαινον εἶναι consent, approve

συνεπανίσταμαι *and intr. tenses of active,* 2 *aor., perf and plupf.* join in revolt

συνέρχομαι come together

συνεσπίπτω rush in along with *someone*

συνετός intelligent, wise, sagacious

συνεύδω sleep *or* lie with

συνεχέως *adv.* continuously

συνεχής, -ές, continuous, in succession

συνέχομαι be afflicted, oppressed

συνηρεφής, -ές thickly shaded

σύνθετος, -ον agreed upon, concerted. ἐκ συνθέτου by agreement

συνίημι hear, observe, understand

συνίστημι *causal in pres., impf., fut.,* 1 *aor. act. and mid.* set together, compose, frame, contrive; *intr. in pass.,* 2 *aor., perf. and plupf. act.* stand together, be engaged with, be involved in, be at variance, exist, be, arise, take place

συννάσσω, -ξω pack tight together

συννέω, -ήσω heap together

σύνοδος, -ου, ἡ coming together, meeting, income, revenue

σύνοιδα share in knowledge, be conscious, be cognizant

συνοικέω live with, be married to

συνοικίζω make to live with, marry to, give in marriage to

συνταράσσω, -ξω, -ξα, τετάραγμαι throw into confusion; disturb; *in pass.* be greatly distressed

συνταχύνω hurry on, hasten (*trans. and intr.*)

συντίθημι put together; *in mid.* agree upon, conclude

σύντομος, -ον cut short, short

συντρέχω run together, concur, assemble, gather

συντυγχάνω meet with, happen upon. ὁ συντυχών the first that meets one, common, mean

συντυχίη, -ης chance, good fortune, misfortune

συνυφαίνω, -ανέω, -ύφηνα, -υφάνθην, weave together, devise cunningly

Συρηκόσιοι Syracusans

Συρίη, -ης Syria

Συρηγενής, -ές Syrian-born

Σύριοι, -ων Syrians

συρμαίη, -ης radish

συρρέω flow together, stream together

σύσσιτος, -ου fellow diner, guest at one's table

συστρατεύομαι make an expedition with

συστρέφω unite; in pass. rally

συστροφή, -ῆς gathering

συχνός long; in pl. many

σφάγιον, -ου victim, offering

σφάζω, σφάξω slay

σφακελίζω, aor. ἐσφακέλισα mortify (of a wound)

σφάλλω, aor. pass. ἐσφάλην cause to fall, overthrow, trip up, baffle, defeat; in pass. be foiled, fail

σφεῖς, σφέων, σφι, σφίσι (refl.), σφέας, σφέα (neut.) pers. pron. of 3 pers. pl. they, them.

σφέτερος pl. their, their own

σφρηγίς, -ῖδος, ἡ seal, seal ring

σφῦρα, -ης hammer

σχεδίη, -ης raft, boat, bridge of boats

σχεδόν adv. nearly, almost

σχέτλιος cruel, wretched, unhappy

σχῆμα, -ατος, τό form, appearance, show

σχίζω, σχίσω, ἔσχισα split, divide

σχοῖνος, -ου rush, rush-rope, cord

σχολή, -ῆς leisure. σχολὴν ἄγειν to be at leisure

σῴζω, σώσω save

σῶμα, -ατος, τό body, living body, life, dead body

σῶς, ὁ, ἡ safe

Σωσιμένης, -εος Sosimenes, a Tenian

σῶστρα, -ων, τά thank-offering for deliverance from danger

σωτήρ, -ῆρος, ὁ savior, deliverer

σωφρονέω, -ήσω be sound of mind, temperate, self-controlled

σώφρων, -ον of sound mind, temperate, wise, prudent

T

Ταίναρον, -ου Tænarum, southernmost promontory of Laconia

τάλαντον, -ου talent, a measure of weight = ca. 57¾ pounds

ταμίης, -εω keeper, steward

τάμνω, ταμέω, ἔταμον, τέτμημαι cut

Ταμύναι, -έων Tamynæ, a town in Eubœa

τάξις, -ιος, ἡ line, rank, post, company

ταπεινός humble, submissive

Ταραντῖνοι, -ων Tarentines, inhabitants of Taras

Τάρας, -αντος Taras or Tarentum, a town in Magna Græcia (southern Italy)

ταραχώδης, -ες troublesome, uncertain, baffling

Ταριχεῖαι, -έων Salting places

ταριχεύω embalm

τάσσω, τάξω, ἔταξα, τέταγμαι, ἐτάχθην draw up, station, order, appoint

ταῦτα, ταύτῃ see οὗτος

ταφή, -ῆς burial; in pl. burial place

τάφος, -ου grave, tomb

τάφρος, -ου, ἡ trench

ταχέως adv. swiftly

τάχιστος superl. of ταχύς quickest. τὴν ταχίστην (ὁδόν) the quickest way, most quickly. τάχιστα as adv. quickly; ὡς τάχιστα as quickly as possible, as soon as

τάχος, -εος, τό swiftness, speed. κατὰ τάχος swiftly

ταχύς, -έα, -ύ swift, quick. ταχύ as adv. quickly

τε *enclit. particle* and, both. τε . . . τε, τε . . . καί both . . . and. οὔτε . . . τε not . . . but. τε *is often joined to rel. pronouns without changing the meaning. This is due to the fact that relatives were originally demonstratives*

Τεγέη, -ης Tegea, *a place in Arcadia*

Τεγεῆται, -έων Tegeates, *inhabitants of Tegea*

τεθνάναι, τεθνεώς, τέθνηκας *see* θνῄσκω

τείνω, τενέω, ἔτεινα, τέταμαι extend, tend, refer, belong to

Τείσπης, -εος Teispes, *son of Achæmenes*

τειχέω, -ήσω wall, fortify

τεῖχος, -εος, τό wall, walled town, fortress

τέκνον, -ου child

τεκνοποιός child-bearing

Τελαμών, -ῶνος Telamon, *brother of Peleus and father of Ajax*

τελέθω *poet. verb* be

τέλεος complete, perfect

τελεόω, -ώσω complete, accomplish, bring to consummation *or* fulfillment

τελευταῖος last. τὸ τελευταῖον *as adv.* at last, finally

τελευτάω, -ήσω bring to an end, end, die (*sc.* βίον),

τελευτή, -ῆς end

τελέω, τελέσω (τελέω), ἐτέλεσα, τετέλεσμαι, ἐτελέσθην complete, accomplish; *in pass.* be paid, expended

Τέλλος, -ου Tellus, *an Athenian counted by Solon most fortunate of men*

τέλος, -εος, τό fulfillment, completion, end, issue, division (*of soldiers*); *as adv.* finally

τέμενος, -εος, τό royal park, sacred plot of land, domain

τενάγεα, -ων, τά shoals, shallows

τεός *Ep. for* σός

τέρας, -ατος, τό portent, wonder, marvel

τέρμα, -ατος, τό limit, bound

τεσσεράκοντα *indecl.* forty

τεσσερακοντόργυιος, -ον of forty fathoms

τέσσερες, -α four

τεσσερεσκαίδεκα *indecl.* fourteen

τεσσερεσκαιδέκατος fourteenth

τέταρτος fourth

τέτορες, -α *Doric for* τέσσερες

τετράγωνος, -ον square

τετράκις *adv.* four times

τετρακόσιοι, -αι, -α four hundred

Τευκρίς, -ίδος, ἡ *adj. fem. of* Τευκρός

Τευκρός, of Teucer (Τεῦκρος), Teucrian, Trojan

τεχνάζω, -άσω employ art, use cunning *or* subterfuge, contrive; *so in mid.*

τέχνη, -ης art, skill, craft, manner, way

τέως *adv.* so long, meanwhile, for a while, hitherto

Τέως, -ω, ἡ Teos, *a city of Lydia*

τῇ *dat. fem. of the art.* (*see* ὁ, ἡ, τό) *as adv.* where, how

Τήιος of Teos

Τηλεκλέης, -έος Telecles, *father of Theodorus of Samos*

τηνικαῦτα *adv.* then, at that time

Τήνιος, of Tenos, Tenian

Τῆνος, -ου, ἡ Tenos, *an island of the Cyclades*

τιάρη, -ης tiara, turban

τίθημι, θήσω, ἔθηκα, ἔθεμεν, ἐτέθην put, place, put in a condition, mak-, cause; *in mid.* make, establish, give (*a name*)

τίκτω, τέξω, ἔτεκον, τέτοκα give birth to, bear, bring forth

τίλλω, τιλέω, ἔτιλα pluck *or* pull out hair

τιμάω, -ήσω honor

τιμή, -ῆς honor, dignity, office, task

τίμιος precious, valuable

Τίμων, -ωνος Timon, *a citizen of Delphi*

τιμωρέω, -ήσω assist, avenge; *in mid.* take revenge upon, punish

τιμωρίη, -ης aid, help, vengeance, revenge, punishment

τιμωρός aiding, avenging, for revenge

τίνω, τείσω, ἔτεισα pay a price, pay; *in mid.* make *another* pay, punish

τις, τι (*for decl. see Dial. 37*) *indef. pron. enclitic in all forms* some, any, someone, something, anyone, anything, many a one, they (*indef.*)

τίς, τί (*for decl. see Dial. 36*) *interrog. pron.* who, what

τίσις, -ιος, ἡ punishment, penalty, vengeance. δοῦναι τίσιν pay the penalty, be punished

(τλάω) *only in 2 aor.* ἔτλην bring oneself to, bear, endure

Τμῶλος, -ου, ὁ Tmolus, *the name of a river and mountain in Lydia*

τοι *enclitic particle serving to express belief in an assertion* surely, in truth

τοι *see* σύ

τοίγαρ *inferential particle* therefore, accordingly

τοίνυν *like* τοίγαρ *but always postpositive*

τοιόσδε, -ήδε, -όνδε such, such as follows

τοιοῦτος, -αύτη, -οῦτο such, such as aforesaid, of this kind (*determined by the context*)

τοιουτότροπος, -ον of such kind *or* fashion

τοῖχος, -ου wall of a room *or* house

τόκος, -ου child-birth, delivery

τολμάω, -ήσω have courage *or* hardihood, bring oneself, dare

τόλμη, -ης courage

τόνος, -ου measure (*of verse*)

τόξευμα, -ατος, τό arrow

τοξεύω shoot an arrow, use a bow

τόξον, -ου bow *commonly in the pl.*

τοξότης, -εω bowman, archer

τοσόσδε, -ήδε, -όνδε so great, so much, so many (so few)

τοσοῦτος, -αύτη, -οῦτο so great, so much, so many (so few)

τότε *adv.* at that time, then, formerly

τράπεζα, -ης table

τρεῖς, τρία three

τρέπω, τρέψω, ἔτρεψα *and* ἔτραπον, τέτραμμαι, ἐτράπην turn, rout, defeat; *in mid.* turn oneself, betake oneself

τρέφω, bring up, maintain, support ; τρέφομαι, *aor.* ἐτράφην be brought up

τρέχω, 2 aor. ἔδραμον run, move quickly, hasten

τρηχέως *adv. of* τρηχύς

Τρηχινίη, -ης Trachinia, *a division of Central Greece*

Τρηχίνιος Trachinian, of Trachinia *or* Trachis

Τρηχίς, -ῖνος, ἡ Trachis, *a city near Thermopylæ. Sometimes used for* Τρηχινίη

τρηχύς, -έα, -ύ rough

τρίβω, -ψω wear away, wear out, oppress; *in pass.* be engrossed *or* occupied

τριήκοντα *indecl.* thirty

τριηκόσιοι, -αι, -α three hundred

τριήραρχος, -ου commander of a trireme, trierarch

τριήρης, -εος, ἡ trireme, ship with three banks of oars

τρίμηνος, -ου, ἡ period of three months

τρίπηχυς, -υ *gen.* -εος three cubits tall *or* long

τρίπους, -ποδος, ὁ tripod

τρίς *adv.* thrice, three times

τρισχίλιοι, -αι, -α three thousand

τριταῖος on the third day

Τριτογενής, -έος, ἡ Trito- (*perhaps Tritonis-*) born, *an epithet of Athena*

τρίτος third. τὸ τρίτον *adv.* for the third time

τριφάσιος threefold, three

τρίχες *see* θρίξ

τριχῇ *adv.* in three parts, threefold

τροπή, -ῆς turning, rout

τρόπος, -ου manner, habit, disposition τρόπον *adv.* in the manner, after the fashion

τροφή, -ῆς nurture, rearing, nourishment

Τροφώνιος, -ου Trophonius, *a hero worshipped as a god and possessing an oracle near Lebadea in Bæotia*

τροχοειδής, -ές wheel-shaped, circular

τρύω wear down, afflict

Τρωικός Trojan. τὰ Τρωικά Trojan times, Trojan War

τρῶμα, -ατος, τό wound, heavy blow, defeat

τρωματίζω, ἐτρωμάτισα, τετρωμάτισμαι, ἐτρωματίσθην wound

τρωματίης, -εω a wounded man

τυγχάνω, τεύξομαι, ἔτυχον, τέτευχα hit, hit upon, obtain, meet, gain; with ptc. happen

τύμβος, -ου tomb

Τυνδάρεως, -ω Tyndareus, father of Helen

τύπος, -ου blow, mark of a blow, impression, figure, statue

τύπτω, (τύψω), ἔτυψα, τέτυμμαι strike, smite

τυραννεύω, be a tyrant or despotic ruler

τυραννίς, -ίδος, ἡ tyranny, despotic rule

τύραννος, -ου tyrant, absolute ruler

Τύριος Tyrian, of Tyre

Τύρος, -ου, ἡ Tyre, a city of Phœnicia

τύχη, -ης fortune, chance good luck

τὠυτό, τὠυτῷ, crasis for τὸ αὐτό, τῷ αὐτῷ

Υ

ὕβρις, -ιος, ἡ wantonness, insolence

ὑγιαίνω be healthy, sound, sane

ὑγιής, -ές sound, healthy, sane

Ὑδάρνης, -εος Hydarnes, (1) one of the seven conspirators against the false Smerdis; (2) a Persian general in command of the Immortals

ὑδρήιον, -ου water pitcher

ὑδροφόρος, ὁ, ἡ water carrier

ὕδωρ, ὕδατος, τό water

υἱός, -οῦ son

ὑμεῖς, ὑμέων, ὑμῖν, ὑμέας pers. pron. of the 2 pers. pl. you

ὑμέτερος poss. pron. of the 2 pers. pl. of you, your

ὑπαιρέω take away secretly or underhandedly, make away with

ὑπαρπάζω snatch away from under. ὑπαρπάζειν τὸν λόγον take the word out of one's mouth

ὕπαρχος, -ου subordinate commander, viceroy

ὑπάρχω begin, make a beginning of, come into being, be in existence, be ready, be, belong to, fall to

ὕπειμι be under, remain, be at command

ὑπεκδύομαι with 2 aor. act. -έδυν slip out from behind

ὑπέκκειμαι be carried to a place of safety, be stored safely away

ὑπεξαιρέω put aside, remove from under, exclude

ὑπέξειμι withdraw gradually, give way

ὑπεξειρύω draw out from under

ὑπέρ prep. with gen. on behalf of, instead of

ὑπεραιωρέομαι, aor. -αιωρήθην lie off (of a boat)

ὑπεράκριος, -ον upon the heights. οἱ ὑ. highlanders

ὑπεραλγέω suffer excessively

Ὑπεράνθης Hyperanthes, son of Darius, who fell at Thermopylæ

ὑπεραρρωδέω be afraid of

ὑπερβάλλω go beyond, exceed, outbid, overflow; in mid. surpass, conquer, delay, linger

ὑπερεπαινέω praise above measure

ὑπερέχω be above, overtop

ὑπερήδομαι be greatly delighted

ὑπερίσταμαι with intr. tenses of act., 2 aor., perf. and plupf. stand above

ὑπερλυπέομαι be distressed beyond measure

ὑπερμεγαθής, -ές immensely great

ὑπερμεθύσκομαι, aor. -εμεθύσθην get excessively drunk

ὑπερπίπτω pass, go by

ὑπερτίθημι hand over or communicate a thing to another; so in mid. especially to ask advice

ὑπερφυής, -ές overgrown, enormous

ὑπέχω hold a cup under, hold out to receive, undergo, be subject to. δίκας ὑπέχειν have to give an account of

ὑπήκοος, -ον subject, obedient

ὑπηρετέω serve, minister to; *in pass.* be done a service

ὑπηρέτης, -εω servant

ὑπίημαι give in, give over, cease from; so *in mid.*

ὑπίσταμαι *and intr. tenses of act.,* 2 aor., *perf., and plupf.* stand under (*as support*), resist, withstand

ὑπισχνέομαι promise, undertake

ὑπνόομαι, -ώσομαι, sleep, be asleep

ὕπνος, -ου sleep

ὑπό *prep.* (1) *with gen., denoting cause and agency* because of, by; (2) *with dat.* under (*of position*), in subjection to; (3) *with acc.* under (*with idea of motion*), under shelter of, behind, *of time* at, near, during

ὑποβαίνω go under *or* below

ὑπόγαιος, -ον underground

ὑποδεέστερος *comp.* inferior

ὑποδείκνυμι give a glimpse

ὑποδέκομαι receive hospitably, promise, admit, come next to, border upon. οὐκ ὑπ. deny

ὑποδέμω, *aor.* -έδειμα lay as foundation

ὑποδύνω, ὑποδύομαι, *with 2 aor. act.* ὑπέδυν undergo, go under

ὑποζύγιον, -ου yoke-animal, beast of burden

ὑποθήκη, -ης suggestion

ὑποθωπεύω flatter

ὑπόκειμαι lie under, be placed under, be assumed *or* suggested

ὑποκρίνομαι reply, answer

ὑπόκρισις, -ιος, ἡ answer, response

ὑποκύπτω stoop under a yoke, bow to

ὑπολαμβάνω take up, reply

ὑπολείπω leave behind, leave remaining

ὑπομένω stay behind, await

ὑποπτεύω suspect

ὑποστόρνυμαι (*only in perf.* ὑπέστρωμαι) be spread under, lie under

ὑποστρέφω turn around, return

ὑπόσχεσις, -ιος, ἡ promise

ὑποτίθεμαι suggest, advise

ὑποτύπτω dip down

ὑποχέομαι *perf.* -κέχυμαι be poured over, be spread under; *metaphorically* steal over, well up from under

ὑποχωρέω withdraw

ὕπτιος on one's back

ὑπώρεαι, -έων foot of a mountain, skirts of a mountain range

Ὑροιάδης Hyrœades, *a Mardian who found the way to enter the citadel of Sardis*

ὗς, ὑός, ὁ boar

Ὑστάσπης, -εος Hystaspes, *father of Darius*

ὕστατος last. ἡ ὑστάτη (*sc.* ἡμέρη) the last day

ὑστεραῖος later. τῇ ὑστεραίῃ on the next day; *so also* ἐς τὴν ὑστεραίην

ὕστερος later, latter; ὕστερον *as adv.* later, afterwards

ὑψηλός high, steep

ὕψος, -εος, τό height

ὕω, ὕσω, ὗσα, ὕσθην rain; *in pass.* be rained upon

Φ

Φαιδυμίη, -ης Phædymia, *daughter of Otanes and wife of the false Smerdis*

φαίνω, φανέω, ἔφηνα, ἐφάνην show, reveal, explain, set forth; *in mid. and pass.* appear, seem, be shown

φαλακρόομαι be bald

φαλακρός bald

Φάληρον, -ου Phalerum, *one of the harbors of Athens*

φανερός visible, manifest, evident

φαντάζομαι show oneself, become visible, make a show, exalt oneself

Φαρνάσπης, -εω Pharnaspes, *father of Cassandane, wife of Cyrus*

Φάσηλις, -ιος, ἡ Phaselis, *a Dorian city on the coast of Lycia*

Φᾶσις, -ιος Phasis, *a river in Colchis*

φάσμα, -ατος, τό apparition, portent

φάτις, -ιος, ἡ saying, story, rumor

φαῦλος bad, trivial, insignificant

φερέγγυος, -ον capable

φέρω, οἴσω, ἤνεικα, ἠνείχθην bear, bear down (*intr.*), carry, carry off, lead (*of a road*), refer to, incline to; *impers.* φέρει it is to one's interest, is conducive to; *in mid.* carry off for oneself, gain, win; *in pass.* be borne, be swept, rush

φεύγω, φεύξομαι, ἔφυγον, πέφευγα flee, escape, be in exile, be banished

φήμη, -ης a saying, utterance, report, augury *or* omen, fame

φημί say, affirm, assert, say yes; οὐ φημί deny, refuse; *occasionally the mid. is used in the sense of the act.*

φθάνω, *aor.* ἔφθασα, ἔφθην do first, anticipate

φθέγγομαι, φθέγξομαι, ἐφθεγξάμην utter a sound, speak

φθείρω, φθερέω, ἔφθειρα, ἔφθαρμαι, ἐφθάρην destroy, ruin

φθονερός jealous, envious, grudging

φθονέω, -ήσω begrudge, envy

φθόνος, -ου envy, jealousy

φθορή, -ῆς destruction, ruin

φιάλη, -ης bowl

Φίλαγρος, -ου Philagrus, *an Eretrian who betrayed the city to the Persians*

φιλέλλην, -ηνος, ὁ, ἡ fond of the Hellenes

φιλέω, -ήσω love, like, be fond of, be accustomed to

φίλιος friendly

Φιλιππίδης, -εω Philippides, *an Athenian who ran from Athens to Sparta to ask aid before the Battle of Marathon*

Φίλιτις, -ιος Philitis, *an Egyptian shepherd, for whom a pyramid was named*

φιλοπότης, -ες fond of drinking

φίλος friendly, dear; *as subst.* friend

φιλοσκώμμων, -ον fond of joking

φιλοσοφέω, -ήσω love *or* pursue knowledge

φιλοφρόνως *adv.* kindly, hospitably

φλαῦρος petty, trivial, indifferent, bad

φλαυρῶς *adv. of foregoing.* φλαυρῶς ἀκούειν to be ill spoken of

Φλειοῦς, -οῦντος Phlius, *a town of Phliasia, a small district in the Peloponnese*

φλοιός, -οῦ bark *of trees*

φοβέομαι, ἐφοβήθην fear, be alarmed

φοβερός fearful, frightful, terrifying

φόβος, -ου fear, terror, panic fear

Φοινίκη, -ης Phœnicia, *a strip of coastland in Syria*

Φοινικήιος Phœnician, of Phœnicia

Φοῖνιξ, -ικος, ὁ (1) a Phœnician; (2) Phœnix, *a river near Thermopylæ*

φοιτάω (-έω) *a frequent. verb* go back and forth, keep going, visit

φονεύς, -έος, ὁ slayer, murderer

φονεύω slay, kill

φόνος, -ου bloodshed, murder

φορέω, -ήσω *frequent.* of φέρω keep carrying, wear, have

φόρος, -ου tribute

φορτίον, -ου freight

φόρτος, -ου load, freight

φράγμα, -ατος, τό fence, breastwork

φράζω, -άσω, ἔφρασα, ἐφράσθην point out, show, make known, tell, declare; *in pass.* ponder, consider

Φραόρτης, -εω Phraortes, *name of the father and the son of Deioces, tyrant of the Medes*

φράσσω, φράξω, ἔφραξα, πέφραγμαι, ἐφράχθην fortify, defend, protect; *so in mid.*

Φραταγούνη, -ης Phratagune, *a wife of Darius*

φρέαρ, -ατος, τό well

φρενήρης, -ες sound of mind

φρενοβλαβής, -ές deranged, crazy

φρήν, φρενός, ἡ heart, mind; *also in pl.*

φρονέω, -ήσω think, be minded, purpose, be on the side of *someone*, side with. εὖ φρονεῖν be wise. μέγα φρονεῖν have high thoughts, be presumptuous, boast

φρόνημα, -ατος, τό mind, spirit, purpose, pride

φροντίζω consider, ponder, take thought, think upon

φροντίς, -ίδος, ἡ thought, attention, care, concern. ἐν φροντίδι εἶναι to think

φρουρέω, -ήσω guard, watch

Φρυγίη, -ης Phrygia, *a district of Asia Minor*

Φρύξ, Φρυγός, ὁ *a* Phrygian

φυγάς, -άδος, ὁ, ἡ exile

φυγή, -ῆς flight, exile

Φύη, -ης Phya, *a woman whom Pisistratus dressed up to represent Athena*

φυλακή, -ῆς guarding, guard. φυλακὴν (ἐν φυλακῇ) ἔχειν to guard, be on the watch; ἐν φυλακῇ εἶναι be guarded

φύλακος, -ου = φύλαξ

φύλαξ, -ακος, ὁ guard, guardian

φυλάσσω, φυλάξω guard, protect, defend, watch for; *in mid.* be on guard against, beware of; *occasionally the act. is used with this meaning*

φύλη, -ης tribe

φύλλον, -ου leaf

φῦμα, -ατος, τό growth, tumor

φῦσαι, -έων pair of bellows

φυσίζοος, -ον life-producing, life-giving

φύσις, -ιος, ἡ nature, natural quality, origin, birth

φύω, φύσω, ἔφυσα *trans.* make to grow, produce, bring forth. ἔφυν (2 aor.), πέφυκα, *and pass., intr.* come into being, grow

Φώκαια, -ης Phocæa, *a town in Lydia*

Φωκαιεύς, -έος, ὁ *a* Phocæan

Φωκεύς, -έος, ὁ *a* Phocian

φωνέω, -ήσω utter a sound, speak, cry out

φωνή, -ῆς sound, voice, speech

φώρ, φωρός, ὁ thief

φῶς, -ωτός τό, light

Χ

χαίρω, χαιρήσω, κεχάρηκα, ἐχάρην rejoice, be pleased, take leave, be done with (*in imv.* χαιρέτω). χαίρων (*with another verb*) safe, with impunity. *The mid. and pass. are used in the same sense as the act.*

χαλεπός hard, difficult, harsh, cruel

χαλεπῶς *adv. of foregoing*

χάλκεος of bronze

χαλκεύς, -έος, ὁ smith

χαλκήιον, -ου smithy, forge

χαλκός, -οῦ bronze, *a* vessel made of bronze

χαμάθεν *adv.* from the ground

χαρακτήρ, -ῆρος, ὁ mark, distinctive mark, character, features (*of a face*)

χαράσσω, -ξω make sharp, exasperate; *in pass.* be exasperated

χαρίζομαι, -ιέομαι, ἐχαρισάμην, κεχάρισμαι please, gratify, be pleasing. κεχαρισμένος pleasing, agreeable, acceptable

χάρις, -ιτος, *acc.* χάριτα *and* χάριν, favor, thanks, gratitude. χάριν εἰδέναι *or* ἔχειν be grateful

Χαροπῖνος, -ου Charopinus, *brother of Aristagoras, tyrant of Miletus*

χεῖλος, -εος, τό lip, edge, rim

χειμερίζω, *aor.* ἐχειμέρισα pass the winter, winter

χειμών, -ῶνος, ὁ winter, storm

χείρ, χειρός, ἡ hand, arm, body *of men*, force

χειρόομαι, -ώσομαι get in hand, subdue

χείρων, -ον *irreg. comp. of* κακός worse

χελώνη, -ης tortoise

Χέοψ, -οπος Cheops, *a king of Egypt*

Χερσόνησος, -ου, ἡ the Chersonese, *a peninsula of Thrace along the Hellespont*

χεῦμα, -ατος, τό bowl

Χεφρήν, -ῆνος Chefren, *a king of Egypt*

χέω, ἔχεα, κέχυμαι, ἐχύθην pour, scatter

χθιζός of yesterday

χιλιάς, -άδος, ἡ *a* thousand

χίλιοι, -αι, -α *a* thousand

Χίλων, -ωνος Chilon, *a Spartan*

Χῖος, -ου, ἡ Chios, *an island in the Ægean*

Χοάσπης, -εω, ὁ Choaspes, *a river of Susiana*

Χοιρέαι, -έων Chœreæ, *a town in Eubœa*

χόλος, -ου anger, rage

χράω, -ήσω, ἔχρησα *of a god or oracle* declare, proclaim, direct, respond; *in mid.* seek oracle, consult *or* use an oracle, use, enjoy, experience; *in pass.* be declared *or* proclaimed by oracle, be used

χρεόν *indecl. adj.* (*strictly neut. ptc. of* χράω) need, necessity, fate; *usually in phrase* χρεόν ἐστι it is necessary, fated, expedient *or* right

χρή *properly indecl. subst.* necessity, right, fate. χρή (*sc.* ἐστί) it is right, fated, one must. χρῆν (*for* χρὴ ἦν) it was fated *or* necessary, one ought (*of unfulfilled obligation*)

χρηίζω, -σω, ἐχρήισα ask, desire, beg

χρῆμα, -ατος, τό thing, matter; *in pl.* possessions, wealth, money

χρήσιμος, -ον useful, serviceable, used

χρησμολόγος, -ου expounder of oracles

χρησμός, -οῦ oracle, oracular response

χρηστηριάζομαι consult an oracle

χρηστήριον, -ου oracle, seat of an oracle, response of an oracle

χρηστός good, useful, serviceable. τὰ χρηστά benefits, kindnesses

χρίω anoint

χρονίζω spend time

χρόνος, -ου time. χρόνῳ in time. ἐς χρόνον hereafter. ἐπὶ χρόνον for a time

χρύσεος of gold, golden

χρυσόδετος, -ον set in gold

χρυσός, -οῦ gold

Χύτροι, -ων *properly* pots for boiling *a name given to the hot baths at Thermopylæ*

χωρέω, -ήσω (1) go forward, come on, advance, continue, come out, succeed; (2) contain, hold

χώρη, -ης land, country, place, position. κατὰ χώρην in place

χωρίζομαι, κεχώρισμαι, ἐχωρίσθην be separated, be different

χωρίον, -ου place

χωρίς (1) *adv.* separately, apart, besides, except; (2) *prep. with gen.* apart from, besides

χῶρος, -ου space, place, land, country

Ψ

ψακάς, -άδος, ἡ small drop, drizzling rain

Ψαμμήνιτος, -ου Psammenitus, *a king of Egypt*

Ψαμμήτιχος, -ου Psammetichus, *a king of Egypt*

ψάμμος, -ου, ἡ sand

ψαύω touch

ψευδής, -ές false, untrue

ψεύδω, -σω cheat, balk, disappoint; *in mid.* be false, speak falsely; *in pass.* be cheated, disappointed

ψεύστης, -εω liar, cheat

ψῆγμα, -ατος, τό shavings, scrapings. ψ. χρυσοῦ gold-dust

ψηφιδοφόρος, -ον giving one's vote

ψηφίζομαι, *aor.* ἐψηφισάμην vote, cast a vote, resolve

ψῆφος, -ου, ἡ pebble, vote

ψιλόω, -ώσω strip bare, rob

ψόφος, -ου, ὁ *an* inarticulate sound, rustling

Ψυττάλεια, -ης Psyttaleia, *a small island near Salamis*

ψυχή, -ῆς life, spirit, soul

ψυχρός cold

Ω

ὦ *a mere sign of the vocative, usually not to be translated*

ὧδε *adv.* thus, in this way, as follows

ὠθέω, ὤσω, ὦσα push, thrust; *in mid.* thrust back from oneself, force one's way

ὠθίζω, -ίσω = ὠθέω; *in mid.* wrangle

ὠθισμός, -οῦ jostling, struggling, (*of words*) hot dispute

Ὤκυτος, -ου Ocytus, *father of Adimantus, the Corinthian*

ὦλλοι *crasis for* οἱ ἄλλοι

ὦμος, -ου shoulder

ὦν (οὖν) *adv.* therefore, now, at any rate

ὠνέομαι buy, purchase; *in pres. and impf.* offer to buy, bargain for

ὠνή, -ῆς buying, purchase

ὡραῖος timely, ripe, mature

ὤρη, -ης regard

ὤρη, -ης time, season, proper time

ὡς *adv.* so, thus. καὶ ὥς even so, nevertheless. οὐδ' (μηδ') ὥς not even so

ὡς (1) *rel. adv.* as; (2) *conj.* that (= ὅτι), in order that (= ἵνα, ὅκως), when, how; (3) *prep.* to; (4) *with ptc.* as, as if; (5) *with numerals,* about, nearly

ὡσαύτως *adv.* in like manner, just so

ὥσπερ *strengthened* ὡς *rel. adv.* as if, just as

ὥστε (1) *conj.* so that; (2) *with ptc. showing causal force,* since, inasmuch as (*like* ἅτε, οἷα)

ὦτα *see* οὖς

ὠφελίη, -ης aid, help, advantage

ὤφθην *see* ὁράω